中華古籍保護計劃

ZHONG HUA GU JI BAO HU JI HUA CHENG GUO

·成果·

新疆大學圖書館等五家收藏單位古籍普查登記目録

全國古籍普查登記目録

國家圖書館出版社
National Library of China Publishing House

圖書在版編目(CIP)數據

新疆大學圖書館等五家收藏單位古籍普查登記目録/本書編委會編. --北京:國家圖書館出版社,2016.7
(全國古籍普查登記目録)
ISBN 978-7-5013-5855-7

Ⅰ.①新… Ⅱ.①本… Ⅲ.①公共圖書館—古籍—圖書目録—新疆 Ⅳ.①Z838

中國版本圖書館 CIP 數據核字(2016)第 126812 號

書　　名　新疆大學圖書館等五家收藏單位古籍普查登記目録
著　　者　本書編委會　編
責任編輯　趙　嫄

出　　版　國家圖書館出版社(100034　北京市西城區文津街 7 號)
(原書目文獻出版社　北京圖書館出版社)
發　　行　010-66114536　66126153　66151313　66175620
66121706(傳真),66126156(門市部)
E-mail　nlcpress@ nlc. cn(郵購)
Website　www. nlcpress. com ——→投稿中心
經　　銷　新華書店
印　　裝　河北三河弘翰印務有限公司
版　　次　2016 年 7 月第 1 版第 1 次印刷

開　　本　787 毫米×1092 毫米　1/16
印　　張　30
字　　數　550 千字

書　　號　ISBN 978-7-5013-5855-7
定　　價　270.00 圓

《全國古籍普查登記目録》

工作委員會

主　任： 周和平

副主任： 張永新　詹福瑞　劉小琴　李致忠　張志清

委　員（按姓氏筆畫排序）：

于立仁	王水喬	王　沛	王紅蕾	王筱雯
方自今	尹壽松	包菊香	任　競	全　勤
李西寧	李　彤	李忠昊	李春來	李　培
李曉秋	吴建中	宋志英	努　木	林世田
易向軍	周建文	洪　琰	倪曉建	徐欣禄
徐　蜀	高文華	郭向東	陳荔京	陳紅彦
張　勇	湯旭巖	楊　揚	賈貴榮	趙　嫄
鄭智明	劉洪輝	歷　力	鮑盛華	韓　彬
魏存慶	鍾海珍	謝冬榮	謝　林	應長興

《全國古籍普查登記目録》

序　言

全國古籍普查登記工作是“中華古籍保護計劃”的首要任務，是全面開展古籍搶救、保護和利用工作的基礎，也是有史以來第一次由政府組織、參加收藏單位最多的全國性古籍普查登記工作。

2007年國務院辦公廳發佈《關於進一步加强古籍保護工作的意見》（國辦發［2007］6號），明確了古籍保護工作的首要任務是對全國公共圖書館、博物館和教育、宗教、民族、文物等系統的古籍收藏和保護狀況進行全面普查，建立中華古籍聯合目録和古籍數字資源庫。2011年12月，文化部下發《文化部辦公廳關於加快推進全國古籍普查登記工作的通知》（文辦發［2011］518號），進一步落實了全國古籍普查登記工作。根據文化部2011年518號文件精神，國家古籍保護中心擬訂了《全國古籍普查登記工作方案》，進一步規範了古籍普查登記工作的範圍、内容、原則、步驟、辦法、成果和經費。目前進行的全國古籍普查登記工作的中心任務是通過每部古籍的身份證——“古籍普查登記編號”和相關信息，建立古籍總臺賬，全面瞭解全國古籍存藏情況，開展全國古籍保護的基礎性工作，加强各級政府對古籍的管理、保護和利用。

《全國古籍普查登記工作方案》規定了全國古籍普查登記工作的三個主要步驟：一、開展古籍普查登記工作；二、在古籍普查登記基礎上，編纂出版館藏古籍普查登記目録，形成《全國古籍普查登記目録》；三、在古籍普查登記工作基本完成的前提下，由省級古籍保護中心負責編纂出版本省古籍分類聯合目録《中華古籍總目》分省卷，由國家古籍保護中心負責編纂出版《中華古籍總目》統編卷。

在党和政府領導下，在各地區、各有關部門和全社會共同努力下，古籍普查登記工作得以扎實推進。古籍普查已在除臺、港、澳之外的全國各省級行政區域開展，普查内容除漢文古籍外，還包括各少數民族文字古籍，特别是於2010年分别啓動了新疆古籍保護和西藏古籍保護專項，因地制宜，開展古籍普查登記工作；國家古籍保護中心研製的“全國古籍普查登記平臺”已覆蓋到全國各省級古籍保護中心，並進一步研發了“中華古籍索引庫”，爲及時展現古籍普查成果提供有力支持；截至目前，已有11375部古籍進入《國家珍貴古籍名録》，浙江、江蘇、山東、河北等省公佈了省級《珍貴古籍名録》,古籍分級保護機制初步形成。

《全國古籍普查登記目録》是古籍普查工作的階段性成果,旨在摸清家底,揭示館藏,反映古籍的基本信息。原則上每申報單位獨立成册,館藏量少不能獨立成册者,則在本省範圍内幾個館目合併成册。無論獨立成册還是合併成册,均編製獨立的書名筆畫索引附於書後。著録的必填基本項目有:古籍普查登記編號、索書號、題名卷數、著者(含著作方式)、版本、册數及存缺卷數。其他擴展項目有:分類號、批校題跋、版式、裝幀形式、叢書子目、書影、破損狀况等。有條件的收藏單位多著録的一些擴展項目,也反映在《全國古籍普查登記目録》上。目録編排按古籍普查登記編號排序,内在順序給予各古籍收藏單位較大自由度,可按分類排列古籍普查登記編號,也可按排架號、按同書名等排列古籍普查登記編號,以反映各館特色。

此次全國古籍普查登記工作,克服了古籍數量多、普查人員少、普查難度大等各種困難,也得到了全國古籍保護工作者的極大支持。在古籍普查登記過程中,國家古籍保護中心、各省古籍保護中心爲此舉辦了多期古籍普查、古籍鑒定、古籍普查目録審校等培訓班,全國共1600餘家單位參加了培訓,爲古籍普查登記工作培養了大量人才。同時在古籍普查登記工作中,也鍛煉了普查員的實踐能力,爲將來古籍保護事業發展奠定了良好的基礎。

《全國古籍普查登記目録》的出版,將摸清我國古籍家底,爲古籍保護和利用工作提供依據,也將是古籍保護長期工作的一個里程碑。

國家古籍保護中心
2013年10月

《全國古籍普查登記目録》

編纂凡例

一、收録範圍爲我國境内各收藏機構或個人所藏，産生於1912年以前，具有文物價值、學術價值和藝術價值的文獻典籍，包括漢文古籍和少數民族文字古籍以及甲骨、簡帛、敦煌遺書、碑帖拓本、古地圖等文獻。其中，部分文獻的收録年限適當延伸。

二、以各收藏機構爲分册依據，篇幅較小者，適當合併出版。

三、一部古籍一條款目，複本亦單獨著録。

四、著録基本要求爲客觀登記、規範描述。

五、著録款目包括古籍普查登記編號、索書號、題名卷數、著者、版本、册數、存缺卷等。古籍普查登記編號的組成方式是：省級行政區劃代碼—單位代碼—古籍普查登記順序號。

六、以古籍普查登記編號順序排序。

七、編製各館藏目録書名筆畫索引附於書後，以便檢索。

《新疆大學圖書館等五家收藏單位古籍普查登記目録》

編委會

《新疆大學圖書館等五家收藏單位古籍普查登記目録》

前　言

我國古代文獻典籍是中華民族在數千年歷史發展過程中創造的重要文明成果，藴含着中華民族特有的精神價值、思維方式和想象力、創造力，是中華文明綿延數千年、一脉相承的歷史見證，也是人類文明的瑰寶。古籍具有不可再生性，保護好這些古籍，對促進文化傳承、聯結民族情感、弘揚民族精神、維護國家統一及社會穩定具有重要作用。同時，加强古籍保護工作，也是建設社會主義先進文化、貫徹落實科學發展觀和構建社會主義和諧社會的客觀要求。

新疆，古稱西域。西域作爲絲綢之路的要衝，是華夏文明與其他多個古老文明交流對話的地方，也是中國乃至世界上遺落了最多樣文字的地方，素有"語言文字博物館"的美譽。新疆含少數民族古籍在内的數十萬冊古代文獻，作爲中華民族古代典籍的重要組成部分，承載着豐厚的文化内涵，記録了新疆歷史發展的進程和滄桑巨變，反映了各民族發展的軌迹，凝聚着先民的智慧，是民族融合、發展的見證，雄辯地證明了新疆與偉大祖國的血肉聯繫，藴含着各族人民特有的價值觀和思維方式，是各族人民奉獻給偉大祖國的智慧結晶。新疆的古籍保護，作爲少數民族事業的一個組成部分，同樣是黨和國家堅持與完善民族區域自治制度，加快少數民族和民族地區發展，保障少數民族合法權益，鞏固和發展平等、團結、互助、和諧的社會主義民族關係，促進各民族共同團結奮鬥、共同繁榮發展的綜合事業的一部分。這些中華民族的古籍不僅是文物，更是各民族互相交流、和諧發展、共同進步的歷史見證。因此，加强新疆古籍的保護工作意義重大。

2012 年 8 月，在完成新疆維吾爾自治區圖書館古籍普查登記工作之後，爲了加快新疆古籍普查工作進度、推進新疆大學圖書館等古籍收藏單位普查工作的開展，新疆古籍保護中心深入各個古籍收藏單位進行調研和摸底工作，對各單位開展古籍保護的進展情況、所藏古籍文獻編目整理的業務基礎情況、古籍普查工作中存在的問題做了溝通及交流，共同商討了以何種方式來推進普查工作的開展。通過調研摸底，除新疆大學圖書館之外，新疆昌吉回族自治州圖書館等四家古籍收藏單位均没有古籍專職人員，開展古籍普查工作存在困難。由此，新疆古籍保護中心做出了一項決策，成立古籍普查業務突擊小組，即新疆維吾爾自治區圖書館古籍部的普查小組 7 名成员，對新疆主要古籍收藏單位新疆大學圖書館、新疆昌吉回族自治州圖書館、新疆師範高等專科學校圖書館、中國科學院新疆分院文獻信息中心、新疆社會科學院圖書館五家古籍收藏單位開展古籍普查工作。截至2013年7月，突擊小組普查完成新疆大學圖書館漢文古籍4702部；新疆昌吉回族自治州圖書館漢文古籍110部；新疆師範高等專科學校圖書館漢文古籍59部；中科院新疆分院文獻信息中心漢文古籍1808部，同時開展了民國文獻的普查工作；新疆社會科學院圖書館古籍474部，民國文獻292部，叢書集成等714部。古籍普查登記工作取得了突破性進展。五家單位的漢文古籍普查完成後，接着又組織開展古籍普查登記及數據審核工作，積極推進全區古籍普查及保護工作。通過普查登記，發現了不少珍貴的古籍善本，如《資治通鑑綱目》五十九卷，明成化九年（1473）内府刻本；《昌黎先生集》四十卷，明萬曆徐氏東雅堂刻本。對這些善本古籍，計劃採取分級保護等相關措施。

通過實踐，我們深深地感到，加大古籍專業隊伍的培養是古籍保護工作的重中之重。自2009年至今，國家古籍保護中心先後在新疆舉辦六期不同主題的古籍培訓班，新疆古籍保護中心也以各種形式舉辦培訓及開展基層調研與輔導，累計參訓人員達600餘人次；選派骨幹人才赴内地古籍館學習交流，定向培養古籍修復人員。從建立工作機制來看，已基本形成自治區到地州、縣（市）三級古籍保護管理制度。"中華古籍保護計劃"已經以常態化工作納入公共圖書館評估體系，對古籍專業人員的成長更爲有利，勢必推動古籍保護工作的全面發展。

《新疆大學圖書館等五家收藏單位古籍普查登記目録》的付梓，是新疆古籍保護工作的階段性成果，對推進下一步新疆地區古籍保護與古籍普查工作的開展，將是極大的鼓舞與鞭策。今年是國家"十三五"發展規劃的開局之年，根據文化部及國家古籍保護中心的統一部署和工作安排，新疆古籍保護中心將繼續推進全區古籍普查登記工作，計劃啓動新疆各少數民族文字古籍文獻的普查登記工作。

編　者

2016年6月5日

目　録

新疆大學圖書館
古籍普查登記目録

全國古籍普查登記目録

國家圖書館出版社
National Library of China Publishing House

650000－1441－0000001　普1－1/3－1
阿毘曇八犍度論三十卷　（晉）釋道安述　清宣統三年（1911）刻本　六冊

650000－1441－0000002　普1－1/3－2
大乘阿毗達磨雜集論述記三十卷　（唐）釋窺基撰　清刻本　一冊　存十三卷（三至四、十七至二十二、二十六至三十）

650000－1441－0000003　普1－1/3－3
安吳四種三十六卷　（清）包世臣撰　清光緒十四年（1888）刻本　十六冊

650000－1441－0000004　普1－1/3－6
安吳四種三十六卷　（清）包世臣撰　清咸豐元年（1851）白門倦遊閣刻本　十四冊

650000－1441－0000005　普1－1/4－1
安吳四種三十六卷　（清）包世臣撰　清同治十一年（1872）注經堂刻本　十六冊

650000－1441－0000006　普1－1/4－1－1
安吳四種三十六卷　（清）包世臣撰　清同治十一年（1872）注經堂刻本　十六冊

650000－1441－0000007　普1－1/4－1－2
安吳四種三十六卷　（清）包世臣撰　清同治十一年（1872）注經堂刻本　六冊　存十二卷（二十五至三十六）

650000－1441－0000008　普1－1/4－2
安邦志二十卷　（□）□□撰　清道光三十年（1850）富文堂刻本　二十冊

650000－1441－0000009　普1－1/4－3
安邦志二十卷　（□）□□撰　清刻本　十八冊　缺二卷（一、十二）

650000－1441－0000010　普1－2/1－1
阿達曼群島志一卷附新志一卷婆羅島志一卷　（清）學部編譯圖書局編　清光緒三十四年（1908）學部編譯圖書局刻本　一冊

650000－1441－0000011　普1－2/1－11
阿文成公[桂]行狀不分卷　（清）王昶撰　清嘉慶四年（1799）刻本　一冊

650000－1441－0000012　普1－2/1－13
俟寧居偶詠二卷　（□）□□撰　清嘉慶十六年（1811）刻本　一冊

650000－1441－0000013　普1－2/1－2
安雅堂文集二卷　（清）宋琬撰　清康熙五年（1666）刻本　二冊

650000－1441－0000014　普1－2/1－3
安雅堂文集二卷詩一卷　（清）宋琬撰　清刻本　三冊

650000－1441－0000015　普1－2/1－7
變雅堂遺集文集八卷詩集十卷附錄二卷　（清）杜濬著　清光緒二十年（1894）廣雅書局刻本　六冊

650000－1441－0000016　普1－2/1－9
安瀾紀要二卷　（清）徐端撰　清刻本　二冊

650000－1441－0000017　普2－1/1－1
花枷良願龍圖寶卷全集二卷　（□）□□撰　清刻本　一冊

650000－1441－0000018　普2－1/1－1－1
花枷良願龍圖寶卷全集二卷　（□）□□撰　清刻本　二冊

650000－1441－0000019　普2－1/1－10
韓湘寶卷二卷十八回　（清）風月主人撰　清光緒二十年（1894）翼化堂刻本　二冊

650000－1441－0000020　普2－1/1－10－1
韓湘寶卷二卷十八回　（清）風月主人撰　清光緒二十年（1894）翼化堂刻本　二冊

650000－1441－0000021　普2－1/1－12
潘公免災救難寶卷三卷　（□）□□輯　清咸豐八年（1858）邵寶聚刻本　一冊

650000－1441－0000022　普2－1/1－13
潘公免災救難寶卷三卷　（□）□□輯　清宣統元年（1909）刻本　一冊

650000－1441－0000023　普2－1/1－13－1
潘公免災救難寶卷三卷　（□）□□輯　清宣統元年（1909）刻本　一冊

650000－1441－0000024　普2－1/1－15

潘公寶卷三卷　(□)□□撰　清刻本　一冊

650000－1441－0000025　普2－1/1－16
達磨祖卷一卷　(□)□□撰　清刻本　一冊

650000－1441－0000026　普2－1/1－18
地藏寶卷一卷　(□)□□撰　清光緒二十一年(1895)刻本　一冊

650000－1441－0000027　普2－1/1－19
大乘因果九環出塵寶卷一卷　(□)□□撰　清刻本　一冊

650000－1441－0000028　普2－1/1－2
花枷良願龍圖寶卷全集二卷　(□)□□撰　清光緒元年(1875)西湖瑪瑙寺刻本　二冊

650000－1441－0000029　普2－1/1－2－1
花枷良願龍圖寶卷全集二卷　(□)□□撰　清光緒元年(1875)西湖瑪瑙寺刻本　二冊

650000－1441－0000030　普2－1/1－20
大聖彌勒化度寶卷一卷　(□)□□撰　清瑪瑙明臺經房刻本　一冊

650000－1441－0000031　普2－1/1－21
觀世音菩薩本行經二卷　(宋)釋普明撰　清同治十一年(1872)翼化堂善書局刻本　二冊

650000－1441－0000032　普2－1/1－21－1
觀世音菩薩本行經二卷　(宋)釋普明撰　清同治十一年(1872)翼化堂善書局刻本　二冊

650000－1441－0000033　普2－1/1－25
金牌寶卷全集一卷　(清)周錦文抄　清宣統三年(1911)抄本　一冊

650000－1441－0000034　普2－1/1－26
江南松江府上海縣太平村蘭英寶卷不分卷　(□)□□撰　清光緒十年(1884)刻本　一冊

650000－1441－0000035　普2－1/1－27
彌勒佛說地藏十王寶卷二卷　(□)□□撰　清光緒三十年(1904)餘杭三官殿朱福榮刻本　一冊

650000－1441－0000036　普2－1/1－28
目蓮寶卷一卷　(□)□□撰　清光緒三年(1877)杭州大街弼教坊瑪瑙寺經房刻本　一冊

650000－1441－0000037　普2－1/1－29
目蓮三世寶卷三卷　(□)□□撰　清光緒十二年(1886)樂善堂善書局刻本　一冊

650000－1441－0000038　普2－1/1－29－1
目蓮三世寶卷三卷　(□)□□撰　清光緒十二年(1886)樂善堂善書局刻本　一冊

650000－1441－0000039　普2－1/1－3
何仙姑寶卷二卷　(□)□□撰　清光緒六年(1880)樂善堂善書局刻本　一冊

650000－1441－0000040　普2－1/1－3－1
何仙姑寶卷二卷　(□)□□撰　清光緒六年(1880)樂善堂善書局刻本　一冊

650000－1441－0000041　普2－1/1－3－2
何仙姑寶卷二卷　(□)□□撰　清光緒六年(1880)樂善堂善書局刻本　一冊

650000－1441－0000042　普2－1/1－3－3
何仙姑寶卷二卷　(□)□□撰　清光緒六年(1880)樂善堂善書局刻本　一冊

650000－1441－0000043　普2－1/1－3－4
何仙姑寶卷二卷　(□)□□撰　清光緒六年(1880)樂善堂善書局刻本　一冊

650000－1441－0000044　普2－1/1－30
目蓮三世寶卷三卷　(□)□□撰　清光緒二年(1876)寶善堂善書坊刻本　一冊

650000－1441－0000045　普2－1/1－32
妙英寶卷全集一卷　(□)□□撰　清光緒十六年(1890)瑪瑙經房刻本　一冊

650000－1441－0000046　普2－1/1－33
妙英寶卷全集一卷　(□)□□撰　清刻本　一冊

650000－1441－0000047　普2－1/1－34
天津遵行岳爺寶懺一卷　(□)□□撰　清光緒三十二年(1906)刻本　一冊

650000－1441－0000048　普2－1/1－35

太華山紫金嶺兩世修行劉香寶卷全集二卷　(□)□□撰　清刻本　一册

650000－1441－0000049　普2－1/1－36
太華山紫金嶺兩世修行劉香寶卷全集二卷　(□)□□撰　清刻本　二册

650000－1441－0000050　普2－1/1－36－1
太華山紫金嶺兩世修行劉香寶卷全集二卷　(□)□□撰　清刻本　一册

650000－1441－0000051　普2－1/1－37
太華山紫金嶺兩世修行劉香寶卷全集三卷　(□)□□撰　清同治八年(1869)錢塘門外昭慶寺慧空經房刻本　三册

650000－1441－0000052　普2－1/1－38
儒童寶卷二卷　(□)□□撰　清光緒三十二年(1906)刻本　二册

650000－1441－0000053　普2－1/1－38－1
儒童寶卷二卷　(□)□□撰　清光緒三十二年(1906)刻本　二册

650000－1441－0000054　普2－1/1－39
清淨寶卷一卷　(□)□□撰　清刻本　一册

650000－1441－0000055　普2－1/1－40
悉達太子寶卷全集不分卷　(□)□□撰　清刻本　一册

650000－1441－0000056　普2－1/1－40－1
悉達太子寶卷全集不分卷　(□)□□撰　清刻本　一册

650000－1441－0000057　普2－1/1－42
雪山寶卷全集一卷　(□)□□撰　清刻本　一册

650000－1441－0000058　普2－1/1－6
何仙姑寶卷二卷　(□)□□撰　清光緒三十年(1904)瑪瑙經房刻本　一册

650000－1441－0000059　普2－1/1－9
韓湘寶卷二卷十八回　(清)風月主人撰　清光緒十九年(1893)刻本　一册

650000－1441－0000060　普2－1/1－9－1
韓湘寶卷二卷十八回　(清)風月主人撰　清刻本　一册

650000－1441－0000061　普2－1/2－1
山西平陽府平陽郡秀女寶卷全集一卷　(□)□□撰　清光緒三十四年(1908)汪生記刻本　一册

650000－1441－0000062　普2－1/2－1－1
山西平陽府平陽郡秀女寶卷全集一卷　(□)□□撰　清光緒三十四年(1908)汪生記刻本　一册

650000－1441－0000063　普2－1/2－1－2
山西平陽府平陽郡秀女寶卷全集一卷　(□)□□撰　清光緒三十四年(1908)汪生記刻本　一册

650000－1441－0000064　普2－1/2－1－3
山西平陽府平陽郡秀女寶卷全集一卷　(□)□□撰　清光緒三十四年(1908)汪生記刻本　一册

650000－1441－0000065　普2－1/2－11
三世修行黃氏寶卷二卷　(□)□□撰　清刻本　一册

650000－1441－0000066　普2－1/2－13
新編義虎卷二卷　(□)□□撰　清刻本　一册

650000－1441－0000067　普2－1/2－14
孝義寶卷一卷　(□)□□撰　清刻本　一册

650000－1441－0000068　普2－1/2－15
延壽寶卷一卷　(□)□□撰　清光緒二十年(1894)刻本　一册

650000－1441－0000069　普2－1/2－16
延壽寶卷一卷　(□)□□撰　清宣統元年(1909)翼化堂善書局刻本　一册

650000－1441－0000070　普2－1/2－16－1
延壽寶卷一卷　(□)□□撰　清宣統元年(1909)翼化堂善書局刻本　一册

650000－1441－0000071　普2－1/2－16－2
延壽寶卷一卷　(□)□□撰　清宣統元年

(1909)翼化堂善書局刻本　一冊

650000－1441－0000072　普2－1/2－20
惜穀免災寶卷一卷　(□)□□撰　清刻本　一冊

650000－1441－0000073　普2－1/2－21
杏花寶卷一卷　(□)□□撰　清刻本　一冊

650000－1441－0000074　普2－1/2－22
雪梅寶卷一卷　(□)□□撰　清光緒十一年(1885)瑪瑙經房刻本　一冊

650000－1441－0000075　普2－1/2－24
錢孝子寶卷一卷　(清)孔慶華輯　清光緒十三年(1887)廟培本堂刻本　一冊

650000－1441－0000076　普2－1/2－24－1
錢孝子寶卷一卷　(清)孔慶華輯　清光緒十三年(1887)廟培本堂刻本　一冊

650000－1441－0000077　普2－1/2－26
清源二卷　(□)□□撰　清光緒三十年(1904)瑪瑙經房刻本　一冊

650000－1441－0000078　普2－1/2－27
宋氏女寶卷一卷　(□)□□撰　清光緒八年(1882)寶善堂刻本　一冊

650000－1441－0000079　普2－1/2－28
重刻辟邪歸正消災延壽立願寶卷一卷　(□)□□撰　清光緒八年(1882)培本堂善書局刻本　一冊

650000－1441－0000080　普2－1/2－29
重刻觀世音菩薩本行經簡集二卷　(宋)釋普明撰　清刻本　一冊

650000－1441－0000081　普2－1/2－30
珠塔寶卷全集一卷　(□)□□撰　清刻本　一冊

650000－1441－0000082　普2－1/2－31
真修寶卷一卷　(□)□□撰　清咸豐刻本　一冊

650000－1441－0000083　普2－1/2－32
真修寶卷一卷　(□)□□撰　清道光二十四年(1844)文興堂書坊刻本　一冊

650000－1441－0000084　普2－1/2－33
真修寶卷一卷　(□)□□撰　清同治九年(1870)翼化堂刻本　一冊

650000－1441－0000085　普2－1/2－34
真修寶卷一卷　(□)□□撰　清光緒二年(1876)刻本　一冊

650000－1441－0000086　普2－1/2－35
浙江嘉興府秀水縣刺心寶卷二卷　(□)□□撰　清光緒五年(1879)瑪瑙寺經房刻本　一冊

650000－1441－0000087　普2－1/2－35－1
浙江嘉興府秀水縣刺心寶卷二卷　(□)□□撰　清光緒五年(1879)瑪瑙寺經房刻本　一冊

650000－1441－0000088　普2－1/2－37
趙氏賢孝寶卷二卷　(□)□□撰　清刻本　一冊

650000－1441－0000089　普2－1/2－37－1
趙氏賢孝寶卷二卷　(□)□□撰　清刻本　二冊

650000－1441－0000090　普2－1/2－38
張氏三娘賣花寶卷全集一卷　(□)□□撰　清光緒三十年(1904)刻本　一冊

650000－1441－0000091　普2－1/2－39
張氏寶卷不分卷　(□)□□撰　清光緒二十六年(1900)刻本　一冊

650000－1441－0000092　普2－1/2－4
三茅應化真君寶卷二卷　(□)□□撰　清同治十三年(1874)刻本　一冊

650000－1441－0000093　普2－1/2－40
浙江溫州府平陽縣白梅村七世修行玉英寶卷不分卷　(□)□□撰　清光緒三年(1877)剡北刻本　一冊

650000－1441－0000094　普2－1/2－41
龍公寶卷不分卷　(清)雲山風月主人撰　清光緒二十年(1894)瑪瑙經房刻本　一冊

650000－1441－0000095　普2－1/2－42
五祖黃梅寶卷二卷　(□)□□撰　清刻本　一冊

650000－1441－0000096　普2－1/2－44
五祖黃梅寶卷二卷　(□)□□撰　清光緒元年(1875)瑪瑙寺刻本　一冊

650000－1441－0000097　普2－1/2－44－1
五祖黃梅寶卷二卷　(□)□□撰　清光緒元年(1875)瑪瑙寺刻本　一冊

650000－1441－0000098　普2－1/2－46
梁皇寶卷全集一卷　(□)□□撰　清光緒二年(1876)瑪瑙經房刻本　一冊

650000－1441－0000099　普2－1/2－47
梁皇寶卷全集一卷　(□)□□撰　清光緒十四年(1888)昭慶寺慧空經房刻本　一冊

650000－1441－0000100　普2－1/2－47－1
梁皇寶卷全集一卷　(□)□□撰　清光緒十四年(1888)昭慶寺慧空經房刻本　一冊

650000－1441－0000101　普2－1/2－47－2
梁皇寶卷全集一卷　(□)□□撰　清光緒十四年(1888)昭慶寺慧空經房刻本　一冊

650000－1441－0000102　普2－1/2－49
如如老祖化度衆生指往西方寶卷全集不分卷　(□)□□撰　清光緒瑪瑙寺經房刻本　二冊

650000－1441－0000103　普2－1/2－5
三茅真君宣化度世寶卷二卷　(□)□□撰　清光緒三十三年(1907)刻本　一冊

650000－1441－0000104　普2－1/2－51
如如老祖化度衆生指往西方寶卷全集不分卷　(□)□□撰　清刻本　一冊

650000－1441－0000105　普2－1/2－6
三茅真君宣化度世寶卷二卷　(□)□□撰　清光緒二十九年(1903)刻本　一冊

650000－1441－0000106　普2－1/2－7
三寶證盟寶卷一卷　(□)□□撰　清光緒十六年(1890)樂善堂善書局刻本　一冊

650000－1441－0000107　普2－1/2－8
三世修道黃氏寶卷一卷　(□)□□撰　清光緒五年(1879)弼教坊瑪瑙經房刻本　一冊

650000－1441－0000108　普2－1/2－8－1
三世修道黃氏寶卷一卷　(□)□□撰　清光緒五年(1879)弼教坊瑪瑙經房刻本　一冊

650000－1441－0000109　普2－1/3－3
審豁一折　(□)□□撰　清刻本　一冊

650000－1441－0000110　普2－1/3－4
議觀金釵記一折　(□)□□撰　清刻本　一冊

650000－1441－0000111　普2－1/3－5
盤夫一折　(□)□□撰　清刻本　一冊

650000－1441－0000112　普2－1/3－6
描容別墳一折　(□)□□撰　清刻本　一冊

650000－1441－0000113　普2－1/3－7
謁師一折　(□)□□撰　清刻本　一冊

650000－1441－0000114　普2－1/4－1
碧桃軒集唐詩四卷　(清)李應觀編　清咸豐六年(1856)醉月山房刻本　一冊

650000－1441－0000115　普2－1/4－10
裨農最要三卷　(清)陳宛溪撰　清光緒二十三年(1897)文明堂刻本　一冊

650000－1441－0000116　普2－1/4－2
碧城仙舘詩鈔十卷附岱遊集一卷　(清)陳文述編　清宣統二年(1910)國學扶輪社刻本　一冊

650000－1441－0000117　普2－1/4－4
碧血錄五卷　(清)莊仲方編　清光緒八年(1882)同文書局刻本　五冊

650000－1441－0000118　普2－1/4－4－1
碧血錄五卷　(清)莊仲方編　清光緒八年(1882)同文書局刻本　五冊

650000－1441－0000119　普2－1/4－6
碧琅玕舘詩鈔四卷　(清)楊光儀著　清同治十三年(1874)刻本　二冊

650000－1441－0000120　普2－1/4－8
苾芻館詞集六卷　（清）胡延著　清光緒二十九年（1903）刻本　四冊

650000－1441－0000121　普2－1/4－9
比目魚傳奇二卷　（清）李漁著　清刻本　二冊

650000－1441－0000122　普2－1/5－11
白芙堂算學叢書二十三種　（清）丁取忠輯　清光緒二十二年（1896）上海肇記書局石印本　八冊

650000－1441－0000123　普2－1/5－12
白芙堂算學叢書二十三種　（清）丁取忠輯　清光緒十四年（1888）龍文書局石印本　八冊

650000－1441－0000124　普2－1/5－13
白芙堂算書廿一種　（清）丁取忠輯　清光緒二十一年（1895）味經刊書處刻本　四冊

650000－1441－0000125　普2－2/1－1
白圭堂詩鈔八卷續鈔六卷　（清）江之紀撰　清同治三年（1864）刻本　四冊

650000－1441－0000126　普2－2/1－13
白雨齋詞話八卷　（清）陳廷焯著　清光緒二十年（1894）刻本　三冊

650000－1441－0000127　普2－2/1－14
白香亭詩集一卷　（清）鄧輔綸著　清光緒十九年（1893）刻本　一冊

650000－1441－0000128　普2－2/1－15
白華絳柎閣詩集十卷　（清）李慈銘著　清光緒十六年（1890）刻本　二冊

650000－1441－0000129　普2－2/1－16
白谷山人詩鈔二卷　（清）孫傳庭撰　清道光二十七年（1847）刻本　一冊

650000－1441－0000130　普2－2/1－17
白雨齋詞存一卷附詩抄一卷　（清）陳廷焯著　清光緒二十年（1894）刻本　一冊

650000－1441－0000131　普2－2/1－19
白田草堂存稿八卷　（清）王懋竑編　清光緒二十年（1894）廣雅書局刻本　二冊

650000－1441－0000132　普2－2/1－2
白虎通德論二卷　（漢）班固著　清刻本　二冊

650000－1441－0000133　普2－2/1－20
新雕校證大字白氏諷諫一卷　（唐）白居易撰　清光緒十九年（1893）刻本　一冊

650000－1441－0000134　普2－2/1－21
白石道人歌曲四卷別集一卷　（宋）姜夔著　清光緒十年（1884）刻本　一冊

650000－1441－0000135　普2－2/1－23
白石道人詩集二卷　（宋）姜夔著　清光緒十年（1884）刻本　一冊

650000－1441－0000136　普2－2/1－24
柏廬外集四卷　（清）朱用純編　清光緒八年（1882）廣仁堂刻本　一冊

650000－1441－0000137　普2－2/1－25
柏梘山房文集十六卷詩集十卷續集二卷駢體文二卷　（清）梅曾亮著　清咸豐六年（1856）刻本　八冊

650000－1441－0000138　普2－2/1－4
白虎通疏証十二卷　（清）陳立撰　清光緒元年（1875）淮南書局刻本　四冊

650000－1441－0000139　普2－2/1－4－1
白虎通疏証十二卷　（清）陳立撰　清光緒元年（1875）淮南書局刻本　四冊

650000－1441－0000140　普2－2/1－8
百家姓考略二卷　（清）汪嘯尹輯　清光緒十七年（1891）刻本　一冊

650000－1441－0000141　普2－2/1－9
白下愚園集三卷　（清）胡光國著　清刻本　二冊

650000－1441－0000142　普2－2/4－1
東坡題跋二卷山谷題跋三卷　（宋）蘇軾撰　清乾隆五十年（1785）刻本　五冊　存三卷（山谷題跋三卷）

650000－1441－0000143　普2－2/4－10
豳風廣義三卷　（清）楊屾撰　清光緒二十六

年(1900)刻本　三册

650000－1441－0000144　普2－2/4－11
冰言一卷補一卷　(清)李惺撰　清光緒二十七年(1901)刻本　二册

650000－1441－0000145　普2－2/4－12
百子全書六種三十卷　(清)崇文書局輯　清末石印本　五册

650000－1441－0000146　普2－2/4－13
開工廠叢書初編四種五十四卷　(清)譚獻輯　清刻本　一册

650000－1441－0000147　普2－2/4－13－1
開工廠叢書初編四種五十四卷　(清)譚獻輯　清光緒十一年(1885)刻本　七册　缺九卷(西夏紀事本末一至九)

650000－1441－0000148　普2－2/4－14
博通地志學不分卷　許壽裳述　清刻本　一册

650000－1441－0000149　普2－2/4－15
文館詞林二卷　(唐)許敬宗等輯　清光緒十年(1884)遵義黎氏刻本　一册

650000－1441－0000150　普2－2/4－3
頒發條例(道光元年至同治十三年)　(□)□□撰　清刻本　三十一册

650000－1441－0000151　普2－2/4－9
移華館駢體文二卷　(清)董基誠撰　清咸豐九年(1859)刻本　一册

650000－1441－0000152　普2－3/1－11
百硯齋算稿八種四卷　(清)淩仲儒著　清光緒二十八年(1902)靈山淩百硯齋刻本　四册

650000－1441－0000153　普2－3/1－12
百家姓三篇一卷　(清)丁檢卿著　清咸豐五年(1855)頤志齋刻本　一册

650000－1441－0000154　普2－3/1－3
新鐫分類評註文武合編百子金丹九卷　(清)郭士俊輯　清刻本　十册

650000－1441－0000155　普2－3/1－6
百桂堂全集五十三卷　(清)王柏心著　清光緒二十四年(1898)刻本　十六册

650000－1441－0000156　普2－3/1－8
百幅楳華圖畫譜一卷　(清)王治梅著　清光緒十八年(1892)成山唐氏刻本　一册

650000－1441－0000157　普2－3/1－9
百獸集説圖考一卷　(美國)范約翰著　清光緒二十五年(1899)上海美華書館刻本　一册

650000－1441－0000158　普2－3/2－5
拜經樓藏書題跋記五卷附録一卷　(清)吳壽暘撰　清刻本　一册

650000－1441－0000159　普2－3/2－7
寶應耆舊傳二卷　(清)范士齡著　清咸豐二年(1852)刻本　一册　存一卷(一)

650000－1441－0000160　普2－3/2－8
寶藏興焉十二卷　(清)徐壽著　清刻本　九册　存八卷(三至六、九至十二)

650000－1441－0000161　普2－3/2－9
寶綸堂集不分卷　(清)陳洪綬編　清光緒十四年(1888)取斯堂刻本　一册

650000－1441－0000162　普2－3/3－6
抱犢山房集六卷　(清)嵇永仁編　清刻本　二册

650000－1441－0000163　普2－3/4－3
抱朴子内篇二十卷外篇五十卷附篇一卷　(晉)葛洪撰　清光緒十五年(1889)刻本　八册

650000－1441－0000164　普2－3/4－4
鮑氏集一卷　(南朝宋)鮑照撰　清刻本　一册

650000－1441－0000165　普2－3/4－6
保甲書四卷　(清)徐棟輯　清道光二十八年(1848)刻本　三册

650000－1441－0000166　普2－3/4－8
北夢瑣言二十卷　(清)孫光憲著　清乾隆二十一年(1756)雅雨堂刻本　四册

650000－1441－0000167　普2－3/4－8－1
北夢瑣言二十卷　(清)孫光憲著　清乾隆二十一年(1756)雅雨堂刻本　四冊

650000－1441－0000168　普2－3/4－8－2
北夢瑣言二十卷　(清)孫光憲著　清乾隆二十一年(1756)雅雨堂刻本　四冊

650000－1441－0000169　普2－3/4－8－3
北夢瑣言二十卷　(清)孫光憲著　清乾隆二十一年(1756)雅雨堂刻本　二冊

650000－1441－0000170　普2－3/4－8－4
北夢瑣言二十卷　(清)孫光憲著　清乾隆二十一年(1756)雅雨堂刻本　二冊

650000－1441－0000171　普2－3/5－19
北史識小錄十四卷　(清)沈名蓀　(清)朱昆田輯　清刻本　五冊　缺二卷(三至四)

650000－1441－0000172　普2－3/5－20
北隅掌錄二卷　(清)黄士珣著　清道光二十五年(1845)振綺堂刻本　一冊

650000－1441－0000173　普2－3/5－21
碑傳集一百六十卷　(清)錢儀吉撰　清光緒十九年(1893)江蘇書局刻本　六十冊

650000－1441－0000174　普2－3/5－7
北江全集目一卷　(清)洪亮吉著　清刻本　一冊

650000－1441－0000175　普2－4/1－2
碑别字五卷　(清)羅振鋆輯　清光緒二十年(1894)刻本　二冊

650000－1441－0000176　普2－4/1－4
八代詩選二十卷　王闓運撰　清光緒十九年(1893)章氏經濟堂刻本　十冊

650000－1441－0000177　普2－4/1－6
八代詩選二十卷　王闓運撰　清光緒七年(1881)尊經書院刻本　六冊

650000－1441－0000178　普2－4/2－12
本草綱目五十二卷首二卷　(明)李時珍撰　清刻本　二十四冊　存五十二卷(一至五十二)

650000－1441－0000179　普2－4/2－2
八史經籍志十四卷　(清)張壽榮編　清光緒九年(1883)刻本　八冊

650000－1441－0000180　普2－4/2－4
八旗文經五十六卷作者攷三卷敍錄一卷　(清)盛昱　(清)楊鍾羲輯　清光緒二十八年(1902)刻本　十二冊

650000－1441－0000181　普2－4/2－6
八家四六文注八卷首一卷　(清)孫星衍著　清光緒十七年(1891)味青齋許貞幹刻本　十六冊

650000－1441－0000182　普2－4/2－7
八美圖初集二十卷後集二十九卷　(□)□□撰　清光緒四年(1878)芸香閣刻本　八冊　存六卷(初集二十、後集十五至十九)

650000－1441－0000183　普2－4/2－8
八陣發明□□卷　(清)陸世儀撰　清刻本　二冊

650000－1441－0000184　普2－4/3－1
本草綱目五十二卷首二卷　(明)李時珍撰　清同治十一年(1872)春明堂刻本　四十冊

650000－1441－0000185　普2－4/3－2
本事詩十二卷　(清)徐釚編緝　清刻本　二冊

650000－1441－0000186　普2－4/3－5
本草綱目五十二卷首二卷　(明)李時珍撰　清同治十一年(1872)碧梧山房刻本　二十冊　存十九卷(一、三至十、十二至十三、十八至二十、二十五、二十七、四十三至四十四、四十八)

650000－1441－0000187　普2－4/3－6
别下齋叢書二十七種九十一卷　(清)李光煦編　清刻本　二十冊

650000－1441－0000188　普2－4/3－6－1
别下齋叢書二十七種九十一卷　(清)李光煦編　清刻本　二十冊

650000－1441－0000189　普2－4/4－10

補訂急就章偏旁歌一卷　(清)李濱著　清刻本　一冊

650000－1441－0000190　普 2－4/4－11
補續漢書藝文志一卷　(清)錢大昭撰　清光緒十三年(1887)廣雅書局抄本　一冊

650000－1441－0000191　普 2－4/4－12
補注洗冤錄集証三卷　(清)童濂編　清道光二十三年(1843)抄本　三冊

650000－1441－0000192　普 2－4/4－13
補遼金元藝文志一卷　(清)盧文弨撰　清刻本　一冊

650000－1441－0000193　普 2－4/4－14
補元史藝文志四卷　(清)錢大昕撰　清光緒十九年(1893)廣雅書局抄本　一冊

650000－1441－0000194　普 2－4/4－17
不二歌集四卷　(清)張春著　清道光二十八年(1848)步渠堂刻本　二冊

650000－1441－0000195　普 2－4/4－19
正己齋全集十二卷　(清)賞心主人著　清道光二十一年(1841)佩雙印齋抄本　十二冊

650000－1441－0000196　普 2－4/4－2
別下齋叢書二十七種九十一卷　(清)李光煦編　清刻本　一冊　存四卷(周易集傳一至四)

650000－1441－0000197　普 2－4/4－21
半園尺牘二十五卷補遺六卷　(清)梁石全編　清光緒二年(1876)刻本　十冊　缺十七卷(二至九、十八至十九、二十一至二十二,補遺一、三至六)

650000－1441－0000198　普 2－4/4－22
北詞廣正譜不分卷　(明)徐于室撰　清刻本　一冊

650000－1441－0000199　普 2－4/4－3
別雅五卷　(清)吳玉搢輯　清道光二十九年(1849)小蓬萊山館刻本　四冊　存四卷(二至五)

650000－1441－0000200　普 2－4/4－4
駁案新編四十一卷　(清)全士滿編　清光緒九年(1883)圖書集成局刻本　十二冊

650000－1441－0000201　普 2－4/4－7
步隊毛瑟槍說不分卷　顧祖榮著　清光緒十年(1884)抄本　一冊

650000－1441－0000202　普 2－4/4－8
補後漢書藝文志攷十卷首一卷　(清)曾樸著　清光緒二十一年(1895)抄本　六冊

650000－1441－0000203　普 2－4/4－9
補三史藝文志一卷　(清)金門詔撰　清刻本　一冊

650000－1441－0000204　普 2－4/5－1
柈湖文錄八卷　(清)吳敏樹著　清刻本　一冊

650000－1441－0000205　普 2－4/5－14
兵船汽機六卷附卷一卷　(英國)息尼德撰　清光緒五年(1879)江南機器製造總局刻本　八冊

650000－1441－0000206　普 2－4/5－16
病鶴叢畫不分卷　(清)錢病鶴編　清刻本　二冊

650000－1441－0000207　普 2－4/5－17
病榻夢痕錄二卷　(清)汪輝祖編　清刻本　二冊

650000－1441－0000208　普 2－4/5－18
炳燭室雜文一卷　(清)江藩撰　清刻本　一冊

650000－1441－0000209　普 2－4/5－2
柈湖文錄十二卷　(清)吳敏樹著　清光緒十九年(1893)抄本　四冊

650000－1441－0000210　普 2－4/5－20
蠙廬詩鈔十卷　(清)王蔭魁著　清道光二十二年(1842)紫藤花舘抄本　二冊

650000－1441－0000211　普 2－4/5－21
避暑錄話二卷　(宋)葉夢得編　清宣統元年(1909)觀古堂抄本　二冊

650000－1441－0000212　普2－4/5－3
栟湖文錄八卷　（清）吳敏樹著　清同治八年（1869）抄本　四册

650000－1441－0000213　普2－4/5－3－1
栟湖文錄八卷　（清）吳敏樹著　清同治八年（1869）抄本　四册

650000－1441－0000214　普2－4/5－5
半厂叢書十種七十八卷　（清）譚獻編　清光緒十五年（1889）刻本　十八册

650000－1441－0000215　普2－4/5－6
班馬字類二卷　（宋）婁機編　清刻本　一册

650000－1441－0000216　普2－4/5－7
辯中邊論述記四卷　（唐）釋窺基撰　清刻本　一册　缺二卷（一至二）

650000－1441－0000217　普2－4/5－9
辨學集不分卷　（清）曾和瑞撰　清光緒十年（1884）刻本　七册

650000－1441－0000218　普3－1/1－1
春在堂全書二十二種三百二十五卷　（清）俞樾撰　清光緒十五年（1889）刻本　一百七册

650000－1441－0000219　普3－1/2－1
春在堂全書二十二種三百二十五卷　（清）俞樾撰　清光緒九年（1883）刻本　七十二册　缺二十七卷（諸子平議十至十三、茶香室叢抄一至二十三）

650000－1441－0000220　普3－1/4－2
春在堂全書二十二種三百二十五卷　（清）俞樾撰　清刻本　二册　存八卷（茶香室續抄十二至十九）

650000－1441－0000221　普3－1/4－3
德清俞蔭甫所著書二十種一百二十九卷　（清）俞樾撰　清同治十年（1871）刻本　二十三册　缺五卷（春在堂尺牘一至三、袖中書一至二）

650000－1441－0000222　普3－1/5－1
春在堂全書三十四種四百三卷　（清）俞樾撰　清光緒二十三年（1897）石印本　三十册　缺二十六卷（羣經平議二十八至三十五、諸子平議一至十八）

650000－1441－0000223　普3－1/5－3
春在堂詩編十九卷　（清）俞樾撰　清刻本　一册

650000－1441－0000224　普3－1/5－4
春暉堂叢書十二種三十七卷　（清）徐渭仁輯　清道光二十一年（1841）上海徐氏補刻本　七册

650000－1441－0000225　普3－1/5－4－1
春暉堂叢書十二種三十七卷　（清）徐渭仁輯　清道光二十一年（1841）上海徐氏補刻本　十二册

650000－1441－0000226　普3－1/5－8
春秋世本圖譜一卷　（清）陳厚耀撰　清乾隆五十七年（1792）刻本　一册

650000－1441－0000227　普3－2/1－1
春秋大事表五十卷　（清）顧復初纂輯　清光緒二十四年（1898）刻本　二十四册

650000－1441－0000228　普3－2/1－1－1
春秋大事表五十卷　（清）顧復初纂輯　清光緒二十四年（1898）刻本　二十四册

650000－1441－0000229　普3－2/2－3
春秋大事表五十卷　（清）顧復初纂輯　清乾隆十三年（1748）刻本　二十册

650000－1441－0000230　普3－2/2－4
春秋左傳三十卷　（晉）杜預釋　清同治十三年（1874）江西書局刻本　十六册

650000－1441－0000231　普3－2/3－1
春秋左傳五十卷　（晉）杜預釋　清刻本　一册　存十二卷（十二至二十三）

650000－1441－0000232　普3－2/3－10
春秋經傳解詁十一卷　王闓運箋　清光緒十一年（1885）成都尊經書院刻本　六册

650000－1441－0000233　普3－2/3－11
春秋公羊經傳十二卷　（清）孔廣森著　清嘉慶十七年（1812）刻本　六册

650000－1441－0000234　普3－2/3－12
春秋公羊經何氏釋十卷　(清)劉逢禄撰　清光緒二十三年(1897)太清樓刻本　四册

650000－1441－0000235　普3－2/3－13
春秋左傳地名補注十二卷　(清)沈欽韓注　清刻本　四册

650000－1441－0000236　普3－2/3－2
春秋左傳十八卷　(晉)杜預　(宋)林堯叟注　清光緒三十年(1904)京都鴻文齋石印本　六册

650000－1441－0000237　普3－2/3－3
春秋左傳杜林合注五十卷　(晉)杜預　(宋)林堯叟注　清光緒二十二年(1896)京都文成堂刻本　十六册

650000－1441－0000238　普3－2/3－4
春秋左傳五十卷　(晉)杜預　(宋)林堯叟注釋　清刻本　六册　存二十四卷(一至二、十五至二十、三十二至四十七)

650000－1441－0000239　普3－2/3－5
春秋左氏傳賈服注輯述二十卷　(清)李貽德撰　清同治五年(1866)刻本　六册

650000－1441－0000240　普3－2/3－6
春秋左傳杜注三十卷　(清)姚培謙著　清光緒十五年(1889)江南書局刻本　十册

650000－1441－0000241　普3－2/3－7
春秋左氏傳地名補注十二卷　(清)沈欽韓撰　清同治七年(1868)刻本　四册

650000－1441－0000242　普3－2/3－9
春秋公羊經傳解詁十二卷校記一卷　(漢)何休著　清同治二年(1863)刻本　四册

650000－1441－0000243　普3－2/4－1
春秋經傳集解三十卷　(晉)杜預注　清刻本　十四册

650000－1441－0000244　普3－2/4－1－1
春秋經傳集解三十卷　(晉)杜預注　清刻本　十四册

650000－1441－0000245　普3－2/4－3
春秋規過考信三卷　(清)陳熙晉撰　清光緒十五年(1889)廣雅書局刻本　三册

650000－1441－0000246　普3－2/4－4
春秋述義拾遺八卷首一卷　(清)陳熙晉撰　清光緒十七年(1891)廣雅書局刻本　二册

650000－1441－0000247　普3－2/4－5
春秋繁露十七卷　(漢)董仲舒著　清刻本　四册

650000－1441－0000248　普3－2/4－7
春秋繁露十七卷　(漢)董仲舒撰　清嘉慶二十年(1815)刻本　四册

650000－1441－0000249　普3－2/4－7－1
春秋繁露十七卷　(漢)董仲舒撰　清嘉慶二十年(1815)江都淩氏刻本　四册

650000－1441－0000250　普3－2/4－8
春秋繁露十七卷　(漢)董仲舒撰　清嘉慶二十年(1815)刻本　四册

650000－1441－0000251　普3－2/4－9
春秋十六卷首一卷　(□)□□撰　清同治十年(1871)刻本　十四册

650000－1441－0000252　普3－2/4－9－1
春秋十六卷首一卷　(□)□□撰　清同治十年(1871)刻本　十四册

650000－1441－0000253　普3－2/5－1
春秋十六卷首一卷　(□)□□撰　清嘉慶十年(1805)刻本　十六册

650000－1441－0000254　普3－2/5－12
春雨樓叢書六種三十四卷　(清)朱士端撰　清同治元年(1862)寶應朱氏刻本　六册

650000－1441－0000255　普3－2/5－12－1
春雨樓叢書六種三十四卷　(清)朱士端撰　清同治元年(1862)寶應朱氏刻本　六册

650000－1441－0000256　普3－2/5－14
春秋配滇戲四大本之一不分卷　(清)木石老人撰　清刻本　一册

650000－1441－0000257　普3－2/5－15

春草堂詩話八卷　（清）謝堃撰　清刻本　二冊

650000－1441－0000258　普3－2/5－4
春秋穀梁傳十二卷　（晉）范寧集解　清刻本　三冊　存九卷（一至三、七至十二）

650000－1441－0000259　普3－2/5－5
春秋三傳異文釋十二卷　（清）李富孫學　清嘉慶十八年（1813）刻本　四冊

650000－1441－0000260　普3－2/5－6
春秋筆削微旨二十六卷　（清）劉紹攽撰　清刻本　三冊　存十一卷（一至三、十五至十八、二十三至二十六）

650000－1441－0000261　普3－2/5－7
春秋王霸列國世紀編三卷　（宋）李琪撰　清乾隆五十七年（1792）誠正堂刻本　一冊

650000－1441－0000262　普3－2/5－8
春秋直解十二卷　（清）方苞著　清刻本　四冊　存八卷（一至二、七至十二）

650000－1441－0000263　普3－4/2－2
重刊宋本十三經注疏四百十六卷附校勘記　（清）阮元校　清道光六年（1826）南昌府學刻本　一百五十五冊　缺二卷（儀禮注疏三十至三十一）

650000－1441－0000264　普3－4/5－1
重校元典章六十卷新集二卷　（元）中書省編輯　清光緒三十四年（1908）法律舘刻本　二十四冊

650000－1441－0000265　普3－4/5－3
重刊校正唐荆川先生文集十二卷　（明）唐順之撰　清刻本　十冊

650000－1441－0000266　普3－4/5－3－1
重刊校正唐荆川先生文集十二卷　（明）唐順之撰　清刻本　十冊

650000－1441－0000267　普4－1/1－1
重刊五百家注音辯昌黎先生文集四十卷　（唐）韓愈撰　清乾隆四十九年（1784）刻本　二十冊

650000－1441－0000268　普4－1/1－2
重刻味經堂詩輯三十六卷　（清）嚴檠述撰　清刻本　十四冊

650000－1441－0000269　普4－1/1－3
宋名臣言行錄別集十三卷　（宋）李幼武撰　清刻本　一冊　存五卷（九至十三）

650000－1441－0000270　普4－1/1－4
重刊宋名臣言行錄前集十卷後集十四卷續集八卷別集二十六卷外集十七卷　（宋）朱熹撰　清同治七年（1868）桂氏刻本　十二冊　缺二十四卷（前集十卷、後集十四卷）

650000－1441－0000271　普4－1/1－4－1
重刊宋名臣言行錄前集十卷後集十四卷續集八卷別集二十六卷外集十七卷　（宋）朱熹撰　清同治七年（1868）桂氏刻本　十二冊　缺二十四卷（前集十卷、後集十四卷）

650000－1441－0000272　普4－1/1－4－2
重刊宋名臣言行錄前集十卷後集十四卷　（宋）朱熹撰　清同治七年（1868）桂氏刻本　十冊

650000－1441－0000273　普4－1/1－6
重刊史鑑節要便讀六卷　（清）鮑東里編輯　清光緒三十年（1904）益州書局刻本　四冊

650000－1441－0000274　普4－1/1－8
重刊校正笠澤叢書四卷　（唐）陸龜蒙撰　清刻本　一冊

650000－1441－0000275　普4－1/1－9
重刊校正笠澤叢書四卷　（唐）陸龜蒙撰　清刻本　二冊

650000－1441－0000276　普4－1/2－1
重訂廣事類賦四十卷　（清）華希閔著　清道光十七年（1837）務本堂刻本　九冊

650000－1441－0000277　普4－1/2－10
重訂合聲簡字譜一卷　勞乃宣撰　清光緒三十二年（1906）刻本　一冊

650000－1441－0000278　普4－1/2－11
重刻明成化本東坡集四十卷　（宋）蘇軾著

清光緒三十四年(1908)寶華盦刻本　四十冊

650000－1441－0000279　普4－1/2－2
重訂廣事類賦四十卷　(清)華希閔著　清道光十九年(1839)致盛堂刻本　十二冊

650000－1441－0000280　普4－1/2－3
重訂事類賦三十卷　(宋)吳淑撰注　清道光十八年(1838)劍光閣刻本　六冊

650000－1441－0000281　普4－1/2－4
重訂法國志略二十四卷　(清)王韜輯撰　清光緒十五年(1889)弢園老民鉛印本　十冊

650000－1441－0000282　普4－1/2－5
重訂西青散記二卷　(清)史震林撰　清刻本　一冊

650000－1441－0000283　普4－1/2－7
重定天崇百篇文一卷　(清)吳懋政著　清道光五年(1825)刻本　二冊

650000－1441－0000284　普4－1/2－8
重訂教乘法數十二卷　(清)釋超海撰　清光緒三十四年(1908)刻本　四冊　存八卷(三、六至十二)

650000－1441－0000285　普4－1/2－9
重訂增補陶朱公致富全書四卷　(春秋)范蠡撰　清乾隆四十年(1775)文業堂刻本　十一冊

650000－1441－0000286　普4－1/3－10
重訂增補陶朱公致富全書四卷　(春秋)范蠡撰　清咸豐六年(1856)五雲樓刻本　二冊

650000－1441－0000287　普4－1/3－10－1
重訂增補陶朱公致富全書四卷　(春秋)范蠡撰　清咸豐六年(1856)五雲樓刻本　一冊　缺二卷(三至四)

650000－1441－0000288　普4－1/3－11
重雕改正湘山野錄三卷續一卷　(宋)釋文瑩撰　清嘉慶刻本　一冊

650000－1441－0000289　普4－1/3－2
重刻馮恭定公全書二十二卷馮少墟續集五卷　(明)馮從吾著　清光緒二十二年(1896)少墟書院刻本　五冊　存二十三卷(馮恭定公全書二十二卷、續集一)

650000－1441－0000290　普4－1/3－5
重刻添補傳家寶四集三十二卷　(清)石成金著　清乾隆四年(1739)刻本　十四冊　存十七卷(初集一、五、八,二集三至六、八,三集一至二、七至八,四集一至三、七至八)

650000－1441－0000291　普4－1/3－6
重訂古文釋義新編八卷　(清)余誠評注　清石印本　八冊

650000－1441－0000292　普4－1/3－9
重雕宋本續幽怪錄劄記不分卷　(□)□□撰　清刻本　一冊

650000－1441－0000293　普4－1/4－1
重刻清文虛字指南編二卷　(清)萬福著　清光緒二十年(1894)隆福寺聚珍堂書坊刻本　二冊

650000－1441－0000294　普4－1/4－1－1
重刻清文虛字指南編二卷　(清)萬福著　清光緒二十年(1894)隆福寺聚珍堂書坊刻本　二冊

650000－1441－0000295　普4－1/4－1－2
重刻清文虛字指南編二卷　(清)萬福著　清光緒二十年(1894)隆福寺聚珍堂書坊刻本　二冊

650000－1441－0000296　普4－1/4－11
垂楊館集十一卷　(清)郭建孔著　清刻本　一冊　存七卷(一至七)

650000－1441－0000297　普4－1/4－12
重鐫官板地理天機會元三十五卷　(清)卜應天著　清刻本　五冊

650000－1441－0000298　普4－1/4－13
重論文齋筆錄十二卷　(清)王端履輯　清刻本　六冊

650000－1441－0000299　普4－1/4－14
重治毘尼事義集要十七卷首一卷　(清)釋智旭撰　清刻本　九冊

650000－1441－0000300　普4－1/4－15
重治在家事義集要三卷　(清)釋智旭編並箋注　清刻本　三冊

650000－1441－0000301　普4－1/4－3
重刻佛祖道影四卷　(□)□□撰　清光緒六年(1880)瑪瑙經房善書局刻本　四冊

650000－1441－0000302　普4－1/4－8
重校訂紀元編三卷　(清)李兆洛撰　清刻本　一冊　存一卷(三)

650000－1441－0000303　普4－1/5－1
蟲薈五卷　(清)方旭撰　清光緒十六年(1890)嚴陵太平橋董元豐紙鋪刻本　四冊

650000－1441－0000304　普4－1/5－2
蟲鳥吟三卷　(清)蕭德宣撰　清同治五年(1866)刻本　四冊

650000－1441－0000305　普4－1/5－2－1
蟲鳥吟三卷　(清)蕭德宣撰　清同治五年(1866)刻本　一冊

650000－1441－0000306　普4－1/5－4
衝冠怒傳奇殘稿不分卷　(清)章履平著　清刻本　二冊

650000－1441－0000307　普4－1/5－5
船山遺書七十七種二百九十六卷　(清)王夫之撰　清同治四年(1865)湘鄉曾氏金陵節署刻本　一百冊

650000－1441－0000308　普4－1/5－5－1
船山遺書七十七種二百九十六卷　(清)王夫之撰　清同治四年(1865)湘鄉曾氏金陵節署刻本　一百十冊

650000－1441－0000309　普4－2/4－11
傳家寶三集八卷　(清)石成金撰　清刻本　六冊　存五卷(四至八)

650000－1441－0000310　普4－2/4－2
船山詩草二十卷　(清)張問陶撰　清嘉慶二十年(1815)經文堂刻本　八冊

650000－1441－0000311　普4－2/4－3
船山詩草補遺六卷　(清)張問陶撰　清道光二十九年(1849)刻本　二冊

650000－1441－0000312　普4－2/4－7
傳樸堂詩稿四卷補遺一卷　(清)葛金烺著　清光緒二十一年(1895)刻本　二冊

650000－1441－0000313　普4－2/5－13
楚辭燈四卷　(清)林雲銘撰　清康熙三十六年(1697)挹奎樓刻本　一冊

650000－1441－0000314　普4－2/5－15
楚辭辯證二卷　(宋)朱熹撰　**離騷集傳一卷**　(宋)錢杲之撰　**離騷箋二卷**　(清)龔景瀚撰　清光緒元年(1875)湖北崇文書局刻本　一冊

650000－1441－0000315　普4－2/5－5
楚辭集注八卷後語六卷辯證二卷　(宋)朱熹撰　清光緒八年(1882)江蘇書局刻本　四冊

650000－1441－0000316　普4－2/5－6
楚辭集注八卷　(宋)朱熹撰　清刻本　六冊

650000－1441－0000317　普4－2/5－8
楚辭十七卷　(漢)王逸章句　清同治十一年(1872)金陵書局刻本　六冊

650000－1441－0000318　普4－3/1－2
楚望閣詩集十卷　程頌萬著　清光緒十六年(1890)刻本　二冊

650000－1441－0000319　普4－3/1－3
楚漢諸侯疆域志三卷　(清)劉文淇著　清光緒二年(1876)刻本　一冊

650000－1441－0000320　普4－3/1－4
楚詞釋十一卷　(□)□□撰　清光緒十二年(1886)尊經書院刻本　二冊

650000－1441－0000321　普4－3/1－4－1
楚詞釋十一卷　(□)□□撰　清光緒十二年(1886)尊經書院刻本　二冊

650000－1441－0000322　普4－3/1－7
初學記三十卷附校勘記三十卷校勘記補遺一卷　(唐)徐堅撰　清光緒十四年(1888)蘊石齋刻本　十五冊

650000－1441－0000323　普4－3/1－7－1
初學記三十卷附校勘記三十卷校勘記補遺一卷　(唐)徐堅撰　清光緒十四年(1888)蘊石齋刻本　十五册

650000－1441－0000324　普4－3/2－1
初學玉玲瓏一卷　(清)徐瑄敬書　清光緒十六年(1890)文奎堂刻本　一册

650000－1441－0000325　普4－3/2－10
成唯識論述記六十卷　(唐)釋窺基撰　清光緒二十七年(1901)金陵刻經處刻本　二十册

650000－1441－0000326　普4－3/2－11
成都通覽不分卷　(清)成都通俗報社編　清宣統二年(1910)成都通俗報社石印本　八册

650000－1441－0000327　普4－3/2－2
初唐四傑文集二十一卷　(清)項家達輯　清光緒五年(1879)淮南書局刻本　四册

650000－1441－0000328　普4－3/2－3
出使英法義比四國日記六卷　(清)薛福成撰　清光緒十七年(1891)鉛印本　三册

650000－1441－0000329　普4－3/2－4
出使英法義比四國日記六卷　(清)薛福成撰　清光緒二十二年(1896)上海圖書集成印書局鉛印本　三册

650000－1441－0000330　普4－3/2－5
出使日記續刻十卷　(清)薛福成撰　清光緒二十四年(1898)傳經樓刻本　四册　存四卷(二、五、八、十)

650000－1441－0000331　普4－3/2－6
出使美日祕崔日記十六卷　(清)崔國因撰　清光緒二十年(1894)刻本　十二册

650000－1441－0000332　普4－3/2－8
成裕堂繪像第七才子書琵琶記六卷　(元)高明撰　清雍正十三年(1735)仁和堂刻本　十二册

650000－1441－0000333　普4－3/3－11
澄衷蒙學堂字課圖說四卷　(清)澄衷蒙學堂輯　清光緒三十年(1904)澄衷蒙學堂石印本　一册

650000－1441－0000334　普4－3/3－12
澄衷蒙學堂字課圖說四卷　(清)澄衷蒙學堂輯　清刻本　四册

650000－1441－0000335　普4－3/3－3
城北草堂詩四卷詩餘二卷詞餘一卷小鄉環室詩餘殘稿一卷　(清)顧夔撰　清光緒十三年(1887)刻本　二册

650000－1441－0000336　普4－3/3－4
太師誠意伯劉文成公集二十卷首一卷　(明)劉基撰　清光緒二十六年(1900)浙江書局刻本　十册

650000－1441－0000337　普4－3/3－6
程氏家塾讀書分年日程三卷綱領一卷　(元)程端禮撰　清同治七年(1868)崇文書局刻本　二册

650000－1441－0000338　普4－3/3－8
澄懷園詩選十二卷　(清)張廷玉撰　清光緒十八年(1892)刻本　四册

650000－1441－0000339　普4－3/4－1
稱謂錄三十二卷　(清)梁章鉅著　清刻本　二册

650000－1441－0000340　普4－3/4－3
稱謂錄三十二卷　(清)梁章鉅撰　清光緒十年(1884)千頃堂書局刻本　八册

650000－1441－0000341　普4－3/5－1
檉華館文集六卷詩集四卷駢體文一卷雜錄一卷附錄一卷　(清)路德撰　清光緒七年(1881)解梁書院刻本　十册

650000－1441－0000342　普4－3/5－3
陳檢討集二十卷　(清)陳維崧撰　清同治五年(1866)古桂山房刻本　六册

650000－1441－0000343　普4－3/5－5
陳伯玉文集三卷附錄一卷詩集二卷　(唐)陳子昂撰　清道光十七年(1837)鐵筆齋刻本　六册

650000－1441－0000344　普4－3/5－6

陳伯玉文集三卷附録一卷詩集二卷首一卷 (唐)陳子昂撰　清咸豐四年(1854)鐵筆齋刻本　四冊

650000－1441－0000345　普4－3/5－7
陳伯玉文集三卷詩集二卷附録一卷 (唐)陳子昂撰　清咸豐四年(1854)刻本　四冊

650000－1441－0000346　普4－3/5－8
陳伯玉文集三卷詩集二卷附録一卷 (唐)陳子昂撰　清道光十七年(1837)鐵筆齋刻本　一冊

650000－1441－0000347　普4－3/5－8－1
陳伯玉文集三卷詩集二卷附録一卷 (唐)陳子昂撰　清道光十七年(1837)鐵筆齋刻本　一冊

650000－1441－0000348　普4－3/5－8－2
陳伯玉文集三卷詩集二卷附録一卷 (唐)陳子昂撰　清道光十七年(1837)鐵筆齋刻本　一冊

650000－1441－0000349　普4－4/1－2
陳少陽最近政見書弁言不分卷 (清)陳少湍著　清光緒三十四年(1908)鉛印本　一冊

650000－1441－0000350　普4－4/1－3
陳邦彥雜録不分卷 (清)陳邦彥著　清刻本　二冊

650000－1441－0000351　普4－4/1－4
陳忠裕全集三十卷首四卷末一卷附兵垣奏議一卷 (明)陳子龍撰　清光緒二十三年(1897)刻本　七冊　存十八卷(十三至三十)

650000－1441－0000352　普4－4/1－7
晨風閣叢書四十七卷 沈宗畸輯　清宣統元年(1909)番禺沈宗畸晨風閣刻本　十六冊

650000－1441－0000353　普5－1/2－1
疇人傳五十二卷 (清)阮元撰　清刻本　九冊　存四十卷(五至二十八、三十四至四十九)

650000－1441－0000354　普5－1/2－7
詞綜一百六卷 (清)朱彝尊抄撮　清光緒二十八年(1902)金匱浦氏刻本　十冊

650000－1441－0000355　普5－1/2－9
詞律二十卷 (清)萬樹撰　清光緒二年(1876)刻本　十二冊

650000－1441－0000356　普5－1/3－5
詞律二十八卷首一卷 (清)萬樹撰　清光緒二年(1876)刻本　四冊　存六卷(三至四、十二、十七至十八、二十)

650000－1441－0000357　普5－1/3－5－1
詞律二十八卷首一卷 (清)萬樹撰　清光緒二年(1876)刻本　十六冊

650000－1441－0000358　普5－1/3－5－2
詞律二十八卷首一卷 (清)萬樹撰　清光緒二年(1876)刻本　十六冊

650000－1441－0000359　普5－1/3－5－3
詞律二十八卷首一卷 (清)萬樹撰　清光緒二年(1876)刻本　十六冊

650000－1441－0000360　普5－1/4－1
詞律二十卷附詞律拾遺八卷詞律遺補一卷 (清)萬樹撰　清光緒二年(1876)普益書局石印本　十二冊　缺四卷(詞律拾遺六至八、遺補一卷)

650000－1441－0000361　普5－1/4－3
詞律二十八卷 (清)萬樹論次　清刻本　十一冊　存二十六卷(一至三、六至二十八)

650000－1441－0000362　普5－1/4－3－1
詞律二十八卷 (清)萬樹論次　清刻本　十二冊

650000－1441－0000363　普5－1/4－6
詞學全書十四卷 (清)毛先舒著　清乾隆十一年(1746)世德堂刻本　七冊

650000－1441－0000364　普5－1/4－7
詞學叢書二十三卷 (清)秦恩復輯　清嘉慶二十一年(1816)享帚精舍刻本　十冊

650000－1441－0000365　普5－1/4－8
詞學叢書二十三卷 (清)秦恩復輯　清刻本　十冊

650000－1441－0000366　普 5－1/5－1
詞學叢書二十三卷　(清)秦恩復輯　清刻本　八冊

650000－1441－0000367　普 5－1/5－15
詞選二卷附錄一卷　(清)張惠言錄　清同治十一年(1872)官書処刻本　一冊

650000－1441－0000368　普 5－1/5－16
詞選二卷附茗柯記一卷立山詞一卷　(清)張惠言錄　清刻本　一冊

650000－1441－0000369　普 5－1/5－17
詞稿二十八卷　(清)朱青長手抄　清刻本　六冊　存二十一卷(一至十四、十八至二十四)

650000－1441－0000370　普 5－1/5－6
詞林紀事二十二卷　(清)張宗橚輯　清乾隆四十四年(1779)樂是堂刻本　一冊　存十三卷(五至十、十六至二十二)

650000－1441－0000371　普 5－1/5－7
詞林紀事二十二卷附錄一卷　(清)張宗橚輯　清乾隆四十三年(1778)刻本　十冊

650000－1441－0000372　普 5－2/2－1
翠薇山房數學五十一卷　(清)張作楠撰　清刻本　十一冊　存四十九卷(三至五十一)

650000－1441－0000373　普 5－2/2－2
翠螺閣詩詞稿不分卷　(清)淩祉媛撰　清咸豐四年(1854)丁氏延慶堂刻本　七冊

650000－1441－0000374　普 5－2/2－3
崔東壁遺書一百卷　(清)崔述著　清道光二年(1822)東陽署中刻本　二十六冊

650000－1441－0000375　普 5－2/3－1
萃錦唫十六卷　(清)奕訢集　清光緒十一年(1885)刻本　十七冊

650000－1441－0000376　普 5－2/3－2
昌黎先生集四十卷　(唐)韓愈著　清刻本　十六冊

650000－1441－0000377　普 5－2/3－3
昌黎先生集四十卷　(清)李漢編　清刻本　十六冊

650000－1441－0000378　普 5－2/4－3
晦庵朱侍講先生韓文考異十卷　(宋)朱熹撰　清光緒二十二年(1896)刻本　八冊

650000－1441－0000379　普 5－2/4－4
昌黎先生集四十卷　(清)李漢編　清刻本　十二冊

650000－1441－0000380　普 5－2/5－2
昌黎先生集四十卷　(清)李漢編　清同治八年(1869)江蘇書局刻本　十一冊

650000－1441－0000381　普 5－2/5－2－2
昌黎先生集四十卷　(清)李漢編　清同治八年(1869)江蘇書局刻本　十一冊

650000－1441－0000382　普 5－2/5－2－1
昌黎先生集四十卷　(清)李漢編　清同治八年(1869)江蘇書局刻本　十冊　缺四卷(點勘一至四)

650000－1441－0000383　普 5－2/5－3
昌黎詩抄十二卷　(唐)韓愈撰　清刻本　六冊

650000－1441－0000384　普 5－2/5－4
昌黎先生詩集注十一卷　(清)顧嗣立補　清光緒九年(1883)翰墨園刻本　四冊

650000－1441－0000385　普 5－2/5－6
常談叢錄九卷　(清)李元復撰　清道光二十八年(1848)刻本　八冊

650000－1441－0000386　普 5－2/5－7
常言道四卷　(清)落魄道人編　清光緒元年(1875)得成堂刻本　四冊

650000－1441－0000387　普 5－2/5－8
[乾隆]常昭合志十卷　(清)王錦等修　清嘉慶二年(1797)刻本　七冊　存六卷(三、五至七、九至十)

650000－1441－0000388　普 5－2/5－9
晉書校文五卷　(清)丁國鈞撰　清光緒二十年(1894)刻本　一冊　存三卷(三至五)

650000－1441－0000389　普5－3/1－1
長安獲古編十卷　(清)劉喜海編　清刻本　一册

650000－1441－0000390　普5－3/1－13
蔡中郎集十一卷　(漢)蔡邕撰　清光緒十六年(1890)陶氏愛廬刻本　六册

650000－1441－0000391　普5－3/1－14
蔡中郎集十卷外集四卷　(漢)蔡邕撰　清光緒十六年(1890)陶氏愛廬刻本　五册

650000－1441－0000392　普5－3/1－15
蔡中郎集十卷外集四卷　(漢)蔡邕撰　清咸豐二年(1852)柏士達刻本　六册

650000－1441－0000393　普5－3/1－2
長江圖説一卷　(清)王子雲撰　清刻本　一册

650000－1441－0000394　普5－3/1－8
長蘆鹽法志二十卷附編一卷　(清)朱隆阿纂　清嘉慶十年(1805)刻本　二十四册

650000－1441－0000395　普5－3/2－1
蔡氏九儒書六卷首一卷　(清)蔡發編　清同治七年(1868)三餘書屋刻本　十册

650000－1441－0000396　普5－3/2－10
藏書紀事詩七卷　葉昌熾著　清光緒二十三年(1897)長沙學署使刻本　六册　存三卷(一至三)

650000－1441－0000397　普5－3/2－11
藏書紀事詩七卷　葉昌熾著　清宣統二年(1910)刻本　六册

650000－1441－0000398　普5－3/2－11－1
藏書紀事詩七卷　葉昌熾著　清宣統二年(1910)刻本　六册

650000－1441－0000399　普5－3/2－11－2
藏書紀事詩七卷　葉昌熾著　清宣統二年(1910)刻本　六册

650000－1441－0000400　普5－3/2－11－3
藏書紀事詩七卷　葉昌熾著　清宣統二年(1910)刻本　六册

650000－1441－0000401　普5－3/2－6
才調集補注十卷　(清)馮鈍吟　(清)馮默庵評閲　清光緒二十年(1894)江蘇書局刻本　四册

650000－1441－0000402　普5－3/3－12
天真閣集七卷詩餘一卷　(清)席佩蘭撰　清刻本　一册　存五卷(三至七)

650000－1441－0000403　普5－3/3－5
藏瞻奏稿二卷　(清)鹿傳霖撰　清光緒二十五年(1899)油印本　二册

650000－1441－0000404　普5－3/3－5－1
藏瞻奏稿二卷　(清)鹿傳霖撰　清光緒二十五年(1899)油印本　二册

650000－1441－0000405　普5－3/3－6
藏園九種曲十三卷　(清)蔣士銓填詞　清刻本　十一册　缺二種(七、九)

650000－1441－0000406　普5－3/4－15
倉頡篇三卷續二卷續補一卷　(清)孫星衍學　清光緒二十三年(1897)成都龍氏刻本　二册

650000－1441－0000407　普5－3/4－16
倉頡篇校証二卷　(清)梁章鉅撰　清刻本　二册

650000－1441－0000408　普5－3/4－17
茶香室叢鈔二十三卷　(清)俞樾輯　清光緒九年(1883)刻本　五册

650000－1441－0000409　普5－3/4－17－1
茶香室叢鈔二十三卷　(清)俞樾輯　清光緒九年(1883)刻本　八册

650000－1441－0000410　普5－3/4－17－2
茶香室叢鈔二十三卷　(清)俞樾輯　清光緒九年(1883)刻本　八册

650000－1441－0000411　普5－3/4－6
滄趣樓詩集十卷附聽水齋詞一卷　(清)陳寶琛著　清刻本　四册

650000－1441－0000412　普5－3/4－6－1
滄趣樓詩集十卷附聽水齋詞一卷　(清)陳寶

琛著　清刻本　四册

650000－1441－0000413　普5－3/4－6－2
滄趣樓詩集十卷附聽水齋詞一卷　（清）陳寶琛著　清刻本　四册

650000－1441－0000414　普5－3/4－8
滄桑艷二卷　丁傳靖撰　清光緒三十四年（1908）朱印本　一册

650000－1441－0000415　普5－3/4－9
滄桑艷二卷　丁傳靖撰　樊增祥　繆荃孫鑒定　清光緒三十四年（1908）刻本　一册

650000－1441－0000416　普5－3/5－2
茶香室續鈔二十五卷目録一卷　（清）俞樾輯　清光緒十一年（1885）刻本　五册

650000－1441－0000417　普5－3/5－2－1
茶香室續鈔二十五卷目録一卷　（清）俞樾輯　清光緒十一年（1885）刻本　八册

650000－1441－0000418　普5－3/5－4
茶香室四鈔二十九卷　（清）俞樾輯　清光緒二十四年（1898）刻本　二十册

650000－1441－0000419　普5－3/5－5
查禁鴉片煙章程一卷　（清）敬敏撰　清抄本　一册

650000－1441－0000420　普5－3/5－6
茶餘客話二十二卷　（清）阮葵生著　清光緒十四年（1888）刻本　二册

650000－1441－0000421　普5－3/5－7
茶山集八卷　（宋）曾幾撰　清乾隆四十一年（1776）武英殿聚珍版刻本　二册

650000－1441－0000422　普5－3/5－9
池北偶談二十六卷　（清）王士禛著　清刻本　八册

650000－1441－0000423　普5－4/1－2
池上草堂筆記八卷　（清）梁恭辰著　清同治十二年（1873）汴梁城北書店街藝文堂刻本　八册

650000－1441－0000424　普5－4/1－3
池上草堂筆記六卷續録六卷　（清）梁恭辰著　清光緒三年（1877）羊城味經堂刻本　八册

650000－1441－0000425　普5－4/1－4
尺牘初桄二卷　（清）子虚氏輯　清光緒二十八年（1902）鴻文書林石印本　二册

650000－1441－0000426　普5－4/1－5
赤城集十八卷　（清）林表民輯　清嘉慶二十三年（1818）刻本　四册

650000－1441－0000427　普5－4/1－6
持靜齋書目四卷續增一卷藏書紀要二卷　（清）丁日昌撰　清刻本　六册

650000－1441－0000428　普5－4/2－11
蠶桑萃編十五卷首一卷　（清）衛杰編　清光緒二十五年（1899）刻本　八册

650000－1441－0000429　普5－4/2－11－1
蠶桑萃編十五卷首一卷　（清）衛杰編　清光緒二十五年（1899）刻本　八册

650000－1441－0000430　普5－4/2－13
參寥集十二卷　（宋）釋道潛著　清光緒二十五年（1899）錢塘丁氏刻本　一册　存八卷（一至六、十一至十二）

650000－1441－0000431　普5－4/2－3
巢經巢詩抄九卷附後集一卷　（清）鄭珍著　清咸豐四年（1854）刻本　四册

650000－1441－0000432　普5－4/2－5
巢經巢遺文五卷　（清）鄭珍著　清光緒十九年（1893）資州官署刻本　四册

650000－1441－0000433　普5－4/3－10
輟耕録三十卷　（清）陶宗儀著　清刻本　六册

650000－1441－0000434　普5－4/3－11
策府統宗六十五卷　（清）劉昌齡輯　清光緒刻本　十六册　存六十一卷（三至五、八至六十五）

650000－1441－0000435　普5－4/3－12
岑嘉州集八卷　（唐）岑參撰　清光緒十年（1884）同文書局石印本　二册

650000－1441－0000436　普5－4/3－3
吹網錄六卷　(清)葉廷琯著　清刻本　二冊

650000－1441－0000437　普5－4/3－6
策略六卷　(清)汪紱著　清光緒二十三年(1897)刻本　四冊

650000－1441－0000438　普5－4/3－7
測圓海鏡細草十二卷　(元)李冶撰　清同治十二年(1873)古荷池精舍刻本　四冊

650000－1441－0000439　普5－4/4－1
輟耕錄三十卷　(清)陶宗儀著　清刻本　五冊　存二十四卷(一至二、九至三十)

650000－1441－0000440　普5－4/4－10
叢書書目匯編不分卷　(清)沈乾一編　清刻本　二冊　缺一冊(一)

650000－1441－0000441　普5－4/4－11
聰山集三卷　(清)申涵光著　清刻本　二冊　存二卷(一至二)

650000－1441－0000442　普5－4/4－13
岑華居士蘭鯨錄八卷　(清)吳慈鶴撰　清刻本　一冊　存四卷(五至八)

650000－1441－0000443　普5－4/4－14
岑華居士外集二卷　(清)吳慈鶴撰　清刻本　一冊

650000－1441－0000444　普5－4/4－2
輟耕錄三十卷　(清)陶宗儀著　清刻本　八冊

650000－1441－0000445　普5－4/4－3
從古堂款識學十六卷　(清)徐同柏釋文　清光緒三十二年(1906)孟學報館刻本　八冊

650000－1441－0000446　普5－4/4－8
從政遺規二卷　(清)陳弘謀編　清光緒十一年(1885)吉村北街裕興堂刻本　二冊

650000－1441－0000447　普5－4/4－9
輟耕錄三十卷　(清)陶宗儀著　清刻本　六冊

650000－1441－0000448　普5－4/4－9－1
從政遺規二卷　(清)陳宏謀編　清乾隆八年(1743)刻本　二冊

650000－1441－0000449　普5－4/5－1
草木子四卷　(明)葉子奇著　清光緒元年(1875)刻本　二冊

650000－1441－0000450　普5－4/5－10
闡道編二卷學庸解一卷　(清)明善子著　清光緒二十七年(1901)體善堂刻本　三冊

650000－1441－0000451　普5－4/5－12
存齋偶編不分卷　(清)胡宗藩輯　清同治十年(1871)存齋居士刻本　一冊

650000－1441－0000452　普5－4/5－13
存素堂文集四卷續集一卷　(清)法式善著　清嘉慶十二年(1807)程式揚州刻本　二冊

650000－1441－0000453　普5－4/5－14
岑華居士蘭鯨錄八卷　(清)吳慈鶴著　清同治二年(1863)刻本　一冊　存三卷(一至三)

650000－1441－0000454　普5－4/5－2
草茅一得三卷續一卷　(清)戴存莊撰　清刻本　四冊

650000－1441－0000455　普5－4/5－3
草堂詩餘四集十七卷　(清)顧從敬類選　清刻本　八冊

650000－1441－0000456　普5－4/5－7
曹集銓評十卷逸文一卷　(清)丁晏纂撰　清同治十一年(1872)金陵書局刻本　四冊

650000－1441－0000457　普5－4/5－8
禪真逸史不分卷　(清)程正揆撰　清刻本　四冊　缺二十二回(一至二十二)

650000－1441－0000458　普5－4/5－9
懺餘綺語二卷　(清)郭祥伯著　清光緒五年(1879)信述堂刻本　一冊

650000－1441－0000459　普6－1/1－1
蘇東坡全集一百十卷　(宋)蘇軾撰　清宣統元年(1909)石印本　四十七冊

650000－1441－0000460　普6－1/1－2

蘇東坡全集一百十卷　(宋)蘇軾撰　清光緒三十四年至宣統元年(1908－1909)寳華盦石印本　二十四册　缺十八卷(内制集一至七、續集二至十二)

650000－1441－0000461　普6－1/1－2－1
蘇東坡全集一百十卷　(宋)蘇軾撰　清光緒三十四年至宣統元年(1908－1909)寳華盦石印本　四十八册

650000－1441－0000462　普6－1/1－4
東塾讀書記二十五卷　(清)陳澧撰　清光緒七年(1881)刻本　四册　存二十一(一至二十一)

650000－1441－0000463　普6－1/2－1
東坡集八十四卷目録二卷　(宋)蘇軾撰　清道光十二年(1832)眉州三蘇祠刻本　四十六册

650000－1441－0000464　普6－1/4－5
東萊先生音注唐鑑二十四卷　(宋)范祖禹撰　清刻本　八册

650000－1441－0000465　普6－1/4－6
東萊先生音注唐鑑二十四卷　(宋)范祖禹撰　清同治十三年(1874)尊經書院刻本　六册

650000－1441－0000466　普6－1/5－1
東萊博議四卷　(宋)吕祖謙撰　清刻本　二册

650000－1441－0000467　普6－1/5－6
東都事略一百三十卷　(宋)王稱撰　清光緒九年(1883)淮南書局刻本　八册

650000－1441－0000468　普6－1/5－9
東華録四十五卷　王先謙撰　清光緒十三年(1887)圖書集成印書局鉛印本　六十四册

650000－1441－0000469　普6－2/2－1
十朝東華録五百九十四卷附同治朝一百卷　王先謙撰　清光緒二十五年(1899)石印本　八十六册

650000－1441－0000470　普6－2/2－1－1
十朝東華録五百九十四卷附同治朝一百卷　王先謙撰　清光緒二十五年(1899)石印本　八十八册

650000－1441－0000471　普6－2/3－2
東華續録六十九卷(咸豐朝)　(清)潘頤福撰　清光緒十八年(1892)圖書集成印書局鉛印本　十六册

650000－1441－0000472　普6－2/3－3
東華録三十二卷　(清)蔣良騏撰　清乾隆三十年(1765)文聚堂刻本　八册　存八卷(一至八)

650000－1441－0000473　普6－2/4－1
東三省政略四十卷　徐世昌著　清宣統三年(1911)鈐印本　四十册

650000－1441－0000474　普6－2/4－2
東三省移民開墾意見書不分卷　(清)熊希齡擬　清刻本　二册

650000－1441－0000475　普6－2/5－3
東周列國全志二十三卷　(清)蔡界評點　清乾隆五年(1740)書城山房刻本　二十四册

650000－1441－0000476　普6－2/5－3－1
東周列國全志二十三卷　(清)蔡界評點　清乾隆五年(1740)書城山房刻本　二十四册

650000－1441－0000477　普6－2/5－3－2
東周列國全志二十三卷　(清)蔡界評點　清乾隆五年(1740)書城山房刻本　二十四册

650000－1441－0000478　普6－3/1－1
東周列國全志二十三卷　(清)蔡界評點　清刻本　二十四册

650000－1441－0000479　普6－3/1－2
東周列國全志二十三卷　(清)蔡界評點　清乾隆十七年(1752)江左書林刻本　二十四册

650000－1441－0000480　普6－3/1－3
東周列國志考異二卷　(清)朱元炅撰　清光緒十三年(1887)刻本　二册

650000－1441－0000481　普6－3/1－4
東塾讀書記二十五卷　(清)陳澧撰　清光緒

七年(1881)刻本　四冊

650000－1441－0000482　普6－3/1－8
東塾集六卷　(清)陳澧撰　清光緒十八年(1892)菊坡精舍刻本　六冊

650000－1441－0000483　普6－3/1－9
東塾集六卷附申范一卷　(清)陳澧撰　清光緒十八年(1892)菊坡精舍刻本　三冊

650000－1441－0000484　普6－3/2－10
東漢會要四十卷　(宋)徐天麟撰　清光緒五年(1879)嶺南學海堂刻本　八冊

650000－1441－0000485　普6－3/2－13
東野軒文集四卷　(清)許廷鋒著　清刻本　二冊

650000－1441－0000486　普6－3/2－7
東漢會要四十卷　(宋)徐天麟撰　清刻本　六冊

650000－1441－0000487　普6－3/2－7－1
東漢會要四十卷　(宋)徐天麟撰　清刻本　六冊

650000－1441－0000488　普6－3/2－8
東漢會要四十卷　(宋)徐天麟撰　清刻本　八冊

650000－1441－0000489　普6－3/2－8－1
東漢會要四十卷　(宋)徐天麟撰　清刻本　八冊

650000－1441－0000490　普6－3/3－1
東观漢記二十四卷　(清)劉珍撰　清道光十年(1830)武英殿刻本　四冊

650000－1441－0000491　普6－3/3－13
明末東南西南紀事二十四卷　(清)邵廷采撰　清光緒十年(1884)徐氏刻本　四冊

650000－1441－0000492　普6－3/3－14
東岡詩賸十四卷　(清)周有聲撰　清嘉慶二十年(1815)夷白齋刻本　二冊

650000－1441－0000493　普6－3/3－19
東甌先正文錄十三卷　(清)陳遇春編輯　清道光十四年(1834)郭博古刻本　十六冊

650000－1441－0000494　普6－3/3－2
東观漢記二十四卷　(清)劉珍撰　清乾隆六十年(1795)刻本　二冊

650000－1441－0000495　普6－3/3－3
東觀存槀一卷　(清)陳壽祺撰　清刻本　一冊

650000－1441－0000496　普6－3/5－10
董理文字之我見一卷　華學涑撰　清刻本　一冊

650000－1441－0000497　普6－3/5－4
董方立遺書十六卷　(清)董祐誠撰　清同治八年(1869)成都寓舍刻本　四冊

650000－1441－0000498　普6－3/5－4－1
董方立遺書十六卷　(清)董祐誠撰　清同治八年(1869)成都寓舍刻本　四冊

650000－1441－0000499　普6－3/5－9
春秋繁露十七卷　(漢)董仲舒撰　清刻本　二冊

650000－1441－0000500　普6－4/1－2
冬生草堂詩錄八卷附冬生草堂文錄四卷　(清)夏寶晉撰　清咸豐元年(1851)刻本　六冊

650000－1441－0000501　普6－4/1－3
洞仙詞六卷　(清)陳星涵撰　清光緒十四年(1888)沙氏刻本　二冊

650000－1441－0000502　普6－4/1－5
别國洞冥記四卷　(漢)郭憲著　清刻本　一冊　存三卷(一至三)

650000－1441－0000503　普6－4/2－1
大清律例新增通纂集成四十卷　(清)姚雨薌纂輯　清道光二十四年(1844)刻本　二十二冊

650000－1441－0000504　普6－4/2－2
大清律例增修統纂集成四十卷附督捕則列二卷　(清)陶東皐增修　清光緒二十年(1894)學庫山房刻本　二十四冊

650000－1441－0000505　普6－4/2－3
大清律例增修統纂集成四十卷　(清)陶東皋增修　清光緒十五年(1889)刻本　二十四册

650000－1441－0000506　普6－4/3－1
大清律例彙輯便覽四十卷附督捕則例二卷　(清)何瞻撰　清同治十二年(1873)讀律山舘刻本　四十册

650000－1441－0000507　普6－4/3－2
大清律例歌括□□卷　(□)□□撰　清光緒二十九年(1903)官書局刻本　四册

650000－1441－0000508　普6－4/3－3
大清律纂修條例二卷　(清)刑部纂　清道光二十五年(1845)刻本　二册

650000－1441－0000509　普6－4/3－5
大清律例增修統纂集成四十卷　(清)陶駿　(清)陶念霖增修　清刻本　三册　存三卷(四、八、二十四)

650000－1441－0000510　普6－4/3－6
東山談苑八卷　(清)余懷編　清刻本　一册　存四卷(五至八)

650000－1441－0000511　普6－4/4－1
大清律講義二十卷附審判要略三十則　吉同鈞撰　清光緒三十三年(1907)修訂法律舘鉛印本　三册

650000－1441－0000512　普6－4/4－2
大清法規大全一百五十九卷續編一百四十卷　(清)財政部編　清光緒三十四年(1908)政學社石印本　十册　存三十三卷(財政部一至四、外交部一至二、憲政部一至二、旗藩部一至二、實業部一至十、教育部一、軍政部一至二、民政部一至三、禮制部一至七)

650000－1441－0000513　普6－4/4－3
大清刑律總則草案□□卷　沈家本編　清光緒三十三年(1907)法律舘鉛印本　一册　存第一編

650000－1441－0000514　普6－4/4－4
大清現行刑律三十六卷　奕劻撰　清宣統二年(1910)鉛印本　十二册

650000－1441－0000515　普6－4/4－5
大清現行刑律講義八卷　吉同鈞纂輯　清宣統二年(1910)法部律學館石印本　八册

650000－1441－0000516　普6－4/4－6
大清壹統輿圖三十卷首一卷　(清)胡林翼撰　清同治二年(1863)刻本　十六册

650000－1441－0000517　普6－4/4－7
大清壹統輿圖三十卷　(清)胡林翼撰　清同治二年(1863)景桓樓刻本　三十二册

650000－1441－0000518　普6－4/5－1
大清壹統輿圖三十卷　(清)胡林翼撰　清同治二年(1863)景桓樓刻本　一册

650000－1441－0000519　普6－4/5－2
大清壹統輿圖三十卷　(清)胡林翼撰　清同治二年(1863)景桓樓刻本　十二册

650000－1441－0000520　普6－4/5－2－1
大清壹統輿圖三十卷　(清)胡林翼撰　清同治二年(1863)景桓樓刻本　十二册

650000－1441－0000521　普6－4/5－3
大清壹統輿圖三十卷　(清)胡林翼撰　清刻本　八册　存八卷(二、五、七至八、十一至十四)

650000－1441－0000522　普6－4/5－4
大清壹統輿圖三十卷　(清)胡林翼撰　清同治二年(1863)景桓樓刻本　八册

650000－1441－0000523　普6－4/5－5
大清壹統志五百卷　(清)和珅修　清光緒二十八年(1902)寶善齋石印本　六十册

650000－1441－0000524　普7－1/1－2
宣統政紀四十三卷　金毓黻著　清光緒三十四年(1908)遼海書社刻本　十六册

650000－1441－0000525　普7－1/1－2－1
宣統政紀四十三卷　金毓黻著　清光緒三十四年(1908)遼海書社刻本　十六册

650000－1441－0000526　普7－1/1－4

大清光緒新法令十三類不分卷　（清）商務印書館編譯　清宣統元年（1909）商務印書館影印本　二十冊

650000－1441－0000527　普 7－1/2－1
大清畿輔先哲傳四十卷　徐世昌著　清刻本　二十二冊　存三十八卷（二至九、十一至四十）

650000－1441－0000528　普 7－1/2－3
大清道光拾柒年時憲書不分卷　（清）福泰升記　清道光十七年（1837）都城欽天監刻本　一冊

650000－1441－0000529　普 7－1/2－4
大清憲法大綱講義三章不分卷　（清）黄轡元述　清宣統三年（1911）四川商業講習所鉛印本　一冊

650000－1441－0000530　普 7－1/2－5
大清光緒時憲書不分卷　（清）欽天監撰　清光緒二年（1876）都城順天府刻本　二十冊

650000－1441－0000531　普 7－1/2－6
大清通禮五十卷　（清）李玉鳴著　清乾隆三年（1738）刻本　八冊

650000－1441－0000532　普 7－1/3－1
大智度論一百卷　（後秦）釋鳩摩羅什譯　清光緒九年（1883）姑蘇刻經處刻本　十二冊　存四十八卷（一至四十八）

650000－1441－0000533　普 7－1/3－1－1
大智度論一百卷　（後秦）釋鳩摩羅什譯　清光緒九年（1883）姑蘇刻經處刻本　二十五冊

650000－1441－0000534　普 7－1/3－2
大佛頂首楞嚴經正脈疏四十卷　（明）釋交光真鑑譯　清光緒二十三年（1897）姑蘇刻經處刻本　十四冊

650000－1441－0000535　普 7－1/3－3
大佛頂首楞嚴經疏解蒙鈔六十卷　（清）錢謙益著　清刻本　二十冊

650000－1441－0000536　普 7－1/3－4
大清壹統輿圖二十卷附皇朝壹統輿圖歷代紀元編三卷　（清）胡林翼編　清刻本　七冊　缺六卷（大清壹統輿圖三至八）

650000－1441－0000537　普 7－1/3－6
小謨觴館全集不分卷　（清）彭兆蓀著　清光緒三十二年（1906）刻本　一冊

650000－1441－0000538　普 7－1/4－1
大雲山房文稿初集四卷　（清）惲敬著　清嘉慶二十年（1815）南昌甲戌坊刻本　十冊

650000－1441－0000539　普 7－1/4－11
大成會蘵錄□□卷　（清）尹昌齡著　清刻本　二十二冊　存二十二卷（三至四、八、十二、十七至十八、二十、二十三、二十五、二十八至三十、三十六、三十八、四十六至四十八、五十七至五十八、六十一、六十五、六十七）

650000－1441－0000540　普 7－1/4－12
大宋重修廣韻五卷　（清）張士俊著　清刻本　三冊

650000－1441－0000541　普 7－1/4－13
大宋重修廣韻五卷　（清）張士俊著　清道光三十年（1850）邵州東山精舍刻本　二冊

650000－1441－0000542　普 7－1/4－2
大雲山房文稿初集四卷二集四卷言事二卷補編一卷　（清）惲敬著　清光緒十年（1884）刻本　十冊

650000－1441－0000543　普 7－1/4－3
大雲山房文稿初集四卷二集四卷　（清）惲敬著　清光緒十四年（1888）刻本　八冊

650000－1441－0000544　普 7－1/4－4
大學衍義四十三卷　（宋）真德秀著　清同治十一年（1872）浙江書局刻本　十冊

650000－1441－0000545　普 7－1/4－5
大學衍義輯要六卷　（宋）真德秀著　清道光二十二年（1842）實恕堂刻本　四冊

650000－1441－0000546　普 7－1/4－6
大般涅槃經四十卷　（北涼）釋曇無讖譯　清同治十三年（1874）杭省西湖昭刻本慶慧空經房刻本　十一冊

650000－1441－0000547　普7－1/4－7
大廣益會玉篇三十卷　(清)顧野王撰　清道光三十年(1850)邵州東山精舍刻本　三册

650000－1441－0000548　普7－1/4－7－1
大廣益會玉篇三十卷　(清)顧野王撰　清道光三十年(1850)邵州東山精舍刻本　三册

650000－1441－0000549　普7－1/4－7－2
大廣益會玉篇三十卷　(清)顧野王撰　清道光三十年(1850)邵州東山精舍刻本　三册

650000－1441－0000550　普7－1/4－7－3
大廣益會玉篇三十卷　(清)顧野王撰　清道光三十年(1850)邵州東山精舍刻本　三册

650000－1441－0000551　普7－1/4－7－4
大廣益會玉篇三十卷　(清)顧野王撰　清道光三十年(1850)邵州東山精舍刻本　六册

650000－1441－0000552　普7－1/5－10
大日本中興先覺志二卷　(日本)岡本監輔撰　清光緒二十七年(1901)開導社刻本　二册

650000－1441－0000553　普7－1/5－10－1
大日本中興先覺志二卷　(日本)岡本監輔撰　清光緒二十七年(1901)開導社刻本　二册

650000－1441－0000554　普7－1/5－13
大明律集解附例三十卷　(明)張之潮著　清光緒三十四年(1908)修訂法律舘刻本　九册

650000－1441－0000555　普7－1/5－14
大字足本繡像六月雪全傳□□卷　(□)□□撰　清石印本　三册　存六十八卷(七至七十四)

650000－1441－0000556　普7－1/5－18
大書長語二卷　(明)費瀛著　清刻本　一册

650000－1441－0000557　普7－1/5－2
大唐郊祀錄十卷　(唐)王涇撰　清刻本　一册

650000－1441－0000558　普7－1/5－2－1
大唐郊祀錄十卷　(唐)王涇撰　清刻本　二册

650000－1441－0000559　普7－1/5－4
大戴禮記十三卷　(漢)戴德撰　清宣統二年(1910)陶子麟刻本　二册

650000－1441－0000560　普7－1/5－4－1
大戴禮記十三卷　(漢)戴德撰　清宣統二年(1910)陶子麟刻本　二册

650000－1441－0000561　普7－1/5－6
大方廣佛華嚴經著述集要不分卷　(唐)釋澄觀述　清刻本　五册　缺二册

650000－1441－0000562　普7－1/5－7
大方廣圓覺修多羅了義經直解二卷　(唐)釋佛陀多羅譯　清光緒十年(1884)昭慶寺慧空經房刻本　二册

650000－1441－0000563　普7－1/5－7－1
大方廣圓覺修多羅了義經直解二卷　(唐)釋佛陀多羅譯　清光緒十年(1884)昭慶寺慧空經房刻本　二册

650000－1441－0000564　普7－2/3－2
讀書雜志八十二卷餘編二卷　(清)王念孫著　清同治九年(1870)金陵書局刻本　二十四册

650000－1441－0000565　普7－2/3－2－1
讀書雜志八十二卷餘編二卷　(清)王念孫著　清同治九年(1870)金陵書局刻本　二十四册

650000－1441－0000566　普7－2/3－2－2
讀書雜志八十二卷餘編二卷　(清)王念孫著　清同治九年(1870)金陵書局刻本　二十四册

650000－1441－0000567　普7－2/3－2－3
讀書雜志八十二卷餘編二卷　(清)王念孫著　清同治九年(1870)金陵書局刻本　二十四册

650000－1441－0000568　普7－2/4－1
讀畫齋叢書一百九十九卷　(清)孫志祖撰　清乾隆五十五年(1790)刻本　六十四册

650000－1441－0000569　普7－2/4－3

讀書堂杜工部文集注解二卷　(清)張溍評注　清刻本　一冊

650000－1441－0000570　普7－2/5－1
讀書紀數略五十四卷　(清)宮夢仁撰　清光緒六年(1880)刻本　十六冊

650000－1441－0000571　普7－2/5－1－1
讀書紀數略五十四卷　(清)宮夢仁撰　清光緒六年(1880)刻本　十六冊

650000－1441－0000572　普7－2/5－2
讀書紀數略五十四卷　(清)宮夢仁撰　清光緒六年(1880)刻本　十一冊　存四十七卷(一至四、十二至五十四)

650000－1441－0000573　普7－2/5－3
讀書紀數略五十四卷　(清)宮夢仁撰　清同治十三年(1874)刻本　十二冊

650000－1441－0000574　普7－3/1－2
讀書脞錄七卷　(清)孫志祖著　清嘉慶四年(1799)刻本　二冊

650000－1441－0000575　普7－3/1－3
讀書雜釋十四卷　(清)徐鼒著　清咸豐十一年(1861)刻本　四冊

650000－1441－0000576　普7－3/1－6
讀書叢錄二十四卷　(清)洪頤煊著　清光緒十三年(1887)吳氏醉六堂刻本　六冊

650000－1441－0000577　普7－3/2－1
讀史兵略四十六卷　(清)胡林翼著　清刻本　十六冊

650000－1441－0000578　普7－3/2－2
明史志略一卷　(清)王逢源著　清光緒三年(1877)刻本　一冊

650000－1441－0000579　普7－3/2－3
讀史大略六十卷首一卷附小沙子史略一卷　(清)沙一卿著　清光緒二十六年(1900)刻本　十二冊

650000－1441－0000580　普7－3/2－4
讀史鏡古編三十二卷　(清)潘世恩著　清同治十三年(1874)飛霞閣刻本　六冊

650000－1441－0000581　普7－3/2－5
讀史鏡古編三十二卷　(清)潘世恩著　清道光四年(1824)鳳池園刻本　八冊

650000－1441－0000582　普7－3/3－1
讀史碎金六卷　(清)胡文炳撰　清光緒元年(1875)蘭石齋刻本　六冊

650000－1441－0000583　普7－3/3－4
讀禮通考一百二十卷　(清)徐乾學著　清光緒七年(1881)江蘇書局刻本　三十二冊

650000－1441－0000584　普7－3/3－4－1
讀禮通考一百二十卷　(清)徐乾學著　清光緒七年(1881)江蘇書局刻本　三十二冊

650000－1441－0000585　普7－3/4－1
讀禮志疑六卷　(清)陸清獻纂　(清)張應時校　清嘉慶二十年(1815)刻本　一冊

650000－1441－0000586　普7－3/5－1
讀例存疑五十四卷　(清)薛允升著　清光緒三十一年(1905)北京琉璃廠翰茂齋刻本　二十三冊　缺二十三卷(十四至十七、二十六至三十一、三十三至三十六、四十二至四十四、四十六、四十八至四十九、五十二至五十四)

650000－1441－0000587　普7－3/5－2
讀通鑑論三十卷附宋論十五卷　(清)王夫之撰　清光緒二十七年(1901)傑古堂刻本　二十冊

650000－1441－0000588　普7－3/5－4
讀通鑑論三十卷附宋論十五卷　(清)王夫之撰　清光緒二十五年(1899)刻本　十六冊　存三十卷(讀通鑑論三十卷)

650000－1441－0000589　普7－3/5－4－1
讀通鑑論三十卷附宋論十五卷　(清)王夫之撰　清光緒二十五年(1899)刻本　二十冊

650000－1441－0000590　普7－4/1－1
讀雪山房唐詩抄三十四卷　(清)管世銘著　清光緒十二年(1886)官書処刻本　十二冊

650000－1441－0000591　普7－4/1－5
讀水經注小識四卷　(清)龐鴻書　清刻本

一冊

650000－1441－0000592　普7－4/1－6
讀律佩觿八卷　(清)王明德著　清刻本　四冊　存四卷(一至三、八)

650000－1441－0000593　普7－4/1－7
讀孟子叢説二卷　(元)許謙撰　清刻本　一冊

650000－1441－0000594　普7－4/2－1
杜詩集説二十卷末一卷　(清)江浩然編輯　清乾隆四十八年(1783)刻本　十二冊

650000－1441－0000595　普7－4/2－1－1
杜詩集説二十卷末一卷　(清)江浩然編輯　清乾隆四十八年(1783)刻本　十二冊

650000－1441－0000596　普7－4/2－2
杜詩集説二十卷　(清)江浩然纂輯　清乾隆四十八年(1783)本立堂刻本　十二冊

650000－1441－0000597　普7－4/2－3
杜詩註釋二十四卷首一卷　(清)許寶善編輯　清光緒三年(1877)朱氏刻本　十二冊

650000－1441－0000598　普7－4/2－5
杜詩偶評四卷　(清)沈德潛點定　清乾隆十二年(1747)賦閑草堂刻本　二冊

650000－1441－0000599　普7－4/2－5－1
杜詩偶評四卷　(清)沈德潛點定　清乾隆十二年(1747)賦閑草堂刻本　二冊

650000－1441－0000600　普7－4/2－7
杜詩論文五十六卷　(清)吴興伯定　清刻本　一冊　存一卷(三)

650000－1441－0000601　普7－4/3－1
杜詩鏡銓二十卷附杜文註解二卷　(清)楊西河著　清乾隆五十八年(1793)登雲閣刻本　十二冊

650000－1441－0000602　普7－4/3－3
杜詩鏡銓二十二卷附錄一卷　(清)楊西河著　清同治七年(1868)刻本　九冊

650000－1441－0000603　普7－4/3－4
杜詩言志十六卷　(□)□□撰　清末刻本　八冊

650000－1441－0000604　普7－4/3－5
杜工部集二十卷首一卷　(唐)杜甫撰　清道光十四年(1834)刻本　八冊

650000－1441－0000605　普7－4/3－6
杜工部集二十卷首一卷　(唐)杜甫撰　清光緒二年(1876)粵東翰墨園刻本　十冊

650000－1441－0000606　普7－4/3－6－1
杜工部集二十卷首一卷　(唐)杜甫撰　清光緒二年(1876)粵東翰墨園刻本　十冊

650000－1441－0000607　普7－4/4－10
杜韓詩句集韻三卷　(清)汪文柏著　清道光五年(1825)金陵書局刻本　四冊

650000－1441－0000608　普7－4/4－2
杜工部集二十卷首一卷　(唐)杜甫撰　清光緒二年(1876)粵東翰墨園刻本　十一冊

650000－1441－0000609　普7－4/4－4
杜工部集二十卷首一卷　(唐)杜甫撰　清同治十一年(1872)粵東翰墨園刻本　十冊

650000－1441－0000610　普7－4/4－4－1
杜工部集二十卷首一卷　(唐)杜甫撰　清同治十一年(1872)粵東翰墨園刻本　十冊

650000－1441－0000611　普7－4/4－6
杜工部集二十卷首一卷　(唐)杜甫撰　清光緒十三年(1887)刻本　五冊　存十一卷(一至十、首一卷)

650000－1441－0000612　普7－4/4－7
杜律通解四卷　(唐)杜甫著　清刻本　三冊

650000－1441－0000613　普7－4/4－9
杜清獻公文集十九卷首一卷補遺一卷附錄一卷校注一卷年譜一卷　(清)黄岳著　清同治九年(1870)孫氏刻本　四冊

650000－1441－0000614　普8－1/3－12
度曲須知二卷　(明)沈寵綏撰　清刻本　一冊　存一卷(下)

650000－1441－0000615　普8－1/3－13
獨學廬三稿五卷　(清)石韞玉撰　清刻本　一册　存三卷(四至六)

650000－1441－0000616　普8－1/3－6
督捕則例附纂二卷　(清)刑部撰　清刻本　一册

650000－1441－0000617　普8－1/3－7
度隴記四卷　(清)董醇著　清道光二十九年(1849)刻本　四册

650000－1441－0000618　普8－1/3－7－1
度隴記四卷　(清)董醇著　清道光二十九年(1849)刻本　四册

650000－1441－0000619　普8－1/3－9
都臺浦河工案牘不分卷　上海浦東塘工善後局編　清宣統元年(1909)時中書局鉛印本　一册

650000－1441－0000620　普8－1/4－1
岱南閣叢書十六種　(清)孫星衍撰　清刻本　四十册

650000－1441－0000621　普8－1/4－2
帶經堂詩話三十卷　(清)王士禛著　清同治十二年(1873)廣州藏修堂刻本　十册

650000－1441－0000622　普8－1/4－3
帶經堂詩話三十卷　(清)王士禛著　清同治十二年(1873)廣州藏修堂刻本　八册

650000－1441－0000623　普8－1/5－1
帶經堂詩話三十卷首一卷　(清)王士禛撰　清同治十二年(1873)廣州藏脩堂刻本　十册

650000－1441－0000624　普8－1/5－9
蠶尾續文集二十卷　(清)王士禛撰　清刻本　六册

650000－1441－0000625　普8－2/2－1
貸園叢書初集十二種　(清)周永平著　清乾隆五十四年(1789)竹西書屋刻本　十六册

650000－1441－0000626　普8－2/2－2
代數難題解法二十五卷　(清)傅蘭雅口譯　清刻本　六册　存十八卷(三至十三、十九至二十五)

650000－1441－0000627　普8－2/2－4
代數术二十五卷首一卷　(英國)華里司輯　清刻本　六册

650000－1441－0000628　普8－2/2－4－1
代數术二十五卷首一卷　(英國)華里司輯　清刻本　四册　存十八卷(一至十八)

650000－1441－0000629　普8－2/2－5
代數通藝錄十六卷續集二卷　(清)方子可撰　清光緒二十六年(1900)石印本　六册　存十二卷(一至七、十四至十六,續集二卷)

650000－1441－0000630　普8－2/2－6
代數通藝錄十六卷　(清)方子可撰　清光緒十六年(1890)刻本　六册

650000－1441－0000631　普8－2/3－1
戴東原集十二卷　(清)戴震著　清宣統二年(1910)渭南嚴氏刻本　六册

650000－1441－0000632　普8－2/3－2
戴東原集附年譜十二卷　(清)戴震著　清宣統二年(1910)孝義家塾刻本　六册

650000－1441－0000633　普8－2/3－3
戴氏遺書六種□□卷　(清)戴震著　清乾隆刻本　六册

650000－1441－0000634　普8－2/4－1
點石齋畫報四十四卷　(□)□□撰　清光緒十年(1884)石印本　四十一册

650000－1441－0000635　普8－2/5－10
道古堂文集四十八卷詩二十六卷集外文一卷佚事一卷　(清)杭世駿著　清乾隆四十三年(1778)刻本　二十册

650000－1441－0000636　普8－2/5－11
道古堂文集四十八卷　(清)杭世駿著　清乾隆四十三年(1778)刻本　十二册　存十卷(一至十)

650000－1441－0000637　普8－2/5－12
道古堂文集四十六卷　(清)杭世駿著　清乾隆五十五年(1790)刻本　六册

650000－1441－0000638　普8－2/5－6
滇繹四卷　袁嘉穀撰　清刻本　一册

650000－1441－0000639　普8－2/5－7
滇繹四卷　袁嘉穀撰　清刻本　一册

650000－1441－0000640　普8－2/5－8
點勘記二卷附省堂筆記一卷　（清）歐陽泉著　清光緒四年（1878）江蘇書局刻本　二册

650000－1441－0000641　普8－2/5－9
滇雲歷年傳十二卷　（清）倪蜕撰　清道光二十六年（1846）倪氏刻本　十册

650000－1441－0000642　普8－3/1－1
道古堂文集四十六卷詩集二十六卷　（清）杭世駿著　清掃葉山房石印本　十一册

650000－1441－0000643　普8－3/1－10
道言内集一卷外集一卷　（宋）鄒浩著　清刻本　九册　存八册（一至三、五至九）

650000－1441－0000644　普8－3/1－11
悟真直指四卷箋注三卷經文三卷三相類三卷　（清）劉一明撰　清嘉慶二十四年（1819）刻本　九册

650000－1441－0000645　普8－3/1－6
道鄉先生文集四十卷補遺一卷附錄一卷（宋）鄒浩著　清道光十三年（1833）刻本　八册

650000－1441－0000646　普8－3/1－7
道鄉公文集四十卷補遺一卷附錄一卷年譜一卷　（宋）鄒浩著　清刻本　十一册

650000－1441－0000647　普8－3/1－8
道言内外秘訣全書六十三卷　（明）彭好古編　清刻本　十一册

650000－1441－0000648　普8－3/2－10
道援堂詩集十二卷附詞一卷目錄一卷　（清）屈大均著　清刻本　八册

650000－1441－0000649　普8－3/2－11
道原精萃十三卷　（清）方殿華著　清光緒十三年（1887）鉛印本　八册

650000－1441－0000650　普8－3/2－12
道藏目錄詳注四卷附萬曆續道藏目錄一卷（明）白雲霽著　清刻本　四册

650000－1441－0000651　普8－3/2－13
道榮堂文集四卷　（清）陳鵬年著　清乾隆二十六年（1761）刻本　六册

650000－1441－0000652　普8－3/2－14
道齊正軌二十卷　（清）鄒鳴鶴著　清道光三十年（1850）刻本　八册

650000－1441－0000653　普8－3/2－15
賨存四卷　（清）胡式鈺撰　清同治十三年（1874）刻本　一册

650000－1441－0000654　普8－3/2－16
敦交集一卷　（元）魏士達輯　清宣統三年（1911）西泠印社刻本　一册

650000－1441－0000655　普8－3/2－2
孚佑帝淺注道德經二卷　（清）崇正精注　清刻本　二册

650000－1441－0000656　普8－3/2－5
道德經評註二卷　（漢）河上公著　清刻本　一册

650000－1441－0000657　普8－3/2－6
道德經評註二卷　（漢）河上公著　清嘉慶刻本　一册

650000－1441－0000658　普8－3/2－7
道學平議十卷　（清）吴光耀著　清刻本　五册　存四卷（一、五、八至九）

650000－1441－0000659　普8－3/2－9
道統大成十一卷　（宋）張伯端著　清刻本　十册

650000－1441－0000660　普8－3/4－10
第五才子書施耐庵水滸傳七十五卷　（明）施耐庵著　清刻本　二十册

650000－1441－0000661　普8－3/4－9
敦艮齋遺書十七卷　（清）徐潤第著　清道光二十八年（1848）刻本　五册

650000－1441－0000662　普 8－3/5－1
第五才子書水滸傳七十五卷　(明)施耐庵撰　清刻本　二十二册　存七十卷(一至五、九至六十三、六十六至七十五)

650000－1441－0000663　普 8－3/5－10
地理辯正直解五卷　(清)蔣平階著　清刻本　四册

650000－1441－0000664　普 8－3/5－11
地學雜誌□□卷　(□)□□撰　清刻本　一册

650000－1441－0000665　普 8－3/5－12
地理全志不分卷　(英國)慕維廉撰　清光緒二十一年(1895)味經售書処刻本　二册

650000－1441－0000666　普 8－3/5－15
第五才子書水滸全傳七十五卷　(明)施耐庵撰　清刻本　十三册　存五十八卷(九至十八、二十二至二十四、二十八至二十九、三十三至七十五)

650000－1441－0000667　普 8－3/5－2
第五才子書水滸全傳七十五卷　(明)施耐庵撰　清刻本　二十册　存七十三卷(一至十二、十五至七十五)

650000－1441－0000668　普 8－3/5－3
第五才子書水滸全傳七十五卷　(明)施耐庵撰　清光緒十四年(1888)石印本　十二册

650000－1441－0000669　普 8－3/5－5
第一樓叢書三十卷　(清)俞樾撰　清同治十年(1871)刻本　六册

650000－1441－0000670　普 8－3/5－6
地學指略三卷　(清)李慶軒著　清光緒二十四年(1898)小倉山房石印本　一册

650000－1441－0000671　普 8－3/5－7
地學淺釋三十七卷　(英國)雷俠兒著　清光緒二十四年(1898)小倉山房石印本　二册　存二十四卷(十五至三十八)

650000－1441－0000672　普 8－3/5－8
地理須知一卷　(英國)傅蘭雅著　清光緒九年(1883)姑蘇刻經處刻本　二册

650000－1441－0000673　普 8－3/5－9
地理青囊八卷　(清)王宗臣撰　清普通書局石印本　一册

650000－1441－0000674　普 8－4/1－2
帝王廟謚年諱譜不分卷　(清)陸費墀撰　清道光四年(1824)儀徵阮氏小琅嬛仙館刻本　一册

650000－1441－0000675　普 8－4/1－3
砥齋集十二卷　(清)王弘撰著　清光緒二十年(1894)敬義堂刻本　六册

650000－1441－0000676　普 8－4/1－3－1
砥齋集十二卷　(清)王弘撰著　清光緒二十年(1894)敬義堂刻本　六册

650000－1441－0000677　普 8－4/2－11
釣磯立談一卷附録一卷　(宋)費樞撰　清沈氏抱經樓抄本　一册

650000－1441－0000678　普 8－4/2－3
定香亭筆談四卷　(清)阮元著　清刻本　四册

650000－1441－0000679　普 8－4/2－4
定盦文集補編四卷　(清)龔自珍著　清光緒十二年(1886)刻本　三册

650000－1441－0000680　普 8－4/2－8
定国全志二十卷　(清)江湖釣叟著　清道光五年(1825)琳瑯堂刻本　二十册

650000－1441－0000681　普 8－4/2－9
丁氏政書□□卷　(清)田文鏡著　清同治十二年(1873)羊城書局刻本　十八册

650000－1441－0000682　普 8－4/3－11
段王學五種七卷　劉盼遂校　清刻本　四册

650000－1441－0000683　普 8－4/3－13
等韻一得二卷附校勘記　勞乃宣著　清刻本　二册

650000－1441－0000684　普 8－4/3－14
等韻一得二卷　勞乃宣著　清光緒二十四年

(1898)刻本　二册

650000－1441－0000685　普8－4/3－4
段氏說文注訂八卷說文新附考六卷續考一卷　(清)段玉裁注　清同治十三年(1874)崇文書局刻本　四册

650000－1441－0000686　普8－4/3－7
段氏說文注訂八卷　(清)段玉裁注　清同治五年(1866)碧螺山館刻本　二册

650000－1441－0000687　普8－4/3－9
段氏說文注訂八卷　(清)鈕樹玉著　清同治十三年(1874)崇文書局刻本　二册

650000－1441－0000688　普8－4/4－1
丹鉛総錄二十七卷　(明)楊慎著　清刻本　八册

650000－1441－0000689　普8－4/4－11
得一錄十六卷　(清)余治輯　清光緒十一年(1885)寶善堂刻本　五册

650000－1441－0000690　普8－4/4－12
得一錄十六卷　(清)余治輯　清同治八年(1869)得見齋刻本　八册

650000－1441－0000691　普8－4/4－13
得一齋雜著四種十卷　(清)黃楙材撰　清刻本　四册

650000－1441－0000692　普8－4/4－14
當湖文系初編二十八卷　(清)朱壬林著　清光緒十五年(1889)刻本　十二册

650000－1441－0000693　普8－4/4－2
丹桂籍圖解四卷　(□)□□撰　清道光十五年(1835)刻本　四册

650000－1441－0000694　普8－4/4－3
淡墨録十六卷　(清)李調元著　清乾隆六十年(1795)萬卷樓刻本　八册

650000－1441－0000695　普8－4/4－6
澹靜齋文鈔六卷　(清)龔景瀚著　清乾隆三十六年(1771)澹靜齋刻本　四册

650000－1441－0000696　普8－4/4－8
澹餘詩略三卷　(清)汪暕著　清咸豐八年(1858)刻本　一册

650000－1441－0000697　普8－4/4－8－1
澹餘詩略三卷　(清)汪暕著　清咸豐八年(1858)刻本　一册

650000－1441－0000698　普8－4/5－1
對話餐花四卷　(清)吕庭栩著　清嘉慶二十年(1815)九柏屯刻本　二册

650000－1441－0000699　普8－4/5－2
對音輯字二卷　(清)志寛等撰　清光緒十六年(1890)刻本　二册

650000－1441－0000700　普8－4/5－9
遯窟讕言十二卷　(清)王韜撰　清刻本　一册　存三卷(四至六)

650000－1441－0000701　普10－2/1－1
二十四史三千二百五十七卷　(清)張廷玉等輯　清刻本　七十册

650000－1441－0000702　普10－2/2－1
欽定二十四史三千二百五十七卷　(清)張廷玉等輯　清光緒十四年(1888)上海圖書集成印書局鉛印本　四百册

650000－1441－0000703　普10－4/3－1
二十一史二千五百六十七卷　(清)張廷玉等輯　清光緒二十九年(1903)五洲同文書局石印本　二百五十九册

650000－1441－0000704　普10－4/3－1－1
二十一史二千五百六十七卷　(清)張廷玉等輯　清光緒二十九年(1903)五洲同文書局石印本　一百九十册

650000－1441－0000705　普11－1/2－1
二十四史三千二百五十七卷　(清)張廷玉等輯　清光緒二十八年(1902)竹簡齋刻本　十八册

650000－1441－0000706　普11－1/3－2
二十四史九通政典類要合編三百二十卷　(清)黃書霖輯　清光緒二十八年(1902)約雅堂刻本　七十二册

650000－1441－0000707　普11－1/3－2－1
二十四史九通政典類要合編三百二十卷　(清)黄書霖輯　清光緒二十八年(1902)約雅堂刻本　四十九册

650000－1441－0000708　普11－1/4－2
廿一史四譜五十四卷　(清)沈炳震撰　清同治十年(1871)清來堂刻本　二十册

650000－1441－0000709　普11－1/4－2－1
廿一史四譜五十四卷　(清)沈炳震撰　清同治十年(1871)清來堂刻本　十六册

650000－1441－0000710　普11－1/5－2
廿一史約編八卷　(清)鄭元慶撰　清刻本　八册

650000－1441－0000711　普11－1/5－3
廿一史彈詞注十卷附明紀彈詞二卷　(明)楊慎著　清道光十二年(1832)致盛堂刻本　八册

650000－1441－0000712　普11－1/5－4
廿一史彈詞五十四卷　(明)楊慎著　清刻本　四册　存四卷(一至四)

650000－1441－0000713　普11－1/5－5
廿一史彈詞五十四卷　(明)楊慎著　清刻本　四册　存四卷(一至四)

650000－1441－0000714　普11－1/5－6
廿二史劄記三十六卷附補遺一卷　(清)趙翼撰　清光緒二十八年(1902)同文會刻本　十六册

650000－1441－0000715　普11－1/5－7
廿二史劄記三十六卷附補遺一卷　(清)趙翼撰　清刻本　十一册　存三十五卷(二至三十六)

650000－1441－0000716　普11－2/1－2
廿二子全書二十八種　(清)浙江書局輯　清光緒刻本　八十二册

650000－1441－0000717　普11－2/2－1
二程全書七種　(宋)程頤　(宋)程顥撰　清同治十年(1871)刻本　二十册

650000－1441－0000718　普11－2/3－3
二程文集十二卷　(宋)程頤　(宋)程顥撰　清同治五年(1866)正誼書院刻本　八册

650000－1441－0000719　普11－2/3－4
二程語錄十八卷　(宋)朱熹輯　清同治五年(1866)正誼書院刻本　五册

650000－1441－0000720　普11－2/3－5
二曲集四十六卷　(清)李顒撰　清光緒三年(1877)信義堂刻本　十六册

650000－1441－0000721　普11－2/3－5－1
二曲集四十六卷　(清)李顒撰　清光緒三年(1877)信義堂刻本　十六册

650000－1441－0000722　普11－2/3－5－2
二曲集四十六卷　(清)李顒撰　清光緒三年(1877)信義堂刻本　十六册

650000－1441－0000723　普11－2/3－5－3
二曲集四十六卷　(清)李顒撰　清光緒三年(1877)信義堂刻本　十六册

650000－1441－0000724　普11－2/4－4
二曲全集二十八卷　(清)李顒撰　清光緒三年(1877)文瑞樓書局石印本　六册

650000－1441－0000725　普11－2/4－5
二林居集二十四卷　(清)彭紹升著　清嘉慶四年(1799)味初堂刻本　四册

650000－1441－0000726　普11－2/4－7
二林居集二十四卷　(清)彭紹升著　清光緒七年(1881)刻本　六册

650000－1441－0000727　普11－2/4－7－1
二林居集二十四卷　(清)彭紹升著　清光緒七年(1881)刻本　六册

650000－1441－0000728　普11－2/5－1
二酉堂叢書三十一卷二十一種　(清)張澍編　清道光元年(1821)千頃堂刻本　十一册　缺一卷(十三州志)

650000－1441－0000729　普11－2/5－10
二瓦硯齋詩鈔十卷附一卷　(清)金玉麟編　清咸豐元年(1851)刻本　二册

650000－1441－0000730　普 11－2/5－11
行書二王腴□□卷　（清）□□撰　清刻本　六册

650000－1441－0000731　普 11－2/5－3
二申野錄八卷　（清）孫之騄輯　清刻本　四册

650000－1441－0000732　普 11－2/5－4
二申野錄八卷　（清）孫之騄輯　清同治六年(1867)吟香館刻本　四册

650000－1441－0000733　普 11－2/5－4－1
二申野錄八卷　（清）孫之騄輯　清同治六年(1867)吟香館刻本　四册

650000－1441－0000734　普 11－2/5－6
二思堂叢書五十一卷　（清）梁章鉅編　清光緒元年(1875)浙江書局刻本　十六册

650000－1441－0000735　普 11－2/5－9
二雲詞一卷　況周頤撰　清刻本　一册

650000－1441－0000736　普 11－3/1－1
貳臣傳十二卷　（清）國史館輯　清刻本　六册

650000－1441－0000737　普 11－3/1－1－1
貳臣傳十二卷　（清）國史館輯　清刻本　六册

650000－1441－0000738　普 11－3/1－2
二家詩鈔二十卷　（清）邵子湘選　清刻本　五册

650000－1441－0000739　普 11－3/1－7
爾雅義疏三卷　（清）郝懿行撰　清光緒十三年(1887)湖北官書局刻本　八册

650000－1441－0000740　普 11－3/1－7－1
爾雅義疏三卷　（清）郝懿行撰　清光緒十三年(1887)湖北官書局刻本　八册

650000－1441－0000741　普 11－3/1－8
爾雅郭注義疏三卷　（清）郝懿行撰　清光緒十年(1884)蜀南閣刻本　八册

650000－1441－0000742　普 11－3/1－9
爾雅郭注義疏二卷　（清）郝懿行撰　清咸豐六年(1856)刻本　八册

650000－1441－0000743　普 11－3/2－1
爾雅郭注義疏二卷　（清）郝懿行撰　清光緒十年(1884)蜀南閣刻本　八册

650000－1441－0000744　普 11－3/2－10
爾雅匡名二十卷　（清）嚴元照撰　清光緒十六年(1890)廣雅書局刻本　四册

650000－1441－0000745　普 11－3/2－2
爾雅正義二十卷附爾雅釋文三卷　（清）邵晉涵撰　清乾隆五十三年(1788)刻本　八册

650000－1441－0000746　普 11－3/2－3
爾雅正義二十卷附爾雅釋文三卷　（清）邵晉涵撰　清乾隆刻本　八册

650000－1441－0000747　普 11－3/2－5
爾雅正義二十卷附爾雅釋文三卷　（清）邵晉涵撰　清乾隆五十三年(1788)餘姚邵氏刻本　八册

650000－1441－0000748　普 11－3/2－6
爾雅直音二卷　（清）王祖源撰　清光緒天壤閣刻本　二册

650000－1441－0000749　普 11－3/2－6－1
爾雅直音二卷　（清）王祖源撰　清光緒天壤閣刻本　二册

650000－1441－0000750　普 11－3/2－8
爾雅蒙求二卷　（清）李拔式撰　清嘉慶三年(1798)蟠根書屋刻本　四册

650000－1441－0000751　普 11－3/2－9
爾雅蒙求二卷　（清）嚴式誨撰　清刻本　二册

650000－1441－0000752　普 11－3/3－1
爾雅音義三卷　（唐）陸德明撰　清刻本　一册

650000－1441－0000753　普 11－3/3－2
爾雅音義三卷　（唐）陸德明撰　清刻本　二册

650000－1441－0000754　普11－3/3－3
爾雅音圖三卷　（晉）郭璞注　清嘉慶六年（1801）藝學軒刻本　三冊

650000－1441－0000755　普11－3/3－3－1
爾雅音圖三卷　（晉）郭璞注　清嘉慶六年（1801）藝學軒刻本　三冊

650000－1441－0000756　普11－3/3－4
爾雅匡名二十卷　（清）嚴元照撰　清光緒十六年（1890）廣雅書局刻本　四冊

650000－1441－0000757　普11－3/3－5
爾雅説詩二十二卷　王樹枏撰　清光緒元年（1875）小倉山房朱刻本　八冊

650000－1441－0000758　普11－3/3－6
爾雅三卷　（晉）郭璞注　清同治十一年（1872）山東書局刻本　三冊

650000－1441－0000759　普11－3/3－7
爾雅三卷　（晉）郭璞注　清刻本　三冊

650000－1441－0000760　普11－3/3－8
爾雅三卷　（晉）郭璞注　清同治十一年（1872）山東書局刻本　二冊

650000－1441－0000761　普11－3/4－2
遏雲閣曲譜十九卷　（清）王錫純輯　清光緒十九年（1893）著易堂書局石印本　十二冊

650000－1441－0000762　普11－3/4－2－1
遏雲閣曲譜十九卷　（清）王錫純輯　清光緒十九年（1893）著易堂書局石印本　十二冊

650000－1441－0000763　普11－3/4－3
遏雲閣曲譜十九卷　（清）王錫純輯　清光緒十九年（1893）著易堂書局石印本　八冊

650000－1441－0000764　普11－3/4－5
遏雲閣曲譜十九卷　（清）王錫純輯　清光緒十九年（1893）著易堂書局石印本　十一冊

650000－1441－0000765　普11－3/4－6
遏雲閣曲譜十九卷　（清）王錫純輯　清光緒十九年（1893）著易堂書局刻本　六冊

650000－1441－0000766　普11－3/4－7
遏雲閣曲譜十九卷　（清）王錫純輯　清光緒十九年（1893）著易堂石印本　十二冊

650000－1441－0000767　普11－3/4－8
耳食録十二卷附録八卷　（清）樂鈞撰　清道光元年（1821）朱刻本　十冊

650000－1441－0000768　普11－3/4－9
耳食録十二卷附録八卷　（清）樂鈞撰　清同治七年（1868）藏修堂朱刻本　八冊

650000－1441－0000769　普11－3/5－10
兒孫福□□卷　（清）朱雲從撰　清刻本　一冊

650000－1441－0000770　普11－3/5－12
讀史方輿紀要十卷附摘録一卷　（清）顧祖禹撰　清光緒十五年（1889）傳忠書局刻本　十二冊

650000－1441－0000771　普11－3/5－5
蛾述集十六卷　（清）陳庭學撰　清嘉慶二十年（1815）刻本　四冊

650000－1441－0000772　普11－3/5－6
俄國政俗通考二卷　（清）印度廣學會輯　清光緒三十二年（1906）廣學會刻本　一冊　存一卷（上）

650000－1441－0000773　普11－3/5－7
鄂宰四種　（清）王筠著　清光緒八年（1882）湘遠堂刻本　四冊

650000－1441－0000774　普11－3/5－8
鄂垣隨筆一卷附澹齋詩略一卷　（□）□□撰　清刻本　一冊

650000－1441－0000775　普11－3/5－9
恩福堂筆記二卷　（清）英和撰　清道光十七年（1837）刻本　一冊

650000－1441－0000776　普11－4/1－5
俄事新書二卷　（清）陳俠君輯　清光緒二十二年（1896）上海書局石印本　二冊

650000－1441－0000777　普11－4/1－5－1
俄事新書二卷　（清）陳俠君輯　清光緒二十二年（1896）上海書局石印本　一冊

650000－1441－0000778　普 11－4/1－6
俄遊彙編八卷　(清)繆祐孫編　清刻本　四冊

650000－1441－0000779　普 11－4/1－8
俄史輯譯四卷　(英國)闞斐迪譯　清光緒十四年(1888)益智書會刻本　四冊

650000－1441－0000780　普 11－4/1－9
契丹國志二十七卷　(宋)葉隆禮撰　清乾隆刻本　四冊

650000－1441－0000781　普 11－4/2－4
契丹國志二十七卷　(宋)葉隆禮撰　清乾隆刻本　二冊

650000－1441－0000782　普 11－4/2－6
前蒙古紀事本末二卷後蒙古紀事本末二卷　(清)韓善徵編輯　清光緒三十一年(1905)上海春記石印本　四冊

650000－1441－0000783　普 11－4/3－5
大金國志四十卷　(宋)宇文懋昭撰　清乾隆刻本　二冊

650000－1441－0000784　普 11－4/3－5－1
大金國志四十卷　(宋)宇文懋昭撰　清乾隆刻本　一冊

650000－1441－0000785　普 12－1/2－2
樊山政書二十卷　樊增祥著　清宣統二年(1910)聚珍書局刻本　十冊

650000－1441－0000786　普 12－1/2－4
樊山集二十四卷附錄三卷續集二十八卷　樊增祥著　清光緒十九年(1893)聚珍書局刻本　十冊　存四十八卷(一至十七、附錄三卷、續集二十八卷)

650000－1441－0000787　普 12－1/3－11
樊南文集詳注八卷　(唐)李商隱撰　清乾隆三十年(1765)刻本　四冊

650000－1441－0000788　普 12－1/3－11－1
樊南文集詳注八卷　(唐)李商隱撰　清乾隆三十年(1765)刻本　四冊

650000－1441－0000789　普 12－1/3－11－2
樊南文集詳注八卷　(唐)李商隱撰　清乾隆三十年(1765)刻本　四冊

650000－1441－0000790　普 12－1/3－11－3
樊南文集詳注八卷　(唐)李商隱撰　清乾隆三十年(1765)刻本　四冊

650000－1441－0000791　普 12－1/3－2
樊榭山房集十卷附錄八卷　(清)厲鶚著　清光緒十年(1884)振綺堂刻本　十冊

650000－1441－0000792　普 12－1/3－2－1
樊榭山房集十卷附錄八卷　(清)厲鶚著　清光緒十年(1884)振綺堂刻本　十冊

650000－1441－0000793　普 12－1/3－3
樊榭山房文集八卷附續集五卷樊榭山房集十卷　(清)厲鶚著　清光緒七年(1881)嶺南述軒刻本　六冊　存五卷(六至十)

650000－1441－0000794　普 12－1/3－6
樊川詩集四卷附別集一卷外集一卷補遺一卷　(唐)杜牧著　清光緒十六年(1890)湘南書局刻本　六冊

650000－1441－0000795　普 12－1/3－7
樊川詩集四卷附別集一卷外集一卷補遺一卷　(唐)杜牧著　清刻本　五冊

650000－1441－0000796　普 12－1/3－8
樊川文集二十卷附外集一卷別集一卷　(唐)杜牧著　清光緒二十二年(1896)景蘇園刻本　四冊

650000－1441－0000797　普 12－1/3－9
樊南文集詳注八卷　(唐)李商隱著　清乾隆三十年(1765)悳聚堂刻本　四冊

650000－1441－0000798　普 12－1/4－2
范文正公全集四十八卷　(宋)范仲淹撰　清刻本　十冊

650000－1441－0000799　普 12－1/4－2－1
范文正公全集四十八卷　(宋)范仲淹撰　清刻本　十冊

650000－1441－0000800　普 12－1/4－5
范文正公集二十五卷　(宋)范仲淹撰　清宣

統二年(1910)歲寒堂刻本　六册

650000－1441－0000801　普12－1/5－1
蕃籬山樵詩集十二卷附茝雲樓雜著一卷　(清)吳登鴻撰　清嘉慶十三年(1808)茝雲樓刻本　一册

650000－1441－0000802　普12－1/5－11
潘瀾筆記二卷　(清)彭兆蓀著　清光緒三十四年(1908)東倉書庫鉛印本　一册

650000－1441－0000803　普12－1/5－13
續泛槎圖三集不分卷　(清)張寶撰繪　清刻本　四册

650000－1441－0000804　普12－1/5－4
翻譯名義集二十卷　(宋)釋法雲撰　清刻本　六册

650000－1441－0000805　普12－1/5－5
反切表説明書一卷附中國文字學貫解下編一卷　(清)李天根撰　清刻本　一册

650000－1441－0000806　普12－1/5－7
范伯子詩集十九卷　(清)范當世編　清光緒三十四年(1908)刻本　四册

650000－1441－0000807　普12－1/5－8
范忠宣公文集二卷　(宋)范純仁輯　清刻本　一册

650000－1441－0000808　普12－2/2－1
復堂文續五卷　(清)譚獻著　清光緒二十七年(1901)刻本　四册

650000－1441－0000809　普12－2/2－3
復堂類集二十二卷　(清)譚獻著　清同治四年(1865)刻本　六册

650000－1441－0000810　普12－2/2－3－1
復堂類集二十二卷　(清)譚獻著　清同治四年(1865)刻本　六册

650000－1441－0000811　普12－2/2－4
復堂類集二十一卷　(清)譚獻著　清光緒十一年(1885)鉛印本　六册

650000－1441－0000812　普12－2/2－5
復堂類集十五卷　(清)譚獻著　清光緒二十年(1894)刻本　八册

650000－1441－0000813　普12－2/2－6
復堂類集十五卷　(清)譚獻著　清光緒五年(1879)刻本　四册

650000－1441－0000814　普12－2/2－7
復堂類集二十一卷附三家詩錄二卷待堂文一卷池上小集一卷　(清)譚獻著　清刻本　九册

650000－1441－0000815　普12－2/2－8
復古編二卷附安陸集附錄　(宋)張有撰　清光緒八年(1882)淮南書局刻本　三册

650000－1441－0000816　普12－2/2－8－1
復古編二卷附安陸集附錄　(宋)張有撰　清光緒八年(1882)淮南書局刻本　三册

650000－1441－0000817　普12－2/2－9
復古編二卷附安陸集附錄　(宋)張有撰　清刻本　二册

650000－1441－0000818　普12－2/3－2
覆瓿集二十二卷　(清)張文虎著　清光緒十九年(1893)刻本　十册

650000－1441－0000819　普12－2/3－3
復齋錄六卷　(清)王建常著　清光緒元年(1875)劉述經堂刻本　四册

650000－1441－0000820　普12－2/3－5
復莊駢儷文権八卷　(清)姚燮撰　清刻本　二册

650000－1441－0000821　普12－2/3－6
覆元本楚辭集注八卷　(宋)朱熹撰　清刻本　四册

650000－1441－0000822　普12－2/3－7
覆宋淳祐本四書二十六卷　(宋)朱熹撰　清刻本　十四册

650000－1441－0000823　普12－2/4－1
富強齋叢書正全集六十六種　(清)富強齋主人編　清石印本　六十三册

650000－1441－0000824　普12－2/4－2
富強齋叢書續全集一百十七種　(清)富強齋主人編　清光緒二十七年(1901)小倉山房石印本　四十九册

650000－1441－0000825　普12－2/4－3
富翁傳二卷　(清)落魄道人著　清光緒十九年(1893)上海文宜書局石印本　一册　存一卷(二)

650000－1441－0000826　普12－2/4－4
賦海大觀三十二卷目錄一卷　(清)鴻寶齋主人編　清光緒二十年(1894)上海鴻寶齋刻本　一册　存二卷(二十八至二十九)

650000－1441－0000827　普12－2/5－1
伏敔堂詩錄十五卷附續錄四卷　(清)江湜著　清同治元年(1862)刻本　二册

650000－1441－0000828　普12－2/5－10
附釋文互注禮部韻略五卷　(清)郭守正撰　清光緒二年(1876)川東官舍刻本　二册

650000－1441－0000829　普12－2/5－13
浮邱子十二卷　(清)湯鵬著　清宣統二年(1910)掃葉山房石印本　五册　存十卷(一至二、五至十二)

650000－1441－0000830　普12－2/5－14
桴亭先生文鈔六卷　(清)葉裕仁編　清刻本　三册

650000－1441－0000831　普12－2/5－16
夫椒山舘詩集二十二卷　(清)周儀暐編　清道光二十六年(1846)刻本　二册

650000－1441－0000832　普12－2/5－3
伏敔堂詩錄十五卷附續錄四卷　(清)江湜著　清同治元年(1862)刻本　四册

650000－1441－0000833　普12－2/5－5
賊情匯纂十二卷　(清)張德堅撰　清石印本　五册

650000－1441－0000834　普12－2/5－6
賦則四卷　(清)鮑桂星撰　清道光二十六年(1846)關中書院刻本　二册

650000－1441－0000835　普12－2/5－7
芙蓉碣傳奇二卷　(清)張雲驤撰　清光緒四年(1878)刻本　二册

650000－1441－0000836　普12－2/5－8
芙蓉山舘詩鈔八卷附詞鈔二卷補鈔一卷　(清)楊芳燦撰　清刻本　四册

650000－1441－0000837　普12－2/5－9
附鮚軒詩八卷　(清)洪亮吉著　清乾隆六十年(1795)貴陽節署刻本　二册

650000－1441－0000838　普12－3/1－1
福壽寶藏十二類不分卷　樂善社輯　清刻本　一百四十八册

650000－1441－0000839　普12－3/2－1
福惠全書三十二卷　(清)黃六鴻著　清刻本　十册

650000－1441－0000840　普12－3/2－3
撫郡農產考略二卷　(清)何剛德撰　清光緒三十三年(1907)蘇省印刷局鉛印本　一册

650000－1441－0000841　普12－3/2－4
方輿類纂二十八卷附卷首圖　(清)溫汝能著　清嘉慶十三年(1808)文舍堂刻本　二十四册

650000－1441－0000842　普12－3/2－5
方輿紀要簡覽三十四卷　(清)潘鐸著　清咸豐八年(1858)紅杏書房刻本　十册

650000－1441－0000843　普12－3/3－1
方輿全圖總說五卷　(清)顧祖禹輯　清光緒二十七年(1901)圖書集成局石印本　四册

650000－1441－0000844　普12－3/3－1－1
方輿全圖總說五卷　(清)顧祖禹輯　清光緒二十七年(1901)圖書集成局石印本　四册

650000－1441－0000845　普12－3/3－12
芳茂山人文集十二卷　(清)孫星衍撰　清刻本　七册　存十卷(一至二、五至十二)

650000－1441－0000846　普12－3/3－13
芳茂山人文集十二卷　(清)孫星衍撰　清光緒十一年(1885)朱氏槐廬刻本　六册

650000－1441－0000847　普12－3/3－14
芳茂山人詩集十卷　(清)孫星衍撰　清光緒十年(1884)刻本　十册

650000－1441－0000848　普12－3/3－3
方望溪文鈔六卷　(清)方苞輯　清宣統二年(1910)上海國學扶輪社刻本　五册

650000－1441－0000849　普12－3/3－4
輶軒使者絶代語釋别國方言十三卷　(漢)揚雄撰　清刻本　三册

650000－1441－0000850　普12－3/3－5
方言十三卷　(漢)揚雄撰　清刻本　二册

650000－1441－0000851　普12－3/3－6
方言十三卷　(漢)揚雄撰　清光緒元年(1875)崇文書局刻本　二册

650000－1441－0000852　普12－3/4－1
仿宋相臺五經三十卷　(三國魏)王弼等注　清光緒二年(1876)江南書局刻本　一册

650000－1441－0000853　普12－3/4－10
仿唐寫本説文解字木部一卷　(漢)許慎撰　清同治三年(1864)湘鄉曾國藩刻本　一册

650000－1441－0000854　普12－3/4－10－1
仿唐寫本説文解字木部一卷　(漢)許慎撰　清同治三年(1864)湘鄉曾國藩刻本　一册

650000－1441－0000855　普12－3/4－10－2
仿唐寫本説文解字木部一卷　(漢)許慎撰　清同治三年(1864)湘鄉曾國藩刻本　一册

650000－1441－0000856　普12－3/4－2
放楊枝北調一套不分卷　(清)桂馥撰　清刻本　三十二册

650000－1441－0000857　普12－3/4－4
房考酌雅集八卷　(清)高沙夏輯　清石印本　六册

650000－1441－0000858　普12－3/4－5
仿唐寫本説文解字木部箋異不分卷　(清)莫友芝編　清乾隆二十一年(1756)雅雨堂刻本　一册

650000－1441－0000859　普12－3/4－8
分類尺牘備覽三十卷　(清)王虎榜輯　清光緒二十九年(1903)申江袖海山房石印本　七册　存二十七卷(一至七、十一至三十)

650000－1441－0000860　普12－3/4－9
分類詩腋八卷　(清)李楨編　清刻本　一册

650000－1441－0000861　普12－3/5－1
分類補注李太白詩二十五卷　(唐)李白著　清刻本　四册

650000－1441－0000862　普12－3/5－2
分疆録十二卷　(清)林鶚輯　清光緒四年(1878)彫望山堂刻本　六册

650000－1441－0000863　普12－3/5－5
分課小題續編十六卷　(清)王步青輯　清刻本　五册

650000－1441－0000864　普12－3/5－6
焚香記二卷　(清)王玉峰著　清刻本　一册

650000－1441－0000865　普12－3/5－7
馮少墟集二十二卷　(明)馮從吾著　清刻本　十册

650000－1441－0000866　普12－4/1－1
馮注李義山詩集六卷　(唐)李商隱著　清刻本　二册　存二卷(一、三)

650000－1441－0000867　普12－4/1－10
鳳凰琴二卷　(清)椿軒居士著　清道光十九年(1839)刻本　二册

650000－1441－0000868　普12－4/1－11
鳳巢山樵求是録六卷二録四卷續録二卷附目録四卷外録二卷　(清)吴慈鶴著　清嘉慶二十五年(1820)刻本　五册

650000－1441－0000869　普12－4/1－12
風箏誤二卷　(清)李漁編　清刻本　二册

650000－1441－0000870　普12－4/1－13
風月廬詩稿一卷　(清)徐煥謨著　清刻本　一册

650000－1441－0000871　普12－4/1－4

馮恭定公全書四卷　(明)馮從吾著　清刻本　二冊

650000－1441－0000872　普12－4/1－8
封氏聞見録十卷　(唐)封演撰　清乾隆二十一年(1756)雅雨堂刻本　二冊

650000－1441－0000873　普12－4/1－8－1
封氏聞見録十卷　(唐)封演撰　清乾隆二十一年(1756)雅雨堂刻本　二冊

650000－1441－0000874　普12－4/3－5
飛龍傳一卷　(清)吳璿編　清刻本　十冊

650000－1441－0000875　普12－4/3－6
飛龍全傳六十四卷　(清)吳璿編　清刻本　十九冊

650000－1441－0000876　普12－4/3－7
飛龍全傳十二卷　(清)吳璿編　清嘉慶二年(1797)刻本　八冊

650000－1441－0000877　普12－4/3－8
番禺馮氏族譜不分卷　(□)□□撰　清咸豐十一年(1861)抄本　二冊

650000－1441－0000878　普14－4/1－2
古今說海一百四十二卷　(明)方間陸氏輯　清刻本　十二冊

650000－1441－0000879　普14－4/2－10
古今韻考四卷　(清)王祖源著　清光緒六年(1880)王氏天壤閣刻本　一冊

650000－1441－0000880　普14－4/2－11
古今中外音韻通例不分卷　(清)胡垣著　清光緒十四年(1888)刻本　四冊

650000－1441－0000881　普14－4/2－13
古今滑稽文選六卷　(清)雷瑨輯　清石印本　一冊　存一卷(六)

650000－1441－0000882　普14－4/2－16
古今風謠一卷拾遺六卷　(明)楊慎纂　清同治十二年(1873)止園莊刻本　三冊

650000－1441－0000883　普14－4/2－4
古今詩選五十卷　(清)王士禎選　清石印本　六冊　存三十一卷(五言詩一至十六、五言今體詩抄一至五、七言詩六至十五)

650000－1441－0000884　普14－4/2－7
古今僞書考不分卷　(清)姚際恆著　清光緒三年(1877)尊經閣刻本　二冊

650000－1441－0000885　普14－4/2－7－1
古今僞書考不分卷　(清)姚際恆著　清光緒三年(1877)尊經閣刻本　一冊

650000－1441－0000886　普14－4/2－8
古今僞書考不分卷　(清)姚際恆著　清光緒三年(1877)文學山房刻本　一冊

650000－1441－0000887　普14－4/2－8－1
古今僞書考不分卷　(清)姚際恆著　清光緒三年(1877)文學山房刻本　二冊

650000－1441－0000888　普14－4/3－1
古經解匯函十六種附小學匯函十四種　(清)鍾謙鈞撰　清同治十二年(1873)粵東書局刻本　六十六冊

650000－1441－0000889　普14－4/3－1－1
古經解匯函十六種附小學匯函十四種　(清)鍾謙鈞撰　清同治十二年(1873)粵東書局刻本　六十六冊

650000－1441－0000890　普14－4/4－1
古經解匯函十六種　(清)鍾謙鈞撰　清光緒十五年(1889)湖南書局刻本　八十冊

650000－1441－0000891　普15－1/1－1
古經解匯函十六種　(清)鍾謙鈞撰　清同治十二年(1873)粵東書局刻本　六十八冊

650000－1441－0000892　普15－1/1－1－1
古經解匯函十六種　(清)鍾謙鈞撰　清同治十二年(1873)粵東書局刻本　六十八冊

650000－1441－0000893　普15－1/4－1
古經解匯函十六種　(清)鍾謙鈞撰　清光緒十四年(1888)上海蜚英館石印本　四冊

650000－1441－0000894　普15－1/4－2
古金録四卷　(清)萬光煒輯　清乾隆四十九年(1784)刻本　二冊

650000－1441－0000895　普 15－1/4－3
古金待問録四卷附古金待問録餘一卷　（清）朱楓輯　清光緒十六年（1890）常熟鮑氏後知不足齋刻本　二册

650000－1441－0000896　普 15－1/4－4
古經解匯函十六種　（清）鍾謙鈞撰　清光緒十四年（1888）上海蜚英館石印本　二十册

650000－1441－0000897　普 15－1/4－5
古經解匯函十六種　（清）鍾謙鈞撰　清光緒十四年（1888）上海蜚英館石印本　二十册

650000－1441－0000898　普 15－2/5－4
古文翼八卷　（清）唐德宜編　清刻本　二册

650000－1441－0000899　普 15－3/3－1
古文辭類纂七十四卷　（清）姚鼐著　清乾隆四十四年（1779）蕭氏家塾刻本　十二册

650000－1441－0000900　普 15－3/3－1－1
古文辭類纂七十四卷　（清）姚鼐著　清光緒二十一年（1895）金陵狀元閣刻本　十二册

650000－1441－0000901　普 15－3/3－2
古文辭類纂七十五卷續附録一卷校刊記一卷　（清）姚鼐著　清光緒二十七年（1901）金陵狀元閣刻本　二十四册

650000－1441－0000902　普 15－3/3－3
古文辭類纂七十四卷　（清）姚鼐著　清光緒十八年（1892）席氏掃葉山房刻本　十二册

650000－1441－0000903　普 15－3/3－4
古文辭類纂七十四卷　（清）姚鼐著　清光緒二十年（1894）湖南書局刻本　十二册

650000－1441－0000904　普 15－3/4－12
古文苑二十一卷　（宋）章樵注　清光緒十二年（1886）江蘇書局刻本　四册

650000－1441－0000905　普 15－3/4－13
古文苑九卷　（宋）韓元吉撰　清嘉慶四年（1799）蘭陵孫氏刻本　四册

650000－1441－0000906　普 15－3/4－2
古文翼八卷　（清）唐德宜編　清乾隆六年（1741）刻本　八册

650000－1441－0000907　普 15－3/4－2－1
古文翼八卷　（清）唐德宜編　清乾隆六年（1741）刻本　八册

650000－1441－0000908　普 15－3/4－4
古文四象五卷　（清）曾國藩編　清刻本　五册

650000－1441－0000909　普 15－3/4－4－1
古文四象五卷　（清）曾國藩編　清刻本　五册

650000－1441－0000910　普 15－3/4－8
古今四聲韻五卷　（清）夏竦撰　清光緒三十二年（1906）萃文堂刻本　五册

650000－1441－0000911　普 15－3/5－10
古文審八卷首一卷　（清）劉心源撰　清光緒十年（1884）劉氏龍江樓刻本　四册

650000－1441－0000912　普 15－3/5－2
古文眉詮七十九卷首一卷　（清）浦起龍撰　清乾隆九年（1744）三吳書院刻本　十三册　存三十八卷（一至五、三十至三十一、三十三至三十五、三十六至三十九、四十三至四十五、五十二至五十四、五十九至七十五，首一卷）

650000－1441－0000913　普 15－3/5－3
古今詞略二十四卷　（清）梅曾亮輯　清光緒三十四年（1908）學部圖書館鉛印本　三册　存十三卷（一至八、十七至二十一）

650000－1441－0000914　普 15－3/5－3－1
古今詞略二十四卷　（清）梅曾亮輯　清光緒三十四年（1908）學部圖書館鉛印本　一册　存四卷（五至八）

650000－1441－0000915　普 15－3/5－4
古今詞略二十四卷　（清）梅曾亮輯　清同治六年（1867）合肥李氏刻本　四册

650000－1441－0000916　普 15－3/5－6
古文觀止十二卷　（清）吳乘權鑒定　清光緒二十年（1894）經国書局刻本　六册

650000－1441－0000917　普 15－3/5－7

重訂古文釋義新編八卷　(清)余誠撰　清光緒二十八年(1902)三義堂刻本　四册

650000－1441－0000918　普15－3/5－8

黄氏日鈔九十七卷附古文今紀要十九卷　(宋)黄震輯　清刻本　四册　存十九卷(古今紀要十九卷)

650000－1441－0000919　普15－3/5－9

古文雅正十四卷　(清)蔡世遠撰　清嘉慶九年(1804)刻本　四册

650000－1441－0000920　普15－4/1－1

古文未會有集八卷　(清)王甫白撰　清嘉慶十九年(1814)大西堂刻本　八册

650000－1441－0000921　普15－4/1－2

古文尚書冤詞平議二卷　(清)皮錫瑞著　清光緒二十二年(1896)賢書局刻本　一册

650000－1441－0000922　普15－4/1－4

古文學餘三十四卷　(清)毛慶蕃撰　清光緒三十四年(1908)刻本　十册

650000－1441－0000923　普16－1/1－12

宛陵書屋古詩録十二卷　(清)張琦撰　清刻本　一册

650000－1441－0000924　普16－1/1－13

古詩箋三十二卷　(清)王士禎撰　清乾隆三十一年(1766)聞人氏芷蘭堂刻本　一册

650000－1441－0000925　普16－1/1－14

古詩源十四卷　(清)沈德潛撰　清光緒十七年(1891)四豐堂刻本　四册

650000－1441－0000926　普16－1/1－15

漁洋山人古詩選五言十七卷七言十五卷五言今體九卷七言今體九卷　(清)王士禎撰　清同治五年(1866)金陵書局刻本　十册

650000－1441－0000927　普16－1/2－1

古事比五十二卷　(清)方中德輯　清光緒十九年(1893)寶善書局石印本　六册

650000－1441－0000928　普16－1/2－2

古事比五十二卷　(清)方中德輯　清光緒十三年(1887)點石齋石印本　六册

650000－1441－0000929　普16－1/2－3

古杼秋館文集三卷　(清)侯楨撰　清同治十二年(1873)刻本　一册　存一卷(一)

650000－1441－0000930　普16－1/2－9

古學考一卷　(清)蕭方駿撰　清光緒二十三年(1897)尊經書院刻本　一册

650000－1441－0000931　普16－1/3－10

古泉叢話三卷　(清)戴熙撰　清同治十一年(1872)刻本　一册

650000－1441－0000932　普16－1/3－2

古籀拾遺三卷附宋政和禮器文字考一卷　(清)孫詒讓撰　清光緒十六年(1890)精刻本　二册

650000－1441－0000933　普16－1/3－2－1

古籀拾遺三卷附宋政和禮器文字考一卷　(清)孫詒讓撰　清同治十一年(1872)刻本　二册

650000－1441－0000934　普16－1/3－6

古泉匯五集六十四卷　(清)李佐賢撰　清同治三年(1864)石泉書屋刻本　十六册

650000－1441－0000935　普16－1/3－6－1

古泉匯五集六十四卷　(清)李佐賢撰　清同治三年(1864)石泉書屋刻本　十六册

650000－1441－0000936　普16－1/4－1

古微堂集内集三卷外集七卷　(清)魏源著　清宣統元年(1909)國學扶輪社鉛印本　六册

650000－1441－0000937　普16－1/4－10

古音諧鳳新編八卷　(清)汪敬堂輯　清光緒三十一年(1905)書業德刻本　八册

650000－1441－0000938　普16－1/4－13

古韻論三卷　(清)胡秉虔著　清光緒二年(1876)世澤樓刻本　一册

650000－1441－0000939　普16－1/4－15

古韻通八卷　(清)柴紹炳撰　清刻本　一册

650000－1441－0000940　普16－1/4－18

古韻標準四卷　(清)江永撰　清刻本　一册

650000－1441－0000941　普16－1/4－3
古微堂集内集三卷外集七卷　(清)魏源著　清光緒四年(1878)淮南書局刻本　四册

650000－1441－0000942　普16－1/4－3－1
古微堂集内集三卷外集七卷　(清)魏源著　清光緒四年(1878)淮南書局刻本　四册

650000－1441－0000943　普16－1/4－5
古微書三十六卷　(明)孫穀輯　清嘉慶十七年(1812)刻本　四册

650000－1441－0000944　普16－1/4－6
古音諧八卷　(清)姚文田撰　清刻本　四册

650000－1441－0000945　普16－1/4－9
古音類表九卷　(清)傅壽彤撰　清光緒二年(1876)刻本　四册

650000－1441－0000946　普16－1/5－10
古品節錄六卷　(清)松筠編　清嘉慶四年(1799)刻本　六册

650000－1441－0000947　普16－1/5－4
古書隱樓藏本十二卷　(清)閔一得輯　清道光十一年(1831)刻本　五册

650000－1441－0000948　普16－1/5－5
古愚叢書六十七卷　(清)汪汲輯　清嘉慶二年(1797)二銘草堂刻本　二十册

650000－1441－0000949　普16－1/5－6
古玉圖考不分卷　(清)吳大澂著　清光緒二十四年(1898)同文書局石印本　二册

650000－1441－0000950　普16－1/5－6－1
古玉圖考不分卷　(清)吳大澂著　清光緒二十四年(1898)同文書局石印本　二册

650000－1441－0000951　普16－1/5－6－2
古玉圖考不分卷　(清)吳大澂著　清光緒二十四年(1898)同文書局石印本　四册

650000－1441－0000952　普16－1/5－9
古品節錄六卷　(清)松筠編　清宣統二年(1910)守政書局刻本　六册

650000－1441－0000953　普16－2/1－1
古香齋新刻袖珍古文淵鑒六十四卷　(清)徐乾學等編　清乾隆十三年(1748)武英殿四色套印本　三十二册

650000－1441－0000954　普16－2/1－3
古歡堂詩集二十二卷　(清)田雯著　清刻本　二册

650000－1441－0000955　普16－2/1－4
古棠書屋叢書一百五十七卷　(清)孫澍輯　清道光十四年(1834)刻本　二十八册

650000－1441－0000956　普16－2/1－5
古謠諺一百卷目錄一卷　(清)杜文瀾輯　清咸豐掃葉山房刻本　二十册

650000－1441－0000957　普16－2/2－1
古桐書屋叢書六種二十一卷　(清)劉熙載輯　清刻本　十册

650000－1441－0000958　普16－2/2－17
顧端文公遺書十四種附年譜二卷　(明)顧憲成撰　**小辨齋偶存八卷**　(明)顧允成撰　清光緒刻本　十八册

650000－1441－0000959　普16－2/2－18
古杼秋館文集三卷　(清)侯楨撰　清同治十一年(1872)刻本　一册　存二卷(二至三)

650000－1441－0000960　普16－2/2－2
古刻叢鈔一卷　(明)陶宗儀編　清光緒六年(1880)誦芬閣刻本　二册

650000－1441－0000961　普16－2/3－1
顧端文公遺書七十三卷　(明)顧憲成著　清光緒二十三年(1897)經里宗祠刻本　十八册

650000－1441－0000962　普16－2/3－1－1
顧端文公遺書七十三卷　(明)顧憲成著　清光緒二十三年(1897)經里宗祠刻本　十六册

650000－1441－0000963　普16－2/3－14
顧亭林先生詩箋註十七卷　(清)徐嘉輯　清光緒二十三年(1897)徐氏味静齋刻本　六册

650000－1441－0000964　普16－2/3－2
顧端文公遺書五十一卷　(明)顧憲成著　清道光十四年(1834)梅瑞軒刻本　六册

650000－1441－0000965　普16－2/3－6
顧氏四十家小說□□卷　(明)顧文慶編　清宣統三年(1911)國學扶輪社鉛印本　九冊

650000－1441－0000966　普16－2/4－1
詁經精舍全集十六卷　(清)俞樾編　清光緒十一年(1885)刻本　八冊

650000－1441－0000967　普16－2/4－10
故唐律疏議三十卷　(唐)長孫無忌編　清刻本　十六冊

650000－1441－0000968　普16－2/4－2
詁經精舍課藝六集十二卷　(清)俞樾編　清光緒十一年(1885)刻本　四冊

650000－1441－0000969　普16－2/4－3
詁經精舍課藝七集十二卷　(清)俞樾編　清光緒二十一年(1895)刻本　四冊

650000－1441－0000970　普16－2/4－4
詁經精舍文集十二卷　(清)羅文俊手訂　清刻本　二冊　存二卷(八、十二)

650000－1441－0000971　普16－2/4－5
詁經精舍文續集八卷　(清)羅文俊手訂　清同治十二年(1873)錦江書院刻本　四冊

650000－1441－0000972　普16－2/4－6
菰中隨筆一卷　(明)顧炎武著　清光緒十一年(1885)掃葉山房刻本　一冊

650000－1441－0000973　普16－2/4－6－1
菰中隨筆一卷　(明)顧炎武著　清光緒十一年(1885)掃葉山房刻本　一冊

650000－1441－0000974　普16－2/4－6－2
菰中隨筆一卷　(明)顧炎武著　清光緒十一年(1885)掃葉山房刻本　一冊

650000－1441－0000975　普16－2/4－6－3
菰中隨筆一卷　(明)顧炎武著　清光緒十一年(1885)掃葉山房刻本　一冊

650000－1441－0000976　普16－4/1－1
國朝詞綜四十八卷　(清)王昶纂　清刻本　十二冊

650000－1441－0000977　普16－4/1－1－1
國朝詞綜四十八卷　(清)王昶纂　清刻本　九冊

650000－1441－0000978　普16－4/1－1－2
國朝詞綜四十八卷附國朝詞綜二集八卷　(清)王昶纂　清刻本　八冊

650000－1441－0000979　普16－4/1－2
國朝山左詩抄六十卷　(清)盧見曾纂　清刻本　十五冊

650000－1441－0000980　普16－4/2－3
國朝詞綜續編二十四卷　(清)黃燮清編　清同治十二年(1873)鄂恆刻本　八冊

650000－1441－0000981　普16－4/2－5
國朝先正事略六十卷　(清)李元度纂　清刻本　二十四冊

650000－1441－0000982　普16－4/2－6
國朝常州詞錄三十一卷　繆荃孫校輯　清光緒二十二年(1896)抄本　一冊　存一卷(三十一)

650000－1441－0000983　普16－4/3－1
國朝先正事略六十卷　(清)李元度纂　清光緒十二年(1886)上洗石印本　八冊

650000－1441－0000984　普16－4/3－10
國朝詩人徵略二編六十四卷　(清)張維屏輯　清刻本　八冊

650000－1441－0000985　普16－4/3－2
國朝先正事略六十卷　(清)李元度纂　清光緒二十五年(1899)圖書集成印書局石印本　八冊

650000－1441－0000986　普16－4/3－3
國朝常州詞錄三十一卷　繆荃孫輯　清刻本　十冊

650000－1441－0000987　普16－4/3－5
國朝常州駢體文三十卷　屠寄著　清光緒十六年(1890)刻本　七冊　存二十七卷(一至十九、二十三至三十)

650000－1441－0000988　普16－4/3－7

國朝漢學師承記八卷 (清)江藩纂 清光緒二十二年(1896)志古堂刻本 三册

650000－1441－0000989 普16－4/3－7－1

國朝漢學師承記八卷 (清)江藩纂 清光緒二十二年(1896)志古堂刻本 四册

650000－1441－0000990 普16－4/3－8

國朝漢學師承記八卷 (清)江藩纂 清光緒二十二年(1896)長沙周大文堂刻本 三册

650000－1441－0000991 普16－4/3－9

國朝詩人徵略六十卷 (清)張維屏輯 清刻本 十四册

650000－1441－0000992 普16－4/4－3

國朝駢體正宗十二卷 (清)曾燠撰 清光緒十三年(1887)上海蜚英舘石印本 四册 存八卷(五至十二)

650000－1441－0000993 普16－4/4－3－1

國朝駢體正宗十二卷 (清)曾燠撰 清光緒十三年(1887)上海蜚英舘石印本 六册

650000－1441－0000994 普16－4/4－4

國朝駢體正宗評本十二卷 (清)曾燠撰 清光緒十一年(1885)刻本 八册

650000－1441－0000995 普16－4/4－5

國朝名臣言行錄十六卷 (清)王炳燮著 清光緒十一年(1885)廣仁堂刻本 六册

650000－1441－0000996 普16－4/4－6

國朝二十四家文鈔二十四卷 (清)徐斐然輯 清乾隆六十年(1795)刻本 六册

650000－1441－0000997 普16－4/4－8

國朝文才調集二卷 (清)許振禕集評 清光緒十九年(1893)毓蘭書屋刻本 八册

650000－1441－0000998 普16－4/4－9

國朝文鈔五編不分卷 (清)李光地輯 清乾隆五十一年(1786)雙桐書屋石印本 六册

650000－1441－0000999 普16－4/5－10

國朝歷科舘選錄不分卷 (清)沈廷芳輯 清乾隆刻本 一册

650000－1441－0001000 普16－4/5－11

國朝武定詩鈔十四卷 (清)李衍孫輯 清乾隆五十九年(1794)刻本 五册

650000－1441－0001001 普16－4/5－12

國朝宋學淵源記二卷附漢學師承記 (清)江藩輯 清光緒二十二年(1896)志古堂刻本 一册

650000－1441－0001002 普16－4/5－13

國朝宋學淵源記二卷附漢學師承記 (清)江藩輯 清光緒二十二年(1896)長沙周大文堂刻本 一册

650000－1441－0001003 普16－4/5－14

國朝山左詩抄六十卷 (清)盧見曾纂 清刻本 五册 存十四卷(一至十四)

650000－1441－0001004 普16－4/5－2

國朝山右詩存二十四卷 (清)李錫麟輯 清嘉慶六年(1801)刻本 十二册

650000－1441－0001005 普16－4/5－3

國朝四十名家墨蹟不分卷 (清)沈鈞著 清光緒三十四年(1908)刻本 三册

650000－1441－0001006 普16－4/5－4

國朝十家四六文鈔十一卷 (清)劉開著 清光緒十五年(1889)長沙王氏刻本 四册

650000－1441－0001007 普16－4/5－5

國朝柔遠記十八卷附編二卷 (清)王立春編 清光緒十七年(1891)廣雅書局刻本 八册

650000－1441－0001008 普16－4/5－6

國朝閨秀正始集二十卷附錄一卷補集一卷續集十卷 (清)完顔惲珠輯 清道光十一年(1831)紅香舘刻本 十册

650000－1441－0001009 普16－4/5－7

國朝金陵詩徵四十八卷 (清)朱緒曾編 清光緒十一年(1885)刻本 二十册

650000－1441－0001010 普17－1/1－1

國朝中州文徵五十四卷首一卷 (清)蘇源生編 清道光二十五年(1845)刻本 二十八册

650000－1441－0001011 普17－1/1－2

國朝正雅集九十九卷首一卷 (清)符葆森輯 清咸豐七年(1857)半畝園刻本 四十八冊

650000－1441－0001012 普17－1/2－1
國朝文匯二百卷 (清)上海國學扶輪社編 清宣統元年(1909)國學扶輪社刻本 一百一冊

650000－1441－0001013 普17－1/2－2
國粹叢書六十五種 (清)國學保存會編 清鉛印本 二十八冊 存二十種八十五卷(呂用晦文集八卷續集四卷附錄一卷、廣陽雜記五卷、原善三卷、顏習齋先生年譜二卷、李恕谷先生年譜五卷、張蒼水全集一至七、戴褐夫集一卷補遺一卷續補遺一卷附紀行一卷紀略一卷年譜一卷戴刻戴褐夫集目錄一卷、吳長興伯集五卷、葉天寥自撰年譜一卷續一卷、歸玄恭先生文續抄七卷附錄一卷、三山鄭菊山先生清雋集一卷、所南翁一百二十圖詩集一卷、錦錢餘笑一卷、伯牙琴一卷、吳赤溟先生文集一卷附錄一卷、湖隱外史一卷、行朝錄六卷、劫灰錄一卷、辛巳泣蘄錄一卷附錄一卷、嶺上紀行二卷、甲申傳信錄十卷)

650000－1441－0001014 普17－1/3－11
國學叢刊十二卷 羅振玉校 清宣統三年(1911)石印本 二冊

650000－1441－0001015 普17－1/3－13
國史循吏傳七卷 (清)金兆蕃撰 清刻本 一冊

650000－1441－0001016 普17－1/3－14
國史逆臣傳三卷 (清)國史館編 清抄本 一冊

650000－1441－0001017 普17－1/3－3
投筆集二卷 (清)錢謙益著 清光緒三十二年(1906)國學保存會鉛印本 一冊

650000－1441－0001018 普17－1/3－5
國語二十一卷劄記一卷 (三國吳)韋氏解 清光緒二十一年(1895)寶善堂刻本 三冊 存十四卷(一至九、十八至二十一,劄記一卷)

650000－1441－0001019 普17－1/3－7
國語二十一卷考異四卷劄記一卷 (三國吳)韋氏解 清光緒二年(1876)尊經書院刻本 五冊

650000－1441－0001020 普17－1/3－9
國語校注二十九卷 (清)汪遠孫輯 清道光二十六年(1846)振綺堂鉛印本 八冊

650000－1441－0001021 普17－2/2－24
郭氏叢刻十三種三十五卷 (清)郭柏蒼撰 清光緒刻本 二十冊 缺六卷(竹閑十日話一至六)

650000－1441－0001022 普17－2/2－24－1
郭氏叢刻十三種三十五卷 (清)郭柏蒼撰 清光緒刻本 二冊 存四種五卷(七月漫錄二卷、閩中郭氏支脈大略一卷、我私集一卷、左傳臆說一卷)

650000－1441－0001023 普17－2/2－24－2
郭氏叢刻十三種三十五卷 (清)郭柏蒼撰 清光緒刻本 四冊 存七種十一卷

650000－1441－0001024 普17－2/2－25
郭氏叢刻十三種三十五卷 (清)郭柏蒼撰 清光緒刻本 六冊 存六種十一卷

650000－1441－0001025 普17－2/3－12
郭大理遺稿八卷 (清)郭尚先輯 清道光二十五年(1845)刻本 二冊

650000－1441－0001026 普17－2/3－13
果報錄十二卷 (清)海蘭濤撰 清木活字印本 十二冊

650000－1441－0001027 普17－2/3－17
果齋日記六卷 (清)劉爾炘著 清光緒二十三年(1897)拙修山房刻本 三冊

650000－1441－0001028 普17－2/3－20
過庭錄十六卷 葉佩瑲著 清刻本 一冊

650000－1441－0001029 普17－3/1－5
關中金石文字存逸考十二卷 (清)毛鳳枝撰 清光緒二十七年(1901)會稽顧氏刻本 八冊

650000－1441－0001030 普17－3/2－1

關中金石記八卷附録一卷目録一卷 （清）畢沅撰 清宣統二年（1910）渭南嚴氏刻本 四冊

650000－1441－0001031 普17－3/2－10
關帝聖跡圖志全集五卷 （清）王玉樹輯 清嘉慶八年（1803）刻本 五冊

650000－1441－0001032 普17－3/2－11
觀象廬叢書三十一種 （清）呂調陽撰 清光緒十四年（1888）刻本 六十冊

650000－1441－0001033 普17－3/2－2
關中金石記八卷中州金石記五卷 （清）畢沅撰 清乾隆四十六年（1781）經訓堂刻本 一冊

650000－1441－0001034 普17－3/2－5
關中書院課士詩四卷 （清）閻敬銘等著 清道光二十三年（1843）經餘堂刻本 四冊

650000－1441－0001035 普17－3/2－6
關聖帝君親判回頭岸二卷 （清）瞿步霄集注 清刻本 二冊

650000－1441－0001036 普17－3/2－8
關聖帝跡全書十八卷 （清）劉咸榮著 清刻本 三冊 存九卷（一至四、七、十五至十八）

650000－1441－0001037 普17－3/2－9
關聖帝君聖跡圖志全集五卷 （清）盧湛著 清道光十二年（1832）刻本 五冊

650000－1441－0001038 普17－3/4－4
觀古堂匯刻書二十種五十一卷 葉德輝輯 清光緒二十九年（1903）長沙葉氏刻本 十六冊

650000－1441－0001039 普17－3/4－4－1
觀古堂匯刻書二十種五十一卷 葉德輝輯 清光緒二十九年（1903）長沙葉氏刻本 十六冊

650000－1441－0001040 普17－3/4－5
觀古堂所著書十六種 葉德輝輯 清光緒二十八年（1902）葉氏刻本 十六冊

650000－1441－0001041 普17－3/5－1
觀自得齋叢書二十九種七十九卷 （清）徐士愷輯 清光緒刻本 二十四冊

650000－1441－0001042 普17－3/5－3
管窺輯要八十卷 （清）黄鼎撰 清刻本 三十六冊

650000－1441－0001043 普17－3/5－3－1
管窺輯要八十卷 （清）黄鼎撰 清刻本 三十二冊

650000－1441－0001044 普17－3/5－3－2
管窺輯要八十卷 （清）黄鼎撰 清刻本 三十二冊

650000－1441－0001045 普17－3/5－3－3
管窺輯要八十卷 （清）黄鼎撰 清刻本 十五冊 存五十九卷（十一至十四、十九至二十二、二十六至二十九、三十四至八十）

650000－1441－0001046 普17－3/5－3－4
管窺輯要八十卷 （清）黄鼎撰 清刻本 三十九冊 存七十八卷（一至四、七至八十）

650000－1441－0001047 普17－4/2－1
管子二十卷 （春秋）管仲著 清刻本 一冊 存六卷（七至十二）

650000－1441－0001048 普17－4/2－10
管子二十四卷 （春秋）管仲著 清刻本 六冊

650000－1441－0001049 普17－4/2－11
廣雅疏証十卷附博雅音十卷 （清）王念孫學 清光緒五年（1879）淮南書局刻本 八冊

650000－1441－0001050 普17－4/2－11－1
廣雅疏証十卷附博雅音十卷 （清）王念孫學 清光緒五年（1879）淮南書局刻本 八冊

650000－1441－0001051 普17－4/2－11－2
廣雅疏証十卷附博雅音十卷 （清）王念孫學 清光緒五年（1879）淮南書局刻本 八冊

650000－1441－0001052 普17－4/2－11－3
廣雅疏証十卷附博雅音十卷 （清）王念孫學 清光緒五年（1879）淮南書局刻本 八冊

650000－1441－0001053　普 17－4/2－11－4
廣雅疏証十卷附博雅音十卷　(清)王念孫學　清光緒五年(1879)淮南書局刻本　十六册

650000－1441－0001054　普 17－4/2－11－5
廣雅疏証十卷附博雅音十卷　(清)王念孫學　清光緒五年(1879)淮南書局刻本　七册　缺二卷(廣雅疏証二下、三)

650000－1441－0001055　普 17－4/2－2
管子二十四卷　(春秋)管仲著　清嘉慶九年(1804)聚文堂刻本　八册

650000－1441－0001056　普 17－4/2－2－1
管子二十四卷　(春秋)管仲著　清嘉慶九年(1804)聚文堂刻本　八册

650000－1441－0001057　普 17－4/2－4
管子校正二十四卷　(清)戴望纂　清同治十一年(1872)刻本　四册

650000－1441－0001058　普 17－4/2－5
管注秋水軒尺牘四卷　(清)許思湄著　(清)婁世瑞注釋　(清)管斯駿補注　清光緒十一年(1885)榮祥閣刻本　四册

650000－1441－0001059　普 17－4/2－7
管蠡集四卷　(清)朱之承輯　清光緒十二年(1886)刻本　四册

650000－1441－0001060　普 17－4/3－4
廣雅疏証十卷附博雅音十卷　(清)王念孫學　清末鉛印本　一册　存十七卷(廣雅疏証四至十、博雅音十卷)

650000－1441－0001061　普 17－4/4－3
廣東考古輯要四十六卷　(清)周廣　(清)鄭業崇等輯　清光緒十九年(1893)還讀書屋刻本　十册

650000－1441－0001062　普 17－4/4－4
廣陵詩事十卷　(清)阮元記　清光緒十六年(1890)揚州書局刻本　二册

650000－1441－0001063　普 17－4/4－4－1
廣陵詩事十卷　(清)阮元記　清光緒十六年(1890)揚州書局刻本　二册

650000－1441－0001064　普 17－4/4－6
廣陵事略七卷　(清)姚文田輯　清嘉慶十七年(1812)開封節院刻本　四册

650000－1441－0001065　普 17－4/5－1
廣陵通典十卷　(清)汪中撰　清光緒刻本　四册

650000－1441－0001066　普 17－4/5－2
廣陵通典十卷　(清)汪中撰　清光緒刻本　六册

650000－1441－0001067　普 17－4/5－3
廣陵通典十卷　(清)汪中撰　清同治八年(1869)刻本　二册

650000－1441－0001068　普 17－4/5－5
廣輿記二十四卷　(清)蔡方炳輯　清道光四年(1824)同人堂刻本　十六册

650000－1441－0001069　普 17－4/5－7
廣博物志五十卷　(清)董斯張纂　清光緒五年(1879)學海堂刻本　三十册

650000－1441－0001070　普 17－4/5－8
廣列女傳二十卷附錄一卷　(清)劉開輯　清同治八年(1869)皖江撫署刻本　六册

650000－1441－0001071　普 18－1/1－12
光緒丙午年交涉要覽六卷　北洋洋務局輯　清光緒三十四年(1908)鉛印本　六册

650000－1441－0001072　普 18－1/1－4
廣蠶桑說一卷　(清)仲學輅撰　清光緒三十四年(1908)刻本　一册

650000－1441－0001073　普 18－1/1－5
廣金石韻府不分卷　(清)張鳳藻著　清咸豐十年(1860)刻本　六册

650000－1441－0001074　普 18－1/1－6
廣四時讀書樂詩試帖一卷　(清)奕訢輯　清咸豐六年(1856)恭親王刻本　一册

650000－1441－0001075　普 18－1/1－7
廣唐賢三昧集十卷　(清)王士禎輯　清宣統元年(1909)石印本　九册

650000－1441－0001076　普18－1/1－8
廣廣事類賦三十二卷　(清)吳世旃著　清道光二十年(1840)大德堂刻本　六冊

650000－1441－0001077　普18－1/3－14
光緒丙午年交涉要覽六卷　北洋洋務局纂　清光緒三十四年(1908)北洋官報局鉛印本　五冊

650000－1441－0001078　普18－1/3－15
光緒乙巳年交涉要覽五卷　北洋洋務局纂　清光緒三十三年(1907)北洋官報局鉛印本　五冊

650000－1441－0001079　普18－1/3－15－1
光緒乙巳年交涉要覽五卷　北洋洋務局纂　清光緒三十三年(1907)北洋官報局鉛印本　五冊

650000－1441－0001080　普18－1/3－15－2
光緒乙巳年交涉要覽五卷　北洋洋務局纂　清光緒三十三年(1907)北洋官報局鉛印本　五冊

650000－1441－0001081　普18－1/3－15－3
光緒乙巳年交涉要覽五卷　北洋洋務局纂　清光緒三十三年(1907)北洋官報局鉛印本　五冊

650000－1441－0001082　普18－1/3－15－4
光緒乙巳年交涉要覽五卷　北洋洋務局纂　清光緒三十三年(1907)北洋官報局鉛印本　五冊

650000－1441－0001083　普18－1/3－15－5
光緒乙巳年交涉要覽五卷　北洋洋務局纂　清光緒三十三年(1907)北洋官報局鉛印本　五冊

650000－1441－0001084　普18－1/3－17
光緒丁未年交涉要覽四卷　北洋洋務局纂　清光緒三十三年(1907)北洋官報局鉛印本　四冊

650000－1441－0001085　普18－1/4－1
光緒政要三十四卷　(清)沈桐生輯　清宣統元年(1909)上海崇義堂石印本　二十七冊　存二十八卷(一至五、十二至三十四)

650000－1441－0001086　普18－1/4－2
[光緒六年庚辰科]會試同年齒錄不分卷　(清)□□輯　清光緒會文齋刻本　四冊

650000－1441－0001087　普18－1/4－4
震川先生集三十卷別集十卷附小傳墓誌銘　(明)歸有光著　清光緒六年(1880)常熟歸氏刻本　十二冊

650000－1441－0001088　普18－1/4－4－1
震川先生集三十卷別集十卷附小傳墓誌銘　(明)歸有光著　清光緒六年(1880)常熟歸氏刻本　十二冊

650000－1441－0001089　普18－1/4－6
震川先生大全集正集三十卷別集十卷補集八卷餘集八卷　(明)歸有光著　清嘉慶元年(1796)玉鈅堂刻本　十六冊

650000－1441－0001090　普18－1/5－1
歸震川先生集三十卷別集十卷附錄一卷　(明)歸有光撰　清光緒六年(1880)常熟歸氏刻本　十六冊

650000－1441－0001091　普18－1/5－4
歸震川評點本史記一百三十卷附方望溪評史記四卷　(漢)司馬遷著　清光緒二年(1876)武昌張氏刻本　二十冊　存一百二十八卷(一至十二、十五至一百三十)

650000－1441－0001092　普18－2/1－1
歸田瑣記八卷　(清)梁章鉅撰　清咸豐二年(1852)同文堂刻本　四冊

650000－1441－0001093　普18－2/1－12
異方便淨土傳燈歸元鏡三祖實錄二卷　(明)釋智達撰　清刻本　一冊

650000－1441－0001094　普18－2/1－13
異方便淨土傳燈歸元鏡三祖實錄二卷　(明)釋智達撰　清刻本　一冊

650000－1441－0001095　普18－2/1－14
異方便淨土傳燈歸元鏡三祖實錄二卷　(明)

釋智達撰　清刻本　二册

650000－1441－0001096　普 18－2/1－15
歸真要道譯義四卷　(清)伍遵契譯註　清光緒十七年(1891)江甯蔣氏念一齋刻本　四册

650000－1441－0001097　普 18－2/1－16
歸愚詩抄二十卷　(清)沈德潛著　清刻本　三册　存六卷(一至六)

650000－1441－0001098　普 18－2/1－17
歸盦文稿八卷　(清)葉裕仁撰　清光緒八年(1882)刻本　四册

650000－1441－0001099　普 18－2/1－18
歸玄恭先生[莊]年譜一卷　(清)趙經達編　清文滿廬刻本　一册

650000－1441－0001100　普 18－2/1－19
閨閣十二段錦不分卷　彭梧軒著　清宣統二年(1910)刻本　一册

650000－1441－0001101　普 18－2/1－2
歸田瑣記八卷　(清)梁章鉅撰　清同治八年(1869)同文堂刻本　四册

650000－1441－0001102　普 18－2/1－24
閨閣才子奇書十二卷首一卷　(清)煙水散人撰　清光緒十九年(1893)石印本　三册　存九卷(一至九)

650000－1441－0001103　普 18－2/1－3
歸田瑣記八卷　(清)梁章鉅撰　清道光二十五年(1845)北東園刻本　四册

650000－1441－0001104　普 18－2/1－3－1
歸田瑣記八卷　(清)梁章鉅撰　清道光二十五年(1845)北東園刻本　四册

650000－1441－0001105　普 18－2/1－6
歸樸龕叢稿十二卷　(清)彭蘊章著　清刻本　四册

650000－1441－0001106　普 18－2/1－6－1
歸樸龕叢稿十二卷續編四卷年譜一卷　(清)彭蘊章著　清刻本　五册

650000－1441－0001107　普 18－2/2－1
癸巳類稿十五卷　(清)俞正燮著　清道光十三年(1833)求日益齋刻本　八册

650000－1441－0001108　普 18－2/2－1－1
癸巳類稿十五卷　(清)俞正燮著　清道光十三年(1833)求日益齋刻本　八册

650000－1441－0001109　普 18－2/2－1－2
癸巳類稿十五卷　(清)俞正燮著　清道光十三年(1833)求日益齋刻本　八册

650000－1441－0001110　普 18－2/2－10
鬼谷子三卷　(春秋)鬼谷子著　清乾隆五十四年(1789)秦氏石研齋刻本　二册

650000－1441－0001111　普 18－2/2－11
鬼谷子三卷　(春秋)鬼谷子著　清嘉慶十年(1805)江都秦氏刻本　三册

650000－1441－0001112　普 18－2/2－12
貴耳集二卷　(宋)張端義著　清刻本　二册

650000－1441－0001113　普 18－2/2－2
癸巳存稿十五卷　(清)俞正燮著　清道光二十九年(1849)方石楊氏刻本　五册

650000－1441－0001114　普 18－2/2－5
癸巳類稿十五卷　(清)俞正燮著　清光緒刻本　六册

650000－1441－0001115　普 18－2/2－7
癸巳存稿十五卷　(清)俞正燮著　清光緒十年(1884)刻本　六册

650000－1441－0001116　普 18－2/2－8
癸辛雜識四集不分卷　(宋)周密輯　清刻本　五册

650000－1441－0001117　普 18－2/2－9
癸辛雜識四集四百八十一條　(宋)周密輯　清刻本　二册

650000－1441－0001118　普 18－2/3－1
桂舟遊草二卷　(清)王站柱著　清光緒七年(1881)刻本　二册

650000－1441－0001119　普 18－2/3－5
桂溪項氏族譜二十四卷首一卷末一卷　(清)

項啓鈵輯　清嘉慶十六年(1811)刻本　二十四册

650000－1441－0001120　普18－2/3－6
功順堂叢書七十五卷　(清)潘祖蔭輯　清光緒刻本　二十四册　缺四卷(周人經說五至八)

650000－1441－0001121　普18－2/3－6－1
功順堂叢書七十五卷　(清)潘祖蔭輯　清光緒刻本　二十四册

650000－1441－0001122　普18－2/3－6－2
功順堂叢書七十五卷　(清)潘祖蔭輯　清光緒刻本　二十四册

650000－1441－0001123　普18－2/3－6－3
功順堂叢書七十五卷　(清)潘祖蔭輯　清光緒刻本　二十八册

650000－1441－0001124　普18－2/3－6－4
功順堂叢書七十五卷　(清)潘祖蔭輯　清光緒刻本　三十二册

650000－1441－0001125　普18－2/5－4
攻媿集一百三卷　(宋)樓鑰撰　清刻本　六册　存三十卷(二十二至三十九、四十七、八十五至九十、九十九至一百三)

650000－1441－0001126　普18－2/5－6
公民必讀二編不分卷　(清)預備立憲公會編　清光緒三十四年(1908)廣西撫院鉛印本　一册

650000－1441－0001127　普18－2/5－8
公恥齋文鈔十七卷　(清)越峴山人著　清咸豐六年(1856)刻本　八册

650000－1441－0001128　普18－2/5－9
共賞集不分卷　(清)錢辰錄撰　清光緒三十三年(1907)刻本　二册

650000－1441－0001129　普18－3/1－1
高安三傳合編五十六卷　(清)朱軾　(清)蔡世遠輯　清同治三年(1864)東林書房刻本　十四册　缺二十四卷(名臣八至二十三、循吏一至八)

650000－1441－0001130　普18－3/2－11
高僧傳三集三十卷　(宋)釋贊寧撰　清光緒十三年(1887)刻本　一册

650000－1441－0001131　普18－3/2－12
續高僧傳二集四十卷　(唐)釋道宣撰　清刻本　十册

650000－1441－0001132　普18－3/2－12－1
續高僧傳二集四十卷　(唐)釋道宣撰　清刻本　四册　存三卷(四至六)

650000－1441－0001133　普18－3/2－2
高子遺書十二卷附錄一卷　(明)高攀龍著　清光緒二年(1876)東林書房刻本　八册

650000－1441－0001134　普18－3/2－2－1
高子遺書十二卷附錄一卷　(明)高攀龍著　清光緒二年(1876)東林書房刻本　八册

650000－1441－0001135　普18－3/2－5
高子別集八卷　(明)高攀龍著　清光緒二十四年(1898)刻本　三册

650000－1441－0001136　普18－3/2－6
高僧傳初集十五卷　(南朝梁)釋慧皎撰　清光緒十年(1884)金陵刻經處刻本　三册　存十二卷(四至十五)

650000－1441－0001137　普18－3/2－8
高季迪先生大全集十八卷　(明)高啓著　清光緒十四年(1888)刻本　六册

650000－1441－0001138　普18－3/3－1
高原蒙求四卷　(清)徐朝俊纂　清嘉慶十二年(1807)刻本　四册

650000－1441－0001139　普18－3/3－11
高常侍集十卷　(唐)高適撰　清光緒十年(1884)上海同文書局石印本　二册

650000－1441－0001140　普18－3/3－12
格物測算八卷　(美國)丁韙良著　清光緒九年(1883)鉛印本　八册

650000－1441－0001141　普18－3/3－12－1
格物測算八卷　(美國)丁韙良著　清光緒九年(1883)鉛印本　八册

650000－1441－0001142　普18－3/3－14
告示新編不分卷　(□)□□撰　清抄本　二册

650000－1441－0001143　普18－3/3－15
高士傳三卷　(晉)皇甫謐著　清刻本　一册

650000－1441－0001144　普18－3/3－2
高給諫駢文一卷詩鈔二卷遺詩一卷　(清)高枏著　清刻本　一册

650000－1441－0001145　普18－3/3－3
和陽高梅亭集評前漢書□□卷　(清)高梅亭著　清刻本　一册　存一卷(一)

650000－1441－0001146　普18－3/4－1
格致鏡原一百卷　(清)陳元龍著　清光緒十四年(1888)大同書局石印本　十六册

650000－1441－0001147　普18－3/4－2
格致須知十九卷　(英國)傅蘭雅撰　(清)華衡芳譯　清光緒十三年(1887)刻本　八册

650000－1441－0001148　普18－3/4－6
各省選拔同年明經通譜不分卷　(清)國史館撰　清光緒二十三年(1897)京都楊梅竹斜街文奎齋刻本　四册

650000－1441－0001149　普18－3/4－7
各國約章纂要六卷首一卷附錄一卷　勞乃宣編　清光緒十七年(1891)武橋官廨刻本　四册

650000－1441－0001150　普18－3/4－8
各國通商條約不分卷　(清)總理衙門撰　清鉛印本　六册

650000－1441－0001151　普18－3/5－10
庚申守圍城始末追記一卷　(清)潘瀾著　清刻本　一册

650000－1441－0001152　普18－3/5－5
庚子天津一月記不分卷　(清)茅少笙著　清刻本　一册

650000－1441－0001153　普18－3/5－6
庚子天津一月記不分卷　(清)茅少笙著　清刻本　一册

650000－1441－0001154　普18－3/5－7
庚辰集五卷　(清)紀昀編　清刻本　五册

650000－1441－0001155　普18－3/5－8
庚辰集五卷　(清)紀昀編　清刻本　五册

650000－1441－0001156　普18－3/5－9
庚午雲南鄉墨一卷　(清)王先慎著　清刻本　一册

650000－1441－0001157　普18－4/1－1
尺木堂綱鑑易知錄一百七卷　(清)吳乘權等輯　清光緒三十年(1904)上海圖書集成印書局鉛印本　十五册

650000－1441－0001158　普18－4/1－4
綱鑑擇言補注十卷　(清)司徒修選撰　清道光二十七年(1847)書業德刻本　二册

650000－1441－0001159　普18－4/2－2
改良京調圖考不分卷　(□)補留居士撰　清光緒三十二年(1906)善記書莊石印本　一册

650000－1441－0001160　普18－4/2－3
改良繪圖解人頤廣集八卷　(宋)胡澹菴定本　清光緒三十二年(1906)善記書莊石印本　一册　存二卷(三至四)

650000－1441－0001161　普18－4/2－4
改良雙珍緣不分卷　(□)□□撰　清刻本　一册

650000－1441－0001162　普18－4/2－8
甘棠小志四卷首一卷末一卷　(清)董醇著　清咸豐元年(1851)獲芳書屋刻本　四册

650000－1441－0001163　普18－4/2－9
感舊集十六卷　(清)王士禛輯　清乾隆十七年(1752)盧氏雅雨堂刻本　八册

650000－1441－0001164　普19－1/1－1
皇清經解一千四百卷　(清)阮元撰　清道光九年(1829)稽古堂刻本　四百册

650000－1441－0001165　普19－1/1－1－1
皇清經解一千四百卷　(清)阮元撰　清道光九年(1829)稽古堂刻本　四百册

650000－1441－0001166　普 19－3/3－1

皇清經解一千四百卷　(清)阮元撰　清咸豐十一年(1861)刻本　三百六十册　存一千三百九十六卷(一至七百九十七、八百二至一千四百)

650000－1441－0001167　普 19－3/3－1－1

皇清經解一千四百卷　(清)阮元撰　清咸豐十一年(1861)刻本　三百六十册　存一千三百九十六卷(一至七百九十七、八百二至一千四百)

650000－1441－0001168　普 19－4/4－1

皇清經解一千四百八卷　(清)阮元輯　清道光九年(1829)學海堂刻本　二百二十二册

650000－1441－0001169　普 20－1/3－1

皇清經解一千四百八卷　(清)阮元輯　清咸豐十一年(1861)學海堂增刻本　一百二十册　缺八百七十四卷(二百五十二至六百七十二、七百五十八、九百五十七至一千四百八)

650000－1441－0001170　普 20－2/1－1

皇清經解一百九十卷　(清)嚴傑輯　清光緒十七年(1891)鴻寶齋石印本　二十四册

650000－1441－0001171　普 20－2/1－2

皇清經解分經合纂十六卷　(清)阮元撰　清光緒二十一年(1895)鴻寶齋石印本　三十一册

650000－1441－0001172　普 20－3/2－1

皇清經解續編一千四百三十卷　王先謙著　清光緒十四年(1888)刻本　三百十九册　缺二卷(尚書古文三十二至三十三)

650000－1441－0001173　普 20－4/2－1

皇朝經世文編一百二十卷　(清)賀長齡輯　清道光七年(1827)上海江左書林刻本　二十四册

650000－1441－0001174　普 20－4/2－2

皇朝經世文編一百二十卷　(清)賀長齡輯　清光緒二年(1876)埽葉山房鉛印本　二十四册

650000－1441－0001175　普 20－4/2－3

皇朝經世文編一百二十卷　(清)賀長齡輯　清光緒元年(1875)中西書局石印本　二十三册　存一百十五卷(一至九十、九十六至一百二十)

650000－1441－0001176　普 20－4/3－1

皇朝經世文編一百二十卷　(清)賀長齡輯　清光緒二十一年(1895)蜚英書局石印本　十二册

650000－1441－0001177　普 20－4/3－2

皇朝經世文續編一百二十卷　(清)盛康輯　清光緒二十三年(1897)盛氏思補樓刻本　十二册

650000－1441－0001178　普 20－4/3－2－1

皇朝經世文續編一百二十卷　(清)盛康輯　清光緒二十三年(1897)盛氏思補樓鉛印本　七十九册　存一百十八卷(一至九十七、一百至一百二十)

650000－1441－0001179　普 20－4/4－2

皇朝經世文續編一百二十卷　(清)葛士濬輯　清光緒二十二年(1896)寶善書局石印本　二十册

650000－1441－0001180　普 20－4/4－3

皇朝經世文續編一百二十卷　(清)葛士濬輯　清光緒二十四年(1898)上海書局石印本　二十册

650000－1441－0001181　普 20－4/5－1

皇朝經世文續編一百二十卷　(清)葛士濬輯　清光緒二十四年(1898)慎記莊石印本　十二册

650000－1441－0001182　普 20－4/5－3

皇朝經世文新編三十二卷　麥仲華輯　清光緒二十七年(1901)上海書局石印本　八册

650000－1441－0001183　普 20－4/5－4

皇朝經世文三編八十卷　(清)陳忠倚輯　清光緒二十七年(1901)上海書局石印本　十

六冊

650000－1441－0001184　普20－4/5－5
皇朝經世文新編二十一卷　麥仲華輯　清光緒二十四年(1898)上海大同譯書局刻本　二十四冊

650000－1441－0001185　普21－1/1－1
皇朝經世文編補一百二十卷　(清)賀長齡輯　清道光六年(1826)來鹿堂刻本　九十八冊

650000－1441－0001186　普21－1/1－1－1
皇朝經世文編補一百二十卷　(清)賀長齡輯　清道光六年(1826)來鹿堂刻本　六十八冊　存六十九卷(十一至十四、二十五至五十六、六十一至六十八、九十四至一百十八)

650000－1441－0001187　普21－1/2－1
皇朝文獻通考三百卷　(清)嵇璜撰　清光緒八年(1882)浙江書局刻本　一百六十冊

650000－1441－0001188　普21－1/5－1
皇朝文獻通考三百卷　(清)嵇璜　(清)劉墉等撰　清光緒二十七年(1901)圖書集成局鉛印本　四十六冊

650000－1441－0001189　普21－1/5－1－2
皇朝文獻通考三百卷　(清)嵇璜　(清)劉墉等撰　清光緒二十七年(1901)圖書集成局鉛印本　四十六冊

650000－1441－0001190　普21－1/5－1－1
皇朝文獻通考三百卷　(清)嵇璜　(清)劉墉等撰　清光緒二十七年(1901)圖書集成局鉛印本　十三冊　存七十二卷(一百三十至一百五十五、一百八十四至二百二十九)

650000－1441－0001191　普21－1/5－3
皇朝武功紀盛四卷　(清)趙翼撰　清乾隆五十七年(1792)刻本　一冊

650000－1441－0001192　普21－2/1－3
皇朝文獻通考輯要二十六卷　湯壽潛輯　清刻本　十一冊

650000－1441－0001193　普21－2/1－3－1
皇朝文獻通考輯要二十六卷　湯壽潛輯　清刻本　十冊　缺二卷(十一至十二)

650000－1441－0001194　普21－2/2－1
皇朝通志一百二十六卷　(清)嵇璜　(清)劉墉等撰　清光緒二十七年(1901)圖書集成局石印本　十二冊

650000－1441－0001195　普21－2/2－1－1
皇朝通志一百二十六卷　(清)嵇璜　(清)劉墉等撰　清光緒二十七年(1901)圖書集成局石印本　十二冊

650000－1441－0001196　普21－2/2－1－2
皇朝通志一百二十六卷　(清)嵇璜　(清)劉墉等撰　清光緒二十七年(1901)圖書集成局石印本　十二冊

650000－1441－0001197　普21－2/2－1－3
皇朝通志一百二十六卷　(清)嵇璜　(清)劉墉等撰　清光緒二十七年(1901)圖書集成局石印本　十二冊

650000－1441－0001198　普21－2/2－3
皇朝通志一百二十六卷　(清)嵇璜　(清)劉墉等撰　清光緒八年(1882)浙江書局刻本　四十冊

650000－1441－0001199　普21－2/2－4
皇朝通典一百卷　(清)嵇璜　(清)劉墉等撰　清光緒八年(1882)浙江書局刻本　四十冊

650000－1441－0001200　普21－2/3－4
皇朝通典一百卷　(清)嵇璜　(清)劉墉等撰　清光緒二十七年(1901)上海圖書集成局刻本　十二冊

650000－1441－0001201　普21－2/3－4－1
皇朝通典一百卷　(清)嵇璜　(清)劉墉等撰　清光緒二十七年(1901)上海圖書集成局刻本　十二冊

650000－1441－0001202　普21－2/3－4－2
皇朝通典一百卷　(清)嵇璜　(清)劉墉等撰　清光緒二十七年(1901)上海圖書集成局刻本　十二冊

650000－1441－0001203　普21－2/3－4－3

皇朝通典一百卷 （清）嵇璜 （清）劉墉等撰 清光緒二十七年(1901)上海圖書集成局刻本 十二册

650000－1441－0001204 普21－2/3－5
皇朝掌故彙編内編六十卷首一卷外編四十卷首一卷 （清）宋文蔚撰 清光緒二十八年(1902)求實書社石印本 六十册

650000－1441－0001205 普21－2/4－1
皇朝蓄艾文編八十卷 （清）于寶軒輯 清光緒二十九年(1903)上海官書局石印本 四十册

650000－1441－0001206 普21－2/4－2
皇朝駢文類苑十四卷首一卷 （清）姚燮撰 清光緒十年(1884)刻本 十六册

650000－1441－0001207 普21－2/4－3
皇朝通典訂誤不分卷 （清）紀昀撰 清末石印本 一册

650000－1441－0001208 普21－2/4－4
皇清開國方略三十二卷首一卷 （清）阿桂撰 清乾隆三十四年(1769)廣百宋齋刻本 六册

650000－1441－0001209 普21－2/4－5
皇朝政典挈要八卷 （日本）增田貢原著 清光緒二十八年(1902)石印本 四册

650000－1441－0001210 普21－2/5－1
皇朝武功紀盛四卷 （清）趙翼撰 清光緒二十七年(1901)埽葉山房石印本 一册

650000－1441－0001211 普21－2/5－10
皇朝詞林典故六十四卷 （清）朱珪等撰 清光緒十三年(1887)刻本 十一册

650000－1441－0001212 普21－2/5－11
皇極經世緒言九卷 （清）包逸菴校 清嘉慶四年(1799)徐樹堂刻本 十册

650000－1441－0001213 普21－2/5－12
皇朝經世書傳八卷 （清）黄粵洲著 清咸豐七年(1857)刻本 八册

650000－1441－0001214 普21－2/5－2
皇朝武功紀盛四卷 （清）趙翼撰 清光緒三年(1877)刻本 二册

650000－1441－0001215 普21－2/5－4
皇朝武功紀盛四卷 （清）趙翼撰 清末石印本 二册

650000－1441－0001216 普21－2/5－5
皇朝輿地韻編二卷 （清）李兆洛輯 清光緒十七年(1891)刻本 一册

650000－1441－0001217 普21－2/5－5－1
皇朝輿地韻編二卷 （清）李兆洛輯 清光緒十七年(1891)刻本 一册

650000－1441－0001218 普21－2/5－8
皇朝輿地韻編二卷 （清）馬貞榆撰 清光緒四年(1878)羊城馬氏集益堂刻本 一册

650000－1441－0001219 普21－2/5－9
皇朝謚法考五卷 （清）鮑康輯 清同治三年(1864)刻本 十册

650000－1441－0001220 普21－4/2－1
慈溪黄氏日抄分類八十八卷 （宋）黄震著 清刻本 三十二册 存三十六卷

650000－1441－0001221 普21－4/2－2
慈溪黄氏日抄分類古今紀要十九卷 （宋）黄震著 清刻本 八册

650000－1441－0001222 普21－4/3－1
黄梨洲遺書十種三十九卷 （清）黄宗羲撰 清光緒三十一年(1905)群學社刻本 十四册

650000－1441－0001223 普21－4/3－1－1
黄梨洲遺書十種三十九卷 （清）黄宗羲撰 清光緒三十一年(1905)群學社刻本 十二册 缺五卷(南雷文定前集一至三、明儒學案五至六)

650000－1441－0001224 普21－4/3－3
黄梨洲先生[宗羲]年譜二卷 （清）黄炳垕編輯 清同治十二年(1873)朱衍緒刻本 一册

650000－1441－0001225 普21－4/3－4
黄詩全集五十八卷 （宋）黄庭堅撰 （清）翁方綱輯 清乾隆五十三年(1788)樹經堂刻本

二十册

650000－1441－0001226　普21－4/3－5
黃詩全集五十八卷　(宋)黃庭堅撰　(清)翁方綱輯　清道光十年(1830)友全堂木活字印本　二十册

650000－1441－0001227　普21－4/4－1
黃詩全集五十八卷　(宋)黃庭堅撰　(清)翁方綱輯　清光緒二年(1876)刻本　二十册

650000－1441－0001228　普21－4/4－2
山谷詩内集注二卷　(宋)任淵等撰　清刻本　一册

650000－1441－0001229　普21－4/4－3
黃葉邨莊詩集八卷附續集一卷後集一卷　(清)吳之振撰　清光緒四年(1878)刻本　四册

650000－1441－0001230　普21－4/4－6
山谷外集詩註二十卷　(清)史容註　清石印本　十册

650000－1441－0001231　普21－4/4－7
黃漳浦文集五十卷首一卷　(清)莊起儔編　清末鉛印本　十六册

650000－1441－0001232　普21－4/4－8
國朝試賦匯海前集十卷後集三卷　(清)黃爵滋編輯　清道光十年(1830)仙屏書屋刻本　十二册

650000－1441－0001233　普21－4/4－9
国朝試律匯海續選前集五卷後集四卷　(清)黃爵滋編輯　清咸豐元年(1851)刻本　十册

650000－1441－0001234　普21－4/5－10
篁韻盦詩鈔六卷　(清)顧綸卿著　清光緒二十二年(1896)刻本　二册

650000－1441－0001235　普21－4/5－11
漢魏六朝一百三家集一百十八卷　(明)張溥編　清光緒五年(1879)信述堂刻本　四十七册

650000－1441－0001236　普21－4/5－2
晚唐詩集不分卷　(唐)黃滔撰　清刻本　一册

650000－1441－0001237　普21－4/5－3
黃忠端公[道周]年譜二卷　(清)黃炳垕編輯　清光緒元年(1875)刻本　一册

650000－1441－0001238　普21－4/5－5
黃書不分卷　(清)王夫之撰　清宣統二年(1910)成都陝西街石印本　一册

650000－1441－0001239　普21－4/5－9
荒政輯要九卷　(清)汪志伊纂　清同治八年(1869)楚北崇文書局刻本　二册

650000－1441－0001240　普22－1/1－1
漢魏六朝一百三家集一百十八卷　(明)張溥輯錄　清光緒三年(1877)滇南唐氏刻本　一百册

650000－1441－0001241　普22－2/2－2
漢名臣傳三十二卷　(清)國史館撰　清木活字印本　二十五册　存十六卷(一至二、五、七至八、二十、二十二至三十一)

650000－1441－0001242　普22－2/2－2－1
漢名臣傳三十二卷　(清)國史館撰　清木活字印本　二十五册　存十六卷(一至二、五、七至八、二十、二十二至三十一)

650000－1441－0001243　普22－2/2－2－2
漢名臣傳三十二卷　(清)國史館撰　清木活字印本　二十五册　存十六卷(一至二、五、七至八、二十、二十二至三十一)

650000－1441－0001244　普22－2/3－1
漢書補注一百二十卷首一卷　王先謙輯　清光緒二十六年(1900)王氏虛受堂刻本　三十二册　存一百卷(一至一百)

650000－1441－0001245　普22－2/4－11
漢隸字源六卷　(宋)婁機撰　清光緒三年(1877)刻本　六册

650000－1441－0001246　普22－2/4－11－1
漢隸字源六卷　(宋)婁機撰　清光緒三年(1877)刻本　六册

650000－1441－0001247　普22－2/4－17

漢碑引經攷六卷　(清)皮錫瑞撰　清光緒三十年(1904)刻本　五册

650000－1441－0001248　普22－2/4－19
漢學商兑四卷　(清)方東樹纂　清光緒二十六年(1900)浙江書局刻本　四册

650000－1441－0001249　普22－2/4－19－1
漢學商兑四卷　(清)方東樹纂　清光緒二十六年(1900)浙江書局刻本　四册

650000－1441－0001250　普22－2/4－19－2
漢學商兑四卷　(清)方東樹纂　清光緒二十六年(1900)浙江書局刻本　四册

650000－1441－0001251　普22－2/4－3
漢書蒙拾三卷　(清)杭世駿抄撮　清末刻本　二册

650000－1441－0001252　普22－2/4－3－1
漢書蒙拾三卷　(清)杭世駿抄撮　清末錢塘汪氏刻本　二册

650000－1441－0001253　普22－2/4－5
漢書地理志校本二卷　(清)汪遠孫撰　清道光刻本　二册

650000－1441－0001254　普22－2/4－5－1
漢書地理志校本二卷　(清)汪遠孫撰　清道光刻本　二册

650000－1441－0001255　普22－2/5－11
漢管處士[寧]年譜不分卷　(清)管世駿編纂　清光緒三十二年(1906)劉氏求恕齋刻本　一册

650000－1441－0001256　普22－2/5－13
漢代古文學辨誣不分卷　(清)劉師培撰　清末刻本　一册

650000－1441－0001257　普22－2/5－16
漢儒通義七卷　(清)陳澧集　清咸豐八年(1858)廣東西湖街富文齋刻本　二册

650000－1441－0001258　普22－2/5－18
漢堂詩鈔十四卷漢堂文鈔一卷補遺一卷附濯纓室詩鈔三卷　(清)李寶洤撰　清末刻本　六册

650000－1441－0001259　普22－2/5－3
漢畫二卷　(□)□□撰　清末石印本　二册

650000－1441－0001260　普22－2/5－3－2
漢畫二卷　(□)□□撰　清末石印本　二册

650000－1441－0001261　普22－2/5－3－1
漢畫二卷　(□)□□撰　清末石印本　二册

650000－1441－0001262　普22－3/3－2
涵芬樓古今文抄一百卷　吴曾祺纂錄　清宣統二年(1910)鉛印本　一百册

650000－1441－0001263　普22－3/4－1
涵芬樓古今文抄簡編四十卷　吴曾祺纂錄　清宣統二年(1910)鉛印本　四十一册

650000－1441－0001264　普22－3/4－1－1
涵芬樓古今文抄簡編一百卷　吴曾祺纂錄　清宣統二年(1910)鉛印本　一百册

650000－1441－0001265　普22－3/5－2
韓集點勘四卷　(清)陳景雲撰　清同治九年(1870)江蘇書局刻本　一册

650000－1441－0001266　普22－3/5－3
函樓詩抄八卷　(清)易佩紳撰　清光緒八年(1882)刻本　二册

650000－1441－0001267　普22－3/5－7
昌黎先生詩增注証訛十一卷附年譜一卷　(清)顧嗣立刪補　清咸豐七年(1857)四明鮑氏刻本　四册

650000－1441－0001268　普22－3/5－8
韓詩外傳十卷　(漢)韓嬰著　清刻本　四册

650000－1441－0001269　普22－4/1－11
韓文類譜七卷　(宋)吕大防撰　清光緒元年(1875)小玲瓏山錧刻本　三册

650000－1441－0001270　普22－4/1－11－1
韓文類譜七卷　(宋)吕大防撰　清光緒元年(1875)小玲瓏山錧刻本　三册

650000－1441－0001271　普22－4/1－11－2
韓文類譜七卷　(宋)吕大防撰　清光緒元年(1875)小玲瓏山錧刻本　三册

650000－1441－0001272　普 22－4/1－14
韓苑洛全集二十二卷　(明)韓邦奇撰　清道光八年(1828)西河書院刻本　十冊

650000－1441－0001273　普 22－4/1－3
韓非子二十卷　(戰國)韓非著　清刻本　三冊

650000－1441－0001274　普 22－4/1－4
韓非子集解二十卷首一卷　(清)王先慎著　清光緒二十二年(1896)刻本　六冊

650000－1441－0001275　普 22－4/1－4－1
韓非子集解二十卷首一卷　(清)王先慎著　清光緒二十二年(1896)刻本　六冊

650000－1441－0001276　普 22－4/1－9
韓昌黎全集四十卷外集十卷傳一卷點勘四卷遺文一卷　(唐)韓愈撰　(清)李漢編　清宣統三年(1911)埽葉山房石印本　十二冊

650000－1441－0001277　普 22－4/2－1
韓松堂全集十二卷　(清)魏象樞撰　清嘉慶十六年(1811)刻本　十四冊

650000－1441－0001278　普 22－4/2－1－1
韓松堂全集十二卷　(清)魏象樞撰　清嘉慶十六年(1811)刻本　十四冊

650000－1441－0001279　普 22－4/2－2
韓松堂全集十二卷　(清)魏象樞撰　清嘉慶十六年(1811)刻本　十二冊

650000－1441－0001280　普 22－4/2－9
汗簡七卷　(宋)郭忠恕撰　清刻本　一冊

650000－1441－0001281　普 22－4/3－1
汗簡七卷　(宋)郭忠恕撰　清光緒十五年(1889)廣雅書局刻本　六冊

650000－1441－0001282　普 22－4/3－2
汗簡七卷　(宋)郭忠恕撰　清光緒十五年(1889)廣雅書局刻本　四冊

650000－1441－0001283　普 22－4/3－2－1
汗簡七卷　(宋)郭忠恕撰　清光緒十五年(1889)廣雅書局刻本　四冊

650000－1441－0001284　普 22－4/3－4
海山仙館叢書五十六種四百七十六卷　(清)潘仕成編　清道光二十九年(1849)海山仙館刻本　一百二十一冊

650000－1441－0001285　普 23－1/2－1
海山仙館叢書五十四卷　(清)潘仕成編　清道光二十九年(1849)海山仙館刻本　十六冊　缺一卷(遂初堂書目)

650000－1441－0001286　普 23－1/3－4
海藏樓詩十三卷　(清)鄭孝胥著　清末石印本　四冊

650000－1441－0001287　普 23－1/3－5
海國圖志一百卷　(清)魏源著　清光緒二年(1876)涇固道署刻本　二十二冊　存九十三卷(一至十九、二十四至三十、三十四至一百)

650000－1441－0001288　普 23－1/3－5－1
海國圖志一百卷　(清)魏源著　清光緒二年(1876)涇固道署刻本　二十四冊

650000－1441－0001289　普 23－1/4－2
海國圖志一百卷續集二十五卷　(清)魏源著　清光緒二十四年(1898)文賢閣石印本　十六冊

650000－1441－0001290　普 23－1/5－1
海國圖志一百卷續集二十五卷　(清)魏源著　清光緒二十一年(1895)積山書局石印本　十六冊

650000－1441－0001291　普 23－1/5－10
海門詩抄八卷外集四卷附補祿　(清)鮑皐撰　清刻本　四冊

650000－1441－0001292　普 23－1/5－2
海虞文徵三十卷　邵松年撰　清光緒三十一年(1905)鴻文書局石印本　十五冊

650000－1441－0001293　普 23－1/5－3
海虞詩苑十八卷　(清)王應奎編輯　清乾隆二十四年(1759)古處堂刻本　六冊

650000－1441－0001294　普 23－1/5－7
海南日抄三十卷　(清)張眉大撰　清刻本

六冊

650000－1441－0001295　普23－1/5－8
海南算經一卷　(晉)劉徽撰　清光緒二十三年(1897)武英殿聚珍版刻本　一冊

650000－1441－0001296　普23－1/5－9
海日堂詩集五卷文集二卷　(清)程可則(清)周量著　清道光五年(1825)金山縣署刻本　三冊

650000－1441－0001297　普23－2/1－2
海鹽張氏涉園叢刻十五卷　張元濟著　清宣統三年(1911)商務印書館鉛印本　九冊

650000－1441－0001298　普23－2/1－4
海東金石苑四卷　(清)劉喜海撰　清道光十一年(1831)聚秀堂刻本　四冊

650000－1441－0001299　普23－2/1－6
湖海樓叢書十二種一百十卷　(清)陳春撰　清光緒八年(1882)刻本　三十二冊

650000－1441－0001300　普23－2/1－6－2
湖海樓叢書十二種一百十卷　(清)陳春撰　清光緒八年(1882)刻本　二十五冊　缺三卷(潛夫論一至三)

650000－1441－0001301　普23－2/1－6－1
湖海樓叢書十二種一百八卷　(清)陳春撰　清嘉慶二十四年(1819)湖海樓刻本　二十五冊

650000－1441－0001302　普23－2/2－1
湖海樓全集五十一卷　(清)陳維崧著　清乾隆六十年(1795)浩然堂刻本　二十四冊

650000－1441－0001303　普23－2/3－3
湖海樓文集五十一卷　(清)陳維崧著　清道光二十七年(1847)刻本　八冊

650000－1441－0001304　普23－2/4－1
湖海詩傳四十六卷　(清)王昶輯　清同治四年(1865)錄蔭堂刻本　十八冊

650000－1441－0001305　普23－2/4－1－1
湖海詩傳四十六卷　(清)王昶輯　清同治四年(1865)錄蔭堂刻本　十八冊

650000－1441－0001306　普23－2/4－3
湖海詩傳四十六卷　(清)王昶輯　清同治四年(1865)亦西齋刻本　十二冊

650000－1441－0001307　普23－2/4－3－1
湖海詩傳四十六卷　(清)王昶輯　清同治四年(1865)亦西齋刻本　十二冊

650000－1441－0001308　普23－2/4－4
湖海文傳七十五卷　(清)王昶輯　清道光十七年(1837)經訓堂刻本　十二冊

650000－1441－0001309　普23－2/5－1
湖海文傳七十五卷　(清)王昶輯　清道光十七年(1837)經訓堂刻本　二十二冊

650000－1441－0001310　普23－2/5－2
湖海文傳七十五卷　(清)王昶輯　清道光十七年(1837)經訓堂刻本　十六冊

650000－1441－0001311　普23－2/5－3
湖海文傳七十五卷　(清)王昶輯　清同治五年(1866)上海文瑞樓石印本　十六冊

650000－1441－0001312　普23－2/5－5
湖南全省掌故備考三十五卷　王先謙撰　清光緒十四年(1888)長沙刻本　十冊

650000－1441－0001313　普23－3/4－2
胡文忠公遺集八十六卷首一卷　(清)胡林翼撰　(清)鄭敦謹　(清)曾國荃編輯　清同治六年(1867)黃鶴樓刻本　三十二冊

650000－1441－0001314　普23－3/5－1
胡文忠公遺集八十六卷首一卷　(清)胡林翼撰　(清)鄭敦謹　(清)曾國荃編輯　清光緒元年(1875)崇文書局刻本　十冊

650000－1441－0001315　普23－3/5－1－1
胡文忠公遺集八十六卷首一卷　(清)胡林翼撰　(清)鄭敦謹　(清)曾國荃編輯　清光緒元年(1875)崇文書局刻本　三十二冊

650000－1441－0001316　普23－3/5－2
胡文忠公遺集十卷首一卷　(清)胡林翼撰(清)鄭敦謹　(清)曾國荃編輯　清同治七年(1868)醉六堂刻本　十冊

650000－1441－0001317　普23－3/5－3
胡文忠公遺集八十六卷首一卷　(清)胡林翼撰　(清)鄭敦謹　(清)曾國荃編輯　清光緒三十年(1904)著易堂鉛印本　八冊

650000－1441－0001318　普23－4/1－1
胡文忠公遺集十卷首一卷　(清)胡林翼撰　(清)嚴樹森鑒定　清同治七年(1868)刻本　八冊

650000－1441－0001319　普23－4/1－10
壺山自吟槀三卷　(清)朱休度撰　清嘉慶三年(1798)刻本　二冊

650000－1441－0001320　普23－4/1－11
壺園試帖二卷　(清)徐寶善撰　清光緒元年(1875)刻本　二冊

650000－1441－0001321　普23－4/1－15
太白山人槲葉集五卷　(清)李柏著　清宣統三年(1911)郿縣祠刻本　五冊

650000－1441－0001322　普23－4/1－2
胡文忠公集十卷首一卷　(清)胡林翼撰　(清)嚴樹森鑒定　清同治九年(1870)刻本　五冊

650000－1441－0001323　普23－4/1－4
胡文忠公政書十四卷附行狀年譜　(清)胡林翼撰　(清)但湘良編輯　清光緒二十五年(1899)湖南糧儲道署刻本　十六冊

650000－1441－0001324　普23－4/1－4－1
胡文忠公政書十四卷附行狀年譜　(清)胡林翼撰　(清)但湘良編輯　清光緒二十五年(1899)湖南糧儲道署刻本　十六冊

650000－1441－0001325　普23－4/1－8
壺天錄三卷　(清)百一居士著　清光緒七年(1881)申報館石印本　二冊

650000－1441－0001326　普23－4/1－9
壺庵五種曲不分卷　(清)胡薇元著　清光緒三十一年(1905)鉛印本　一冊

650000－1441－0001327　普23－4/5－1
弘正四傑詩集三十二卷　(明)李夢陽撰　清光緒二十一年(1895)湘雨樓刻本　二十冊

650000－1441－0001328　普23－4/5－3
弘明集十四卷　(南朝梁)釋僧祐集　清光緒二十二年(1896)金陵刻經処刻本　四冊

650000－1441－0001329　普23－4/5－4
弘明集十四卷　(南朝梁)釋僧祐集　清刻本　三冊

650000－1441－0001330　普23－4/5－5
鴻苞節錄十卷　(明)屠隆著　清刻本　十冊

650000－1441－0001331　普23－4/5－6
鴻苞節錄十卷　(明)屠隆著　清咸豐七年(1857)刻本　十冊

650000－1441－0001332　普24－1/1－1
鴻苞節錄十卷　(明)屠隆著　清咸豐七年(1857)保硯齋石印本　十冊

650000－1441－0001333　普24－1/1－2
凝香室鴻雪因緣圖記三卷　(清)麟慶著　清道光二十七年(1847)刻本　六冊

650000－1441－0001334　普24－1/1－2－1
凝香室鴻雪因緣圖記三卷　(清)麟慶著　清道光二十七年(1847)刻本　六冊

650000－1441－0001335　普24－1/1－2－2
凝香室鴻雪因緣圖記三卷　(清)麟慶著　清道光二十七年(1847)刻本　六冊

650000－1441－0001336　普24－1/1－2－3
凝香室鴻雪因緣圖記三卷　(清)麟慶著　清道光二十七年(1847)刻本　六冊

650000－1441－0001337　普24－1/1－2－4
凝香室鴻雪因緣圖記三卷　(清)麟慶著　清道光二十七年(1847)刻本　六冊

650000－1441－0001338　普24－1/1－4
鴻雪因緣圖記三卷　(清)麟慶著　清光緒六年(1880)點石齋石印本　六冊

650000－1441－0001339　普24－1/1－4－1
凝香室鴻雪因緣圖記三卷　(清)麟慶著　清光緒六年(1880)點石齋石印本　六冊

650000－1441－0001340　普 24－1/3－1
紅樓夢一百二十卷　(清)曹雪芹撰　清刻本　十三冊　缺五十五卷(一至五十五)

650000－1441－0001341　普 24－1/3－10
紅樓夢全部灘簧四集□□卷　(清)赧生居士新編　清刻本　四冊

650000－1441－0001342　普 24－1/3－11
紅樓紀畧一卷廣義一卷論贊一卷　(清)青山山農輯　清刻本　一冊

650000－1441－0001343　普 24－1/3－2
紅樓夢一百二十卷　(清)曹雪芹撰　清道光十二年(1832)刻本　三十二冊

650000－1441－0001344　普 24－1/3－3
紅樓夢傳奇二卷　(清)紅豆邨樵填詞　清光緒三年(1877)石印本　四冊

650000－1441－0001345　普 24－1/3－4
紅樓夢傳奇八卷　(清)陳鍾麟填詞　清刻本　八冊

650000－1441－0001346　普 24－1/3－7
紅樓夢補十六卷四十八回　(清)歸鋤子撰　清道光二十九年(1849)籐花榭刻本　十六冊

650000－1441－0001347　普 24－1/3－8
紅樓夢散套十六卷　(清)荆石山民填詞　清嘉慶刻本　五冊

650000－1441－0001348　普 24－1/3－9
紅樓夢賦不分卷　(清)沈謙著　清道光二十六年(1846)綠蔭山房刻本　六冊

650000－1441－0001349　普 24－1/4－2
紅雪樓九種曲十三卷　(清)蔣士銓撰　清乾隆刻本　八冊

650000－1441－0001350　普 24－1/4－2－1
紅雪樓九種曲十三卷　(清)蔣士銓撰　清刻本　十二冊

650000－1441－0001351　普 24－1/4－3
紅雪樓九種曲十三卷　(清)蔣士銓填詞　清刻本　八冊　缺二卷(第二碑、四弦秋)

650000－1441－0001352　普 24－1/4－5
紅雪樓九種曲十三卷　(清)蔣士銓撰　清刻本　十冊

650000－1441－0001353　普 24－1/4－6
紅雪樓九種曲十三卷　(清)蔣士銓填詞　清刻本　二冊　存一卷(冬青樹)

650000－1441－0001354　普 24－1/4－7
紅雪樓九種曲十三卷　(清)蔣士銓填詞　清刻本　十二冊

650000－1441－0001355　普 24－1/4－9
紅雪樓九種曲十三卷　(清)蔣士銓填詞　清刻本　六冊　存九卷(五至十三)

650000－1441－0001356　普 24－1/5－6
洪文襄奏對筆記二卷　(清)洪承疇撰　清末鉛印本　一冊

650000－1441－0001357　普 24－1/5－8
虹橋老屋遺稿文四卷詩五卷　(清)秦緗業撰　清光緒十五年(1889)刻本　三冊

650000－1441－0001358　普 24－2/2－2
槐廬叢書五種二十五卷　(清)顧炎武撰　清光緒十四年(1888)埽葉山房刻本　七冊

650000－1441－0001359　普 24－2/2－2－1
槐廬叢書五種二十五卷　(清)顧炎武撰　清光緒十四年(1888)埽葉山房刻本　七冊

650000－1441－0001360　普 24－2/2－3
槐軒雜著四卷　(清)劉沅撰　清咸豐二年(1852)豫誠堂刻本　四冊

650000－1441－0001361　普 24－2/2－5
槐軒雜著四卷　(清)劉沅著　清咸豐十年(1860)虚受齋刻本　四冊

650000－1441－0001362　普 24－2/2－5－1
槐軒雜著四卷　(清)劉沅著　清咸豐十年(1860)虚受齋刻本　四冊

650000－1441－0001363　普 24－2/3－1
槐軒雜著四卷　(清)劉沅撰　清宣統二年(1910)孫樂善堂刻本　四冊

650000－1441－0001364　普24－2/3－2
槐廳載筆二十卷　(清)法式善編　清嘉慶四年(1799)刻本　六冊

650000－1441－0001365　普24－2/3－6
淮南鴻烈集解二十一卷　(漢)高誘注　清光緒六年(1880)刻本　十冊

650000－1441－0001366　普24－2/4－10
淮軍平撚記十二卷　(清)周世澄撰　清刻本　六冊

650000－1441－0001367　普24－2/4－10－1
淮軍平撚記十二卷　(清)周世澄撰　清刻本　六冊

650000－1441－0001368　普24－2/4－6
淮海集二十卷　(宋)秦觀著　清道光十七年(1837)刻本　六冊

650000－1441－0001369　普24－2/4－6－1
淮海集二十卷　(宋)秦觀著　清道光十七年(1837)刻本　六冊

650000－1441－0001370　普24－2/4－8
淮海居士長短句三卷　(宋)秦觀著　清刻本　一冊

650000－1441－0001371　普24－2/5－1
懷白軒詩抄八卷　(清)陸初望撰　清同治五年(1866)刻本　一冊

650000－1441－0001372　普24－2/5－2
懷小編二十卷　(清)沈濂著　清咸豐四年(1854)始言堂刻本　六冊

650000－1441－0001373　普24－2/5－3
懷潞園叢刊十四種三十卷　(清)李嘉績輯　清光緒二十八年(1902)刻本　五冊　缺十一卷(明刑管見錄一、味蔗軒詩抄一、雙桐書屋賸稿一、五萬卷閣書目記一至四、榆塞紀行錄一至四)

650000－1441－0001374　普24－2/5－5
繪圖繪芳錄八卷　(清)西泠野樵著　清光緒二十年(1894)上海書局石印本　八冊

650000－1441－0001375　普24－2/5－5－1
繪圖繪芳錄八卷　(清)西泠野樵著　清光緒二十年(1894)上海書局石印本　八冊

650000－1441－0001376　普24－2/5－7
繪圖綴白裘初集四十八卷　(清)程大衡撰　清光緒二十一年(1895)文海書局石印本　十二冊

650000－1441－0001377　普24－3/1－1
增像加批西遊記十卷　(清)陳士斌詮解　清宣統二年(1910)上海章福記石印本　八冊　缺二卷(一、三)

650000－1441－0001378　普24－3/1－10
繪圖諧鐸全集□□卷　(清)沈起鳳著　清宣統二年(1910)上海錦文堂書局石印本　二冊　存六卷(四至六、十至十二)

650000－1441－0001379　普24－3/1－10－1
繪圖註釋神童詩□□卷　(宋)汪洙撰　清天寶書局石印本　一冊　存六卷(四至六、十至十二)

650000－1441－0001380　普24－3/1－15
繪圖孝義真蹟珠塔緣四卷　(清)馬如飛著　清光緒二十八年(1902)石印本　四冊

650000－1441－0001381　普24－3/1－16
繪圖孝義真蹟珠塔緣四卷　(清)馬如飛著　清末石印本　三冊　存三卷(二至四)

650000－1441－0001382　普24－3/1－17
快心編傳奇三集六卷　(清)天花才子編輯　清末刻本　三冊　存十回(一至十)

650000－1441－0001383　普24－3/1－20
繪圖上海雜記十卷　(清)藜牀臥讀生偶輯　清光緒三十一年(1905)文寶書局刻本　四冊

650000－1441－0001384　普24－3/1－23
彙刻書目初編十卷　(清)顧修輯　清光緒元年(1875)無夢園刻本　十冊

650000－1441－0001385　普24－3/1－25
繪圖增像雙珠球五卷　(清)黃子貞輯　清光緒二十一年(1895)上海書局石印本　一冊　存二卷(二、五)

650000－1441－0001386　普24－3/1－26

繪圖後笑中緣才子奇書二十一卷　(□)□□撰　清刻本　一册　存十三卷(九至二十一)

650000－1441－0001387　普24－3/1－26－1

繪圖後笑中緣才子奇書二十一卷　(□)□□撰　清刻本　一册　存十三卷(九至二十一)

650000－1441－0001388　普24－3/1－4

繪圖梨花雪傳奇十二折首一折尾一折　(清)徐鄂填詞　清光緒二十一年(1895)上海書局石印本　二册　存四折(一、十一至十二、尾折)

650000－1441－0001389　普24－3/1－5

繪圖繪芳錄八卷　(清)西泠野樵著　清光緒二十年(1894)上海書局石印本　八册

650000－1441－0001390　普24－3/1－6

繪像結水滸全傳八卷末一卷　(清)俞萬春著　清光緒二十二年(1896)煥文書局石印本　八册

650000－1441－0001391　普24－3/1－7

繡像繪圖今古奇觀八十卷　(明)馮夢龍輯　清刻本　五册　缺一卷(一)

650000－1441－0001392　普24－3/1－8

繪圖速通虚字法□□卷　(清)施崇恩編　清光緒三十一年(1905)廣益書局刻本　一册　存(續編、八編)

650000－1441－0001393　普24－3/1－9

繪圖註釋神童詩□□卷　(宋)汪洙撰　清天寶書局石印本　四册　存二卷(二至三)

650000－1441－0001394　普24－3/2－1

彙刻書目二十卷　(清)朱氏輯　清光緒十二年(1886)福瀛書局刻本　二十册

650000－1441－0001395　普24－3/2－11

衡山入蜀文稿一卷　(清)陳矩撰　清宣統元年(1909)鉛印本　一册

650000－1441－0001396　普24－3/2－2

彙纂詩法度鍼三十三卷首一卷　(清)徐文弼輯　清乾隆二十三年(1758)同人堂刻本　四册

650000－1441－0001397　普24－3/2－2－1

彙纂詩法度鍼三十三卷首一卷　(清)徐文弼輯　清乾隆二十三年(1758)同人堂刻本　四册

650000－1441－0001398　普24－3/2－4

彙纂詩法度針十卷　(清)徐文弼編輯　清乾隆二十三年(1758)謙牧堂刻本　二册

650000－1441－0001399　普24－3/2－5

彙苑詳注三十六卷　(明)鄒善長輯　清刻本　一册　缺六卷(一至五、九)

650000－1441－0001400　普24－3/2－6

悔餘菴文集三種二十六卷　(清)何栻撰　清同治十二年(1873)刻本　十册

650000－1441－0001401　普24－3/2－9

荷蕢錄不分卷　(清)荷蕢筆述　清刻本　一册

650000－1441－0001402　普24－3/3－10

回文類聚四卷另編一卷續編十卷　(宋)桑世昌纂次　清道光元年(1821)麟玉堂石印本　四册

650000－1441－0001403　普24－3/3－14

鶴山文鈔三十二卷　(宋)魏了翁輯　清宣統二年(1910)官印刷局刻本　十二册

650000－1441－0001404　普24－3/3－15

鶴壽山房詩集四卷　(清)李子榮輯　清光緒二十五年(1899)刻本　二册

650000－1441－0001405　普24－3/3－16

鶴壽堂叢書二十四種三十一卷　(清)王士濂輯　清光緒二十四年(1898)刻本　二十册

650000－1441－0001406　普24－3/3－4

悔廬文鈔五卷首一卷　(清)張崇蘭著　清道光二十七年(1847)石印本　二册　缺二卷(四至五)

650000－1441－0001407　普24－3/3－5

最上一乘慧命經不分卷　(清)柳華陽撰並注　清乾隆五十九年(1794)善成堂刻本　二册

650000－1441－0001408　普24－3/3－8
誨爾錄二卷　(清)陳偉著　清光緒二十二年(1896)刻本　一冊

650000－1441－0001409　普24－3/3－9
會稽掇英總集二十卷　(清)杜丙傑校　清道光元年(1821)杜氏浣花宗塾刻本　二十冊

650000－1441－0001410　普24－3/4－1
鶴影山人文集二卷　(宋)范東叔輯　清刻本　一冊　存一卷(二)

650000－1441－0001411　普24－3/4－13
河南先生文集二十七卷附錄一卷　(宋)尹洙撰　清宣統二年(1910)守政書局刻本　四冊

650000－1441－0001412　普24－3/4－18
河防一覽榷十二卷　(明)潘季馴撰　清刻本　四冊　存四卷(八至九、十一至十二)

650000－1441－0001413　普24－3/4－3
鶴聲詩存四卷　(宋)劉吉甫初稟　清光緒二年(1876)溴新書室刻本　四冊

650000－1441－0001414　普24－3/4－4
鶴徵錄八卷首一卷　(清)李集輯　清嘉慶二年(1797)漾葭老屋刻本　二冊

650000－1441－0001415　普24－3/4－5
鶴徵後錄十二卷首一卷　(清)李富孫輯　清嘉慶十六年(1811)漾葭老屋刻本　四冊

650000－1441－0001416　普24－3/5－1
合肥學社劄記十二卷　(清)陸繼輅撰　清光緒十七年(1891)刻本　四冊

650000－1441－0001417　普24－3/5－10
鶡冠子三卷　(宋)陸佃解　清嘉慶九年(1804)姑蘇聚文堂刻本　二冊

650000－1441－0001418　普24－3/5－10－1
鶡冠子三卷　(宋)陸佃解　清嘉慶九年(1804)姑蘇聚文堂刻本　一冊

650000－1441－0001419　普24－3/5－12
何文貞公遺書三種六卷附錄一卷　(清)何桂珍錄　清光緒十年(1884)求我齋石印本　二冊

650000－1441－0001420　普24－3/5－16
後漢書一百二十卷附考證　(南朝宋)范曄撰　清光緒十年(1884)同文書局影印本　二十六冊　缺十五卷(一百六至一百二十)

650000－1441－0001421　普24－3/5－2
合肥李勤恪公政書十卷　(清)李瀚章撰　清光緒二十五年(1899)石印本　十冊

650000－1441－0001422　普24－3/5－2－1
合肥李勤恪公政書十卷　(清)李瀚章撰　清光緒二十五年(1899)石印本　十冊

650000－1441－0001423　普24－3/5－6
歐陽公史鈔二種二十二卷　(宋)歐陽修撰　清刻本　四冊

650000－1441－0001424　普24－3/5－8
重刻四先生年譜不分卷　(清)毛念恃編　清乾隆十年(1745)刻本　一冊

650000－1441－0001425　普24－4/1－11
後山詩十二卷　(宋)陳師道撰　清乾隆三十九年(1774)武英殿木活字印本　四冊

650000－1441－0001426　普24－4/1－12
後四聲猿一卷　(清)桂馥撰　清道光五年(1825)石印本　一冊

650000－1441－0001427　普24－4/1－13
後紅樓夢三十二回　(清)逍遙子著　清刻本　九冊　存二十四回(一至十二、十五至十九、二十三至二十五、二十九至三十二)

650000－1441－0001428　普24－4/1－14
後樂堂文抄續編九卷　(清)陳玉澍著　清光緒二十七年(1901)鉛印本　六冊

650000－1441－0001429　普24－4/1－5
後漢書蒙拾二卷　(清)杭世駿抄撮　清刻本　一冊

650000－1441－0001430　普24－4/1－6
後漢書辨疑十一卷　(清)錢大昭撰　清光緒十三年(1887)廣雅書局刻本　二冊

650000－1441－0001431　普24－4/1－7
後山先生集二十四卷首一卷　(宋)陳師道撰

清光緒十一年(1885)林記書莊刻本　六冊

650000-1441-0001432　普24-4/1-8
後山先生集二十四卷　(宋)陳師道撰　清光緒十一年(1885)林記書莊刻本　四冊

650000-1441-0001433　普24-4/1-9
後山詩十二卷　(宋)陳師道撰　清武英殿木活字印本　二冊

650000-1441-0001434　普24-4/2-12
蒿盦隨筆五卷附蒿叟隨筆四卷　(清)馮煦撰　清光緒二十八年(1902)刻本　六冊

650000-1441-0001435　普24-4/2-8
郝文忠公陵川文集三十九卷附錄一卷　(元)郝經撰　(明)王鏐編訂　清嘉慶二年(1797)刻本　十冊

650000-1441-0001436　普24-4/2-8-1
郝文忠公陵川文集三十九卷附錄一卷　(元)郝經撰　(明)王鏐編訂　清嘉慶二年(1797)刻本　十冊

650000-1441-0001437　普24-4/2-9
證俗文十九卷曬書堂筆記二卷曬書堂筆錄三卷曬書堂時文一卷曬書堂詩鈔二卷　(清)郝懿行輯　清刻本　十冊　缺二卷(曬書堂筆錄一至二)

650000-1441-0001438　普24-4/3-10
化學鑑原續編二十四卷　(英國)蒲陸山撰　清光緒刻本　六冊

650000-1441-0001439　普24-4/3-10-1
化學鑑原續編二十四卷　(英國)蒲陸山撰　清光緒刻本　六冊

650000-1441-0001440　普24-4/3-11
花雨樓七種十二卷　(清)張壽榮輯　清光緒刻本　八冊

650000-1441-0001441　普24-4/3-2
好雲樓初集二十八卷首一卷　(清)李聯琇著　清咸豐十一年(1861)恩養堂刻本　八冊

650000-1441-0001442　普24-4/3-2-1
好雲樓初集二十八卷首一卷　(清)李聯琇著　清咸豐十一年(1861)恩養堂刻本　八冊

650000-1441-0001443　普24-4/3-2-2
好雲樓初集二十八卷首一卷　(清)李聯琇著　清咸豐十一年(1861)恩養堂刻本　八冊

650000-1441-0001444　普24-4/3-5
化學求數六卷　(德國)富里西尼烏司著　清刻本　六冊

650000-1441-0001445　普24-4/3-5-1
化學求數六卷　(德國)富里西尼烏司著　清刻本　二冊　存一卷(四)

650000-1441-0001446　普24-4/3-5-2
化學求數十五卷表一卷　(德國)富里西尼烏司著　清刻本　十四冊

650000-1441-0001447　普24-4/3-7
化學鑑原六卷　(英國)韋而司撰　清刻本　四冊

650000-1441-0001448　普24-4/3-7-1
化學鑑原六卷　(英國)韋而司撰　清刻本　四冊

650000-1441-0001449　普24-4/4-1
化學鑑原補編六卷　(英國)傅蘭雅口譯　清光緒刻本　六冊

650000-1441-0001450　普24-4/4-14
華嚴經探玄記二十卷　(唐)釋法藏述　清刻本　二冊　存二卷(五、九)

650000-1441-0001451　普24-4/4-16
花甲閒談三十二圖十六卷　(清)張維屏撰　清道光十九年(1839)刻本　四冊

650000-1441-0001452　普24-4/4-16-1
花甲閒談三十二圖十六卷　(清)張維屏撰　清道光十九年(1839)刻本　四冊

650000-1441-0001453　普24-4/4-16-2
花甲閒談三十二圖十六卷　(清)張維屏撰　清道光十九年(1839)刻本　四冊

650000-1441-0001454　普24-4/4-19
花月痕全書四卷　(清)魏秀仁撰　清光緒十

四年(1888)刻本　四册

650000－1441－0001455　普24－4/4－2
化學須知不分卷　(英國)傅蘭雅輯　清光緒十一年(1885)江南製造總局刻本　一册

650000－1441－0001456　普24－4/4－20
花月痕全書十六卷　(清)魏秀仁撰　清光緒十八年(1892)圖書集成局石印本　四册

650000－1441－0001457　普24－4/4－22
增訂花柳指迷六章一卷　(美國)嘉約翰輯譯　清光緒二年(1876)刻本　一册

650000－1441－0001458　普24－4/4－24
花田錯不分卷　(清)木石老人撰　清刻本　一册

650000－1441－0001459　普24－4/4－25
話本三回　(□)□□撰　清刻本　一册

650000－1441－0001460　普24－4/4－26
話雨樓碑帖目錄四卷　(清)王楠鑒藏　清刻本　一册

650000－1441－0001461　普24－4/4－27
火攻挈要三卷　(德國)湯若望授　(明)焦勗纂　(明)趙仲訂　清光緒海山仙館叢書本　一册　缺一卷(下)

650000－1441－0001462　普24－4/4－3
化學考質□□卷　(德國)富里西尼烏司著　清刻本　三册　存五卷(三上,四上、下,五上、下)

650000－1441－0001463　普24－4/4－5
華嶽志八卷首一卷　(清)李榕纂輯　清光緒三十年(1904)仙姑觀刻本　四册

650000－1441－0001464　普24－4/4－6
華嶽志八卷首一卷　(清)李榕纂輯　清光緒十九年(1893)玉泉院刻本　四册

650000－1441－0001465　普24－4/4－7
華陽國志十二卷　(晉)常璩撰　清嘉慶十九年(1814)刻本　四册

650000－1441－0001466　普24－4/5－1
杭氏七種十八卷　(清)杭世駿抄撮　清咸豐元年(1851)長沙小嫏嬛山館刻本　六册

650000－1441－0001467　普24－4/5－2
杭氏七種十八卷　(清)杭世駿撰　清同治十二年(1873)錦文堂刻本　七册

650000－1441－0001468　普24－4/5－3
杭氏七種十八卷　(清)杭世駿抄撮　清咸豐元年(1851)長沙小嫏嬛山館刻本　五册

650000－1441－0001469　普24－4/5－5
寰宇訪碑錄十二卷　(清)孫星衍　(清)邢澍撰　清光緒九年(1883)江蘇書局刻本　四册

650000－1441－0001470　普24－4/5－6
環遊地球新錄四卷　(清)李圭撰　清光緒四年(1878)石印本　四册

650000－1441－0001471　普24－4/5－7
恆軒所見吉金錄二卷　(清)吳大澂撰　清光緒十一年(1885)石印本　二册

650000－1441－0001472　普24－4/5－7－1
恆軒所見吉金錄二卷　(清)吳大澂撰　清光緒十一年(1885)石印本　二册

650000－1441－0001473　普24－4/5－9
黑奴籲天錄四卷　(美國)斯土活著　清光緒二十七年(1901)武林魏氏石印本　四册

650000－1441－0001474　普25－1/5－1
金石文字辨異十二卷　(清)邢澍著　清光緒刻本　四册

650000－1441－0001475　普25－1/5－2
金石文字辨異八卷　(清)邢澍著　清光緒十九年(1893)刻本　五册

650000－1441－0001476　普25－1/5－3
金石文鈔十卷續鈔二卷　(清)趙紹祖著　清嘉慶七年(1802)刻本　九册

650000－1441－0001477　普25－1/5－4
行素草堂金石叢書三種四十五卷　(清)朱記榮輯　清光緒十四年(1888)刻本　四十册

650000－1441－0001478　普25－2/1－1

二銘草堂金石聚十六卷　(清)張德容著　清同治二年(1863)刻本　十六册

650000－1441－0001479　普 25－2/1－2
金石識别十二卷　(美國)代那著　清同治十一年(1872)刻本　六册

650000－1441－0001480　普 25－2/1－3
金石訂例四卷　(清)鮑振方撰　清光緒十年(1884)抱經堂書局刻本　二册

650000－1441－0001481　普 25－2/1－3－1
金石訂例四卷　(清)鮑振方撰　清光緒十年(1884)抱經堂書局刻本　二册

650000－1441－0001482　普 25－2/1－5
金石圖説二卷　(清)牛運震著　清光緒十九年(1893)刻本　六册

650000－1441－0001483　普 25－2/2－1
金石摘十卷　(清)陳善墀著　清同治十二年(1873)刻本　十册

650000－1441－0001484　普 25－2/2－2
金石苑六卷　(清)劉喜海撰　清道光二十八年(1848)刻本　六册

650000－1441－0001485　普 25－2/2－3
金石萃編一百六十卷續編二十卷　(清)王昶編　清光緒十九年(1893)石印本　二十册

650000－1441－0001486　普 25－2/4－12
金文雅十六卷　(清)莊仲方編　清光緒十七年(1891)江蘇書局刻本　四册

650000－1441－0001487　普 25－2/4－13
金陵詩徵四十四卷　(清)朱緒曾著　清光緒十八年(1892)刻本　十四册

650000－1441－0001488　普 25－2/4－6
金文拓存不分卷　(□)□□撰　清刻本　一册

650000－1441－0001489　普 25－2/5－1
國朝金陵文鈔十六卷首一卷　陳作霖著　清光緒二十三年(1897)刻本　十六册

650000－1441－0001490　普 25－2/5－10
鄂國金佗續編三十卷　(宋)岳珂著　清光緒九年(1883)浙江書局刻本　六册

650000－1441－0001491　普 25－2/5－2
金陵通紀十卷續四卷　陳作霖輯　清光緒三十三年(1907)瑞夢舘刻本　六册

650000－1441－0001492　普 25－2/5－3
國朝金陵詞鈔八卷　陳作霖輯　清光緒二十八年(1902)刻本　四册

650000－1441－0001493　普 25－2/5－5
金忠節公文集八卷　(清)金聲著　清道光七年(1827)嘉魚官署刻本　四册

650000－1441－0001494　普 25－2/5－7
金忠節公文集八卷　(清)金聲著　清光緒十四年(1888)黟邑李氏刻本　四册

650000－1441－0001495　普 25－2/5－7－1
金忠節公文集八卷　(清)金聲著　清光緒十四年(1888)黟邑李氏刻本　四册

650000－1441－0001496　普 25－2/5－7－2
金忠節公文集八卷　(清)金聲著　清光緒十四年(1888)黟邑李氏刻本　四册

650000－1441－0001497　普 25－2/5－9
鄂國金佗粹編二十八卷　(宋)岳珂著　清光緒九年(1883)浙江書局刻本　六册

650000－1441－0001498　普 25－3/1－13
金剛般若波羅蜜經六卷　(清)翁方綱著　清乾隆五十七年(1792)文淵閣刻本　一册

650000－1441－0001499　普 25－3/1－15
金粟齋遺書八卷　(清)蒯光典著　清刻本　二册　存六卷(三至八)

650000－1441－0001500　普 25－3/1－16
金源紀事詩八卷　(清)湯運泰著　清嘉慶十八年(1813)刻本　四册

650000－1441－0001501　普 25－3/1－17
金錢記五卷　(清)沛國鳳著　清嘉慶八年(1803)沛國鳳抄本　六册

650000－1441－0001502　普 25－3/1－4

金壺浪墨七卷　(清)黄鈞宰著　清光緒二十一年(1895)上海文明書局石印本　四册

650000-1441-0001503　普25-3/1-5
金壺精粹不分卷　(清)郝在田著　清光緒元年(1875)善成堂刻本　二册

650000-1441-0001504　普25-3/1-6
金壺精粹不分卷　(清)郝在田著　清光緒二年(1876)京師松竹齋刻本　二册

650000-1441-0001505　普25-3/1-6-1
金壺精粹不分卷　(清)郝在田著　清光緒二年(1876)京師松竹齋刻本　二册

650000-1441-0001506　普25-3/2-1
金軺籌筆四卷附和約通商二卷　(清)□□著　清刻本　四册

650000-1441-0001507　普25-3/2-2
金荃詞一卷　(唐)溫庭筠著　清刻本　一册

650000-1441-0001508　普25-3/2-3
金稷山段氏二妙年譜二卷　(清)孫德謙著　清宣統三年(1911)求恕齋刻本　一册

650000-1441-0001509　普25-3/2-4
金鐘傳八卷　(□)克明之著　清光緒二十二年(1896)樂善堂刻本　八册

650000-1441-0001510　普25-3/2-5
華陽金仙証論十九卷　(清)柳華陽著　清光緒九年(1883)龍文齋刻本　一册

650000-1441-0001511　普25-3/2-7
金盤譜一卷　(□)徐芷著　清刻本　一册

650000-1441-0001512　普25-3/2-8
金淵集六卷　(元)仇遠著　清乾隆武英殿刻本　一册

650000-1441-0001513　普25-3/3-1
晉書一百三十卷　(唐)房玄齡撰　清同治十年(1871)金陵書局刻本　二十册

650000-1441-0001514　普25-3/4-1
晉略六十六卷　(清)周濟著　清光緒二年(1876)味雋齋刻本　十册

650000-1441-0001515　普25-3/4-1-1
晉略六十六卷　(清)周濟著　清光緒二年(1876)味雋齋刻本　十册

650000-1441-0001516　普25-3/4-3
晉略六十五卷　(清)周濟著　清道光十八年(1838)刻本　十册

650000-1441-0001517　普25-3/4-4
晉政輯要四十卷　(清)鄭源璹著　清光緒十五年(1889)刻本　三十二册

650000-1441-0001518　普25-3/5-1
晉書補傳贊一卷諸史然疑一卷　(清)杭世駿著　清乾隆五十七年(1792)刻本　一册

650000-1441-0001519　普25-3/5-3
晉宋書故一卷　(清)郝懿行著　清嘉慶二十一年(1816)刻本　一册

650000-1441-0001520　普25-4/2-1
津門雜記二卷　(清)張燾著　清光緒十年(1884)刻本　二册

650000-1441-0001521　普25-4/2-2
津門詩鈔三十卷　(清)梅成棟輯　清道光四年(1824)思成書屋刻本　十册

650000-1441-0001522　普25-4/3-8
今古奇觀四十卷　(明)抱甕老人撰　清刻本　六册　缺九卷(一至九)

650000-1441-0001523　普25-4/4-10
靳文襄公奏書八卷　(清)靳輔著　清刻本　八册

650000-1441-0001524　普25-4/4-13
禁煙牘存不分卷　(清)廣雅書局編　清光緒三十四年(1908)鉛印本　三册

650000-1441-0001525　普25-4/4-5
定盦文集補編四卷　廖平著　清光緒十二年(1886)刻本　三册

650000-1441-0001526　普25-4/4-5-1
今古學攷二卷　廖平著　清刻本　一册

650000-1441-0001527　普25-4/4-8

錦上花四十八回　（清）修陽閣主人撰　清刻本　八冊

650000－1441－0001528　普25－4/4－9
錦繡策二卷　（宋）楊萬里著　清乾隆五十九年（1794）忠節祠刻本　一冊

650000－1441－0001529　普25－4/5－1
經苑二十五種二百五十一卷　（清）錢儀吉撰　清同治七年（1868）刻本　八十冊

650000－1441－0001530　普26－1/1－1
經苑二十五種二百五十一卷　（清）錢儀吉撰　清同治七年（1868）刻本　九十九冊

650000－1441－0001531　普26－1/3－1
經義述聞三十二卷　（清）王引之著　清道光七年（1827）壽籐書屋刻本　二十四冊

650000－1441－0001532　普26－1/3－1－1
經義述聞三十二卷　（清）王引之著　清道光七年（1827）壽籐書屋刻本　十二冊

650000－1441－0001533　普26－4/1－3
景德鎮陶錄十卷　（清）藍浦著　清同治九年（1870）鄭氏刻本　四冊

650000－1441－0001534　普26－4/1－4
景德鎮陶錄十卷　（清）藍浦著　清光緒十七年（1891）書業堂刻本　四冊

650000－1441－0001535　普26－4/1－6
涇川叢書五十一種八十五卷　（清）趙紹祖　趙繩祖輯　清道光十二年（1832）古墨齋刻本　二十二冊　缺九卷（星閣正論一、子貫附言一、宦遊日記一、讀書十六觀補一、漢林四傳一、讀禮記二至五）

650000－1441－0001536　普26－4/1－6－1
涇川叢書五十一種八十五卷　（清）趙紹祖　趙繩祖輯　清道光十二年（1832）古墨齋刻本　二十四冊

650000－1441－0001537　普26－4/2－4
靖節先生集四卷　（晉）陶潛著　清光緒江蘇書局刻本　四冊

650000－1441－0001538　普26－4/2－5
靜一齋詩草二卷　（清）周貽繁撰　清同治十二年（1873）刻本　一冊　缺一卷（上）

650000－1441－0001539　普26－4/2－6
巾經纂二十卷　（清）宋宗元撰　清刻本　四冊

650000－1441－0001540　普26－4/2－6－1
巾經纂二十卷　（清）宋宗元撰　清刻本　一冊

650000－1441－0001541　普26－4/2－6－2
巾經纂二十卷　（清）宋宗元撰　清刻本　一冊

650000－1441－0001542　普26－4/2－6－3
巾經纂二十卷　（清）宋宗元撰　清刻本　一冊

650000－1441－0001543　普26－4/2－7
鏡古錄四卷　（清）袁紹英編　清刻本　一冊　存一卷（四）

650000－1441－0001544　普26－4/3－10
景德鎮陶錄十卷　（清）藍浦撰　清光緒十七年（1891）京都書業堂刻本　一冊　缺五卷（六至十）

650000－1441－0001545　普26－4/3－3
涇川金石記一卷　（清）趙紹祖著　清光緒刻本　一冊

650000－1441－0001546　普26－4/4－14
京口耆舊傳九卷　（□）□□撰　清道光二十九年（1849）抄本　二冊

650000－1441－0001547　普26－4/4－6
靜庵文集一卷詩稿一卷　（清）王國維著　清光緒三十一年（1905）鉛印本　一冊

650000－1441－0001548　普26－4/5－1
荆駝逸史五十種　（清）陳湖逸士編　清宣統三年（1911）上海錦章圖書局石印本　十六冊

650000－1441－0001549　普27－1/3－1
嘉定錢氏潛研堂全書二十四中二百七十卷　（清）錢大昕撰　清光緒十年（1884）龍氏家塾刻本　四十八冊

650000－1441－0001550　普27－2/1－4
嘉祐集二十卷　(宋)蘇洵著　清道光十二年(1832)三蘇祠刻本　四冊

650000－1441－0001551　普27－2/2－3
會試同門錄不分卷　王先謙著　清刻本　二冊

650000－1441－0001552　普27－2/2－8
家寶全集三十二卷　(清)石天基著　清刻本　二十八冊　缺二集四卷(初集一至二、四集四至五)

650000－1441－0001553　普27－2/3－4
賈誼新書十卷　(漢)賈誼著　清刻本　二冊

650000－1441－0001554　普27－2/3－5
賈氏叢書九種二十四卷　(清)賈臻著　清刻本　十二冊

650000－1441－0001555　普27－3/3－2
紀錄彙編一百二十三種二百十六卷　(明)沈節甫輯　清刻本　一冊　存四卷(一百二十六至一百二十九)

650000－1441－0001556　普27－3/4－1
紀文達公遺集十六卷　(清)紀昀著　清刻本　九冊　存十四卷(二至十五)

650000－1441－0001557　普27－3/4－2
紀文達公遺集十六卷　(清)紀昀著　清刻本　七冊

650000－1441－0001558　普27－3/4－3
紀文達公遺集十六卷　(清)紀昀著　清嘉慶十七年(1812)刻本　六冊

650000－1441－0001559　普27－3/4－4
紀文達公遺集十六卷　(清)紀昀著　清嘉慶十七年(1812)刻本　七冊

650000－1441－0001560　普27－3/4－5
紀文達公遺集十六卷　(清)紀昀著　清嘉慶十年(1805)刻本　六冊

650000－1441－0001561　普27－3/4－11
紀元編三卷　(清)李兆洛著　清同治十年(1871)刻本　一冊

650000－1441－0001562　普27－3/4－9
紀效新書十八卷　(明)戚繼光著　清道光二十三年(1843)刻本　四冊

650000－1441－0001563　普27－3/4－8
紀效新書十八卷　(明)戚繼光著　清道光二十三年(1843)文貴堂刻本　六冊

650000－1441－0001564　普27－3/5－3
紀略七卷　(清)鄒文柏著　清光緒三十四年(1908)文苑閣刻本　三冊

650000－1441－0001565　普27－3/5－4
記事珠十卷　(清)張以謙著　清刻本　六冊　存六卷(三、六至十)

650000－1441－0001566　普27－3/5－5
紀慎齋先生叢書十三種四十六卷　(清)紀大奎著　清光緒三年(1877)刻本　二十四冊

650000－1441－0001567　普27－4/1－3
集古錄十卷　(宋)歐陽修著　清刻本　四冊

650000－1441－0001568　普27－4/1－4
集古錄十卷　(宋)歐陽修著　清刻本　二冊　存五卷(一至五)

650000－1441－0001569　普27－4/1－6
集古錄十卷　(宋)歐陽修著　清光緒十年(1884)刻本　二冊

650000－1441－0001570　普27－4/2－1
集古官印考證十七卷　(清)瞿中溶著　清同治十二年(1873)東方學會刻本　四冊

650000－1441－0001571　普27－4/2－10
甲子紀年表一卷　(清)徐壽基編　清光緒十二年(1886)刻本　一冊

650000－1441－0001572　普27－4/2－2
集虛齋學古文十卷　(清)方椉如撰　清光緒十年(1884)湢安縣署刻本　四冊

650000－1441－0001573　普27－4/2－3
集韻十卷　(宋)丁度著　清光緒三年(1877)揚州樓院刻本　二冊

650000－1441－0001574　普27－4/2－8

集韻校正十卷　(清)方成珪著　清光緒五年(1879)刻本　五册

650000－1441－0001575　普27－4/2－9
集歸去來辭詩鈔一卷　(清)孫濂撰　清刻本　一册

650000－1441－0001576　普27－4/3－1
積古齋鈡鼎彝器款識十卷　(清)阮元著　清嘉慶九年(1804)刻本　六册

650000－1441－0001577　普27－4/3－5
積古齋鈡鼎彝器款識十卷　(清)阮元著　清嘉慶九年(1804)刻本　五册　存八卷(一至八)

650000－1441－0001578　普27－4/3－5－1
積古齋鈡鼎彝器款識十卷　(清)阮元著　清嘉慶九年(1804)刻本　六册

650000－1441－0001579　普27－4/3－4
積古齋鈡鼎彝器款識十卷　(清)阮元著　清嘉慶九年(1804)刻本　五册　存九卷(二至十)

650000－1441－0001580　普27－4/3－3
積古齋鈡鼎彝器款識十卷　(清)阮元著　清嘉慶九年(1804)刻本　五册

650000－1441－0001581　普27－4/3－2
積古齋鈡鼎彝器款識十卷　(清)阮元著　清嘉慶九年(1804)刻本　四册

650000－1441－0001582　普27－4/3－1－1
積古齋鈡鼎彝器款識十卷　(清)阮元著　清嘉慶九年(1804)刻本　六册

650000－1441－0001583　普27－4/3－11
積石文稿十八卷詩四卷　(清)張履撰　清光緒二十年(1894)刻本　七册

650000－1441－0001584　普27－4/3－7
積學齋叢書六十一卷　徐乃昌著　清光緒刻本　二十册

650000－1441－0001585　普27－4/4－4
吉林記事詩四卷首一卷末一卷　(清)沈兆禔撰　清宣統三年(1911)湯明林刻本　二册

650000－1441－0001586　普27－4/4－5
吉金所見録十六卷首一卷　(清)尚齡撰　清嘉慶二十四年(1819)古香書屋刻本　四册

650000－1441－0001587　普27－4/4－6
吉堂文稿十二卷　(清)欽善撰　清嘉慶二十五年(1820)刻本　二册

650000－1441－0001588　普27－4/4－7
幾何原本十五卷　(意大利)利瑪竇口譯　清同治四年(1865)刻本　八册

650000－1441－0001589　普27－4/4－7－1
幾何原本十五卷　(意大利)利瑪竇口譯　清同治四年(1865)刻本　八册

650000－1441－0001590　普27－4/4－5－1
吉金所見録十六卷首一卷　(清)尚齡撰　清嘉慶二十四年(1819)古香書屋刻本　四册

650000－1441－0001591　普27－4/4－6－1
吉堂文稿十二卷　(清)欽善撰　清嘉慶二十五年(1820)刻本　二册

650000－1441－0001592　普27－4/4－7－2
幾何原本十五卷　(意大利)利瑪竇口譯　清同治四年(1865)刻本　八册

650000－1441－0001593　普27－4/4－7－3
幾何原本十五卷　(意大利)利瑪竇口譯　清同治四年(1865)刻本　八册

650000－1441－0001594　普27－4/5－1
幾何原本十五卷　(意大利)利瑪竇口譯　清刻本　二册　存六卷(五至十)

650000－1441－0001595　普27－4/5－18
季漢書六十六卷　(清)湯成烈輯　清刻本　一册　存一卷(一)

650000－1441－0001596　普27－4/5－3
畿輔水利議不分卷　(清)林則徐撰　清光緒二年(1876)三山林氏刻本　一册

650000－1441－0001597　普28－1/1－1
鷄蹠賦續刻三十卷　(漢)史游著　清光緒十一年(1885)刻本　六册

650000 - 1441 - 0001598　普 28 - 1/1 - 11
急就篇補注四卷　(漢)史游著　清刻本　二册

650000 - 1441 - 0001599　普 28 - 1/1 - 12
急就篇四卷　(漢)史游著　清刻本　二册

650000 - 1441 - 0001600　普 28 - 1/1 - 13
濟陰綱目十四卷　(明)武之望輯　清刻本　四册　存九卷(一至八、十二)

650000 - 1441 - 0001601　普 28 - 1/1 - 15
擊壤集二十卷　(宋)邵雍著　清刻本　四册

650000 - 1441 - 0001602　普 28 - 1/1 - 17
汲古閣說文訂一卷　(清)段玉裁撰　清同治十一年(1872)崇文書局刻本　一册

650000 - 1441 - 0001603　普 28 - 1/1 - 17 - 1
汲古閣說文訂一卷　(清)段玉裁撰　清同治十一年(1872)崇文書局刻本　一册

650000 - 1441 - 0001604　普 28 - 1/1 - 8
緝雅堂詩話二卷　(清)潘衍桐著　清光緒十七年(1891)刻本　一册

650000 - 1441 - 0001605　普 28 - 1/2 - 1
鮚埼亭集三十八卷首一卷外編五十卷附全謝山先生經史問答十卷　(清)全祖望著　清同治十一年(1872)借樹山房刻本　十七册　缺三十一卷(鮚埼亭集三十五至三十八,外編一至四、九至十三、二十四至二十七、三十二至三十五,經史問答十卷)

650000 - 1441 - 0001606　普 28 - 1/2 - 1 - 1
鮚埼亭集三十八卷首一卷外編五十卷附全謝山先生經史問答十卷　(清)全祖望著　清同治十一年(1872)借樹山房刻本　二十四册

650000 - 1441 - 0001607　普 28 - 1/2 - 1 - 2
鮚埼亭集三十八卷首一卷外編五十卷附全謝山先生經史問答十卷　(清)全祖望著　清同治十一年(1872)借樹山房刻本　二十二册

650000 - 1441 - 0001608　普 28 - 1/2 - 1 - 3
鮚埼亭集三十八卷首一卷外編五十卷附全謝山先生經史問答十卷　(清)全祖望著　清同治十一年(1872)借樹山房刻本　十七册

650000 - 1441 - 0001609　普 28 - 1/2 - 2
鮚埼亭集三十八卷首一卷外編五十卷詩集十卷附全謝山先生經史問答十卷　(清)全祖望著　清同治十一年(1872)借樹山房刻本　二十八册

650000 - 1441 - 0001610　普 28 - 1/4 - 4
鮚埼亭集外編五十卷　(清)全祖望著　清同治十一年(1872)借樹山房刻本　十六册

650000 - 1441 - 0001611　普 28 - 1/4 - 4 - 1
鮚埼亭集外編五十卷　(清)全祖望著　清同治十一年(1872)借樹山房刻本　十六册

650000 - 1441 - 0001612　普 28 - 2/1 - 1
芥子園畫傳四卷　(清)王安節(王概)著　清光緒十三年(1887)文興書局石印本　三册

650000 - 1441 - 0001613　普 28 - 2/1 - 3
芥子園畫傳二集十卷　(清)王安節(王概)著　清光緒十四年(1888)鴻寶齋石印本　六册　缺一卷(一集四)

650000 - 1441 - 0001614　普 28 - 2/1 - 5
芥子園畫傳四集四卷　(清)王概摹　清嘉慶二十三年(1818)刻本　四册

650000 - 1441 - 0001615　普 28 - 2/2 - 1
揭文安公詩集八卷　(元)揭傒斯著　清乾隆三十四年(1769)貞文書院刻本　三册

650000 - 1441 - 0001616　普 28 - 2/2 - 2
揭文安公文粹六卷　(元)揭傒斯著　清乾隆三十四年(1769)刻本　一册

650000 - 1441 - 0001617　普 28 - 2/2 - 6
絜齋集二十四卷　(宋)袁燮著　清乾隆四十年(1775)武英殿刻本　九册

650000 - 1441 - 0001618　普 28 - 2/2 - 7
介石堂水鑑六卷　(清)郭起元著　清刻本　二册

650000 - 1441 - 0001619　普 28 - 2/2 - 8
節庵先生遺詩六卷　梁鼎芬著　清光緒十九年(1893)刻本　二册

650000－1441－0001620　普 28－2/3－1
江蘇詩徵一百八十三卷　(清)王豫著　清道光元年(1821)刻本　四十八册

650000－1441－0001621　普 28－2/5－4
江邨銷夏錄三卷　(清)高士奇輯　清刻本　六册

650000－1441－0001622　普 28－2/5－8
江忠烈公遺集二卷附錄一卷　(清)曾國藩著　清同治十二年(1873)刻本　四册

650000－1441－0001623　普 28－3/1－1
江湖尺牘分韻撮要合集四卷　(清)花港主人撰　清咸豐八年(1858)刻本　二册　存二卷(一、四)

650000－1441－0001624　普 28－3/1－2
江冷閣文集正編四卷續編二卷　(清)冷士嵋撰　清道光二十四年(1844)刻本　一册

650000－1441－0001625　普 28－3/1－4
江楚會奏變法摺三卷　(清)劉坤一　(清)張之洞撰　清光緒二十七年(1901)兩湖書院刻本　一册

650000－1441－0001626　普 28－3/1－4－1
江楚會奏變法摺三卷　(清)劉坤一　(清)張之洞撰　清光緒二十七年(1901)兩湖書院刻本　一册

650000－1441－0001627　普 28－3/2－2
彊邨遺書二十三卷附一卷　(清)朱孝臧輯　清刻本　十二册

650000－1441－0001628　普 28－4/1－10
建昭雁足鐙考二卷　(清)徐渭仁撰　清道光十七年(1837)刻本　一册

650000－1441－0001629　普 28－4/1－2
堅瓠集四十卷續集四卷祕集六卷補集六卷廣集六卷餘集四卷　(清)褚人穫著　清刻本　二十六册

650000－1441－0001630　普 28－4/1－3
鑑止水齋集二十卷　(清)許宗彥著　清咸豐八年(1858)刻本　六册

650000－1441－0001631　普 28－4/1－4
鑑止水齋集二十卷　(清)許宗彥著　清刻本　六册

650000－1441－0001632　普 28－4/1－5
鑑止水齋集二十卷　(清)許宗彥著　清刻本　六册

650000－1441－0001633　普 28－4/1－9
鑑略妥注五卷　(明)李廷機撰　清乾隆十三年(1748)全德堂刻本　二册

650000－1441－0001634　普 28－4/2－11
簡字叢錄不分卷　勞乃宣著　清光緒三十二年(1906)金陵矩齋刻本　一册

650000－1441－0001635　普 28－4/2－12
簡字全譜不分卷　勞乃宣著　清光緒三十三年(1907)金陵矩齋刻本　一册

650000－1441－0001636　普 28－4/2－15
見聞隨筆二卷　(清)馮甦著　清嘉慶二十一年(1816)刻本　二册

650000－1441－0001637　普 28－4/2－16
建炎以來朝野雜記甲集二十卷乙集二十卷　(宋)李心傳著　清武英殿木活字印本　十册

650000－1441－0001638　普 28－4/2－3
劍南詩鈔六卷　(宋)陸游著　清康熙二十四年(1685)刻本　六册

650000－1441－0001639　普 28－4/2－3－1
劍南詩鈔六卷　(宋)陸游著　清康熙二十四年(1685)刻本　八册

650000－1441－0001640　普 28－4/2－5
劍虹居文集二卷　(清)秦煥文著　清光緒三十一年(1905)刻本　四册

650000－1441－0001641　普 28－4/2－6
箋注宋元明詩選三百首四卷　(清)朱梓著　清光緒二十二年(1896)青木崇山堂鉛印本　三册　存三卷(一至二、四)

650000－1441－0001642　普 28－4/2－9
簡莊集不分卷　(清)陳鱣著　清嘉慶六年(1801)刻本　二册

650000－1441－0001643　普28－4/3－1
舊五代史一百五十卷　(宋)薛居正撰　清同治十一年(1872)崇文書局刻本　十六冊

650000－1441－0001644　普28－4/3－2
舊五代史一百五十卷　(宋)薛居正撰　清武英殿聚珍版刻本　十六冊

650000－1441－0001645　普28－4/3－4
舊五代史一百五十二卷　(宋)薛居正撰　清乾隆四十九年(1784)吳正裕號刻本　二十四冊

650000－1441－0001646　普28－4/3－5
舊唐書二百卷　(五代)劉昫撰　清同治十一年(1872)懼盈齋刻本　三十六冊

650000－1441－0001647　普28－4/4－8
九朝紀事本末九種六百五十八卷　(清)高士奇著　清光緒二十五年(1899)王林書局刻本　五十四冊　缺二十二卷

650000－1441－0001648　普28－4/4－8－1
九朝紀事本末九種六百五十八卷　(清)高士奇著　清光緒二十五年(1899)王林書局刻本　五十四冊　缺二十二卷

650000－1441－0001649　普28－4/4－8－2
九朝紀事本末九種六百五十八卷　(清)高士奇著　清光緒二十五年(1899)王林書局刻本　二十四冊　存二百九十二卷(左傳一至五十三、通鑑一至二百三十九)

650000－1441－0001650　普28－4/5－3
九數通考十一卷首一卷末一卷　(清)屈曾發輯　清同治十二年(1873)德慶堂刻本　二冊　存五卷(七至十、末一卷)

650000－1441－0001651　普28－4/5－3－1
九數通考十一卷首一卷末一卷　(清)屈曾發輯　清同治十二年(1873)德慶堂刻本　五冊

650000－1441－0001652　普28－4/5－6
九經古義十六卷　(清)惠棟學著　清刻本　二冊

650000－1441－0001653　普28－4/5－7
九經古義十六卷　(清)惠棟學著　清刻本　四冊

650000－1441－0001654　普28－4/5－8
九章算術細草圖説九卷　(清)李潢著　清光緒十七年(1891)成都王氏刻本　八冊

650000－1441－0001655　普29－1/1－1
九史同姓名略七十二卷補遺四卷　(清)汪輝祖著　清光緒二十三年(1897)廣雅書局刻本　十二冊

650000－1441－0001656　普29－1/1－2
九靈山房集三十卷補編二卷附遺稿四卷　(元)戴良撰　清同治十二年(1873)退補齋刻本　十冊

650000－1441－0001657　普29－1/1－3
歷代政治類編十二卷　(清)柴紹炳著　清光緒二十七年(1901)自強局石印本　六冊

650000－1441－0001658　普29－1/1－4
九朝野記四卷　(明)祝允明著　清宣統三年(1911)時中書局刻本　二冊

650000－1441－0001659　普29－1/1－5
九鐘精舍金石跋尾甲編一卷　(清)吳士鑑著　清宣統二年(1910)刻本　一冊

650000－1441－0001660　普29－1/1－7
酒令叢鈔四卷　(清)俞敦培著　清光緒四年(1878)藝雲軒影印本　二冊

650000－1441－0001661　普29－1/2－2
攈古録金文九卷　(清)吳式芬撰　清光緒二十一年(1895)刻本　九冊

650000－1441－0001662　普29－1/2－3
攈古録金文九卷　(清)吳式芬撰　清光緒二十一年(1895)刻本　九冊

650000－1441－0001663　普29－1/2－4
筠清舘金石文字五卷　(清)吳榮光撰　清道光二十二年(1842)吳氏刻本　五冊

650000－1441－0001664　普29－1/2－4－1
筠清舘金石文字五卷　(清)吳榮光撰　清道光二十二年(1842)吳氏刻本　五冊

650000－1441－0001665　普29－1/2－9
蕉軒隨錄十二卷　(清)方子嚴著　清同治十二年(1873)刻本　十二册

650000－1441－0001666　普29－1/2－9－1
蕉軒隨錄十二卷　(清)方子嚴著　清同治十二年(1873)刻本　十二册

650000－1441－0001667　普29－1/3－2
蕉軒續錄二卷　(清)方子嚴著　清光緒十八年(1892)鉛印本　十二册

650000－1441－0001668　普29－1/3－4
焦氏遺書一百二十四卷　(清)焦循著　清光緒受古書店刻本　二十二册

650000－1441－0001669　普29－1/3－7
焦山鼎銘考一卷　(清)翁方綱著　清末石印本　一册　缺十三卷(加減乘除六至八、天元一釋一至二、北湖小志一至七、李翁醫記一)

650000－1441－0001670　普29－1/4－1
角山樓增補類腋六十七卷　(清)姚培謙著　清咸豐七年(1857)刻本　十二册

650000－1441－0001671　普29－1/4－2
角山樓增補類腋六十七卷　(清)姚培謙著　清咸豐七年(1857)刻本　十册

650000－1441－0001672　普29－1/4－10
校讐通義三卷　(清)章學誠著　清道光十三年(1833)刻本　一册

650000－1441－0001673　普29－1/4－10－1
校讐通義三卷　(清)章學誠著　清道光十三年(1833)刻本　一册

650000－1441－0001674　普29－1/4－10－2
校讐通義三卷　(清)章學誠著　清道光十三年(1833)刻本　一册

650000－1441－0001675　普29－1/4－11
教育世界十八卷　羅振玉著　清光緒二十七年(1901)刻本　九册

650000－1441－0001676　普29－1/4－12
教務紀略四卷首一卷　魏家驊著　清光緒三十一年(1905)官報局影印本　五册

650000－1441－0001677　普29－1/4－4
校訂困學紀聞集証二十卷　(宋)王應麟撰　清嘉慶十八年(1813)褺樂山房刻本　八册

650000－1441－0001678　普29－1/4－6
校碑隨筆不分卷　(清)方若著　清末石印本　一册

650000－1441－0001679　普29－1/4－8
校正醫宗說約六卷　(明)蔣仲芳撰　清末石印本　六册

650000－1441－0001680　普29－1/5－11
句溪雜著六卷　(清)陳立著　清刻本　二册

650000－1441－0001681　普29－1/5－12
劇談錄二卷　(宋)康駢著　清抄本　一册

650000－1441－0001682　普29－1/5－3
蛟川耆舊詩八卷　(清)張本均著　清刻本　四册

650000－1441－0001683　普29－1/5－4
交食細草不分卷　(清)張作楠著　清道光三年(1823)刻本　一册

650000－1441－0001684　普29－1/5－5
嶠雅不分卷　(明)鄺露撰　清刻本　一册

650000－1441－0001685　普29－1/5－8
居易錄三十四卷　(清)王士禎著　清刻本　八册

650000－1441－0001686　普29－2/1－13
校邠廬抗議二卷　(清)馮桂芬撰　清光緒十八年(1892)敏德堂潘氏刻本　二册

650000－1441－0001687　普29－2/1－13－1
校邠廬抗議二卷　(清)馮桂芬撰　清光緒十八年(1892)敏德堂潘氏刻本　二册

650000－1441－0001688　普29－2/1－15
校正圖注脈訣四卷　(晉)王叔和撰　清末石印本　一册　缺二卷(一至二)

650000－1441－0001689　普29－2/1－16
居易軒詩遺鈔一卷　(清)趙炳龍撰　清光緒六年(1880)刻本　一册

650000－1441－0001690　普29－2/1－17
見心録初集四卷二集四卷　(清)□□撰　清咸豐八年(1858)樨香閣刻本　一册　缺四卷(初集一至二、二集一至二)

650000－1441－0001691　普29－2/2－3
絶妙好詞箋九卷　(宋)周密原輯　清同治十一年(1872)文會樓刻本　一册

650000－1441－0001692　普29－2/2－7
旌忠録五卷　(清)陳石介撰　清光緒五年(1879)四明倉基陳氏刻本　二册

650000－1441－0001693　普29－2/2－8
芥子園畫傳二集不分卷　(清)王概摹　清嘉慶五年(1800)芥子園彩色套印本　四册

650000－1441－0001694　普29－2/2－3－1
絶妙好詞箋九卷　(宋)周密原輯　清同治十一年(1872)文會樓刻本　一册

650000－1441－0001695　普29－2/2－6
迴文傳五卷　(清)李漁撰　清刻本　一册　存三卷(三至五)

650000－1441－0001696　普29－2/2－8－1
芥子園畫傳二集不分卷　(清)王概摹　清嘉慶五年(1800)芥子園彩色套印本　四册

650000－1441－0001697　普29－2/2－9
芥子園畫傳三集不分卷　(清)沈心友輯　清刻本　四册

650000－1441－0001698　普30－1/3－10
康熙字典十二集　(清)張玉書等撰　清光緒元年(1875)湖北崇文書局刻本　三十二册

650000－1441－0001699　普30－1/3－2
柯山集五十卷　(宋)張耒撰　清刻本　十二册

650000－1441－0001700　普30－1/3－4
竹巖集十八卷首一卷補遺一卷續補遺一卷　(明)柯潛撰　清光緒十四年(1888)刻本　四册

650000－1441－0001701　普30－1/3－7
欽差大臣太子太保協辦大學士兼兩江總督世襲一等毅勇侯曾公克復金陵勳德記一卷　(清)劉毓崧撰　清同治五年(1866)曼陀羅華閣刻本　一册

650000－1441－0001702　普30－1/3－8
課餘偶録四卷　(清)謝章鋌撰　清光緒二十四年(1898)刻本　二册

650000－1441－0001703　普30－1/3－9
克虜伯礮説四卷操法四卷　(清)李鳳苞等譯　清刻本　一册

650000－1441－0001704　普30－1/4－3
康熙字典十二集等韻一卷備考一卷補遺一卷　(清)張玉書等撰　清光緒二十年(1894)點石齋石印本　六册

650000－1441－0001705　普30－1/5－1
康輶紀行十六卷　(清)姚瑩撰　清刻本　十二册

650000－1441－0001706　普30－1/5－2
康濟譜二十五卷　(明)潘遊龍撰　清道光十六年(1836)來鹿堂刻本　二十册

650000－1441－0001707　普30－1/5－4
康南海傳九章　梁啟超著　清末刻本　一册

650000－1441－0001708　普30－2/1－5
栝蒼金石志十二卷續志四卷　(清)李遇孫輯　清同治十三年(1874)處州府署刻本　八册

650000－1441－0001709　普30－2/2－1
困學紀聞二十卷　(宋)王應麟撰　清同治九年(1870)揚州書局刻本　六册

650000－1441－0001710　普30－2/2－2
困學齋文存不分卷　(清)張承華撰　清光緒元年(1875)刻本　三册　缺一册(三)

650000－1441－0001711　普30－2/2－3
困勉齋私記四卷　(清)閻循觀撰　清刻本　一册

650000－1441－0001712　普30－2/3－11
康熙戡定三番記三卷　清刻本　一册

650000－1441－0001713　普30－2/3－12

開禧德安守城錄一卷　(宋)王致遠編　清同治十一年(1872)刻本　一册

650000－1441－0001714　普 30－2/3－13
開元天寶遺事二卷　(五代)王仁裕撰　清刻本　一册

650000－1441－0001715　普 30－2/3－14
英領開浦殖民地志一卷附新志一卷　(清)學部編譯圖書局編　清光緒三十四年(1908)學部編譯圖書局刻本　一册

650000－1441－0001716　普 30－2/3－3
楷體蒙求八卷　(清)劉廷玉編　清同治十年(1871)常郡一枝山房刻本　五册

650000－1441－0001717　普 30－2/3－4
楷法溯源十卷目錄一卷　(清)潘存輯　清光緒三年(1877)刻本　十册

650000－1441－0001718　普 30－2/3－5
開有益齋讀書志六卷續志一卷　(清)朱緒曾撰　清光緒六年(1880)金陵翁氏茹古閣刻本　四册

650000－1441－0001719　普 30－2/3－6
開卷偶得十卷　(清)林春溥撰　清道光二十九年(1849)竹柏山房刻本　二册

650000－1441－0001720　普 30－2/3－8
新鐫玉茗堂批點按鑑參補南宋志傳十卷五十回　(清)研石山樵訂正　清刻本　四册

650000－1441－0001721　普 30－2/3－9
考試司機七卷首一卷圖一卷　(英國)拖爾那撰　清刻本　六册

650000－1441－0001722　普 30－2/4－1
快心編傳奇三集六卷　(清)天花才子編輯　清石印本　四册

650000－1441－0001723　普 30－2/4－10
重訂空谷傳聲一卷　(清)汪鎏撰　清光緒八年(1882)刻本　一册

650000－1441－0001724　普 30－2/4－2
檜門觀劇詩三種四卷　(清)金德瑛等撰　清光緒三十四年(1908)觀古堂刻本　一册

650000－1441－0001725　普 30－2/4－3
匡謬正俗八卷　(唐)顏師古撰　清乾隆二十一年(1756)雅雨堂刻本　一册

650000－1441－0001726　普 31－2/1－1
李文忠公全書一百六十五卷首一卷　(清)李鴻章撰　清光緒三十一年(1905)刻本　一百册

650000－1441－0001727　普 31－2/1－1－1
李文忠公全書一百六十五卷首一卷　(清)李鴻章撰　清光緒三十一年(1905)刻本　一百册

650000－1441－0001728　普 31－2/1－1－2
李文忠公全書一百六十五卷首一卷　(清)李鴻章撰　清光緒三十一年(1905)刻本　三十二册　缺七十四卷(李文忠公奏稿一至三、十、十二、四十至四十一、四十五至四十六、四十九至五十三、六十六至六十九、七十二至七十九,朋僚函稿三至八,電稿二至二十六、二十九至三十九,譯署函稿一至四,海軍函稿三至四)

650000－1441－0001729　普 31－2/3－2
李文忠公朋僚函稿二十四卷　(清)李鴻章撰　清光緒二十八年(1902)蓮池書社鉛印本　十二册

650000－1441－0001730　普 31－2/3－2－1
李文忠公朋僚函稿二十四卷　(清)李鴻章撰　清光緒二十八年(1902)蓮池書社鉛印本　十二册

650000－1441－0001731　普 31－2/4－1
李文忠公奏議二十卷　(清)李鴻章撰　清光緒石印本　四册　存四卷(十二至十三、十八至十九)

650000－1441－0001732　普 31－2/4－2
李文忠公遺集八卷目錄一卷　(清)李鴻章撰　清光緒刻本　四册

650000－1441－0001733　普 31－2/5－2
李肅毅伯奏議二十卷　(清)李鴻章撰　清光緒元年(1875)鴻文書局石印本　二十册

650000－1441－0001734　普31－2/5－3
李肅毅伯奏議十三卷　(清)李鴻章撰　清光緒元年(1875)石印本　十三册

650000－1441－0001735　普31－2/5－4
李肅毅伯手劄二卷　(清)李鴻章　(清)曾國藩撰　清光緒十年(1884)岵瞻堂刻本　一册

650000－1441－0001736　普31－2/5－5
李鴻章十二章不分卷　梁啟超著　清光緒三十四年(1908)刻本　一册

650000－1441－0001737　普31－2/5－7
李義山詩集輯評三卷　(唐)李商隱撰　清同治九年(1870)廣州倅署刻本　一册

650000－1441－0001738　普31－2/5－8
李義山詩集輯評三卷　(唐)李商隱撰　清同治九年(1870)刻本　四册

650000－1441－0001739　普31－2/5－8－1
李義山詩集輯評三卷　(唐)李商隱撰　清同治九年(1870)刻本　三册

650000－1441－0001740　普31－3/1－1
李義山詩集三卷　(唐)李商隱撰　清同治九年(1870)刻本　四册

650000－1441－0001741　普31－3/1－2
李義山詩集三卷　(唐)李商隱撰　清同治九年(1870)刻本　四册

650000－1441－0001742　普31－3/1－10
李太白文集輯注三十六卷　(唐)李白撰　清乾隆二十四年(1759)刻本　十二册

650000－1441－0001743　普31－3/1－4
李義山詩集三卷目錄二卷　(唐)李商隱撰　清同治二年(1863)絳雲主人抄本　二册

650000－1441－0001744　普31－3/1－4－1
李義山詩集三卷目錄二卷　(唐)李商隱撰　清同治二年(1863)絳雲主人抄本　二册

650000－1441－0001745　普31－3/1－4－2
李義山詩集三卷目錄二卷　(唐)李商隱撰　清刻本　二册

650000－1441－0001746　普31－3/1－4－3
李義山詩集三卷目錄二卷　(唐)李商隱撰　清刻本　二册

650000－1441－0001747　普31－3/1－6
李義山詩文集詳注三卷目錄一卷　(唐)李商隱撰　清嘉慶元年(1796)刻本　四册

650000－1441－0001748　普31－3/1－7
李義山詩文集詳註十一卷首一卷　(唐)李商隱撰　清乾隆四十五年(1780)刻本　八册

650000－1441－0001749　普31－3/1－8
玉谿生詩詳註三卷　(唐)李商隱撰　清嘉慶元年(1796)刻本　四册

650000－1441－0001750　普31－3/1－9
李義山文集箋注十卷　(唐)李商隱撰　清刻本　六册

650000－1441－0001751　普31－3/2－1
李氏易傳十七卷附鄭氏周易釋文　(唐)李鼎祚集解　清乾隆二十一年(1756)雅雨堂刻本　六册

650000－1441－0001752　普31－3/2－11
李青蓮全集輯注三十二卷　(清)王琦輯注　清乾隆二十三年(1758)刻本　十二册

650000－1441－0001753　普31－3/2－12
李衛公會昌一品集二十卷別集十卷外集十卷補遺一卷　(唐)李德裕撰　清光緒十三年(1887)刻本　四册

650000－1441－0001754　普31－3/2－13
歌詩編四卷　(唐)李賀著　清刻本　二册

650000－1441－0001755　普31－3/2－2
李氏易傳十七卷　(唐)李鼎祚集解　清乾隆刻本　六册

650000－1441－0001756　普31－3/2－3
李氏蒙求集注八卷　(唐)李翰撰　清道光十四年(1834)宜壽堂刻本　八册

650000－1441－0001757　普31－3/2－4
李氏蒙求補注六卷　(唐)李翰撰　清光緒二年(1876)刻本　二册

650000－1441－0001758　普31－3/2－5
李氏音鑑六卷　(清)李汝珍撰　清光緒十四年(1888)掃葉山房刻本　四冊

650000－1441－0001759　普31－3/2－8
李長吉歌詩四卷外集一卷　(唐)李賀著　清刻本　一冊

650000－1441－0001760　普31－3/2－9
李長吉集四卷外集一卷　(唐)李賀著　清光緒十八年(1892)石印本　二冊

650000－1441－0001761　普31－3/2－9－1
李長吉集四卷外集一卷　(唐)李賀著　清光緒十八年(1892)石印本　二冊

650000－1441－0001762　普31－3/2－9－2
李長吉集四卷外集一卷　(唐)李賀著　清光緒十八年(1892)石印本　二冊

650000－1441－0001763　普31－3/3－5
李端詩集三卷　(清)李端撰　清光緒影印本　一冊

650000－1441－0001764　普31－3/3－6
李鴻章二卷　梁啟超著　清光緒二十八年(1902)廣智書局刻本　二冊

650000－1441－0001765　普31－3/3－7
李笠翁一家言十六卷　(清)李漁著　清石印本　十三冊

650000－1441－0001766　普31－3/3－8
李養一先生文集二十四卷　(清)李兆洛撰　清咸豐元年(1851)維風堂刻本　八冊

650000－1441－0001767　普31－3/5－1
歷代地理志韻編今釋二十卷　(清)李兆洛輯　清同治九年(1870)李氏刻本　六冊　存十六卷(一至十六)

650000－1441－0001768　普31－3/5－10
歷代地理沿革圖一卷　(清)六嚴撰並繪　清同治十年(1871)刻本　一冊

650000－1441－0001769　普31－3/5－10－1
歷代地理沿革圖一卷　(清)六嚴撰並繪　清同治十年(1871)刻本　一冊

650000－1441－0001770　普31－3/5－2
歷代地理志韻編今釋二十卷　(清)李兆洛輯　清光緒元年(1875)馬氏集益堂刻本　十一冊

650000－1441－0001771　普31－3/5－3
歷代地理志韻編今釋二十卷　(清)李兆洛輯　清光緒十四年(1888)掃葉山房刻本　八冊

650000－1441－0001772　普31－3/5－3－1
歷代地理志韻編今釋二十卷　(清)李兆洛輯　清光緒十四年(1888)掃葉山房刻本　八冊

650000－1441－0001773　普31－3/5－3－2
歷代地理志韻編今釋二十卷　(清)李兆洛輯　清光緒十四年(1888)掃葉山房刻本　八冊

650000－1441－0001774　普31－3/5－4
歷代地理志韻編今釋二十卷附皇朝輿地韻編二卷　(清)李兆洛輯　清同治九年(1870)刻本　八冊

650000－1441－0001775　普31－3/5－8
歷代地理志韻編今釋二十卷　(清)李兆洛輯　清光緒元年(1875)馬氏集益堂刻本　十一冊

650000－1441－0001776　普31－3/5－9
歷代地理沿革圖一卷　(清)六嚴撰並繪　清同治十年(1871)刻本　一冊

650000－1441－0001777　普31－4/1－1
歷代名臣言行錄二十四卷附歷代輿地沿革攷序言等七卷　(清)朱桓輯　清光緒元年(1875)湖北文源堂刻本　三十六冊

650000－1441－0001778　普31－4/1－2
歷代名臣傳三十五卷　(清)朱軾　(清)蔡世遠合訂　清刻本　六冊　存十六卷(八至二十三)

650000－1441－0001779　普31－4/1－4
歷代名人年譜十卷附存疑及生存年月無攷一卷　(清)吳榮光撰　清光緒二年(1876)竇經書坊刻本　十冊

650000－1441－0001780　普31－4/1－4－1

歷代名人年譜十卷附存疑及生存年月無攷一卷 （清）吳榮光撰　清光緒二年（1876）寶經書坊刻本　十冊

650000－1441－0001781　普31－4/1－6
歷代名人年譜附存疑及生存年月無攷一卷 （清）吳榮光撰　清咸豐二年（1852）刻本　十冊

650000－1441－0001782　普31－4/1－7
歷代帝王年表十四卷附廟謚年諱譜 （清）齊召南編　清同治刻本　四冊

650000－1441－0001783　普31－4/1－8
歷代帝王年表十四卷 （清）齊召南編　清道光四年（1824）刻本　三冊

650000－1441－0001784　普31－4/2－14
歷代通鑑纂要九十二卷 （明）李東陽輯　清嘉慶二十三年（1818）廣雅書局刻本　四十八冊

650000－1441－0001785　普31－4/2－7
歷代史案二十卷首一卷 （清）洪亮吉編　清刻本　四冊

650000－1441－0001786　普31－4/2－8
歷代史略六卷 （□）□□撰　清刻本　八冊

650000－1441－0001787　普31－4/2－9
歷代史論四卷 （明）張溥撰　清光緒五年（1879）敏德堂刻本　四冊

650000－1441－0001788　普31－4/3－1
歷代畫史匯傳七十二卷附目錄三卷附錄二卷 （清）彭蘊璨輯　清刻本　三十二冊

650000－1441－0001789　普31－4/3－3
歷代名臣奏議選三十卷 （清）趙承恩輯　清同治十三年（1874）紅杏山房刻本　十九冊　缺一卷（漢名臣二）

650000－1441－0001790　普31－4/4－1
歷代陵寢備考五十卷 （清）朱孔陽輯　清刻本　十一冊　存四十六卷（五至五十）

650000－1441－0001791　普31－4/4－11
歷代長術輯要十卷附古今推步諸術攷二卷 （清）汪曰楨輯　清同治六年（1867）刻本　二十四冊

650000－1441－0001792　普31－4/4－2
歷代統紀表十三卷附歷代疆域表三卷歷代沿革表十三卷 （清）段長基述　清嘉慶二十二年（1817）味古山房刻本　一冊

650000－1441－0001793　普31－4/4－7
歷代年號記略一卷附歷代國號歌歷代帝都攷歷代輿地沿革攷直省形勝郡邑攷 （清）呂晴笙撰　清光緒三十一年（1905）觀象廬刻本　一冊

650000－1441－0001794　普31－4/4－8
歷代都江堰功小傳二卷 （清）王人文輯　清宣統三年（1911）刻本　一冊

650000－1441－0001795　普31－4/4－9
歷代職官表六卷 （清）黃本驥編　清光緒六年（1880）膺詁齋刻本　四冊

650000－1441－0001796　普31－4/5－11
歷代史案二十卷 （清）洪亮吉編　清刻本　六冊

650000－1441－0001797　普31－4/5－13
歷代輿地沿革險要圖說一卷 楊守敬撰　清光緒三十二年（1906）刻本　一冊

650000－1441－0001798　普31－4/5－14
歷代輿地沿革險要圖說一卷 楊守敬撰　清光緒三十年（1904）鉛印本　一冊

650000－1441－0001799　普31－4/5－8
歷朝二十五家詩錄三十七卷首一卷 （清）鄒湘倜輯　清光緒元年（1875）鄒氏得頤堂刻本　三十冊

650000－1441－0001800　普32－1/1－2
禮記六十一卷附尚書顧命解一卷 （清）孫希旦注　清同治十年（1871）刻本　十六冊

650000－1441－0001801　普32－1/1－2－1
禮記六十一卷附尚書顧命解一卷 （清）孫希旦注　清同治十年（1871）里安孫氏刻本　十六冊

650000－1441－0001802　普 32－1/1－3
禮記十卷　(元)陳澔注　清刻本　七冊

650000－1441－0001803　普 32－1/1－4
禮記十卷　(元)陳澔注　清光緒七年(1881)金陵書局刻本　十冊

650000－1441－0001804　普 32－1/1－6
禮記訓纂四十九卷　(清)朱彬輯　清宣統元年(1909)學部圖書局刻本　十冊

650000－1441－0001805　普 32－1/2－2
禮書通故五十卷　(清)黃以周著　清光緒十九年(1893)黃氏試館刻本　三十一冊

650000－1441－0001806　普 32－1/2－3
禮書通故五十卷　(清)黃以周著　清光緒十九年(1893)黃氏試館刻本　二十四冊

650000－1441－0001807　普 32－1/2－4
禮記十卷　(□)□□撰　清刻本　二冊

650000－1441－0001808　普 32－1/2－4－1
禮記十卷　(□)□□撰　清刻本　一冊

650000－1441－0001809　普 32－1/3－1
禮書綱目五十八卷首三卷　(清)江永編　清嘉慶十五年(1810)鏤恩堂刻本　三十二冊

650000－1441－0001810　普 32－1/3－2
禮經校釋二十二卷附禮經纂疏序一卷　曹元弼著　清光緒十九年(1893)刻本　十二冊

650000－1441－0001811　普 32－1/3－3
禮箋三卷　(清)金榜著　清刻本　一冊　存一卷(三)

650000－1441－0001812　普 32－1/3－4
禮箋三卷　(清)金榜著　清嘉慶三年(1798)遊文齋刻本　二冊

650000－1441－0001813　普 32－1/3－6
隸篇十五卷續十五卷再續十五卷　(清)翟云升纂　清道光十年(1830)刻本　十冊

650000－1441－0001814　普 32－1/4－1
隸篇十五卷續十五卷再續十五卷　(清)翟云升撰　清道光十八年(1838)東萊翟氏刻本　十冊

650000－1441－0001815　普 32－1/4－3
隸辨八卷　(清)顧藹吉撰　清刻本　八冊

650000－1441－0001816　普 32－1/4－4
隸辨八卷　(清)顧藹吉撰　清乾隆八年(1743)刻本　八冊

650000－1441－0001817　普 32－1/4－5
隸韻十卷附錄二卷　(清)劉球撰　清嘉慶十五年(1810)刻本　六冊

650000－1441－0001818　普 32－1/5－2
笠澤叢書四卷補遺一卷續補遺一卷　(唐)陸龜蒙撰　清末刻本　四冊

650000－1441－0001819　普 32－1/5－2－1
笠澤叢書四卷補遺一卷續補遺一卷　(唐)陸龜蒙撰　清末刻本　四冊

650000－1441－0001820　普 32－1/5－4
笠澤叢書九卷　(唐)陸龜蒙撰　清嘉慶二十四年(1819)刻本　二冊

650000－1441－0001821　普 32－1/5－5
笠翁十種二十卷　(清)李漁編　清刻本　二十冊

650000－1441－0001822　普 32－1/5－6
笠翁十二種曲二十卷　(清)李漁編　清道光十九年(1839)廣盛堂刻本　二十二冊

650000－1441－0001823　普 32－1/5－9
笠翁十二種曲二十四卷　(清)李漁著　清道光七年(1827)文發堂刻本　二十四冊

650000－1441－0001824　普 32－2/3－4
理學逢源十二卷　(清)汪紱著　清光緒二十三年(1897)刻本　十二冊

650000－1441－0001825　普 32－2/3－5
理學逢源十二卷　(清)汪紱著　清道光十八年(1838)俞敬業堂刻本　五冊　存五卷(一至五)

650000－1441－0001826　普 32－2/3－6
理學宗傳辯正十六卷　(清)劉廷詔輯　清同

治十一年(1872)求我齋刻本　八冊

650000－1441－0001827　普32－2/3－7
理化器械圖説不分卷　(清)山東高等學堂編　清光緒三十四年(1908)山東高等學堂石印本　一冊

650000－1441－0001828　普32－2/3－9
離騷匯訂不分卷　(清)王邦采輯　清光緒二十六年(1900)廣雅書局刻本　五冊

650000－1441－0001829　普32－2/4－10
麗樓叢書九種二十四卷　葉德輝著　清光緒三十三年(1907)長沙葉氏刻本　四冊

650000－1441－0001830　普32－2/4－11
鸝砭軒質言四卷　(清)戴蓮芬著　清光緒五年(1879)鉛印本　一冊

650000－1441－0001831　普32－2/4－14
力學課編八卷　(清)學部編　清光緒三十二年(1906)京師官書局鉛印本　四冊

650000－1441－0001832　普32－2/4－15
立體形學課本四卷　(清)學部編　清光緒三十二年(1906)京師印書館鉛印本　一冊

650000－1441－0001833　普32－2/4－17
灕江泛棹圖五集□□卷　(清)張寶輯　清道光十一年(1831)刻本　一冊

650000－1441－0001834　普32－2/4－18
兩浙輶軒錄四十卷補遺十卷　(清)阮元編　清光緒十六年(1890)浙江書局刻本　三十三冊

650000－1441－0001835　普32－2/4－4
梨花雪十二折首一折尾一折　(清)徐鄂著　清宣統元年(1909)上海煥文書局石印本　二冊

650000－1441－0001836　普32－2/4－5
離騷注一卷　王樹枏注　清刻本　一冊

650000－1441－0001837　普32－2/4－6
離騷草木疏四卷　(宋)吳仁傑撰　清光緒元年(1875)湖北崇文書局刻本　一冊

650000－1441－0001838　普32－2/4－7
離騷一卷　(戰國)屈原著　清光緒三年(1877)湖北崇文書局刻本　一冊

650000－1441－0001839　普32－2/4－8
離騷圖經不分卷　(清)蕭雲從著　清末石印本　一冊

650000－1441－0001840　普32－3/1－3
兩浙金石志十八卷補遺一卷　(清)阮元編　清光緒十六年(1890)浙江書局刻本　十二冊

650000－1441－0001841　普32－3/1－3－1
兩浙金石志十八卷補遺一卷　(清)阮元編　清光緒十六年(1890)浙江書局刻本　十二冊

650000－1441－0001842　普32－3/2－2
兩浙輶軒錄四十卷　(清)阮元編　清刻本　二十冊

650000－1441－0001843　普32－3/2－2－1
兩浙輶軒錄四十卷　(清)阮元編　清刻本　二十冊

650000－1441－0001844　普32－3/3－1
兩浙輶軒續錄五十四卷補遺六卷　(清)潘衍桐編　清光緒十七年(1891)浙江書局刻本　四十冊

650000－1441－0001845　普32－3/3－1－1
兩浙輶軒續錄五十四卷補遺六卷　(清)潘衍桐編　清光緒十七年(1891)浙江書局刻本　四十冊

650000－1441－0001846　普32－3/4－1
兩浙輶軒續錄五十四卷補遺六卷　(清)潘衍桐編　清光緒十七年(1891)浙江書局刻本　三十九冊　存五十九卷(一至四十、四十二至五十四,補遺六卷)

650000－1441－0001847　普32－3/5－1
兩浙輶軒續錄五十四卷補遺六卷　(清)潘衍桐編　清光緒十七年(1891)浙江書局刻本　四十冊

650000－1441－0001848　普32－3/5－1－1
兩浙輶軒續錄五十四卷補遺六卷　(清)潘衍

桐編　清光緒十七年(1891)浙江書局刻本　四十冊

650000－1441－0001849　普 32－3/5－1－2
兩浙輶軒續錄五十四卷補遺六卷　(清)潘衍桐編　清光緒十七年(1891)浙江書局刻本　四十冊

650000－1441－0001850　普 32－3/5－2
兩浙金石別錄二卷　(清)顧燮光輯　清刻本　一冊

650000－1441－0001851　普 32－3/5－3
兩浙金石志十八卷補遺一卷　(清)阮元編　清光緒十六年(1890)浙江書局刻本　十二冊

650000－1441－0001852　普 32－4/1－1
兩浙鹽法續纂備考十二卷　(清)楊昌駿撰　清同治十三年(1874)刻本　十二冊

650000－1441－0001853　普 32－4/1－1－1
兩浙鹽法續纂備考十二卷　(清)楊昌駿撰　清同治十三年(1874)刻本　十二冊

650000－1441－0001854　普 32－4/4－5
李太白文集三十卷　(唐)李白撰　清刻本　八冊

650000－1441－0001855　普 32－4/5－5
兩般秋雨盦隨筆八卷　(清)梁紹壬著　清宣統元年(1909)掃葉山房石印本　四冊

650000－1441－0001856　普 32－4/5－6
兩般秋雨盦隨筆八卷　(清)梁紹壬著　清光緒十年(1884)吉華室刻本　八冊

650000－1441－0001857　普 32－4/5－7
兩般秋雨盦隨筆八卷　(清)梁紹壬著　清光緒十七年(1891)振綺堂刻本　八冊

650000－1441－0001858　普 3－3/2－1
崇文書局匯刻書三十三種二百八十三卷　(清)湖北崇文書局輯　清光緒三年(1877)湖北崇文書局刻本　八十冊

650000－1441－0001859　普 3－3/5－1
水經注不分卷　(北魏)酈道元撰　清刻本　七冊

650000－1441－0001860　普 3－3/5－3
崇文書局匯刻書二十種一百四十一卷　(清)湖北崇文書局輯　清光緒元年(1875)湖北崇文書局刻本　三十冊　缺二十三卷(管子一至十九、淮南鴻烈解一至四)

650000－1441－0001861　普 33－1/1－1
兩般秋雨盦隨筆八卷　(清)梁紹壬著　清道光十七年(1837)刻本　八冊

650000－1441－0001862　普 33－1/1－2
兩般秋雨盦隨筆八卷　(清)梁紹壬著　清光緒四年(1878)敍仁堂刻本　八冊

650000－1441－0001863　普 33－1/1－3
兩淮鹽法志五十六卷首四卷　(清)方濬頤等著　清同治九年(1870)揚州書局刻本　二十冊

650000－1441－0001864　普 33－1/1－4
兩淮鹽法志五十六卷首四卷　(清)方濬頤等著　清同治九年(1870)揚州書局刻本　三十二冊

650000－1441－0001865　普 33－1/2－1
兩漢紀六十卷附錄二卷　(宋)王銍輯　清光緒二年(1876)嶺南學海堂刻本　十四冊

650000－1441－0001866　普 33－1/2－2
兩漢紀三十卷　(漢)荀悅撰　清光緒三年(1877)三餘書屋刻本　十二冊

650000－1441－0001867　普 33－1/2－3
西漢蒙拾三卷　(清)杭世駿抄撮　清刻本　一冊

650000－1441－0001868　普 33－1/2－5
兩當軒全集二十二卷附錄四卷考異二卷　(清)黃景仁著　清宣統二年(1910)掃葉山房石印本　六冊

650000－1441－0001869　普 33－1/2－6
兩當軒全集二十二卷　(清)黃景仁著　清光緒二年(1876)掃葉山房刻本　六冊

650000－1441－0001870　普 33－1/2－7
兩罍軒彝器圖釋十二卷　(清)吳雲輯　清同

治十一年(1872)刻本　五冊

650000－1441－0001871　普33－1/2－8
兩罍軒印考漫存九卷　(清)吳雲輯　清光緒七年(1881)刻本　四冊

650000－1441－0001872　普33－1/3－1
兩廣鹽法志三十五卷首一卷　(清)阮元等撰　清刻本　二十冊

650000－1441－0001873　普33－1/3－2
兩漢策要十二卷　(清)張朝樂輯　清光緒十三年(1887)上海圖文書局石印本　六冊

650000－1441－0001874　普33－1/3－3
兩髯竹室文集六卷　(清)王篤著　清咸豐七年(1857)刻本　五冊

650000－1441－0001875　普33－1/3－6
歸田瑣記八卷浪跡叢談十一卷浪跡續談八卷　(清)梁章鉅撰　清宣統三年(1911)掃葉山房石印本　七冊　存七卷(浪跡叢談一至七)

650000－1441－0001876　普33－1/4－1
梁溪文鈔四十卷續鈔六卷　(清)周有壬編　清咸豐七年(1857)遊藝齋刻本　十六冊

650000－1441－0001877　普33－1/4－2
梁湖詩草十一卷續編一卷　(清)呂庭栩著　清嘉慶五年(1800)水潛園刻本　四冊

650000－1441－0001878　普33－2/2－1
劉子全書四十卷　(明)劉宗周撰　清道光四年(1824)刻本　二十四冊

650000－1441－0001879　普33－2/2－2
劉子全書二十四卷　(明)劉宗周撰　清光緒十八年(1892)刻本　十二冊

650000－1441－0001880　普33－2/3－2
劉孟塗集四十四卷　(清)劉開著　清道光六年(1826)蘗山草堂刻本　六冊

650000－1441－0001881　普33－2/3－3
劉孟塗集四十四卷　(清)劉開著　清道光六年(1826)蘗山草堂刻本　八冊

650000－1441－0001882　普33－2/3－4
劉武慎公遺書二十四卷年譜三卷　(清)劉長佑輯　清光緒二十六年(1900)刻本　二十八冊

650000－1441－0001883　普33－2/3－5
劉古愚先生全書十卷　(清)劉光蕡輯　清刻本　七冊

650000－1441－0001884　普33－2/4－1
劉文清公遺集十七卷別集三卷　(清)劉光清著　清道光六年(1826)味經書屋刻本　四冊

650000－1441－0001885　普33－2/4－10
劉海峰文集八卷詩集八卷劉海峰稿不分卷　(清)劉大櫆撰　清光緒元年(1875)刻本　十一冊

650000－1441－0001886　普33－2/4－11
六書音韻表五卷　(清)段玉裁撰　清同治十一年(1872)刻本　一冊

650000－1441－0001887　普33－2/4－11－1
六書音韻表五卷　(清)段玉裁撰　清同治十一年(1872)刻本　一冊

650000－1441－0001888　普33－2/4－13
六書音韻表五卷　(清)段玉裁撰　清同治十一年(1872)崇文書局刻本　二冊

650000－1441－0001889　普33－2/4－13－1
六書音韻表五卷　(清)段玉裁撰　清同治十一年(1872)崇文書局刻本　二冊

650000－1441－0001890　普33－2/4－13－2
六書音韻表五卷　(清)段玉裁撰　清同治十一年(1872)崇文書局刻本　二冊

650000－1441－0001891　普33－2/4－14
六書音韻表五卷附汲古閣說文訂一卷　(清)段玉裁撰　清嘉慶二年(1797)刻本　三冊

650000－1441－0001892　普33－2/4－18
六書通十卷　(明)閔齊伋撰　清乾隆六十年(1795)刻本　五冊

650000－1441－0001893　普33－2/4－2
劉禮部集十二卷　(清)劉逢祿著　清光緒十八年(1892)承慶堂刻本　六冊

650000－1441－0001894　普33－2/4－3
劉中承奏稿四卷　(清)劉瑞芬輯　清光緒二十二年(1896)刻本　三册

650000－1441－0001895　普33－2/4－4
劉氏遺書八卷　(清)劉台拱撰　清光緒十五年(1889)廣雅書局刻本　二册

650000－1441－0001896　普33－2/4－6
劉賓客文集三十卷外集十卷　(唐)劉禹錫著　清刻本　八册

650000－1441－0001897　普33－2/4－6－1
劉賓客文集三十卷外集十卷　(唐)劉禹錫著　清刻本　八册

650000－1441－0001898　普33－2/4－9
劉簾舫先生四種　(清)劉衡著　清道光十一年(1831)刻本　二册

650000－1441－0001899　普33－2/5－1
六朝文絜四卷　(清)許槤評　清道光五年(1825)刻本　二册

650000－1441－0001900　普33－2/5－3
六書分類十二卷首一卷　(清)傅世堯輯　清乾隆五十五年(1790)德公閣刻本　十三册

650000－1441－0001901　普33－3/1－1
六書賦一卷　(明)張壬奎編　清刻本　一册

650000－1441－0001902　普33－3/1－10
六朝文絜四卷　(清)許槤評　清光緒三年(1877)讀有用書齋刻本　二册

650000－1441－0001903　普33－3/1－12
六朝事跡編類十四卷　(宋)張敦頤編　清光緒十三年(1887)寶章閣刻本　四册

650000－1441－0001904　普33－3/1－14
六藝通考一百卷附錄三十二卷　(清)孫璧文編　清光緒二十七年(1901)兩湖書院刻本　二十五册

650000－1441－0001905　普33－3/1－15
六藝綱目二卷附錄一卷　(清)舒天民述　清光緒四年(1878)宏達堂刻本　二册

650000－1441－0001906　普33－3/1－16
六藝綱目二卷附錄一卷　(清)舒天民述　清光緒二十二年(1896)關中書院志學齋刻本　二册

650000－1441－0001907　普33－3/1－17
六藝綱目二卷附錄一卷　(清)舒天民述　清道光二十八年(1848)東武劉氏校刻本　二册

650000－1441－0001908　普33－3/1－4
六書轉注錄十卷　(清)洪亮吉撰　清光緒四年(1878)授經堂刻本　三册

650000－1441－0001909　普33－3/1－5
六書正譌五卷　(元)周伯琦編　清光緒三十二年(1906)恭壽堂刻本　二册

650000－1441－0001910　普33－3/1－6
六朝文絜箋注十二卷　(清)許槤評　清光緒十五年(1889)大成書局刻本　三册　存十一卷(一至六、八至十二)

650000－1441－0001911　普33－3/1－8
六朝文絜箋注十二卷　(清)許槤評　清刻本　二册

650000－1441－0001912　普33－3/1－9
六朝文絜四卷　(清)許槤評　清光緒三年(1877)讀有用書齋刻本　一册

650000－1441－0001913　普33－3/2－2
六一居士外集二卷附錄一卷　(宋)歐陽修編　清刻本　一册　存一卷(一)

650000－1441－0001914　普33－3/2－3
六一山房續集十卷　(清)董沛著　清光緒九年(1883)刻本　二册

650000－1441－0001915　普33－3/2－4
六一山房詩集十卷　(清)董沛著　清同治十一年(1872)刻本　二册

650000－1441－0001916　普33－3/2－6
六十種曲六帙六十種　(明)毛晉輯　清刻本　四十册

650000－1441－0001917　普33－3/2－7
六經天文編二卷　(宋)王應麟著　清刻本

一冊

650000－1441－0001918　普33－3/2－8
六壬類聚四卷　(清)紀大奎著　清咸豐二年(1852)刻本　四冊

650000－1441－0001919　普33－3/3－12
柳河東詩集二卷　(唐)柳宗元著　清刻本　一冊

650000－1441－0001920　普33－3/3－14
榴榆山舘詩鈔六卷補遺一卷　(清)張懷泗輯　清道光十年(1830)刻本　二冊

650000－1441－0001921　普33－3/3－2
憑山閣增輯留青新輯三十卷　(清)陳枚輯　清刻本　二十四冊

650000－1441－0001922　普33－3/3－4
留茆盦尺牘叢殘四卷　(清)嚴籀士纂　清咸豐八年(1858)寶書堂刻本　四冊

650000－1441－0001923　普33－3/3－5
留月軒文鈔一卷　(清)朱国華著　清光緒二十八年(1902)聚珍堂刻本　一冊

650000－1441－0001924　普33－3/3－6
留都見聞錄二卷　(明)吳應箕著　清同治三年(1864)刻本　一冊

650000－1441－0001925　普33－3/3－8
柳文惠公全集四十三卷別集二卷外集二卷　(唐)柳宗元著　清同治七年(1868)刻本　八冊

650000－1441－0001926　普33－3/3－8－1
柳文惠公全集四十三卷別集二卷外集二卷　(唐)柳宗元著　清同治七年(1868)刻本　八冊

650000－1441－0001927　普33－3/3－8－2
柳文惠公全集四十三卷別集二卷外集二卷　(唐)柳宗元著　清同治七年(1868)刻本　四冊　存三十二卷(全集十六至四十三、別集二卷、外集二卷)

650000－1441－0001928　普33－3/3－9
柳文四十五卷　(唐)柳宗元著　清刻本　一冊

650000－1441－0001929　普33－3/4－1
周益國文忠公集四十卷首一卷　(宋)周必大著　清道光二十八年(1848)刻本　三十七冊

650000－1441－0001930　普33－3/5－1
陸宣公全集二十四卷　(唐)陸贄著　清道光二十七年(1847)刻本　八冊

650000－1441－0001931　普33－3/5－7
廬陽三賢集三種　(清)張樹聲輯　清同治十三年(1874)刻本　三冊　存十一卷(包孝肅奏議一至十、垂光集一)

650000－1441－0001932　普33－3/5－8
廬陽三賢集三種　(清)張樹聲輯　清光緒元年(1875)毓秀堂刻本　四冊　存十八卷(包孝肅奏議一至十、青陽山房集一至八)

650000－1441－0001933　普33－3/5－9
廬秀錄四卷後錄四卷　(清)張維屏撰　清道光十六年(1836)刻本　一冊

650000－1441－0001934　普33－4/1－10
路史四十七卷　(宋)羅泌撰　清嘉慶十三年(1808)謙益堂刻本　十六冊

650000－1441－0001935　普33－4/1－2
桴亭先生遺書二十二種　(清)陸世儀著　清光緒二十六年(1900)刻本　十四冊

650000－1441－0001936　普33－4/1－3
鹿忠節公集二十一卷　(明)鹿善繼著　清刻本　六冊

650000－1441－0001937　普33－4/1－6
盧前小疏小令二卷　(清)盧前撰　清刻本　一冊

650000－1441－0001938　普33－4/1－6－1
盧前小疏小令二卷　(清)盧前撰　清刻本　一冊

650000－1441－0001939　普33－4/1－8
陸氏先德錄四卷　(清)陸文衡著　清同治十一年(1872)義經堂刻本　五冊

650000－1441－0001940　普33－4/1－9
陸清獻公日記十卷首一卷　（清）陸隴其著　清道光二十一年（1841）刻本　四册

650000－1441－0001941　普33－4/2－1
路史四十七卷　（宋）羅泌撰　清刻本　二十册

650000－1441－0001942　普33－4/2－2
路史四十七卷　（宋）羅泌撰　清刻本　二十册

650000－1441－0001943　普33－4/2－3
路史四十七卷　（宋）羅泌撰　清刻本　二十一册

650000－1441－0001944　普33－4/2－4
路史四十七卷　（宋）羅泌撰　清刻本　二十册

650000－1441－0001945　普33－4/3－1
路史四十七卷　（宋）羅泌撰　清嘉慶六年（1801）刻本　二十四册

650000－1441－0001946　普33－4/3－2
路史四十七卷　（宋）羅泌撰　清刻本　十册

650000－1441－0001947　普33－4/3－3
路史三十二卷　（宋）羅泌撰　清光緒二年（1876）紅杏山房刻本　五册

650000－1441－0001948　普33－4/4－26
顔魯公文集十五卷　（唐）顔真卿撰　清宣統二年（1910）守政書局刻本　四册

650000－1441－0001949　普33－4/5－1
魯巖所學集十五卷　（清）張宗泰撰　清刻本　六册

650000－1441－0001950　普33－4/5－12
靈鶼閣叢書六集五十六種　（清）江標編　清刻本　四十八册

650000－1441－0001951　普33－4/5－3
魯文恪公存集十卷　（明）魯鐸著　清刻本　四册

650000－1441－0001952　普33－4/5－5
菉友臆説一卷　（清）王筠撰　清光緒二十二年（1896）元和江氏師鄦室刻本　一册

650000－1441－0001953　普34－1/2－1
元和江氏靈鶼閣叢書六集五十六種　（清）江標編　清光緒刻本　二十四册

650000－1441－0001954　普34－1/2－2
靈石山房詩草一卷續草一卷　（清）貴成著　清同治七年（1868）刻本　一册

650000－1441－0001955　普34－1/2－3
靈峰蕅益大師選定淨土十要十卷　（清）釋成時輯　清刻本　二册　存七卷（三至九）

650000－1441－0001956　普34－1/2－4
靈峰蕅益大師選定淨土十要十卷　（清）釋成時輯　清同治十一年（1872）慧空經房刻本　四册

650000－1441－0001957　普34－1/2－5
靈芬舘詞三種　（清）郭麐撰　清光緒五年（1879）娱園鉛印本　二册　存四卷（蘅夢詞一至二、浮眉樓詞一至二）

650000－1441－0001958　普34－1/2－6
靈芬舘詞四種　（清）郭麐撰　清光緒五年（1879）娱園刻本　四册

650000－1441－0001959　普34－1/2－8
林子三教正宗統論三十六卷　（明）林兆恩撰　清刻本　三十六册

650000－1441－0001960　普34－1/3－1
林蘭香八卷六十四回　（清）隨緣下士編　清刻本　六册　存四十八回（九至五十六）

650000－1441－0001961　普34－1/3－10
臨文便覽不分卷　（清）怡雲仙舘主人編　清光緒二年（1876）松草堂刻本　二册

650000－1441－0001962　普34－1/3－11
臨春閣不分卷　（清）灌隱主人著　清刻本　一册

650000－1441－0001963　普34－1/3－12
憐香伴傳奇二卷　（明）湯顯祖撰　清刻本　二册

650000－1441－0001964　普 34－1/3－13
麟臺故事五卷　(宋)程俱撰　清乾隆武英殿木活字印本　二册

650000－1441－0001965　普 34－1/3－14
嶺南三大家詩選二十四卷　(清)王隼撰　清刻本　六册

650000－1441－0001966　普 34－1/3－2
林和靖詩集四卷拾遺一卷附錄一卷　(宋)林逋撰　清宣統二年(1910)石印本　二册

650000－1441－0001967　普 34－1/3－2－1
林和靖詩集四卷拾遺一卷附錄一卷　(宋)林逋撰　清宣統二年(1910)石印本　二册

650000－1441－0001968　普 34－1/3－5
林石逸興十卷　(明)薛論道著　清刻本　一册　存二卷(一、三)

650000－1441－0001969　普 34－1/3－6
臨春閣不分卷　(清)灌隱主人著　清道光五年(1825)刻本　一册

650000－1441－0001970　普 34－1/3－9
臨陣管見九卷　(德國)斯拉弗司撰　清同治十二年(1873)刻本　一册

650000－1441－0001971　普 34－1/5－1
龍威秘書不分卷　(清)馬俊良編　清刻本　一册

650000－1441－0001972　普 34－1/5－2
龍威秘書十集三百二十三卷　(清)馬俊良編　清乾隆五十六年(1791)世德堂刻本　八十册

650000－1441－0001973　普 34－2/1－1
龍川文集三十卷辨譌考異二卷附錄一卷　(宋)陳亮撰　清同治七年(1868)刻本　十册

650000－1441－0001974　普 34－2/1－2
龍川文集三十卷辨譌考異二卷　(宋)陳亮撰　清同治七年(1868)刻本　十册

650000－1441－0001975　普 34－2/2－1
龍文鞭影二集四卷　(明)蕭良有著　清光緒二十八年(1902)正字山房刻本　四册

650000－1441－0001976　普 34－2/2－2
龍文鞭影二卷　(明)蕭良有撰　清刻本　二册　存一卷(下)

650000－1441－0001977　普 34－2/2－3
龍文鞭影二集四卷　(明)蕭良有著　清光緒三年(1877)掃葉山房刻本　四册

650000－1441－0001978　普 34－2/2－4
隴蜀餘聞不分卷　(宋)王士正著　清刻本　一册

650000－1441－0001979　普 34－2/2－6
龍龕手鑑四卷　(遼)釋行均撰　清刻本　三册

650000－1441－0001980　普 34－2/2－8
龍城書院課藝不分卷　(清)楊清寰撰　清刻本　六册

650000－1441－0001981　普 34－2/3－3
類篇十五卷　(宋)司馬光纂　清光緒二年(1876)川東官舍刻本　十二册

650000－1441－0001982　普 34－2/3－4
類篇十五卷　(宋)司馬光纂　清刻本　十四册

650000－1441－0001983　普 34－2/4－5
雷刻四種十九卷　(清)雷浚撰　清光緒二十年(1894)刻本　六册

650000－1441－0001984　普 34－2/4－5－1
雷刻四種十九卷　(清)雷浚撰　清光緒二十年(1894)刻本　六册

650000－1441－0001985　普 34－2/4－6
雷峰塔傳奇四卷　(清)方成培改本　清乾隆三十六年(1771)刻本　四册

650000－1441－0001986　普 34－2/4－7
大事記十二卷通釋三卷解題十二卷　(宋)呂祖謙撰　清刻本　十册

650000－1441－0001987　普 34－2/5－11
驢背集四卷　(清)胡思敬撰　清光緒三十四年(1908)問影樓刻本　二册

650000－1441－0001988　普 34－2/5－2
呂半隱詩集三卷　(明)呂潛著　清光緒十五年(1889)刻本　一册

650000－1441－0001989　普 34－2/5－3
去僞齋集十卷附録一卷闕疑一卷　(明)呂坤著　清道光七年(1827)刻本　一册

650000－1441－0001990　普 34－2/5－5
郘亭詩鈔二十二卷遺詩八卷遺文八卷　(清)莫友芝著　清同治五年(1866)三山客舍刻本　三册

650000－1441－0001991　普 34－2/5－6
郘亭詩鈔六卷　(清)莫友芝著　清咸豐二年(1852)湘川講舍刻本　二册

650000－1441－0001992　普 34－2/5－7
履園叢話二十四卷　(清)錢泳輯　清道光五年(1825)述德堂刻本　八册

650000－1441－0001993　普 34－2/5－8
履園叢話二十四卷　(清)錢泳輯　清道光十八年(1838)述德堂刻本　八册

650000－1441－0001994　普 34－2/5－9
律話三卷　(清)戴長庚著　清道光十三年(1833)吾愛書屋刻本　四册

650000－1441－0001995　普 34－3/1－1
緑蘿山莊文集二十四卷　(清)胡浚撰　清乾隆二十一年(1756)刻本　十一册　存十六卷(一至八、十四至二十一)

650000－1441－0001996　普 34－3/1－2
緑蘿山莊詩集三十二卷　(清)胡浚撰　清乾隆二十一年(1756)刻本　十册　存二十七卷(六至三十二)

650000－1441－0001997　普 34－3/1－3
緑蘿山莊駢體文集十二卷　(清)胡浚撰　清光緒二十五年(1899)刻本　十二册

650000－1441－0001998　普 34－3/1－4
緑雪堂遺集二十卷　(清)王衍梅著　清道光二十年(1840)刻本　六册

650000－1441－0001999　普 34－3/1－6
論語後案二十卷　(清)黄式三注　清光緒九年(1883)浙江書局刻本　十册

650000－1441－0002000　普 34－3/1－6－1
論語後案二十卷　(清)黄式三注　清光緒九年(1883)浙江書局刻本　九册　存十一卷(一至八、十至十二)

650000－1441－0002001　普 34－3/1－7
論語後案二十卷　(清)黄式三注　清光緒九年(1883)浙江書局刻本　一册

650000－1441－0002002　普 34－3/1－8
論語經正録二十卷附年譜一卷　(清)王肇晉注　清光緒二十年(1894)刻本　十一册

650000－1441－0002003　普 34－3/1－9
論語正義二十四卷　(清)劉寶楠撰　清同治五年(1866)存古書社刻本　六册

650000－1441－0002004　普 34－3/2－1
論語古訓十卷　(清)陳鱣述　清光緒九年(1883)浙江書局刻本　二册

650000－1441－0002005　普 34－3/2－10
遼史拾遺二十四卷附録五卷　(清)厲鶚撰　清光緒元年(1875)江蘇書局刻本　一册

650000－1441－0002006　普 34－3/2－10－1
遼史拾遺二十四卷附録五卷　(清)厲鶚撰　清光緒元年(1875)江蘇書局刻本　一册

650000－1441－0002007　普 34－3/2－10－2
遼史拾遺二十四卷附録五卷　(清)厲鶚撰　清光緒元年(1875)江蘇書局刻本　一册

650000－1441－0002008　普 34－3/2－2
論語古注集箋十卷論語考一卷論語敘一卷　(清)潘維城撰　清光緒七年(1881)江蘇書局刻本　一册

650000－1441－0002009　普 34－3/2－2－1
論語古注集箋十卷論語考一卷論語敘一卷　(清)潘維城撰　清光緒七年(1881)江蘇書局刻本　六册

650000－1441－0002010　普 34－3/2－4
論語集注本義匯參二十卷　(清)王步青輯

清刻本　八册

650000－1441－0002011　普 34－3/2－6
論語十卷孟子七卷　（宋）朱熹注　清刻本　五册

650000－1441－0002012　普 34－3/2－7
論衡三十卷　（漢）王塗撰　清光緒元年（1875）崇文書局刻本　六册

650000－1441－0002013　普 34－3/2－8
嘉蔭簃論泉截句二卷　（清）劉喜海著　清道光十八年（1838）刻本　一册

650000－1441－0002014　普 34－3/2－9
遼史拾遺二十四卷補遺五卷　（清）厲鶚撰　清光緒三年（1877）江蘇書局刻本　十册

650000－1441－0002015　普 34－3/2－9－1
遼史拾遺二十四卷補遺五卷　（清）厲鶚撰　清光緒三年（1877）江蘇書局刻本　十册

650000－1441－0002016　普 34－3/2－9－2
遼史拾遺二十四卷補遺五卷　（清）厲鶚撰　清光緒三年（1877）江蘇書局刻本　十册

650000－1441－0002017　普 34－3/2－9－3
遼史拾遺二十四卷補遺五卷　（清）厲鶚撰　清光緒三年（1877）江蘇書局刻本　十册

650000－1441－0002018　普 34－3/3－1
遼史拾遺補五卷　（清）楊復古輯　清光緒三年（1877）江蘇書局刻本　二册

650000－1441－0002019　普 34－3/3－17
遼文存六卷　繆荃孫輯　清光緒二十二年（1896）刻本　二册

650000－1441－0002020　普 34－3/3－18
遼文萃七卷藝文志補正一卷西夏文綴二卷藝文志一卷　王仁俊輯　清光緒三十年（1904）刻本　一册

650000－1441－0002021　普 34－3/3－18－1
遼文萃七卷藝文志補正一卷西夏文綴二卷藝文志一卷　王仁俊輯　清光緒三十年（1904）刻本　一册

650000－1441－0002022　普 34－3/4－1
聊齋志異新評十六卷　（清）蒲松齡著　清刻本　一册

650000－1441－0002023　普 34－3/4－2
聊齋志異新評十六卷　（清）蒲松齡著　清刻本　一册

650000－1441－0002024　普 34－3/4－3
聊齋志異新評十六卷　（清）蒲松齡著　清道光二十二年（1842）刻本　十六册

650000－1441－0002025　普 34－3/4－3－1
聊齋志異新評十六卷　（清）蒲松齡著　清道光二十二年（1842）刻本　十六册

650000－1441－0002026　普 34－3/4－3－2
聊齋志異新評十六卷　（清）蒲松齡著　清道光二十二年（1842）刻本　六册　存六卷（二、五、八至九、十二、十六）

650000－1441－0002027　普 34－3/5－1
聊齋志異注十六卷　（清）呂湛恩輯　清道光五年（1825）刻本　四册

650000－1441－0002028　普 34－3/5－2
聊齋先生文集二卷　（清）蒲松齡著　清宣統三年（1911）清白堂刻本　二册

650000－1441－0002029　普 34－3/5－4
聊園詩存十卷詞一卷　（清）蜀西樵也撰　清光緒二十九年（1903）刻本　二册

650000－1441－0002030　普 34－3/5－5
連筠簃叢書一百十一卷　（清）楊尚文輯　清道光二十八年（1848）刻本　一册

650000－1441－0002031　普 34－3/5－6
連筠簃叢書一百十一卷　（清）楊尚文輯　清道光二十八年（1848）刻本　一册

650000－1441－0002032　普 34－4/1－1
連筠簃叢書一百十一卷　（清）楊尚文輯　清道光二十八年（1848）刻本　三十册

650000－1441－0002033　普 34－4/1－2
練兵實紀九卷　（明）戚繼光著　清刻本　一册

650000－1441－0002034　普 34－4/1－3
練兵實紀九卷附錄六卷　（明）戚繼光著　清刻本　一冊　存一卷（一）

650000－1441－0002035　普 34－4/1－4
蓮子居詞話四卷　（清）吳衡照輯　清嘉慶二十三年（1818）刻本　二冊

650000－1441－0002036　普 34－4/1－5
蓮漪文鈔八卷　（清）汪曰楨輯　清咸豐九年（1859）刻本　二冊

650000－1441－0002037　普 34－4/1－6
濂亭文集八卷　（清）張裕釗著　清光緒八年（1882）刻本　二冊

650000－1441－0002038　普 34－4/1－7
濂亭文集八卷遺詩二卷遺文五卷　（清）張裕釗著　清宣統二年（1910）刻本　四冊

650000－1441－0002039　普 34－4/2－1
郎潛紀聞十四卷　（清）陳康祺著　清光緒六年（1880）刻本　八冊

650000－1441－0002040　普 34－4/2－10
浪跡叢談十一卷續談八卷　（清）梁章鉅撰　清道光二十八年（1848）亦東園刻本　八冊

650000－1441－0002041　普 34－4/2－11
浪跡續談八卷　（清）梁章鉅撰　清道光二十八年（1848）亦東園刻本　四冊

650000－1441－0002042　普 34－4/2－2
郎潛紀聞十四卷　（清）陳康祺著　清光緒六年（1880）刻本　四冊

650000－1441－0002043　普 34－4/2－3
郎潛紀聞十四卷二筆十六卷三筆十二卷　（清）陳康祺著　清光緒八年（1882）刻本　五冊　缺七卷（二筆一至七）

650000－1441－0002044　普 34－4/2－4
郎潛紀聞初筆七卷二筆八卷三筆六卷　（清）陳康祺著　清宣統二年（1910）掃葉山房石印本　十冊

650000－1441－0002045　普 34－4/2－5
郎潛紀聞十四卷三筆十二卷　（清）陳康祺著　清光緒八年（1882）刻本　八冊

650000－1441－0002046　普 34－4/2－6
浪跡叢談十一卷續談八卷　（清）梁章鉅撰　清道光二十七年（1847）亦東園刻本　四冊

650000－1441－0002047　普 34－4/2－8
浪跡叢談十一卷續談八卷　（清）梁章鉅撰　清刻本　八冊

650000－1441－0002048　普 34－4/2－8－1
浪跡叢談十一卷續談八卷　（清）梁章鉅撰　清刻本　八冊

650000－1441－0002049　普 34－4/3－1
艮齋先生薛常州浪語集三十五卷　（宋）薛季宣撰　清同治十年（1871）金陵書局刻本　六冊

650000－1441－0002050　普 34－4/3－1－1
艮齋先生薛常州浪語集三十五卷　（宋）薛季宣撰　清同治十年（1871）金陵書局刻本　六冊

650000－1441－0002051　普 34－4/3－3
琅環獺祭十二種二十三卷　（清）孫顏等編　清刻本　一冊

650000－1441－0002052　普 34－4/3－4
琅環獺祭十二種二十三卷　（清）孫顏等編　清同治十二年（1873）錦文堂刻本　一冊

650000－1441－0002053　普 34－4/3－5
琅環獺祭十二種二十三卷　（清）孫顏等編　清光緒二十年（1894）石印本　一冊

650000－1441－0002054　普 34－4/3－7
琅環獺祭十二種二十三卷　（清）孫顏等編　清光緒二十年（1894）石印本　十三冊

650000－1441－0002055　普 34－4/3－7－1
琅環獺祭十二種二十三卷　（清）孫顏等編　清光緒二十年（1894）石印本　十三冊

650000－1441－0002056　普 34－4/3－7－2
琅環獺祭十二種二十三卷　（清）孫顏等編　清光緒二十年（1894）石印本　八冊

650000－1441－0002057　普34－4/3－7－3
瑯環獺祭十二種二十三卷　(清)孫顏等編　清光緒二十年(1894)石印本　七冊

650000－1441－0002058　普35－1/1－1
駱賓王文集十卷考異一卷　(唐)駱賓王著　清宣統三年(1911)文瑞樓石印本　二冊

650000－1441－0002059　普35－1/1－10
老子翼八卷首一卷　(明)焦竑輯　清刻本　四冊

650000－1441－0002060　普35－1/1－10－1
老子翼八卷首一卷　(明)焦竑輯　清刻本　四冊

650000－1441－0002061　普35－1/1－10－2
老子翼八卷首一卷　(明)焦竑輯　清刻本　四冊

650000－1441－0002062　普35－1/1－13
老子道德經不分卷　(春秋)李耳撰　清光緒刻本　一冊

650000－1441－0002063　普35－1/1－2
唐人三家集三種　(唐)駱賓王等著　清道光十年(1830)石研齋刻本　四冊

650000－1441－0002064　普35－1/1－4
駱賓王文集十卷考異一卷　(唐)駱賓王著　清嘉慶二十一年(1816)石研齋刻本　一冊

650000－1441－0002065　普35－1/1－5
駱公[秉章]年譜不分卷　(清)駱秉章編　清同治六年(1867)刻本　二冊

650000－1441－0002066　普35－1/1－6
羅壯勇公[思舉]年譜不分卷　(清)羅思舉撰　清刻本　一冊

650000－1441－0002067　普35－1/1－7
羅壯勇公[思舉]年譜二卷　(清)羅思舉撰　清刻本　一冊　存一卷(上)

650000－1441－0002068　普35－1/1－8
落金扇十卷　(清)吳壽石撰　清光緒二十九年(1903)刻本　十冊

650000－1441－0002069　普35－1/1－9
老子道德經解二卷莊子内篇四卷　(明)釋德清撰　清光緒十四年(1888)金陵刻經處刻本　四冊

650000－1441－0002070　普35－1/2－11
老莊郭注會解十卷　(戰國)莊周著　清刻本　六冊

650000－1441－0002071　普35－1/2－12
灤源問答十卷　(清)沈可培撰　清嘉慶二十年(1815)雪浪齋刻本　一冊

650000－1441－0002072　普35－1/2－13
灤源問答十卷　(清)沈可培撰　清嘉慶二十年(1815)雪浪齋刻本　一冊

650000－1441－0002073　普35－1/2－14
灤源問答十卷　(清)沈可培撰　清道光七年(1827)雪浪齋刻本　四冊

650000－1441－0002074　普35－1/2－14－1
灤源問答十卷　(清)沈可培撰　清道光七年(1827)雪浪齋刻本　四冊

650000－1441－0002075　普35－1/2－14－2
灤源問答十卷　(清)沈可培撰　清道光七年(1827)雪浪齋刻本　四冊

650000－1441－0002076　普35－1/2－15
樂善錄十卷　(清)俞樾輯　清光緒二十六年(1900)刻本　八冊

650000－1441－0002077　普35－1/2－17
樂道堂古近體詩二卷　(清)奕訢著　清同治六年(1867)刻本　一冊　存一卷(一)

650000－1441－0002078　普35－1/2－18
樓山堂集二卷　(明)吳應箕撰　清刻本　二冊

650000－1441－0002079　普35－1/2－19
樓山堂集二十七卷附錄一卷　(明)吳應箕撰　清道光二十年(1840)永寧官廨刻本　六冊

650000－1441－0002080　普35－1/2－20
樓山詩集六卷　(清)王恕著　清光緒二十年(1894)永寧官廨刻本　二冊

650000－1441－0002081　普35－1/2－4
老子証義二卷　(清)高延第撰　清光緒十二年(1886)誦翠山房刻本　一册

650000－1441－0002082　普35－1/2－8
老學菴讀書記四卷　(清)彭蘊章著　清同治五年(1866)刻本　一册

650000－1441－0002083　普35－1/3－4
陋軒詩十二卷　(清)吳嘉紀著　清道光二十年(1840)刻本　五册

650000－1441－0002084　普35－1/3－7－2
冷廬雜識八卷　(清)陸以湉撰　清咸豐六年(1856)刻本　八册

650000－1441－0002085　普35－1/3－7－3
冷廬雜識八卷　(清)陸以湉撰　清咸豐六年(1856)刻本　八册

650000－1441－0002086　普35－1/3－7－4
冷廬雜識八卷　(清)陸以湉撰　清咸豐六年(1856)刻本　八册

650000－1441－0002087　普35－1/3－8
冷吟仙舘詩稿八卷詩餘一卷文存一卷附錄一卷冷吟仙館詩稿一卷　(清)左錫嘉著　清光緒十七年(1891)刻本　七册

650000－1441－0002088　普35－1/4－1
欒城集四十八卷附目錄二卷後集二十四卷三集十卷應詔集十二卷　(宋)蘇轍著　清道光十二年(1832)三蘇祠刻本　二十六册

650000－1441－0002089　普35－1/4－2
灤陽消夏錄六卷　(清)紀昀撰　清嘉慶二年(1797)步雲閣刻本　二册

650000－1441－0002090　普35－1/4－3
綠野仙蹤八十回　(清)李百川著　清刻本　十一册

650000－1441－0002091　普35－1/4－8
修竹齋試帖合注二卷　(清)那清安著　清刻本　一册　存一卷(下)

650000－1441－0002092　普35－1/5－1
歷代史論十二卷　(明)張溥著　清光緒十一年(1885)粵東文陞閣刻本　一册

650000－1441－0002093　普36－1/3－7
明史稿三百十卷　(清)王鴻緒撰　清光緒元年(1875)掃葉山房石印本　六十四册

650000－1441－0002094　普36－1/3－7－1
明史稿三百十卷　(清)王鴻緒撰　清光緒元年(1875)掃葉山房石印本　六十四册

650000－1441－0002095　普36－1/5－1
明史紀事本末八十卷　(清)谷應泰編輯　清光緒二十四年(1898)思賢書局刻本　二十册

650000－1441－0002096　普36－2/1－1
明史紀事本末八十卷　(清)谷應泰編輯　清同治十三年(1874)江蘇書局刻本　二十册

650000－1441－0002097　普36－2/1－1－1
明史紀事本末八十卷　(清)谷應泰編輯　清同治十三年(1874)江蘇書局刻本　二十册

650000－1441－0002098　普36－2/1－7
明史誌略□□卷　(清)王逢源撰　清刻本　一册　存一卷(二)

650000－1441－0002099　普36－2/2－2
明史藝文志二卷　(清)張廷玉修　清刻本　一册

650000－1441－0002100　普36－2/2－5
明詩綜一百卷　(清)朱彝尊錄　清刻本　三十二册

650000－1441－0002101　普36－2/2－5－1
明詩綜一百卷　(清)朱彝尊錄　清刻本　四十册

650000－1441－0002102　普36－2/3－1
明季南略十八卷　(清)計六奇編輯　清刻本　十册

650000－1441－0002103　普36－2/3－3
明季北略二十四卷　(清)計六奇編輯　清刻本　八册

650000－1441－0002104　普36－2/3－3－1
明季北略二十四卷　(清)計六奇編輯　清刻

本　八册

650000－1441－0002105　普36－2/3－5
明季北略二十四卷　(清)計六奇編輯　清光緒十三年(1887)圖書集成印書局刻本　六册

650000－1441－0002106　普36－2/3－5－1
明季北略二十四卷　(清)計六奇編輯　清光緒十三年(1887)圖書集成印書局刻本　四册　存十九卷(一至十九)

650000－1441－0002107　普36－2/4－1
明季稗史彙編十六種二十七卷　(清)留雲居士編　清光緒二十二年(1896)掃葉山房刻本　十二册

650000－1441－0002108　普36－2/4－6
明季東莞五忠傳二卷　陳伯陶撰　清養和書局刻本　二册

650000－1441－0002109　普36－2/4－7
明紀六十卷　(清)陳鶴纂　清同治十年(1871)江蘇書局刻本　二十册

650000－1441－0002110　普36－2/5－2
明儒學案六十二卷　(清)黄宗羲纂輯　清光緒十四年(1888)豫章徐兆瀾等刻本　四十册

650000－1441－0002111　普36－3/1－11
明夷待訪録不分卷　(清)黄宗羲著　清光緒二十四年(1898)余氏寶墨齋刻本　一册

650000－1441－0002112　普36－3/1－14
明道易經十二集　(清)敦厚老人著　清光緒二十一年(1895)古潭余氏刻本　十二册

650000－1441－0002113　普36－3/1－15
明辨齋叢書九十九卷　(清)余肇鑰輯　清刻本　二十四册　存七十一卷(四集一至七十一)

650000－1441－0002114　普36－3/1－2
明代千遺民詩詠三十卷　(清)張其淦著　清刻本　四册　存二十卷(初集一至十、二集一至十)

650000－1441－0002115　普36－3/1－2－1
明代千遺民詩詠三十卷　(清)張其淦著　清刻本　六册

650000－1441－0002116　普36－3/1－3
明宫史八卷　(明)劉若愚撰　清宣統二年(1910)國學扶輪社鉛印本　二册

650000－1441－0002117　普36－3/1－3－1
明宫史八卷　(明)劉若愚撰　清宣統二年(1910)國學扶輪社鉛印本　二册

650000－1441－0002118　普36－3/1－3－2
明宫史八卷　(明)劉若愚撰　清宣統二年(1910)國學扶輪社鉛印本　二册

650000－1441－0002119　普36－3/1－7
明詞綜十二卷　(清)王昶纂　清光緒二十八年(1902)金匱浦氏刻本　二册

650000－1441－0002120　普36－3/2－1
黄漳浦集五十卷首一卷年譜二卷　(明)黄道周著　清光緒十三年(1887)刻本　二十册

650000－1441－0002121　普36－3/2－2
明會要八十卷　(清)龍文彬纂　清光緒十三年(1887)永懷堂刻本　二十册

650000－1441－0002122　普36－3/2－4
明本釋三卷　(宋)劉荀撰　清木活字印本　三册

650000－1441－0002123　普36－3/2－6
明三十家詩選初集八卷　(清)汪端輯　清同治十二年(1873)振新書社刻本　四册

650000－1441－0002124　普36－3/2－6－1
明三十家詩選初集八卷　(清)汪端輯　清同治十二年(1873)振新書社刻本　四册

650000－1441－0002125　普36－3/3－1
明文才調集不分卷　(清)許振禕輯　清光緒十九年(1893)毓蘭書屋刻本　四册

650000－1441－0002126　普36－3/3－10
明遼府左長使程節暋公貞白遺稿十卷首一卷　(清)程通著　清嘉慶十一年(1806)謙德堂刻本　二册

650000－1441－0002127　普36－3/3－13

名法指掌新例增訂四卷 （清）沈辛田纂輯 清刻本 四冊

650000－1441－0002128 普36－3/3－15
鳴鳳記四十一卷 （□）□□輯 清刻本 一冊

650000－1441－0002129 普36－3/3－16
歷朝名媛尺牘二卷 （□）□□輯 清刻本 一冊 存一卷（下）

650000－1441－0002130 普36－3/3－4
明張忠烈公遺集一卷 （明）張居正著 清光緒二十七年（1901）刻本 一冊

650000－1441－0002131 普36－3/3－5
明懿皇后外傳一卷 （清）紀昀撰 清宣統三年（1911）峭帆樓刻本 一冊

650000－1441－0002132 普36－3/4－1
鳴原堂論文二卷 （清）曾国荃審定 清同治十二年（1873）刻本 二冊

650000－1441－0002133 普36－3/4－12
敏求軒述記十六卷 （清）陳世箴輯 清道光二十八年（1848）刻本 八冊

650000－1441－0002134 普36－3/4－14
閩產錄異六卷 （清）郭柏蒼輯 清光緒十二年（1886）石印本 六冊

650000－1441－0002135 普36－3/4－19
民興行集不分卷 （德國）柴爾紫芒著 清刻本 一冊

650000－1441－0002136 普36－3/4－2
鳴原堂論文二卷 （清）曾国荃審定 清刻本 二冊

650000－1441－0002137 普36－3/4－3
鳴堅白齋詩存十二卷補遺一卷 （清）沈汝瑾著 清咸豐十一年（1861）刻本 一冊

650000－1441－0002138 普36－3/4－3－1
鳴堅白齋詩存十二卷補遺一卷 （清）沈汝瑾著 清咸豐十一年（1861）刻本 四冊

650000－1441－0002139 普36－3/4－5
鳴沙石室古籍叢殘三十種 羅振玉輯 清刻本 五冊

650000－1441－0002140 普36－3/4－8
茗柯文編四卷 （清）張惠言著 清光緒七年（1881）刻本 二冊

650000－1441－0002141 普36－3/4－8－1
茗柯文編四卷 （清）張惠言著 清光緒七年（1881）刻本 二冊

650000－1441－0002142 普36－3/5－9
毛詩要義二十卷 （宋）魏了翁著 清光緒八年（1882）刻本 十二冊

650000－1441－0002143 普36－3/5－9－1
毛詩要義二十卷 （宋）魏了翁著 清光緒八年（1882）刻本 十二冊

650000－1441－0002144 普36－4/1－1
毛詩要義二十卷 （宋）魏了翁撰 清光緒八年（1882）獨山莫祥芝刻本 十二冊

650000－1441－0002145 普36－4/1－2
毛詩要義二十卷 （宋）魏了翁著 清光緒三十二年（1906）江蘇書局刻本 一冊 存十八卷（一至十三、十六至二十）

650000－1441－0002146 普36－4/1－3
毛詩注疏三十卷 （漢）鄭玄著 清同治十年（1871）刻本 十九冊

650000－1441－0002147 普36－4/1－4
毛詩古音考五卷 （明）陳第編 清光緒六年（1880）武昌張氏刻本 四冊

650000－1441－0002148 普36－4/2－1
毛詩二十卷 （漢）鄭玄著 清刻本 二冊

650000－1441－0002149 普36－4/2－10
毛詩譜一卷 （清）鄭氏撰 清同治十年（1871）刻本 一冊

650000－1441－0002150 普36－4/2－11
毛詩詠訂十卷附一卷 （清）苗夔撰 清咸豐元年（1851）刻本 三冊

650000－1441－0002151 普36－4/2－15

毛翰林集八卷　(清)毛奇齡稿　清刻本　一册

650000－1441－0002152　普36－4/2－16
毛翰林集三卷　(清)毛奇齡稿　清刻本　一册

650000－1441－0002153　普36－4/2－17
毛鄭詩釋四卷　(清)丁晏學　清刻本　二册

650000－1441－0002154　普36－4/2－2
毛詩二十卷　(漢)鄭玄著　清刻本　四册

650000－1441－0002155　普36－4/2－2－1
毛詩二十卷　(漢)鄭玄著　清刻本　四册

650000－1441－0002156　普36－4/2－4
詩毛氏傳疏三十卷　(清)陳奐學　清刻本　十二册

650000－1441－0002157　普36－4/2－7
毛詩草木鳥獸蟲魚疏二卷　(唐)陸璣撰　清刻本　一册

650000－1441－0002158　普36－4/2－8
毛詩復古錄十二卷首一卷　(清)吳懋清著　清光緒二十年(1894)刻本　六册

650000－1441－0002159　普36－4/2－9
毛詩詁訓三十卷　(清)段玉裁撰　清嘉慶二十一年(1816)衍半堂段氏刻本　四册

650000－1441－0002160　普36－4/3－1
牡丹亭還魂記二卷　(明)湯顯祖著　清光緒十二年(1886)同文書局石印本　二册

650000－1441－0002161　普36－4/3－2
牡丹亭還魂記二卷　(明)湯顯祖著　清刻本　四册

650000－1441－0002162　普36－4/3－3
牧令書二十三卷　(清)徐棟輯　清同治四年(1865)刻本　十三册

650000－1441－0002163　普36－4/3－4
牧令書輯要十卷　(清)徐棟編　(清)丁日昌重編　清同治八年(1869)崇文書局刻本　十册

650000－1441－0002164　普36－4/3－5
牧令書二十三卷　(清)徐棟著　清道光二十八年(1848)刻本　十八册

650000－1441－0002165　普36－4/3－6
牧牛圖一卷　(清)釋善明著　清光緒二十四年(1898)刻本　一册

650000－1441－0002166　普36－4/3－7
牧齋初學集詩注及有學詩注二十四卷　(清)錢曾箋注　清刻本　二十六册

650000－1441－0002167　普36－4/4－1
穆堂初稿五十卷　(清)李紱著　清道光十一年(1831)奉国堂刻本　十八册

650000－1441－0002168　普36－4/4－2
穆堂别稿四十七卷　(清)李紱著　清道光十一年(1831)奉国堂刻本　十四册

650000－1441－0002169　普36－4/4－3
穆勒名學不分卷　(英國)穆勒約翰著　嚴復譯　清光緒三十一年(1905)金粟齋刻本　八册

650000－1441－0002170　普36－4/4－4
目耕帖三十一卷　(清)馬国翰撰　清刻本　十七册　存十七卷(十五至三十一)

650000－1441－0002171　普36－4/4－5
目耕齋讀本不分卷　(清)沈叔眉著　清道光十八年(1838)李光明莊刻本　六册

650000－1441－0002172　普36－4/4－6
毋不敬齋全書三十一卷　(清)方濬著　清光緒十五年(1889)刻本　九册　存十六卷(一至四、七至十二、十五至二十)

650000－1441－0002173　普36－4/5－2
木犀軒叢書三十三種一百五十三卷　(清)李盛鐸輯　清光緒刻本　四十册

650000－1441－0002174　普37－1/1－2
美國條款一卷　(美國)列衛廉撰　清光緒二十年(1894)刻本　一册

650000－1441－0002175　普37－1/1－3
梅氏叢書輯要六十二卷　(清)梅文鼎著　清

刻本　六册

650000－1441－0002176　普 37－1/1－4
梅氏叢書輯要六十二卷　(清)梅文鼎著　清刻本　十一册　存三十二卷(十至二十四、三十八至四十、四十九至六十二)

650000－1441－0002177　普 37－1/2－2
梅村詩集箋注十八卷　(清)吳翌鳳撰　清刻本　十四册

650000－1441－0002178　普 37－1/2－2－1
梅村詩集箋注十八卷　(清)吳翌鳳撰　清刻本　十二册

650000－1441－0002179　普 37－1/2－5
梅村家藏稿六十三卷　(清)吳偉業著　清宣統三年(1911)武進董氏誦芬室刻本　八册

650000－1441－0002180　普 37－1/2－5－1
梅村家藏稿六十三卷　(清)吳偉業著　清宣統三年(1911)武進董氏誦芬室刻本　八册

650000－1441－0002181　普 37－1/3－1
梅花夢三十七卷　(清)新識道人編次　清刻本　四册

650000－1441－0002182　普 37－1/3－1－1
梅花夢三十七卷　(清)新識道人編次　清刻本　四册

650000－1441－0002183　普 37－1/3－15
眉綠樓詞一卷　(清)顧文彬著　清刻本　二册

650000－1441－0002184　普 37－1/3－16
滿洲名臣傳四十八卷　(清)國史舘編　清刻本　二十三册　存七十八卷(一至三十六、三十九至八十)

650000－1441－0002185　普 37－1/3－16－1
滿洲名臣傳四十八卷　(清)國史舘編　清刻本　二十册　存四十一卷(一至二十四、三十、三十二至四十一、四十三至四十八)

650000－1441－0002186　普 37－1/5－1
滿漢大臣列傳八十卷　(清)阿思哈　(清)福祿等撰　清刻本　十九册　存七十六卷(五至八十)

650000－1441－0002187　普 37－1/5－2
曼志堂遺稿二卷　(清)曹壽銘撰　清同治八年(1869)遉上鉄耕齋刻本　一册

650000－1441－0002188　普 37－1/5－6
南軒先生論語解十卷孟子說七卷　(宋)張栻著　清刻本　八册

650000－1441－0002189　普 37－1/5－7
孟子集注本義匯參十四卷首一卷　(清)王步青輯　清刻本　十六册

650000－1441－0002190　普 37－1/5－9
孟浩然集四卷　(唐)孟浩然著　清光緒十年(1884)同文書局石印本　二册

650000－1441－0002191　普 37－2/1－1
孟子正義三十卷　(清)焦循撰　清刻本　十八册

650000－1441－0002192　普 37－2/1－10
夢溪筆談二十六卷　(宋)沈括述　清刻本　一册　存十二卷(九至二十)

650000－1441－0002193　普 37－2/1－11
夢溪筆談二十六卷　(宋)沈括述　清刻本　一册

650000－1441－0002194　普 37－2/1－13
夢溪筆談二十六卷附補筆談三卷續筆談一卷　(宋)沈括撰　清刻本　六册

650000－1441－0002195　普 37－2/1－13－1
夢溪筆談二十六卷附補筆談三卷續筆談一卷　(宋)沈括撰　清刻本　六册

650000－1441－0002196　普 37－2/1－2
孟東野詩集十三卷　(唐)孟郊著　清宣統二年(1910)刻本　四册

650000－1441－0002197　普 37－2/1－3
孟東野詩集十卷　(唐)孟郊著　清刻本　四册

650000－1441－0002198　普 37－2/1－4
孟東野詩集十卷　(唐)孟郊著　清刻本

四冊

650000－1441－0002199　普37－2/1－5
孟亭居士詩稿四卷首一卷　(清)馮浩輯　清刻本　四冊

650000－1441－0002200　普37－2/1－6
孟襄陽詩集二卷　(唐)孟浩然著　清刻本　一冊

650000－1441－0002201　普37－2/1－8
孟浩然詩集三卷　(唐)孟浩然著　清刻本　一冊

650000－1441－0002202　普37－2/2－1
夢園叢說八卷　(清)方濬頤著　清刻本　一冊

650000－1441－0002203　普37－2/2－10
夢坡詩存十二卷　(清)周慶雲著　清刻本　四冊

650000－1441－0002204　普37－2/2－11
夢東禪師遺集二卷　(清)釋際醒著　清刻本　二冊

650000－1441－0002205　普37－2/2－13
蒙墾續供一卷　(清)鹿傳霖撰　清宣統元年(1909)刻本　一冊

650000－1441－0002206　普37－2/2－16
蒙古遊牧記十六卷　(清)張穆撰　清刻本　一冊　存二卷(十二至十三)

650000－1441－0002207　普37－2/2－17
蟒蛇記二卷　(□)□□撰　清刻本　二冊

650000－1441－0002208　普37－2/2－19
蒙邊偵探文牘不分卷　(□)□□撰　清刻本　一冊

650000－1441－0002209　普37－2/2－2
夢園叢說十六卷　(清)方濬頤著　清同治十三年(1874)刻本　二冊　存八卷(内篇一至八)

650000－1441－0002210　普37－2/2－2－1
夢園叢說十六卷　(清)方濬頤著　清同治十三年(1874)刻本　四冊

650000－1441－0002211　普37－2/2－20
孟子講義困勉録□□卷　(清)陸隴其纂輯　清刻本　一冊　存三卷(四至六)

650000－1441－0002212　普37－2/2－3
夢窗詞五卷　(宋)吳文英著　清刻本　二冊

650000－1441－0002213　普37－2/2－4
夢園叢說十六卷　(清)方濬頤撰　清光緒元年(1875)刻本　四冊

650000－1441－0002214　普37－2/2－6
夢中緣二卷　(清)張堅填詞　清刻本　四冊

650000－1441－0002215　普37－2/2－7
夢厂雜著十卷　(清)俞蛟著　清同治九年(1870)刻本　六冊

650000－1441－0002216　普37－2/2－8
夢痕錄餘一卷　(清)歸廬主人著　清刻本　一冊

650000－1441－0002217　普37－2/2－9
夢山雜言一卷　(明)宋濂著　清刻本　一冊

650000－1441－0002218　普37－2/4－2
墨子閒詁十九卷　(清)孫詒讓著　清宣統二年(1910)刻本　八冊

650000－1441－0002219　普37－2/4－2－1
墨子閒詁十九卷　(清)孫詒讓著　清宣統二年(1910)刻本　八冊

650000－1441－0002220　普37－2/4－4
墨子閒詁十九卷　(清)孫詒讓著　清光緒二十一年(1895)毛上珍聚珍版刻本　八冊

650000－1441－0002221　普37－2/4－8
墨子閒詁十五卷　(清)孫詒讓著　清刻本　七冊　存十四卷(一至十三、十五)

650000－1441－0002222　普37－2/5－1
墨子閒詁十五卷目錄一卷附錄一卷墨子後語二卷　(清)孫詒讓著　清石印本　三冊　存八卷(一至三、七至九,後語二卷)

650000－1441－0002223　普37－2/5－14

墨壽閣詩集四卷 (清)汪承慶著 清光緒二十七年(1901)刻本 二冊

650000-1441-0002224 普37-2/5-15
墨緣匯觀二種四卷 (清)松泉老人著 清光緒二十六年(1900)刻本 六冊

650000-1441-0002225 普37-2/5-16
墨林今話十八卷續編一卷 (清)蔣寶齡撰 清咸豐二年(1852)南軒祠堂刻本 六冊

650000-1441-0002226 普37-2/5-17
墨妙亭碑目考五卷 (清)張鑑撰 清刻本 二冊

650000-1441-0002227 普37-2/5-18
墨海金壺不分卷 (清)張海鵬輯 清嘉慶十四年(1809)刻本 一冊

650000-1441-0002228 普37-2/5-19
墨海書内輯三卷 (明)方瑞生輯 清刻本 二冊

650000-1441-0002229 普37-2/5-20
墨餘錄四卷 (清)毛祥麟著 清進步書局石印本 三冊

650000-1441-0002230 普37-2/5-22
秣陵集六卷 (清)陳文述撰 清刻本 二冊 存四卷(三至六)

650000-1441-0002231 普37-2/5-23
秣陵秋傳奇不分卷 (清)蓉塘別客製 清稿本 四冊

650000-1441-0002232 普37-2/5-24
默廠金石三書三卷 鮑鼎撰 清稿本 三冊

650000-1441-0002233 普37-2/5-7
墨子經解説二卷 (清)張惠言述 清刻本 一冊

650000-1441-0002234 普37-3/2-2
苗氏説文四種四十六卷 (清)苗夔著 清咸豐元年(1851)刻本 六冊

650000-1441-0002235 普37-3/2-3
妙法蓮華經七卷 (後秦)釋鳩摩羅什譯 清刻本 二冊

650000-1441-0002236 普37-3/2-6
牡丹亭四卷三十二回 (明)湯顯祖撰 清刻本 二冊

650000-1441-0002237 普37-3/2-8
歷代名臣言行錄二十四卷 (清)朱桓編 清刻本 一冊 存一卷(二十一)

650000-1441-0002238 普37-3/3-10
買愁集四卷 (清)錢尚濠輯 清刻本 四冊

650000-1441-0002239 普37-3/3-11
繆篆分韻上平聲五卷 (清)陳鱣撰 清光緒二十年(1894)姚氏偲進齋石印本 五冊

650000-1441-0002240 普37-3/3-12
蠛蠓集五卷補一卷 (明)盧柟著 清稿本 二冊

650000-1441-0002241 普37-3/3-3
秘書二十一種六十八卷 (清)汪士漢校 清刻本 十二冊

650000-1441-0002242 普37-3/3-4
峚陽草堂文集十六卷附一卷 (明)鄭峚陽著 清刻本 四冊

650000-1441-0002243 普37-3/3-4-1
峚陽草堂文集十六卷附一卷 (明)鄭峚陽著 清刻本 四冊

650000-1441-0002244 普37-3/3-5
米元章不分卷 (明)毛晉輯 清刻本 一冊

650000-1441-0002245 普37-3/3-6
馬如飛先生南詞小引初集二卷 (清)馬如飛著 清刻本 二冊

650000-1441-0002246 普37-3/3-7
馬家濱河工案牘不分卷 (清)謝源滌 (清)朱日宣編校 清宣統元年(1909)時中書局鉛印本 一冊

650000-1441-0002247 普37-3/3-9
緬甸国志英領緬甸国志緬甸新志暹羅国志佈

哈爾国志五卷　(清)學部編譯圖書局編　清光緒三十三年(1907)學部圖書局鉛印本　一册

650000－1441－0002248　普38－1/1－1

南宋文範七十卷首一卷外編四卷　(清)莊仲方編　清光緒二十四年(1898)江蘇書局刻本　十六册

650000－1441－0002249　普38－1/1－4

南宋雜事詩七卷　(清)沈嘉轍輯　清同治十一年(1872)淮南書局刻本　四册

650000－1441－0002250　普38－1/1－4－1

南宋雜事詩七卷　(清)沈嘉轍輯　清同治十一年(1872)淮南書局刻本　四册

650000－1441－0002251　普38－1/1－4－2

南宋雜事詩七卷　(清)沈嘉轍輯　清同治十一年(1872)淮南書局刻本　四册

650000－1441－0002252　普38－1/1－4－3

南宋雜事詩七卷　(清)沈嘉轍輯　清同治十一年(1872)淮南書局刻本　八册

650000－1441－0002253　普38－1/2－2

南宋樂府一卷　(清)章香英著　清光緒二年(1876)刻本　一册

650000－1441－0002254　普38－1/3－1

南菁書院叢書八集一百四十四卷　王先謙輯　清光緒十四年(1888)刻本　三十二册

650000－1441－0002255　普38－1/3－1－1

南菁書院叢書八集一百四十四卷　王先謙輯　清光緒十四年(1888)刻本　三十二册

650000－1441－0002256　普38－1/3－1－2

南菁書院叢書八集一百四十四卷　王先謙輯　清光緒十四年(1888)刻本　三十七册

650000－1441－0002257　普38－1/4－1

南菁書院叢書四十一種一百七十五卷　王先謙撰　清光緒十四年(1888)江陰南菁書院刻本　三十七册

650000－1441－0002258　普38－1/4－2

南菁文鈔二集六卷　(清)黄以周輯　清光緒二十年(1894)刻本　四册

650000－1441－0002259　普38－1/4－3

南菁文鈔三集十六卷　(清)黄以周　(清)丁立鈞編　清光緒二十七年(1901)刻本　四册

650000－1441－0002260　普38－1/4－4

南菁講舍文集六卷　(清)黄以周編　清光緒十五年(1889)刻本　四册

650000－1441－0002261　普38－1/4－6

南菁劄記不分卷　(清)溥良輯　清光緒二十年(1894)刻本　六册

650000－1441－0002262　普38－1/5－10

南北史捃華八卷　(清)周家猷輯　清同治十一年(1872)南園寄社刻本　四册

650000－1441－0002263　普38－1/5－11

南北史識小錄二十八卷　(清)沈名蓀　(清)朱昆田輯　清同治十年(1871)吳氏清來堂刻本　七册　存十六卷(北史一至十四、南史三至四)

650000－1441－0002264　普38－1/5－9

南北史捃華八卷　(清)周家猷輯　清同治四年(1865)鑑水止齋刻本　四册

650000－1441－0002265　普38－2/1－2

南北史補志十四卷附補遺一卷　(清)王世鐸輯　清光緒四年(1878)淮南書局刻本　六册

650000－1441－0002266　普38－2/1－3

南北派十三套大曲琵琶新譜二卷　(清)李祖棻述　清賜書堂刻本　一册

650000－1441－0002267　普38－2/1－6

南巡盛典一百二十卷　(清)高晉輯　清刻本　四十八册

650000－1441－0002268　普38－2/2－2

南巡盛典一百二十卷　(清)高晉輯　清光緒八年(1882)點石齋影印本　八册

650000－1441－0002269　普38－2/2－3

南巡盛典圖□□卷　(清)高晉輯　清刻本　八册

650000－1441－0002270　普38－2/3－1
南疆繹史勘本五十八卷　(清)溫睿臨撰　清琉璃廠刻本　十六册

650000－1441－0002271　普38－2/3－1－1
南疆繹史勘本五十八卷　(清)溫睿臨撰　清琉璃廠刻本　十八册

650000－1441－0002272　普38－2/3－7
南園前後五先生詩三十卷首一卷　(清)孫一蕢著　清同治九年(1870)南海陳氏刻本　八册

650000－1441－0002273　普38－2/4－10
南軒文集四十四卷　(宋)張栻著　清咸豐四年(1854)南軒祠堂刻本　八册

650000－1441－0002274　普38－2/4－14
南史兩種八十卷　(唐)李延壽著　清同治十二年(1873)金陵書局刻本　十二册

650000－1441－0002275　普38－2/4－3
南澗楛語八卷　(清)蔣伯超輯　清同治十年(1871)兩廬山房刻本　二册

650000－1441－0002276　普38－2/4－5
南澗楛語八卷　(清)蔣伯超輯　清光緒十年(1884)兩廬山房刻本　二册

650000－1441－0002277　普38－2/5－1
南唐書三十卷　(宋)馬令編　清刻本　八册

650000－1441－0002278　普38－2/5－2
南齊書三種五十九卷　(南朝梁)蕭子顯撰　清同治十三年(1874)金陵書局刻本　六册

650000－1441－0002279　普38－2/5－3
南曲譜十三卷　(明)沈璟著　清刻本　一册

650000－1441－0002280　普38－2/5－8
南山集十四卷補遺三卷　(清)戴名世撰　清刻本　八册　存五卷(三至四、補遺三卷)

650000－1441－0002281　普38－3/1－1
南天痕二十六卷　(清)淩雪纂修　清宣統二年(1910)復古社鉛印本　六册

650000－1441－0002282　普38－3/1－3
南渡錄四卷　(宋)辛棄疾著　清刻本　二册

650000－1441－0002283　普38－3/1－4
增訂南詔野史二卷　(明)楊慎輯　清光緒六年(1880)雲南書局刻本　一册

650000－1441－0002284　普38－3/1－5
南朝史精語十卷　(宋)洪邁著　清刻本　一册

650000－1441－0002285　普38－3/1－6
寧都三魏全集四十八卷　(清)魏際瑞　(清)魏禧　(清)魏禮著　清道光二十五年(1845)珍溪紱園刻本　七册　存二十八卷(魏叔子文集一至四、魏叔子詩集一至八、魏昭子文集一至十、魏興士文集一至六)

650000－1441－0002286　普38－3/1－6－1
寧都三魏全集四十八卷　(清)魏際瑞　(清)魏禧　(清)魏禮著　清道光二十五年(1845)珍溪紱園刻本　九册　存十四卷(魏叔子一、八、十八,魏季子七,魏伯子一至十)

650000－1441－0002287　普38－3/1－6－2
寧都三魏全集四十八卷　(清)魏際瑞　(清)魏禧　(清)魏禮著　清道光二十五年(1845)珍溪紱園刻本　四十四册

650000－1441－0002288　普38－3/1－6－3
寧都三魏全集四十八卷　(清)魏際瑞　(清)魏禧　(清)魏禮著　清道光二十五年(1845)珍溪紱園刻本　四十八册

650000－1441－0002289　普38－3/1－6－4
寧都三魏全集四十八卷　(清)魏際瑞　(清)魏禧　(清)魏禮著　清道光二十五年(1845)珍溪紱園刻本　五十册

650000－1441－0002290　普38－3/4－10
納書楹曲譜十四卷正集四卷續集四卷外集二卷補遺四卷　(清)葉堂訂譜　清道光二十八年(1848)刻本　十六册

650000－1441－0002291　普38－3/4－11
納書楹紫釵記全譜二卷　(清)葉堂訂譜　清乾隆五十七年(1792)刻本　二册

650000－1441－0002292　普38－3/4－3
農政全書六十卷　(明)徐光啓撰　清道光二十三年(1843)刻本　二十四册

650000－1441－0002293　普38－3/4－4
農桑輯要七卷　(元)司農司撰　清乾隆三十九年(1774)武英殿聚珍版刻本　二册

650000－1441－0002294　普38－3/4－5
農桑輯要七卷　(元)司農司撰　清光緒二十一年(1895)中江榷署刻本　二册

650000－1441－0002295　普38－3/4－6
農隱盧文鈔四卷　(清)王清穆著　清刻本　一册

650000－1441－0002296　普38－3/4－7
農書二十二卷　(元)王禎撰　清刻本　一册

650000－1441－0002297　普38－3/5－1
霓裳文藝全譜四卷　(清)□□編　清光緒二十二年(1896)石印本　四册

650000－1441－0002298　普38－3/5－12
能改齋漫錄十八卷　(宋)吳曾撰　清武英殿聚珍版刻本　十六册

650000－1441－0002299　普38－3/5－13
女仙外史□□卷　(清)吕熊著　清釣璜軒刻本　二十册

650000－1441－0002300　普38－3/5－2
逆臣傳四卷　(清)國史館編　清琉璃廠半松居士刻本　二册

650000－1441－0002301　普38－3/5－2－1
逆臣傳四卷　(清)國史館編　清琉璃廠半松居士刻本　二册

650000－1441－0002302　普38－3/5－4
逆黨禍蜀記二卷　(清)汪堃編　清同治五年(1866)不惼無悶齋抄本　二册

650000－1441－0002303　普38－4/1－1
南懷仁審定天文圖説□□卷　(清)南懷仁編　清抄本　四册

650000－1441－0002304　普38－4/1－2
南屋述聞二卷　(□)龍顧山人輯　清末油印本　一册

650000－1441－0002305　普38－4/1－4
南軒先生孟子説七卷　(宋)張栻撰　清刻本　一册　存二卷(五至六)

650000－1441－0002306　普38－4/1－5
年華錄四卷　(清)全祖望輯　清嘉慶二十年(1815)刻本　一册　存二卷(一至二)

650000－1441－0002307　普39－1/1－1
甌北全集七種一百七十二卷　(清)趙翼撰　清光緒三年(1877)滇南唐氏刻本　六十册

650000－1441－0002308　普39－1/2－1
甌北全集七種一百七十二卷　(清)趙翼撰　清刻本　二十一册　存八十二卷(甌北集一至五十、甌北詩抄一至二十、甌北詩話一至十二)

650000－1441－0002309　普39－1/3－2
甌北全集七種一百七十二卷　(清)趙翼撰　清嘉慶十七年(1812)刻本　三十册

650000－1441－0002310　普39－1/3－2－1
甌北全集七種一百七十二卷　(清)趙翼撰　清嘉慶十七年(1812)刻本　二十九册　存一百九卷(甌北集一至五十、附錄一至三、叢考一至三十九、甌北詩抄一至十七)

650000－1441－0002311　普39－1/4－4
歐陽文忠公全集一百五十三卷附錄五卷首一卷目錄一卷　(宋)歐陽修撰　清刻本　二十四册

650000－1441－0002312　普39－1/4－8
歐陽氏遺書一卷　(清)歐陽直撰　清光緒二十四年(1898)郭慎行刻本　一册

650000－1441－0002313　普39－1/4－9
歐陽文忠公五代史抄二十卷　(明)茅坤批評　清刻本　六册

650000－1441－0002314　普39－1/5－2
歐美日本審判廳編製法通義不分卷　(清)潘承鍔輯　清宣統元年(1909)中國圖書公司鉛

印本　一冊

650000－1441－0002315　普39－1/5－5
藕香零拾三十八種九十四卷　繆荃孫輯　清宣統二年(1910)刻本　三十二冊

650000－1441－0002316　普39－1/5－5－1
藕香零拾三十八種九十四卷　繆荃孫輯　清宣統二年(1910)刻本　三十一冊　缺五卷(舊聞證誤一至四、逸文一)

650000－1441－0002317　普39－1/5－8
鷗榭詩鈔四卷　(清)張敨辰撰　清光緒二十三年(1897)知不足齋刻本　一冊

650000－1441－0002318　普39－1/5－8－1
鷗榭詩鈔四卷　(清)張敨辰撰　清光緒二十三年(1897)知不足齋刻本　一冊

650000－1441－0002319　普40－2/1－10
佩文詩韻釋要五卷　(清)周兆基撰　清光緒三年(1877)粵東使署刻本　二冊

650000－1441－0002320　普40－2/1－11
佩文廣韻彙編五卷　(清)李元祺輯　清同治十一年(1872)金陵書局刻本　二冊

650000－1441－0002321　普40－2/1－13
駢雅訓纂七卷　(明)朱謀㙔撰　清道光二十九年(1849)刻本　八冊

650000－1441－0002322　普40－2/1－14
駢雅訓纂七卷　(明)朱謀㙔撰　清道光二十九年(1849)刻本　八冊

650000－1441－0002323　普40－2/1－15
駢雅訓纂七卷序目二卷附遺補　(明)朱謀㙔撰　清道光二十九年(1849)刻本　八冊

650000－1441－0002324　普40－2/1－16
駢雅訓纂七卷序目二卷附遺補　(明)朱謀㙔撰　清光緒七年(1881)成都淪雅齋刻本　八冊

650000－1441－0002325　普40－2/2－1
駢文類纂四十六卷　王先謙纂集　清光緒二十八年(1902)思賢書局刻本　二十四冊

650000－1441－0002326　普40－2/2－3
平定粵匪紀略十八卷附記四卷　(清)杜文瀾撰　清光緒七年(1881)刻本　四冊

650000－1441－0002327　普40－2/2－4
平定關隴紀略十三卷　(清)易孔昭撰　清光緒十三年(1887)刻本　十三冊

650000－1441－0002328　普40－2/2－6
平定粵匪紀略十八卷附記四卷　(清)杜文瀾撰　清光緒元年(1875)刻本　八冊

650000－1441－0002329　普40－2/2－7
平書八卷　(清)秦篤輝撰　清光緒十七年(1891)刻本　三冊

650000－1441－0002330　普40－2/3－10
平浙紀略十六卷　(清)秦緗業撰　清光緒元年(1875)申報館刻本　四冊

650000－1441－0002331　普40－2/3－12
平浙紀略十六卷　(清)秦緗業撰　清同治十二年(1873)浙江書局刻本　四冊

650000－1441－0002332　普40－2/3－13
平浙紀略十六卷　(清)秦緗業撰　清同治十二年(1873)浙江書局刻本　四冊

650000－1441－0002333　普40－2/3－17
平湖殉難録不分卷　(清)彭潤章輯　清刻本　一冊

650000－1441－0002334　普40－2/3－19
平妖傳八卷　(明)羅貫中編　清刻本　八冊

650000－1441－0002335　普40－2/3－20
平平録十卷　(清)楊芳著　清道光十三年(1833)梓潼橋刻本　四冊

650000－1441－0002336　普40－2/3－22
平齋文集三十二卷拾遺一卷附錄一卷空同詞一卷　(宋)洪咨夔撰　清同治十二年(1873)杉直懷清館刻本　四冊

650000－1441－0002337　普40－2/4－1
評註圖像五才子書十二卷　(明)施耐庵撰　清宣統二年(1910)章福記石印本　十一冊

650000－1441－0002338　普 40－2/4－4
評註時藝雲蒸集□□卷　(清)果安撰　清光緒二年(1876)刻本　八册　存九卷

650000－1441－0002339　普 41－1/1－1
欽定全唐文一千卷　(清)董誥輯　清嘉慶十九年(1814)刻本　一百八十六册

650000－1441－0002340　普 41－1/1－1－1
欽定全唐文一千卷　(清)董誥輯　清嘉慶十九年(1814)刻本　一百八十五册　缺五卷(二百五十至二百五十四)

650000－1441－0002341　普 41－1/5－1
欽定全唐文一千卷　(清)董誥輯　清光緒二十七年(1901)廣雅書局刻本　二百册

650000－1441－0002342　普 41－3/1－1
欽定續通志六百四十卷　(清)嵇璜　(清)曹仁虎撰　清光緒十二年(1886)浙江書局刻本　二百册

650000－1441－0002343　普 41－3/4－1
欽定續通志六百四十卷　(清)嵇璜　(清)曹仁虎撰　清光緒二十七年(1901)上海圖書集成局鉛印本　六十册

650000－1441－0002344　普 41－3/4－1－1
欽定續通志六百四十卷　(清)嵇璜　(清)曹仁虎撰　清光緒二十七年(1901)上海圖書集成局鉛印本　六十册

650000－1441－0002345　普 41－3/4－1－2
欽定續通志六百四十卷　(清)嵇璜　(清)曹仁虎撰　清光緒二十七年(1901)上海圖書集成局鉛印本　六十册

650000－1441－0002346　普 41－4/1－2
欽定續文獻通考六百四十卷　(清)嵇璜　(清)曹仁虎撰　清光緒二十七年(1901)上海圖書集成局遵武英殿聚珍版鉛印本　六十册

650000－1441－0002347　普 41－4/3－1
欽定續文獻通考一百五十卷　(清)嵇璜　(清)曹仁虎撰　清光緒二十八年(1902)圖書集成局刻本　三十六册

650000－1441－0002348　普 41－4/4－2
欽定續文獻通考二十六卷　(清)嵇璜　(清)曹仁虎撰　清光緒二十八年(1902)點石齋石印本　二十四册

650000－1441－0002349　普 41－4/4－2－1
欽定續文獻通考二十六卷　(清)嵇璜　(清)曹仁虎撰　清光緒二十八年(1902)點石齋石印本　二十四册

650000－1441－0002350　普 41－4/4－3
欽定續文獻通考輯要二十六卷　湯壽潛編輯　清刻本　十二册

650000－1441－0002351　普 41－4/4－3－1
欽定續文獻通考輯要二十六卷　湯壽潛編輯　清刻本　十二册

650000－1441－0002352　普 41－4/5－4
欽定續通典二百五十卷　(清)嵇璜　(清)曹仁虎撰　清光緒十二年(1886)浙江書局刻本　四十册

650000－1441－0002353　普 42－1/1－1
欽定續通典一百五十卷　(清)嵇璜　(清)曹仁虎撰　清光緒二十八年(1902)圖書集成局鉛印本　十六册

650000－1441－0002354　普 42－1/1－1－1
欽定續通典一百五十卷　(清)嵇璜　(清)曹仁虎撰　清光緒二十八年(1902)圖書集成局鉛印本　十六册

650000－1441－0002355　普 42－1/1－1－2
欽定續通典一百五十卷　(清)嵇璜　(清)曹仁虎撰　清光緒二十八年(1902)圖書集成局鉛印本　十六册

650000－1441－0002356　普 42－1/1－1－3
欽定續通典一百五十卷　(清)嵇璜　(清)曹仁虎撰　清光緒二十八年(1902)圖書集成局鉛印本　十六册

650000－1441－0002357　普 42－1/1－5
欽定大清會典事例九百二十卷目錄八卷　(清)王傑撰　清刻本　三百三十一册　存八

百六十五卷(一至一百二十七、一百三十一至一百四十九、一百六十二至四百三、四百八至七百二十二、七百五十九至九百二十)

650000－1441－0002358　普42－2/1－1
欽定大清會典一百卷　(清)崑岡撰　清乾隆三十九年(1774)刻本　二十四冊

650000－1441－0002359　普42－2/1－2
欽定大清會典圖一百三十二卷目錄二卷　(清)慶桂撰　清嘉慶十六年(1811)刻本　四十冊

650000－1441－0002360　普42－2/2－1
欽定勦平撚匪方略三百二十卷　(清)奕訢撰　清同治十一年(1872)刻本　二百三十八冊

650000－1441－0002361　普42－2/5－1
欽定勦平粵匪方略四百二十卷首一卷　(清)奕訢撰　清同治十一年(1872)刻本　一百六十八冊

650000－1441－0002362　普42－3/2－1
欽定四庫全書總目二百卷首一卷　(清)紀昀纂　清同治七年(1868)廣東書局刻本　一百十冊

650000－1441－0002363　普42－3/2－1－1
欽定四庫全書總目二百卷首一卷　(清)紀昀纂　清同治七年(1868)廣東書局刻本　十冊　存十三卷(一百七十四至一百八十六)

650000－1441－0002364　普42－3/4－2
欽定四庫全書總目二百卷首一卷　(清)紀昀纂　清宣統二年(1910)存古齋石印本　三十二冊

650000－1441－0002365　普42－3/4－2－1
欽定四庫全書總目二百卷首一卷　(清)紀昀纂　清宣統二年(1910)存古齋石印本　三十二冊

650000－1441－0002366　普42－3/5－2
四庫全書提要一百十四卷附解題一卷補遺一卷　金毓黻纂　清遼海書社刻本　三十二冊

650000－1441－0002367　普42－3/5－3
欽定四庫全書簡明目錄二十卷首一卷　(清)紀昀纂　清同治七年(1868)廣東書局刻本　十二冊

650000－1441－0002368　普42－3/5－4
欽定四庫全書四種　(清)紀昀撰　清羅氏抄本　二十冊

650000－1441－0002369　普42－4/2－1
佩文韻府一百六卷　(清)張玉書　(清)陳廷敬編纂　清光緒十三年(1887)點石齋刻本　五十八冊

650000－1441－0002370　普42－4/3－1
佩文韻府一百六卷　(清)張玉書纂　清光緒十二年(1886)上海同文書局石印本　四十四冊

650000－1441－0002371　普42－4/4－2
欽定授時通考七十八卷　(清)鄂爾泰撰　清乾隆七年(1742)江西書局刻本　二十三冊

650000－1441－0002372　普42－4/5－1
欽定授時通攷七十八卷　(清)鄂爾泰　(清)張廷玉輯　清道光六年(1826)刻本　二十四冊

650000－1441－0002373　普42－4/5－3
欽定書經圖説五十卷　(清)孫家鼐纂　清光緒二十一年(1895)石印本　十六冊

650000－1441－0002374　普42－4/5－3－1
欽定書經圖説五十卷　(清)孫家鼐纂　清光緒二十一年(1895)石印本　十六冊

650000－1441－0002375　普42－4/5－3－2
欽定書經圖説五十卷　(清)孫家鼐纂　清光緒二十一年(1895)石印本　十六冊

650000－1441－0002376　普42－4/5－3－3
欽定書經圖説五十卷　(清)孫家鼐纂　清光緒二十一年(1895)石印本　十六冊

650000－1441－0002377　普43－1/3－1
西清古鑑四十卷附錢録十六卷　(清)梁詩正輯　清光緒十四年(1888)刻本　二十四冊

650000－1441－0002378　普43－1/3－2

西清古鑑四十卷附錢錄十六卷　(清)梁詩正輯　清光緒十四年(1888)上海鴻文書局石印本　二十四冊

650000－1441－0002379　普43－1/3－2－1
西清古鑑四十卷附錢錄十六卷　(清)梁詩正輯　清光緒十四年(1888)上海鴻文書局石印本　二十四冊

650000－1441－0002380　普43－1/4－2
欽定明鑑二十四卷首一卷　(清)托津撰　清刻本　八冊

650000－1441－0002381　普43－1/4－3
欽定明鑑二十四卷首一卷　(清)托津撰　清刻本　六冊

650000－1441－0002382　普43－1/4－4
欽定明鑑二十四卷首一卷　(清)托津撰　清刻本　八冊

650000－1441－0002383　普43－1/4－5
欽定明鑑二十四卷首一卷　(清)托津撰　清同治九年(1870)湖北崇文書局刻本　十冊

650000－1441－0002384　普43－1/4－6
欽定滿洲源流攷二十卷首一卷　(清)阿桂(清)于敏中撰　清刻本　四冊

650000－1441－0002385　普43－1/4－6－1
欽定滿洲源流攷二十卷首一卷　(清)阿桂(清)于敏中撰　清刻本　四冊

650000－1441－0002386　普43－1/4－8
欽定吏部銓選漢官品級攷八卷　(清)吏部撰　清刻本　十二冊

650000－1441－0002387　普43－1/5－1
欽定重修兩浙鹽法志三十卷首二卷　(清)延豐纂修　清刻本　二十四冊

650000－1441－0002388　普43－1/5－3
欽定工部則例一百十六卷　(清)翁同龢撰　清光緒十年(1884)刻本　四十冊

650000－1441－0002389　普43－2/1－1
欽定禮記義疏八十二卷首一卷　(漢)戴聖著　清光緒十四年(1888)江南書局刻本　三十二冊

650000－1441－0002390　普43－2/1－2
欽定學政全書八十六卷　(清)童璜纂　清刻本　十六冊

650000－1441－0002391　普43－2/1－3
欽定康濟錄四卷　(清)倪國璉輯　清刻本　六冊

650000－1441－0002392　普43－2/2－1
佩文齋詠物詩選不分卷　(清)張玉書等編　清刻本　十九冊　缺一冊(一)

650000－1441－0002393　普43－2/2－10
欽定協紀辨方書三十六卷　(清)允祿撰　清刻本　五冊　存十四卷(二十三至三十六)

650000－1441－0002394　普43－2/2－12
欽定周官義疏四十八卷　(清)鄂爾泰編　清刻本　一冊　存十二卷(十二至二十三)

650000－1441－0002395　普43－2/2－3
欽定遼史語解十卷　(清)江蘇書局編　清光緒四年(1878)江蘇書局刻本　二冊

650000－1441－0002396　普43－2/2－4
欽定金史語解十二卷　清光緒四年(1878)江蘇書局刻本　二十四冊

650000－1441－0002397　普43－2/2－5
欽定元史語解二十四卷　清光緒四年(1878)江蘇書局刻本　六冊

650000－1441－0002398　普43－2/2－6
欽定元承華事略補圖六卷　(元)王惲撰　清刻本　一冊

650000－1441－0002399　普43－2/2－7
欽定儀禮義疏四十八卷首二卷　(清)允祿撰　清刻本　三冊　存三十七卷(十二至四十八)

650000－1441－0002400　普43－2/2－8
欽定續通典訂誤□□卷　(清)席裕福撰　清末石印本　一冊

650000－1441－0002401　普43－2/2－9

夏節滘全集十卷首一卷末一卷補遺二卷 (清)夏完淳著 **陳忠裕公全集十二卷首一卷年譜三卷** (清)王昶編纂 清嘉慶十二年(1807)刻本 七冊

650000－1441－0002402 普43－2/3－11
琴學入門二卷 (清)張鶴撰 清同治六年(1867)刻本 二冊

650000－1441－0002403 普43－2/3－12
琴堂必讀二卷 (清)白元峰著 清光緒十三年(1887)駐省軍裝局刻本 一冊

650000－1441－0002404 普43－2/3－8
秦漢瓦當文字一卷附續一卷 (清)程敦著錄 清乾隆五十二年(1787)橫渠書院刻本 二冊

650000－1441－0002405 普43－2/3－8－1
秦漢瓦當文字一卷附續一卷 (清)程敦著錄 清乾隆五十二年(1787)橫渠書院刻本 二冊

650000－1441－0002406 普44－1/1－10
清真釋疑補輯二卷 (清)金天柱輯 清光緒七年(1881)刻本 四冊

650000－1441－0002407 普44－1/1－10－1
清真釋疑補輯二卷 (清)金天柱輯 清光緒七年(1881)刻本 四冊

650000－1441－0002408 普44－1/1－3
清代野記二卷 (清)梁溪坐觀老人著 清刻本 二冊

650000－1441－0002409 普44－1/1－4
清代禁書總目四種 (清)姚覲元編 清姚氏刻本 四冊

650000－1441－0002410 普44－1/2－12
清容居士集五十卷附目錄二卷劄記一卷 (元)袁桷譔 清道光二十一年(1841)宜稼堂刻本 十六冊

650000－1441－0002411 普44－1/2－12－1
清容居士集五十卷附目錄二卷劄記一卷 (元)袁桷譔 清道光二十一年(1841)宜稼堂刻本 十六冊

650000－1441－0002412 普44－1/3－10
清文彙書十二卷 (清)李延基撰 清四合堂刻本 十二冊

650000－1441－0002413 普44－1/3－11
清文補彙八卷 (清)宜興撰 清刻本 八冊

650000－1441－0002414 普44－1/3－4
清嘉錄十二卷 (清)顧祿撰 清光緒三年(1877)葛氏嘯園刻本 六冊

650000－1441－0002415 普44－1/3－5
清嘉集二卷 王先謙編 清刻本 二冊

650000－1441－0002416 普44－1/3－7
清儀閣題跋四卷 (清)張廷濟撰 清刻本 二冊

650000－1441－0002417 普44－1/4－1
清河書畫舫十二卷 (明)張丑造 清光緒元年(1875)有竹人家刻本 十二冊

650000－1441－0002418 普44－1/4－2
消暑隨筆四卷 (清)潘世恩著 清清頌堂刻本 二冊 存二卷(三至四)

650000－1441－0002419 普44－1/4－4
清學部圖書館善本書目五卷 繆荃孫撰 清末鉛印本 二冊

650000－1441－0002420 普44－1/5－10
清麓日記五卷 (清)劉嗣曾校刊 清刻本 二冊

650000－1441－0002421 普44－1/5－11
清綺軒詞選十三卷 (清)夏秉衡選 清光緒二十一年(1895)刻本 四冊

650000－1441－0002422 普44－1/5－13
青樓小名錄八卷附補錄一卷 (清)趙慶楨輯 清宣統二年(1910)國學扶輪社刻本 四冊

650000－1441－0002423 普44－1/5－14
青樓集一卷板橋雜記二卷吳門畫舫錄一卷 (元)黃雪蓑等撰 清光緒三十四年(1908)葉氏刻本 一冊

650000－1441－0002424　普44－1/5－16
余忠宣青陽山房集五卷附錄一卷　（元）余闕撰　清光緒元年（1875）張氏毓秀堂刻本　一冊

650000－1441－0002425　普44－1/5－18
青螺公遺書合編三十五卷首一卷　（明）郭子章撰　（清）仁孝軒編輯　清光緒七年（1881）冠朝三樂堂刻本　十二冊

650000－1441－0002426　普44－1/5－2
各大臣奏請擬就條陳繕具清單不分卷　（清）計開編　清刻本　一冊

650000－1441－0002427　普44－1/5－20
青泥蓮花記十三卷　（明）梅禹金纂輯　（明）梅誕生校　清宣統二年（1910）京都自強書局石印本　四冊

650000－1441－0002428　普44－1/5－22
青雲集合注四卷　（清）楊逢春輯　清刻本　三冊　存三卷（二至四）

650000－1441－0002429　普44－1/5－23
情天寶鑑二十四卷　（明）詹詹外史編　清刻本　五冊　存十四卷（一至四、十一至二十）

650000－1441－0002430　普44－1/5－24
情史類略二十四卷　（明）詹詹外史評輯　清刻本　十冊

650000－1441－0002431　普44－1/5－25
青在堂竹譜一卷　（清）沈心友撰　清嘉慶五年（1800）李氏刻本　一冊

650000－1441－0002432　普44－1/5－7
清賢記六卷　（明）尤長鐘撰　清宣統三年（1911）國學扶輪社鉛印本　一冊

650000－1441－0002433　普44－1/5－8
清寂詞錄五卷　（清）林思進撰　清刻本　一冊

650000－1441－0002434　普44－2/1－1
全唐詩九百卷附目錄十二卷　（清）曹寅　（清）彭定求輯　清刻本　一百十五冊　存一百十五冊（一至十五、十八至二十二、二十四至四十六、四十九至一百二十）

650000－1441－0002435　普44－2/1－1
全唐詩九百卷附目錄十二卷　（清）曹寅　（清）彭定求輯　清刻本　一百二十冊

650000－1441－0002436　普44－2/2－1
全唐詩九百卷附目錄十二卷　（清）彭定求輯　清光緒十三年（1887）同文書局石印本　三十二冊　存三十二卷（一至三十二）

650000－1441－0002437　普44－2/4－1
全史宮詞二十卷　（清）史夢蘭編　清咸豐六年（1856）刻本　八冊

650000－1441－0002438　普44－2/4－5
全五代詩九十卷附補遺　（清）李調元編　清刻本　八冊

650000－1441－0002439　普44－2/4－6
全上古三代秦漢三國六朝文七百四十六卷　（清）嚴可均輯　清光緒九年（1883）廣雅書局刻本　八十冊

650000－1441－0002440　普44－3/1－1
全蜀藝文志六十四卷　（明）楊慎輯　清嘉慶二年（1797）刻本　十六冊

650000－1441－0002441　普44－3/1－10
繪圖紅樓復夢一百回　（清）陳少海著　清刻本　一冊　存八回（十五、八十七至九十三）

650000－1441－0002442　普44－3/1－4
全人矩矱四卷首一卷末一卷　（清）孫念劬撰　清道光二十三年（1843）北秀義齋刻字鋪刻本　五冊

650000－1441－0002443　普44－3/1－7
全球大勢模本不分卷　（清）四川官書局編　清光緒三十年（1904）四川官書局刻本　一冊

650000－1441－0002444　普44－3/1－7－1
全球大勢模本不分卷　（清）四川官書局編　清光緒三十年（1904）四川官書局刻本　一冊

650000－1441－0002445　普44－3/1－8
全韻字數不分卷　（清）□□編　清刻本

一册

650000－1441－0002446　普44－3/2－4
勸學篇一卷　(清)張之洞撰　清光緒二十四年(1898)兩湖書院刻本　一册

650000－1441－0002447　普44－3/2－5
權衡度量實驗攷不分卷　(清)吳大澂撰　清刻本　一册

650000－1441－0002448　普44－3/4－1
求闕齋弟子記三十二卷　(清)王定安撰　清光緒二年(1876)龍文齋刻本　十六册

650000－1441－0002449　普44－3/4－10
裘文達公詩集六卷　(清)裘曰修著　清刻本　一册

650000－1441－0002450　普44－3/4－10－1
裘文達公文集六卷　(清)裘曰修著　清刻本　四册

650000－1441－0002451　普44－3/4－10－2
裘文達公奏議不分卷　(清)裘曰修著　清刻本　二册

650000－1441－0002452　普44－3/4－11
裘文達公詩集十八卷　(清)裘曰修著　清刻本　三册

650000－1441－0002453　普44－3/4－11－1
裘文達公文集六卷　(清)裘曰修著　清刻本　二册

650000－1441－0002454　普44－3/4－11－2
裘文達公文集奏議不分卷　(清)裘曰修著　清刻本　一册

650000－1441－0002455　普44－3/4－5
求益齋全集二十卷　(清)張汝詢撰　清光緒二十四年(1898)江蘇書局刻本　八册　缺一卷(二)

650000－1441－0002456　普44－3/4－7
求闕閣讀書錄十卷　(清)曾國藩著　清光緒二年(1876)傳忠書局刻本　四册

650000－1441－0002457　普44－3/4－8
求闕閣文鈔八卷　(清)曾國藩著　清刻本　二册

650000－1441－0002458　普44－3/4－9
裘文達公文集十二卷　(清)裘曰修著　清刻本　三册

650000－1441－0002459　普44－3/4－9－1
裘文達公文集十二卷　(清)裘曰修著　清刻本　三册

650000－1441－0002460　普44－3/4－9－2
裘文達公文集十二卷　(清)裘曰修著　清刻本　二册

650000－1441－0002461　普44－3/5－1
秋審實緩比較彙案十六卷　(清)桑春榮纂　清光緒六年(1880)擷華書局鉛印本　十七册　存十一卷(一至七、九至十二)

650000－1441－0002462　普44－3/5－10
邱邦士先生文集十七卷　(清)邱維屏撰　清光緒元年(1875)刻本　八册

650000－1441－0002463　普44－3/5－3
秋審比較條款五卷　沈家本纂　清光緒三十二年(1906)刻本　四册

650000－1441－0002464　普44－3/5－3－1
秋審比較條款五卷　沈家本纂　清光緒三十二年(1906)刻本　三册　缺一卷(二)

650000－1441－0002465　普44－3/5－5
籌濟編三十二卷　(清)楊景仁撰　清光緒六年(1880)刻本　三册

650000－1441－0002466　普44－3/5－6
秋蟪吟館詩鈔六卷附來雲閣詞鈔一卷文鈔一卷　(清)金和撰　清刻本　五册　存七卷(一至七)

650000－1441－0002467　普44－3/5－7
秋江集六卷　(清)黄任撰　清刻本　二册

650000－1441－0002468　普44－4/1－13
欽定錢錄十六卷　(清)梁詩正撰　清光緒五年(1879)刻本　四册

650000－1441－0002469　普44－4/1－14
錢敏肅公奏疏七卷　(清)錢鼎銘撰　清光緒六年(1880)刻本　四册

650000－1441－0002470　普44－4/1－2
錢頤壽中丞全集五種五十三卷　(清)錢寶琛撰　清同治七年(1868)刻本　十三册

650000－1441－0002471　普44－4/1－2－1
錢頤壽中丞全集五種五十三卷　(清)錢寶琛撰　清光緒六年(1880)刻本　十三册

650000－1441－0002472　普44－4/1－3
錢頤壽中丞全集五種五十三卷　(清)錢寶琛撰　清同治九年(1870)刻本　十一册　缺十四卷(詩稿一至十四)

650000－1441－0002473　普44－4/1－4
錢志新編二十卷　(清)張崇懿輯　清道光六年(1826)刻本　四册

650000－1441－0002474　普44－4/1－5
錢志新編二十卷　(清)張崇懿輯　清咸豐四年(1854)刻本　四册

650000－1441－0002475　普44－4/1－6
錢南園先生遺集五卷　(清)錢灃撰　清光緒十九年(1893)浙江書局刻本　二册

650000－1441－0002476　普44－4/1－6－1
錢南園先生遺集五卷　(清)錢灃撰　清光緒十九年(1893)浙江書局刻本　二册

650000－1441－0002477　普44－4/1－9
錢箋杜詩二十卷　(唐)杜甫撰　清宣統三年(1911)上海時中書局石印本　八册

650000－1441－0002478　普44－4/2－1
錢牧齋全集一百十卷　(清)錢謙益撰　清宣統二年(1910)邃漢齋鉛印本　十七册　存一百四卷(初學集一至一百四)

650000－1441－0002479　普44－4/2－5
前漢書一百卷　(漢)班固撰　清光緒十四年(1888)上海圖書集成印書局刻本　二十册

650000－1441－0002480　普44－4/2－6
前漢書一百卷　(漢)班固撰　清乾隆四年(1739)刻本　六册

650000－1441－0002481　普44－4/2－7
漢書一百卷　(唐)顔師古撰　清光緒九年(1883)上海點石齋石印本　六册

650000－1441－0002482　普44－4/3－13
潛夫論十卷　(漢)王符撰　清光緒十七年(1891)思賢講舍刻本　二册　存四卷(一至四)

650000－1441－0002483　普44－4/3－13－1
潛夫論十卷　(漢)王符撰　清光緒十七年(1891)思賢講舍刻本　四册

650000－1441－0002484　普44－4/3－14
潛夫論十卷　(漢)王符著　清刻本　八册

650000－1441－0002485　普44－4/3－17
潛菴先生全集五卷　(清)湯斌著　清刻本　六册

650000－1441－0002486　普44－4/3－18
潛室劄記二卷　(清)刁包著　清道光二十三年(1843)刻本　二册

650000－1441－0002487　普44－4/3－3
八史經籍志十種　(漢)班固撰　(清)張壽榮輯　清光緒八年(1882)刻本　一册　存一卷(前漢書藝文志一)

650000－1441－0002488　普44－4/3－4
前明通庠題名錄四卷　(□)□□撰　清光緒十七年(1891)刻本　一册

650000－1441－0002489　普44－4/3－6
潛研堂文集五十卷　(清)錢大昕撰　清嘉慶十一年(1806)刻本　十二册

650000－1441－0002490　普44－4/3－7
潛研堂金石文跋尾二十卷附潛研堂金石文目錄八卷　(清)錢大昕著　清刻本　一册

650000－1441－0002491　普44－4/3－8
潛確居類書目錄一百二十卷　(明)陳仁錫輯　清刻本　八册　存十五卷(一至十五)

650000－1441－0002492　普44－4/3－8－2

潛確居類書目錄一百二十卷 （明）陳仁錫輯 清刻本 三冊

650000－1441－0002493 普44－4/3－8－1
潛確居類書目錄一百二十卷 （明）陳仁錫輯 清刻本 一冊

650000－1441－0002494 普44－4/4－1
千頃堂書目三十二卷 （清）黄虞稷輯 清刻本 十五冊

650000－1441－0002495 普44－4/4－14
乾坤正氣集二十卷 （清）顧沅輯 清道光二十三年（1843）顧氏藝海樓刻本 八冊

650000－1441－0002496 普44－4/4－5
千甓亭塼錄六卷附續錄四卷 （清）陸心源纂 清光緒七年（1881）陸氏刻本 三冊

650000－1441－0002497 普44－4/4－7
鈐山堂集四十卷 （明）嚴嵩著 清嘉慶十一年（1806）刻本 十冊

650000－1441－0002498 普44－4/4－8
黔書二卷 （清）田雯編 清刻本 一冊

650000－1441－0002499 普44－4/5－1
乾隆府廳州縣圖志五十卷 （清）洪亮吉撰 清光緒二十三年（1897）新化三味書室刻本 二十冊

650000－1441－0002500 普44－4/5－2
乾隆府廳州縣圖志五十卷 （清）洪亮吉撰 清嘉慶八年（1803）刻本 十四冊

650000－1441－0002501 普45－1/1－1
七經孟子攷文二百卷 （日本）山井鼎撰 清刻本 二十四冊

650000－1441－0002502 普45－1/1－1－1
七經孟子攷文二百卷 （日本）山井鼎撰 清刻本 二十四冊

650000－1441－0002503 普45－1/1－3
七家試帖輯註彙鈔七種 （清）張熙寧輯 清光緒十一年（1885）大成堂刻本 八冊

650000－1441－0002504 普45－1/1－4
七家詩合註不分卷 （清）張熙寧評 清光緒三十一年（1905）刻本 十三冊

650000－1441－0002505 普45－1/1－5
十七家賦鈔六卷 （清）張惠言輯 清光緒二十三年（1897）江蘇書局刻本 四冊

650000－1441－0002506 普45－1/1－5－1
十七家賦鈔六卷 （清）張惠言輯 清光緒二十三年（1897）江蘇書局刻本 四冊

650000－1441－0002507 普45－1/1－7
歷朝紀事本末五百六十六卷 （清）朱記榮輯 清光緒十四年（1888）石印本 五十冊

650000－1441－0002508 普45－1/2－1
唐詩選十三卷 王闓運輯 清刻本 四冊 存六卷（七至八、十至十三）

650000－1441－0002509 普45－1/2－19
啓蒙畫報第壹百四十號□□卷 （清）啓蒙畫報館撰 清光緒二十八年（1902）啓蒙畫報館刻本 一冊

650000－1441－0002510 普45－1/2－3
七言詩歌行鈔十五卷 （清）王士禎輯 清刻本 三冊 存六卷（七至十二）

650000－1441－0002511 普45－1/2－6
齊民要術十卷 （北魏）賈思勰撰 清光緒二十二年（1896）中江榷署刻本 四冊

650000－1441－0002512 普45－1/2－6－1
齊民要術十卷 （北魏）賈思勰撰 清光緒二十二年（1896）中江榷署刻本 四冊

650000－1441－0002513 普45－1/2－8
齊民要術十卷 （北魏）賈思勰撰 清光緒元年（1875）崇文書局刻本 四冊

650000－1441－0002514 普45－1/3－3
奇姓通十四卷 （明）夏樹芳撰 清刻本 四冊

650000－1441－0002515 普45－1/3－4
豈有此理三卷 （清）孟夏撰 清道光元年（1821）富春堂刻本 三冊

650000－1441－0002516　普45－1/3－5
榿園四種八卷　(清)龔少蓮編　清咸豐五年(1855)刻本　四冊

650000－1441－0002517　普45－1/3－5－1
榿園四種八卷　(清)龔少蓮編　清咸豐五年(1855)刻本　四冊

650000－1441－0002518　普45－1/3－7
汽機發軔九卷　(美國)以納著　清刻本　二冊　存五卷(一至五)

650000－1441－0002519　普45－1/3－9
紀效新書十八卷首一卷　(明)戚繼光著　清光緒元年(1875)實林堂刻本　六冊

650000－1441－0002520　普45－1/4－1
奇觚室吉金文述二十卷　(清)劉心源撰　清光緒二十八年(1902)刻本　十冊

650000－1441－0002521　普45－1/4－2
群書治要五十卷　(唐)魏徵撰　清來青閣刻本　二十五冊

650000－1441－0002522　普45－1/4－3
群經平議三十五卷　(清)俞樾撰　清同治十年(1871)刻本　十冊

650000－1441－0002523　普45－1/5－1
群經字類二卷　(清)王念孫撰　清抄本　一冊　存一卷(一)

650000－1441－0002524　普45－1/5－2
群經字詁七十二卷附檢字一卷　(清)段謂廷撰　清刻本　十八冊

650000－1441－0002525　普45－1/5－4
群經識小八卷　(清)李惇撰　清道光六年(1826)安思堂刻本　四冊

650000－1441－0002526　普45－1/5－5
群經音辨七卷　(宋)賈昌朝撰　清刻本　二冊

650000－1441－0002527　普45－1/5－6
群經宫室圖二卷　(清)焦循撰　清光緒十一年(1885)朱氏刻本　二冊

650000－1441－0002528　普45－1/5－8
群書拾補三十一卷　(清)盧文弨撰　清刻本　四冊

650000－1441－0002529　普45－1/5－9
群學肄言十六卷　(英國)斯賓塞爾撰　清刻本　四冊

650000－1441－0002530　普45－2/1－6
樵歌三卷　(宋)朱敦儒撰　清光緒二十年(1894)刻本　一冊

650000－1441－0002531　普45－2/3－1
闕里文獻攷一百卷首一卷末一卷　(清)孔繼汾撰　清乾隆二十七年(1762)刻本　八冊

650000－1441－0002532　普45－2/3－1－1
闕里文獻攷一百卷首一卷末一卷　(清)孔繼汾撰　清乾隆二十七年(1762)刻本　八冊

650000－1441－0002533　普45－2/3－11
去僞齋集十卷　(明)呂坤撰　清道光七年(1827)開封府署刻本　十一冊

650000－1441－0002534　普45－2/3－11－1
去僞齋集十卷　(明)呂坤撰　清道光七年(1827)開封府署刻本　十一冊

650000－1441－0002535　普45－2/3－13
屈宋古音義三卷　(明)陳第著　清乾隆三十二年(1767)崇本山堂刻本　二冊

650000－1441－0002536　普45－2/3－18
屈原賦注十二卷　(清)戴震撰　清光緒十七年(1891)廣雅書局刻本　一冊

650000－1441－0002537　普45－2/3－19
屈原賦注十二卷　(清)戴震撰　清光緒十七年(1891)廣雅書局刻本　二冊

650000－1441－0002538　普45－2/3－5
曲江集十二卷首一卷　(唐)張九齡撰　清光緒十八年(1892)刻本　四冊　存三卷(一至三)

650000－1441－0002539　普45－2/3－6
曲譜十二卷首一卷末一卷　(清)王奕清等撰　清光緒十九年(1893)抄本　一冊

650000－1441－0002540　普45－2/3－7
曲詞六種　（清）半梅草廬主人抄　清光緒十年(1884)半梅草廬主人抄本　一册

650000－1441－0002541　普45－2/4－16
切韻攷外篇三卷　（清）陳澧撰　清光緒十五年(1889)刻本　一册

650000－1441－0002542　普45－2/4－18
切韻攷六卷　（清）陳澧撰　清光緒十五年(1889)刻本　四册

650000－1441－0002543　普45－2/4－19
切韻攷六卷　（清）陳澧撰　清刻本　二册

650000－1441－0002544　普45－2/4－19－1
切韻攷六卷　（清）陳澧撰　清刻本　二册

650000－1441－0002545　普45－2/4－21
切韻攷六卷　（清）陳澧撰　清刻本　三册

650000－1441－0002546　普45－2/4－5
切問齋文鈔三十卷　（清）陸燿撰　清乾隆四十年(1775)刻本　十二册

650000－1441－0002547　普45－2/4－6
切問齋集十六卷　（清）陸燿撰　清嘉慶元年(1796)暉吉堂刻本　八册

650000－1441－0002548　普45－2/5－2
且甌集九卷　（清）項霽撰　清咸豐三年(1853)刻本　二册

650000－1441－0002549　普46－1/1－1
日知錄集釋三十二卷附刊誤二卷續刊誤二卷　（清）顧炎武著　清同治十一年(1872)崇文書局刻本　十六册

650000－1441－0002550　普46－1/1－2
日知錄集釋三十二卷附刊誤二卷續刊誤二卷　（清）顧炎武著　清道光十四年(1834)刻本　十六册

650000－1441－0002551　普46－1/1－2－1
日知錄集釋三十二卷附刊誤二卷續刊誤二卷　（清）顧炎武著　清道光十四年(1834)刻本　十六册

650000－1441－0002552　普46－1/1－2－2
日知錄集釋三十二卷附刊誤二卷續刊誤二卷　（清）顧炎武著　清道光十四年(1834)刻本　十六册

650000－1441－0002553　普46－1/2－4
日知錄三十二卷附蓺中隨筆四卷　（清）顧炎武著　清道光十八年(1838)刻本　十四册

650000－1441－0002554　普46－1/2－5
日知薈說四卷　（清）高宗弘曆撰　清乾隆元年(1736)武英殿銅活字印本　四册

650000－1441－0002555　普46－1/2－6
日本國志四十卷首一卷　（清）黄遵憲編纂　清光緒二十八年(1902)上海書局石印本　十册　存三十七卷(一至三十七)

650000－1441－0002556　普46－1/2－7
日本國志四十卷首一卷　（清）黄遵憲編纂　清光緒十六年(1890)刻本　十八册

650000－1441－0002557　普46－1/2－8
新譯日本法規大全不分卷　（日本）政府編　清光緒三十三年(1907)商務印書館鉛印本　二册

650000－1441－0002558　普46－1/3－1
日本全史二十二卷　（□）□□撰　清末石印本　十二册　存十四卷(九至二十二)

650000－1441－0002559　普46－1/3－3
日本維新三十年史十二編附三十年間国勢進步表一卷　（日本）重野安繹著　清光緒二十八年(1902)廣智書局鉛印本　五册　存十二編(日本維新三十年史十二編)

650000－1441－0002560　普46－1/3－3－1
日本維新三十年史十二編附三十年間国勢進步表一卷　（日本）重野安繹著　清光緒二十八年(1902)廣智書局鉛印本　六册

650000－1441－0002561　普46－1/3－6
容齋隨筆十六卷續筆十六卷三筆十六卷四筆十六卷五筆十卷　（宋）洪邁撰　清光緒二十年(1894)皖南洪氏刻本　十五册　缺十七卷

（三筆十三至十六、四筆一至八、五筆六至十）

650000－1441－0002562　普46－1/3－6－1

容齋隨筆十六卷續筆十六卷三筆十六卷四筆十六卷五筆十卷　（宋）洪邁撰　清光緒二十年（1894）皖南洪氏刻本　十六册

650000－1441－0002563　普46－1/4－3

容齋隨筆十六卷續筆十六卷三筆十六卷四筆十六卷五筆十卷　（宋）洪邁撰　清刻本　十五册

650000－1441－0002564　普46－1/4－4

容齋隨筆十六卷續筆十六卷三筆十六卷四筆十六卷五筆十卷　（宋）洪邁撰　清刻本　二十七册　缺十九卷（一筆一至二、七至八、十一至十六，四筆十五至十六，五筆四至十）

650000－1441－0002565　普46－1/5－1

容齋隨筆十六卷續筆十六卷三筆十六卷四筆十六卷五筆十卷　（宋）洪邁撰　清光緒元年（1875）洪氏十三公祠刻本　十四册

650000－1441－0002566　普46－1/5－1－1

容齋隨筆十六卷續筆十六卷三筆十六卷四筆十六卷五筆十卷　（宋）洪邁撰　清光緒元年（1875）洪氏十三公祠刻本　十四册

650000－1441－0002567　普46－1/5－4

三賢文集十二卷　（明）楊繼盛等著　清光緒二十四年（1898）刻本　十二册

650000－1441－0002568　普46－1/5－4－1

三賢文集十二卷　（明）楊繼盛等著　清光緒二十四年（1898）刻本　十二册

650000－1441－0002569　普46－1/5－5

三賢文集十二卷　（明）楊繼盛等著　清刻本　十二册

650000－1441－0002570　普46－1/5－7

榕村語錄三十卷　（清）李光地撰　清刻本　十四册

650000－1441－0002571　普46－2/1－1

榕村語錄續集二十卷　（清）李光地撰　清光緒二十年（1894）刻本　六册

650000－1441－0002572　普46－2/1－10

融經舘叢書九十五卷　（清）徐友蘭輯　清光緒十三年（1887）八杉齋刻本　二十九册　存五十八卷（兩漢雋言六至十六，楚騷綺語一至六，太史華句一至二、五至六，文選錦字録一、六至十三、十八至十九，漢書蒙拾上、中、下，唐詩金粉二至十，螺江日記一至八，螺江日記續一至四，顧曲録三至四）

650000－1441－0002573　普46－2/1－4

榕村語錄續集二十卷　（清）李光地撰　清光緒二十年（1894）抄本　十一册

650000－1441－0002574　普46－2/1－4－1

榕村語錄續集二十卷　（清）李光地撰　清光緒二十年（1894）抄本　十一册

650000－1441－0002575　普46－2/1－7

榕陰日課十卷　（清）楊希閔撰　清光緒二年（1876）刻本　四册

650000－1441－0002576　普46－2/2－2

人鏡類纂四十六卷　（清）程維周輯　清刻本　八册　存四十二卷（三至四十四）

650000－1441－0002577　普46－2/2－6

人譜類記二卷　（明）劉宗周撰　清刻本　一册　存一卷（上）

650000－1441－0002578　普46－2/2－7

人譜類記二卷　（明）劉宗周撰　清道光元年（1821）刻本　二册

650000－1441－0002579　普46－2/2－8

人範六卷　（清）蔣元輯　清光緒十六年（1890）守拙軒刻本　二册

650000－1441－0002580　普46－2/2－9

人範須知六卷　（清）盛隆輯　清光緒二十六年（1900）夔州研思館刻本　六册

650000－1441－0002581　普46－2/3－10

紉佩僊舘文鈔□□卷　（清）趙瀛著　清刻本　二册

650000－1441－0002582　普46－2/3－13

紉佩僊舘吟鈔一卷　（清）趙瀛著　清光緒十

三年(1887)刻本　一册

650000－1441－0002583　普46－2/3－13－1
紉佩僊館吟鈔一卷　(清)趙瀛著　清光緒十三年(1887)刻本　一册

650000－1441－0002584　普46－2/3－4
人表考九卷　(清)梁玉繩撰　清光緒十二年(1886)廣雅書局刻本　四册

650000－1441－0002585　普46－2/4－1
如是我聞六卷　(清)紀昀著　清宣統三年(1911)刻本　六册

650000－1441－0002586　普46－2/4－10
蓉洲初集六卷　(清)戴鈞衡撰　清道光十九年(1839)香月山房刻本　一册　存二卷(一至二)

650000－1441－0002587　普46－2/4－11
饒崧生先生奏摺譜不分卷　(清)饒旬宣纂　清光緒十九年(1893)京都榮録堂刻本　一册

650000－1441－0002588　普46－2/4－13
瑞芝山房詩鈔八卷補遺一卷　(清)戴燮元輯　清光緒元年(1875)廣陵刻本　四册

650000－1441－0002589　普46－2/4－13－1
瑞芝山房詩鈔八卷補遺一卷　(清)戴燮元輯　清光緒元年(1875)廣陵刻本　四册

650000－1441－0002590　普46－2/4－16
經略洪承疇奏對筆記二卷　(清)洪承疇著　清光緒十九年(1893)京都榮録堂刻本　一册

650000－1441－0002591　普46－2/4－2
如是山房增訂金批西厢四卷首一卷末一卷　(元)王實甫著　清光緒二年(1876)如是山房刻本　六册

650000－1441－0002592　普46－2/4－3
入幕須知五種五卷　(清)張廷驤輯　清光緒十年(1884)刻本　六册

650000－1441－0002593　普46－2/4－4
入都日記一卷　(清)周星譽撰　清末刻本　一册

650000－1441－0002594　普46－2/4－7
茹恨集一卷　(清)吳潄玉撰　清光緒二十年(1894)大成書局刻本　一册

650000－1441－0002595　普46－2/4－8
汝東判語六卷　(清)董沛著　清光緒九年(1883)刻本　二册

650000－1441－0002596　普46－2/4－9
蠕範八卷　(清)李元撰　清同治十三年(1874)傳經堂刻本　一册　存二卷(一至二)

650000－1441－0002597　普57－2/1－6
四部精華三十七卷　(清)魏朝俊輯　清刻本　二十六册

650000－1441－0002598　普57－4/1－4
四書字詁七十八卷　(清)段諤廷撰　清道光二十七年(1847)刻本　二十册

650000－1441－0002599　普57－4/1－5
四書章句十六卷　(宋)朱熹注　清光緒二十九年(1903)文成堂刻本　六册

650000－1441－0002600　普57－4/1－6
四書集注直解説約二十七卷　(明)張居正著　清光緒刻本　十二册

650000－1441－0002601　普57－4/2－10
四書朱子本義匯參四十七卷　(清)王步青輯　清刻本　八册　存六卷(一至六)

650000－1441－0002602　普57－4/2－10－1
四書朱子本義匯參四十七卷　(清)王步青輯　清刻本　一册　存一卷(三)

650000－1441－0002603　普57－4/2－11
四書集字音義辨□□卷　(宋)朱熹著　清光緒十四年(1888)八旗官學刻本　一册

650000－1441－0002604　普57－4/2－13
四書人物類典串珠四十卷　(清)臧志仁輯　清嘉慶十五年(1810)藜照書屋刻本　六册

650000－1441－0002605　普57－4/2－14
四六雕蟲十卷　(明)馬樸敦著　清同治十一年(1872)敦倫堂刻本　六册

650000－1441－0002606　普 57－4/2－15
四六叢話三十三卷附録一卷　(清)孫梅輯　清光緒七年(1881)吳丁刻本　十二册

650000－1441－0002607　普 57－4/2－15－1
四六叢話三十三卷附録一卷　(清)孫梅輯　清光緒七年(1881)吳丁刻本　十二册

650000－1441－0002608　普 57－4/2－2
四書典故辨正二十卷附録一卷　(清)周柄中著　清刻本　四册

650000－1441－0002609　普 57－4/2－3
四書益智録二十卷　(清)桂含章輯　清刻本　八册　存十八卷(三至二十)

650000－1441－0002610　普 102－4/3－8
[光緒]西藏圖考八卷首一卷　(清)黄沛翹輯　清光緒十二年(1886)刻本　四册

650000－1441－0002611　普 57－4/2－5
大學一卷中庸二卷論語二十卷孟子十四卷　(清)金瀓撰　清刻本　十册　存二十六卷(中庸二卷,論語五至十、十七至二十,孟子十四卷)

650000－1441－0002612　普 57－4/2－6
四書人物類典串珠四十卷　(清)臧志仁輯　清刻本　二册　存八卷(五至十二)

650000－1441－0002613　普 57－4/2－7
四書講義困勉録三十七卷附録六卷　(清)陸隴其撰　清乾隆四年(1739)嘉會堂刻本　十四册

650000－1441－0002614　普 57－4/2－8
點石齋四書遵注合講十九卷　(清)翁復編　清鑄記書局刻本　六册

650000－1441－0002615　普 57－4/2－9
四書地輿圖考□□卷　(清)杜炳雲輯　清刻本　八册

650000－1441－0002616　普 57－4/3－6
四大奇書第一種五十一卷　(明)羅貫中著　清刻本　十册　存二十二卷(三十至五十一)

650000－1441－0002617　普 57－4/4－10
四聲易知録四卷　(清)姚文田輯　清光緒八年(1882)刻本　二册

650000－1441－0002618　普 57－4/4－11
四聲易知録四卷　(清)姚文田輯　清嘉慶十七年(1812)刻本　四册

650000－1441－0002619　普 57－4/4－13
四川教育官報□□卷　(清)四川學務公所輯　清宣統三年(1911)四川學務公所鉛印本　十一册

650000－1441－0002620　普 57－4/4－14
四川官報□□卷　(清)四川官報社編　清宣統元年(1909)鉛印本　一册　存一册(二十五)

650000－1441－0002621　普 57－4/4－15
四川試牘四卷　(清)朱鋻編　清光緒十七年(1891)尊經書院刻本　二册　存一卷(一)

650000－1441－0002622　普 57－4/4－17
四川鹽法志四十卷首一卷　(清)丁寶楨等輯　清光緒八年(1882)刻本　二十册

650000－1441－0002623　普 57－4/4－18
容齋四筆十六卷　(宋)洪邁撰　清刻本　四册

650000－1441－0002624　普 57－4/4－3
四聲切韻表三卷首一卷末一卷　(清)江永編　清同治二年(1863)刻本　四册

650000－1441－0002625　普 57－4/4－9
四聲切韻表不分卷　(清)江永編　清刻本　一册

650000－1441－0002626　普 57－4/5－1
四裔編年表四卷　(美國)林樂知譯　清末石印本　二册

650000－1441－0002627　普 57－4/5－2
四裔編年表四卷　(美國)林樂知譯　清光緒二十三年(1897)石印本　四册

650000－1441－0002628　普 57－4/5－3
四裔編年表四卷　(美國)林樂知譯　清末刻本　四册

650000－1441－0002629　普57－4/5－3－1
四裔編年表四卷　(美國)林樂知譯　清末刻本　四冊

650000－1441－0002630　普57－4/5－5
四朝別史一百二十卷附錄八卷　(宋)王稱撰　清乾隆六十年(1795)精一閣刻本　三十一冊

650000－1441－0002631　普57－4/5－7
四朝先賢六家年譜□□卷　(清)楊希閔輯　清光緒四年(1878)刻本　三冊

650000－1441－0002632　普58－1/1－12
四教要括不分卷　楊敬修撰　清宣統元年(1909)益森印刷公司鉛印本　一冊

650000－1441－0002633　普58－1/1－13
四照堂詩集十五卷　(清)譚溥撰　清咸豐八年(1858)刻本　二冊

650000－1441－0002634　普58－1/1－14
四元玉鑑三卷　(元)朱世傑著　清道光十六年(1836)刻本　八冊

650000－1441－0002635　普58－1/1－15
四賢手劄□□卷　(清)左宗棠等著　清刻本　三冊

650000－1441－0002636　普58－1/1－16
四洪年譜四卷　(清)洪汝奎編輯　清宣統元年(1909)晦木齋刻本　四冊

650000－1441－0002637　普58－1/1－19
思綺堂文集十卷　(清)章藻功著　清刻本　二冊　存二卷(三至四)

650000－1441－0002638　普58－1/1－20
思辨錄十四卷　(清)賈聲槐撰　清道光七年(1827)刻本　六冊

650000－1441－0002639　普58－1/1－21
思辨錄輯要二十二卷　(清)陸世儀著　清道光十七年(1837)刻本　四冊

650000－1441－0002640　普58－1/1－21－1
思辨錄輯要二十二卷　(清)陸世儀著　清道光十七年(1837)刻本　四冊

650000－1441－0002641　普58－1/1－23
思適齋集十八卷　(清)顧廣圻著　清道光二十九年(1849)刻本　四冊

650000－1441－0002642　普58－1/1－25
思適齋集十八卷　(清)顧廣圻著　清道光二十九年(1849)刻本　四冊

650000－1441－0002643　普58－1/1－5
思益堂日劄五卷　(清)周壽昌著　清末石印本　一冊　存二卷(四至五)

650000－1441－0002644　普58－1/1－9
英法俄德四国志略二卷　沈敦和輯譯　清光緒十八年(1892)尊經學舍刻本　二冊

650000－1441－0002645　普58－1/2－2
思補齋文集四卷　(清)劉星煒著　清光緒二十年(1894)刻本　四冊

650000－1441－0002646　普58－1/2－3
思補齋筆記八卷　(清)潘世恩著　清刻本　二冊

650000－1441－0002647　普58－1/2－4
思貽堂詩稿十二卷　(清)金衍宗著　清刻本　四冊　存十一卷(一至二、四至十二)

650000－1441－0002648　普58－1/2－5
司馬溫公文集五十卷　(宋)司馬光撰　清同治四年(1865)刻本　二十四冊

650000－1441－0002649　普58－1/2－6
思無邪齋文存六卷附思無邪齋詩存八卷　(清)宮爾鐸著　清光緒十四年(1888)刻本　二冊　存七卷(文存一至三、詩存五至八)

650000－1441－0002650　普58－1/2－7
思誠堂集四卷　(清)劉鴻典著　清宣統元年(1909)凝善堂刻本　四冊

650000－1441－0002651　普58－1/2－8
司馬文正公傳家集七十二卷　(宋)司馬光著　清乾隆六年(1741)培遠堂刻本　八冊

650000－1441－0002652　普58－1/3－4
司馬溫公稽古錄二十卷　(宋)司馬光輯　清同治十一年(1872)崇文書局刻本　四冊

650000－1441－0002653　普 58－1/3－8
笥河詩集二十卷　(清)朱筠著　清嘉慶八年(1803)椒華唫舫刻本　八册

650000－1441－0002654　普 58－3/2－1
説文解字五十卷　(清)桂馥撰　清同治九年(1870)崇文書局刻本　三十二册

650000－1441－0002655　普 58－3/2－2
説文解字義證五十卷　(清)桂馥撰　清同治九年(1870)崇文書局刻本　二十四册

650000－1441－0002656　普 58－3/2－2－1
説文解字義證五十卷　(清)桂馥撰　清同治九年(1870)崇文書局刻本　二十四册

650000－1441－0002657　普 58－3/3－2
説文解字注三十二卷　(漢)許慎記　清同治十一年(1872)崇文書局刻本　十八册

650000－1441－0002658　普 58－3/4－1
説文解字注三十二卷　(漢)許慎記　清嘉慶十三年(1808)經韻樓刻本　十六册

650000－1441－0002659　普 58－3/4－1－1
説文解字注三十二卷　(漢)許慎記　清嘉慶十三年(1808)經韻樓刻本　十六册

650000－1441－0002660　普 58－3/4－2
説文解字注三十二卷　(漢)許慎記　清嘉慶十三年(1808)刻本　十五册　缺五卷(六書音韻表一至五)

650000－1441－0002661　普 58－3/4－3
説文解字注三十二卷　(漢)許慎記　清同治十一年(1872)崇文書局刻本　十八册

650000－1441－0002662　普 58－3/5－1
説文解字注三十二卷　(漢)許慎記　清光緒刻本　二十四册

650000－1441－0002663　普 58－3/5－2
説文解字注三十二卷　(漢)許慎記　清同治十一年(1872)崇文書局刻本　十八册

650000－1441－0002664　普 58－3/5－2－1
説文解字注三十二卷　(漢)許慎記　清同治十一年(1872)崇文書局刻本　十八册

650000－1441－0002665　普 58－4/1－1
説文解字注三十二卷　(漢)許慎記　清嘉慶十三年(1808)刻本　十六册

650000－1441－0002666　普 58－4/1－2
説文解字注三十二卷　(漢)許慎記　清同治十一年(1872)崇文書局刻本　二十四册

650000－1441－0002667　普 58－4/1－2－1
説文解字注三十二卷　(漢)許慎記　清同治十一年(1872)崇文書局刻本　四册　存四卷(一、七、十一至十二)

650000－1441－0002668　普 58－4/1－4
説文解字三十二卷　(漢)許慎記　清同治六年(1867)保息局刻本　十六册

650000－1441－0002669　普 58－4/1－4－1
説文解字三十二卷　(漢)許慎記　清同治六年(1867)保息局刻本　十五册　缺五卷(六書音韻表一至五)

650000－1441－0002670　普 58－4/2－2
説文解字注三十二卷　(漢)許慎記　清同治十一年(1872)崇文書局刻本　十五册　存三十卷(一至三十)

650000－1441－0002671　普 58－4/4－1
説文解字注十五卷附録五卷　(漢)許慎記　清掃葉山房石印本　四册　缺十一卷(一上、下,二上,五至十二)

650000－1441－0002672　普 58－4/4－2
説文解字校録十五卷　(漢)許慎記　清光緒十一年(1885)江蘇書局刻本　十四册

650000－1441－0002673　普 58－4/4－4
説文解字通釋四十卷　(宋)徐鍇撰　清道光十九年(1839)影印本　六册

650000－1441－0002674　普 58－4/4－4－1
説文解字通釋四十卷　(宋)徐鍇撰　清道光十九年(1839)影印本　六册

650000－1441－0002675　普 58－4/5－4
説文解字句讀三十卷首一卷　(漢)許慎著　清刻本　十五册　缺三卷(一至二、首一卷)

650000－1441－0002676　普 58－4/5－5
說文解字斠詮十四卷　(清)錢坫注　清嘉慶十二年(1807)東石齋刻本　十四册

650000－1441－0002677　普 58－4/5－6
說文解字句讀三十卷　(清)王筠撰　清光緒八年(1882)尊經書院刻本　十四册

650000－1441－0002678　普 58－4/5－7
說文解字句讀三十卷　(清)王筠撰　清同治四年(1865)刻本　十四册

650000－1441－0002679　普 59－1/1－1
說文解字斠詮十四卷　(清)錢坫注　清光緒九年(1883)淮南書局刻本　六册

650000－1441－0002680　普 59－1/1－1－1
說文解字斠詮十四卷　(清)錢坫注　清光緒九年(1883)淮南書局刻本　六册

650000－1441－0002681　普 59－1/1－5
說文解字十五卷　(漢)許慎記　清末汲古閣石印本　六册

650000－1441－0002682　普 59－1/1－6
說文解字十五卷　(漢)許慎記　清同治十年(1871)汲古閣刻本　八册

650000－1441－0002683　普 59－1/2－1
說文解字十五卷　(漢)許慎記　清刻本　八册

650000－1441－0002684　普 59－1/3－1
說文通訓定聲十八卷柬韻一卷　(清)朱駿聲著　清道光二十八年(1848)臨嘯閣刻本　二十四册

650000－1441－0002685　普 59－1/3－1－1
說文通訓定聲十八卷柬韻一卷　(清)朱駿聲著　清道光二十八年(1848)臨嘯閣刻本　二十四册

650000－1441－0002686　普 59－1/3－1－2
說文通訓定聲十八卷柬韻一卷　(清)朱駿聲著　清道光二十八年(1848)臨嘯閣刻本　二十四册

650000－1441－0002687　普 59－1/3－1－3
說文通訓定聲十八卷柬韻一卷　(清)朱駿聲著　清道光二十八年(1848)臨嘯閣刻本　二十四册

650000－1441－0002688　普 59－1/3－1－4
說文通訓定聲十八卷柬韻一卷　(清)朱駿聲著　清道光二十八年(1848)臨嘯閣刻本　二十四册

650000－1441－0002689　普 59－1/3－1－5
說文通訓定聲十八卷柬韻一卷　(清)朱駿聲著　清道光二十八年(1848)臨嘯閣刻本　二十四册

650000－1441－0002690　普 59－1/3－1－6
說文通訓定聲十八卷柬韻一卷　(清)朱駿聲著　清道光二十八年(1848)臨嘯閣刻本　二十四册

650000－1441－0002691　普 59－1/3－1－7
說文通訓定聲十八卷柬韻一卷　(清)朱駿聲著　清道光二十八年(1848)臨嘯閣刻本　二十四册

650000－1441－0002692　普 59－1/3－1－8
說文通訓定聲十八卷柬韻一卷　(清)朱駿聲著　清道光二十八年(1848)臨嘯閣刻本　二十四册

650000－1441－0002693　普 59－1/4－2
說文通訓定聲十八卷柬韻一卷　(清)朱駿聲著　清道光二十八年(1848)刻本　二十四册

650000－1441－0002694　普 59－1/4－2－1
說文通訓定聲十八卷柬韻一卷　(清)朱駿聲著　清道光二十八年(1848)刻本　二十四册

650000－1441－0002695　普 59－1/4－2－2
說文通訓定聲十八卷柬韻一卷　(清)朱駿聲著　清道光二十八年(1848)刻本　四册　存六卷(豐部、升部、臨部、釋器、釋畜、卉竹)

650000－1441－0002696　普 59－1/4－2－3
說文通訓定聲十八卷柬韻一卷　(清)朱駿聲著　清道光二十八年(1848)刻本　二十四册

650000－1441－0002697　普 59－1/4－5

說文通訓定聲十八卷柬韻一卷　(清)朱駿聲著　清刻本　二十四册

650000－1441－0002698　普59－1/5－1
說文通訓定聲十八卷柬韻一卷　(清)朱駿聲著　清光緒十二年(1886)積山書局石印本　十六册

650000－1441－0002699　普59－1/5－1－1
說文通訓定聲十八卷柬韻一卷　(清)朱駿聲著　清光緒十二年(1886)積山書局石印本　八册

650000－1441－0002700　普59－2/2－5
說文釋例二十卷附補正　(清)王筠撰　清道光十七年(1837)茹古書局刻本　二十册

650000－1441－0002701　普59－2/2－6
說文釋例二十卷附補正　(清)王筠撰　清道光十七年(1837)刻本　十册

650000－1441－0002702　普59－2/3－11
說文古籀補□□卷　(清)吳大澂撰　清光緒九年(1883)石印本　四册

650000－1441－0002703　普59－2/3－12
說文古籀疏証□□卷　(清)莊述祖著　清刻本　四册

650000－1441－0002704　普59－2/3－2
說文古本考十三卷　(清)沈濤撰　清光緒十年(1884)滂喜齋刻本　八册

650000－1441－0002705　普59－2/3－2－1
說文古本考十三卷　(清)沈濤撰　清光緒十年(1884)滂喜齋刻本　八册

650000－1441－0002706　普59－2/3－8
說文古籀補十四卷附錄一卷　(清)吳大澂撰　清光緒七年(1881)石印本　二册

650000－1441－0002707　普59－2/4－13
說文段注訂補十四卷　(清)王紹蘭著　清光緒十四年(1888)刻本　八册

650000－1441－0002708　普59－2/4－15
說文逸字二卷附錄一卷　(清)鄭珍著　清咸豐八年(1858)經濟書堂刻本　三册

650000－1441－0002709　普59－2/4－16
說文逸字二卷附錄一卷　(清)鄭珍著　清咸豐八年(1858)望山堂刻本　二册

650000－1441－0002710　普59－2/4－17
說文引經考證八卷　(清)陳瑑著　清同治十三年(1874)崇文書局刻本　四册

650000－1441－0002711　普59－2/4－18
說文引經考二卷　(清)吳玉搢著　清乾隆元年(1736)刻本　二册

650000－1441－0002712　普59－2/4－19
說文引經証例二十四卷　(清)承培元撰　清光緒十八年(1892)廣雅書局刻本　六册

650000－1441－0002713　普59－2/4－7
說文新附考六卷附錄一卷　(清)鈕樹玉撰　清同治十三年(1874)崇文書局刻本　二册

650000－1441－0002714　普59－2/4－8
說文續考六卷　(清)鈕樹玉著　清同治七年(1868)碧螺山舘刻本　二册

650000－1441－0002715　普59－2/4－8－1
說文續考六卷　(清)鈕樹玉著　清同治七年(1868)碧螺山舘刻本　二册

650000－1441－0002716　普59－2/4－8－2
說文續考六卷　(清)鈕樹玉著　清同治七年(1868)碧螺山舘刻本　二册

650000－1441－0002717　普59－2/5－1
說文通檢十五卷　(清)黎永椿編　清光緒元年(1875)崇文書局刻本　二册

650000－1441－0002718　普59－2/5－11
說文聲讀表七卷　(清)苗夔撰　清道光二十二年(1842)天壤閣刻本　二册

650000－1441－0002719　普59－2/5－12
說文聲讀表七卷　(清)苗夔撰　清道光二十二年(1842)理董居刻本　二册

650000－1441－0002720　普59－2/5－14
說文聲訂二十八卷　(清)苗夔撰　清咸豐元年(1851)刻本　一册

650000－1441－0002721　普59－2/5－15
說文聲類二卷　(清)嚴可均著　清嘉慶九年(1804)過學齋刻本　二册

650000－1441－0002722　普59－2/5－15－1
說文聲類二卷　(清)嚴可均著　清嘉慶九年(1804)過學齋刻本　二册

650000－1441－0002723　普59－2/5－15－2
說文聲類二卷　(清)嚴可均著　清嘉慶九年(1804)過學齋刻本　二册

650000－1441－0002724　普59－2/5－18
說文外編十五卷附錄一卷　(清)雷浚著　清光緒十年(1884)刻本　四册

650000－1441－0002725　普59－2/5－2
說文通檢十五卷　(清)黎永椿編　清光緒二年(1876)崇文書局刻本　二册

650000－1441－0002726　普59－2/5－2－1
說文通檢十五卷　(清)黎永椿編　清光緒二年(1876)崇文書局刻本　二册

650000－1441－0002727　普59－2/5－2－2
說文通檢十五卷　(清)黎永椿編　清光緒二年(1876)崇文書局刻本　二册

650000－1441－0002728　普59－2/5－2－3
說文通檢十五卷　(清)黎永椿編　清光緒二年(1876)崇文書局刻本　二册

650000－1441－0002729　普59－2/5－20
說文韻譜校五卷　(清)王筠著　清道光十三年(1833)抱經堂石印本　四册

650000－1441－0002730　普59－2/5－26
說文發疑六卷　(清)張行孚著　清光緒十年(1884)刻本　三册

650000－1441－0002731　普59－2/5－27
說文字原集註十六卷　(清)蔣和撰　清乾隆五十三年(1788)刻本　四册

650000－1441－0002732　普59－2/5－6
說文校議十五卷　(清)姚文田著　清同治十三年(1874)歸安姚氏刻本　五册

650000－1441－0002733　普59－2/5－6－1
說文校議十五卷　(清)姚文田著　清同治十三年(1874)歸安姚氏刻本　五册

650000－1441－0002734　普59－2/5－9
說文辨字正俗八卷　(清)李富孫著　清嘉慶二十一年(1816)校經堂刻本　四册

650000－1441－0002735　普59－3/1－3
說文測議訂經七卷　(清)董詔輯　清道光二年(1822)竹香齋刻本　二册

650000－1441－0002736　普59－3/1－4
說文繫傳校錄三十卷　(清)王筠撰　清道光十五年(1835)刻本　六册

650000－1441－0002737　普59－3/1－6
說文解字十五卷　(宋)徐鉉校　清光緒七年(1881)淮南書局刻本　五册

650000－1441－0002738　普59－3/4－1
說唐全傳十卷附說唐後傳六卷　(清)如蓮居士編　清乾隆元年(1736)寶善堂刻本　十八册

650000－1441－0002739　普59－3/4－10
說苑二十卷　(漢)劉向撰　清刻本　二册

650000－1441－0002740　普59－3/4－11
朔方備乘六十八卷首十二卷　(清)何秋濤撰　清咸豐九年(1859)刻本　二十四册

650000－1441－0002741　普59－3/4－2
說唐全傳十卷附說唐後傳六卷　(清)如蓮居士編　清乾隆元年(1736)三讓堂刻本　九册

650000－1441－0002742　普59－3/4－3
說唐前傳十卷　(清)如蓮居士編　清乾隆元年(1736)漁古山房刻本　十册

650000－1441－0002743　普59－3/4－6
說詩樂趣類編二十卷　(清)伍涵芬輯　清刻本　六册

650000－1441－0002744　普59－3/4－7
說部精華十二卷　(清)劉堅撰　清刻本　五册

650000－1441－0002745　普59－3/5－1
朔方備乘六十八卷首十二卷　(清)何秋濤撰　清末石印本　二十四册

650000－1441－0002746　普59－3/5－1－1
朔方備乘六十八卷首十二卷　(清)何秋濤撰　清末石印本　二十四册

650000－1441－0002747　普59－3/5－2
朔方備乘六十八卷首十二卷　(清)何秋濤撰　清咸豐十年(1860)刻本　八册

650000－1441－0002748　普59－3/5－5
十三經注疏四百十六卷　(清)湖南書局輯　清同治十三年(1874)湖南書局刻本　一百六十册

650000－1441－0002749　普59－4/3－1
十三經注疏四百十六卷　(清)廣東書局輯　清同治十年(1871)廣東書局刻本　一百二十册

650000－1441－0002750　普59－4/5－1
十三經古注二百九十卷　(明)金蟠編訂　清同治八年(1869)浙江書局刻本　四十八册

650000－1441－0002751　普60－1/3－2
十三經劄記二十二卷　(清)朱亦棟著　清光緒四年(1878)刻本　六册

650000－1441－0002752　普60－1/3－3
十三經劄記二十二卷　(清)朱亦棟著　清光緒四年(1878)竹簡齋刻本　十五册

650000－1441－0002753　普60－1/3－4
十七史商榷一百卷　(清)王鳴盛撰　清光緒十九年(1893)廣雅書局刻本　十四册

650000－1441－0002754　普60－1/3－5
十七史商榷一百卷　(清)王鳴盛撰　清光緒六年(1880)王氏刻本　二十四册

650000－1441－0002755　普60－1/4－1
十七史詳節一百七十五卷　(宋)吕祖謙輯　清光緒二十八年(1902)崇新書局刻本　二十册

650000－1441－0002756　普60－1/4－5
十五家年譜叢書不分卷　(清)楊希閔編　清光緒三年(1877)刻本　十六册

650000－1441－0002757　普60－1/5－4
十六国春秋一百卷　(北魏)崔鴻撰　清光緒十二年(1886)湖北官書処刻本　十二册

650000－1441－0002758　普60－1/5－4－1
十六国春秋一百卷　(北魏)崔鴻撰　清光緒十二年(1886)湖北官書処刻本　十二册

650000－1441－0002759　普60－1/5－4－2
十六国春秋一百卷　(北魏)崔鴻撰　清光緒十二年(1886)湖北官書処刻本　十二册

650000－1441－0002760　普60－1/5－5
十六種文類二卷　(清)鏡亭老人撰　清乾隆五十七年(1792)龍潭官署刻本　十八册　缺四册(第二種二册、第四種一册、第六種一册)

650000－1441－0002761　普60－2/1－3
十駕齋養新録二十卷餘録三卷　(清)錢大昕著　清嘉慶九年(1804)刻本　六册

650000－1441－0002762　普60－2/1－3－1
十駕齋養新録二十卷餘録三卷　(清)錢大昕著　清嘉慶九年(1804)刻本　六册

650000－1441－0002763　普60－2/1－5
十駕齋養新録二十卷餘録三卷年譜一卷　(清)錢大昕著　清光緒二年(1876)浙江書局刻本　八册

650000－1441－0002764　普60－2/1－5－1
十駕齋養新録二十卷餘録三卷年譜一卷　(清)錢大昕著　清光緒二年(1876)浙江書局刻本　八册

650000－1441－0002765　普60－2/1－5－2
十駕齋養新録二十卷餘録三卷年譜一卷　(清)錢大昕著　清光緒二年(1876)浙江書局刻本　八册

650000－1441－0002766　普60－2/1－7
十家語録摘要二卷　(清)謝蘭生輯　清刻本　二册

650000－1441－0002767　普60－2/1－8

十子全書十種一百二十九卷 （清）王子興輯 清嘉慶九年（1804）聚文堂刻本 三十册

650000－1441－0002768 普60－2/1－9
十朝聖訓九百二十二卷 （清）趙之恒編 清光緒四年（1878）刻本 一百册

650000－1441－0002769 普60－2/2－2
十九世紀外交史十七卷 （日本）嚴田久著 清光緒二十八年（1902）史學齋刻本 一册

650000－1441－0002770 普60－2/2－3
十竹齋書畫譜八卷 （明）胡正言摹 清光緒五年（1879）校經山房彩色套印本 八册

650000－1441－0002771 普60－2/3－1
十一經音訓二十六卷 （清）楊国楨撰 清光緒三年（1877）崇文書局刻本 二十六册

650000－1441－0002772 普60－2/3－3
史通通釋二十卷 （唐）劉知幾著 清光緒十九年（1893）石印本 八册

650000－1441－0002773 普60－2/3－3－1
史通通釋二十卷 （唐）劉知幾著 清光緒十九年（1893）石印本 八册

650000－1441－0002774 普60－2/3－5
史通通釋二十卷 （唐）劉知幾著 清乾隆十七年（1752）志古堂刻本 四册

650000－1441－0002775 普60－2/3－5－1
史通通釋二十卷 （唐）劉知幾著 清乾隆十七年（1752）志古堂刻本 四册

650000－1441－0002776 普60－2/3－7
史通訓故補二十卷 （清）黄叔琳補注 清乾隆刻本 二册 存六卷（十至十一、十七至二十）

650000－1441－0002777 普60－2/3－8
史通通釋二十卷 （唐）劉知幾著 清光緒十一年（1885）刻本 四册

650000－1441－0002778 普60－2/3－9
史通通釋二十卷 （唐）劉知幾著 清末瀚墨園刻本 六册

650000－1441－0002779 普60－2/4－3
史通削繁四卷 （清）紀昀撰 清道光十三年（1833）翰墨園刻本 四册

650000－1441－0002780 普60－2/4－3－1
史通削繁四卷 （清）紀昀撰 清道光十三年（1833）翰墨園刻本 四册

650000－1441－0002781 普60－2/4－3－2
史通削繁四卷 （清）紀昀撰 清道光十三年（1833）翰墨園刻本 四册

650000－1441－0002782 普60－2/4－5
史通削繁四卷 （清）紀昀撰 清光緒元年（1875）崇文書局刻本 四册

650000－1441－0002783 普60－2/4－5－1
史通削繁四卷 （清）紀昀撰 清光緒元年（1875）崇文書局刻本 四册

650000－1441－0002784 普60－2/5－2
史記志疑三十六卷 （清）梁玉繩撰 清光緒十三年（1887）廣雅書局刻本 二十册

650000－1441－0002785 普60－2/5－4
史記菁華錄六卷 （清）姚苧田輯 清道光四年（1824）扶荔山房刻本 六册

650000－1441－0002786 普60－2/5－4－1
史記菁華錄六卷 （清）姚苧田輯 清道光四年（1824）扶荔山房刻本 六册

650000－1441－0002787 普60－2/5－4－2
史記菁華錄六卷 （清）姚苧田輯 清道光四年（1824）扶荔山房刻本 六册

650000－1441－0002788 普60－2/5－6
史記菁華錄六卷 （清）姚苧田輯 清末石印本 一册 存一卷（六）

650000－1441－0002789 普60－3/1－1
史記菁華錄六卷 （清）姚苧田輯 清末石印本 五册 存五卷（二至六）

650000－1441－0002790 普60－3/1－10
史記評林一百三十卷 （明）淩稚隆輯 清刻本 一册 存六卷（四十四至四十九）

650000－1441－0002791　普 60－3/1－11
校刊史記集解索隱正義劄記五卷　（清）張文虎輯　清同治十一年(1872)金陵書局刻本　二冊

650000－1441－0002792　普 60－3/1－12
史記鈔四卷　（明）茅坤輯　清乾隆五十二年(1787)善成堂刻本　一冊　存一卷(一)

650000－1441－0002793　普 60－3/1－2
史記菁華錄六卷　（清）姚苧田輯　清刻本　四冊　存四卷(二至四、六)

650000－1441－0002794　普 60－3/1－20
史目表不分卷　（清）洪飴孫著　清光緒四年(1878)宏達堂刻本　一冊

650000－1441－0002795　普 60－3/1－7
史記探源八卷　崔適著　清宣統二年(1910)鉛印本　二冊

650000－1441－0002796　普 60－3/1－8
史記探源八卷　崔適著　清宣統二年(1910)觶廬刻本　四冊

650000－1441－0002797　普 60－3/2－10
史忠正公集四卷首一卷末一卷　（明）史可法著　清乾隆五十三年(1788)抄本　二冊

650000－1441－0002798　普 60－3/2－11
史學提要箋釋五卷　（宋）黃繼善撰　清光緒二十七年(1901)遊氏宜園刻本　五冊

650000－1441－0002799　普 60－3/2－14
史學薪傳八卷　（宋）朱熹著　清同治二年(1863)石印本　八冊

650000－1441－0002800　普 60－3/2－2
史姓韻編六十四卷　（清）汪輝祖撰　清同治九年(1870)金陵書局刻本　十九冊　存四十九卷(一至二、八至三十一、四十二至六十四)

650000－1441－0002801　普 60－3/2－2－1
史姓韻編六十四卷　（清）汪輝祖撰　清同治九年(1870)金陵書局刻本　二十四冊　存十一卷(一至三、六至十一、十四至十五)

650000－1441－0002802　普 60－3/2－3
史忠正文集四卷首一卷末一卷　（明）史可法著　清乾隆四十二年(1777)刻本　一冊

650000－1441－0002803　普 60－3/2－6
史忠正公集四卷首一卷末一卷　（明）史可法著　清同治十年(1871)明澤書屋刻本　四冊

650000－1441－0002804　普 60－3/2－7
史忠正公集四卷首一卷末一卷　（明）史可法著　清同治七年(1868)景萊書室刻本　二冊

650000－1441－0002805　普 60－3/2－8
史忠正公集四卷首一卷末一卷　（明）史可法著　清咸豐六年(1856)抄本　五冊

650000－1441－0002806　普 60－3/2－9
史忠正公集四卷首一卷末一卷　（明）史可法著　清光緒二十三年(1897)湘南書局刻本　二冊

650000－1441－0002807　普 60－3/3－1
史學叢書四十三種三百十三卷　（清）□□輯　清光緒二十八年(1902)煥文書局石印本　三十二冊

650000－1441－0002808　普 60－3/3－2
史學叢書四十三種三百十三卷　（清）□□輯　清刻本　三十冊　缺二冊(一、八)

650000－1441－0002809　普 60－3/3－3
史學叢書四十三種三百十三卷　（清）□□輯　清光緒二十八年(1902)文瀾書局石印本　三十冊　缺二冊(十一、十四)

650000－1441－0002810　普 60－3/3－4
史存三十卷　（清）劉沅輯　清道光二十七年(1847)致福樓刻本　二十四冊

650000－1441－0002811　普 60－3/3－7
史餘二十卷附錄二卷　（清）陳堯松著　清刻本　六冊

650000－1441－0002812　普 60－3/3－7－1
史餘二十卷附錄二卷　（清）陳堯松著　清刻本　六冊

650000－1441－0002813　普 60－3/3－8
史餘二十卷附錄二卷　（清）陳堯松著　清同

治三年(1864)刻本　四冊

650000－1441－0002814　普60－3/4－1
史外八卷　(清)汪有典著　清同治四年(1865)陝西公所刻本　八冊

650000－1441－0002815　普60－3/4－1－1
史外八卷　(清)汪有典著　清同治四年(1865)陝西公所刻本　八冊

650000－1441－0002816　普60－3/4－11
詩經八卷　(宋)朱熹集傳　清刻本　四冊

650000－1441－0002817　普60－3/4－13
詩經精義四卷首一卷末一卷　(清)黃淦撰　清嘉慶七年(1802)養正堂刻本　一冊

650000－1441－0002818　普60－3/4－14
詩經精義旁訓五卷　(清)黃淦精義　(清)徐立綱旁訓　清光緒九年(1883)古香閣刻本　三冊

650000－1441－0002819　普60－3/4－15
詩經精義旁訓五卷　(清)黃淦精義　(清)徐立綱旁訓　清光緒九年(1883)古香閣刻本　四冊

650000－1441－0002820　普60－3/4－16
詩經通論十八卷　(清)姚際恒著　清刻本　七冊　存十七卷(二至十八)

650000－1441－0002821　普60－3/4－5
史鑑節要便讀六卷　(清)鮑東里輯　清光緒元年(1875)崇文書局刻本　二冊

650000－1441－0002822　普60－3/4－6
史鑑指南二卷　(清)杜詔撰　清光緒元年(1875)上海碧梧山莊石印本　二冊

650000－1441－0002823　普60－3/4－7
史要七卷　(清)任啓運輯　清嘉慶二十三年(1818)刻本　六冊

650000－1441－0002824　普60－3/5－10
詩韻集成十卷　(清)余照輯　清道光十六年(1836)刻本　二冊　存五卷(一至二、五至七)

650000－1441－0002825　普60－3/5－11
詩韻集成十卷　(清)余照輯　清同治四年(1865)善成堂刻本　十冊

650000－1441－0002826　普60－3/5－11－1
詩韻集成題考合刻十卷　(清)余照輯　清光緒十四年(1888)古香閣刻本　十冊

650000－1441－0002827　普60－3/5－12
詩韻釋音五卷首一卷　(清)陳錦輯　清光緒十三年(1887)橋蔭軒刻本　二冊

650000－1441－0002828　普60－3/5－14
詩韻釋要五卷　(清)周兆基輯　清同治九年(1870)南皮張氏刻本　二冊

650000－1441－0002829　普60－3/5－16
詩古微三編十九卷首一卷　(清)魏源著　清光緒十三年(1887)刻本　十二冊

650000－1441－0002830　普60－3/5－17
詩古微三編十九卷首一卷　(清)魏源著　清刻本　七冊

650000－1441－0002831　普60－3/5－18
詩比興箋四卷　(清)陳沆撰　清咸豐四年(1854)刻本　二冊

650000－1441－0002832　普60－3/5－19
詩比興箋四卷　(清)陳沆撰　清光緒九年(1883)刻本　四冊

650000－1441－0002833　普60－3/5－2
新增詩經補注備旨精華八卷　(清)鄒聖脈輯　清光緒十四年(1888)老二酉堂刻本　五冊　存七卷(一至七)

650000－1441－0002834　普60－3/5－3
詩經八卷　(宋)朱熹集傳　清光緒二十二年(1896)金陵書局刻本　四冊

650000－1441－0002835　普60－3/5－4
詩經小學三十卷　(清)段玉裁撰　清道光五年(1825)抱經堂刻本　四冊

650000－1441－0002836　普60－3/5－7
匯纂詩法度鍼三十三卷首一卷　(清)徐文弼編釋　清刻本　四冊　存十五卷(十九至三

十三）

650000－1441－0002837　普60－4/1－10
詩緝三十六卷　（宋）嚴粲著　清光緒十六年（1890）雖園刻本　十二冊

650000－1441－0002838　普60－4/1－11
士禮居黃氏叢書十九種附三種　（清）黃丕烈輯　清光緒十三年（1887）刻本　二十八冊

650000－1441－0002839　普60－4/1－11－1
士禮居黃氏叢書十九種附三種　（清）黃丕烈輯　清光緒十三年（1887）刻本　二十八冊

650000－1441－0002840　普60－4/1－5
詩存四卷　（清）金德瑛撰　清刻本　一冊　存二卷（三至四）

650000－1441－0002841　普60－4/1－5－1
詩存四卷　（清）金德瑛撰　清刻本　一冊　存二卷（三至四）

650000－1441－0002842　普60－4/1－7
詩序廣義二十四卷　（清）姜炳璋輯　清嘉慶二十年（1815）刻本　十二冊

650000－1441－0002843　普60－4/3－2
士禮居藏書題跋記六卷　（清）黃丕烈輯　清光緒八年（1882）刻本　四冊

650000－1441－0002844　普60－4/3－2－1
士禮居藏書題跋記六卷　（清）黃丕烈輯　清光緒八年（1882）刻本　四冊

650000－1441－0002845　普60－4/3－3
式訓堂叢書第二集十二種五十三卷　（清）章壽康輯　清光緒刻本　十二冊

650000－1441－0002846　普60－4/3－4
式訓堂叢書十四種四十二卷　（清）章壽康輯　清光緒四年（1878）章氏堂刻本　十四冊

650000－1441－0002847　普60－4/3－5
試場異文錄十九卷　（清）呂相黼輯　清同治九年（1870）味經堂刻本　十冊

650000－1441－0002848　普60－4/5－1
適齋居士集四卷　（清）覺羅舒敏著　清道光二十二年（1842）刻本　二冊

650000－1441－0002849　普60－4/5－1－1
適齋居士集四卷　（清）覺羅舒敏著　清道光二十二年（1842）刻本　二冊

650000－1441－0002850　普61－1/1－1
石鼓文匯八種　（清）尹彭壽撰　清光緒十七年（1891）來山園刻本　一冊

650000－1441－0002851　普61－1/1－10
石笥山房文集二十三卷　（清）胡天游著　清道光二十六年（1846）刻本　八冊

650000－1441－0002852　普61－1/1－11
石笥山房集六卷　（清）胡天游著　清咸豐二年（1852）刻本　十冊

650000－1441－0002853　普61－1/1－14
石韞玉全集四十七卷　（清）石韞玉著　清嘉慶元年（1796）刻本　八冊　存二十五卷（初稿一至八、二稿一至三、三稿一至六，花韻庵詩餘一，獨學廬初稿一至三、二稿一至三，外集一）

650000－1441－0002854　普61－1/1－15
石蓮盦匯刻九金人集九種一百五十五卷　（清）陸錫熊　（清）紀昀　（清）汪如藻輯　清宣統二年（1910）刻本　二十八冊　缺十三卷（滏水集七至十五、遺山集三十九至四十、附錄一、補載一）

650000－1441－0002855　普61－1/1－4
岐陽石鼓文十卷　（清）古華山舘校　清光緒十六年（1890）古華山舘刻本　四冊

650000－1441－0002856　普61－1/1－8
石笥山房全集文集六卷詩集十二卷補遺一卷　（清）胡天游著　清宣統二年（1910）國學扶輪社石印本　九冊

650000－1441－0002857　普61－1/1－9
石笥山房文集五卷補遺一卷　（清）胡天游著　清宣統元年（1909）國學扶輪社鉛印本　四冊

650000－1441－0002858　普61－1/2－10

石渠閣精訂皇明英烈傳十二卷八十回 （明）徐渭編　清刻本　九册　存三回(一至三)

650000－1441－0002859　普61－1/2－16
世說新語六卷首一卷 （南朝宋)劉義慶撰　清光緒三年(1877)湖北崇文書局刻本　四册

650000－1441－0002860　普61－1/2－18
世說新語補二十卷附錄一卷 （南朝宋)劉義慶撰　清乾隆二十七年(1762)慎初堂刻本　八册

650000－1441－0002861　普61－1/2－19
世說新語補二十卷附錄一卷 （南朝宋)劉義慶撰　清乾隆三十七年(1772)刻本　六册

650000－1441－0002862　普61－1/2－5
石經考異二卷附錄一卷 （清)杭世駿撰　清咸豐十一年(1861)刻本　一册

650000－1441－0002863　普61－1/2－8
石臼前集九卷石臼後集七卷 （清)邢昉著　清光緒十八年(1892)刻本　一册

650000－1441－0002864　普61－1/2－9
石林遺書十二種 （宋)葉夢得著　清宣統三年(1911)觀古堂刻本　六册

650000－1441－0002865　普61－1/3－14
釋名疏証補八卷 （漢)劉熙著　清宣統元年至三年(1909－1911)葉氏觀古堂刻本(總目爲補配)　十四册

650000－1441－0002866　普61－1/3－17
釋名八卷 （漢)劉熙撰　清刻本　一册

650000－1441－0002867　普61－1/3－18
釋名疏証補八卷附錄一卷 （漢)劉熙著　清光緒二十二年(1896)刻本　四册

650000－1441－0002868　普61－1/3－19
釋名疏証八卷附錄一卷 （漢)劉熙著　清乾隆五十五年(1790)經訓堂刻本　二册

650000－1441－0002869　普61－1/3－20
釋名疏証八卷附錄一卷 （清)畢沅撰　清光緒二十年(1894)廣雅書局刻本　二册

650000－1441－0002870　普61－1/3－3
世本一卷 （漢)宋衷注　清道光十四年(1834)梅瑞軒刻本　一册

650000－1441－0002871　普61－1/3－5
釋論開解鈔三十卷 （唐)釋道宣撰　清刻本　七册　存七卷(一、八至九、十一、二十二、二十九至三十)

650000－1441－0002872　普61－1/3－9
釋例補正二十卷 （清)王筠撰　清刻本　一册

650000－1441－0002873　普61－1/4－1
事類賦補遺十四卷 （清)張均編纂　清嘉慶十六年(1811)文盛堂刻本　六册

650000－1441－0002874　普61－1/4－11
實政錄七卷 （明)呂坤著　清道光七年(1827)開封官署刻本　六册

650000－1441－0002875　普61－1/4－11－1
實政錄七卷 （明)呂坤著　清道光七年(1827)開封官署刻本　六册

650000－1441－0002876　普61－1/4－12
實政錄七卷 （明)呂坤著　清同治七年(1868)崇文書局刻本　四册

650000－1441－0002877　普61－1/4－14
拾遺記十卷 （晉)王嘉撰　清同治七年(1868)崇文書局刻本　一册

650000－1441－0002878　普61－1/4－15
拾雅六卷 （清)夏味堂著　清嘉慶二十四年(1819)刻本　二册

650000－1441－0002879　普61－1/4－15－1
拾雅六卷 （清)夏味堂著　清嘉慶二十四年(1819)刻本　二册

650000－1441－0002880　普61－1/4－17
拾雅二十卷 （清)夏味堂著　清嘉慶二十四年(1819)遂園刻本　十册

650000－1441－0002881　普61－1/4－17－1
拾雅二十卷 （清)夏味堂著　清嘉慶二十四年(1819)刻本　五册

650000－1441－0002882　普 61－1/4－2
事物原會四十卷　(清)汪汲錄　清嘉慶二年(1797)古愚山堂刻本　十册

650000－1441－0002883　普 61－1/4－3
事友錄五卷　(清)潘相輯　清嘉慶五年(1800)汲古閣刻本　三册

650000－1441－0002884　普 61－1/4－6
時務通考三十一卷　(清)點石齋主人輯　清末石印本　二十三册　存十七卷(十五至三十一)

650000－1441－0002885　普 61－1/4－7
時務新論撮要二卷　(清)古賀著　清光緒十二年(1886)兩湖書院刻本　一册

650000－1441－0002886　普 61－1/4－8
時藝引階合編不分卷　(清)葉錫鳳輯　清道光二十四年(1844)書業德刻本　三册

650000－1441－0002887　普 61－1/5－10
蟄廬遺集□□卷　(清)俞文詔著　清光緒二十一年(1895)三清蔭堂刻本　一册

650000－1441－0002888　普 61－1/5－11
食古錄一卷待質錄一卷居求錄一卷　(清)陳偉著　清末刻本　一册

650000－1441－0002889　普 61－1/5－12
食舊德齋雜著二卷　(清)劉嶽雲著　清光緒二十一年(1895)刻本　一册

650000－1441－0002890　普 61－1/5－13
宋元學案一百卷首一卷攷略一卷　(清)黃宗羲著　清光緒五年(1879)寄廬刻本　三十二册

650000－1441－0002891　普 61－1/5－2
施愚山先生學餘文集二十八卷史傳七卷　(清)施閏章著　清刻本　八册

650000－1441－0002892　普 61－1/5－4
施愚山先生[閏章]年譜四卷附錄一卷　(清)施念曾編　清乾隆十二年(1747)刻本　一册

650000－1441－0002893　普 61－1/5－5
施忠湣公遺集七卷　(清)施敏政編訂　清光緒四年(1878)刻本　二册

650000－1441－0002894　普 61－1/5－6
使粵驛程記□□卷　(清)李調元著　清乾隆三十九年(1774)萬卷樓刻本　一册

650000－1441－0002895　普 61－1/5－9
尸子存疑二卷　(清)汪繼培輯　清光緒三年(1877)浙江書局刻本　一册

650000－1441－0002896　普 61－2/2－10
宋元科舉三錄三種　徐乃昌輯　清光緒二十九年(1903)徐乃昌影印本　四册

650000－1441－0002897　普 61－2/2－9
宋元明詩三百首六卷　(清)朱梓　(清)冷昌言編　清光緒元年(1875)黃氏藝文堂刻本　二册

650000－1441－0002898　普 61－2/3－1
宋六十名家詞八十九卷　(明)毛晉編　清光緒十四年(1888)汲古閣刻本　二十六册

650000－1441－0002899　普 61－2/5－7
宋詞三百首二卷　(清)朱孝臧編　清光緒十年(1884)崇禮堂刻本　二册

650000－1441－0002900　普 61－2/5－7－1
宋詞三百首二卷　(清)朱孝臧編　清光緒十年(1884)崇禮堂刻本　二册

650000－1441－0002901　普 61－2/5－7－2
宋詞三百首二卷　(清)朱孝臧編　清光緒十年(1884)崇禮堂刻本　二册

650000－1441－0002902　普 61－2/5－7－3
宋詞三百首二卷　(清)朱孝臧編　清光緒十年(1884)崇禮堂刻本　二册

650000－1441－0002903　普 61－2/5－7－4
宋詞三百首二卷　(清)朱孝臧編　清光緒十年(1884)崇禮堂刻本　二册

650000－1441－0002904　普 61－3/2－2
宋王忠文公文集五十卷目錄一卷年譜一卷　(宋)王十朋著　清光緒二年(1876)刻本　十六册

650000－1441－0002905　普61－3/2－4
宋史紀事本末一百九卷　(明)馮琦編　清光緒二十四年(1898)刻本　二十册

650000－1441－0002906　普61－3/2－5
宋史紀事本末一百九卷　(明)馮琦編　清同治十三年(1874)江西書局刻本　二十册

650000－1441－0002907　普61－3/2－5－1
宋史紀事本末一百九卷　(明)馮琦編　清同治十三年(1874)江西書局刻本　二十册

650000－1441－0002908　普61－3/3－10
宋四六選二十四卷　(清)彭元瑞定本　(清)曹振鏞編　清刻本　九册　存十八卷(一至六、十一至十二、十五至二十四)

650000－1441－0002909　普61－3/3－5
宋史藝文志十種　(元)脱脱等修　清刻本　四册

650000－1441－0002910　普61－3/3－7
宋志十卷　(□)□□撰　清抄本　十册

650000－1441－0002911　普61－3/3－9
宋四家詞選一卷　(清)周濟輯注　清道光十二年(1832)刻本　一册

650000－1441－0002912　普61－3/4－1
宋黄文節公文集七十七卷首四卷　(宋)黄庭堅著　清乾隆三十年(1765)刻本　一册

650000－1441－0002913　普61－3/4－12
宋朝事實二十卷末一卷　(宋)李攸撰　清乾隆四十一年(1776)武英殿聚珍版刻本　八册

650000－1441－0002914　普61－3/4－3
宋宗忠簡公文集四卷附録二卷首一卷補遺一卷　(宋)宗澤著　清同治十二年(1873)述荆堂刻本　四册

650000－1441－0002915　普61－3/4－4
宋忠簡公集七卷　(宋)宗澤著　清同治四年(1865)豐畝園刻本　二册

650000－1441－0002916　普61－3/4－5
宋七家詞選七卷宋六十一家詞選十二卷　(清)戈載輯　清光緒十三年(1887)刻本　九册

650000－1441－0002917　普61－3/4－6
宋七家詞選七卷　(清)戈載輯　清道光十六年(1836)刻本　四册

650000－1441－0002918　普61－3/4－8
宋岳鄂王文集三卷　(宋)岳飛著　清末石印本　一册

650000－1441－0002919　普61－3/5－1
宋稗類鈔三十六卷　(清)潘永因編　清宣統三年(1911)藜光社石印本　十册　存六卷(十九至二十四)

650000－1441－0002920　普61－3/5－5
宋瑣語不分卷　(清)郝懿行撰　清刻本　三册

650000－1441－0002921　普61－4/1－1
趙文敏公松雪齋全集十卷目録一卷外集一卷續集一卷附録一卷　(元)趙孟頫撰　清光緒八年(1882)刻本　六册

650000－1441－0002922　普61－4/1－4
淞隱續録十二卷　(清)王韜著　清光緒十三年(1887)石印本　七册

650000－1441－0002923　普61－4/1－5
繪圖淞濱瑣話十二卷　(清)王韜著　清宣統三年(1911)著易堂石印本　六册

650000－1441－0002924　普61－4/1－6
松聲池館詩存四卷　(清)汪璐撰　清光緒十五年(1889)泉唐振綺堂刻本　一册

650000－1441－0002925　普61－4/5－1
三國志六十五卷　(晉)陳壽撰　(南朝宋)裴松之注　清同治十年(1871)成都書局刻本　二十二册　存六十二卷(一至六十二)

650000－1441－0002926　普61－4/5－4
三國志補義十三卷　(清)康發祥撰　清咸豐十年(1860)刻本　四册

650000－1441－0002927　普61－4/5－6
三國疆域志補注十九卷　(清)洪亮吉撰　清光緒十五年(1889)刻本　一册

650000－1441－0002928　普61－4/5－6－1
三國疆域志補注十九卷　(清)洪亮吉撰　清光緒十五年(1889)刻本　一冊

650000－1441－0002929　普62－1/1－1
三國疆域志補注十九卷　(清)洪亮吉撰　清刻本　八冊

650000－1441－0002930　普62－1/1－2
三國會要二十二卷　(清)楊晨撰　清光緒二十六年(1900)江蘇書局石印本　六冊

650000－1441－0002931　普62－1/1－3
三國職官表三卷　(清)洪飴孫撰　清光緒十七年(1891)廣雅書局石印本　三冊

650000－1441－0002932　普62－1/1－6
三魚堂文集十二卷外集六卷附錄一卷　(清)陸隴其著　清刻本　八冊

650000－1441－0002933　普62－1/1－6－1
三魚堂文集十二卷外集六卷附錄一卷　(清)陸隴其著　清刻本　八冊

650000－1441－0002934　普62－1/1－7
三魚堂文集十二卷外集六卷賸言十二卷日記十卷附錄一卷　(清)陸隴其著　清同治七年(1868)刻本　十冊

650000－1441－0002935　普62－1/1－9
三魚堂文集十二卷外集六卷附錄一卷　(清)陸隴其著　清刻本　九冊

650000－1441－0002936　普62－1/2－1
三朝北盟會編二百五十卷　(宋)徐夢莘撰　清光緒三十四年(1908)刻本　四十冊

650000－1441－0002937　普62－1/2－2
三蘇全集二百五十卷　(宋)蘇洵　(宋)蘇軾　(宋)蘇轍著　清道光十二年(1832)眉州三蘇祠刻本　八十冊

650000－1441－0002938　普62－1/3－7
三農紀二十四卷　(清)張宗法著　清乾隆十五年(1750)桂林堂刻本　六冊

650000－1441－0002939　普62－1/3－7－1
三農紀二十四卷　(清)張宗法著　清乾隆十五年(1750)桂林堂刻本　六冊

650000－1441－0002940　普62－1/4－1
三通序不分卷　盧靖錄　清光緒二十四年(1898)豐潤縣署刻本　一冊

650000－1441－0002941　普62－1/4－12
三世鄉賢錄□□卷　(清)劉源昆等撰　清刻本　一冊

650000－1441－0002942　普62－1/4－17
三河創業記五卷　(清)范壽金編輯　清光緒三十三年(1907)石印本　二冊

650000－1441－0002943　普62－1/4－18
三統朮衍三卷　(清)錢大昕撰　清嘉慶六年(1801)刻本　一冊

650000－1441－0002944　普62－1/4－19
三角數理十二卷　(英國)海麻士輯　清刻本　四冊

650000－1441－0002945　普62－1/4－5
三十家詩鈔六卷　(清)曾國藩編撰　清同治十三年(1874)傳忠書局刻本　六冊

650000－1441－0002946　普62－1/4－6
三垣二十八星宿圖說□□卷　(□)□□撰　清抄本　二冊

650000－1441－0002947　普62－1/4－7
三邑治略六卷　(清)熊賓撰　清光緒三十一年(1905)刻本　六冊

650000－1441－0002948　普62－1/4－8
三閭匯考五卷　(清)屈見復輯　清咸豐元年(1851)抄本　四冊

650000－1441－0002949　普62－1/4－9
三松堂集二十卷目錄一卷續集六卷　(清)潘奕雋著　清同治九年至十一年(1870－1872)刻本　八冊

650000－1441－0002950　普62－2/2－1
蘇文忠公詩合注五十卷　(宋)蘇軾著　清光緒三十四年(1908)德聚堂刻本　二十冊

650000－1441－0002951　普62－2/2－2

蘇文忠公詩合注五十卷 (宋)蘇軾著 清乾隆五十八年(1793)踵息堂刻本 二十四冊

650000－1441－0002952 普62－2/2－3
蘇文忠公詩編注集成總案一百三卷附韻山堂詩集七卷並附補遺詩 (宋)蘇軾著 清光緒十四年(1888)浙江書局刻本 二十四冊

650000－1441－0002953 普62－2/3－1
蘇文忠公詩集五十卷附錄二卷 (宋)蘇軾著 清同治八年(1869)韞玉山房刻本 十二冊

650000－1441－0002954 普62－2/3－1－1
蘇文忠公詩集五十卷附錄二卷 (宋)蘇軾著 清同治八年(1869)韞玉山房刻本 十二冊

650000－1441－0002955 普62－2/3－10
蘇子瞻二卷 (明)毛晉輯 清緣君亭刻本 二冊

650000－1441－0002956 普62－2/3－3
蘇文忠公全集七十五卷目錄一卷詩選十二卷 (宋)蘇軾著 清刻本 三十二冊

650000－1441－0002957 普62－2/3－4
蘇文忠公詩集擇粹十八卷 (宋)蘇軾著 清刻本 三冊

650000－1441－0002958 普62－2/4－1
粟香二筆八卷 金武祥著 清光緒九年(1883)刻本 四冊

650000－1441－0002959 普62－2/4－10
涑水記聞十六卷 (宋)司馬光撰 清光緒三年(1877)崇文書局刻本 四冊

650000－1441－0002960 普62－2/4－10－1
涑水記聞十六卷 (宋)司馬光撰 清光緒三年(1877)崇文書局刻本 四冊

650000－1441－0002961 普62－2/4－15
蘇潁濱[轍]年表一卷 (清)孫汝德編 清宣統元年(1909)刻本 一冊

650000－1441－0002962 普62－2/4－16
蘇盦集八卷 (清)楊葆光著 清光緒九年(1883)刻本 五冊

650000－1441－0002963 普62－2/4－17
盛世危言六卷 鄭觀應著 清宣統元年(1909)上海書局石印本 二冊 存二卷(一至二)

650000－1441－0002964 普62－2/4－18
盛世危言續編四卷 鄭觀應著 清光緒二十二年(1896)上海書局石印本 一冊 存三卷(一至二、四)

650000－1441－0002965 普62－2/4－2
粟香隨筆六卷二筆八卷三筆二卷 金武祥著 清光緒九年(1883)刻本 八冊

650000－1441－0002966 普62－2/4－21
盛世危言五卷 鄭觀應著 清光緒二十二年(1896)石印本 四冊

650000－1441－0002967 普62－2/4－4
粟香隨筆八卷二筆八卷三筆八卷四筆八卷五筆八卷 金武祥著 清光緒十三年(1887)掃葉山房石印本 十六冊

650000－1441－0002968 普62－2/4－4－1
粟香隨筆八卷二筆八卷三筆八卷四筆八卷五筆八卷 金武祥著 清光緒十三年(1887)掃葉山房石印本 十六冊

650000－1441－0002969 普62－2/4－6
涑水記聞十六卷補遺一卷 (宋)司馬光撰 清刻本 四冊

650000－1441－0002970 普62－2/4－6－1
涑水記聞十六卷補遺一卷 (宋)司馬光撰 清刻本 四冊

650000－1441－0002971 普62－2/4－7
涑水記聞十六卷 (宋)司馬光撰 清乾隆四十二年(1777)刻本 四冊

650000－1441－0002972 普62－2/4－8
涑水記聞十六卷 (宋)司馬光撰 清光緒九年(1883)解梁書院刻本 四冊

650000－1441－0002973 普62－3/2－4
沈文肅公政書七卷首一卷 (清)沈葆楨撰 清光緒六年(1880)掃葉山房刻本 十冊

650000－1441－0002974　普62－3/2－4－1
沈文肅公政書七卷首一卷　（清）沈葆楨撰　清光緒六年（1880）掃葉山房刻本　十册

650000－1441－0002975　普62－3/2－4－2
沈文肅公政書七卷首一卷　（清）沈葆楨撰　清光緒六年（1880）掃葉山房刻本　十册

650000－1441－0002976　普62－3/2－5
沈文忠公集十卷年譜一卷　（清）沈兆霖撰　清同治八年（1869）刻本　四册

650000－1441－0002977　普62－3/2－6
沈余遺書六卷年譜二卷　（清）沈近思著　清光緒二十二年（1896）江蘇書局刻本　一册

650000－1441－0002978　普62－3/2－7
星軺日記一卷　（清）沈炳垣著　清光緒十一年（1885）刻本　一册

650000－1441－0002979　普62－3/3－2
沈四山人詩錄六卷附錄一卷　（清）沈謹學著　清光緒三年（1877）八喜齋刻本　一册

650000－1441－0002980　普62－3/3－3
沈下賢文集十二卷　（唐）沈亞之著　清光緒二十一年（1895）刻本　一册

650000－1441－0002981　普62－3/4－3
聖諭像解二十卷首一卷　（清）梁延年輯　清刻本　五册　存八卷（三至九、十七）

650000－1441－0002982　普62－3/4－4
聖諭像解二十卷首一卷　（清）梁延年輯　清光緒十三年（1887）寶善堂刻本　十册

650000－1441－0002983　普62－3/4－7
勝朝遺事初編十六卷　（清）吳彌光輯　清光緒九年（1883）懺花盦刻本　二十四册

650000－1441－0002984　普62－3/5－1
升庵外集一百卷　（明）楊慎撰　清道光刻本　二十六册

650000－1441－0002985　普62－3/5－12
聲類表十卷首一卷　（清）戴震著　清嘉慶十四年（1809）渭南李氏刻本　一册　存五卷（一至四、首一卷）

650000－1441－0002986　普62－3/5－13
聲律啓蒙撮要二卷　（清）車萬育撰　清光緒十四年（1888）鑫記書莊刻本　一册　存一卷（上）

650000－1441－0002987　普62－3/5－14
聲調三譜四卷　（清）王祖源輯　清光緒八年（1882）福山王氏刻本　一册

650000－1441－0002988　普62－3/5－4
昇勤直公［寅］年譜二卷　（清）寶琳　（清）寶珣編　清刻本　二册

650000－1441－0002989　普62－3/5－7
聲韻易知四卷首一卷　（清）莊瑤編輯　清道光二十三年（1843）留有餘齋刻本　二册

650000－1441－0002990　普62－3/5－9
聲類表九卷首一卷　（清）戴震著　清刻本　一册

650000－1441－0002991　普62－4/1－1
隨園三十種二百七十二卷　（清）袁枚撰　清咸豐四年（1854）隨園刻本　八十册

650000－1441－0002992　普62－4/1－4
隨園同人尺牘四卷　（清）袁枚輯　清同治三年（1864）刻本　二册

650000－1441－0002993　普62－4/1－6
隨園隨筆二十八卷　（清）袁枚選　清刻本　五册

650000－1441－0002994　普62－4/1－7
隨園詩話十六卷附錄十卷　（清）袁枚選　清嘉慶元年（1796）刻本　七册

650000－1441－0002995　普62－4/2－1
隨庵徐氏叢書十種五十二卷續編十種三十八卷　徐乃昌輯　清光緒三十四年（1908）刻本　二十四册

650000－1441－0002996　普62－4/2－2
隨庵徐氏叢書十種四十七卷　徐乃昌輯　清光緒三十四年（1908）刻本　十二册

650000－1441－0002997　普62－4/2－2－1
隨庵徐氏叢書十種四十七卷　徐乃昌輯　清

光緒三十四年(1908)刻本　十二册

650000-1441-0002998　普62-4/3-1
隋經籍志考證十三卷　(清)章宗源撰　清光緒三年(1877)湖北崇文書局刻本　四册

650000-1441-0002999　普62-4/3-2
隋書經籍志四卷　(唐)長孫無忌撰　**舊唐書經籍志二卷**　(五代)劉昫撰　清刻本　三册

650000-1441-0003000　普62-4/3-3
隨軒金石文字九種　(清)徐渭仁輯　清刻本　四册

650000-1441-0003001　普62-4/3-6
邃懷堂駢文箋注十六卷　(清)袁翼撰　清光緒十四年(1888)刻本　八册

650000-1441-0003002　普62-4/3-7
邃雅堂集十卷　(清)姚文田撰　清道光元年(1821)刻本　四册

650000-1441-0003003　普62-4/3-7-1
邃雅堂集十卷　(清)姚文田撰　清道光元年(1821)刻本　四册

650000-1441-0003004　普62-4/4-5
綏寇紀略十二卷附録三卷　(清)吳偉業撰　清光緒申報館鉛印本　八册

650000-1441-0003005　普62-4/4-5-1
綏寇紀略十二卷附録三卷　(清)吳偉業撰　清光緒申報館鉛印本　八册

650000-1441-0003006　普62-4/4-8
碎金詞譜六卷　(清)謝元淮輯　清道光二十三年(1843)刻本　五册

650000-1441-0003007　普62-4/4-9
碎金詞一卷　(清)謝元淮著　清道光二十四年(1844)刻本　一册

650000-1441-0003008　普63-1/1-1
授堂遺書八種　(清)武億撰　清道光二十三年(1843)授經堂刻本　十六册

650000-1441-0003009　普63-1/1-6
受祺堂詩三十五卷　(清)李因篤著　清刻本　一册　缺一卷(四)

650000-1441-0003010　普63-1/1-7
壽萱集一卷　(清)陸日愛錄　清道光二十九年(1849)刻本　一册

650000-1441-0003011　普63-1/1-8
壽山堂易說不分卷　(清)呂嚴撰　清嘉慶十四年(1809)刻本　六册

650000-1441-0003012　普63-1/3-1
水經注四十卷首一卷　(北魏)酈道元撰　清乾隆三十九年(1774)刻本　三十二册

650000-1441-0003013　普63-1/3-3
水經四十卷附錄二卷　(漢)桑欽撰　(北魏)酈道元注　清嘉慶二年(1797)刻本　七册　存二十七卷(一至六、十六至二十四、二十九至四十)

650000-1441-0003014　普63-1/3-6
水經注四十卷　(北魏)酈道元撰　清刻本　二册　存二卷(三十三、三十八)

650000-1441-0003015　普63-1/3-7
水師操練十八卷附錄一卷首一卷　(英國)傅蘭雅口譯　清光緒刻本　三册

650000-1441-0003016　普63-1/3-8
水師章程十四卷附錄四卷　(美國)林樂知口譯　清光緒刻本　十五册

650000-1441-0003017　普63-1/4-1
水石緣三十八卷　(清)李春榮編　清乾隆三十九年(1774)經綸堂刻本　四册

650000-1441-0003018　普63-1/4-10
書經六卷　(宋)蔡沈集傳　清光緒十四年(1888)文美齋刻本　四册

650000-1441-0003019　普63-1/4-11
書經六卷　(宋)蔡沈集傳　清光緒三十二年(1906)文美齋刻本　四册

650000-1441-0003020　普63-1/4-12
書經六卷　(宋)蔡沈集傳　清同治十年(1871)刻本　四册

650000－1441－0003021　普 63－1/4－17
書經體注大全圖錄六卷　(宋)蔡沈集傳　清同治七年(1868)三益堂刻本　四冊

650000－1441－0003022　普 63－1/4－18
書經精義四卷首一卷末一卷　(清)黄淦撰　清嘉慶九年(1804)養正堂刻本　一冊

650000－1441－0003023　普 63－1/4－2
水滸後傳八卷四十四回　(清)陳忱著　清刻本　八冊

650000－1441－0003024　普 63－1/4－6
水黄牛經大全二卷　(明)喻本元　(明)喻本亨撰　清末石印本　一冊

650000－1441－0003025　普 63－1/4－7
水心先生别集十六卷　(宋)葉適著　清同治十一年(1872)詒善祠塾刻本　四冊

650000－1441－0003026　普 63－1/4－8
睡餘偶筆二卷　(清)雷浚著　清光緒十年(1884)詒善祠塾刻本　一冊

650000－1441－0003027　普 63－1/5－2
書經詮義十二卷首二卷　(清)王烜集　清光緒七年(1881)紫陽書院刻本　十三冊

650000－1441－0003028　普 63－1/5－2－1
書經詮義十二卷首二卷　(清)王烜集　清光緒七年(1881)紫陽書院刻本　十三冊

650000－1441－0003029　普 63－1/5－6
書古微十二卷首一卷　(清)魏源著　清光緒四年(1878)淮南書局刻本　四冊

650000－1441－0003030　普 63－1/5－6－1
書古微十二卷首一卷　(清)魏源著　清光緒四年(1878)淮南書局刻本　四冊

650000－1441－0003031　普 63－1/5－6－2
書古微十二卷首一卷　(清)魏源著　清光緒四年(1878)淮南書局刻本　四冊

650000－1441－0003032　普 63－1/5－6－3
書古微十二卷首一卷　(清)魏源著　清光緒四年(1878)淮南書局刻本　四冊

650000－1441－0003033　普 63－1/5－7
書畫鑑影二十四卷　(清)李佐賢編輯　清同治十年(1871)利津李氏刻本　二冊　存十二卷(一至十二)

650000－1441－0003034　普 63－1/5－8
書法正傳十卷　(清)馮武編輯　清同治十二年(1873)大魁堂刻本　四冊

650000－1441－0003035　普 63－2/1－1
書斷三卷　(唐)張懷瓘撰　清抄本　一冊

650000－1441－0003036　普 63－2/1－10
蜀事問答四卷　(清)□□撰　清末刻本　一冊

650000－1441－0003037　普 63－2/1－11
蜀道驛程考略一卷　(清)胡薇元撰　清光緒九年(1883)刻本　一冊

650000－1441－0003038　普 63－2/1－13
蜀碧四卷　(清)彭遵泗編　清光緒九年(1883)肇經堂刻本　二冊

650000－1441－0003039　普 63－2/1－16
蜀水考四卷　(清)陳登龍著　清道光五年(1825)刻本　四冊

650000－1441－0003040　普 63－2/1－17
蜀水考四卷　(清)陳登龍著　清道光五年(1825)刻本　二冊

650000－1441－0003041　普 63－2/1－18
蜀水考四卷　(清)陳登龍著　清光緒十六年(1890)成都試院刻本　二冊

650000－1441－0003042　普 63－2/1－3
書傳補商十七卷　(清)戴鈞衡述　清刻本　六冊

650000－1441－0003043　普 63－2/1－4
書音二卷　(□)□□撰　清刻本　一冊

650000－1441－0003044　普 63－2/1－5
書目答問十七卷　(清)張之洞撰　清光緒二年(1876)刻本　二冊

650000－1441－0003045　普 63－2/1－6

蜀秀集九卷　(清)譚宗浚訂　清光緒五年(1879)成都試院刻本　八冊

650000-1441-0003046　普 63-2/1-9
蜀輶日記四卷　(清)陶澍著　清光緒七年(1881)江州官舍刻本　二冊

650000-1441-0003047　普 63-2/1-9-1
蜀輶日記四卷　(清)陶澍著　清光緒七年(1881)江州官舍刻本　二冊

650000-1441-0003048　普 63-2/1-9-2
蜀輶日記四卷　(清)陶澍著　清光緒七年(1881)江州官舍刻本　二冊

650000-1441-0003049　普 63-2/2-1
蜀燹述略六卷　(清)余鴻觀撰　清光緒昌福公司鉛印本　四冊

650000-1441-0003050　普 63-2/2-10
述學三卷附錄三卷　(清)汪中撰　清同治八年(1869)揚州書局刻本　四冊

650000-1441-0003051　普 63-2/2-12
述記三十四種三十六卷　(清)任兆麟著　清乾隆五十二年(1787)映雪草堂刻本　八冊

650000-1441-0003052　普 63-2/2-13
述記三十四種三十六卷　(清)任兆麟著　清乾隆五十三年(1788)映雪草堂刻本　四冊

650000-1441-0003053　普 63-2/2-6
蜀語一卷　(明)李實撰　清刻本　一冊

650000-1441-0003054　普 63-2/2-7
蜀學編二卷　(清)方守道輯　清光緒二十七年(1901)錦江書局刻本　二冊

650000-1441-0003055　普 63-2/2-8
蜀石經殘字一卷　(清)陳宗彝撰　清道光六年(1826)三山陳氏刻本　一冊

650000-1441-0003056　普 63-2/2-9
蜀典十二卷　(清)張澍編輯　清光緒二年(1876)尊經書院刻本　四冊

650000-1441-0003057　普 63-4/2-12
雙楳景闇叢書十一種二十六卷　葉德輝輯　清光緒二十九年(1903)刻本　四冊

650000-1441-0003058　普 63-4/2-12-1
雙楳景闇叢書十一種二十六卷　葉德輝輯　清光緒二十九年(1903)刻本　四冊

650000-1441-0003059　普 63-4/2-12-2
雙楳景闇叢書十一種二十六卷　葉德輝輯　清光緒二十九年(1903)刻本　四冊

650000-1441-0003060　普 63-4/2-17
雙池先生[汪紱]年譜四卷　(清)余龍光編　清光緒二十二年(1896)刻本　二冊

650000-1441-0003061　普 63-4/2-2
孫文恭公遺書七種二十卷附錄一卷　(明)孫應鰲著　清宣統二年(1910)南洋官書局刻本　八冊

650000-1441-0003062　普 63-4/2-3
孫淵如先生[星衍]年譜二卷　(清)張紹南撰　清刻本　一冊

650000-1441-0003063　普 63-4/2-3-1
孫淵如先生[星衍]年譜二卷　(清)張紹南撰　清刻本　一冊

650000-1441-0003064　普 63-4/2-6
孫可之文集二卷　(唐)孫樵著　清宣統二年(1910)刻本　四冊

650000-1441-0003065　普 63-4/3-1
邵武徐氏叢書八種六十四卷　(清)徐幹輯　清光緒十四年(1888)邵武徐氏刻本　十六冊　缺五卷(鑱書一至五)

650000-1441-0003066　普 63-4/3-10
少室山房筆叢四十八卷　(明)胡應麟撰　清光緒二十二年(1896)廣雅書局刻本　八冊　存三十四卷(一至三十四)

650000-1441-0003067　普 63-4/3-4
靖康傳信錄三種十卷　(宋)李綱著　清光緒十年(1884)邵武徐氏刻本　二冊

650000-1441-0003068　普 63-4/4-10
算牖四卷　(清)許桂林學　清光緒十五年(1889)志古堂刻本　二冊

650000－1441－0003069　普 63－4/4－2
算草叢存四卷　(清)華蘅芳著　清光緒二十二年(1896)文海書局石印本　二冊

650000－1441－0003070　普 63－4/4－2－1
算草叢存四卷　(清)華蘅芳著　清光緒二十二年(1896)文海書局石印本　二冊　缺三卷(一、三至四)

650000－1441－0003071　普 63－4/4－2－2
算草叢存四卷　(清)華蘅芳著　清光緒二十二年(1896)文海書局石印本　二冊　缺二卷(三至四)

650000－1441－0003072　普 63－4/4－3
算草叢存四卷　(清)華蘅芳著　清刻本　一冊　存二卷(一至二)

650000－1441－0003073　普 63－4/4－4
算草叢存四卷　(清)華蘅芳著　清刻本　一冊　存一卷(二)

650000－1441－0003074　普 63－4/4－6
算學□□卷　(明)程大位編集　清光緒三年(1877)刻本　五冊　存一卷(算學六)

650000－1441－0003075　普 63－4/4－7
算經十書十種　(明)程大位編集　清光緒二十二年(1896)石印本　五冊　存三卷(算學一至二、四)

650000－1441－0003076　普 63－4/4－8
演算法須知不分卷　(清)華蘅芳輯　清光緒十三年(1887)刻本　一冊

650000－1441－0003077　普 63－4/4－9
演算法初津二十四章　(□)□□撰　清光緒二十八年(1902)公義書院刻本　一冊

650000－1441－0003078　普 63－4/5－3
掃紅亭吟稿十四卷　(清)馮雲鴻撰　清道光十年(1830)刻本　十冊

650000－1441－0003079　普 63－4/5－5
瘦松柏齋初集八卷別集二卷外集一卷試帖律賦一卷　(清)陳文瑞撰　清道光四年(1824)刻本　六冊

650000－1441－0003080　普 64－1/1－2
通鑑紀事本末二百三十九卷　(宋)袁樞編　清光緒二十四年(1898)思賢書局刻本　六十四冊

650000－1441－0003081　普 64－1/2－1
通鑑紀事本末二百三十九卷　(宋)袁樞編　清同治十二年(1873)江西書局石印本　八十冊

650000－1441－0003082　普 64－1/3－1
通鑑紀事本末二百三十九卷　(宋)袁樞編　清光緒二十四年(1898)文瀾書局石印本　二十四冊

650000－1441－0003083　普 64－1/3－2
通鑑答問五卷　(宋)王應麟著　清刻本　二冊

650000－1441－0003084　普 64－1/3－3
通鑑答問五卷　(宋)王應麟著　清刻本　一冊

650000－1441－0003085　普 64－1/3－4
通鑑地理通釋十四卷　(宋)王應麟著　清刻本　三冊

650000－1441－0003086　普 64－1/3－4－1
通鑑地理通釋十四卷　(宋)王應麟著　清刻本　三冊

650000－1441－0003087　普 64－1/3－6
通鑑地理通釋十四卷　(宋)王應麟著　清刻本　二冊　存七卷(六至十二)

650000－1441－0003088　普 64－1/3－7
通鑑綱目分注補遺三卷　(清)芮長恤述　清刻本　二冊　存二卷(二至三)

650000－1441－0003089　普 64－1/4－2
通志二百卷　(宋)鄭樵撰　清光緒二十七年(1901)圖書集成局刻本　六十冊

650000－1441－0003090　普 64－1/4－2－1
通志二百卷　(宋)鄭樵撰　清光緒二十七年(1901)圖書集成局刻本　六十冊

650000－1441－0003091　普 64－1/4－2－2

通志二百卷　(宋)鄭樵撰　清光緒二十七年(1901)圖書集成局刻本　五十五冊　缺五卷(五十八至六十二)

650000－1441－0003092　普 64－1/4－2－3
通志二百卷附考證三卷　(宋)鄭樵撰　清光緒二十七年(1901)圖書集成局刻本　五十九冊

650000－1441－0003093　普 64－1/5－2
通志二百卷　(宋)鄭樵撰　清咸豐九年(1859)崇仁謝氏刻本　一百六十冊

650000－1441－0003094　普 64－2/2－1
通志六十七卷　(宋)鄭樵著　清嘉慶十一年(1806)長洲彭氏刻本　二十冊　缺二卷(藝文略一至二)

650000－1441－0003095　普 64－2/2－2
通典二百卷　(唐)杜佑纂　清咸豐九年(1859)崇仁謝氏刻本　四十冊

650000－1441－0003096　普 64－2/3－1
通典二百卷　(唐)杜佑纂　清光緒二十七年(1901)圖書集成局刻本　十六冊

650000－1441－0003097　普 64－2/3－1－1
通典二百卷　(唐)杜佑纂　清光緒二十七年(1901)圖書集成局刻本　十六冊

650000－1441－0003098　普 64－2/3－1－2
通典二百卷　(唐)杜佑纂　清光緒二十七年(1901)圖書集成局刻本　十六冊

650000－1441－0003099　普 64－2/3－1－3
通典二百卷　(唐)杜佑纂　清光緒二十七年(1901)圖書集成局刻本　十六冊

650000－1441－0003100　普 64－2/3－5
通商約章類纂二十八卷　(□)□□撰　清末刻本　五冊　存六卷(三至七、二十八)

650000－1441－0003101　普 64－2/3－6
通商各國條約不分卷　(清)總理衙門輯　清光緒鉛印本　十六冊

650000－1441－0003102　普 102－4/3－7
[光緒]西藏圖考八卷首一卷　(清)黄沛翹輯　清光緒二十三年(1897)刻本　六冊

650000－1441－0003103　普 64－2/3－9
通天臺不分卷　(清)灌隱主人原本　清刻本　一冊

650000－1441－0003104　普 64－2/4－1
桐城吴氏古文讀本十三卷　(清)吳汝綸撰　清光緒二十九年(1903)華北書局油印本　四冊

650000－1441－0003105　普 64－2/4－10
同人唱和詩集不分卷　(清)黄丕烈輯　清道光四年(1824)士禮齋刻本　四冊

650000－1441－0003106　普 64－2/4－12
同治中興京外奏議約編八卷　(清)陳弢編　清光緒元年(1875)刻本　四冊

650000－1441－0003107　普 64－2/4－2
桐城吴先生全集八卷　(清)吳汝綸著　清光緒三十年(1904)吳氏刻本　四冊

650000－1441－0003108　普 64－2/4－6
桐陰清話八卷　(清)倪鴻著　清同治十三年(1874)刻本　四冊

650000－1441－0003109　普 64－2/4－9
同人集十二卷　(清)冒襄輯　清道光二十六年(1846)水繪園刻本　十二冊

650000－1441－0003110　普 64－2/5－5
童山詩選四十二卷附錄二卷　(清)李調元著　清刻本　十二冊

650000－1441－0003111　普 64－2/5－6
童山詩選集五卷　(清)李調元著　清道光十五年(1835)古棠書屋刻本　二冊

650000－1441－0003112　普 64－2/5－7
童癡二弄山歌十卷　(明)馮夢龍編　清抄本　四冊　存九卷(一至四、六至十)

650000－1441－0003113　普 64－3/2－4
唐宋大家類選十四卷　(清)儲欣評　清乾隆三十八年(1773)同文堂刻本　八冊

650000－1441－0003114　普 64－3/2－6

文粹一百卷　(宋)姚鉉纂　清光緒十六年(1890)許氏榆園刻本　十六册

650000－1441－0003115　普64－3/2－6－1
文粹一百卷　(宋)姚鉉纂　清光緒十六年(1890)許氏榆園刻本　十六册

650000－1441－0003116　普64－3/3－8
唐人五十家小集五十集　(清)江標校刊　清光緒二十一年(1895)元和江氏靈鶼閣影印本　二十四册

650000－1441－0003117　普64－3/4－10
唐代叢書一百六十四卷　(清)王文誥輯　清石印本　十二册

650000－1441－0003118　普64－3/4－10－1
唐代叢書一百六十四卷　(清)王文誥輯　清石印本　十二册

650000－1441－0003119　普64－3/4－3
唐人萬首絕句選七卷　(宋)洪邁元本　清刻本　一册

650000－1441－0003120　普64－3/4－4
唐人說薈二十卷　(清)陳世熙輯　清刻本　二十册

650000－1441－0003121　普64－3/4－5
唐人說薈二十卷　(清)陳世熙輯　清乾隆五十七年(1792)翰寶樓刻本　十九册　存十八卷(一至七、九、十一至二十)

650000－1441－0003122　普64－3/4－7
唐人試律說一卷　(清)紀昀撰　清乾隆二十七年(1762)刻本　一册

650000－1441－0003123　普64－3/4－9
唐代叢書一百六十四卷　(清)王文誥輯　清嘉慶十一年(1806)刻本　十六册

650000－1441－0003124　普64－3/5－11
唐詩摘句分韻編二十六卷　(清)郭嵩齡輯　清道光二十九年(1849)刻本　八册

650000－1441－0003125　普64－3/5－12
唐詩嶺雲集十六卷　(清)吳楚選評　清刻本　三册

650000－1441－0003126　普64－3/5－14
唐詩金粉十卷　(清)沈炳震輯　清光緒十五年(1889)崇德書局刻本　五册

650000－1441－0003127　普64－3/5－15
唐詩繹三十卷　(清)楊逢春輯　清乾隆三十九年(1774)刻本　六册　存十八卷(一至三、十六至三十)

650000－1441－0003128　普64－3/5－16
唐詩選六卷　王闓運撰　清光緒十二年(1886)尊經書院刻本　七册

650000－1441－0003129　普64－3/5－17
唐詩三百首註疏六卷　(清)孫洙編　清刻本　一册　存一卷(二)

650000－1441－0003130　普64－3/5－18
唐詩三百首六卷　(清)孫洙編　清咸豐十一年(1861)稽古堂刻本　二册

650000－1441－0003131　普64－3/5－19
唐詩三百首註疏六卷續選一卷　(清)孫洙編　清道光十五年(1835)同文堂刻本　四册

650000－1441－0003132　普64－3/5－6
唐語林八卷　(宋)王讜撰　清光緒二十二年(1896)惜陰軒石印本　四册

650000－1441－0003133　普64－3/5－7
唐語林八卷　(宋)王讜撰　清乾隆三十九年(1774)木活字印本　八册

650000－1441－0003134　普64－3/5－8
唐語林八卷　(宋)王讜撰　清光緒十九年(1893)官書處刻本　四册

650000－1441－0003135　普64－4/1－1
唐詩鼓吹評註二卷　(清)錢謙益註　(清)何焯評註　清末石印本　一册

650000－1441－0003136　普64－4/1－10
唐陸宣公奏議全集四卷首一卷續十卷　(清)汪銘謙　(清)潘六鰲編　清同治五年(1866)楊文敬刻本　六册

650000－1441－0003137　普64－4/1－12
唐韻正二十卷　(清)顧炎武著　清刻本　三

冊　存十卷(五至十四)

650000－1441－0003138　普64－4/1－11
唐韻正二十卷附古音表二卷　(清)顧炎武著　清刻本　八冊

650000－1441－0003139　普64－4/1－6
唐柳河東集四十五卷遺文二卷　(唐)柳宗元著　清刻本　十一冊

650000－1441－0003140　普64－4/1－7
唐陸宣公翰苑集二十四卷首一卷　(唐)陸贄著　清光緒十八年(1892)柏經正堂刻本　八冊

650000－1441－0003141　普64－4/1－9
唐陸宣公翰苑集二十二卷　(唐)陸贄著　清咸豐十一年(1861)崇仁謝氏刻本　六冊

650000－1441－0003142　普64－4/2－2
項刻唐四傑集四種三十七卷　(清)項家達撰　清乾隆四十六年(1781)刻本　七冊　存二十一卷(王子安集一至八、楊盈川集六至十、盧昇之集四至七、駱丞集一至四)

650000－1441－0003143　普64－4/2－3
唐堂集四十六卷補遺二卷續八卷　(清)黃之雋輯　清乾隆六年(1741)刻本　十二冊

650000－1441－0003144　普64－4/2－4
唐書四種二百二十五卷　(宋)歐陽修撰　清同治十二年(1873)浙江書局刻本　四十冊

650000－1441－0003145　普64－4/2－5
故唐律疏議三十卷　(唐)長孫無忌撰　清嘉慶十六年(1811)刻本　十一冊

650000－1441－0003146　普64－4/3－3
唐五代詞選三卷　(清)馮煦輯　清光緒十三年(1887)刻本　一冊

650000－1441－0003147　普64－4/3－8
唐會要一百卷　(宋)王溥撰　清乾隆三十九年(1774)武英殿聚珍版刻本　十九冊

650000－1441－0003148　普64－4/4－13
唐書藝文志四卷　(宋)歐陽修撰　清刻本　二冊

650000－1441－0003149　普64－4/4－2
唐音審體二十卷　(清)錢良擇編　清光緒九年(1883)後知不足齋刻本　六冊

650000－1441－0003150　普64－4/4－3
唐中興間氣集二卷　(唐)高仲武撰　清武進費氏刻本　二冊

650000－1441－0003151　普64－4/4－4
唐石經校文十卷　(清)嚴可均撰　清嘉慶七年(1802)元尚居刻本　四冊

650000－1441－0003152　普64－4/4－5
唐丞相曲江張文獻公集十二卷　(唐)張九齡著　清光緒十六年(1890)刻本　四冊

650000－1441－0003153　普64－4/4－7
唐皮日休文藪十卷　(唐)皮日休撰　清光緒二十一年(1895)刻本　二冊

650000－1441－0003154　普64－4/4－9
唐駢體文鈔十七卷　(清)陳均輯　清同治十二年(1873)同業公會刻本　五冊

650000－1441－0003155　普64－4/5－1
湯子遺書十卷首一卷續編二卷擬明史稿二十卷　(清)湯斌著　清同治九年(1870)湯氏祠堂刻本　三十冊

650000－1441－0003156　普64－4/5－4
湯文正公[斌]年譜一卷　(清)方苞考訂　清乾隆二年(1737)刻本　一冊

650000－1441－0003157　普65－1/1－1
太平御覽一千卷目錄十五卷　(宋)李昉纂　清光緒十八年(1892)學海堂刻本　一百冊

650000－1441－0003158　普65－1/1－1－1
太平御覽一千卷目錄十五卷　(宋)李昉纂　清光緒十八年(1892)學海堂刻本　一百冊

650000－1441－0003159　普65－1/3－1
太平御覽一千卷目錄十五卷　(宋)李昉纂　清嘉慶十七年(1812)歙鮑氏刻本　一百二十冊

650000－1441－0003160　普65－1/4－1
太平御覽一千卷目錄十五卷　(宋)李昉纂

清末石印本　三十二册

650000－1441－0003161　普65－1/5－11
太上感應篇圖説四卷　（清）朱日豐輯　清刻本　四册

650000－1441－0003162　普65－1/5－4
太平天國史事日誌二卷　（清）柴方青撰　清末刻本　二册

650000－1441－0003163　普65－1/5－4－1
太平天國史事日誌二卷　（清）柴方青撰　清末刻本　二册

650000－1441－0003164　普65－1/5－4－2
太平天國史事日誌二卷　（清）柴方青撰　清末刻本　二册

650000－1441－0003165　普65－1/5－4－3
太平天國史事日誌二卷　（清）柴方青撰　清末刻本　二册

650000－1441－0003166　普65－1/5－5
太平經國之書十一卷附夏小正戴氏傳三卷　（宋）鄭伯謙著　明嘉靖四十五年（1566）通志堂刻本　二册

650000－1441－0003167　普65－2/1－10
太湖備考續編三卷　（清）鄭言紹輯　清光緒二十九年（1903）憩園刻本　三册

650000－1441－0003168　普65－2/1－13
泰西新史攬要三十二卷　（英國）馬懇西著　清光緒二十七年（1901）美華書局鉛印本　五册

650000－1441－0003169　普65－2/1－17
苔岑集初刊十八卷　（清）蔣棨渭輯　清道光三十年（1850）刻本　六册　存十六卷（一至十六）

650000－1441－0003170　普65－2/1－3
太乙數統宗大全四十卷　（清）李自明著　清乾隆四十五年（1780）集福堂刻本　十一册　存十一卷（六至十六）

650000－1441－0003171　普65－2/1－5
太湖備考十六卷　（清）金友理纂述　清刻本　四册

650000－1441－0003172　普65－2/1－7
太霞新奏十四卷　（明）沈伯英撰　清刻本　六册

650000－1441－0003173　普65－2/1－8
太和正音譜二卷　（元）朱權著　清末石印本　二册

650000－1441－0003174　普65－2/1－9
太上道君修身了道妙經六卷　（清）中一老人鑒定　清宣統三年（1911）養身仙苑刻本　六册

650000－1441－0003175　普65－2/2－6
亭林遺書十種二十七卷　（清）顧炎武著　清刻本　八册

650000－1441－0003176　普65－2/2－8
亭林遺書十種二十三卷　（清）顧炎武著　清刻本　十二册

650000－1441－0003177　普65－2/3－1
亭林文集六卷餘集一卷　（清）顧炎武著　清刻本　四册

650000－1441－0003178　普65－2/3－3
亭林詩集五卷　（清）顧炎武著　（清）顧衍生編　清末石印本　二册

650000－1441－0003179　普65－2/3－5
亭林文集六卷　（清）顧衍生編　清刻本　一册　存三卷（一至三）

650000－1441－0003180　普65－2/3－6
亭林先生餘集一卷　（清）顧衍生編　清乾隆三十八年（1773）刻本　一册

650000－1441－0003181　普65－2/3－7
亭林先生［顧炎武］年譜一卷　（清）顧衍生原本　清道光十七年（1837）刻本　一册

650000－1441－0003182　普65－2/3－8
程史十二卷　（宋）岳珂著　清刻本　一册　存三卷（十至十二）

650000－1441－0003183　普65－2/5－1

天下才子必讀書十五卷末一卷　(清)金聖歎評　清刻本　八册

650000－1441－0003184　普65－2/5－11
天方性理圖傳五卷首一卷　(清)劉智纂述　清道光二年(1822)還淳堂刻本　六册

650000－1441－0003185　普65－2/5－6
天方典禮擇要解二十卷後編一卷　(清)劉智纂述　(清)楊裴菉較　清刻本　二册　存八卷(六至九、十八至二十,後編一卷)

650000－1441－0003186　普65－2/5－7
天方典禮擇要解二十卷附歸正儀解一卷　(清)劉智纂述　(清)楊裴菉較　清刻本　一册　存二卷(一至二)

650000－1441－0003187　普65－2/5－8
天方歷源一卷　(清)馬德新著　清刻本　一册

650000－1441－0003188　普65－2/5－9
天方性理圖傳五卷首一卷　(清)劉智纂述　清乾隆二十五年(1760)敬畏堂刻本　八册

650000－1441－0003189　普65－3/1－1
天咫偶聞十卷　震鈞著　清光緒三十三年(1907)甘棠轉舍刻本　八册

650000－1441－0003190　普65－3/1－10
天下才子必讀書十五卷末一卷　(清)金聖歎評　清刻本　八册

650000－1441－0003191　普65－3/1－11
天下郡国利病書一百二十卷　(清)顧炎武輯　清光緒二十七年(1901)二林齋鉛印本　二十八册

650000－1441－0003192　普65－3/1－3
天祿閣外史八卷　(漢)黄憲著　清刻本　二册

650000－1441－0003193　普65－3/1－4
天祿閣外史八卷　(漢)黄憲著　清刻本　六册

650000－1441－0003194　普65－3/1－5
天岳山舘文鈔四十卷　(清)李元度著　清光緒六年(1880)爽溪精舍刻本　十六册

650000－1441－0003195　普65－3/2－1
天花亂墜二集八卷　(清)寅半生輯　清刻本　四册

650000－1441－0003196　普65－3/2－2
天花亂墜八卷　(清)寅半生輯　清光緒二十九年(1903)崇實齋刻本　四册

650000－1441－0003197　普65－3/2－2－1
天花亂墜八卷　(清)寅半生輯　清光緒二十九年(1903)崇實齋刻本　四册

650000－1441－0003198　普65－3/2－4
天真閣集五十四卷外集六卷附長真閣詩集七卷詩餘一卷　(清)孫原湘著　清光緒十七年(1891)強氏南皐草廬刻本　十册　缺五卷(長真閣詩集三至七)

650000－1441－0003199　普65－3/2－5
天真閣集五十四卷外集六卷附長真閣詩集七卷詩餘一卷　(清)孫原湘著　清光緒刻本　十六册　存七卷(長真閣詩集七卷)

650000－1441－0003200　普65－3/2－8
天籟集二卷　(元)白樸著　清光緒三十一年(1905)四印軒刻本　一册

650000－1441－0003201　普65－3/3－11
鐵琴銅劍樓藏書目錄二十四卷　(清)瞿鏞撰　清光緒二十四年(1898)常熟瞿氏刻本　八册　存五卷(十六至二十)

650000－1441－0003202　普65－3/3－11－1
鐵琴銅劍樓藏書目錄二十四卷　(清)瞿鏞撰　清光緒二十四年(1898)常熟瞿氏刻本　十册

650000－1441－0003203　普65－3/3－15
鐵崖詩集三種二十六卷首一卷附錄一卷　(元)楊維禎著　清光緒十四年(1888)樓氏崇德堂刻本　六册

650000－1441－0003204　普65－3/3－15－1
鐵崖詩集三種二十六卷首一卷附錄一卷　(元)楊維禎著　清光緒十四年(1888)樓氏崇

德堂刻本　六册

650000－1441－0003205　普 65－3/3－15－2

鐵崖詩集三種二十六卷首一卷附録一卷　(元)楊維禎著　清光緒十四年(1888)樓氏崇德堂刻本　二册　存九卷(鐵崖樂府注一至五、鐵崖詠史注一至四)

650000－1441－0003206　普 65－3/3－2

天壤閣雜記不分卷　(清)王懿榮著　清光緒二十一年(1895)長沙使院刻本　一册

650000－1441－0003207　普 65－3/3－3

天演論二卷　(英國)赫胥黎著　清光緒二十七年(1901)富文書局石印本　一册

650000－1441－0003208　普 65－3/3－4

天聖明道本國語二十一卷　(春秋)左丘明著　清嘉慶五年(1800)讀未見書齋刻本　一册　存四卷(一至四)

650000－1441－0003209　普 65－3/3－6

天文圖說四卷　(英國)柯雅各撰　(美國)摩嘉立　(清)薛成恩譯　清光緒九年(1883)益智書會刻本　一册

650000－1441－0003210　普 65－3/3－8

天開圖畫樓文稿四卷　(清)郭柏蔭著　清刻本　一册

650000－1441－0003211　普 65－3/4－10

漢簡六卷　(宋)郭忠恕撰　清光緒十年(1884)據澤存堂五種影刻本　二册

650000－1441－0003212　普 65－3/4－14

鐵網珊瑚二十卷　(明)都穆撰　清乾隆五十三年(1788)刻本　一册

650000－1441－0003213　普 65－3/4－15

鐵橋漫稿八卷　(清)嚴可均撰　清光緒十一年(1885)長洲蔣氏刻本　三册

650000－1441－0003214　普 65－3/4－3

鐵雲藏陶不分卷　(清)劉鶚輯　清光緒三十年(1904)抱殘守缺齋石印本　四册

650000－1441－0003215　普 65－3/4－8

鐵華舘叢書四十五卷　(清)蔣鳳藻輯　清光緒影印本　十二册

650000－1441－0003216　普 65－3/4－9

鐵華舘叢書四十五卷　(清)蔣鳳藻輯　清光緒影刻本　六册

650000－1441－0003217　普 65－3/4－9－1

鐵華舘叢書四十五卷　(清)蔣鳳藻輯　清光緒影刻本　六册

650000－1441－0003218　普 65－3/4－9－2

鐵華舘叢書四十五卷　(清)蔣鳳藻輯　清光緒影刻本　六册

650000－1441－0003219　普 65－3/5－14

陶淵明文集十卷　(晉)陶潛著　清同治二年(1863)何氏篤慶堂刻本　二册

650000－1441－0003220　普 65－3/5－16

陶淵明文集十卷　(晉)陶潛著　清光緒五年(1879)刻本　三册

650000－1441－0003221　普 65－3/5－16－1

陶淵明文集十卷　(晉)陶潛著　清光緒五年(1879)刻本　三册

650000－1441－0003222　普 65－3/5－16－2

陶淵明文集十卷　(晉)陶潛著　清光緒五年(1879)刻本　三册

650000－1441－0003223　普 65－3/5－2

藤陰雜記十二卷　(清)戴璐撰　清嘉慶元年(1796)刻本　一册

650000－1441－0003224　普 65－3/5－5

剔弊廣增分韻五方母音三十卷首一卷　(清)趙培梓輯　清末會文堂石印本　四册

650000－1441－0003225　普 65－3/5－6

剔弊廣增分韻五方母音韻法析說二卷首一卷　(清)趙培梓輯　清光緒三十年(1904)書業德刻本　二册

650000－1441－0003226　普 65－3/5－9

題名碑録不分卷　(清)李周望編　清同治十三年(1874)抄本　一册

650000－1441－0003227　普 65－4/1－1

陶文毅公全集六十四卷首一卷末一卷 (清)陶澍著 清道光二十年(1840)兩淮淮北士民刻本 二十四册

650000－1441－0003228 普65－4/1－2
陶齋吉金錄八卷 (清)端方著 清光緒三十四年(1908)刻本 十册

650000－1441－0003229 普65－4/1－4
陶齋吉金續錄二卷 (清)端方著 清宣統元年(1909)刻本 二册

650000－1441－0003230 普65－4/2－11
桃花扇二卷 (清)孔尚任編 清刻本 二册

650000－1441－0003231 普65－4/2－13
桃溪雪二卷 (清)吳廷康輯 清咸豐三年(1853)雲鶴仙觀刻本 十三册

650000－1441－0003232 普65－4/2－3
陶集箋注十卷 (晉)陶潛撰 清末石印本 四册

650000－1441－0003233 普65－4/2－4
陶菴集二十二卷首一卷末一卷 (明)黄淳耀著 清光緒五年(1879)刻本 四册 存十一卷(七、十二至十六、二十至二十二,首一卷,末一卷)

650000－1441－0003234 普65－4/2－4－1
陶菴集二十二卷首一卷末一卷 (明)黄淳耀著 清光緒五年(1879)刻本 八册

650000－1441－0003235 普65－4/2－6
陶勤肅公行述一卷 (清)陶葆廉述 清末刻本 一册

650000－1441－0003236 普65－4/2－7
桃花扇傳奇四卷 (清)孔尚任編 清乾隆七年(1742)西園刻本 六册

650000－1441－0003237 普65－4/2－8
桃花扇傳奇二卷 (清)孔尚任編 清刻本 六册

650000－1441－0003238 普65－4/3－1
圖畫新聞不分卷 (清)時事報編輯組編 清宣統元年(1909)時事報刻本 二十四册

650000－1441－0003239 普65－4/3－2
圖畫日報不分卷 (清)環球社圖書日報編 清末石印本 一册

650000－1441－0003240 普65－4/3－3
袁易齋先生圖民錄四卷 (清)袁守定著 清同治十二年(1873)刻本 二册

650000－1441－0003241 普65－4/3－5
苕溪漁隱叢話一百卷 (宋)胡仔纂 清刻本 八册

650000－1441－0003242 普65－4/3－7
茗餘新話八卷 (清)王光甸著 清同治七年(1868)香雪草堂刻本 八册

650000－1441－0003243 普65－4/4－3
退補齋文存十八卷首一卷 (清)胡鳳丹著 清同治十二年(1873)寓廬石印本 八册

650000－1441－0003244 普65－4/4－4
退菴隨筆二十二卷 (清)梁章鉅編 清同治十年(1871)刻本 八册

650000－1441－0003245 普65－4/4－5
退菴隨筆二十二卷 (清)梁章鉅編 清刻本 八册

650000－1441－0003246 普65－4/4－6
退一步齋詩集二十二卷 (清)方濬師著 清光緒十八年(1892)鉛印本 十二册

650000－1441－0003247 普65－4/5－4
談天十八卷首一卷附表一卷 (英國)侯失勒著 清咸豐九年(1859)刻本 四册

650000－1441－0003248 普66－1/1－1
武英殿聚珍版書一百二十二種 (清)高宗弘曆輯 清同治十三年(1874)江蘇書局刻本 一册

650000－1441－0003249 普66－2/2－1
武英殿聚珍版書一百二十二種 (清)高宗弘曆輯 清同治十三年(1874)刻本 六十三册

650000－1441－0003250 普66－2/3－2
武英殿聚珍版書一百二十二種 (清)高宗弘曆輯 清乾隆四十年(1775)武英殿刻本

一册

650000－1441－0003251　普 66－2/3－5

武侯全書二十卷首一卷　(清)趙承恩編　清刻本　一册

650000－1441－0003252　普 66－2/3－6

武陵山人雜著一卷　(清)顧觀光撰　清光緒四年(1878)金山錢氏刻本　一册

650000－1441－0003253　普 66－2/3－7

武備輯要六卷　(清)許乃釗著　清道光二十三年(1843)刻本　一册

650000－1441－0003254　普 66－2/4－1

武塘野史二卷　(清)□□撰　清抄本　一册

650000－1441－0003255　普 66－3/2－1

吳詩集覽二十卷　(清)靳榮藩輯　清乾隆四十六年(1781)凌雲亭刻本　十二册　存十八卷(一至十八)

650000－1441－0003256　普 66－3/2－2

吳詩集覽二十卷　(清)靳榮藩輯　清光緒十七年(1891)刻本　十四册

650000－1441－0003257　普 66－3/2－3

吳詩集覽二十卷吳詩談藪二卷吳詩補注二十卷　(清)靳榮藩輯　清乾隆四十年(1775)刻本　十六册

650000－1441－0003258　普 66－3/3－1

吾學錄初編二十四卷　(清)吳榮光述　清同治九年(1870)江蘇書局刻本　八册

650000－1441－0003259　普 66－3/3－1－1

吾學錄初編二十四卷　(清)吳榮光述　清同治九年(1870)江蘇書局刻本　八册

650000－1441－0003260　普 66－3/3－11

吳園周易解九卷附錄一卷　(宋)張根撰　清木活字印本　三册

650000－1441－0003261　普 66－3/3－13

吳中平寇記八卷　(清)錢勖撰　清同治四年(1865)刻本　二册

650000－1441－0003262　普 66－3/3－14

吳中舊事一卷燼餘錄一卷平江記事一卷　(元)陸友仁撰　清刻本　二册　存二卷(吳中舊事一卷、燼餘錄一卷)

650000－1441－0003263　普 66－3/3－15

吳下方言考十二卷　(清)胡文英輯　清刻本　四册

650000－1441－0003264　普 66－3/3－19

吳吳山三婦合評牡丹亭還魂記二卷　(明)湯顯祖著　清同治九年(1870)清芬閣刻本　二册

650000－1441－0003265　普 66－3/3－22

吳興金石記十六卷　(清)陸心源撰　清光緒十六年(1890)刻本　四册

650000－1441－0003266　普 66－3/3－4

吳摯甫文集四卷附鈔深州風土記一卷　(清)吳汝綸著　清宣統二年(1910)國學扶輪社石印本　五册

650000－1441－0003267　普 66－3/3－4－1

吳摯甫文集四卷附鈔深州風土記一卷　(清)吳汝綸著　清宣統二年(1910)國學扶輪社石印本　五册

650000－1441－0003268　普 66－3/3－6

吳學士文集四卷　(清)吳鼒著　清光緒八年(1882)江寧藩署刻本　四册

650000－1441－0003269　普 66－3/3－6－1

吳學士文集四卷　(清)吳鼒著　清光緒八年(1882)江寧藩署刻本　四册

650000－1441－0003270　普 66－3/3－8

吳學士詩集五卷　(清)吳鼒著　清光緒八年(1882)江寧藩署刻本　二册

650000－1441－0003271　普 66－3/3－8－1

吳學士詩集五卷　(清)吳鼒著　清光緒八年(1882)江寧藩署刻本　二册

650000－1441－0003272　普 66－3/4－3

無聲詩史七卷　(清)姜紹書輯　清刻本　二册

650000－1441－0003273　普 66－3/4－4

無聲詩史七卷　(清)姜紹書輯　清刻本　五冊　存六卷(一至六)

650000－1441－0003274　普 66－3/4－5
無邪堂答問五卷　(清)朱一新著　清光緒二十一年(1895)廣雅書局刻本　四冊

650000－1441－0003275　普 66－3/4－7
初集鈡國母十卷　(清)守拙主人訂　清刻本　一冊

650000－1441－0003276　普 66－3/4－8
午亭文稿五十卷　(清)陳廷敬著　清刻本　十六冊

650000－1441－0003277　普 66－4/1－2
五百四峰堂詩鈔二十五卷　(清)黎簡撰　清嘉慶元年(1796)儒雅堂刻本　八冊

650000－1441－0003278　普 66－4/1－3
五禮通考二百六十二卷首一卷　(清)秦蕙田輯　清光緒二十二年(1896)三味堂刻本　一百二十冊　存二百四十卷(一至二百四十)

650000－1441－0003279　普 66－4/4－1
五禮通考二百六十二卷首一卷　(清)秦蕙田輯　清光緒元年(1875)江蘇書局刻本　一百冊

650000－1441－0003280　普 66－4/5－1
五代史記注七十四卷　(宋)歐陽修撰　清刻本　四十冊

650000－1441－0003281　普 67－1/1－1
五代詩話八卷　(清)王士禎編　清末石印本　四冊

650000－1441－0003282　普 67－1/1－10
五經萃室記九十五卷　(宋)岳珂撰　清同治三年(1864)岳氏荆溪家塾刻本　三十二冊

650000－1441－0003283　普 67－1/1－5
五代史七十四卷　(宋)歐陽修撰　清光緒元年(1875)成都書局刻本　十冊

650000－1441－0003284　普 67－1/1－6
五代會要三十卷　(宋)王溥撰　清道光十一年(1831)刻本　十二冊

650000－1441－0003285　普 67－1/1－7
五代會要三十卷　(宋)王溥撰　清乾隆三十九年(1774)木活字印本　六冊

650000－1441－0003286　普 67－1/1－8
五代會要三十卷　(宋)王溥撰　清刻本　六冊

650000－1441－0003287　普 67－1/1－9
五代會要三十卷　(宋)王溥撰　清刻本　五冊

650000－1441－0003288　普 67－1/2－1
五經要義□□卷首一卷　(宋)魏了翁輯　清光緒十二年(1886)江蘇書局刻本　四十二冊　存八十三卷(周易十卷、尚書二十卷、毛詩二十卷、禮三十三卷)

650000－1441－0003289　普 67－1/2－2
五經類編二十八卷　(清)周世樟輯　清刻本　五冊　存二十二卷(一至四、十一至二十八)

650000－1441－0003290　普 67－1/2－3
五經文字新加九經字樣四卷　(唐)唐玄度撰　清光緒九年(1883)鮑氏後知不足齋稿本　四冊

650000－1441－0003291　普 67－1/2－4
五經文字九經字樣三卷　(唐)張參撰　清刻本　一冊

650000－1441－0003292　普 67－1/2－5
五經文字二十二卷　(唐)張參撰　清刻本　十冊

650000－1441－0003293　普 67－1/2－6
五經文字三卷　(唐)張參撰　清刻本　三冊

650000－1441－0003294　普 67－1/3－1
五洲圖考不分卷　(清)龔柴撰　清光緒二十四年(1898)徐家匯印書館鉛印本　四冊

650000－1441－0003295　普 67－1/3－1－1
五洲圖考不分卷　(清)龔柴撰　清光緒二十四年(1898)徐家匯印書館鉛印本　四冊

650000－1441－0003296　普 67－1/3－10

書經六卷　(宋)蔡沈撰　清末石印本　四冊

650000－1441－0003297　普 67－1/3－11
五七言今體詩抄十八卷　(清)姚鼐輯　清同治五年(1866)金陵書局刻本　六冊

650000－1441－0003298　普 67－1/3－3
五洲圖考不分卷　(清)龔柴撰　清光緒二十八年(1902)徐家匯印書館鉛印本　四冊

650000－1441－0003299　普 67－1/3－3－1
五洲圖考不分卷　(清)龔柴撰　清光緒二十八年(1902)徐家匯印書館鉛印本　四冊

650000－1441－0003300　普 67－1/3－4
五燈會元二十卷　(宋)釋大川濟纂　(宋)釋普濟編　清光緒二十八年(1902)玉海堂刻本　十二冊

650000－1441－0003301　普 67－1/3－5
五燈會元五十七卷目錄三卷首一卷　(宋)釋大川濟纂　(宋)釋普濟編　清光緒三十四年(1908)刻本　二十冊

650000－1441－0003302　普 67－1/3－7
五種遺規十五卷補編一卷　(清)陳宏謀輯　清同治七年(1868)金陵書局刻本　九冊

650000－1441－0003303　普 67－1/3－9
五千年中外交涉史九十七卷　(清)屯廬主人輯　清光緒二十九年(1903)蜚英書局鉛印本　二十冊

650000－1441－0003304　普 67－1/4－1
五朝詩鐸三十一卷　(清)李壽萱編　清光緒十四年(1888)明倫堂刻本　六冊

650000－1441－0003305　普 67－1/4－10
烏程長興二邑溇港說一卷　(清)王鳳生撰　清刻本　一冊

650000－1441－0003306　普 67－1/4－11
舞鏡集一卷　(清)高望曾輯　清咸豐四年(1854)任有容齋刻本　一冊

650000－1441－0003307　普 67－1/4－2
五朝名臣言行錄十卷　(宋)朱熹纂　清刻本　十冊

650000－1441－0003308　普 67－1/4－25
戊午吟草一卷　(清)金鉞著　清光緒二十一年(1895)刻本　一冊

650000－1441－0003309　普 67－1/4－26
南海先生奏稿一卷　康有爲撰　清宣統三年(1911)鉛印本　一冊

650000－1441－0003310　普 67－1/4－6
五萬卷閣書目記四卷　(清)李嘉績記錄　清光緒三十年(1904)華清官舍刻本　二冊

650000－1441－0003311　普 67－1/4－8
西遊真詮一百回　(明)吳承恩著　清光緒十年(1884)掃葉山房石印本　十冊

650000－1441－0003312　普 67－1/5－1
文選六十卷　(南朝梁)蕭統撰　清嘉慶十四年(1809)鄱陽胡氏刻本　二十冊

650000－1441－0003313　普 67－1/5－1－1
文選六十卷　(南朝梁)蕭統撰　清嘉慶十四年(1809)鄱陽胡氏刻本　四冊　存十卷(一至十)

650000－1441－0003314　普 67－2/1－2
文獻通考輯要二十四卷　湯壽潛編　清光緒二十八年(1902)通雅堂刻本　八冊

650000－1441－0003315　普 67－2/1－4
文獻通考輯要二十四卷　湯壽潛編　清刻本　六冊　存十六卷(四至十九)

650000－1441－0003316　普 67－2/1－5
文獻通考輯要二十六卷　湯壽潛編　清光緒二十五年(1899)圖書集成局石印本　十冊

650000－1441－0003317　普 67－2/1－6
文獻通考三百四十八卷　(元)馬端臨著　清光緒二十七年(1901)圖書集成局石印本　四十四冊

650000－1441－0003318　普 67－2/3－2
文獻通考三百四十八卷　(元)馬端臨著　清光緒二十五年(1899)點石齋石印本　二十四冊

650000－1441－0003319　普 67－2/3－3

文獻徵存錄十卷　(清)錢林輯　清咸豐八年(1858)有嘉樹軒刻本　六册

650000－1441－0003320　普67－2/4－11
文選六十卷　(南朝梁)蕭統輯　**文選考異十卷**　(清)胡克家撰　清刻本　二十四册

650000－1441－0003321　普67－2/4－11－1
文選六十卷　(南朝梁)蕭統輯　**文選考異十卷**　(清)胡克家撰　清刻本　二十三册　存六十七卷(一至四十一、四十五至六十,考異十卷)

650000－1441－0003322　普67－2/4－8
文選考異十卷　(清)胡克家撰　清末刻本　四册

650000－1441－0003323　普67－2/4－9
文選考異十卷　(清)胡克家撰　清嘉慶十四年(1809)胡氏刻本　十册

650000－1441－0003324　普67－2/5－1
文選六十卷　(南朝梁)蕭統輯　**文選考異十卷**　(清)胡克家撰　清嘉慶十四年(1809)胡氏刻本　二十四册

650000－1441－0003325　普67－2/5－2
文選六十卷　(南朝梁)蕭統輯　清同治八年(1869)金陵書局刻本　十册

650000－1441－0003326　普67－2/5－3
文選六十卷　(南朝梁)蕭統輯　**文選考異十卷**　(清)胡克家撰　清同治八年(1869)崇文書局刻本　十八册

650000－1441－0003327　普67－2/5－3－1
文選六十卷　(南朝梁)蕭統輯　**文選考異十卷**　(清)胡克家撰　清同治八年(1869)崇文書局刻本　六册　缺十九卷(三十六至五十四)

650000－1441－0003328　普67－3/1－2
文選六十卷　(南朝梁)蕭統輯　**文選考異十卷**　(清)胡克家撰　清嘉慶十四年(1809)萬氏刻本　二十四册

650000－1441－0003329　普67－3/1－3
文選六十卷　(南朝梁)蕭統輯　清末掃葉山房石印本　二十册

650000－1441－0003330　普67－3/2－2
文選六十卷　(南朝梁)蕭統輯　清光緒二十七年(1901)大中華圖書公司石印本　八册　存三十三卷(一至二十九、四十至四十三)

650000－1441－0003331　普67－3/2－3
文選六十卷　(南朝梁)蕭統輯　清乾隆三十七年(1772)海錄軒刻本　十六册　存四十卷(一至十五、十九至二十、二十四至二十八、三十五至四十、四十四至四十五、五十一至六十)

650000－1441－0003332　普67－3/2－4
文選旁証四十六卷　(清)梁章鉅撰　清光緒八年(1882)刻本　十二册　存五十七卷(一至二十二、二十六至六十)

650000－1441－0003333　普67－3/2－5
文選補遺四十卷首一卷　(宋)陳仁子輯　清道光二十五年(1845)琅環舘刻本　十四册

650000－1441－0003334　普67－3/4－1
文選課虛四卷　(清)杭世駿編　清刻本　二册

650000－1441－0003335　普67－3/4－1－1
文選課虛四卷　(清)杭世駿編　清刻本　一册

650000－1441－0003336　普67－3/4－10
文心雕龍十卷　(南朝梁)劉勰撰　清刻本　四册

650000－1441－0003337　普67－3/4－10－1
文心雕龍十卷　(南朝梁)劉勰撰　清刻本　四册

650000－1441－0003338　普67－3/4－12
文心雕龍十卷　(南朝梁)劉勰撰　清道光十三年(1833)翰墨園刻本　三册　存七卷(一至四、八至十)

650000－1441－0003339　普67－3/4－13
文心雕龍十卷　(南朝梁)劉勰撰　清光緒十

九年(1893)刻本　四册

650000－1441－0003340　普 67－3/4－2
文苑珠林四卷　(清)蔣伯超輯　清刻本　一册

650000－1441－0003341　普 67－3/4－4
文廟通考六卷首一卷末一卷　(清)牛樹梅撰　清光緒十四年(1888)岐山學署刻本　四册

650000－1441－0003342　普 67－3/4－5
文廟通考六卷首一卷　(清)牛樹梅撰　清同治十一年(1872)浙江書局刻本　二册

650000－1441－0003343　普 67－3/4－6
文廟通録七卷補録一卷　(清)唐學全輯　清道光二年(1822)刻本　六册

650000－1441－0003344　普 67－3/4－7
文廟祀位考略六卷　(清)楊鳳朝輯　清同治八年(1869)刻本　四册

650000－1441－0003345　普 67－3/4－8
文廟祀典考五十卷首一卷　(清)龐鍾璐編　清光緒五年(1879)刻本　八册

650000－1441－0003346　普 67－3/4－9
文心雕龍十卷　(南朝梁)劉勰撰　(清)黄叔琳輯　清乾隆三年(1738)養素堂刻本　四册

650000－1441－0003347　普 67－3/5－10
文子纘義十二卷　(元)杜道堅撰　清光緒三年(1877)浙江書局刻本　四册

650000－1441－0003348　普 67－3/5－17
文字蒙求六卷　(清)王筠撰　清光緒五年(1879)章氏刻本　一册　存二卷(一至二)

650000－1441－0003349　普 67－3/5－2
文信国公集二十卷首一卷　(宋)文天祥著　清光緒二十三年(1897)湖南書局刻本　十三册

650000－1441－0003350　普 67－3/5－3
文信国公集二十卷首一卷　(宋)文天祥著　清同治七年(1868)景萊書室刻本　十册

650000－1441－0003351　普 67－4/1－16
文史通義八卷　(清)章學誠著　清道光十二年(1832)刻本　四册

650000－1441－0003352　普 67－4/1－16－1
文史通義八卷　(清)章學誠著　清道光十二年(1832)刻本　四册

650000－1441－0003353　普 67－4/1－5
文昌帝君陰騭文廣義節録三卷　(清)周夢顔述　清光緒七年(1881)刻本　三册

650000－1441－0003354　普 67－4/1－6
文昌通紀八卷末一卷　(清)周廣業輯　清刻本　三册　存四卷(二、六、八,末一卷)

650000－1441－0003355　普 67－4/1－7
文昌雜録六卷補遺一卷　(宋)龐元英撰　清乾隆二十一年(1756)雅雨堂刻本　一册

650000－1441－0003356　普 67－4/1－7－1
文昌雜録六卷補遺一卷　(宋)龐元英撰　清乾隆二十一年(1756)雅雨堂刻本　一册

650000－1441－0003357　普 67－4/2－1
文章遊戲二十四卷　(清)繆艮輯　清道光元年(1821)宏道堂刻本　七册　存十八卷(初集四至六,二集一至三、七至八,三集七至八、四集一至八)

650000－1441－0003358　普 67－4/2－11
文房四譜五卷　(宋)蘇易簡集　清光緒三十一年(1905)同文書社石印本　二册

650000－1441－0003359　普 67－4/2－17
文概一卷　(清)劉熙載著　清黄氏濟忠堂刻本　一册

650000－1441－0003360　普 67－4/2－19
文林綺繡五種四十九卷　(明)淩迪知輯　清光緒十九年(1893)刻本　六册

650000－1441－0003361　普 67－4/2－4－2
文粹補遺二十六卷　(清)郭麐纂　清光緒十六年(1890)許氏榆園刻本　四册

650000－1441－0003362　普 67－4/2－4－3
文粹補遺二十六卷　(清)郭麐纂　清光緒十六年(1890)許氏榆園刻本　四册

650000－1441－0003363　普67－4/2－5
文端公[錢陳群]年譜三卷　(清)錢儀初編　清光緒二十年(1894)刻本　三冊

650000－1441－0003364　普67－4/2－8
甫田集三十六卷　(明)文徵明著　清宣統三年(1911)鉛印本　九冊　存二十五卷(十二至三十六)

650000－1441－0003365　普67－4/4－5
問影樓輿地叢書十五種四十六卷　(清)胡思敬輯　清光緒三十四年(1908)刻本　十冊

650000－1441－0003366　普67－4/5－1
王臨川全集一百卷　(宋)王安石著　清光緒九年(1883)小涼山舘刻本　十冊

650000－1441－0003367　普68－1/1－9
王荆文公詩五十卷　(宋)王安石著　(清)李壁注　清刻本　八冊

650000－1441－0003368　普68－1/2－10
王蘇州配林太夫人壽言集一卷　梁啟超輯　清光緒二十三年(1897)鉛印本　一冊

650000－1441－0003369　普68－1/2－11
王船山先生[夫之]年譜二卷　(清)劉毓崧編　清光緒十二年(1886)江南書局刻本　一冊

650000－1441－0003370　普68－1/2－12
王勃集二卷　(唐)王勃著　清刻本　一冊

650000－1441－0003371　普68－1/2－2
王氏經說十九卷　(清)王紹蘭著　清刻本　七冊

650000－1441－0003372　普68－1/2－4
王文勤公[慶雲]年譜一卷　(清)王傳璨述　清同治十二年(1873)鉛印本　一冊

650000－1441－0003373　普68－1/2－4－1
王文勤公[慶雲]年譜一卷　(清)王傳璨述　清同治十二年(1873)鉛印本　一冊

650000－1441－0003374　普68－1/2－7
王右丞集二十八卷首一卷末一卷　(唐)王維著　(清)趙殿成輯　清乾隆二年(1737)刻本　八冊

650000－1441－0003375　普68－1/3－10
汪龍莊先生遺書八種十五卷　(清)汪輝祖纂　清同治十年(1871)刻本　六冊

650000－1441－0003376　普68－1/3－10－1
汪龍莊先生遺書八種十五卷　(清)汪輝祖纂　清同治十年(1871)刻本　二冊　存十卷(學治臆說一至二、學治續說一、學治說贅一、雙節堂庸訓一至六)

650000－1441－0003377　普68－1/3－10－2
汪龍莊先生遺書八種十五卷　(清)汪輝祖纂　清同治十年(1871)刻本　六冊

650000－1441－0003378　普68－1/3－10－3
汪龍莊先生遺書八種十五卷　(清)汪輝祖纂　清同治十年(1871)刻本　一冊　存四卷(一至四)

650000－1441－0003379　普68－1/3－10－4
汪龍莊先生遺書八種十五卷　(清)汪輝祖纂　清同治十一年(1872)溫陵郡齋刻本　六冊

650000－1441－0003380　普68－1/3－11
汪龍莊先生遺書八種十五卷　(清)汪輝祖纂　清同治元年(1862)溫陵郡齋刻本　六冊

650000－1441－0003381　普68－1/3－14
汪本隸釋刊誤一卷　(清)陸損之書　清嘉慶二十一年(1816)石印本　一冊

650000－1441－0003382　普68－1/3－3
王子安集注二十卷首一卷　(唐)王勃撰　清刻本　一冊

650000－1441－0003383　普68－1/3－6
王復齋鐘鼎款識一卷　(宋)王厚之撰　清嘉慶七年(1802)積古齋刻本　一冊

650000－1441－0003384　普68－1/3－8
汪子全集二十三卷　(清)汪縉著　清光緒八年(1882)刻本　五冊

650000－1441－0003385　普68－1/3－8－1
汪子全集二十三卷　(清)汪縉著　清光緒八年(1882)刻本　六冊

650000－1441－0003386　普68－1/4－1

望溪先生全集三十二卷　(清)方苞著　清咸豐元年(1851)刻本　十六册

650000－1441－0003387　普68－1/4－1－1
望溪先生全集三十二卷　(清)方苞著　清咸豐元年(1851)刻本　十六册

650000－1441－0003388　普68－1/4－1－2
望溪先生全集三十二卷　(清)方苞著　清咸豐元年(1851)刻本　十六册

650000－1441－0003389　普68－1/5－2
方望溪先生全集三十二卷　(清)方苞著　清宣統二年(1910)集成圖書公司石印本　十册

650000－1441－0003390　普68－1/5－3
望溪先生文十一種　(清)方苞著　(清)王兆符等輯　清刻本　八册

650000－1441－0003391　普68－2/1－1
萬國公法四卷　(美國)惠頓著　清同治三年(1864)崇實館刻本　四册

650000－1441－0003392　普68－2/1－2
萬國通史前編十卷　(英國)李約翰輯　清光緒二十六年(1900)商務印書館刻本　十册

650000－1441－0003393　普68－2/1－3
萬國政治藝學全書三百八十卷　(清)朱大文輯　清光緒二十八年(1902)鴻文書局石印本　十八册

650000－1441－0003394　普68－2/1－4
萬國史記二十卷　(日本)重野安繹撰　清光緒二十四年(1898)著易堂石印本　六册

650000－1441－0003395　普68－2/1－6
萬國綱鑑易知錄二十卷　(日本)岡本子博著　清光緒二十七年(1901)上海書局石印本　六册

650000－1441－0003396　普68－2/1－7
萬國近政考略十六卷　(清)鄧弢編輯　清光緒二十四年(1898)志古堂刻本　八册

650000－1441－0003397　普68－2/1－8
萬物炊累室類稿十七卷　沈同芳著　清宣統三年(1911)鉛印本　五册

650000－1441－0003398　普68－2/1－9
萬物真源七卷　(意大利)艾儒略述　清光緒十三年(1887)慈母堂鉛印本　三册

650000－1441－0003399　普68－2/2－2
萬善先資集二卷　(清)周安士述　清光緒五年(1879)藏經院刻本　一册

650000－1441－0003400　普68－2/2－3
萬世玉衡錄四卷　(明)蔣伊輯　清乾隆二年(1737)刻本　四册

650000－1441－0003401　普68－2/4－12
宛陵集六十卷　(宋)梅堯臣著　清宣統二年(1910)石印本　十册

650000－1441－0003402　普68－2/4－2
晚晴軒儷體文存詩存七卷　(清)陳文田著　清光緒七年(1881)刻本　二册

650000－1441－0003403　普68－2/4－8
皖志便覽六卷　(清)李應玨著　清光緒二十四年(1898)官紙印刷局刻本　二册

650000－1441－0003404　普68－2/5－10
韋蘇州集十卷　(唐)韋應物著　清宣統三年(1911)文寶書局石印本　六册

650000－1441－0003405　普68－2/5－11
韋蘇州集十卷　(唐)韋應物著　清宣統三年(1911)項氏玉淵堂石印本　六册

650000－1441－0003406　普68－2/5－11－1
韋蘇州集十卷　(唐)韋應物著　清宣統三年(1911)項氏玉淵堂石印本　六册

650000－1441－0003407　普68－2/5－2
味蔗軒詩抄雙桐書屋賸稿三卷　(清)顧嬰世　(清)李光謙著　清光緒十二年(1886)刻本　一册

650000－1441－0003408　普68－2/5－25
薇花吟舘初稿四卷　(清)龔顯曾著　清刻本　一册

650000－1441－0003409　普68－2/5－4
味塵軒詩集十五卷　(清)李文瀚著　清道光刻本　四册　首頁殘缺

650000－1441－0003410　普 68－2/5－5
味經山舘遺書二十三卷　（清）戴鈞衡著　清咸豐八年（1858）刻本　七册　缺二卷（蓉洲初集一至二）

650000－1441－0003411　普 68－2/5－6
微尚齋詩集初編四卷續集一卷　（清）馮志沂著　清同治三年（1864）廬州郡齋刻本　一册

650000－1441－0003412　普 68－2/5－7
微積溯源八卷　（英國）華里司輯　（英國）傅蘭雅口譯　（清）華蘅芳筆　清同治十三年（1874）刻本　一册

650000－1441－0003413　普 68－2/5－7－1
微積溯源八卷　（英國）華里司輯　（英國）傅蘭雅口譯　（清）華蘅芳筆　清同治十三年（1874）刻本　一册

650000－1441－0003414　普 68－2/5－8
微波榭遺書二十三卷　（清）孔繼涵輯　清乾隆曲阜孔氏刻本　四册

650000－1441－0003415　普 68－2/5－9
戴氏遺書二十一卷　（清）孔繼涵輯　清乾隆刻本　六册

650000－1441－0003416　普 68－3/1－10
味諫齋集六卷　（清）王汝金著　清光緒八年（1882）刻本　六册

650000－1441－0003417　普 68－3/1－11
外交報不分卷　（清）外交報編輯部編　清光緒二十八年（1902）商務印書館鉛印本　六十八册

650000－1441－0003418　普 68－3/1－4
魏鄭公諫續録二卷　（元）翟思忠撰　清乾隆三十八年（1773）刻本　一册

650000－1441－0003419　普 68－3/1－7
危言四卷　（清）湯震撰　清光緒二十二年（1896）圖書集成印書局石印本　二册

650000－1441－0003420　普 68－3/2－2
校正外科大成四卷　（清）祁坤輯　清會文堂書局石印本　四册

650000－1441－0003421　普 68－3/2－2－1
校正外科大成四卷　（清）祁坤輯　清會文堂書局石印本　三册　存三卷（一至三）

650000－1441－0003422　普 68－3/2－4
倭袍傳二十卷　（清）□□撰　清抄本　五册

650000－1441－0003423　普 68－3/2－5
倭文端公遺書十卷首二卷　（清）倭仁著　清光緒三年（1877）翰元樓刻本　四册

650000－1441－0003424　普 68－3/2－6
倭文端公遺書八卷首二卷續刊三卷　（清）倭仁著　清光緒元年（1875）安求我齋刻本　四册

650000－1441－0003425　普 68－3/2－7
倭文端公遺書十一卷首二卷　（清）倭仁著　清同治元年（1862）刻本　七册　存十卷（一至十）

650000－1441－0003426　普 68－3/2－8
我法集二卷　（清）紀昀撰　清嘉慶三年（1798）閲微草堂刻本　一册　存一卷（一）

650000－1441－0003427　普 69－4/1－5
選雅二十卷　程先甲述　清刻本　八册

650000－1441－0003428　普 69－4/1－5－1
選雅二十卷　程先甲述　清光緒二十八年（1902）刻本　八册

650000－1441－0003429　普 69－4/1－8
宣和奉使高麗圖經四十卷　（宋）徐兢撰　清乾隆三十八年（1773）刻知不足齋叢書本　三册

650000－1441－0003430　普 69－4/1－9
璿璣碎錦二卷　（清）萬樹填譜　清刻本　四册

650000－1441－0003431　普 70－1/3－2
續資治通鑑二百二十卷　（清）畢沅集　清同治八年（1869）江蘇書局刻本　六十册　缺六十一卷（五十五至六十五、六十九至七十九、八十三至九十四、九十八至一百五、一百九至一百二十二、一百三十一至一百三十五）

650000－1441－0003432　普 70－1/3－2－1
續資治通鑑二百二十卷　(清)畢沅集　清同治八年(1869)江蘇書局刻本　三十七册　缺六十一卷(五十五至六十五、六十九至七十九、八十三至九十四、九十八至一百五、一百九至一百二十二、一百三十一至一百三十五)

650000－1441－0003433　普 70－1/5－1
續通鑑紀事本末一百十卷　(清)李銘漢編輯　清光緒三十二年(1906)武威李氏石印本　三十二册

650000－1441－0003434　普 70－1/5－2
續碑傳集八十六卷首二卷　繆荃孫纂録　清宣統二年(1910)江楚編譯書局刻本　二十四册

650000－1441－0003435　普 70－2/1－1
續古文苑二十卷　(清)孫星衍撰　清嘉慶十七年(1812)冶城山館刻本　二十册

650000－1441－0003436　普 70－2/1－2
續古文苑二十卷　(清)孫星衍撰　清光緒九年(1883)江蘇書局刻本　八册

650000－1441－0003437　普 70－2/1－6
續廣事類賦三十卷　(清)王簡亭撰註　清嘉慶三年(1798)文盛堂刻本　十册

650000－1441－0003438　普 70－2/1－7
續金陵詩徵六卷首一卷　(清)朱紹亭輯　清光緒二十年(1894)刻本　六册

650000－1441－0003439　普 70－2/1－8
續復古編四卷　(清)曹本撰　清光緒十三年(1887)思進齋刻本　四册

650000－1441－0003440　普 70－2/2－11
續泉匯十四卷首一卷補遺二卷　(清)鮑康編　清光緒元年(1875)刻本　四册

650000－1441－0003441　普 70－2/2－11－1
續泉匯十四卷首一卷補遺二卷　(清)鮑康編　清光緒元年(1875)刻本　四册

650000－1441－0003442　普 70－2/2－14
續指月錄二十卷首一卷續指月録尊宿集一卷　(清)聶先編輯　清光緒十二年(1886)金陵刻經處刻本　六册

650000－1441－0003443　普 70－2/2－16
續詞選二卷　(清)董毅録　清道光十年(1830)刻本　一册

650000－1441－0003444　普 70－2/2－17
續方言二卷　(清)杭世駿集　清乾隆五十二年(1787)刻本　一册

650000－1441－0003445　普 70－2/2－17－1
續方言二卷　(清)杭世駿集　清乾隆五十二年(1787)刻本　一册

650000－1441－0003446　普 70－2/2－19
續增刑案匯覽十六卷末一卷拾遺備考一卷　(清)祝慶祺編　清道光二十年(1840)刻本　十六册　缺二卷(十、十二)

650000－1441－0003447　普 70－2/2－20
受祺堂文集四卷　(清)李因篤著　清道光九年(1829)刻本　四册

650000－1441－0003448　普 70－2/2－4
續近思録十四卷　(清)張伯行集解　(清)楊浚總校　清同治九年(1870)福州正誼書局刻本　三册

650000－1441－0003449　普 70－2/2－5
續刻受祺堂文集四卷　(清)李因篤著　清道光十年(1830)關中書院刻本　四册

650000－1441－0003450　普 70－2/2－6
續泛槎圖一卷三集一卷六集一卷　(清)張寶撰　清光緒六年(1880)刻本　三册

650000－1441－0003451　普 70－2/2－9
續紅樓夢四十卷　(清)海圃主人手製　清嘉慶十年(1805)文秀堂刻本　八册

650000－1441－0003452　普 70－2/3－6
徐霞客游記十二卷　(明)徐宏祖著　清光緒七年(1881)瘦影山房刻本　八册　缺二編(外編、補編)

650000－1441－0003453　普 70－2/3－7
徐騎省集三十卷附補遺校勘記　(宋)徐鉉撰

清光緒十九年(1893)李氏刻本　八冊

650000－1441－0003454　普70－2/3－7－1
徐騎省集三十卷附補遺校勘記　(宋)徐鉉撰　清光緒十九年(1893)李氏刻本　八冊

650000－1441－0003455　普70－2/3－7－2
徐騎省集三十卷附補遺校勘記　(宋)徐鉉撰　清光緒十九年(1893)李氏刻本　八冊

650000－1441－0003456　普70－2/3－7－3
徐騎省集三十卷附補遺校勘記　(宋)徐鉉撰　清光緒十九年(1893)李氏刻本　八冊

650000－1441－0003457　普70－2/4－3
徐氏族譜四卷　(清)祁竹軒纂輯　清光緒十三年(1887)刻本　四冊

650000－1441－0003458　普70－2/4－6
徐孝穆全集六卷　(清)吳兆宜箋注　清刻本　三冊

650000－1441－0003459　普70－2/4－7
徐孝穆全集六卷　(清)吳兆宜箋注　清揚州藝古堂刻本　三冊

650000－1441－0003460　普70－2/4－7－1
徐孝穆全集六卷　(清)吳兆宜箋注　清揚州藝古堂刻本　三冊

650000－1441－0003461　普70－2/4－7－2
徐孝穆全集六卷　(清)吳兆宜箋注　清揚州藝古堂刻本　三冊

650000－1441－0003462　普70－2/4－7－3
徐孝穆全集六卷　(清)吳兆宜箋注　清揚州藝古堂刻本　三冊

650000－1441－0003463　普70－2/5－1
徐州詩徵八卷　(清)桂中行撰　清光緒十七年(1891)刻本　四冊

650000－1441－0003464　普70－2/5－1－1
徐州詩徵八卷　(清)桂中行撰　清光緒十七年(1891)刻本　四冊

650000－1441－0003465　普70－2/5－4
徐氏三種四卷　(清)徐士業撰　清光緒十七年(1891)文成堂刻本　四冊

650000－1441－0003466　普70－2/5－5
徐氏三種四卷　(清)徐士業撰　清光緒十年(1884)藜光閣刻本　四冊

650000－1441－0003467　普70－3/1－3
許學叢刻五十七卷　(清)許頌鼎撰　清光緒十五年(1889)古均閣刻本　一冊

650000－1441－0003468　普70－3/1－5
許學叢書五十七卷　(清)張炳翔輯　清光緒十三年(1887)刻本　二十四冊

650000－1441－0003469　普70－3/1－5－1
許學叢書五十七卷　(清)張炳翔輯　清光緒十三年(1887)刻本　二十四冊

650000－1441－0003470　普70－3/2－1
許學四書二十卷　(清)□□輯　清道光二年(1822)竹香齋石印本　六冊

650000－1441－0003471　普70－3/2－2
徐松濱先生全集四十三卷首一卷末一卷　(清)許錫祺著　清光緒十七年(1891)廖綸刻本　八冊

650000－1441－0003472　普70－3/2－3
許氏說文解字雙聲疊韻譜不分卷　(清)鄧廷楨撰　清光緒七年(1881)後知不足齋刻本　二冊

650000－1441－0003473　普70－3/2－3－1
許氏說文解字雙聲疊韻譜不分卷　(清)鄧廷楨撰　清光緒七年(1881)後知不足齋刻本　二冊

650000－1441－0003474　普70－3/2－7
小學弦歌八卷　(清)李元度纂輯　清光緒五年(1879)刻本　四冊

650000－1441－0003475　普70－3/2－7－1
小學弦歌八卷　(清)李元度纂輯　清光緒五年(1879)刻本　四冊

650000－1441－0003476　普70－3/2－7－2
小學弦歌八卷　(清)李元度纂輯　清光緒八年(1882)漢文書局刻本　五冊

650000－1441－0003477　普70－3/4－3
小學弦歌節抄六卷　（清）李元度纂輯　清光緒三十年（1904）隴古樂善書局刻本　一冊

650000－1441－0003478　普70－3/4－4
小學集解六卷　（清）張伯行纂輯　清咸豐元年（1851）聯雅齋刻本　四冊

650000－1441－0003479　普70－3/4－5
小學韻語一卷　（清）羅澤南著　清光緒五年（1879）江蘇書局刻本　一冊

650000－1441－0003480　普70－3/5－2
小學紺珠十卷　（宋）王應麟撰　清末浙江書局刻本　四冊

650000－1441－0003481　普70－3/5－2－1
小學紺珠十卷　（宋）王應麟撰　清末浙江書局刻本　四冊

650000－1441－0003482　普71－1/1－1
小石山房叢書六十四卷　（清）顧湘輯　清同治十三年（1874）虞山顧氏刻本　十六冊

650000－1441－0003483　普71－1/1－1－1
小石山房叢書六十四卷　（清）顧湘輯　清同治十三年（1874）虞山顧氏刻本　十六冊

650000－1441－0003484　普71－1/1－1－2
小石山房叢書六十四卷　（清）顧湘輯　清同治十三年（1874）虞山顧氏刻本　十六冊

650000－1441－0003485　普71－1/1－1－3
小石山房叢書六十四卷　（清）顧湘輯　清同治十三年（1874）虞山顧氏刻本　十六冊

650000－1441－0003486　普71－1/2－2
小石帆亭著錄六卷　（清）翁方綱撰　清乾隆五十七年（1792）刻本　一冊

650000－1441－0003487　普71－1/2－3
小倉山房文集三十五卷　（清）袁枚輯　清崇雅堂刻本　十冊

650000－1441－0003488　普71－1/2－4
小倉山房文集三十五卷外集八卷　（清）袁枚輯　清刻本　十二冊

650000－1441－0003489　普71－1/2－6
小倉山房詩集三十七卷補遺二卷　（清）袁枚輯　清刻本　十冊

650000－1441－0003490　普71－1/2－7
小滄浪筆談四卷　（清）阮元記　清光緒二十六年（1900）江蘇書局刻本　二冊

650000－1441－0003491　普71－1/2－8
小滄州詩草二卷小滄州詩餘稿一卷　（清）朱湘輯　清道光二十四年（1844）刻本　二冊

650000－1441－0003492　普71－1/2－9
小萬卷樓叢書十七種六十八卷　（清）錢培名輯　清光緒四年（1878）刻本　十五冊　缺一種（武陵山人雜著）

650000－1441－0003493　普71－1/3－1
小萬卷齋文稿二十四卷　（清）朱琦撰　清光緒十一年（1885）嘉樹山房刻本　十二冊

650000－1441－0003494　普71－1/3－2
小萬卷齋詩稿三十二卷附續編十二卷經進稿四卷　（清）朱琦撰　清光緒十一年（1885）嘉樹山房刻本　十二冊

650000－1441－0003495　普71－1/3－3
小謨觴館全集十九卷　（清）彭兆蓀著　清同治十三年（1874）刻本　六冊

650000－1441－0003496　普71－1/3－3－1
小謨觴館全集十九卷　（清）彭兆蓀著　清同治十三年（1874）刻本　六冊

650000－1441－0003497　普71－1/3－4
小謨觴館集注十六卷　（清）孫元培　（清）孫長熙纂輯　清光緒十九年（1893）寓齋刻本　四冊

650000－1441－0003498　普71－1/3－7
小腆紀年坿攷二十卷　（清）徐鼒撰　清咸豐十一年（1861）刻本　十二冊

650000－1441－0003499　普71－1/3－7－1
小腆紀年坿攷二十卷　（清）徐鼒撰　清咸豐十一年（1861）刻本　十二冊

650000－1441－0003500　普71－1/4－1

小腆紀年坿攷二十卷　(清)徐鼒撰　清光緒九年(1883)刻本　十二冊

650000－1441－0003501　普 71－1/4－2
小題正鵠全集□□卷　(清)李元度編輯　清光緒八年(1882)文昌書局刻本　八冊

650000－1441－0003502　普 71－1/4－3
小檀欒室彙刻閨秀詞一百二十九卷　徐乃昌編　清光緒二十四年(1898)小檀欒室刻本　三十冊

650000－1441－0003503　普 71－1/4－4
小題八集別情□□卷　(清)王步青評　清刻本　四冊

650000－1441－0003504　普 71－1/4－5
小蓬萊閣金石文字一卷　(清)黃易輯　清嘉慶五年(1800)刻本　五冊

650000－1441－0003505　普 71－1/4－5－1
小蓬萊閣金石文字一卷　(清)黃易輯　清嘉慶五年(1800)刻本　五冊

650000－1441－0003506　普 71－1/4－8
小知錄十二卷　(清)陸鳳藻輯　清嘉慶九年(1804)琴雅堂刻本　六冊

650000－1441－0003507　普 71－1/4－9
小知錄十二卷　(清)陸鳳藻輯　清同治十二年(1873)淮南書局刻本　四冊

650000－1441－0003508　普 71－1/5－11
嘯亭雜錄十卷續錄三卷　(清)汲修主人撰　清光緒六年(1880)文明書局石印本　二冊　存六卷(五至十)

650000－1441－0003509　普 71－1/5－11－1
嘯亭雜錄十卷續錄三卷　(清)汲修主人撰　清光緒六年(1880)文明書局石印本　六冊

650000－1441－0003510　普 71－1/5－12
孝義真跡珍珠塔六卷　(清)□□撰　清刻本　五冊　存五卷(二至六)

650000－1441－0003511　普 71－1/5－13
消暑隨筆不分卷　(清)潘世恩撰　清道光十九年(1839)海左書局刻本　一冊

650000－1441－0003512　普 71－1/5－3
小黛軒論詩詩二卷　(清)陳芸著　清宣統三年(1911)刻本　一冊

650000－1441－0003513　普 71－1/5－5
小辨齋偶存八卷附錄一卷　(明)顧允成撰　清刻本　二冊

650000－1441－0003514　普 71－1/5－7
小南海集詩抄二卷　(清)徐同善抄　清同治五年(1866)刻本　二冊

650000－1441－0003515　普 71－1/5－8
嘯亭雜錄八卷續錄二卷　(清)汲修主人著　清光緒二十七年(1901)文寶書局刻本　六冊

650000－1441－0003516　普 71－1/5－9
嘯亭雜錄八卷續錄二卷　(清)汲修主人著　清光緒六年(1880)刻本　六冊

650000－1441－0003517　普 71－2/2－1
綉像雙珠鳳全傳十二卷　(清)一葉主人撰　清同治二年(1863)靜雅書局刻本　十一冊　存九卷(一至九)

650000－1441－0003518　普 71－2/2－1－1
綉像雙珠鳳全傳十二卷　(清)一葉主人撰　清同治二年(1863)靜雅書局刻本　十二冊

650000－1441－0003519　普 71－2/2－1－2
綉像雙珠鳳全傳十二卷　(清)一葉主人撰　清同治二年(1863)靜雅書局刻本　十二冊

650000－1441－0003520　普 71－2/2－1－3
綉像雙珠鳳全傳十二卷　(清)一葉主人撰　清同治二年(1863)靜雅書局刻本　十二冊

650000－1441－0003521　普 71－2/2－10
綉像六美圖三十卷　(清)朱鏡江撰　清同治九年(1870)刻本　五冊　存二十四卷(一至九、十六至三十)

650000－1441－0003522　普 71－2/2－6
綉像雙帥印十四卷　(□)□□撰　清刻本　二冊

650000－1441－0003523　普 71－2/2－7
繡像夢影緣四十八回　(清)鄭澹若撰　清光

緒二十一年(1895)竹簡齋石印本　十六冊

650000－1441－0003524　普71－2/2－7－1
繡像夢影緣四十八回　(清)鄭澹若撰　清光緒二十一年(1895)竹簡齋石印本　十六冊

650000－1441－0003525　普71－2/3－1
繡像九美圖全傳十二卷　(清)亩春江編　清道光二十三年(1843)刻本　十一冊　缺一卷(十一)

650000－1441－0003526　普71－2/3－1－1
繡像九美圖全傳十二卷　(清)亩春江編　清道光二十三年(1843)刻本　十二冊

650000－1441－0003527　普71－2/3－10
繡像英雄小八義十二卷　(清)懺夢庵主撰　清光緒三十一年(1905)博文齋石印本　二冊　存四卷(一至四)

650000－1441－0003528　普71－2/3－12
綉像鳳凰圖六卷　(清)琴香山人撰　清道光二年(1822)蘭玉軒刻本　六冊

650000－1441－0003529　普71－2/3－13
綉像義妖全傳二十八卷　(清)陳遇乾撰　清嘉慶十四年(1809)刻本　十冊　存二十二卷(一至八、十一至二十四)

650000－1441－0003530　普71－2/3－14
繡像果報録十二卷　(清)半癡子撰　清光緒二十年(1894)香港書局石印本　十二冊

650000－1441－0003531　普71－2/3－15
綉像落金扇全傳八卷　(清)夏裴文撰　清同治十二年(1873)石印本　八冊

650000－1441－0003532　普71－2/3－16
草木春秋演義五卷　(清)江洪撰　清刻本　二冊

650000－1441－0003533　普71－2/3－17
繡像九美奪夫二十六回　(清)粵樵氏撰　清光緒二十六年(1900)上海書局石印本　一冊

650000－1441－0003534　普71－2/3－19
繡像梁祝因緣大雙蝴蝶全傳二卷　題(清)杏橋主人撰　清末石印本　一冊　存六回(一至六)

650000－1441－0003535　普71－2/3－20
繡像夢中五美緣四卷　(清)李修行撰　清末石印本　一冊　存一卷(下)

650000－1441－0003536　普71－2/3－21
綉像義妖傳六卷　(□)□□撰　清末石印本　四冊　存四卷(二至三、五至六)

650000－1441－0003537　普71－2/3－22
繡像兒女濃情傳六卷　(清)陳明編輯　清刻本　三冊　存三卷(二、四、六)

650000－1441－0003538　普71－2/3－23
繡像雲外飄香四卷　(清)鴛水主人撰　清刻本　三冊　存三卷(二至四)

650000－1441－0003539　普71－2/3－24
繡像文武香球十二卷七十二回　(清)申江逸史撰　清刻本　十冊

650000－1441－0003540　普71－2/3－3
繡像京本雲合奇蹤玉茗英烈全傳十卷　(明)徐渭編　清刻本　七冊　存七卷(二、四至八、十)

650000－1441－0003541　普71－2/3－4
繡像京本雲合奇蹤玉茗英烈全傳十卷　(明)徐渭編　清刻本　十冊

650000－1441－0003542　普71－2/3－5
繡像雲合奇蹤十卷八十回　(明)徐渭編　清光緒十二年(1886)文和堂刻本　四冊　存五卷(一至五)

650000－1441－0003543　普71－2/3－6
增像十美緣圖詠四卷　(清)退居野人校訂　清光緒三十一年(1905)海左書莊石印本　一冊

650000－1441－0003544　普71－2/3－7
綉像十美圖四十卷　(□)□□撰　清同治九年(1870)寶文堂刻本　六冊

650000－1441－0003545　普71－2/3－8
綉像百花臺初集四卷　(清)鴛水主人撰　清光緒元年(1875)刻本　四冊

650000－1441－0003546　普71－2/3－9
綉像真八美圖八卷　（清）葉庵撰　清刻本　六冊　存六卷（一、三至六、八）

650000－1441－0003547　普71－2/4－11
繡像繪圖新漢演義四卷　題（□）自由生編　清末石印本　三冊　存三卷（一至三）

650000－1441－0003548　普71－2/4－12
繡像永慶昇平八卷前傳四卷後傳四卷　（清）郭廣瑞撰　清末石印本　七冊　存七卷（前傳四卷、後傳一至三）

650000－1441－0003549　普71－2/4－14
繡像繪圖繪芳園全錄八卷　（清）西泠野樵著　清石印本　八冊

650000－1441－0003550　普71－2/4－15
繡像繪圖再生緣全傳二十卷　（□）□□撰　清石印本　八冊　存十六卷（五至二十）

650000－1441－0003551　普71－2/4－16
增圖續小五義六卷　（□）□□撰　清光緒二十九年（1903）簡青齋書局石印本　三冊

650000－1441－0003552　普71－2/4－8
繡像全圖小五義六卷　（□）□□撰　清末簡青齋書局石印本　二冊　存四卷（三至六）

650000－1441－0003553　普71－2/5－1
綉像芙蓉洞全傳十卷　（清）陳遇乾原稿　清道光十六年（1836）刻本　十冊

650000－1441－0003554　普71－2/5－11
諧鐸十二卷　（清）沈起鳳著　清乾隆五十六年（1791）刻本　四冊

650000－1441－0003555　普71－2/5－2
錦上花四十八回　（清）修陽閣主人撰　清同治十三年（1874）學餘堂刻本　十冊

650000－1441－0003556　普71－2/5－5
今古奇觀四十卷　（明）抱甕老人撰　清刻本　十冊　存十九卷（二十二至四十）

650000－1441－0003557　普71－2/5－5－1
今古奇觀四十卷　（明）抱甕老人撰　清刻本　十八冊

650000－1441－0003558　普71－2/5－9
絜齋集二十四卷附錄六卷　（宋）袁燮撰　清同治十一年（1872）進脩堂刻本　五冊

650000－1441－0003559　普71－2/5－9－1
絜齋集二十四卷附錄六卷　（宋）袁燮撰　清同治十一年（1872）進脩堂刻本　五冊

650000－1441－0003560　普71－3/1－3
斜川集六卷　（宋）蘇過著　清道光七年（1827）三蘇祠刻本　四冊

650000－1441－0003561　普71－3/1－3－1
斜川集六卷　（宋）蘇過著　清道光七年（1827）三蘇祠刻本　四冊

650000－1441－0003562　普71－3/3－16
新斠平津館叢書十集四十三種二百五十四卷　（清）朱記榮校刊　清光緒十一年（1885）朱氏槐廬家塾刻本　五十冊

650000－1441－0003563　普71－3/3－16－1
新斠平津館叢書十集四十三種二百五十四卷　（清）朱記榮校刊　清光緒十一年（1885）朱氏槐廬家塾刻本　五十冊

650000－1441－0003564　普71－3/3－16－2
新斠平津館叢書十集四十三種二百五十四卷　（清）朱記榮校刊　清光緒十一年（1885）朱氏槐廬家塾刻本　五冊

650000－1441－0003565　普71－3/5－1
新斠注地理志十六卷　（清）徐松集釋　清同治十三年（1874）會稽章氏刻本　八冊

650000－1441－0003566　普71－3/5－1－1
新斠注地理志十六卷　（清）徐松集釋　清同治十三年（1874）會稽章氏刻本　八冊

650000－1441－0003567　普71－3/5－3
新刻張太岳先生全集四十七卷　（明）張居正著　清刻本　二十冊

650000－1441－0003568　普71－3/5－3－1
新刻張太岳先生全集四十七卷　（明）張居正著　清刻本　十六冊

650000－1441－0003569　普71－3/5－3－2

新刻張太岳先生全集四十七卷　(明)張居正著　清刻本　十六冊

650000－1441－0003570　普71－4/1－10
新刻正字車龍花燈記二卷　(清)□□撰　清刻本　一冊

650000－1441－0003571　普71－4/1－11
新刻正字金絲蚨蝶全本五卷　(清)□□撰　清刻本　一冊

650000－1441－0003572　普71－4/1－12
大宋萬花樓全傳二十卷　(清)□□撰　清刻本　四冊

650000－1441－0003573　普71－4/1－14
新刻正字金生全本二卷　(清)□□撰　清刻本　一冊

650000－1441－0003574　普71－4/1－15
全本盤龍寶扇記二卷　(清)□□撰　清刻本　一冊

650000－1441－0003575　普71－4/1－16
新刻時興雷峯塔古蹟白蛇記全本四卷　(清)□□撰　清刻本　一冊

650000－1441－0003576　普71－4/1－2
新刻真本唱嘢珠球全傳四十九卷　(清)松筠著　清光緒三年(1877)刻本　十二冊

650000－1441－0003577　普71－4/1－4
新刻異説南唐演義全傳十卷　(清)如蓮居士編次　清道光二十六年(1846)刻本　十冊

650000－1441－0003578　普71－4/1－4－1
新刻異説南唐演義全傳十卷　(清)如蓮居士編次　清道光二十六年(1846)刻本　九冊　缺一卷(五)

650000－1441－0003579　普71－4/1－5
新刻古本劉成美忠節全傳二十五卷　(□)□□撰　清道光二十二年(1842)友於堂刻本　八冊

650000－1441－0003580　普71－4/1－6
繡像東西漢演義十八卷　(明)甄偉撰　清刻本　十四冊

650000－1441－0003581　普71－4/1－7
新刻珠玉圓四卷　(清)柳浦散人編輯　清同治十一年(1872)刻本　四冊

650000－1441－0003582　普71－4/1－8
新刻京臺公餘勝覽国色天香十卷　(明)吳所敬編輯　清刻本　五冊

650000－1441－0003583　普71－4/1－9
重刻金葉菊四卷　(□)□□撰　清刻本　一冊

650000－1441－0003584　普71－4/2－1
新刻雙金錠全傳三卷　(□)□□撰　清刻本　一冊　存二卷(一至二)

650000－1441－0003585　普71－4/2－10
新刻爾雅翼三十二卷　(宋)羅願著　清刻本　六冊

650000－1441－0003586　普71－4/2－11
新刻批點四書讀本十八卷　(宋)朱熹批點　清道光七年(1827)墨緣齋刻本　六冊

650000－1441－0003587　普71－4/2－17
新刊趙田了凡袁先生編纂古本歷史大方綱鑑補三十九卷首一卷　(明)袁黄撰　清乾隆十一年(1746)刻本　二十四冊

650000－1441－0003588　普71－4/2－2
新刻清風閘十八卷　(□)□□撰　清末刻本　二冊　存二卷十九回(卷一之六至十三回、二之十四至二十四回)

650000－1441－0003589　普71－4/2－3
新刻按鑑編纂開闢衍繹通俗志傳六卷八十回　(清)周遊集　清光緒二年(1876)集古堂刻本　三冊　存三卷三十四回(卷一之一回至七回、三之二十一至三十四回、五之五十一至六十三回)

650000－1441－0003590　普71－4/2－4
新刻玉釧緣全傳三十二卷　(清)西湖居士撰　清末刻本　七冊　存四卷(十一至十四)

650000－1441－0003591　普71－4/2－5
新刻增删二度梅奇説六卷　(清)惜陰堂主人

編輯　清刻本　二冊　存四卷(二至三、五至六)

650000－1441－0003592　普71－4/2－6
新鐫玉茗堂批點按鑑參補北宋志傳十卷　(清)研石山樵訂正　清玉茗堂刻本　四冊

650000－1441－0003593　普71－4/2－7
新刻濟顛大師醉菩提全傳四卷　(清)天花藏主人編次　清同治七年(1868)松盛堂刻本　一冊

650000－1441－0003594　普71－4/2－8
新刻天花藏批評平山冷燕四卷　(清)狄岸散人編次　清刻本　二冊

650000－1441－0003595　普71－4/2－9
新刻二度梅奇說全集六卷　(清)槐蔭堂主人編輯　清光緒二十二年(1896)錦文堂刻本　六冊

650000－1441－0003596　普71－4/3－3
新刊權載之文集五十卷　(唐)權德輿輯　清嘉慶十一年(1806)刻本　八冊

650000－1441－0003597　普71－4/3－4
新刊古列女傳八卷　(漢)劉向編輯　清道光五年(1825)刻本　二冊

650000－1441－0003598　普71－4/3－6
新刊五美緣全傳八十回　(清)寄生氏撰　清道光十二年(1832)三餘堂刻本　一冊

650000－1441－0003599　普71－4/3－7
新刊四明先生高明大字續資治通鑑節要二十卷　(元)高明撰　清刻本　九冊　缺三卷(二至四)

650000－1441－0003600　普71－4/4－2
新編韓湘子九度文公道情全本三卷　(□)□□撰　清刻本　一冊

650000－1441－0003601　普71－4/4－3
新刻粉粧樓傳記八卷　(清)竹溪山人撰　清光緒十四年(1888)藜照書屋刻本　八冊

650000－1441－0003602　普71－4/4－4
新編節義傳芳雪梅記四卷　(□)□□撰　清刻本　一冊

650000－1441－0003603　普71－4/4－5
新編古今事文類聚前集六十卷後集五十卷續集二十八卷別集三十二卷新集三十六卷外集十五卷遺集十五卷　(宋)祝穆編　清乾隆二十八年(1763)德壽堂刻本　七十七冊　缺十卷(新集十六至十七、二十八至三十一,外集六至七,遺集十四至十五)

650000－1441－0003604　普71－4/5－3
古列女傳八卷考證一卷　(漢)劉向編撰　清嘉慶元年(1796)刻本　二冊

650000－1441－0003605　普71－4/5－4
新編分門古今類事二十卷　(宋)委心子撰　清乾隆三十四年(1769)刻本　六冊

650000－1441－0003606　普71－4/5－5
新編筭學啓蒙三卷　(元)朱世傑編撰　清刻本　二冊　存一卷(上)

650000－1441－0003607　普71－4/5－6
新編玉鴛鴦六卷三十六回　(□)□□撰　清抄本　六冊

650000－1441－0003608　普71－4/5－7
新增說文韻府羣玉二十卷　(元)陰時夫編輯　清刻本　二十冊

650000－1441－0003609　普72－1/1－10
新輯校正纂圖元亨療馬集六卷　(明)喻本元(明)喻本亨著　清刻本　一冊

650000－1441－0003610　普72－1/1－12
新輯繪圖全續彭公案四卷　(清)貪夢道人撰　清刻本　四冊

650000－1441－0003611　普72－1/1－12－1
新輯繪圖全續彭公案四卷　(清)貪夢道人撰　清刻本　四冊

650000－1441－0003612　普72－1/1－13
新釋地理備考全書十卷　(葡萄牙)瑪吉士輯譯　清道光二十七年(1847)刻本　六冊

650000－1441－0003613　普72－1/1－2
新增笑中緣圖詠四卷　(清)玉笙樓主人撰

清光緒十四年(1888)上海書局石印本　三册　存三卷(一、三至四)

650000－1441－0003614　普72－1/1－4
新增格古要論十三卷　(明)曹昭著　清光緒二十二年(1896)舒霞樓刻本　六册

650000－1441－0003615　普72－1/1－6
譚瀛八種四卷　(清)吳文藻輯　清光緒二十二年(1896)石印本　三册　存三卷(一至三)

650000－1441－0003616　普72－1/1－7
新選全本銀合太子走国十卷　(清)閒情居士稿　清刻本　二册

650000－1441－0003617　普72－1/1－7－1
新選全本銀合太子走国十卷　(清)閒情居士稿　清刻本　二册

650000－1441－0003618　普72－1/1－7－2
新選全本銀合太子走国十卷　(清)閒情居士稿　清刻本　二册

650000－1441－0003619　普72－1/1－7－3
新選全本銀合太子走国十卷　(清)閒情居士稿　清刻本　二册

650000－1441－0003620　普72－1/1－7－4
新選全本銀合太子走国十卷　(清)閒情居士稿　清刻本　二册

650000－1441－0003621　普72－1/1－8
新選全本五厐平西四集十六卷　(清)閒情居士訂　清光緒二十七年(1901)芹香閣刻本　四册

650000－1441－0003622　普72－1/1－8－1
新選全本五厐平西四集十六卷　(清)閒情居士訂　清光緒二十七年(1901)芹香閣刻本　一册　存四卷(三集一至四)

650000－1441－0003623　普72－1/1－9
新輯時務匯通一百八卷　(清)李作棟輯　清光緒二十九年(1903)崇新書局石印本　三十二册

650000－1441－0003624　普72－1/2－1
新鐫綉像描金鳳十二卷　(清)竹高居士撰　清光緒二年(1876)刻本　十册　缺一卷(五)

650000－1441－0003625　普72－1/2－2
新鐫法家透膽寒十六卷　(清)補相子著　清咸豐元年(1851)刻本　一册

650000－1441－0003626　普72－1/2－3
新鐫批評出像通俗奇俠禪真逸史乾集四十回　(明)方汝浩著　清刻本　四册　缺十九回(二十二至四十)

650000－1441－0003627　普72－1/2－4
新訂四書補註備旨上孟四卷　(明)鄧林著　清刻本　四册

650000－1441－0003628　普72－1/2－5
新訂解人頤廣集八卷　(清)錢德蒼重訂　清刻本　四册

650000－1441－0003629　普72－1/2－6
新義錄一百卷　(清)孫璧文撰　清光緒十二年(1886)漱石山房石印本　四十册

650000－1441－0003630　普72－1/2－6－1
新義錄一百卷　(清)孫璧文撰　清光緒十二年(1886)漱石山房石印本　四十册

650000－1441－0003631　普72－1/4－11
新纂約章大全不分卷　(清)陸鳳石纂　清宣統二年(1910)崇義堂石印本　二册

650000－1441－0003632　普72－1/4－12
新選四續慈雲太子走国四集二十四卷　(清)閒情居士訂　清刻本　三册　存六卷(三集一至六)

650000－1441－0003633　普72－1/4－16
新纂門目五臣音註揚子法言十卷　(唐)柳宗元註　清刻本　四册

650000－1441－0003634　普72－1/4－2
新城伯子文集八卷　(清)姚鼐撰　清嘉慶四年(1799)刻本　四册

650000－1441－0003635　普72－1/4－3
新纂氏族箋釋八卷　(清)熊峻運著　清末刻本　四册

650000－1441－0003636　普 72－1/4－4
新學偽經考十四卷　康有為撰　清光緒十七年(1891)萬木草堂刻本　四冊　存十卷(一至三、五至九、十二至十三)

650000－1441－0003637　普 72－1/4－5
新安先集二十卷　(清)朱之榛撰　清同治十三年(1874)刻本　八冊

650000－1441－0003638　普 72－1/5－15
各國和約新編八卷首一卷　(清)望炊編輯　清光緒二十四年(1898)多文閣石印本　三冊

650000－1441－0003639　普 72－1/5－7
新學大叢書一百二十卷　(□)□□撰　清光緒二十九年(1903)石印本　三十二冊

650000－1441－0003640　普 72－1/5－8
新學偽經考十四卷　康有為撰　清光緒十七年(1891)望雲樓石印本　八冊

650000－1441－0003641　普 72－1/5－9
新政六編不分卷　(清)何啓輯　清光緒二十七年(1901)浙江書局石印本　八冊

650000－1441－0003642　普 72－2/1－12
辛丑銷夏記五卷　(清)吳榮光撰　清光緒三十一年(1905)郎園刻本　五冊

650000－1441－0003643　普 72－2/2－3
心日齋十六家詞錄二卷　(清)周之琦輯　清道光二十四年(1844)刻本　二冊

650000－1441－0003644　普 72－2/2－4
心白日齋集六卷　(清)尹耕雲著　清光緒二十一年(1895)刻本　四冊

650000－1441－0003645　普 72－2/2－6
中星圖不分卷　(清)姚覲元著　清光緒六年(1880)宋氏刻本　一冊

650000－1441－0003646　普 72－2/2－8
形學課本五書不分卷　(清)京師學部編　清末鉛印本　一冊

650000－1441－0003647　普 72－2/2－9
刑案匯覽六十卷首一卷末一卷拾遺備考一卷續增十六卷新增十六卷　(清)祝慶祺編　清道光十四年(1834)圖書集成局石印本　四十冊　存三十二卷(續增十六卷、新增十六卷)

650000－1441－0003648　普 72－2/3－1
刑案匯覽六十卷首一卷拾遺一卷　(清)祝慶祺編　清道光二十年(1840)慎思堂刻本　六十二冊

650000－1441－0003649　普 72－2/4－2
新刻諸葛宗岳史四公文集五卷　(清)劉質慧重栞　清同治十二年(1873)述經堂刻本　八冊

650000－1441－0003650　普 72－2/4－2－1
新刻諸葛宗岳史四公文集五卷　(清)劉質慧重栞　清同治十二年(1873)述經堂刻本　十四冊

650000－1441－0003651　普 74－1/1－4
性理淺説二種四卷　(清)郭長清著　清光緒二十四年(1898)刻本　二冊

650000－1441－0003652　普 74－1/1－5
性理緒餘五卷　(清)朱堯民撰　清光緒五年(1879)白廬山房刻本　五冊

650000－1441－0003653　普 74－1/1－6
姓氏解紛十卷　(清)黄本驥撰　清道光二十六年(1846)三長物齋刻本　三冊

650000－1441－0003654　普 74－1/1－7
星學發軔十六卷　(美國)羅密士撰　清光緒十六年(1890)刻本　十六冊

650000－1441－0003655　普 74－1/1－8
行海要术四卷　(清)李鳳苞筆述　(美國)金楷理著　清刻本　三冊

650000－1441－0003656　普 74－1/1－9
行人錄二十二卷目錄一卷　(□)□□撰　清抄本　六冊

650000－1441－0003657　普 74－1/2－2
省吾堂四種二十五卷　(清)蔣光弼校　清刻本　五冊

650000－1441－0003658　普 74－1/2－4
醒世日記二卷　(清)席世龍著　清光緒二十

二年(1896)刻本　二册

650000－1441－0003659　普74－1/3－12
閑閑老人滏水文集二十卷　(宋)趙秉文著　清刻本　一册　存九卷(七至十五)

650000－1441－0003660　普74－1/3－13
鮮庵遺稿一卷　(清)黄紹箕著　清刻本　一册

650000－1441－0003661　普74－1/3－7
咸豐象山粵氛紀實不分卷　(清)王蒔蕙撰　清刻本　一册

650000－1441－0003662　普74－1/3－7－1
咸豐象山粵氛紀實不分卷　(清)王蒔蕙撰　清刻本　一册

650000－1441－0003663　普74－1/3－8
閒談消夏録十二卷　(清)朱翊清撰　清同治十三年(1874)刻本　十二册

650000－1441－0003664　普74－1/4－10
行素齋詩集十卷　(清)朱逢椿著　清咸豐元年(1851)文月刻本　六册

650000－1441－0003665　普74－1/4－3
隰西草堂集十二卷　(清)萬壽祺著　清道光四年(1824)銅山董氏刻本　四册

650000－1441－0003666　普74－1/4－4
顯志堂稿十二卷　(清)馮桂芬著　清光緒二年(1876)校邠廬刻本　八册

650000－1441－0003667　普74－2/1－1
遜志齋全集二十四卷　(明)方孝孺撰　清道光二十六年(1846)刻本　十六册

650000－1441－0003668　普74－2/1－3
訓俗遺規摘抄四卷　(清)陳宏謀著　清刻本　一册　存二卷(三至四)

650000－1441－0003669　普74－2/1－4
訓俗遺規四卷　(清)陳宏謀著　清乾隆七年(1742)刻本　三册　存三卷(一、三至四)

650000－1441－0003670　普74－2/1－6
荀子集解二十卷首一卷　(唐)楊倞注　清光緒十七年(1891)王氏刻本　六册

650000－1441－0003671　普74－2/1－8
荀子集解二十卷　(唐)楊倞注　清光緒十七年(1891)刻本　六册

650000－1441－0003672　普74－2/2－2
荀子集解二十卷　(唐)楊倞注　王先謙集解　清光緒十七年(1891)思賢講舍刻本　一册

650000－1441－0003673　普74－2/2－2－1
荀子集解二十卷首一卷　(唐)楊倞注　王先謙集解　清光緒十七年(1891)刻本　六册

650000－1441－0003674　普74－2/2－3
顨軒孔氏所著書六十卷　(清)孔廣森著　清嘉慶二十二年(1817)刻本　二十册

650000－1441－0003675　普74－2/2－4
巽齋所藏錢録十二卷　(清)費錫申著　清刻本　一册　存三卷(十至十二)

650000－1441－0003676　普74－2/2－7
壎篪集十卷　(清)劉沅著　清咸豐二年(1852)豫誠堂刻本　四册

650000－1441－0003677　普74－2/2－7－1
壎篪集十卷　(清)劉沅著　清咸豐二年(1852)豫誠堂刻本　四册

650000－1441－0003678　普74－3/4－1
學津討原一千四十三卷　(清)張海鵬著　清刻本　二百三十二册

650000－1441－0003679　普75－1/4－3
學海堂二集二十二卷　(清)吳蘭修著　清道光十八年(1838)啓秀山房刻本　十一册

650000－1441－0003680　普75－1/4－4
學海堂初集十六卷　(清)阮元著　清道光五年(1825)啓秀山房刻本　六册

650000－1441－0003681　普75－1/4－5
學海堂三集二十四卷　(清)張維屏著　清咸豐九年(1859)啓秀山房刻本　八册

650000－1441－0003682　普75－2/1－1
學海堂集九十卷　(清)阮元著　清道光五年

(1825)啓秀山房刻本　四十册

650000－1441－0003683　普75－2/1－1－1
學海堂集九十卷　(清)阮元著　清道光五年(1825)啓秀山房刻本　二十四册

650000－1441－0003684　普75－2/2－1
學案小識十四卷　(清)唐鑑著　清光緒十年(1884)四貶齋刻本　十二册

650000－1441－0003685　普75－2/2－1－1
學案小識十四卷　(清)唐鑑著　清光緒十年(1884)四貶齋刻本　十二册

650000－1441－0003686　普75－2/2－3
學案初模不分卷　(清)伊里布著　清光緒七年(1881)臬署刻本　二十册

650000－1441－0003687　普75－2/2－4
學林十卷　(清)王觀國著　清刻本　五册

650000－1441－0003688　普75－2/2－5
學林十卷　(清)王觀國著　清乾隆三十九年(1774)武英殿聚珍版刻本　五册

650000－1441－0003689　普75－2/2－6
學林十卷　(清)王觀國著　清嘉慶十四年(1809)蕭山陳氏湖海樓刻本　五册

650000－1441－0003690　普75－2/3－4
學古堂日記四十三種　(清)雷浚著　清光緒十六年(1890)刻本　二十六册

650000－1441－0003691　普75－2/3－5
學仕錄十六卷　(清)戴肇長著　清同治五年(1866)刻本　八册

650000－1441－0003692　普75－2/4－2
學林管理法二卷　(日本)田中敬一著　清刻本　二册

650000－1441－0003693　普75－2/4－3
學易集八卷　(宋)劉跂撰　清木活字印本　一册

650000－1441－0003694　普75－2/4－4
學治要言一卷　(清)左宗棠著　清光緒三年(1877)陝西藩署刻本　一册

650000－1441－0003695　普75－2/4－4－1
學治要言一卷　(清)左宗棠著　清光緒三年(1877)陝西藩署刻本　一册

650000－1441－0003696　普75－2/4－6
學治臆説二卷　(清)汪輝祖著　清同治七年(1868)崇文書局刻本　一册

650000－1441－0003697　普75－3/4－13
薛氏鈡鼎款識集二十卷　(宋)薛尚功著　清嘉慶二年(1797)刻本　四册

650000－1441－0003698　普75－3/4－2
雪門詩草十四卷　(清)許瑤光著　清同治十三年(1874)刻本　六册

650000－1441－0003699　普75－3/4－3
雪泥屋遺書目錄一卷　(清)牟庭相著　清刻本　一册

650000－1441－0003700　普75－3/4－4
雪堂傳錄四卷　羅振玉撰　清刻本　四册

650000－1441－0003701　普75－4/1－8
篋衍集十二卷　(清)陳其年著　清末鉛印本　一册

650000－1441－0003702　普75－4/2－1
熊襄愍公集十卷首一卷末一卷　(明)熊廷弼著　清同治三年(1864)刻本　十册

650000－1441－0003703　普75－4/2－3
西漢會要七十卷　(宋)徐天麟著　清木活字印本　五册

650000－1441－0003704　普75－4/3－2
西漢會要七十卷　(宋)徐天麟著　清木活字印本　十册

650000－1441－0003705　普76－1/1－1
西河合集一百十一種四百九十三卷首一卷　(明)毛奇齡著　清乾隆三十五年(1770)陸凝瑞刻本　三十四册　存七十一卷(十七種一至七十一)

650000－1441－0003706　普76－2/2－4
西堂全集六十七卷　(清)尤侗著　清刻本　二十八册

650000－1441－0003707　普 76－2/4－2
西清續鑑甲編二十卷　（清）商務印書館編　清宣統三年（1911）商務印書館石印本　三十二冊

650000－1441－0003708　普 76－3/3－1
西漚全集十卷外集八卷十八卷　（清）李惺撰　清同治七年（1868）退思堂刻本　十冊

650000－1441－0003709　普 76－3/3－5
西夏紀事本末三十六卷　（清）張鑑著　清光緒十一年（1885）刻本　四冊

650000－1441－0003710　普 76－3/4－1
西泠詞萃六種　（宋）周邦彥著　清光緒十一年（1885）丁氏刻本　四冊

650000－1441－0003711　普 76－3/4－1－1
西泠詞萃六種　（宋）周邦彥著　清光緒十一年（1885）丁氏刻本　四冊

650000－1441－0003712　普 76－3/4－3
西泠酬唱集三集十五卷　（清）秦緗業等撰　清光緒四年（1878）郭鍾嶽刻本　六冊

650000－1441－0003713　普 76－3/4－5
西京清麓叢書八十八種一千四百五十八卷　（清）賀瑞麟編輯　清光緒十三年（1887）傳經堂刻本　五冊

650000－1441－0003714　普 76－3/4－6
西遊真詮一百回　（清）陳士斌撰　清刻本　二十冊

650000－1441－0003715　普 76－3/4－7
西遊真詮一百回　（清）陳士斌撰　清刻本　十冊　存五十回（五十一至一百）

650000－1441－0003716　普 76－3/4－8
西遊真論一百回　（清）陳士斌撰　清刻本　十八冊　存七十三回（二十六至七十三、七十六至一百）

650000－1441－0003717　普 76－4/1－1
西湖集覽四十五卷　（清）丁丙著　清光緒九年（1883）嘉惠堂丁氏刻本　十六冊

650000－1441－0003718　普 76－4/1－10
續西陽雜俎二十卷續集十卷　（唐）段成式著　清石印本　五冊

650000－1441－0003719　普 76－4/1－11
西京雜記二卷　（晉）葛洪著　清光緒八年（1882）抱經堂刻本　一冊

650000－1441－0003720　普 76－4/1－12
西京雜記二卷　（晉）葛洪著　清乾隆五十二年（1787）抱經堂刻本　二冊

650000－1441－0003721　普 76－4/1－13
西齋集十四卷　（清）吳暻著　清刻本　一冊　存五卷（十至十四）

650000－1441－0003722　普 76－4/1－15
西巡迴鑾始末記六卷　（日本）吉田良太郎口譯　（清）八詠廔主人筆述　清光緒二十八年（1902）石印本　二冊　存四卷（一至二、五至六）

650000－1441－0003723　普 76－4/1－16
西學大成十二卷　（清）王西清輯　清光緒二十一年（1895）醉元堂書坊石印本　十二冊

650000－1441－0003724　普 76－4/1－18
西廂記四卷　（清）儲欣評　清乾隆三十八年（1773）同文堂刻本　一冊

650000－1441－0003725　普 76－4/1－2
西湖佳話古今遺跡十六卷　（清）墨浪子著　清刻本　四冊

650000－1441－0003726　普 76－4/1－5
西比里亞志不分卷　（清）學部圖書局編　清光緒三十四年（1908）學部圖書局鉛印本　一冊

650000－1441－0003727　普 76－4/2－1
西青散記四卷　（清）史震林撰　清刻本　三冊

650000－1441－0003728　普 76－4/2－10
息園吟草二卷　（清）詹考祥著　清道光十年（1830）刻本　一冊

650000－1441－0003729　普 76－4/2－2
西青散記四卷　（清）史震林撰　清乾隆二年

(1737)刻本　四冊

650000－1441－0003730　普 76－4/2－3
西廬文集四卷　(清)張雋著　清宣統二年(1910)國學扶輪社石印本　二冊

650000－1441－0003731　普 76－4/2－4
西廂記五卷首一卷末一卷　(元)王實甫著　清光緒石印本　二冊

650000－1441－0003732　普 76－4/3－1
希夷夢四十卷　(清)汪寄撰　清光緒四年(1878)翠筠山房刻本　二十四冊

650000－1441－0003733　普 76－4/3－11
熙朝新語十六卷　(清)徐錫齡著　清道光十二年(1832)寫經堂刻本　四冊

650000－1441－0003734　普 76－4/3－3
習齋記餘十卷　(清)顏元撰　清光緒五年(1879)刻本　四冊

650000－1441－0003735　普 76－4/3－6
錫金團練始末記一卷　(清)華翼綸撰　清同治三年(1864)抄本　一冊

650000－1441－0003736　普 76－4/3－7
錫金科第考六卷　(清)高榮泉輯　清宣統二年(1910)刻本　二冊

650000－1441－0003737　普 76－4/3－8
錫山遊庠錄一卷首一卷　(清)汪士侃著　清咸豐五年(1855)刻本　二冊

650000－1441－0003738　普 77－1/1－1
洗冤錄集証全纂六卷　(清)李虛舟補輯　清刻本　五冊　存五卷(一至二、四至六)

650000－1441－0003739　普 77－1/1－10
浠川政譜一卷　(清)龔鼎孳著　清光緒刻本　一冊

650000－1441－0003740　普 77－1/1－2
洗冤錄四卷　(清)律例舘校　清刻本　二冊

650000－1441－0003741　普 77－1/1－4
重刊補注洗冤錄集五卷附辯證檢驗錄解一卷　(宋)宋慈著　清道光二十四年(1844)翰墨園刻本　六冊

650000－1441－0003742　普 77－1/1－5
希臘三大哲學家學説不分卷　(清)陳鵬著　清光緒二十九年(1903)廣智書局影印本　一冊

650000－1441－0003743　普 77－1/1－9
息柯自箋八卷　(清)楊翰著　清同治十二年(1873)小九曜山房刻本　四冊

650000－1441－0003744　普 77－1/2－1
惜陰軒叢書三十五種二百七十八卷　(清)李錫齡著　清光緒二十二年(1896)宏道書院刻本　一百五冊

650000－1441－0003745　普 77－1/2－1－1
惜陰軒叢書三十五種二百七十八卷　(清)李錫齡著　清光緒二十二年(1896)宏道書院刻本　九冊

650000－1441－0003746　普 77－1/2－1－2
惜陰軒叢書三十五種二百七十八卷　(清)李錫齡著　清光緒二十二年(1896)宏道書院刻本　十冊

650000－1441－0003747　普 77－1/2－1－3
惜陰軒叢書三十五種二百七十八卷　(清)李錫齡著　清光緒二十二年(1896)宏道書院刻本　一百十二冊

650000－1441－0003748　普 77－1/4－4
惜抱軒先生尺牘八卷　(清)姚鼐著　清宣統元年(1909)小萬柳堂刻本　四冊

650000－1441－0003749　普 77－1/4－4－1
惜抱軒先生尺牘八卷　(清)姚鼐著　清宣統元年(1909)小萬柳堂刻本　四冊　存六卷(春秋說志一至六)

650000－1441－0003750　普 77－1/4－6
惜陰軒叢書續編五種二十一卷　(清)李錫齡著　清咸豐八年(1858)刻本　六冊　存八卷(周易說翼一至五、毛詩說序一至三)

650000－1441－0003751　普 77－1/4－7
惜抱軒全集十四種　(清)姚鼐著　清光緒五

年(1879)徐氏刻本　四冊　存十七卷(書錄一至四、遺書三種一至十一、惜抱先生尺牘補編目一至二)

650000－1441－0003752　普 77－1/4－8
惜抱軒今體詩選十八卷　(清)姚鼐著　清光緒七年(1881)睿文書局刻本　四冊

650000－1441－0003753　普 77－2/1－4
惜抱軒全集不分卷　(清)姚鼐著　清同治五年(1866)省心閣刻本　十六冊

650000－1441－0003754　普 77－2/1－7
惜抱軒詩集十卷　(清)姚鼐著　清嘉慶三年(1798)刻本　二冊

650000－1441－0003755　普 77－2/2－1
香艷叢書二十集　(清)蟲天子著　清宣統元年(1909)中國圖書公司排印本　八十冊

650000－1441－0003756　普 77－2/2－2
香艷叢書二十集　(清)蟲天子著　清宣統元年(1909)中國圖書公司排印本　七十五冊　缺五卷(十七集一至二、十九集三、十四集四、七集一)

650000－1441－0003757　普 77－2/3－2
香銷酒醒詞不分卷　(清)趙慶熺撰　清同治七年(1868)王氏刻本　四冊

650000－1441－0003758　普 77－2/3－3
香蘇山舘古體詩鈔十七卷　(清)吳嵩梁撰　清咸豐三年(1853)木犀軒刻本　五冊

650000－1441－0003759　普 77－2/3－4
香蘇山舘今體詩鈔十九卷　(清)吳嵩梁撰　清咸豐三年(1853)木犀軒刻本　五冊

650000－1441－0003760　普 77－2/4－1
香屑集十八卷首一卷末一卷　(清)黃之雋撰　清同治十年(1871)近文堂刻本　四冊

650000－1441－0003761　普 77－2/4－2
香葉草堂詩存一卷　(清)羅聘著　清嘉慶元年(1796)刻本　一冊

650000－1441－0003762　普 77－2/4－3
香宋詩前集二卷　(清)趙熙著　清刻本　二冊

650000－1441－0003763　普 77－2/4－4
香雪齋詩鈔四卷　(清)嚴鈖著　清光緒十九年(1893)嚴氏刻本　四冊

650000－1441－0003764　普 77－2/4－5
香雪亭新編耆英會記二卷　(清)喬萊撰　清刻本　二冊

650000－1441－0003765　普 77－3/3－5
湘軍記二十卷　(清)王定安著　清光緒十五年(1889)江南書局刻本　十八冊

650000－1441－0003766　普 77－3/3－6
湘鄉漫錄五卷　(清)查彬撰　清道光十九年(1839)有懷堂刻本　五冊

650000－1441－0003767　普 77－3/3－8
湘報類纂不分卷　(清)唐才常著　清光緒鉛印本　八冊

650000－1441－0003768　普 77－3/3－9
湘學報類編不分卷　(清)養春堂主人編　清光緒二十八年(1902)石印本　八冊

650000－1441－0003769　普 77－3/4－1
湘學報□□卷　(清)江標編　清光緒二十三年(1897)刻本　十七冊

650000－1441－0003770　普 77－3/4－2
象山先生全集三十六卷　(宋)陸九淵著　清光緒三年(1877)金緩槐堂書屋刻本　五冊

650000－1441－0003771　普 77－3/4－4
象數七卷　(清)項名達著　清光緒十四年(1888)刻本　一冊

650000－1441－0003772　普 77－3/4－6
鄉黨圖考十卷　(清)江永撰　清光緒十年(1884)樂道齋刻本　五冊

650000－1441－0003773　普 77－4/2－1
項城袁氏家集六種六十五卷　(清)丁振鐸編輯　清宣統三年(1911)清芬閣影印本　一冊

650000－1441－0003774　普 77－4/2－2
詳注經詩百家雜鈔二十六卷　(清)曾國藩撰

清刻本　八冊　存十二卷(一至十二)

650000－1441－0003775　普77－4/3－1
詳注聊齋志異圖詠十六卷　(清)蒲松齡撰　清光緒十四年(1888)石印本　八冊

650000－1441－0003776　普77－4/3－10
絜齋集二十四卷　(宋)袁燮撰　清乾隆四十年(1775)武英殿聚珍版刻本　八冊

650000－1441－0003777　普77－4/3－2
詳注聊齋志異圖詠十六卷　(清)蒲松齡撰　清刻本　一冊　存四卷(五至八)

650000－1441－0003778　普77－4/3－3
詳注試帖探珠集八卷　(清)王佐嶠著　清道光五年(1825)寄雲居刻本　四冊

650000－1441－0003779　普77－4/3－4
想當然耳八卷　(清)鄒鍾著　清同治五年(1866)刻本　四冊

650000－1441－0003780　普77－4/3－5
向陽齋遺稿一卷　(清)江忠著　清宣統二年(1910)向陽齋刻本　一冊

650000－1441－0003781　普77－4/3－6
向湖邨舍詩初集十二卷　(清)趙藩著　清光緒十四年(1888)刻本　三冊

650000－1441－0003782　普77－4/3－7
相宗史傳略錄不分卷　(清)梅光羲編　清刻本　一冊

650000－1441－0003783　普77－4/3－8
相宗八要直解二卷　(唐)釋玄奘譯　清刻本　一冊

650000－1441－0003784　普77－4/3－9
憲政編查舘會奏遵議憲法大綱及議院選舉各法並逐年籌備事宜摺不分卷　(清)憲政編查舘編　清光緒刻本　一冊

650000－1441－0003785　普78－1/4－1
御批歷代通鑑輯覽一百二十卷　(清)傅恒撰　清光緒三十年(1904)通元書局石印本　二十四冊

650000－1441－0003786　普78－1/4－2
御批歷代通鑑輯覽一百二十卷　(清)傅恒撰　清同治十一年(1872)崇文書局刻本　七十冊

650000－1441－0003787　普78－2/2－1
御批歷代通鑑輯覽一百二十卷　(清)傅恒撰　清光緒三十一年(1905)商務印書館鉛印本　二十冊

650000－1441－0003788　普78－2/2－2
御批歷代通鑑輯覽一百二十卷　(清)傅恒撰　清光緒三十一年(1905)商務印書館鉛印本　二十二冊　存二十三卷(一至六、十一至二十、五十六、六十一至六十六)

650000－1441－0003789　普78－2/2－3
御批歷代通鑑輯覽一百二十卷　(清)傅恒撰　清刻本　十二冊　存八十五卷(三十六至一百二十)

650000－1441－0003790　普78－2/3－1
御批資治通鑑綱目五十九卷首一卷　(宋)司馬光撰　清刻本　十四冊

650000－1441－0003791　普78－2/3－2
御批資治通鑑綱目二十七卷　(宋)金履祥撰　清光緒十三年(1887)同文書局石印本　六冊

650000－1441－0003792　普78－2/3－3
御批續資治通鑑綱目二十七卷　(明)商輅撰　清刻本　四冊

650000－1441－0003793　普78－2/3－4
淵鑑類函四百五十卷　(清)張英撰　清刻本　一百四十冊

650000－1441－0003794　普79－1/1－1
知不足齋叢書二百八種　(清)鮑廷博輯　清刻本　二百四十冊

650000－1441－0003795　普79－1/4－1
知不足齋叢書二百八種　(清)鮑廷博輯　清同治十一年(1872)韓氏刻本　二百二十八冊

650000－1441－0003796　普79－3/2－1

御定駢字類編二百四十卷　（清）吳士玉撰　清光緒十三年（1887）同文書局石印本　四十八册

650000－1441－0003797　普79－3/2－1－1
御定駢字類編二百四十卷　（清）吳士玉撰　清光緒十三年（1887）同文書局石印本　四十八册

650000－1441－0003798　普79－3/2－1－2
御定駢字類編二百四十卷　（清）吳士玉撰　清光緒十三年（1887）同文書局石印本　四十八册

650000－1441－0003799　普79－4/2－1
御定萬年書一卷　（清）欽天監編　清刻本　二册

650000－1441－0003800　普79－4/3－2
御製數理精藴五十三卷　（清）允祉撰　清光緒八年（1882）廣東藩司刻本　三十八册

650000－1441－0003801　普79－4/3－2－1
御製數理精藴五十三卷　（清）允祉撰　清光緒八年（1882）廣東藩司刻本　三十四册　存二十五卷（上編一至五，下編一至十、三十一至四十）

650000－1441－0003802　普80－1/1－1
御製文初集三十八卷　（清）高宗弘曆撰　清刻本　八册

650000－1441－0003803　普80－1/1－1－1
御製文初集三十卷目録二卷　（清）高宗弘曆撰　清乾隆二十九年（1764）刻本　八册

650000－1441－0003804　普80－1/1－1－2
御製文初集三十卷目録二卷　（清）高宗弘曆撰　清乾隆二十九年（1764）刻本　八册

650000－1441－0003805　普80－1/1－1－3
御製文初集三十卷目録二卷　（清）高宗弘曆撰　清乾隆二十九年（1764）刻本　八册

650000－1441－0003806　普80－1/1－3
御製詩三集一百卷目録十二卷　（清）高宗弘曆撰　清刻本　四十八册

650000－1441－0003807　普80－1/2－1
御製詩四集一百卷目録十二卷　（清）高宗弘曆撰　清刻本　二十六册

650000－1441－0003808　普80－1/3－1
佩文齋廣群芳譜一百卷　（清）汪灝撰　清刻本　十四册　尾殘

650000－1441－0003809　普80－1/3－2
御製擬白居易新樂府四卷　（清）高宗弘曆撰　清抄本　二册

650000－1441－0003810　普80－1/3－3
御製厤象攷成後編十卷　（清）允祿等纂　清刻本　六册　存六册（二、五至九）

650000－1441－0003811　普80－1/3－4
御製厤象考成上編十六卷　（清）允祿撰　清光緒二十一年（1895）湖北官書処刻本　七册

650000－1441－0003812　普80－1/3－5
御製全韻詩不分卷　（清）高宗弘曆撰　清刻本　五册

650000－1441－0003813　普80－1/3－7
御製繙譯四書不分卷　（清）鄂爾泰譯　清光緒十四年（1888）聚珍堂刻本　六册

650000－1441－0003814　普80－1/3－7－1
御製繙譯四書不分卷　（清）鄂爾泰譯　清光緒十四年（1888）聚珍堂刻本　六册

650000－1441－0003815　普80－1/4－1
御選唐宋詩醇四十七卷目録二卷　（清）允祿輯　清光緒三年（1877）刻本　二十三册

650000－1441－0003816　普80－1/4－2
御選唐宋文醇五十八卷目録一卷　（清）允祿輯　清乾隆三年（1738）浙江書局刻本　一册

650000－1441－0003817　普80－2/1－2
御選唐宋詩醇四十七卷目録二卷　（清）允祿輯　清乾隆刻本　二十四册

650000－1441－0003818　普80－2/1－4
御選唐宋詩醇四十七卷目録二卷　（清）譚鍾麟摹刻　清光緒七年（1881）上海九思齋刻本　七册　存二十二卷（十七至十八、二十五至

二十六、三十二至四十七，目錄二卷）

650000－1441－0003819　普 80－2/2－1
御選金詩二十四卷　（清）聖祖玄燁輯　清刻本　十二册

650000－1441－0003820　普 80－2/3－1
御選明臣奏議四十卷　（清）蔡新編　清刻本　十六册

650000－1441－0003821　普 80－2/3－2
御纂七經義疏□□卷　（清）聖祖玄燁撰　清光緒二十九年（1903）鑄記書局石印本　五册

650000－1441－0003822　普 80－2/3－3
御纂性理精義十二卷　（清）李光地撰　清咸豐二年（1852）芥子園刻本　六册

650000－1441－0003823　普 80－2/3－4
御纂春秋直解十二卷　（清）梁錫璵輯　清乾隆二十年（1755）刻本　八册

650000－1441－0003824　普 80－2/3－5
御纂周易折中二十二卷　（清）李光地注　清刻本　七册　存十八卷（一至七、十二至二十二）

650000－1441－0003825　普 80－2/3－6
御刻三希堂石渠寶笈法帖十六卷　（清）孫功烈編　清光緒二十三年（1897）鴻寶齋石印本　四册

650000－1441－0003826　普 80－2/3－7
御風要術三卷　（英國）白爾特著　清同治十二年（1873）刻本　二册

650000－1441－0003827　普 80－2/3－7－1
御風要術三卷　（英國）白爾特著　清同治十二年（1873）刻本　一册　存二卷（一至二）

650000－1441－0003828　普 80－3/1－1
玉函山房輯佚書六百卷　（清）馬国翰輯　清光緒九年（1883）嫏嬛館刻本　一百册

650000－1441－0003829　普 80－3/1－1－1
玉函山房輯佚書六百卷　（清）馬国翰輯　清光緒九年（1883）嫏嬛館刻本　一百册

650000－1441－0003830　普 80－3/1－1－2
玉函山房輯佚書六百卷　（清）馬国翰輯　清光緒九年（1883）嫏嬛館刻本　一百册

650000－1441－0003831　普 81－1/1－1
玉函山房輯佚書五百九十四種　（清）馬国翰輯　清光緒十年（1884）湘遠堂刻本　九十六册

650000－1441－0003832　普 81－1/3－1
玉函山房輯佚書五百九十四種　（清）馬国翰輯　清光緒十五年（1889）李氏刻本　七十册

650000－1441－0003833　普 81－2/3－1
玉海二百卷附辭學指南四卷　（宋）王應麟撰　清道光二十三年（1843）刻本　一百二十册

650000－1441－0003834　普 81－3/1－1
玉海二百卷附辭學指南四卷　（宋）王應麟撰　清乾隆三年（1738）刻本　七十册

650000－1441－0003835　普 81－3/3－1
玉海二百卷附辭學指南四卷　（宋）王應麟撰　清光緒九年（1883）浙江書局刻本　十二册

650000－1441－0003836　普 81－4/1－1
玉芝堂談薈三十六卷　（明）徐應秋撰　清蒨園刻本　十八册

650000－1441－0003837　普 81－4/1－2
玉芝堂談薈三十六卷　（明）徐應秋撰　清光緒元年（1875）刻本　三十四册

650000－1441－0003838　普 81－4/1－3
玉芝堂談薈三十六卷　（明）徐應秋撰　清刻本　十册　存十一卷（一至四、十二至十三、二十六至二十七、三十二至三十四）

650000－1441－0003839　普 81－4/2－1
玉芝堂談薈三十六卷　（明）徐應秋撰　清刻本　九册　存九卷（一、八至九、十七、二十一、二十三、二十九、三十二、三十四）

650000－1441－0003840　普 81－4/2－2
玉芝堂文集六卷　（清）邵齊燾撰　清刻本　三册

650000－1441－0003841　普 81－4/2－3

玉芝堂詩集二卷　(清)邵齊燾撰　清刻本　一冊

650000－1441－0003842　普81－4/2－5
玉獅堂傳奇十種　(清)陳烺撰　清光緒十一年(1885)刻本　十四冊

650000－1441－0003843　普81－4/2－5－1
玉獅堂傳奇十種　(清)陳烺撰　清光緒十一年(1885)刻本　十四冊

650000－1441－0003844　普81－4/2－6
玉獅堂傳奇十種　(清)陳烺填詞　清光緒十一年(1885)刻本　十冊

650000－1441－0003845　普81－4/2－7
玉獅堂傳奇十種　(清)陳烺撰　清光緒十一年(1885)刻本　五冊

650000－1441－0003846　普81－4/2－9
玉燕堂四種曲　(清)張漱石填詞　清刻本　八冊　缺三種

650000－1441－0003847　普81－4/3－1
玉井山館詩十五卷詩餘一卷　(清)許宗衡撰　清同治九年(1870)刻本　三冊

650000－1441－0003848　普81－4/3－11
玉茗堂還魂記二卷　(明)湯顯祖撰　清乾隆五十年(1785)水絲館刻本　二冊

650000－1441－0003849　普81－4/3－12
玉谿生詩詳註三卷首一卷　(清)馮浩撰　清乾隆四十五年(1780)德聚堂刻本　四冊

650000－1441－0003850　普81－4/3－13
輿地紀勝二百卷首一卷　(宋)王象之撰　清咸豐刻本　二十四冊　缺一卷(二百)

650000－1441－0003851　普81－4/3－2
玉井山舘文續二卷　(清)許宗衡撰　清同治九年(1870)刻本　一冊

650000－1441－0003852　普81－4/3－3
玉井山舘文略五卷　(清)許宗衡撰　清同治四年(1865)刻本　二冊

650000－1441－0003853　普81－4/3－4
玉臺新詠十卷　(南朝陳)徐陵輯　清光緒五年(1879)宏達堂刻本　六冊

650000－1441－0003854　普81－4/3－5
玉臺新詠十卷　(南朝陳)徐陵輯　清刻本　二冊

650000－1441－0003855　普81－4/3－7
玉池老人自敍不分卷　(清)郭嵩燾撰　清光緒十九年(1893)養和書屋鉛印本　一冊

650000－1441－0003856　普81－4/3－8
玉夆遺稾一卷　(清)于璠撰　清刻本　一冊

650000－1441－0003857　普81－4/3－8－1
玉夆遺稾一卷　(清)于璠撰　清刻本　一冊

650000－1441－0003858　普81－4/4－1
輿地紀勝二百卷首一卷　(宋)王象之撰　清咸豐五年(1855)粵雅堂刻本　三十二冊

650000－1441－0003859　普81－4/4－2
輿地廣記三十八卷附校勘記二卷　(宋)歐陽忞撰　清光緒六年(1880)金陵書局刻本　四冊

650000－1441－0003860　普81－4/4－2－1
輿地廣記三十八卷附校勘記二卷　(宋)歐陽忞撰　清光緒六年(1880)金陵書局刻本　四冊

650000－1441－0003861　普81－4/4－4
輿地廣記三十八卷附校勘記二卷　(宋)歐陽忞撰　清刻本　八冊

650000－1441－0003862　普82－1/1－1
新刻玉釧緣全傳三十二卷　(清)西湖居士撰　清道光二十二年(1842)文薈堂刻本　三十六冊

650000－1441－0003863　普82－1/1－1－1
新刻玉釧緣全傳三十二卷　(清)西湖居士撰　清道光二十二年(1842)文薈堂刻本　二十一冊　存十三卷(七至十、十四至十七、二十一至二十五)

650000－1441－0003864　普82－1/1－2
玉簡齋叢書二十九卷　羅振玉輯　清宣統二

年(1910)鉛印本　八冊

650000－1441－0003865　普82－1/1－3
漁洋山人精華録訓纂二十卷　(清)王士禛撰　清光緒十七年(1891)述史樓刻本　十四冊

650000－1441－0003866　普82－1/1－3－1
漁洋山人精華録訓纂二十卷　(清)王士禛撰　清光緒十七年(1891)述史樓刻本　十四冊

650000－1441－0003867　普82－1/2－2
漁洋山人精華録訓纂十卷附年譜一卷　(清)王士禛撰　清光緒二十七年(1901)紅豆齋刻本　十三冊

650000－1441－0003868　普82－1/3－1
漁洋山人古詩選十五卷　(清)王士禛輯　清同治七年(1868)曾氏刻本　八冊

650000－1441－0003869　普82－1/3－2
漁洋山人古詩選十五卷　(清)王士禛輯　清同治五年(1866)金陵書局刻本　十四冊

650000－1441－0003870　普82－1/3－4
漁磯漫鈔十卷　(清)汪琇瑩　(清)雷琳　(清)莫劍光輯　清乾隆五十九年(1794)桂香堂刻本　四冊

650000－1441－0003871　普82－1/3－6
漁洋說部精華十二卷　(清)劉堅輯　清刻本　一冊

650000－1441－0003872　普82－1/3－7
漁洋山人精華録箋注十二卷　(清)王士禛撰　清末石印本　十二冊

650000－1441－0003873　普82－1/3－8
漁洋山人精華録箋注十二卷　(清)王士禛撰　清刻本　六冊

650000－1441－0003874　普82－1/4－4
俞俞齋文稾初集四卷詩稾初集二卷　(清)史念祖撰　清光緒三十二年(1906)刻本　六冊

650000－1441－0003875　普82－1/4－4－1
俞俞齋文稾初集四卷詩稾初集二卷　(清)史念祖撰　清光緒三十二年(1906)刻本　六冊

650000－1441－0003876　普82－1/4－6
俞俞齋文稾初集四卷詩稾初集二卷　(清)史念祖撰　清光緒十八年(1892)刻本　六冊

650000－1441－0003877　普82－1/4－6－1
俞俞齋文稾初集四卷詩稾初集二卷　(清)史念祖撰　清光緒十八年(1892)刻本　六冊

650000－1441－0003878　普82－1/4－7
俞樓襍纂五十卷　(清)俞樾撰　清刻本　十冊

650000－1441－0003879　普82－1/4－8
俞樓襍纂五十卷　(清)俞樾撰　清刻本　八冊

650000－1441－0003880　普82－2/1－1
榆園叢刻十八種　(清)許增輯　清光緒十年(1884)榆園刻本　十六冊

650000－1441－0003881　普82－2/1－1－1
榆園叢刻十八種　(清)許增輯　清光緒十年(1884)榆園刻本　十六冊

650000－1441－0003882　普82－2/1－1－2
榆園叢刻十八種　(清)許增輯　清光緒十年(1884)榆園刻本　十六冊

650000－1441－0003883　普82－2/2－2
緩雅堂駢體文八卷　(清)王詒壽著　清光緒六年(1880)刻本　三冊

650000－1441－0003884　普82－2/2－3
榆園叢刻十種　(清)許增輯　清光緒十五年(1889)刻本　四冊

650000－1441－0003885　普82－2/2－7
餘墨偶談續集八卷　(清)孫樗編　清同治十二年(1873)雙峰書屋刻本　八冊

650000－1441－0003886　普82－2/2－8
餘冬録六十一卷　(明)何孟春撰　清同治三年(1864)恭壽堂刻本　八冊　存四十七卷(一至十四、二十至二十四、三十四至四十、四十七至五十六、四十一至四十六、五十七至六十一)

650000－1441－0003887　普82－2/2－8－1

餘冬錄六十一卷　(明)何孟春撰　清同治三年(1864)恭壽堂刻本　十一冊　存五十一卷(一至五十一)

650000－1441－0003888　普 82－2/3－1
語石十卷　葉昌熾撰　清宣統元年(1909)刻本　一冊　存三卷(八至十)

650000－1441－0003889　普 82－2/3－1－1
語石十卷　葉昌熾撰　清宣統元年(1909)刻本　三冊

650000－1441－0003890　普 82－2/3－1－2
語石十卷　葉昌熾撰　清宣統元年(1909)刻本　三冊

650000－1441－0003891　普 82－2/3－12
[光緒朝]諭摺彙存不分卷　(清)擷華書局編　清擷華書局刻本　二十九冊

650000－1441－0003892　普 82－2/3－7
愚園偶憶詩草二卷　(清)胡恩燮撰　清光緒六年(1880)刻本　一冊

650000－1441－0003893　普 82－2/3－8
愚慮錄五卷　(清)陳偉撰　清光緒二十二年(1896)刻本　四冊

650000－1441－0003894　普 82－2/3－9
愚齋東遊日記二卷　(清)倪璠注釋　清刻本　二冊

650000－1441－0003895　普 82－3/1－1
虞文靖公道園全集四十四卷　(元)虞集撰　清光緒二年(1876)陵陽書局刻本　十六冊

650000－1441－0003896　普 82－3/1－2
虞初新志二十卷　(清)張潮輯　清咸豐元年(1851)小嫏嬛山舘刻本　六冊

650000－1441－0003897　普 82－3/1－3
虞初新志二十卷　(清)張潮輯　清刻本　十冊

650000－1441－0003898　普 82－3/1－5
庾子山集十六卷附總釋一卷年譜一卷　(清)倪璠注釋　清刻本　十二冊

650000－1441－0003899　普 82－3/1－6
庾子山集十六卷附總釋一卷年譜一卷　(清)倪璠注釋　清同治八年(1869)刻本　十一冊

650000－1441－0003900　普 82－3/2－1
庾子山集十六卷附總釋一卷年譜一卷　(清)倪璠注釋　清道光十九年(1839)大文堂刻本　十冊

650000－1441－0003901　普 82－3/2－2
庾子山集十六卷　(北周)庾信撰　(北周)宇文逌輯　清光緒二十年(1894)儒雅堂刻本　十二冊

650000－1441－0003902　普 82－3/2－3
庾子山全集十卷　(北周)庾信撰　(北周)宇文逌輯　清刻本　十冊

650000－1441－0003903　普 82－3/2－4
庾開府全集十卷　(北周)庾信撰　(北周)宇文逌輯　清刻本　六冊

650000－1441－0003904　普 82－3/2－5
庾開府全集十卷　(北周)庾信撰　(北周)宇文逌輯　清刻本　四冊

650000－1441－0003905　普 82－3/3－10
豫軍紀略十二卷　(清)尹耕雲纂　清光緒刻本　六冊

650000－1441－0003906　普 82－3/3－11
豫章先賢九家年譜十五卷　(清)楊希閔撰　清光緒四年(1878)刻本　一冊　存十三卷(三至十五)

650000－1441－0003907　普 82－3/3－15
禹貢集釋三卷錐指正誤一卷　(清)丁晏撰　清刻本　一冊　存一卷(禹貢集釋一)

650000－1441－0003908　普 82－3/3－16
禹貢錐指二十卷附略圖一卷　(清)胡渭撰　清刻本　一冊　存一卷(十三)

650000－1441－0003909　普 82－3/3－18
禹貢班義述三卷附考一卷　(清)成蓉鏡撰　清光緒十四年(1888)廣雅書局刻本　一冊

650000－1441－0003910　普 82－3/3－18－1

禹貢班義述三卷附考一卷　(清)成蓉鏡撰　清光緒十四年(1888)廣雅書局刻本　一冊

650000－1441－0003911　普82－3/3－2
庚子銷夏記八卷　(清)孫承澤撰　清刻本　四冊

650000－1441－0003912　普82－3/3－2－1
庚子銷夏記八卷　(清)孫承澤撰　清刻本　四冊

650000－1441－0003913　普82－3/3－2－2
庚子銷夏記八卷　(清)孫承澤撰　清刻本　四冊

650000－1441－0003914　普82－3/3－6
於湖小集六卷附錄一卷　(清)袁昶撰　清光緒二十年(1894)永明樓刻本　三冊

650000－1441－0003915　普82－3/3－6－1
於湖小集六卷附錄一卷　(清)袁昶撰　清光緒二十年(1894)永明樓刻本　三冊

650000－1441－0003916　普82－3/3－8
雨村三話十六卷　(清)李調元撰　清乾隆四十三年(1778)刻本　一冊

650000－1441－0003917　普82－3/3－9
賦話十卷　(清)李調元撰　清光緒七年(1881)淪雅齋刻本　四冊

650000－1441－0003918　普82－3/4－6
愈愚錄六卷　(清)劉寶楠撰　清光緒十四年(1888)廣雅書局刻本　二冊

650000－1441－0003919　普82－3/4－7
愈愚錄六卷　(清)劉寶楠撰　清光緒十五年(1889)廣雅書局刻本　二冊

650000－1441－0003920　普82－3/4－9
隅園集一卷　(清)陳興郊撰　清刻本　一冊

650000－1441－0003921　普83－1/1－1
粵雅堂叢書二十集　(清)伍崇曜輯　清咸豐三年(1853)粵雅堂刻本　四百冊

650000－1441－0003922　普83－2/4－3
粵東剿匪紀畧五卷　(清)陳坤撰　清刻本　三冊

650000－1441－0003923　普83－2/4－3－1
粵東剿匪紀畧五卷　(清)陳坤撰　清刻本　三冊

650000－1441－0003924　普83－2/4－3－2
粵東剿匪紀畧五卷　(清)陳坤撰　清刻本　三冊

650000－1441－0003925　普83－2/4－3－3
粵東剿匪紀畧五卷　(清)陳坤撰　清刻本　三冊

650000－1441－0003926　普83－2/4－7
粵東金石畧十一卷　(清)翁方綱著　清光緒十七年(1891)石經堂書局影印本　四冊

650000－1441－0003927　普83－2/4－8
粵氛紀事十三卷　(清)謝山居士輯　清刻本　六冊

650000－1441－0003928　普83－2/4－9
粵西詞見二卷　況周儀撰　清光緒二十二年(1896)刻本　一冊

650000－1441－0003929　普83－4/1－13
越絕書十五卷　(明)吳琯校註　清刻本　一冊

650000－1441－0003930　普83－4/1－15
越諺三卷　(清)范寅輯　清光緒八年(1882)墨潤堂刻本　三冊

650000－1441－0003931　普83－4/1－15－1
越諺三卷　(清)范寅輯　清光緒八年(1882)墨潤堂刻本　三冊

650000－1441－0003932　普83－4/1－15－2
越諺三卷　(清)范寅輯　清光緒八年(1882)墨潤堂刻本　三冊

650000－1441－0003933　普83－4/1－15－3
越諺三卷　(清)范寅輯　清光緒八年(1882)墨潤堂刻本　二冊　缺一卷(下)

650000－1441－0003934　普83－4/1－19
約章成案匯覽甲篇十卷　(清)北洋洋務局纂

輯　清光緒三十一年(1905)清末點石齋石印本　八册　存八卷(一至二、四至五、七至十)

650000－1441－0003935　普83－4/1－19－1
約章成案匯覽甲篇十卷　(清)北洋洋務局纂輯　清光緒三十一年(1905)清末點石齋石印本　九册　缺一卷(六)

650000－1441－0003936　普83－4/2－1
約章成案匯覽乙篇四十二卷　(清)北洋洋務局纂輯　清光緒三十一年(1905)清末點石齋石印本　一册

650000－1441－0003937　普83－4/2－1－1
約章成案匯覽乙篇四十二卷　(清)北洋洋務局纂輯　清光緒三十一年(1905)清末點石齋石印本　三十四册

650000－1441－0003938　普83－4/2－1－2
約章成案匯覽乙篇四十二卷　(清)北洋洋務局纂輯　清光緒三十一年(1905)清末點石齋石印本　三十四册

650000－1441－0003939　普84－1/1－1
約章成案匯覽甲篇十卷　(清)北洋洋務局纂輯　清光緒三十一年(1905)清末點石齋石印本　十册

650000－1441－0003940　普84－1/1－2
約章成案匯覽乙篇四十二卷　(清)北洋洋務局纂輯　清光緒三十一年(1905)清末點石齋石印本　三十五册

650000－1441－0003941　普84－1/2－1
約章分類輯要三十八卷首一卷　蔡乃煌輯　清光緒二十六年(1900)湖南商務局刻本　三十册

650000－1441－0003942　普84－1/2－2
約章摘要一卷　(清)北洋洋務局纂輯　清光緒三十一年(1905)清末點石齋石印本　一册

650000－1441－0003943　普84－1/3－1
樂府詩集一百卷　(宋)郭茂倩編次　清同治十三年(1874)崇文書局刻本　十六册

650000－1441－0003944　普84－1/4－2
岳廟志略十卷首一卷　(清)馮培撰　清光緒五年(1879)浙江書局刻本　三册　缺三卷(六至八)

650000－1441－0003945　普84－1/4－3
岳忠武王文集八卷首一卷末一卷　(宋)岳飛撰　清道光十二年(1832)上海簡玉山房刻本　四册

650000－1441－0003946　普84－1/4－4
岳忠武王文集八卷首一卷末一卷　(宋)岳飛撰　清道光二十七年(1847)刻本　四册

650000－1441－0003947　普84－1/4－5
月川未是稾十卷　(清)程含章撰　清嘉慶刻本　六册

650000－1441－0003948　普84－1/4－6
月令粹編二十四卷首一卷　(清)秦嘉謨編　清嘉慶十七年(1812)琳琅仙舘刻本　六册

650000－1441－0003949　普84－1/4－6－1
月令粹編二十四卷首一卷　(清)秦嘉謨編　清嘉慶十七年(1812)琳琅仙舘刻本　六册

650000－1441－0003950　普84－2/1－1
元書一百二卷首一卷　曾廉譔　清宣統二年(1910)層漪堂鉛印本　二十册

650000－1441－0003951　普84－2/1－1－1
元書一百二卷首一卷　曾廉譔　清宣統二年(1910)層漪堂鉛印本　二十册

650000－1441－0003952　普84－2/1－1－2
元書一百二卷首一卷　曾廉譔　清宣統二年(1910)層漪堂鉛印本　二十册

650000－1441－0003953　普84－2/3－4
元史紀事本末二十七卷　(明)陳邦瞻撰　清同治十三年(1874)江西書局刻本　四册

650000－1441－0003954　普84－2/3－4－1
元史紀事本末二十七卷　(明)陳邦瞻撰　清同治十三年(1874)江西書局刻本　四册

650000－1441－0003955　普84－2/3－4－2

元史紀事本末二十七卷　(明)陳邦瞻撰　清同治十三年(1874)江西書局刻本　四冊

650000－1441－0003956　普 84－2/4－1
元史紀事本末二十七卷　(明)陳邦瞻撰　清光緒二十四年(1898)湖南思賢書局刻本　四冊

650000－1441－0003957　普 84－2/4－10
元史藝文志六卷　(清)錢大昕補　清嘉慶五年(1800)刻本　一冊

650000－1441－0003958　普 84－2/4－11
元文類七十卷　(元)蘇天爵編次　清刻本　十四冊

650000－1441－0003959　普 84－2/4－2
元史紀事本末二十七卷　(明)陳邦瞻撰　(明)臧懋循補輯　清朝宗書室刻本　三冊

650000－1441－0003960　普 84－2/4－7
元史譯文証補三十卷　(清)洪鈞撰　清光緒二十三年(1897)刻本　四冊

650000－1441－0003961　普 84－2/4－9
元史譯文証補三十卷　(清)洪鈞撰　清光緒二十三年(1897)刻本　四冊

650000－1441－0003962　普 84－3/1－1
元文類七十卷　(元)蘇天爵編次　清光緒十五年(1889)江蘇書局刻本　十冊

650000－1441－0003963　普 84－3/1－1－1
元文類七十卷　(元)蘇天爵編次　清光緒十五年(1889)江蘇書局刻本　十冊

650000－1441－0003964　普 84－3/2－2
元和姓纂十卷　(唐)林寶撰　清光緒六年(1880)金陵書局刻本　四冊

650000－1441－0003965　普 84－3/2－2－1
元和姓纂十卷　(唐)林寶撰　清光緒六年(1880)金陵書局刻本　三冊　缺二卷(六至七)

650000－1441－0003966　普 84－3/2－2－2
元和姓纂十卷　(唐)林寶撰　清光緒六年(1880)金陵書局刻本　四冊

650000－1441－0003967　普 84－3/2－2－3
元和姓纂十卷　(唐)林寶撰　清光緒六年(1880)金陵書局刻本　三冊

650000－1441－0003968　普 84－3/2－2－4
元和姓纂十卷　(唐)林寶撰　清光緒六年(1880)金陵書局刻本　四冊

650000－1441－0003969　普 84－3/2－2－5
元和姓纂十卷　(唐)林寶撰　清光緒六年(1880)金陵書局刻本　四冊

650000－1441－0003970　普 84－3/2－4
元遺山先生集四十卷目錄一卷　(元)元好問撰　(清)張德輝類次　清光緒七年(1881)讀書山房刻本　十七冊

650000－1441－0003971　普 84－3/2－4－1
元遺山先生集四十卷目錄一卷　(元)元好問撰　(清)張德輝類次　清光緒七年(1881)讀書山房刻本　十七冊

650000－1441－0003972　普 84－3/2－6
元遺山先生集四十卷附錄九卷　(元)元好問撰　清光緒八年(1882)陽泉山莊刻本　十六冊

650000－1441－0003973　普 84－3/3－1
遺山先生詩集二十卷目錄一卷　(元)元好問撰　清光緒元年(1875)刻本　六冊

650000－1441－0003974　普 84－3/3－2
遺山先生詩集二十卷目錄一卷　(元)元好問撰　清宣統二年(1910)刻本　六冊

650000－1441－0003975　普 84－3/3－3
遺山先生詩集二十卷目錄一卷　(元)元好問撰　清宣統二年(1910)刻本　四冊

650000－1441－0003976　普 84－3/3－4
元遺山先生詩集箋注十四卷首一卷末一卷　(元)元好問撰　清道光二年(1822)刻本　六冊

650000－1441－0003977　普 84－3/3－4－1
元遺山先生詩集箋注十四卷首一卷末一卷　(元)元好問撰　清道光二年(1822)刻本

六册

650000－1441－0003978　普84－3/3－6
元豐類稾五十卷首一卷　(宋)曾鞏撰　清光緒十六年(1890)漁浦書院刻本　十册

650000－1441－0003979　普84－3/3－6－1
元豐類稾五十卷首一卷　(宋)曾鞏撰　清光緒十六年(1890)漁浦書院刻本　十册

650000－1441－0003980　普84－3/3－6－2
元豐類稾五十卷首一卷　(宋)曾鞏撰　清光緒十六年(1890)漁浦書院刻本　十册

650000－1441－0003981　普84－3/3－7
南豐先生元豐類稾五十卷首一卷　(宋)曾鞏撰　清刻本　十四册

650000－1441－0003982　普84－3/4－10
元朝名臣事略十五卷　(元)蘇天爵撰　清刻本　五册

650000－1441－0003983　普84－3/4－7
元人選元詩五種二十八卷　(清)范氏輯　清刻本　六册

650000－1441－0003984　普84－4/1－1
元詩選癸集十卷　(清)顧奎光輯　清光緒十四年(1888)埽葉山房刻本　十六册

650000－1441－0003985　普84－4/1－2
元詩選六卷附錄一卷　(清)顧奎光選輯　清乾隆十六年(1751)刻本　四册

650000－1441－0003986　普84－4/1－3
元詩選三集一百三卷　(清)顧嗣立集　清刻本　六册

650000－1441－0003987　普84－4/1－4
元祕史山川地名攷十二卷　(清)施世傑撰　清光緒二十三年(1897)鄦鄦學廬刻本　一册

650000－1441－0003988　普84－4/2－1
元朝祕史十五卷　(元)不忽合塔吉撰　清道光二十七年(1847)楊氏刻本　一册

650000－1441－0003989　普84－4/2－3
元城語錄解三卷附錄一卷　(宋)馬永卿撰　清道光二十年(1840)惜陰軒刻本　二册

650000－1441－0003990　普84－4/2－5
元穆日記三卷　杜俞撰　清光緒二十六年(1900)鉛印本　一册

650000－1441－0003991　普84－4/2－7
元明名臣小傳□□卷　(□)□□撰　清抄本　一册

650000－1441－0003992　普84－4/2－8
淵鑑類函四百五十卷目錄四卷　(清)張英撰　清光緒十八年(1892)上海同文書局石印本　四十八册

650000－1441－0003993　普84－4/2－8－1
淵鑑類函四百五十卷目錄四卷　(清)張英撰　清光緒十八年(1892)上海同文書局石印本　六十册

650000－1441－0003994　普84－4/3－1
淵鑑類函四百五十卷目錄四卷　(清)張英撰　清光緒十三年(1887)上海同文書局石印本　四十八册

650000－1441－0003995　普84－4/3－1－1
淵鑑類函四百五十卷目錄四卷　(清)張英撰　清光緒十三年(1887)上海同文書局石印本　四十八册

650000－1441－0003996　普84－4/3－1－2
淵鑑類函四百五十卷目錄四卷　(清)張英撰　清光緒十三年(1887)上海同文書局石印本　四十八册

650000－1441－0003997　普85－1/3－1
淵雅堂全集五種五十三卷　(清)王芑孫著　清嘉慶二十年(1815)刻本　十八册

650000－1441－0003998　普85－1/4－10
原本直指演算法統宗十二卷　(明)程大位編　清光緒九年(1883)掃葉山房刻本　六册

650000－1441－0003999　普85－1/4－8
原富五卷　(英國)斯密亞當著　嚴復翻譯　清光緒二十七年(1901)南洋公學譯書院鉛印本　五册

650000－1441－0004000　普 85－1/4－9
原獻文錄四卷詩錄三卷　(清)賀瑞麟編輯　清光緒六年(1880)刻本　七册

650000－1441－0004001　普 85－2/1－2
願體集二卷　(清)李仲麟輯　清乾隆四十四年(1779)刻本　一册

650000－1441－0004002　普 85－2/1－3
遠西奇器圖説錄叢四卷　(瑞士)鄧玉函口授　清嘉慶二十一年(1816)刻本　四册

650000－1441－0004003　普 85－2/1－4
原故文錄一卷　(唐)韓愈撰　清刻本　一册

650000－1441－0004004　普 85－2/2－1
新刻重校增補圓機活法詩學全書二十四卷　(明)王世貞校正　清刻本　十六册

650000－1441－0004005　普 85－2/2－2
新刻重校增補圓機活法詩學全書二十四卷　(明)王世貞校正　清嘉慶六年(1801)崇德書院刻本　十八册

650000－1441－0004006　普 85－2/2－3
新刻重校增補圓機活法詩學全書二十四卷　(明)王世貞校正　清刻本　七册　存十四卷(一至八、十一至十二、十五至十六、十九至二十)

650000－1441－0004007　普 85－2/2－4
新刊校正增補圓機詩韻活法全書十四卷　(明)王世貞校正　清刻本　七册

650000－1441－0004008　普 85－2/2－7
圓錐曲線説三卷　(英國)艾約瑟口譯　清抄本　一册

650000－1441－0004009　普 85－2/2－8
袁文箋正十六卷附袁文補注一卷　(清)石蘊玉輯　清嘉慶十七年(1812)鶴壽山堂刻本　四册

650000－1441－0004010　普 85－2/2－9
袁文箋正十六卷附袁枚小傳一卷　(清)石蘊玉輯　清嘉慶十七年(1812)刻本　八册

650000－1441－0004011　普 85－2/3－3
鴛鴦湖櫂歌一百首　(清)朱彝尊等著　清乾隆四十年(1775)刻本　二册

650000－1441－0004012　普 85－3/3－1
音韻學叢書初編一百二十三卷　(清)嚴式誨輯　清嘉慶十八年(1813)嚴氏刻本　三十六册

650000－1441－0004013　普 85－3/4－13
音韻同異辨八卷　(清)單玉琪撰　清嘉慶八年(1803)刻本　四册

650000－1441－0004014　普 85－3/4－9
音韻闡微十八卷　(清)李光地撰　清光緒七年(1881)淮南書局刻本　五册

650000－1441－0004015　普 85－3/4－9－1
音韻闡微十八卷　(清)李光地撰　清光緒七年(1881)淮南書局刻本　五册

650000－1441－0004016　普 85－3/4－9－2
音韻闡微十八卷　(清)李光地撰　清光緒七年(1881)淮南書局刻本　五册

650000－1441－0004017　普 85－3/4－9－3
音韻闡微十八卷　(清)李光地撰　清光緒七年(1881)淮南書局刻本　三册　存十卷(一至十)

650000－1441－0004018　普 85－3/4－9－4
音韻闡微十八卷　(清)李光地撰　清光緒七年(1881)淮南書局刻本　一册　存三卷(三至五)

650000－1441－0004019　普 85－4/1－1
音學五書三十八卷　(清)顧炎武撰　清光緒十一年(1885)岵瞻堂刻本　十二册

650000－1441－0004020　普 85－4/1－2
音學五書三十八卷　(清)顧炎武撰　清刻本　十二册

650000－1441－0004021　普 85－4/1－3
音學五書三十八卷　(清)顧炎武撰　清光緒十六年(1890)思賢講舍刻本　十二册

650000－1441－0004022　普 85－4/1－3－1
音學五書三十八卷　(清)顧炎武撰　清光緒

十六年(1890)思賢講舍刻本　十二冊

650000－1441－0004023　普85－4/2－1
音學五書三十八卷　(清)顧炎武撰　清刻本　七冊

650000－1441－0004024　普85－4/2－3
音學五書之唐韻正十八卷　(清)顧炎武撰　清刻本　七冊

650000－1441－0004025　普85－4/3－22
音釋坐花誌果八卷　(清)汪道鼎著　清光緒四年(1878)刻本　四冊

650000－1441－0004026　普85－4/4－23
評校音注古文辤類纂七十四卷　(□)□□撰　清末鉛印本　一冊　存四卷(二十七至三十)

650000－1441－0004027　普86－1/4－1
因果集四卷目錄一卷　(清)□□撰　清道光十九年(1839)公善堂刻本　四冊

650000－1441－0004028　普86－1/4－10
瀛環志畧十卷　(清)徐繼畬輯著　清道光二十八年(1848)刻本　六冊

650000－1441－0004029　普86－1/4－5
印度新志一卷　(清)學部編譯圖書局編　清光緒三十三年(1907)學部編譯圖書局鉛印本　一冊

650000－1441－0004030　普86－1/4－6
印度国志一卷　(清)學部編譯圖書局編　清光緒三十三年(1907)學部編譯圖書局鉛印本　一冊

650000－1441－0004031　普86－1/4－8
瀛寰瑣紀二卷　(清)申報館輯　清同治十一年(1872)申報館鉛印本　一冊

650000－1441－0004032　普86－1/4－9
瀛環志略十卷　(清)徐繼畬輯著　清光緒二十八年(1902)蘊古齋刻本　十冊

650000－1441－0004033　普86－2/1－2
瀛奎律髓四十九卷　(元)方回撰　清刻本　五冊　存二十四卷(二十至二十四、三十至三十九、四十一至四十九)

650000－1441－0004034　普86－2/4－2
毛詩二十卷　(漢)毛亨撰　清刻本　一冊　存三卷(四至六)

650000－1441－0004035　普86－3/1－1
英軺日記十二卷　載振撰　清光緒二十九年(1903)文明編譯書局鉛印本　四冊

650000－1441－0004036　普86－3/1－1－1
英軺日記十二卷　載振撰　清光緒二十九年(1903)文明編譯書局鉛印本　四冊

650000－1441－0004037　普86－3/1－1－2
英軺日記十二卷　載振撰　清光緒二十九年(1903)文明編譯書局鉛印本　四冊

650000－1441－0004038　普86－3/1－11
營造法式三十四卷目錄二卷　(宋)李誡撰　清刻本　一冊　存七卷(十三至十九)

650000－1441－0004039　普86－3/1－12
應試唐詩類釋十九卷　(清)臧岳編次　清乾隆元年(1736)三樂齋刻本　六冊

650000－1441－0004040　普86－3/1－4
英雄譜十五卷　(□)□□撰　清刻本　十五冊

650000－1441－0004041　普86－3/1－6
英雲夢傳八卷　(清)松雲氏撰　清刻本　四冊

650000－1441－0004042　普86－3/1－6－1
英雲夢傳八卷　(清)松雲氏撰　清刻本　四冊

650000－1441－0004043　普86－3/1－6－2
英雲夢傳八卷　(清)松雲氏撰　清刻本　四冊

650000－1441－0004044　普86－3/1－9
英法俄德四国志略不分卷　沈敦和輯譯　清光緒十八年(1892)四明耳學廬刻本　一冊

650000－1441－0004045　普86－3/2－3
楹書隅録續編四卷　(清)楊紹和撰　清光緒

十年(1884)刻本　三册

650000－1441－0004046　普 86－3/3－1
佚存叢書十七種一百卷　(日本)林衡輯　清光緒八年(1882)刻本　三十二册

650000－1441－0004047　普 86－3/3－2
宜稼堂叢書二百五十六卷　(清)郁松年輯　清道光刻本　六十八册

650000－1441－0004048　普 86－4/3－1
宜雅堂遺集四卷　(清)曹洪梁撰　清道光刻本　四册

650000－1441－0004049　普 86－4/3－2
宜堂類編二十五卷　丁立中撰　清光緒二十六年(1900)刻本　八册

650000－1441－0004050　普 86－4/3－3
繹史一百六十卷　(清)馬驌譔　清光緒十五年(1889)浦氏刻本　三十二册

650000－1441－0004051　普 86－4/3－3－1
繹史一百六十卷　(清)馬驌譔　清光緒十五年(1889)浦氏刻本　四十册

650000－1441－0004052　普 86－4/4－1
繹史一百六十卷　(清)馬驌譔　清光緒三十年(1904)浙江書局刻本　五十册

650000－1441－0004053　普 87－1/1－1
繹志十九卷　(清)胡承諾譔　清同治十一年(1872)浙江書局刻本　八册

650000－1441－0004054　普 87－1/1－1－1
繹志十九卷　(清)胡承諾譔　清同治十一年(1872)浙江書局刻本　八册

650000－1441－0004055　普 87－1/1－4
夷堅志八十卷　(宋)洪邁撰　清光緒五年(1879)刻本　十二册

650000－1441－0004056　普 87－1/2－3
夷堅志二十卷　(宋)洪邁撰　清末石印本　六册

650000－1441－0004057　普 87－1/2－4
夷堅志二十卷　(宋)洪邁撰　清嘉慶十二年(1807)刻本　十册

650000－1441－0004058　普 87－1/3－2
儀禮正義四十卷　(漢)鄭玄注　(清)胡培翬解　清咸豐二年(1852)湯晉苑局刻本　二十册

650000－1441－0004059　普 87－1/3－2－1
儀禮正義四十卷　(漢)鄭玄注　(清)胡培翬解　清咸豐二年(1852)湯晉苑局刻本　二十册

650000－1441－0004060　普 87－1/3－4
儀禮精義不分卷　(清)黄淦纂　清嘉慶十二年(1807)養正堂刻本　一册

650000－1441－0004061　普 87－1/3－5
儀禮圖六卷　(清)張惠言述　清同治九年(1870)崇文書局刻本　三册

650000－1441－0004062　普 87－1/4－1
儀禮私箋八卷　(清)鄭珍撰　清同治五年(1866)唐氏刻本　二册

650000－1441－0004063　普 87－1/4－2
儀禮釋官九卷首一卷　(清)胡匡衷著　清同治八年(1869)研六閣刻本　四册

650000－1441－0004064　普 87－1/4－3
儀禮十七卷　(漢)鄭玄注　(清)張爾岐句讀　清同治七年(1868)金陵書局刻本　四册

650000－1441－0004065　普 87－1/4－4
儀顧堂集二十卷　(清)陸心源譔　清刻本　六册

650000－1441－0004066　普 87－1/4－5
儀顧堂集二十卷　(清)陸心源譔　清光緒二十四年(1898)刻本　六册

650000－1441－0004067　普 87－1/4－5－1
儀顧堂集二十卷　(清)陸心源譔　清光緒二十四年(1898)刻本　六册

650000－1441－0004068　普 87－1/4－6
儀宋堂文二集十卷　(清)吴嘉淦撰　清光緒五年(1879)刻本　二册

650000－1441－0004069　普87－2/2－1
藝文備覽十二集一百二十卷附檢字一卷　(清)沙木集註　清嘉慶十一年(1806)刻本　四十册

650000－1441－0004070　普87－2/2－1－1
藝文備覽十二集一百二十卷附檢字一卷　(清)沙木集註　清嘉慶十一年(1806)刻本　四十册

650000－1441－0004071　普87－2/3－1
藝苑名言八卷　(清)蔣瀾輯　清乾隆四十一年(1776)崇順堂刻本　四册

650000－1441－0004072　普87－2/3－2
藝林約選□□卷　(清)李若嶂評選　清刻本　六册

650000－1441－0004073　普87－2/3－5
藝風堂文集七卷外篇一卷　繆荃孫著　清光緒二十七年(1901)中華書局刻本　四册

650000－1441－0004074　普87－2/3－5－1
藝風堂文集七卷外篇一卷　繆荃孫著　清光緒二十七年(1901)中華書局刻本　四册

650000－1441－0004075　普87－2/3－7
頤志齋叢書二十二種四十一卷　(清)丁晏著　清同治七年(1868)六藝堂刻本　十六册

650000－1441－0004076　普87－2/3－8
頤志齋叢書二十一種四十七卷　(清)丁晏著　清同治元年(1862)六藝堂刻本　十三册　缺二種八卷(毛鄭詩釋一至四、年譜一至四)

650000－1441－0004077　普87－2/3－8－1
頤志齋叢書二十一種四十七卷　(清)丁晏著　清同治元年(1862)六藝堂刻本　十一册

650000－1441－0004078　普87－2/4－4
嶧桐文集十卷詩集十卷　(明)劉城著　清光緒二十六年(1900)養雲山莊刻本　八册

650000－1441－0004079　普87－2/4－4－1
嶧桐文集十卷詩集十卷　(明)劉城著　清光緒二十六年(1900)養雲山莊刻本　八册

650000－1441－0004080　普87－2/4－5
一切經音義二十五卷附錄二卷　(唐)釋玄應撰　清同治八年(1869)刻本　四册

650000－1441－0004081　普87－2/4－5－1
一切經音義二十五卷附錄二卷　(唐)釋玄應撰　清同治八年(1869)刻本　四册

650000－1441－0004082　普87－2/4－5－2
一切經音義二十五卷附錄二卷　(唐)釋玄應撰　清乾隆五十一年(1786)刻本　六册

650000－1441－0004083　普87－2/4－8
一行居集八卷附錄一卷首一卷　(清)彭紹升著　清道光五年(1825)刻本　四册

650000－1441－0004084　普87－2/4－9
一笠菴北詞廣正譜十八卷　(清)李玉撰　清刻本　八册

650000－1441－0004085　普87－3/1－10
益智圖二卷續圖二卷燕幾圖二卷　(清)童葉庚畫　清光緒二十三年(1897)老二酉堂石印本　六册

650000－1441－0004086　普87－3/1－3
倚晴樓七種曲十二卷　(清)黄燮清輯　清刻本　六册

650000－1441－0004087　普87－3/1－3－1
倚晴樓七種曲十二卷　(清)黄燮清輯　清刻本　六册

650000－1441－0004088　普87－3/1－4
倚晴樓詩集十二卷　(清)黄燮清撰　清咸豐八年(1858)拙宜園刻本　二册

650000－1441－0004089　普87－3/1－4－1
倚晴樓詩集十二卷續集四卷詩餘四卷　(清)黄燮清撰　清咸豐八年(1858)拙宜園刻本　六册

650000－1441－0004090　普87－3/2－1
益智圖二卷續圖二卷燕幾圖二卷　(清)童葉庚畫　清光緒十五年(1889)睫巢鉛印本　三册　缺三册(益智圖上册、續圖上册、燕幾圖下册)

650000－1441－0004091　普87－3/2－1－1

益智圖二卷續圖二卷燕幾圖二卷 (清)童葉庚畫 清光緒十五年(1889)睫巢鉛印本 六冊

650000－1441－0004092 普87－3/2－1－2
益智圖二卷續圖二卷燕幾圖二卷 (清)童葉庚畫 清光緒十五年(1889)睫巢鉛印本 六冊

650000－1441－0004093 普87－3/2－2
益智堂增補註典釋義第六才子西廂八卷 (元)王實甫撰 (清)金聖嘆批 (清)薛蔚注 清刻本 六冊

650000－1441－0004094 普87－3/2－4
伊川擊壤集二十卷附補遺一卷 (宋)邵雍著 清刻本 六冊

650000－1441－0004095 普87－3/2－5
宋邵康節先生伊川擊壤集十卷首一卷 (宋)邵雍著 清刻本 十冊

650000－1441－0004096 普87－3/2－6
伊川易傳十六卷 (宋)程頤撰 清刻本 十冊

650000－1441－0004097 普87－3/2－8
翼駉稗編八卷 (清)湯用中著 清道光二十九年(1849)刻本 八冊

650000－1441－0004098 普87－3/2－8－1
翼駉稗編八卷 (清)湯用中著 清道光二十九年(1849)刻本 八冊

650000－1441－0004099 普87－3/3－10
易經字考不分卷 (清)毛錫績撰 清刻本 一冊

650000－1441－0004100 普87－3/3－11
義門先生集十二卷附錄一卷家書四卷 (清)何焯撰 清宣統元年(1909)吳氏刻本 六冊

650000－1441－0004101 普87－3/3－12
義門讀書記五十八卷 (清)何焯撰 清光緒六年(1880)吳氏刻本 十六冊

650000－1441－0004102 普87－3/3－2
疑年錄四卷續集四卷補集四卷三續集十卷 (清)錢大昕編 清光緒二十八年(1902)寒松閣刻本 六冊

650000－1441－0004103 普87－3/3－2－1
疑年錄四卷續集四卷補集四卷三續集十卷 (清)錢大昕編 清光緒二十八年(1902)寒松閣刻本 六冊

650000－1441－0004104 普87－3/3－4
易說醒四卷首一卷 (明)洪守美撰 清同治十一年(1872)士族刻本 三冊

650000－1441－0004105 普87－3/3－5
易學濫觴一卷 (元)黃澤撰 清刻本 一冊

650000－1441－0004106 普87－3/3－8
易門十二卷 (清)樂涵撰 清道光八年(1828)年息亭刻本 六冊

650000－1441－0004107 普87－3/4－14
巽齋所藏錢錄十二卷 (清)費錫申編輯 清光緒二十年(1894)刻本 三冊

650000－1441－0004108 普87－3/4－17
瘞鶴銘攷補一卷 (清)翁方綱撰 **山樵書外記一卷** (清)張開福撰 清刻本 一冊

650000－1441－0004109 普87－3/4－2
詒晉齋集八卷附錄二卷 (清)永瑆著 清乾隆五十六年(1791)刻本 四冊

650000－1441－0004110 普87－3/4－6
壹是紀始二十二卷附補遺 (清)魏崧著 清道光二十二年(1842)刻本 六冊

650000－1441－0004111 普87－3/4－7
彝壽軒詩鈔十二卷附寄庵雜著二卷 (清)張應昌撰 清同治二年(1863)刻本 一冊

650000－1441－0004112 普87－3/4－8
彝軍紀略二卷 (清)彭洵纂輯 清光緒二十年(1894)抄本 一冊 存一卷(上)

650000－1441－0004113 普87－4/1－2
秇林伐山二十卷 (明)楊慎撰 清刻本 四冊

650000－1441－0004114 普87－4/1－3

艤槎圖四集□□卷　(清)張寶撰　清道光六年(1826)刻本　一册

650000－1441－0004115　普 87－4/1－4
楊文節公文集四十三卷詩集四十二卷　(宋)楊萬里撰　清光緒五年(1879)刻本　三十一册

650000－1441－0004116　普 87－4/2－11
忠介公集十三卷首一卷　(明)楊爵撰　清光緒十九年(1893)履誠堂刻本　六册

650000－1441－0004117　普 87－4/2－12
楊園全集五十四卷　(清)張履祥撰　清刻本　八册　存二十七卷(二十八至五十四)

650000－1441－0004118　普 87－4/2－13
楊園先生全集十六卷　(清)張履祥撰　清嘉慶二十三年(1818)刻本　七册

650000－1441－0004119　普 87－4/2－2
楊忠湣公集五卷首一卷末一卷　(明)楊繼盛撰　清光緒二十三年(1897)湘南書局刻本　三册

650000－1441－0004120　普 87－4/2－3
楊忠湣公集四卷　(明)楊繼盛撰　清光緒九年(1883)甘肅藩署刻本　二册

650000－1441－0004121　普 87－4/2－4
楊忠湣公集五卷首一卷末一卷　(明)楊繼盛撰　清同治七年(1868)景萊書室刻本　二册

650000－1441－0004122　普 87－4/2－7
楊忠湣公全集四卷　(明)楊繼盛撰　清嘉慶十二年(1807)刻本　四册

650000－1441－0004123　普 87－4/4－10
揚州方言韻語長短句一卷　(清)夢雨老人著　清抄本　一册

650000－1441－0004124　普 87－4/4－12
揚子法言十三卷附音譯一卷　(漢)揚雄撰　清嘉慶二十四年(1819)石研齋刻本　二册

650000－1441－0004125　普 87－4/4－16
楊鐵崖先生詠史古樂府四卷　(元)楊維禎著　清刻本　二册

650000－1441－0004126　普 87－4/4－17
楊龜山先生文集四十二卷首一卷末一卷　(宋)楊時撰　清刻本　二册

650000－1441－0004127　普 87－4/4－19
楊太后宫詞一卷　(宋)楊太后撰　清嘉慶十五年(1810)鉄琴銅劍樓刻本　一册

650000－1441－0004128　普 87－4/4－3
揚州畫舫錄十八卷　(清)李斗著　清同治十一年(1872)自然庵刻本　四册

650000－1441－0004129　普 87－4/4－3－1
揚州畫舫錄十八卷　(清)李斗著　清同治十一年(1872)自然庵刻本　四册

650000－1441－0004130　普 87－4/4－3－2
揚州畫舫錄十八卷　(清)李斗著　清同治十一年(1872)自然庵刻本　八册

650000－1441－0004131　普 87－4/4－6
揚州刧餘小誌□□卷　(清)臧穀著　清抄本　一册

650000－1441－0004132　普 87－4/4－6－1
揚州刧餘小誌□□卷　(清)臧穀著　清抄本　一册

650000－1441－0004133　普 87－4/4－6－2
揚州刧餘小誌□□卷　(清)臧穀著　清抄本　一册

650000－1441－0004134　普 87－4/4－9
揚州方言韻語長短句一卷　(清)夢雨老人著　清抄本　一册

650000－1441－0004135　普 88－1/1－1
仰視千七百二十九鶴齋叢書五集三十七種七十四卷　(清)趙之謙輯　清光緒六年(1880)刻本　三十册

650000－1441－0004136　普 88－1/2－3
養晦堂文集十二卷　(清)劉蓉著　清光緒三年(1877)思賢講舍刻本　六册

650000－1441－0004137　普 88－1/2－5
養一齋詩話十卷附李杜詩話三卷　(清)潘德輿撰　清道光十六年(1836)刻本　四册

650000－1441－0004138　普88－1/2－6
養一齋集二十六卷首一卷　(清)潘德輿撰　清道光二十九年(1849)刻本　十册

650000－1441－0004139　普88－1/2－7
養一齋文集二十卷　(清)李兆洛著　清光緒四年(1878)刻本　八册

650000－1441－0004140　普88－1/3－1
養素堂詩集二十六卷　(清)張澍撰　清道光二十三年(1843)棗萼書室鉛印本　十四册

650000－1441－0004141　普88－1/3－13
錢氏家集三十四卷附錄一卷　(清)錢鈞著　清光緒三十三年(1907)刻本　一册

650000－1441－0004142　普88－1/3－2
養素堂文集三十五卷首一卷　(清)張澍撰　清道光棗萼書室刻本　十六册

650000－1441－0004143　普88－1/3－3
養拙齋詩十四卷　(清)王必達撰　清末刻本　四册

650000－1441－0004144　普88－1/3－5
養性閑筆語錄摘要三十六卷　(清)鄧逢光撰　清咸豐五年(1855)刻本　四册

650000－1441－0004145　普88－1/3－7
養雲山館試帖四卷　(清)許球著　清道光二十七年(1847)刻本　四册

650000－1441－0004146　普88－1/3－7－1
養雲山館試帖四卷　(清)許球著　清道光二十七年(1847)刻本　四册

650000－1441－0004147　普88－1/3－8
養正類編十三卷　(清)張伯行輯纂　清同治五年(1866)正誼堂刻本　二册

650000－1441－0004148　普88－1/3－9
養餘齋詩集十四卷　(清)柳樹芳撰　清道光二十七年(1847)勝縘草堂刻本　四册

650000－1441－0004149　普88－1/4－1
陽羨名陶錄二卷附錄一卷　(清)吳騫撰　清乾隆五十一年(1786)刻本　一册

650000－1441－0004150　普88－1/4－2
陽宅愛衆篇三卷　(清)張覺正著　清道光十二年(1832)百忍堂刻本　四册

650000－1441－0004151　普88－1/4－3
陽羨名陶錄二卷附錄三卷　(清)吳騫撰　清乾隆五十一年(1786)刻本　一册

650000－1441－0004152　普88－1/4－4
顏魯公文集三十卷首一卷補遺一卷　(唐)顏真卿撰　清道光二十五年(1845)刻本　八册

650000－1441－0004153　普88－2/1－12
燕山外史註釋二卷補注二卷　(清)陳球著　清嘉慶十六年(1811)刻本　四册

650000－1441－0004154　普88－2/1－14
燕窗閒話二卷　(清)鄭守庭著　清光緒十七年(1891)刻本　二册

650000－1441－0004155　普88－2/1－2
燕下鄉脞錄四卷　(清)陳康祺著　清刻本　四册

650000－1441－0004156　普88－2/1－3
燕下鄉脞錄十六卷　(清)陳康祺著　清光緒十一年(1885)刻本　六册

650000－1441－0004157　普88－2/1－5
燕下鄉脞錄十六卷　(清)陳康祺著　清光緒七年(1881)刻本　四册

650000－1441－0004158　普88－2/1－6
燕子箋記四集□□卷　(清)阮大鋮輯　清同治十三年(1874)寄傲山房刻本　二册　缺二集(亨集、利集)

650000－1441－0004159　普88－2/1－6－1
燕子箋記四集□□卷　(清)阮大鋮輯　清同治十三年(1874)寄傲山房刻本　四册

650000－1441－0004160　普88－2/1－6－2
燕子箋記四集□□卷　(清)阮大鋮輯　清同治十三年(1874)寄傲山房刻本　四册

650000－1441－0004161　普88－2/1－9
燕山外史二卷　(清)陳球著　清嘉慶十六年(1811)醇雅堂刻本　二册

650000－1441－0004162　普 88－2/2－11
艷史叢鈔十二種三十卷　(清)王韜輯　清光緒四年(1878)鉛印本　六冊

650000－1441－0004163　普 88－2/2－15
延平李先生師弟子荅問二卷　(宋)李侗語　(宋)朱熹編　清光緒二年(1876)刻本　二冊

650000－1441－0004164　普 88－2/2－3
煙波漁唱一卷續鈔一卷又續一卷附鈔一卷　(清)張應昌撰　清道光二十四年(1844)刻本　一冊

650000－1441－0004165　普 88－2/2－4
煙嶼樓筆記八卷　(清)徐時棟撰　清末鉛印本　二冊

650000－1441－0004166　普 88－2/2－5
煙嶼樓詩集十八卷附遊杭合集一卷　(清)徐時棟撰　清同治七年(1868)虎胛山房刻本　四冊

650000－1441－0004167　普 88－2/2－6
演繁露十六卷續集六卷　(宋)程大昌著　清刻本　四冊

650000－1441－0004168　普 88－2/2－7
晏子春秋音義二卷校勘記二卷　(清)孫星衍撰　(清)黄以周撰　清末石印本　二冊

650000－1441－0004169　普 88－2/2－8
晏子春秋七卷　(春秋)晏嬰撰　清光緒元年(1875)浙江書局刻本　一冊

650000－1441－0004170　普 88－2/2－8－1
晏子春秋七卷　(春秋)晏嬰撰　清光緒元年(1875)浙江書局刻本　一冊

650000－1441－0004171　普 88－2/2－9
晏子春秋音義二卷校勘記二卷　(清)孫星衍　(清)黄以周撰　清刻本　二冊

650000－1441－0004172　普 88－2/3－12
硯雲甲編十六帙　(清)金忠淳編　清石印本　十二冊

650000－1441－0004173　普 88－2/3－13
衍極五卷　(元)鄭杓述　清刻本　二冊

650000－1441－0004174　普 88－2/3－14
偃師金石記四卷　(清)武億纂著　清乾隆五十三年(1788)刻本　一冊

650000－1441－0004175　普 88－2/3－17
嚴太僕先生集十二卷　(清)嚴虞惇撰　清光緒十年(1884)鉛印本　二冊

650000－1441－0004176　普 88－2/3－2
閻潛丘先生[若璩]年譜一卷　(清)張穆撰　清道光二十七年(1847)祁氏刻本　四冊

650000－1441－0004177　普 88－2/3－4
研六室文鈔十卷附補遺一卷　(清)胡培翬撰　清光緒十四年(1888)世澤樓刻本　四冊

650000－1441－0004178　普 88－2/3－5
簷曝雜記七卷　(清)趙翼撰　清刻本　一冊　存四卷(四至七)

650000－1441－0004179　普 88－2/3－7
胭脂牡丹六卷　(清)王德寬撰　清道光二十六年(1846)富春堂刻本　六冊

650000－1441－0004180　普 88－2/3－9
嚴太僕先生集十二卷　(清)嚴虞惇撰　清光緒十年(1884)刻本　四冊

650000－1441－0004181　普 88－2/3－9－1
嚴太僕先生集十二卷　(清)嚴虞惇撰　清光緒十年(1884)刻本　四冊

650000－1441－0004182　普 88－3/4－1
揅經室集七集六十三卷　(清)阮元撰　清道光三年(1823)刻本　十二冊

650000－1441－0004183　普 88－3/4－2
揅經室集六集五十一卷　(清)阮元撰　清道光三年(1823)刻本　二十四冊　存四十六卷(一集十四卷、二集八卷、三集五卷、四集二卷、續集十一卷、再續集六卷)

650000－1441－0004184　普 88－3/4－3
揅經室集七集六十三卷　(清)阮元撰　清道光二十六年(1846)刻本　二十二冊　存四十九卷(一集十四卷、二集八卷、三集五卷、四集二卷、續集八卷、再續集七卷、外集五卷)

650000－1441－0004185　普88－3/4－4
揅經室集七集六十三卷　(清)阮元撰　清道光三年(1823)刻本　十三冊　存四十九卷(一集十四卷、二集八卷、三集五卷、四集二卷、續集八卷、再續集七卷、外集五卷)

650000－1441－0004186　普88－4/4－1
永嘉叢書十種一百五十四卷　(清)孫衣言輯　清光緒二年(1876)武昌局刻本　三十八冊　缺五十二卷(陳止齋集一至五十二)

650000－1441－0004187　普88－4/4－2
永嘉叢書十種一百五十四卷　(清)孫衣言輯　清刻本　二十九冊　存九十九卷(横塘集二十卷、竹軒雜著六卷、劉左史文集四卷、劉給諫文集五卷、浪語集三十五卷、水心文集二十九卷)

650000－1441－0004188　普89－1/2－4
上諭内閣一百五十九卷　(清)允祥編　(清)弘晝續編　清刻本　三十二冊

650000－1441－0004189　普89－1/2－6
庸盦尚書奏議十六卷　(清)陳夔龍撰　清宣統三年(1911)鉛印本　八冊

650000－1441－0004190　普89－1/3－1
庸盦筆記六卷　(清)薛福成撰　清光緒二十三年(1897)遺經樓刻本　六冊

650000－1441－0004191　普89－1/3－10
有正味齋詩集十二卷詞集八卷外集五卷　(清)吳錫麒撰　清嘉慶十三年(1808)刻本　六冊

650000－1441－0004192　普89－1/3－11
有正味齋集七種七十三卷　(清)吳錫麒撰　清嘉慶十三年(1808)刻本　十六冊

650000－1441－0004193　普89－1/3－12
有正味齋駢體文二十四卷　(清)吳錫麒撰　清咸豐九年(1859)青箱塾刻本　八冊

650000－1441－0004194　普89－1/3－12－1
有正味齋駢體文二十四卷　(清)吳錫麒撰　清咸豐九年(1859)青箱塾刻本　八冊

650000－1441－0004195　普89－1/3－2
庸盦海外文編四卷　(清)薛福成撰　清光緒二十二年(1896)遺經樓石印本　二冊

650000－1441－0004196　普89－1/3－3
庸吏庸言二卷　(清)劉衡撰　清末刻本　一冊　存一卷(上)

650000－1441－0004197　普89－1/3－4
庸書二卷外篇二卷　(明)崔銑撰　清光緒二十二年(1896)刻本　四冊

650000－1441－0004198　普89－1/3－6
勇盧閒詰一卷　(清)趙之謙撰　清光緒六年(1880)竹香館抄本　一冊

650000－1441－0004199　普89－1/3－9
用拙齋塚絙四十八卷　(清)杜大恆編　清光緒二十二年(1896)儷峯書屋刻本　七冊

650000－1441－0004200　普89－1/4－1
有正味齋駢體文二十四卷首一卷　(清)吳錫麒撰　清咸豐十年(1860)尚友山房石印本　八冊

650000－1441－0004201　普89－1/4－2
有恆心齋集四十二卷　(清)程鴻詔編　清咸豐元年(1851)刻本　十一冊

650000－1441－0004202　普89－1/4－5
酉陽雜俎三十卷　(唐)段成式撰　清道光二十九年(1849)小嫏嬛山館刻本　四冊

650000－1441－0004203　普89－1/4－6
酉陽雜俎二十卷續集十卷　(唐)段成式撰　清光緒元年(1875)崇文書局刻本　三冊

650000－1441－0004204　普102－4/3－4
西藏略節一卷　(清)□□撰　清抄本　一冊

650000－1441－0004205　普89－1/4－8
酉陽雜俎三十卷　(唐)段成式撰　清光緒三年(1877)崇文書局刻本　一冊

650000－1441－0004206　普89－2/1－13
右台仙館筆記十六卷　(清)俞樾撰　清刻本　八冊

650000－1441－0004207　普 89－2/1－6
幼學歌五卷續編一卷　（明）王用臣編次　清光緒十二年(1886)王氏刻本　二册

650000－1441－0004208　普 89－2/1－7
善成堂重訂幼學須知句解四卷　（清）程允升著　清刻本　四册

650000－1441－0004209　普 89－2/2－14
輶軒使者絕代語釋别國方言十三卷續方言二卷續方言補一卷　（漢）揚雄記　清光緒十七年(1891)思賢講舍石印本　二册

650000－1441－0004210　普 89－2/2－17
輶軒語七卷　（清）張之洞撰　清光緒二十三年(1897)三味堂刻本　二册

650000－1441－0004211　普 89－2/2－18
輶軒語七卷　（清）張之洞撰　清光緒五年(1879)石印本　二册

650000－1441－0004212　普 89－2/2－7
輶軒使者絕代語釋别國方言箋疏四卷　（漢）揚雄撰　清咸豐元年(1851)紅蝠山房刻本　二册

650000－1441－0004213　普 89－2/2－8
輶軒使者絕代語釋别國方言十三卷　（漢）揚雄撰　清刻本　四册

650000－1441－0004214　普 89－2/2－9
輶軒使者絕代語釋别國方言十三卷　（漢）揚雄撰　清光緒八年(1882)汗青簃刻本　四册

650000－1441－0004215　普 89－2/2－9－1
輶軒使者絕代語釋别國方言十三卷　（漢）揚雄撰　清光緒八年(1882)汗青簃刻本　四册

650000－1441－0004216　普 89－2/3－1
韻切指歸二卷　（清）吳遐齡纂輯　清刻本　六册

650000－1441－0004217　普 89－2/3－4
韻府拾遺一百六卷　（清）汪灝撰　清光緒十二年(1886)同文書局石印本　二册

650000－1441－0004218　普 89－2/3－5
韻府拾遺一百六卷　（清）汪灝撰　清刻本　十五册

650000－1441－0004219　普 89－2/4－1
新編說文韻府羣玉二十卷　（元）陰時夫編輯　清末刻本　五册　存十五卷(一至十五)

650000－1441－0004220　普 89－2/4－4
韻字鑑四卷　（清）翟云升撰　清光緒元年(1875)刻本　二册

650000－1441－0004221　普 89－2/4－5
韻詁一卷附補遺一卷　（清）方濬頤輯　清光緒四年(1878)淮南書局刻本　七册

650000－1441－0004222　普 89－3/1－1
雲棲法彙三十四卷　（明）釋袾宏撰　清光緒二十三年(1897)刻經處刻本　三十四册

650000－1441－0004223　普 89－3/1－2
雪臥山莊詩集八卷首一卷末一卷家訓二卷　（清）郭崑燾撰　清光緒十一年(1885)岵瞻堂刻本　五册

650000－1441－0004224　普 89－3/1－3
雲間志三卷附續一卷　（宋）楊潛撰　清嘉慶十九年(1814)沈氏刻本　二册

650000－1441－0004225　普 89－3/1－5
雲煙過眼錄二卷附續一卷　（宋）周密著　清光緒十三年(1887)刻本　二册

650000－1441－0004226　普 89－3/1－6
雲谷雜紀四卷首一卷末一卷　（宋）張淏撰　清刻本　二册

650000－1441－0004227　普 89－3/1－7
雲水詩集二卷　（清）劉元機著　清光緒十一年(1885)刻本　二册

650000－1441－0004228　普 89－3/1－8
雲仙散錄一卷　（唐）馮贄撰　清光緒三十年(1904)刻本　二册

650000－1441－0004229　普 89－3/2－1
韞山堂時文三卷　（清）管世銘撰　清光緒六年(1880)湖南書局刻本　六册

650000－1441－0004230　普 89－3/2－2

韞山堂文集八卷　(清)管世銘撰　清光緒十七年(1891)存厚堂刻本　四冊

650000－1441－0004231　普 89－3/2－3
韞山堂文集二十四卷　(清)管世銘撰　清光緒二十年(1894)刻本　五冊

650000－1441－0004232　普 89－3/2－4
韞山堂詩集十六卷　(清)管世銘撰　清嘉慶六年(1801)讀雪山房刻本　九冊

650000－1441－0004233　普 89－3/2－5
運規約指三卷　(英國)白起德輯　清同治刻本　一冊

650000－1441－0004234　普 89－3/3－3
雅雨堂叢書一百三十五卷　(清)盧見曾輯　清乾隆二十一年(1756)雅雨堂刻本　一冊　存十卷(封氏聞見記一至十)

650000－1441－0004235　普 89－3/3－3－1
雅雨堂叢書一百三十五卷　(清)盧見曾輯　清乾隆二十一年(1756)雅雨堂刻本　九冊　存五十五卷(高氏戰國策一至三十三、大戴禮記一至十三、文昌雜錄一至六、鄭氏周易一至三)

650000－1441－0004236　普 89－3/3－3－2
雅雨堂叢書一百三十五卷　(清)盧見曾輯　清乾隆二十一年(1756)雅雨堂刻本　二十一冊

650000－1441－0004237　普 89－3/3－3－3
雅雨堂叢書一百三十五卷　(清)盧見曾輯　清乾隆二十一年(1756)雅雨堂刻本　二十二冊

650000－1441－0004238　普 89－3/3－5
藥言四卷賸稿四卷　(清)吳廷楝纂　清刻本　二冊

650000－1441－0004239　普 89－3/3－6
姚氏書目不分卷　(□)□□撰　清抄本　一冊

650000－1441－0004240　普 90－2/2－1
資治通鑑補二百九十四卷　(宋)司馬光編集　清光緒二年(1876)思補樓刻本　八十冊

650000－1441－0004241　普 90－2/2－1－1
資治通鑑補二百九十四卷　(宋)司馬光編集　清光緒二年(1876)思補樓刻本　八十冊

650000－1441－0004242　普 90－4/2－2
資治通鑑綱目前編二十五卷　(宋)司馬光編集　清嘉慶八年(1803)敬書堂刻本　十二冊

650000－1441－0004243　普 90－4/2－3－3
資治通鑑地理今釋十六卷　(清)吳熙載撰　清光緒二十三年(1897)廣東經史閣刻本　四冊

650000－1441－0004244　普 90－4/2－3－1
資治通鑑地理今釋十六卷　(清)吳熙載撰　清光緒二十三年(1897)廣東經史閣刻本　四冊

650000－1441－0004245　普 90－4/2－3
資治通鑑地理今釋十六卷　(清)吳熙載撰　清光緒二十三年(1897)廣東經史閣刻本　四冊

650000－1441－0004246　普 90－4/2－7
資治通鑑考異三十卷　(宋)司馬光編集　清刻本　八冊

650000－1441－0004247　普 90－4/2－8
資治通鑑綱目發明五十九卷　(宋)尹起莘著　清光緒二年(1876)刻本　六冊

650000－1441－0004248　普 90－4/3－2
資治新書初集十四卷首一卷二集二十卷　(清)李漁輯　清光緒二十年(1894)上海圖書集成印書局石印本　十二冊　存二卷(二集一至二)

650000－1441－0004249　普 90－4/3－2－1
資治新書初集十四卷首一卷二集二十卷　(清)李漁輯　清光緒二十年(1894)上海圖書集成印書局石印本　十二冊

650000－1441－0004250　普 90－4/3－2－2
資治新書初集十四卷首一卷二集二十卷　(清)李漁輯　清光緒二十年(1894)上海圖書

集成印書局石印本　六册　缺十八卷(初集三至十、二集一至十)

650000－1441－0004251　普 91－1/2－1
子書百家一百種　(□)□□撰　清光緒元年(1875)湖北崇文書局刻本　六十七册　存七十五種

650000－1441－0004252　普 91－1/3－3
字彙十二卷首一卷末一卷　(明)梅膺祚撰　清道光八年(1828)善成堂刻本　十四册

650000－1441－0004253　普 91－1/3－4
字典攷証十二卷　(清)奕繪等輯　清道光十一年(1831)刻本　十二册

650000－1441－0004254　普 91－1/4－1
字典攷証十二卷　(清)奕繪等輯　清光緒二年(1876)湖北崇文書局刻本　六册

650000－1441－0004255　普 91－1/4－10
字林攷逸八卷　(清)任大椿撰　清刻本　二册

650000－1441－0004256　普 91－1/4－11
字林攷逸八卷附補遺一卷校誤一卷附錄一卷說郛字林一卷附錄一卷　(清)任大椿撰　清光緒二十三年(1897)刻本　四册

650000－1441－0004257　普 91－1/4－12
自然好學齋詩鈔十卷　(清)汪端著　清同治十三年(1874)刻本　三册

650000－1441－0004258　普 91－1/4－14
自西徂東五卷　(德國)花之安撰　清光緒十年(1884)中華印務總局刻本　五册

650000－1441－0004259　普 91－1/4－3
字觸六卷　(清)周亮工輯　清吳門種書堂刻本　二册

650000－1441－0004260　普 91－1/4－4
字鑑五卷　(元)李文仲編　清光緒十一年(1885)長洲蔣氏刻本　二册

650000－1441－0004261　普 91－1/4－5
字鑑四卷　(元)李文仲編　清張氏刻本　一册

650000－1441－0004262　普 91－1/4－8
字辨証篆十七卷　(清)易本烺纂　清同治八年(1869)刻本　六册

650000－1441－0004263　普 91－1/4－9
字學三書十五卷　(宋)賈昌朝撰　清道光二十一年(1841)刻本　五册

650000－1441－0004264　普 91－2/1－1
紫石泉山房文集十二卷　(清)吳定撰　清光緒十三年(1887)李氏刻本　四册

650000－1441－0004265　普 91－2/1－2
紫簫記二卷三十齣　(明)湯顯祖撰　清刻本　四册

650000－1441－0004266　普 91－2/1－4
漢魏叢書三十八種二百五十一卷　(明)王謨輯　清光緒二十年(1894)湖南藝文書局刻本　一百册

650000－1441－0004267　普 91－2/2－1
漢魏叢書三十八種二百五十一卷　(明)王謨輯　清乾隆五十六年(1791)刻本　八十册

650000－1441－0004268　普 91－3/1－1
增訂精忠演義說岳全傳二十卷八十回　(清)錢彩編次　清光緒十八年(1892)酉德堂刻本　十九册　存十九卷(一至十七、十九至二十)

650000－1441－0004269　普 91－3/1－2
增訂精忠演義說岳全傳二十卷八十回　(清)錢彩編次　清同治三年(1864)大文堂刻本　二十册

650000－1441－0004270　普 91－3/2－1
增補事類統編九十三卷首一卷　(清)黃葆真增輯　清道光二十六年(1846)三讓堂刻本　二十册　存五十一卷(一至六、十三至十七、十九、二十一至二十四、二十六、三十三至三十四、三十八至四十五、四十八至五十三、五十六至六十一、六十六至六十七、七十四至七十六、七十九至八十三、九十一至九十二)

650000－1441－0004271　普 91－3/3－10

增刪卜易六卷　(清)野鶴老人撰　清刻本　三冊

650000－1441－0004272　普91－3/3－10－1
增刪卜易六卷　(清)野鶴老人撰　清刻本　一冊　存一卷(三)

650000－1441－0004273　普91－3/3－11
增定二十一史韻四卷　(明)趙南星撰　清刻本　一冊　存一卷(一)

650000－1441－0004274　普91－3/3－12
增訂二三場群書備考四卷　(明)袁黄撰　清刻本　一冊　存二卷(三至四)

650000－1441－0004275　普91－3/3－13
增刪演算法統宗十一卷首一卷　(明)程大位編集　清末刻本　一冊　存二卷(一至二)

650000－1441－0004276　普91－3/3－14
胡學士續添簡齋詩箋正誤三十卷無住詞一卷外集一卷附錄一卷校勘記一卷　(宋)陳與義撰　清宣統二年(1910)蔣氏湖上草堂刻本　六冊

650000－1441－0004277　普91－3/3－14－1
胡學士續添簡齋詩箋正誤三十卷無住詞一卷外集一卷附錄一卷校勘記一卷　(宋)陳與義撰　清宣統二年(1910)蔣氏湖上草堂刻本　六冊

650000－1441－0004278　普91－3/3－16
增像繪圖雙珠球十二卷　(□)□□撰　清刻本　一冊　存一卷(四)

650000－1441－0004279　普91－3/3－17
增廣繪像四香緣傳六卷三十二回　(清)張鏡江著　清刻本　二冊

650000－1441－0004280　普91－3/3－18
增廣尚友錄統編二十二卷　應祖錫編輯　清光緒二十八年(1902)石印本　十二冊

650000－1441－0004281　普91－3/3－5
增評補像全圖金玉緣一百二十回　(清)曹雪芹撰　清刻本　八冊　存六十四回(五十七至一百二十)

650000－1441－0004282　普91－3/3－6
增評加註全圖紅樓夢一百二十回　(清)曹雪芹撰　清刻本　十二冊　存十卷(二至三、五至十二)

650000－1441－0004283　普91－3/3－7
增注繪圖官場現形記六十卷　(清)李寶嘉著　清光緒二十九年(1903)石印本　十七冊

650000－1441－0004284　普91－3/3－8
增像第六才子西廂記四卷　(元)王實甫撰　清末石印本　一冊　存一卷(二)

650000－1441－0004285　普91－3/3－9
增廣留青新集二十四卷　(清)陳枚原輯　清光緒十四年(1888)上海源記書局刻本　十一冊

650000－1441－0004286　普91－4/3－1
曾文正公全集一百六十四卷首一卷　(清)曾國藩纂　清光緒十四年(1888)文書局石印本　三十八冊　存一百三十八卷(日記二卷,書劄一至十一、二十五至三十三,批牘一至六,雜著一至四,讀書錄一至十,奏稿一至三十,十八家詩抄一至二十八,雜抄一至二十六,簡編一至二,論文一至二,文集一至四,詩集一至四)

650000－1441－0004287　普91－4/4－2
曾文正公全集一百四十二卷　(清)曾國藩纂　清光緒二十八年(1902)耕餘書屋石印本　十冊　存一百卷(家書十卷,家訓二卷,大事記四卷,鳳原堂論文二卷,榮哀錄一卷,日記二卷,年譜十二卷,批牘六卷,詩集三卷,文集三卷,奏稿七至十四、二十四至三十,書劄三十三卷,孟要五卷,雜著二卷)

650000－1441－0004288　普91－4/4－3
曾文正公全集一百四十二卷首一卷　(清)曾國藩纂　清光緒二十九年(1903)賓書局石印本　十一冊　存七十四卷(奏稿一至十七、二十四至三十,批牘一至六,雜著一至二,讀書錄一至十,家訓一至二,孟要一至五,大事記一至四,年譜一至十二,經史百家簡編一至二,雜抄一至四,書劄二十六至三十三,家書

一至五)

650000－1441－0004289　普92－1/1－1
曾文正公批牘六卷　(清)曾國藩纂　清光緒二年(1876)傳忠書局刻本　六册

650000－1441－0004290　普92－1/1－1－1
曾文正公批牘六卷　(清)曾國藩纂　清光緒二年(1876)傳忠書局刻本　六册

650000－1441－0004291　普92－1/1－3
曾文正公家書十卷家訓二卷　(清)曾國藩纂　清光緒五年(1879)傳忠書局刻本　十二册

650000－1441－0004292　普92－1/1－4
曾文正公書劄三十三卷附曾文正公書劄續鈔目録　(清)曾國藩纂　清光緒二年(1876)傳忠書局刻本　十六册

650000－1441－0004293　普92－1/1－5
曾文正公[國藩]年譜十二卷　(清)李瀚章審訂　清光緒二年(1876)傳忠書局刻本　四册

650000－1441－0004294　普92－1/2－1
曾文正公奏疏二卷文鈔四卷　(清)曾國藩纂　清同治十二年(1873)金陵書局刻本　四册

650000－1441－0004295　普92－1/2－11
曾文正公詩集四卷　(清)李瀚章編輯　清同治十三年(1874)傳忠書局刻本　一册

650000－1441－0004296　普92－1/2－2
曾文正公奏議補編四卷　(清)曾國藩撰　清同治十三年(1874)刻本　四册

650000－1441－0004297　普92－1/2－3
曾文正公雜著四卷　(清)曾國藩撰　清同治十三年(1874)傳忠書局刻本　四册

650000－1441－0004298　普92－1/2－3－1
曾文正公雜著四卷　(清)曾國藩撰　清同治十三年(1874)傳忠書局刻本　四册

650000－1441－0004299　普92－1/2－5
曾文正公大事記四卷　(清)王定安著　清光緒二年(1876)長沙集慶堂刻本　二册

650000－1441－0004300　普92－1/2－7
曾文正公大事記四卷　(清)王定安著　清刻本　四册

650000－1441－0004301　普92－1/2－8
曾文正公事略四卷　(清)王定安著　清光緒元年(1875)都門琉璃廠龍文齋刻本　二册

650000－1441－0004302　普92－1/2－9
曾文正公文集四卷　(清)曾國藩撰　清光緒二十四年(1898)新化三味書室刻本　四册

650000－1441－0004303　普92－2/1－2
曾惠敏公全集十七卷　(清)曾紀澤撰　清光緒二十年(1894)上海石印本　二册

650000－1441－0004304　普92－2/1－3
曾惠敏公遺集十七卷　(清)曾紀澤撰　清光緒十九年(1893)江南製造總局刻本　八册

650000－1441－0004305　普92－2/1－6
曾南豐先生文集四卷　(宋)曾鞏撰　清宣統二年(1910)上海會文堂書局石印本　二册

650000－1441－0004306　普92－2/1－6－1
曾南豐先生文集四卷　(宋)曾鞏撰　清宣統二年(1910)上海會文堂書局石印本　二册

650000－1441－0004307　普92－2/2－1
曾子家語六卷　(清)王定安編輯　清光緒十六年(1890)刻本　二册

650000－1441－0004308　普92－4/4－2
知足齋詩集二十卷續集四卷進呈文稿二卷文集六卷　(清)朱珪撰　清嘉慶十年(1805)刻本　十四册

650000－1441－0004309　普92－4/4－3
知愧軒尺牘十六卷　(清)管士駿著　清刻本　一册　存七卷(八至十四)

650000－1441－0004310　普92－4/4－4
知非齋駢文録一卷　(清)沈湛鈞著　清光緒三十二年(1906)刻本　二册

650000－1441－0004311　普92－4/4－5
知止軒文草二卷附辛壬雜筆一卷　(清)朱鎮撰　清宣統二年(1910)嵇文墨齋刻本　一册

650000－1441－0004312　普 92－4/4－6
知我軒近説三卷　(清)林貴兆著　清宣統二年(1910)陳氏刻本　三册

650000－1441－0004313　普 92－4/4－8
知白齋詩鈔五卷附存詩草一卷　(清)江人鏡撰　清光緒三十三年(1907)刻本　二册

650000－1441－0004314　普 9－3/5－1
二十四史二十四種三千二百五十七卷　(清)張廷玉等輯　清光緒十八年(1892)竹簡齋石印本　一百九十八册

650000－1441－0004315　普 93－1/1－5
止齋先生文集五十二卷　(宋)陳傅良撰　清刻本　十册

650000－1441－0004316　普 93－1/1－6
止齋遺書十六卷　(清)黄俊苑著　清光緒元年(1875)南平黄氏家塾刻本　八册

650000－1441－0004317　普 93－1/3－1
直齋書録解題二十二卷　(宋)陳振孫撰　清光緒九年(1883)江蘇書局刻本　六册

650000－1441－0004318　普 93－1/3－2
直齋書録解題二十二卷　(宋)陳振孫撰　清刻本　八册

650000－1441－0004319　普 93－1/3－3
直省闈藝合璧不分卷　(□)□□撰　清光緒三十年(1904)星沙勸學社刻本　六册

650000－1441－0004320　普 93－1/3－4
直齋書録解題二十二卷　(宋)陳振孫撰　清刻本　八册

650000－1441－0004321　普 93－1/3－4－1
直齋書録解題二十二卷　(宋)陳振孫撰　清刻本　八册

650000－1441－0004322　普 93－1/3－5
植物名實圖考長編二十二卷　(清)吳其濬著　清刻本　二十二册

650000－1441－0004323　普 93－1/4－1
植物名實圖考長編三十八卷　(清)吳其濬著　清光緒六年(1880)山西濬文書局刻本　四十册

650000－1441－0004324　普 93－1/4－2
咫聞録十二卷　(清)慵訥居士撰　清道光十二年(1832)刻本　六册

650000－1441－0004325　普 93－1/4－3
智囊補二十八卷　(明)馮夢龍重輯　清道光二十五年(1845)刻本　十二册

650000－1441－0004326　普 93－2/1－1
咫進齋叢書四十三種　(清)姚覲元輯　清光緒九年(1883)歸安姚氏刻本　二十四册

650000－1441－0004327　普 93－2/1－1－1
咫進齋叢書四十三種　(清)姚覲元輯　清光緒九年(1883)歸安姚氏刻本　十三册　存十九種(公羊問答、孝經疑問、説文答問疏證、瘞鶴銘圖考、蘇齋唐碑選、姚氏藥言、咽喉脈證通論、務民義齋算學、大雲山房十二章圖説、大雲山房雜記、棠湖詩稿、春草堂遺稿、小爾雅疏證、説文引經考、説文檢字、古今韻考、前徽録、中州金石目、寒秀草堂筆記)

650000－1441－0004328　普 93－2/3－1
新鐫校正銅陵演算法二卷　(清)俞嘉會校訂　清光緒三十年(1904)新記書莊刻本　一册

650000－1441－0004329　普 93－2/3－2
指月録三十二卷　(明)瞿汝稷集　清同治七年(1868)皖城刻本　五册　存十五卷(一至三、十一至十三、二十四至三十二)

650000－1441－0004330　普 93－2/3－3
芝庭先生集十八卷附録一卷　(清)彭啓豐撰　清乾隆五十年(1785)長洲彭氏刻本　一册

650000－1441－0004331　普 93－2/3－4
芝龕記六卷　(清)繁露樓居士撰　清光緒十五年(1889)刻本　六册

650000－1441－0004332　普 93－2/3－4－1
芝龕記六卷　(清)繁露樓居士撰　清光緒十五年(1889)刻本　四册　存四卷(一至三、五)

650000－1441－0004333　普 93－2/3－7

制義叢話二十四卷題名一卷　(清)梁章鉅撰　清咸豐元年(1851)刻本　七冊　存二十卷(五至二十四)

650000－1441－0004334　普93－2/3－8
制義叢話十六卷題名一卷　(清)梁章鉅撰　清咸豐九年(1859)知不足齋刻本　八冊

650000－1441－0004335　普93－3/1－4
雅安書屋文集二卷詩集四卷贈言錄一卷　(清)汪鋆撰　清道光二十四年(1844)刻本　五冊

650000－1441－0004336　普93－3/1－5
摭言十五卷　(五代)王定保撰　清乾隆二十一年(1756)雅雨堂刻本　三冊

650000－1441－0004337　普93－3/1－9
質學課本五卷二十六章　(英國)伊那楞木孫撰　清光緒三十二年(1906)學部編譯圖書局鉛印本　五冊

650000－1441－0004338　普93－3/4－4
張文襄公奏稿五十卷附張文襄公函稿六卷續一卷　(清)張之洞撰　清宣統二年(1910)鉛印本　二十八冊

650000－1441－0004339　普93－4/2－3
張文節公遺集二卷三子集六卷　(清)張洵著　清同治十一年(1872)滂喜齋刻本　二冊

650000－1441－0004340　普93－4/3－2
明張文忠公全集四十六卷附錄二卷　(明)張居正撰　清光緒二十七年(1901)紅藤碧樹山舘刻本　十二冊

650000－1441－0004341　普93－4/3－6
張文襄幕府紀聞二卷　(清)辜鴻銘撰　清宣統二年(1910)鉛印本　二冊

650000－1441－0004342　普93－4/3－7
張公襄理軍務紀略六卷　(清)丁運樞等輯　清宣統元年(1909)石印本　六冊

650000－1441－0004343　普93－4/3－8
張氏適園叢書第一集七種　張鈞衡重訂　清宣統三年(1911)上海國學扶輪社鉛印本　十冊

650000－1441－0004344　普93－4/4－1
張子全書十五卷附年譜　(宋)張載撰　清同治九年(1870)刻本　八冊

650000－1441－0004345　普93－4/4－2
張子全書十五卷附年譜　(宋)張載撰　清道光二十二年(1842)刻本　八冊

650000－1441－0004346　普94－3/3－2
鄉試硃卷　(□)□□撰　清刻本　十五冊

650000－1441－0004347　普95－1/1－11
朱文端公[軾]年譜一卷　(清)朱瀚編　清同治十年(1871)刻本　一冊

650000－1441－0004348　普95－1/1－12
朱文端公文集補編四卷　(清)朱軾著　清刻本　三冊

650000－1441－0004349　普95－1/1－13
朱文定公集十卷　(清)朱士彥撰　清刻本　二冊

650000－1441－0004350　普95－1/1－14
諸子平議三十五卷　(清)俞樾撰　清刻本　十冊

650000－1441－0004351　普95－1/1－15
諸經要集二十卷　(唐)釋道世撰　清刻本　十冊

650000－1441－0004352　普95－1/1－4
朱子文集十八卷　(宋)朱熹撰　清同治刻本　八冊

650000－1441－0004353　普95－1/1－5
朱子讀書法四卷　(宋)張洪編　清光緒二十三年(1897)八旗書館刻本　四冊

650000－1441－0004354　普95－1/2－1
諸葛武侯集四卷首一卷　(三國蜀)諸葛亮撰　清光緒二十三年(1897)湘南書局刻本　二冊

650000－1441－0004355　普95－1/2－2
諸葛武侯集四卷首一卷　(三國蜀)諸葛亮撰

清同治十年(1871)楚醴景萊書室刻本　二冊

650000－1441－0004356　普95－1/2－28
八銘堂塾鈔二集不分卷　(清)吳懋政編次　清乾隆四十七年(1782)經綸堂刻本　一冊

650000－1441－0004357　普95－1/2－4
諸史然疑一卷附晉書補傳贊一卷　(清)杭世駿撰　清乾隆五十七年(1792)刻本　一冊

650000－1441－0004358　普95－1/3－2
註唐陸宣公奏議十五卷序首一卷　(宋)郎曄註　清光緒七年(1881)歸安姚氏咫進齋刻本　四冊

650000－1441－0004359　普95－1/3－3
註陸宣公奏議十五卷　(宋)郎曄註　清光緒四年(1878)刻本　四冊　存十一卷(唐陸宣公制誥一至十、别集一)

650000－1441－0004360　普95－1/3－4
助字辨略五卷　(清)劉淇著　清咸豐五年(1855)聊城楊以增海源閣刻本　五冊

650000－1441－0004361　普95－2/4－1
正誼堂全書六十八種六百二十四卷首一卷末一卷　(清)張伯行輯　清同治七年(1868)福州正誼堂書院刻本　一冊

650000－1441－0004362　普95－2/4－1－1
正誼堂全書六十八種六百二十四卷首一卷末一卷　(清)張伯行輯　清同治七年(1868)福州正誼堂書院刻本　一冊

650000－1441－0004363　普95－2/4－1－2
正誼堂全書六十八種六百二十四卷首一卷末一卷　(清)張伯行輯　清同治七年(1868)福州正誼堂書院刻本　一冊

650000－1441－0004364　普95－3/2－1
正誼堂遺集三種三十三卷　(清)董沛著　清光緒二十年(1894)刻本　一冊

650000－1441－0004365　普95－3/2－10
征剿紀略四卷　(清)尹嘉賓撰　清光緒二十六年(1900)手抄本　四冊

650000－1441－0004366　普95－3/2－10－1
征剿紀略四卷　(清)尹嘉賓撰　清光緒二十六年(1900)手抄本　四冊

650000－1441－0004367　普95－3/2－10－2
征剿紀略四卷　(清)尹嘉賓撰　清光緒二十六年(1900)手抄本　四冊

650000－1441－0004368　普95－3/2－2
正誼堂遺集三十二卷　(清)董沛著　清道光三年(1823)刻本　八冊

650000－1441－0004369　普95－3/2－4
正韻篆二卷　(明)沈延銓撰　清抄本　一冊

650000－1441－0004370　普95－3/2－5
正誼堂文集二十四卷　(清)董沛撰　清光緒二十七年(1901)刻本　六冊

650000－1441－0004371　普95－3/2－9
正字略一卷　(清)王筠撰　清道光二十五年(1845)怡雲樓刻本　一冊

650000－1441－0004372　普95－3/3－1
鄭氏佚書二十三種七十九卷　(漢)鄭玄撰注　清光緒十四年(1888)浙江書局刻本　十冊

650000－1441－0004373　普95－3/3－1－1
鄭氏佚書二十三種七十九卷　(漢)鄭玄撰注　清光緒十四年(1888)浙江書局刻本　五冊　存四十八卷(易注一至九、論語一至十、詩譜一至三、三禮目録一、喪服變除一、魯禮禘祫義一、箴膏肓一、孔子弟子目録一、駮五經異義一至十、六藝論一、鄭志一至八、鄭記一、鄭君紀年一)

650000－1441－0004374　普95－3/3－11
鄭子尹遺書五種二十五卷　(清)鄭珍撰　清同治五年(1866)成山唐氏刻本　十冊

650000－1441－0004375　普95－3/3－9
鄭板橋全集六卷　(清)鄭燮著　清宣統元年(1909)上海掃葉山房石印本　四冊

650000－1441－0004376　普95－3/4－2
鄭學録四卷　(清)鄭珍撰　清同治四年(1865)刻本　二冊

650000－1441－0004377　普95－3/4－3
鄭學錄四卷　(清)鄭珍撰　清同治四年(1865)刻本　一冊

650000－1441－0004378　普95－3/4－7
鄭君[玄]年譜一卷　(清)丁晏編　清刻本　一冊

650000－1441－0004379　普95－3/4－8
鄭氏周易三卷　(漢)鄭玄注　清乾隆二十一年(1756)雅雨堂刻本　一冊

650000－1441－0004380　普95－4/1－10
真文忠公心政經不分卷　(宋)真德秀輯撰　清光緒元年(1875)劉述經堂刻本　一冊

650000－1441－0004381　普95－4/1－11
真功發微二卷　(清)劉智撰　清末刻本　一冊　存一卷(二)

650000－1441－0004382　普95－4/1－12
偵探記二卷　姚文楝撰　清刻本　一冊

650000－1441－0004383　普95－4/1－3
貞定先生遺集四卷附錄一卷　(清)莫與儔撰　清刻本　一冊

650000－1441－0004384　普95－4/1－5
爭春園全傳四卷四十八回　(清)□□撰　清咸豐十年(1860)恆盛堂刻本　一冊

650000－1441－0004385　普95－4/1－6
鎮江勦平粵匪記二卷　(清)橫山鄉人撰　清刻本　二冊

650000－1441－0004386　普95－4/1－8
振綺堂詩存不分卷　(清)汪憲撰　清光緒十五年(1889)刻本　一冊

650000－1441－0004387　普95－4/1－9
振綺堂叢書二十二種　(清)汪康年輯　清末刻本　一冊

650000－1441－0004388　普96－1/2－4
中國度支攷一卷　(英國)哲美森編輯　清光緒二十三年(1897)上圖書集成局鉛印本　一冊

650000－1441－0004389　普96－1/2－6
中國魂二卷　梁啟超編輯　清光緒刻本　一冊

650000－1441－0004390　普96－1/3－1
中外和戰議十六卷　(清)王棻著　清光緒十五年(1889)手抄本　十六冊

650000－1441－0004391　普96－1/3－2
中外地輿圖說集成一百三十卷首三卷　(清)同康廬編輯　清光緒二十年(1894)上海積山書局石印本　二十四冊

650000－1441－0004392　普96－1/3－2－1
中外地輿圖說集成一百三十卷首三卷　(清)同康廬編輯　清光緒二十年(1894)上海積山書局石印本　十三冊　缺四十四卷(七至二十九、六十二至六十九、九十三至九十八、一百十至一百十三,首三卷)

650000－1441－0004393　普96－1/3－4
中州金石目四卷補遺一卷　(清)姚晏撰　清光緒九年(1883)歸安姚氏刻本　一冊

650000－1441－0004394　普96－1/3－4－1
中州金石目四卷補遺一卷　(清)姚晏撰　清光緒九年(1883)歸安姚氏刻本　一冊

650000－1441－0004395　普96－1/3－6
中州金石記五卷　(清)畢沅撰　清刻本　三冊　存三卷(三至五)

650000－1441－0004396　普96－1/3－7
中州集十卷附中州樂府一卷　(元)元好問輯　清光緒七年(1881)讀書山房刻本　十一冊

650000－1441－0004397　普96－1/3－7－1
中州集十卷附中州樂府一卷　(元)元好問輯　清光緒七年(1881)讀書山房刻本　十一冊

650000－1441－0004398　普96－1/4－1
中東戰紀本末八卷首一卷末一卷附續編四卷　(美國)林樂知譯　清光緒二十三年(1897)上海廣學會鉛印本　八冊　缺四卷(二、五、七,續編三)

650000－1441－0004399　普96－1/4－1－1

中東戰紀本末八卷首一卷末一卷附續編四卷 (美國)林樂知譯　清光緒二十三年(1897)上海廣學會鉛印本　七冊　缺一卷(中東戰紀本末三)

650000－1441－0004400　普96－1/4－10
中興蘇浙表忠錄三十六卷續錄八卷　(清)王希曾纂述　清光緒二十九年(1903)刻本　八冊

650000－1441－0004401　普96－1/4－11
中庸集注一卷　(清)何志高撰　清刻本　一冊

650000－1441－0004402　普96－1/4－11－1
中庸集注一卷　(清)何志高撰　清刻本　一冊

650000－1441－0004403　普96－1/4－11－2
中庸集注一卷　(清)何志高撰　清刻本　一冊

650000－1441－0004404　普96－1/4－15
中西四千年紀曆一卷　(清)孔昭焱編　清光緒二十三年(1897)粵東曼木草堂刻本　一冊

650000－1441－0004405　普96－1/4－16
中西紀事二十四卷　(清)夏燮撰　清同治四年(1865)刻本　八冊

650000－1441－0004406　普96－1/4－3
中原音韻一卷附正語作詞起例一卷　(元)周德清輯　清刻本　二冊

650000－1441－0004407　普96－1/4－4
中原音韻二卷　(元)周德清輯　清末石印本　二冊

650000－1441－0004408　普96－1/4－6
中俄界約斠注七卷首一卷　(清)錢恂著　清光緒二十年(1894)上海書局石印本　二冊

650000－1441－0004409　普96－1/4－8
中興名臣事略八卷　朱孔彰撰　清光緒刻本　一冊　存二卷(三至四)

650000－1441－0004410　普96－1/4－9
中興名臣事略八卷　朱孔彰撰　清光緒二十四年(1898)鉛印本　二冊

650000－1441－0004411　普96－2/1－2
忠雅堂詩集二十七卷附補遺二卷詞二卷 (清)蔣士銓撰　清刻本　一冊

650000－1441－0004412　普96－2/1－4
忠雅堂詩集二十七卷附補遺二卷詞二卷 (清)蔣士銓撰　清刻本　一冊

650000－1441－0004413　普96－2/1－5
忠雅堂詩集二十七卷附補遺二卷詞二卷 (清)蔣士銓撰　清刻本　六冊

650000－1441－0004414　普96－2/1－6
忠雅堂詩集二十七卷附補遺二卷詞二卷 (清)蔣士銓撰　清刻本　七冊

650000－1441－0004415　普96－2/1－7
忠雅堂詩集二十七卷附補遺二卷詞二卷 (清)蔣士銓撰　清刻本　八冊

650000－1441－0004416　普96－2/1－6－1
忠雅堂文集十二卷　(清)蔣士銓撰　清刻本　八冊

650000－1441－0004417　普96－2/1－7－1
忠雅堂文集十二卷　(清)蔣士銓撰　清刻本　六冊

650000－1441－0004418　普96－2/1－8
忠義水滸傳二十卷　(清)金聖嘆批點　清刻本　二十冊

650000－1441－0004419　普96－2/2－1
忠節錄不分卷　(明)孫爾桂輯　清乾隆十六年(1751)刻本　一冊

650000－1441－0004420　普96－2/2－19
重學二十卷　(英國)艾約瑟口譯　清同治五年(1866)刻本　五冊

650000－1441－0004421　普96－2/2－19－1
重學二十卷　(英國)艾約瑟口譯　清同治五年(1866)刻本　二冊　存七卷(一至七)

650000－1441－0004422　普96－2/2－2
忠雅堂詞集二卷　(清)蔣士銓撰　清刻本

一册

650000－1441－0004423　普96－2/2－24
衆喜堂徵信錄□□卷　(清)彭虞孫撰　清光緒十年(1884)刻本　一册

650000－1441－0004424　普96－2/2－3
忠武祠墓志七卷首一卷末一卷　(清)虛白道人輯　清同治五年(1866)刻本　四册

650000－1441－0004425　普96－2/2－4
忠獻韓魏王家傳十卷　(宋)韓忠彥撰　清刻本　三册

650000－1441－0004426　普96－2/4－10
周易四卷　(唐)孔穎達注　清刻本　三册

650000－1441－0004427　普96－2/4－12
周易審義四卷　(清)張惠言著　清咸豐七年(1857)刻本　四册

650000－1441－0004428　普96－2/4－13
周易本義辯證五卷　(清)惠棟撰　清刻本　一册

650000－1441－0004429　普96－2/4－4
周易集傳八卷　(元)龍仁夫學　清刻本　一册　存三卷(六至八)

650000－1441－0004430　普96－2/4－5
周易詳説十五卷首一卷附録一卷　(清)鄧尚謙輯著　清道光二年(1822)星沙毛煥文刻本　十一册　存十卷(一至八、十二至十三)

650000－1441－0004431　普96－2/4－6
周易集解十七卷　(唐)李鼎祚集解　清嘉慶二十三年(1818)木瀆周氏刻本　六册

650000－1441－0004432　普96－2/4－7
周易述傳二卷　(清)丁晏著　清同治元年(1862)刻本　二册

650000－1441－0004433　普96－2/4－8
周易述四十卷　(清)惠棟編　清刻本　六册　存二十三卷(一至二十三)

650000－1441－0004434　普96－2/4－9
周易廓二十四卷　(清)陳世鎔編　清咸豐元年(1851)刻本　十二册

650000－1441－0004435　普96－3/1－1
周易人事疏證八卷　(清)章世臣輯　清宣統二年(1910)同文館鉛印本　八册

650000－1441－0004436　普96－3/1－2
周易觀象通論大旨合刻十二卷　(清)李光地注　清道光七年(1827)寶翰樓刻本　八册　存六卷(周易觀象大旨二卷、周易通論四卷)

650000－1441－0004437　普96－3/1－3
周易乾鑿度二卷　(漢)鄭玄注　清乾隆二十一年(1756)雅雨堂刻本　一册

650000－1441－0004438　普96－3/1－3－1
周易乾鑿度二卷　(漢)鄭玄注　清乾隆二十一年(1756)雅雨堂刻本　一册

650000－1441－0004439　普96－3/1－5
周禮註疏刪翼三十卷　(明)王志長輯　清乾隆六十年(1795)醉墨齋刻本　十六册

650000－1441－0004440　普96－3/1－6
周禮六卷　(漢)鄭玄注　清光緒二十年(1894)金陵書局刻本　六册

650000－1441－0004441　普96－3/1－7
周禮正義八十六卷　(清)孫詒讓學　清光緒三十一年(1905)鉛印本　十二册

650000－1441－0004442　普96－3/1－8
周禮精義六卷首一卷末一卷　(清)黃淦纂　清嘉慶十二年(1807)養正堂刻本　一册

650000－1441－0004443　普96－3/1－9
周季編略九卷　(清)黃式三纂　清同治十二年(1873)浙江書局刻本　四册

650000－1441－0004444　普96－3/2－1
芥子園畫傳五卷　(清)周庯臨撰　清光緒十三年(1887)影印本　四册

650000－1441－0004445　普96－3/2－12
莊子集釋十卷　(清)郭慶藩輯　清光緒二十年(1894)思賢講舍刻本　八册

650000－1441－0004446　普96－3/2－12－1

莊子集釋十卷 （清）郭慶藩輯　清光緒二十年（1894）思賢講舍刻本　八冊

650000－1441－0004447　普96－3/2－12－2
莊子集釋十卷 （清）郭慶藩輯　清光緒二十年（1894）思賢講舍刻本　八冊

650000－1441－0004448　普96－3/2－2
周髀算經二卷 （漢）趙君卿注　清刻本　一冊　存一卷（一）

650000－1441－0004449　普96－3/2－3
周髀音義一卷 （宋）李籍撰　清刻本　一冊

650000－1441－0004450　普96－3/2－7
莊子集解八卷 （戰國）莊周撰　王先謙集解　清刻本　二冊　存五卷（四至八）

650000－1441－0004451　普96－3/2－8
莊子集解八卷 （戰國）莊周撰　王先謙集解　清宣統元年（1909）思賢書局刻本　三冊

650000－1441－0004452　普96－3/2－8－1
莊子集解八卷 （戰國）莊周撰　王先謙集解　清宣統元年（1909）思賢書局刻本　三冊

650000－1441－0004453　普96－3/3－10
莊子約解四卷 （清）劉典輯注　清同治五年（1866）威邑呂仙巖玉成堂刻本　四冊

650000－1441－0004454　普96－3/3－9
莊子獨見五卷 （清）胡文英評釋　清刻本　四冊　存三卷（二至四）

650000－1441－0004455　普96－3/3－9－1
莊子獨見五卷 （清）胡文英評釋　清刻本　四冊　存三卷（二至四）

650000－1441－0004456　普96－3/4－1
莊子十卷 （晉）郭象注　清光緒二年（1876）浙江書局刻本　四冊

650000－1441－0004457　普96－3/4－3
莊子解十二卷 （清）吳世尚注評　清刻本　四冊

650000－1441－0004458　普96－3/4－4
莊子因六卷 （清）林雲銘評述　清嘉慶二年（1797）刻本　六冊

650000－1441－0004459　普96－3/4－6
莊子郭注十卷 （晉）郭象注　清刻本　四冊

650000－1441－0004460　普96－4/1－1
壯悔堂文集十卷遺稿一卷 （清）侯方域著　清刻本　九冊

650000－1441－0004461　普96－4/1－3
狀元策不分卷 （清）張於臯撰　清嘉慶十八年（1813）榮恩堂刻本　三冊

650000－1441－0004462　普96－4/1－5
壯悔堂文集十卷遺稿一卷 （清）侯方域著　清嘉慶二十二年（1817）強忍堂刻本　四冊

650000－1441－0004463　普96－4/1－6
左傳紀事本末五十三卷 （清）高士奇撰　清光緒二十四年（1898）湖南思賢書局刻本　十二冊

650000－1441－0004464　普96－4/1－7
左傳紀事本末五十三卷 （清）高士奇撰　清同治十二年（1873）江西書局刻本　十二冊

650000－1441－0004465　普96－4/1－7－1
左傳紀事本末五十三卷 （清）高士奇撰　清同治十二年（1873）江西書局刻本　十二冊

650000－1441－0004466　普96－4/2－10
左文襄公全集十一種一百十六卷 （清）左宗棠撰　清光緒十六年（1890）刻本　一百十四冊

650000－1441－0004467　普96－4/2－10－1
左文襄公全集十一種一百十六卷 （清）左宗棠撰　清光緒十六年（1890）刻本　一百一冊　缺一卷（左文襄公奏稿十七）

650000－1441－0004468　普96－4/2－2
左繡三十卷首一卷 （清）馮李驊評輯　清光緒三十年（1904）華川書屋刻本　十六冊

650000－1441－0004469　普96－4/2－3
左傳舊疏考正八卷 （清）劉文淇撰　清道光四年（1824）刻本　二冊

650000－1441－0004470　普 96－4/2－8
左傳事緯十二卷　(清)馬驌編論　清刻本　七册　存五卷(三至四、六至七、十)

650000－1441－0004471　普 97－1/3－2
駱文忠公奏稿十卷　(清)駱秉章撰　清光緒刻本　三册　存七卷(一至五、九至十)

650000－1441－0004472　普 97－1/3－3
左文襄公誄辭不分卷　(清)左宗棠撰　清光緒刻本　四册

650000－1441－0004473　普 97－1/3－6
左文襄公咨紮一卷告示一卷　(清)左宗棠撰　清光緒刻本　一册

650000－1441－0004474　普 97－1/3－7
左文襄公文集五卷詩集一卷聯語一卷　(清)左宗棠撰　清光緒十八年(1892)刻本　二册

650000－1441－0004475　普 97－1/3－8
左文襄公奏疏一百十六卷　(清)左宗棠撰　清光緒十六年(1890)上海圖書集成局石印本　二十册

650000－1441－0004476　普 97－1/3－8－1
左文襄公奏疏一百十六卷　(清)左宗棠撰　清光緒十六年(1890)上海圖書集成局石印本　二十册

650000－1441－0004477　普 97－1/3－8－2
左文襄公奏疏一百十六卷　(清)左宗棠撰　清光緒十六年(1890)上海圖書集成局石印本　二十册

650000－1441－0004478　普 97－1/4－3
左文襄公[宗棠]年譜十卷　(清)羅正鈞纂　清光緒二十三年(1897)湘陰左氏刻本　十册

650000－1441－0004479　普 97－1/4－3－1
左文襄公[宗棠]年譜十卷　(清)羅正鈞纂　清光緒二十三年(1897)湘陰左氏刻本　十册

650000－1441－0004480　普 97－1/4－3－2
左文襄公[宗棠]年譜十卷　(清)羅正鈞纂　清光緒二十三年(1897)湘陰左氏刻本　十册

650000－1441－0004481　普 97－1/4－7
左文襄公書牘節要二十七卷　(清)左宗棠撰　清光緒二十八年(1902)刻本　十二册

650000－1441－0004482　普 97－1/4－8
左恪靖伯奏稿三十八卷　(清)左宗棠撰　清同治七年(1868)刻本　三十八册

650000－1441－0004483　普 97－1/4－8－1
左恪靖伯奏稿三十八卷　(清)左宗棠撰　清同治七年(1868)刻本　三十八册

650000－1441－0004484　普 97－1/4－8－2
左恪靖伯奏稿三十八卷　(清)左宗棠撰　清同治七年(1868)刻本　二十一册

650000－1441－0004485　普 97－2/1－2
左恪靖奏稿初編三十八卷續編七十六卷　(清)左宗棠撰　清同治七年(1868)刻本　六十三册

650000－1441－0004486　普 97－2/2－1
左海全集十卷　(清)陳壽祺撰　清嘉慶至道光間刻本　十六册

650000－1441－0004487　普 97－2/3－17
戰國策三十三卷附戰國策劄記三卷　(漢)高誘注　清光緒二年(1876)成都尊經書院刻本　五册

650000－1441－0004488　普 97－2/3－18
戰國策三十三卷附戰國策劄記三卷　(漢)高誘注　清上海會文堂書局刻本　七册

650000－1441－0004489　普 97－2/3－20
戰國策校注十卷　(宋)鮑彪校注　清光緒二十二年(1896)刻本　六册　存七卷(一至七)

650000－1441－0004490　普 97－2/3－21
戰國策去毒二卷　(清)陸隴其評定　清同治九年(1870)六安求我齋刻本　二册

650000－1441－0004491　普 97－2/3－24
湛然居士文集十四卷　(元)耶律楚材撰　清光緒二十一年(1895)刻本　四册

650000－1441－0004492　普 97－2/3－24－1
湛然居士文集十四卷　(元)耶律楚材撰　清光緒二十一年(1895)刻本　四册

650000－1441－0004493　普97－2/4－2
簷曝雜記六卷　（清）趙翼撰　清道光刻本　二冊

650000－1441－0004494　普97－2/4－2－1
簷曝雜記六卷　（清）趙翼撰　清道光刻本　一冊　存三卷（一至三）

650000－1441－0004495　普97－2/4－4
昭代叢書十一種五百一卷補集六十卷　（清）張潮輯　清道光十三年（1833）世楷堂刻本　二百冊

650000－1441－0004496　普97－3/2－1
昭代名人尺牘小傳二十四卷　（清）吳修編次　清光緒七年（1881）刻本　二冊

650000－1441－0004497　普97－3/2－5
昭代叢書乙集五十卷　（清）張潮輯　清道光十三年（1833）刻本　十六冊

650000－1441－0004498　普97－3/3－1
趙清獻公文集十卷　（宋）趙抃撰　清刻本　十冊

650000－1441－0004499　普97－3/3－2
趙柏巖集錄三十七卷　趙炳麟編　清刻本　十五冊

650000－1441－0004500　普97－3/3－2－1
趙柏巖集錄三十七卷　趙炳麟編　清刻本　十五冊

650000－1441－0004501　普97－3/3－4
横橋堰水利記不分卷　（清）徐用福纂　清光緒二十四年（1898）刻本　一冊

650000－1441－0004502　普97－3/3－5
漸西村人初集十三卷　（清）袁昶撰　清光緒二十年（1894）刻本　三冊

650000－1441－0004503　普97－3/3－5－1
漸西村人初集十三卷　（清）袁昶撰　清光緒二十年（1894）刻本　三冊

650000－1441－0004504　普97－3/3－7
浙西六家詞七種十九卷　（清）龔翔麟輯　清刻本　八冊

650000－1441－0004505　普97－3/4－1
浙刻雙池遺書八種十四卷　（清）汪紱撰　清光緒二十二年（1896）刻本　八冊

650000－1441－0004506　普97－3/4－2
浙江忠義錄十卷　（清）浙江採訪忠義總局編　清浙江採訪忠義總局刻本　四冊

650000－1441－0004507　普97－4/2－1
澤存堂五種五十卷　（清）張士俊編　清光緒十四年（1888）上海蜚英館影印本　五冊　存三十三卷（羣經音辨一至六、廣韻上聲三至四、字鑑一至五、玉篇一至二十）

650000－1441－0004508　普97－4/2－2
則古昔齋算學十三種二十四卷　（清）李善蘭學　清同治六年（1867）刻本　六冊

650000－1441－0004509　普97－4/2－2－1
則古昔齋算學十三種二十四卷　（清）李善蘭學　清同治六年（1867）刻本　六冊

650000－1441－0004510　普97－4/2－2－2
則古昔齋算學十三種二十四卷　（清）李善蘭學　清同治六年（1867）刻本　三冊　存十卷（垛積比類一至四、四元解一至二、火器眞訣一、尖錐變法解一、級數回求一、天算或問一）

650000－1441－0004511　普97－4/3－1
檇李遺書二十八種八十五卷　（清）孫福清輯　清光緒四年（1878）秀水孫氏望雲仙館刻本　二十四冊

650000－1441－0004512　普97－4/3－10
拙修集十卷續編四卷　（清）吳廷棟撰　清同治十年（1871）六安求我齋刻本　六冊

650000－1441－0004513　普97－4/3－11
拙尊園叢稿六卷　（清）黎庶昌撰　清光緒刻本　四冊

650000－1441－0004514　普97－4/3－12
拙尊園叢稿六卷　（清）黎庶昌撰　清光緒二十一年（1895）金陵狀元閣刻本　四冊

650000－1441－0004515　普97－4/3－2
欽定宗室王公功績表傳十二卷　（清）國史館

編　清京都琉璃廠榮錦書屋刻本　五冊

650000－1441－0004516　普97－4/3－4
最新萬國政鑑五十一卷　(清)趙天擇編譯　清光緒二十九年(1903)上海商務印書館鉛印本　八冊

650000－1441－0004517　普97－4/3－6
尊聞居士集八卷附遺稿　(清)羅有高著　清光緒七年(1881)刻本　四冊

650000－1441－0004518　普97－4/3－7
尊聞居士集八卷　(清)羅有高著　清刻本　二冊

650000－1441－0004519　普97－4/3－8
尊聞居士集八卷　(清)羅有高著　清刻本　四冊

650000－1441－0004520　普97－4/4－1
卓氏藻林八卷　(明)卓明卿撰　清刻本　八冊

650000－1441－0004521　普97－4/4－2
札樸十卷　(清)桂馥撰　清嘉慶十八年(1813)山陰小李山房刻本　五冊

650000－1441－0004522　普97－4/4－4
綴白裘新集不分卷　(清)錢德蒼編　清道光十年(1830)嘉興吟梅山房刻本　十八冊

650000－1441－0004523　普97－4/4－5
坐花誌果八卷　(清)汪道鼎述　清刻本　二冊　存六卷(三至八)

650000－1441－0004524　普97－4/4－6
走馬薦葛一卷　(清)徐征撰　清刻本　一冊

650000－1441－0004525　普97－4/4－8
嘯亭雜錄十卷續錄三卷　(清)汲修主人著　清宣統元年(1909)中國圖書公司鉛印本　四冊

650000－1441－0004526　普98－1/2－11
[光緒]蔚州志二十卷首一卷　(清)慶之金纂修　清光緒三年(1877)刻本　八冊

650000－1441－0004527　普98－1/2－12
[光緒]永年縣志四十卷首一卷　(清)夏詒玉纂修　清光緒三年(1877)刻本　八冊

650000－1441－0004528　普98－1/2－13
[光緒]臨漳縣志十八卷首一卷　(清)周秉彝修　清光緒三十年(1904)刻本　十二冊

650000－1441－0004529　普98－1/2－5
[乾隆]三河縣志十六卷首一卷　(清)陳昶修　(清)王大信編纂　清乾隆二十五年(1760)刻本　二冊　存八卷(九至十六)

650000－1441－0004530　普98－1/2－8
[同治]清苑縣志十八卷首一卷　(清)李逢源修　清同治十二年(1873)刻本　八冊

650000－1441－0004531　普98－1/3－1
[乾隆]肅寧縣志十卷首一卷　(清)尹侃修　清乾隆二十一年(1756)刻本　六冊

650000－1441－0004532　普98－1/3－10
山右金石記十卷　(清)王軒纂　清刻本　六冊　存九卷(一至九)

650000－1441－0004533　普98－1/3－6
[光緒]樂亭縣志十五卷首一卷末一卷　(清)遊智開修　清光緒三年(1877)尊道書院刻本　六冊

650000－1441－0004534　普98－1/3－8
清涼山志十卷　(明)釋鎮澄纂　清光緒十三年(1887)刻本　四冊

650000－1441－0004535　普98－1/4－1
[乾隆]汾州府志三十四卷首一卷　(清)孫和相修　清乾隆三十六年(1771)刻本　十六冊

650000－1441－0004536　普98－1/4－2
[嘉慶]介休縣志十四卷　(清)徐品山　(清)陸元穗纂修　清嘉慶二十四年(1819)刻本　八冊

650000－1441－0004537　普98－1/4－2－1
[嘉慶]介休縣志十四卷　(清)徐品山　(清)陸元穗纂修　清嘉慶二十四年(1819)刻本　八冊

650000－1441－0004538　普98－1/4－2－2

［嘉慶］介休縣志十四卷　（清）徐品山（清）陸元穗纂修　清嘉慶二十四年（1819）刻本　八册

650000－1441－0004539　普98－1/4－2－3
［嘉慶］介休縣志十四卷　（清）徐品山（清）陸元穗纂修　清嘉慶二十四年（1819）刻本　八册

650000－1441－0004540　普98－1/4－2－4
［嘉慶］介休縣志十四卷　（清）徐品山（清）陸元穗纂修　清嘉慶二十四年（1819）刻本　八册

650000－1441－0004541　普98－1/5－1
［光緒］續修曲沃縣志三十二卷　（清）張鴻逵（清）茅丕熙修　清光緒六年（1880）刻本　六册

650000－1441－0004542　普98－1/5－2
［乾隆］汾陽縣志十四卷首一卷　（清）李文起修纂　清乾隆三十七年（1772）刻本　八册

650000－1441－0004543　普98－1/5－3
［道光］太原縣志十八卷　（清）員佩蘭修　清道光六年（1826）太原縣署刻本　六册

650000－1441－0004544　普98－1/5－5
［嘉慶］靈石縣志十二卷　（清）王志瀜修　清道光二十二年（1842）靈石縣衙刻本　六册

650000－1441－0004545　普98－1/5－6
［光緒］太谷縣志八卷首一卷末一卷　（清）恩浚修　清光緒十二年（1886）鳳山書院刻本　八册

650000－1441－0004546　普98－1/5－7
［乾隆］山西志輯要十卷首一卷　（清）雅德修　清乾隆四十五年（1780）刻本　十一册

650000－1441－0004547　普98－1/5－8
［光緒］太平縣志十四卷首一卷　（清）勞文慶（清）朱廣綬修　（清）婁道南纂　清光緒八年（1882）刻本　十册

650000－1441－0004548　普98－2/1－11
［光緒］黑龍江外記八卷　（清）西清纂修　清光緒二十年（1894）漸西村舍刻本　二册

650000－1441－0004549　普98－2/1－7
［咸豐］盛京通志四十八卷　（清）宋筠修　清咸豐二年（1852）刻本　二十册

650000－1441－0004550　普98－2/1－9
［光緒］吉林外記十卷　（清）薩英額纂修　清光緒二十一年（1895）漸西村舍刻本　四册

650000－1441－0004551　普98－3/2－13
［乾隆］喬三石耀州志十一卷五臺山志一卷　（清）喬世甯修　清乾隆二十七年（1762）刻本　二册

650000－1441－0004552　普98－3/2－4
［正德］武功縣志三卷首一卷　（明）康海纂　清同治十二年（1873）崇文書局刻本　一册

650000－1441－0004553　普98－3/2－8
［萬曆］華州志三十四卷　（明）李可久修　清乾隆刻本　四册

650000－1441－0004554　普98－3/2－9
華嶽志八卷首一卷　（清）李榕纂修　清光緒九年（1883）刻本　四册

650000－1441－0004555　普98－3/3－1
［乾隆］甘州府志十六卷首一卷　（清）鍾庚起纂修　清乾隆四十四年（1779）刻本　十册

650000－1441－0004556　普98－3/3－3
［北魏］十三州志不分卷　（北魏）闞駰纂（清）張澍輯　清道光元年（1821）二酉堂刻本　一册

650000－1441－0004557　普98－3/4－1
［光緒］重纂秦州直隸州新志二十四卷首一卷　（清）余澤春修　（清）王權纂　清光緒十五年（1889）隴南書院刻本　十六册

650000－1441－0004558　普98－3/4－3
［乾隆］皐蘭縣志二十卷　（清）吳鼎新修　清乾隆四十三年（1778）刻本　四册

650000－1441－0004559　普98－3/4－5
［同治］上海縣志三十二卷首一卷末一卷　（清）俞樾修　清同治十年（1871）吳門臯署刻

本　十六册

650000－1441－0004560　普98－3/5－8

[光緒]重修奉賢縣志二十卷首一卷末一卷　(清)韓佩金修　清光緒四年(1878)奉賢志書局刻本　五册　存三卷(一、六、二十)

650000－1441－0004561　普98－4/1－1

泰山志二十卷　(清)金棨撰　清嘉慶六年(1801)刻本　九册

650000－1441－0004562　普98－4/1－2

山東運河備覽十二卷　(清)陸燿撰　清乾隆四十一年(1776)刻本　五册

650000－1441－0004563　普98－4/1－7

[乾隆]曲阜縣志一百卷　(清)潘相纂修　清乾隆三十九年(1774)刻本　十二册

650000－1441－0004564　普98－4/2－5

[嘉慶]長山縣志十六卷首一卷　(清)倪企望修　清嘉慶六年(1801)刻本　十册

650000－1441－0004565　普98－4/3－6

[光緒]益都縣圖志五十四卷首一卷　(清)張承燮修　清光緒三十三年(1907)益都官舍刻本　十六册

650000－1441－0004566　普98－4/4－1

[光緒]續纂江甯府志十五卷首一卷　(清)蔣啟勛修　清光緒七年(1881)刻本　十册

650000－1441－0004567　普98－4/5－2

[光緒]常昭合志稿四十八卷首一卷末一卷　(清)鄭鍾祥　(清)張瀛修　(清)龐鴻文纂　清光緒三十年(1904)木活字印本　二十册

650000－1441－0004568　普98－4/5－3

[乾隆]常昭合志十二卷首一卷附校勘記一卷　(清)王錦　(清)顧德昌修　清光緒二十四年(1898)刻本　七册

650000－1441－0004569　普98－4/5－4

[光緒]吴江縣續志四十卷首一卷　(清)金福曾修　清光緒五年(1879)刻本　八册

650000－1441－0004570　普98－4/5－5

[乾隆]震澤縣志三十八卷首一卷　(清)陳和志修　清光緒十九年(1893)刻本　八册

650000－1441－0004571　普99－1/1－1

[嘉慶]黎里志十六卷首一卷　(清)徐達源纂　清光緒二十五年(1899)楔湖書院刻本　十册

650000－1441－0004572　普99－1/1－1－1

[嘉慶]黎里志十六卷首一卷　(清)徐達源纂　清光緒二十五年(1899)楔湖書院刻本　十册

650000－1441－0004573　普99－1/1－3

[嘉慶]松江府志八十四卷首一卷　(清)宋如林修　清嘉慶二十三年(1818)明倫堂刻本　四十册

650000－1441－0004574　普99－1/2－1

[光緒]松江府續志四十卷首一卷　(清)博潤修　清光緒十年(1884)郡齋刻本　二十四册

650000－1441－0004575　普99－1/2－2

[乾隆]金山縣志二十卷首一卷　(清)常琬修　清乾隆十六年(1751)刻本　四册

650000－1441－0004576　普99－1/2－3

[光緒]無錫金匱縣志四十卷首一卷附編五卷　(清)裴大中等修　(清)秦緗業纂　清光緒七年(1881)刻本　十八册　存三十四卷(一至四、八至二十八、三十二至四十)

650000－1441－0004577　普99－1/3－3

[光緒]川沙廳志十四卷首一卷末一卷補遺一卷　(清)陳方瀛修　清光緒五年(1879)刻本　六册

650000－1441－0004578　普99－1/3－6

[光緒]武進陽湖縣志三十卷首一卷　(清)王其淦　(清)吴康壽修　清光緒五年(1879)刻本　一册

650000－1441－0004579　普99－1/4－1

[光緒]武進陽湖縣志三十卷首一卷　(清)王其淦　(清)吴康壽修　清光緒五年(1879)刻本　二十册

650000－1441－0004580　普99－1/4－1－1

[光緒]武進陽湖縣志三十卷首一卷　(清)王其淦　(清)吳康壽修　清光緒五年(1879)刻本　二十册

650000－1441－0004581　普99－1/4－2
[光緒]江陰縣志三十卷首一卷　(清)盧思誠修　清光緒四年(1878)刻本　一册

650000－1441－0004582　普99－1/5－4
[嘉慶]溧陽縣志十六卷續志十六卷　(清)李景峰　(清)陳鴻壽修　清光緒二十二年(1896)刻本　十七册　存三十卷(縣志一、四至十六,續志十六卷)

650000－1441－0004583　普99－1/5－4－1
[嘉慶]溧陽縣志十六卷　(清)李景峰　(清)陳鴻壽修　清光緒二十二年(1896)刻本　一册　存一卷(一)

650000－1441－0004584　普99－2/1－2
[光緒]安東縣志十五卷首一卷　(清)金元烺修　清光緒元年(1875)刻本　四册

650000－1441－0004585　普99－2/1－3
[嘉慶]北湖小志六卷　(清)焦循著　清嘉慶十一年(1806)刻本　一册

650000－1441－0004586　普99－2/1－6
[光緒]泰興縣志二十六卷首一卷末一卷　(清)楊激雲修　清光緒十二年(1886)刻本　十册

650000－1441－0004587　普99－2/1－7
[道光]泰州志三十六卷首一卷　(清)王有慶修　清光緒三十四年(1908)刻本　十二册

650000－1441－0004588　普99－2/2－1
[嘉慶]東臺縣志四十卷　(清)周右纂　清嘉慶二十二年(1817)東臺縣署刻本　十册

650000－1441－0004589　普99－2/2－2
[嘉慶]東臺縣志四十卷　(清)王璋纂　清嘉慶二十一年(1816)刻本　六册

650000－1441－0004590　普99－2/3－3
江蘇全省輿圖不分卷　(清)鄧華熙修　清光緒二十一年(1895)江南書局刻本　三册

650000－1441－0004591　普99－2/3－4
[光緒]通州直隸州志十六卷首一卷末一卷附訂譌一卷　(清)梁悅馨修　清光緒二年(1876)刻本　十六册

650000－1441－0004592　普99－2/3－6
[道光]泰州新志刊謬二卷首一卷　(清)任鈺纂修　清道光十年(1830)刻本　二册

650000－1441－0004593　普99－2/3－7
寶華山志十五卷首一卷　(清)劉名芳纂修　清乾隆四十九年(1784)刻本　三册

650000－1441－0004594　普99－2/3－8
焦山續志八卷　(清)陳任暘撰　清光緒三十一年(1905)刻本　二册

650000－1441－0004595　普99－2/3－9
焦山志二十六卷首一卷　(清)吳雲輯　清同治十三年(1874)刻本　八册

650000－1441－0004596　普99－2/4－1
開沙志二卷　(清)王錫極纂　(清)丁時霈增纂　清宣統三年(1911)石印本　二册

650000－1441－0004597　普99－2/4－3
太湖備考十六卷首一卷附湖程紀略一卷　(清)金玉相撰　清乾隆十五年(1750)藝蘭圃刻本　三册　存五卷(一至五)

650000－1441－0004598　普99－2/4－4
太湖備考續編十卷　(清)鄭言紹撰　清光緒末年刻本　一册　存一卷(四)

650000－1441－0004599　普99－2/4－5
盛湖誌二卷　(清)仲沈洙纂　(清)仲樞增纂　清乾隆三十五年(1770)刻本　二册

650000－1441－0004600　普99－2/4－6
[光緒]重修安徽通志三百五十卷補遺十卷　(清)沈葆楨修　(清)何紹基纂　清光緒三年(1877)刻本　一百二十册

650000－1441－0004601　普99－3/1－1
[淳熙]新安志十卷　(宋)羅願纂　清光緒十四年(1888)刻本　四册

650000－1441－0004602　普99－3/1－1－1

[淳熙]新安志十卷　(宋)羅願纂　清光緒十四年(1888)刻本　四册

650000－1441－0004603　普 99－3/2－5
[同治]祁門縣志三十六卷首一卷　(清)周溶等修　清同治十二年(1873)刻本　十二册

650000－1441－0004604　普 99－3/3－1
[嘉慶]黟縣志十六卷首一卷　(清)吳甸華修　(清)俞正燮纂　清同治十年(1871)刻本　十四册

650000－1441－0004605　普 99－3/3－2
[同治]黟縣三志十六卷首一卷末一卷　(清)謝永泰修　(清)程鴻詔纂　清同治八年(1869)刻本　十六册

650000－1441－0004606　普 99－3/5－16
[光緒]續修廬州府志一百卷首一卷末一卷　(清)黄雲修　清光緒十一年(1885)刻本　四十册　存八十二卷(一至六、十三至六十六、七十一至七十七、八十六至一百)

650000－1441－0004607　普 99－4/3－1
[乾隆]浙江通志二百八十卷首三卷　(清)李衛　(清)嵇曾筠修　清光緒二十五年(1899)浙江書局刻本　一百二十册

650000－1441－0004608　普 100－1/2－3
[光緒]富陽縣志二十四卷首一卷　(清)汪文炳纂修　清光緒三十一年(1905)富陽學尊經閣刻本　十二册

650000－1441－0004609　普 100－1/3－1
[光緒]富陽縣志二十四卷首一卷　(清)汪文炳纂修　清光緒三十二年(1906)富陽學尊經閣刻本　十六册

650000－1441－0004610　普 100－1/3－2
[咸淳]臨安志一百卷　(元)潛說友纂　清道光十年(1830)振綺堂刻本　二十四册

650000－1441－0004611　普 100－1/4－2
[景定]嚴州續志十卷　(宋)鄭瑤等修　清光緒二十六年(1900)刻本　二册

650000－1441－0004612　普 100－1/4－4
[光緒]分水縣志十卷首一卷末一卷　(清)陳常鏵　(清)馮圻修　清光緒三十三年(1907)刻本　六册

650000－1441－0004613　普 100－1/4－7
[光緒]平湖縣志二十五卷首一卷末一卷　(清)彭潤章修　清光緒十二年(1886)刻本　十二册

650000－1441－0004614　普 100－1/4－7－1
[光緒]平湖縣志二十五卷首一卷末一卷　(清)彭潤章修　清光緒十二年(1886)刻本　十二册

650000－1441－0004615　普 100－1/5－3
海鹽縣志二十二卷首一卷末一卷　(清)王彬修　清光緒三年(1877)蔚文書院刻本　十六册

650000－1441－0004616　普 100－2/1－1
[光緒]桐鄉縣志二十四卷首四卷附楊園淵源錄四卷　(清)嚴辰輯　清光緒十三年(1887)蘇州陶漱藝齋刻本　二十四册

650000－1441－0004617　普 100－2/1－2
[同治]湖州府志九十六卷　(清)宗元瀚修　清同治十三年(1874)愛山書院刻本　四十册

650000－1441－0004618　普 100－2/2－2
[光緒]程縣志三十六卷　(清)潘玉璿修　清光緒七年(1881)刻本　十二册

650000－1441－0004619　普 100－2/2－3
[咸豐]南潯鎮志四十卷首一卷　(清)汪曰楨纂　清咸豐九年(1859)刻本　十册

650000－1441－0004620　普 100－2/2－3－1
[咸豐]南潯鎮志四十卷首一卷　(清)汪曰楨纂　清咸豐九年(1859)刻本　十册

650000－1441－0004621　普 100－2/2－5
[光緒]長興縣志三十二卷附長興志拾遺二卷首一卷　(清)趙定邦修　清光緒二十三年(1897)刻本　十五册

650000－1441－0004622　普 100－2/2－6
[光緒]長興縣志三十二卷　(清)趙定邦修

清光緒六年(1880)刻本　十六册

650000－1441－0004623　普 100－2/3－2
[雍正]寧波府志三十六卷首一卷　(清)曹秉仁纂修　清道光二十六年(1846)刻本　十六册

650000－1441－0004624　普 100－2/4－1－2
[光緒]鄞縣志七十五卷　(清)戴枚　(清)董沛修　清光緒三年(1877)刻本　三十四册

650000－1441－0004625　普 100－2/4－1－3
[光緒]鄞縣志七十五卷　(清)戴枚　(清)董沛修　清光緒三年(1877)刻本　三十四册

650000－1441－0004626　普 100－3/1－3
[光緒]奉化縣志四十卷首一卷　(清)李前泮修　清光緒三十四年(1908)刻本　十二册

650000－1441－0004627　普 100－3/2－4
[光緒]鎮海縣志四十卷　(清)于萬川修　清光緒五年(1879)鯤池書院刻本　十六册

650000－1441－0004628　普 100－3/3－2
[光緒]慈谿縣志五十六卷附列傳附編一卷　(清)楊泰亨修　清光緒二十五年(1899)德潤書院刻本　二十四册

650000－1441－0004629　普 100－3/3－4
[光緒]餘姚縣志二十七卷首一卷末一卷　(清)周炳麟修　清光緒二十五年(1899)刻本　十六册

650000－1441－0004630　普 100－3/4－1
[光緒]餘姚縣志二十七卷首一卷末一卷　(清)周炳麟修　清光緒二十五年(1899)刻本　十六册

650000－1441－0004631　普 100－3/4－1－1
[光緒]餘姚縣志二十七卷首一卷末一卷　(清)周炳麟修　清光緒二十五年(1899)刻本　十六册

650000－1441－0004632　普 100－3/4－3
[嘉慶]山陰縣志三十卷首一卷　(清)徐元梅修　清嘉慶八年(1803)刻本　十册

650000－1441－0004633　普 100－3/4－4
[嘉慶]會稽志二十卷　(宋)沈作賓修　清嘉慶十三年(1808)采鞠軒刻本　九册

650000－1441－0004634　普 100－3/4－4－1
[嘉慶]會稽志二十卷　(宋)沈作賓修　清嘉慶十三年(1808)采鞠軒刻本　九册

650000－1441－0004635　普 100－4/1－3
[光緒]上虞縣志校續五十卷首一卷末一卷　(清)儲家藻修　清光緒二十五年(1899)刻本　二十册

650000－1441－0004636　普 100－4/1－3－1
[光緒]上虞縣志校續五十卷首一卷末一卷　(清)儲家藻修　清光緒二十五年(1899)刻本　二十册

650000－1441－0004637　普 100－4/2－2
[宣統]諸暨縣志六十一卷　(清)陳遹聲　(清)蔣鴻藻纂修　清宣統三年(1911)刻本　十八册

650000－1441－0004638　普 100－4/5－2
[光緒]黃巖縣志四十卷首一卷　(清)陳鍾英等修　清光緒五年(1879)刻本　十四册

650000－1441－0004639　普 100－4/5－2－1
[光緒]黃巖縣志四十卷首一卷　(清)陳鍾英修　(清)王詠霓纂　清光緒六年(1880)刻本　十六册

650000－1441－0004640　普 101－1/1－6
[同治]江山縣志十二卷首一卷末一卷　(清)王彬等修　清同治十二年(1873)文溪書院刻本　十八册

650000－1441－0004641　普 101－1/1－7
[光緒]永嘉縣志三十八卷首一卷　(清)張寶琳修　清光緒八年(1882)刻本　三十册

650000－1441－0004642　普 101－1/2－4
兩浙海塘通志二十卷首一卷　(清)查祥　(清)杭世駿撰　清乾隆十六年(1751)刻本　六册

650000－1441－0004643　普 101－1/2－5
浙西水利備考不分卷　(清)王鳳生撰　清道

光四年(1824)江聲帆影閣刻本　一册

650000－1441－0004644　普101－1/3－1
西湖志四十八卷　(清)傅王露等撰　清光緒四年(1878)淛江書局刻本　二十册

650000－1441－0004645　普101－2/4－1
[光緒]興化府莆田縣志三十六卷首一卷　(清)宫兆麟修　清光緒五年(1879)刻本　十八册

650000－1441－0004646　普101－2/4－7
武夷山志二十四卷首一卷　(清)董天工纂　清道光二十六年(1846)五夫尺木軒刻本　八册

650000－1441－0004647　普101－2/5－1
[同治]甯化縣志七卷　(清)祝文鬱修　清同治八年(1869)李中和軒刻本　八册

650000－1441－0004648　普101－2/5－2
鼓山志十四卷首一卷　(清)黄任脩輯　清乾隆三十七年(1772)刻本　六册

650000－1441－0004649　普101－3/2－3
[道光]尉氏縣志二十卷首一卷　(清)劉厚滋修　清道光十一年(1831)刻本　六册

650000－1441－0004650　普101－3/2－4
[道光]河内縣志三十六卷　(清)袁通修　清道光五年(1825)刻本　十册

650000－1441－0004651　普101－3/2－5
[乾隆]汲縣志十四卷首一卷末一卷　(清)徐汝瓚修　清乾隆二十年(1755)刻本　六册

650000－1441－0004652　普101－3/2－6
[嘉慶]安陽縣志二十八卷首一卷附金石錄十二卷　(清)貴泰修　清嘉慶二十四年(1819)刻本　十四册

650000－1441－0004653　普101－3/2－7
[光緒]重修靈寶縣志八卷　(清)周淦修　清光緒二年(1876)刻本　八册

650000－1441－0004654　普101－3/3－3
[光緒]荆州府志八十卷　(清)倪文蔚修　清刻本　二十五册　存七十八卷(三至八十)

650000－1441－0004655　普101－3/3－6
[同治]東湖縣志三十一卷首一卷　(清)金大鏞修　清同治三年(1864)奎星樓刻本　十册

650000－1441－0004656　普101－3/3－7
[同治]當陽縣志十八卷首一卷末一卷　(清)陳思遠修　清同治五年(1866)賓興館刻本　十册

650000－1441－0004657　普101－3/4－1
[同治]建始縣志八卷首一卷　(清)熊啓詠纂　清同治五年(1866)刻本　四册

650000－1441－0004658　普101－3/4－2
[光緒]續輯均州志十六卷首一卷　(清)馬雲龍修　清光緒十年(1884)均州志局刻本　八册

650000－1441－0004659　普101－3/4－3
[光緒]湘潭縣志十二卷　(清)陳嘉榆纂　清光緒十五年(1889)刻本　十册

650000－1441－0004660　普101－3/4－3－1
[光緒]湘潭縣志十二卷　(清)陳嘉榆纂　清光緒十五年(1889)刻本　十册

650000－1441－0004661　普101－3/4－3－2
[光緒]湘潭縣志十二卷　(清)陳嘉榆纂　清光緒十五年(1889)刻本　十册

650000－1441－0004662　普101－3/5－1
[同治]瀏陽縣志二十四卷附捐資姓氏一卷　(清)王汝惺修　清同治十二年(1873)刻本　十三册

650000－1441－0004663　普101－3/5－2
湖南全省輿圖說六卷　(清)陶覲儀　(清)彭言孝撰　清光緒二十三年(1897)刻本　二册

650000－1441－0004664　普101－4/1－1
[乾隆]潮州府志四十二卷首一卷附錄一卷　(清)周碩勳纂修　清乾隆二十八年(1763)珠蘭書屋刻本　二十五册

650000－1441－0004665　普101－4/2－13
[嘉慶]華陽縣志四十四卷首一卷　(清)吳鞏

修　清嘉慶二十一年(1816)文昌宮刻本　十六册

650000－1441－0004666　普101－4/3－4
[光緒]溫江縣鄉土志十二卷　(清)曾學傳纂　清宣統元年(1909)官高小學堂刻本　四册

650000－1441－0004667　普101－4/4－1
[道光]新都縣志十八卷首一卷　(清)張奉書修　清道光二十四年(1844)尊經閣刻本　十二册

650000－1441－0004668　普101－4/4－1－1
[道光]新都縣志十八卷首一卷　(清)張奉書修　清道光二十四年(1844)尊經閣刻本　十二册

650000－1441－0004669　普101－4/4－7
[光緒]重修彭縣志十三卷末一卷補遺一卷　(清)張龍甲修　清光緒四年(1878)文廟刻本　十册

650000－1441－0004670　普101－4/5－5
[同治]續金堂縣志八卷首一卷末一卷　(清)王樹桐　(清)徐璞玉修　清同治六年(1867)刻本　二册

650000－1441－0004671　普101－4/5－6
[光緒]灌縣鄉土志二卷附桂軒官公家傳一卷　(清)徐昱修　清光緒三十三年(1907)孝署刻本　二册

650000－1441－0004672　普102－1/1－2
[嘉慶]夾江縣志四卷首一卷　(清)王佐等修　清嘉慶十八年(1813)刻本　四册

650000－1441－0004673　普102－1/1－3
[乾隆]富順縣志五卷首一卷　(清)段玉裁等纂修　清光緒八年(1882)釜江書社刻本　五册

650000－1441－0004674　普102－1/1－3－1
[乾隆]富順縣志五卷首一卷　(清)段玉裁等纂修　清光緒八年(1882)釜江書社刻本　五册

650000－1441－0004675　普102－1/1－3－2
[乾隆]富順縣志五卷首一卷　(清)段玉裁等纂修　清光緒八年(1882)釜江書社刻本　五册

650000－1441－0004676　普102－1/1－7
[同治]劍州志十卷　(清)李溶修　清同治十二年(1873)刻本　四册

650000－1441－0004677　普102－1/2－1
[道光]江油縣志四卷　(清)桂星纂修　清道光二十年(1840)江油縣署刻本　四册

650000－1441－0004678　普102－1/2－3
籌濟編三十二卷　(清)楊景仁撰　清光緒六年(1880)刻本　二册

650000－1441－0004679　普102－1/2－8
[光緒]越嶲廳全志十二卷　孫鏘纂修　清光緒三十二年(1906)鉛印本　六册

650000－1441－0004680　普102－1/3－1
[嘉慶]峩眉縣志十卷首一卷　(清)王燮修　清嘉慶十八年(1813)峩眉縣署刻本　六册

650000－1441－0004681　普102－1/3－3
詞律二十八卷　(清)萬樹撰　清光緒二年(1876)刻本　十四册

650000－1441－0004682　普102－1/3－5
[光緒]蒲江縣志五卷　(清)孫清士等修　清光緒四年(1878)文昌宮刻本　五册

650000－1441－0004683　普102－1/4－1
[道光]補輯石砫廳新志十二卷　(清)王槐齡等纂修　清道光二十三年(1843)刻本　四册

650000－1441－0004684　普102－1/4－2
[道光]安岳縣志十六卷首一卷　(清)濮瑗修　清道光十六年(1836)公局刻本　八册

650000－1441－0004685　普102－1/4－3
[道光]樂至縣志十六卷首一卷　(清)裴顯忠等修　清道光二十年(1840)賔興局刻本　四册　存十三卷(一至十二、首一卷)

650000－1441－0004686　普102－1/4－4
[光緒]續增樂至縣志四卷首一卷　(清)胡書

雲等修　清光緒七年(1881)刻本　四冊

650000－1441－0004687　普 102－1/4－5
[咸豐]簡州志十四卷　(清)濮瑗修　清咸豐三年(1853)鳳山書院刻本　十冊

650000－1441－0004688　普 102－2/1－11
[光緒]秀山縣志十四卷首一卷　(清)王壽松修　清光緒十八年(1892)刻本　四冊

650000－1441－0004689　普 102－2/1－12
華銀山志十八卷首一卷　(清)釋可學撰　清同治四年(1865)刻本　四冊

650000－1441－0004690　普 102－2/1－2
[道光]仁壽縣新志八卷　(清)馬百齡修　清道光十七年(1837)仁壽縣衙刻本　八冊

650000－1441－0004691　普 102－2/1－4
[嘉慶]羅江縣志十卷　(清)李調元纂修　清嘉慶七年(1802)刻本　二冊

650000－1441－0004692　普 102－2/1－5
[道光]德陽縣新志十三卷首一卷　(清)裴顯忠修　清道光十七年(1837)刻本　四冊

650000－1441－0004693　普 102－2/2－4
峩山圖志二卷　(清)譚鍾岳繪圖　清光緒十七年(1891)西湖公所刻本　二冊

650000－1441－0004694　普 102－3/3－1
全滇紀要不分卷　(清)雲南課吏館編輯　清光緒三十一年(1905)鉛印本　十冊

650000－1441－0004695　普 102－3/3－1－1
全滇紀要不分卷　(清)雲南課吏館編輯　清光緒三十一年(1905)鉛印本　十冊

650000－1441－0004696　普 102－3/3－1－2
全滇紀要不分卷　(清)雲南課吏館編輯　清光緒三十一年(1905)鉛印本　十冊

650000－1441－0004697　普 102－3/3－1－3
全滇紀要不分卷　(清)雲南課吏館編輯　清光緒三十一年(1905)鉛印本　十冊

650000－1441－0004698　普 102－3/3－5
[光緒]昆明縣志十卷　(清)戴絅孫纂修　清光緒三十年(1904)刻本　六冊

650000－1441－0004699　普 102－4/2－1
[道光]遵義府志四十八卷首一卷　(清)平翰修　清道光二十一年(1841)刻本　二十冊

650000－1441－0004700　普 102－4/3－1
[光緒]衛藏通志十六卷首一卷　(清)和琳輯　清光緒二十二年(1896)漸西村舍刻本　六冊

650000－1441－0004701　普 102－4/3－2
[光緒]衛藏通志十六卷首一卷附校勘記一卷　(清)和琳纂　清光緒二十二年(1896)漸西村舍刻本　八冊

650000－1441－0004702　普 102－4/3－3
西藏通覽不分卷　(日本)山縣初男著　吴季昌譯　清光緒三十四年(1908)鉛印本　四冊

新疆昌吉回族自治州圖書館古籍普查登記目録

全國古籍普查登記目録

國家圖書館出版社
National Library of China Publishing House

650000－1445－0000001　經/群經總義/1
古經解匯函三十種二百五十二卷　(清)鍾謙鈞編　清同治十三年(1874)粵東書局刻本　六十三册

650000－1445－0000002　經/總/2
宋本十三經注疏附校勘記三百七十八卷　(清)胡稷編　清光緒十三年(1887)脈望仙館石印本　三十二册

650000－1445－0000003　經/詩/6
詩八卷　(宋)朱熹集傳　清光緒十三年(1887)刻本　四册

650000－1445－0000004　經/四書/7
四書集注十九卷　(宋)朱熹撰　清末刻本　六册

650000－1445－0000005　經/四書/8
四書補注備旨附考十卷　(明)鄧林撰　清末刻本　八册

650000－1445－0000006　經/四書/9
四書典故辨正二十卷附錄一卷　(清)周柄中撰　清光緒十六年(1890)刻本　六册

650000－1445－0000007　經/四書/10
論語十卷孟子七卷中庸一卷大學一卷　(漢)鄭玄　(漢)趙岐　(三國魏)何晏注　(宋)朱熹集解　清末刻本　二十册

650000－1445－0000008　經/小學/16
說文通檢十四卷首一卷末一卷　(清)黎永椿編　清光緒五年(1879)刻本　二册

650000－1445－0000009　經/小學/18
群經字類二卷　(清)王念孫撰　清末刻本　一册

650000－1445－0000010　經/小學/10
說文通訓定聲十八卷分部檢韻一卷說雅一卷古今韻集一卷行述一卷　(清)朱駿聲錄　清光緒十三年(1887)石印本　八册

650000－1445－0000011　經/小學/19
字學舉隅一卷　(清)龍啟瑞撰　清末刻本　一册

650000－1445－0000012　經/小學/22
班馬字類五卷　(宋)婁機撰　清光緒十七年(1891)刻本　二册

650000－1445－0000013　經/小學/20
續字學舉隅不分卷　(清)汪敘疇編輯　清光緒十年(1884)刻本　一册

650000－1445－0000014　經/小學/20－1
經韻集字析解三卷全韻字數一卷拾遺補注一卷附編一卷補遺一卷　(清)□□撰　清道光十三年(1833)刻本　二册

650000－1445－0000015　經/小學/23
孫氏契文舉例二卷　(清)孫詒讓撰　清光緒三十年(1904)蟫隱廬刻本　二册

650000－1445－0000016　子/雜家/32
寄傲山房塾課新增幼學故事瓊林四卷首一卷　(清)程允升撰　(清)鄒聖脈增補　清光緒二十五年(1899)刻本　四册

650000－1445－0000017　經/小學/34
釋名疏證補八卷續釋名一卷釋名補遺一卷疏證補附一卷　王先謙譔集　清光緒二十二年(1896)刻本　四册

650000－1445－0000018　經/小學/15
說文解字十五卷　(漢)許慎撰　清光緒七年(1881)刻本　三册

650000－1445－0000019　經/小學/35
普通百科新大詞典不分卷　(清)黃摩西編　清宣統三年(1911)上海國學扶輪社刻本　十五册

650000－1445－0000020　經/小學/36
切韻考六卷　(清)陳澧撰　清道光二十二年(1842)成都書局刻本　二册

650000－1445－0000021　經/小學/37
切韻外篇三卷　(清)陳澧撰　清光緒二十二年(1896)渭南嚴氏刻本　一册

650000－1445－0000022　經/小學/38
佩文廣韻彙編五卷　(清)□□撰　清道光二十二年(1842)金陵書局刻本　二册

650000－1445－0000023　史/紀傳/43
袁王綱鑑合編三十九卷御撰明紀綱目二十卷　(明)袁黄　(明)王世貞編　清光緒三十年(1904)上海商務印書館刻本　十四册

650000－1445－0000024　史/紀傳/44
二十四史約編不分卷　(清)鄭元慶撰　清刻本　八册

650000－1445－0000025　史/編年/46
歷代帝王年表三卷紀元編三卷末一卷　(清)齊召南編　清刻本　六册

650000－1445－0000026　史/紀傳/51
三國志六十五卷　(晉)陳壽撰　(南朝宋)裴松之注　清同治十年(1871)成都書局刻本　十四册

650000－1445－0000027　集/别集/293
續古文辭類纂三十四卷　王先謙纂集　清光緒十年(1884)刻本　十六册

650000－1445－0000028　集/别集/294
分體利試詩法入門十九卷　(清)鄭錫瀛輯評　清刻本　八册

650000－1445－0000029　集/别集/297
古文淵鑑六十四卷　(清)徐乾學等編　清康熙二十四年(1685)刻本　四十八册

650000－1445－0000030　集/别集/301
御製詩二集六十四卷　(清)高宗弘曆選　清乾隆刻本　三十二册

650000－1445－0000031　集/别集/304
唐詩三百首補注八卷　(清)陳婉俊輯　清光緒十七年(1891)美齋刻本　四册

650000－1445－0000032　集/别集/305
正續唐詩三百首注釋七卷姓氏小傳一卷　(清)孫洙　(清)于慶元編　清光緒二十七年(1901)刻本　八册

650000－1445－0000033　集/别集/316
溫飛卿詩集九卷　(唐)溫庭筠撰　(明)曾益原注　(清)顧予咸補注　清末刻本　二册

650000－1445－0000034　子/醫家/204
本草綱目五十二卷附本草萬方針線一卷奇經八脈考一卷脈學一卷脈訣考證一卷　(明)李時珍撰　清光緒刻本　三十五册

650000－1445－0000035　子/天文曆算/214
增删算法統宗十一卷末一卷　(明)程大位編集　(清)梅瑴成增删　清光緒二十四年(1898)江左書林石印本　四册

650000－1445－0000036　子/天文曆算/217
增删算法統宗十一卷首一卷末一卷　(明)程大位編集　(清)梅瑴成增删　清上海廣雅啟新書局石印本　四册

650000－1445－0000037　子/天文曆算/216
筆算數學全草詳解三卷　(清)范鴻藻　(清)錢宗翰編輯　清光緒三十四年(1908)上海彪蒙書室鉛印本　八册

650000－1445－0000038　子/天文曆算/215
圓錐曲線解法一卷　(清)王藝編　清光緒三十四年(1908)上海彪蒙書室鉛印本　一册

650000－1445－0000039　子/天文曆算/218
御製數理精蘊五十三卷　(清)聖祖玄燁撰　清光緒上海慎記書局石印本　二十册

650000－1445－0000040　子/天文曆算/219
詳注全圖新演算法大成八卷　(明)程大位編　清刻本　四册

650000－1445－0000041　子/藝術/220
庚子銷夏記八卷閒者軒帖考一卷　(清)孫承澤撰　清乾隆二十六年(1761)刻本　四册

650000－1445－0000042　子/藝術/220－1
隸篇十五卷續十五卷再續十五卷　(清)翟云升編　清道光十七年(1837)刻本　十册

650000－1445－0000043　子/藝術/220－2
詩中畫二卷　(清)馬鏡江繪　清光緒十七年(1891)珍藝局沈誦清刻本　二册

650000－1445－0000044　子/藝術/224
辛丑銷夏記五卷　(清)吳榮光撰　清光緒三十一年(1905)刻本　五册

650000－1445－0000045　子/藝術/225

墨林今話十八卷續編一卷　(清)蔣寶齡撰　清咸豐二年(1852)刻本　六册

650000－1445－0000046　史/編年/47
資治通鑑目録三十卷　(宋)司馬光撰　清末上海涵芬樓景印本　十册

650000－1445－0000047　子/藝術/245
弈理指歸圖三卷　(清)施紹闇撰　清乾隆三十六年(1771)上海棋盤先街文瑞樓石印本　六册

650000－1445－0000048　子/小説家/279
見聞隨筆二十六卷　(清)齊學裘撰　清同治十年(1871)天空闊之居刻本　八册

650000－1445－0000049　子/宗教/284
御選雲棲蓮池大師語録□□卷　清末刻本　一册　存一卷(十三)

650000－1445－0000050　集/别集/428
秣陵秋傳奇不分卷　(清)蓉塘别客製　清光緒二十六年(1900)稿本　四册

650000－1445－0000051　集/别集/429
長生殿傳奇四卷　(清)洪昇撰　清光緒十六年(1890)上海文瑞樓刻本　二册

650000－1445－0000052　集/小説/433
東周列國全志二十三卷一百八回　(明)馮夢龍整理　(清)蔡奡修訂評點　清光緒十九年(1893)滄雅書局刻本　十六册

650000－1445－0000053　集/别集/302
御選唐宋詩醇四十七卷二集一百卷　(清)高宗弘曆選　清光緒七年(1881)浙江書局刻本　二十四册

650000－1445－0000054　集/小説/478
繪圖增像西遊記一百回　(明)吴承恩撰　(清)陳斌詮解　清光緒三十四年(1908)集成圖書公司鉛印本　十册

650000－1445－0000055　集/别集/492
落帆樓文集二十四卷補遺一卷　(清)沈垚撰　清刻本　八册

650000－1445－0000056　子/醫家/493
三朝天義録一卷金陵野鈔一卷　(清)□□撰　清末刻本　一册

650000－1445－0000057　史/地理/494
廬山記五卷　(清)□□撰　清末刻本　一册

650000－1445－0000058　集/别集/356
袁文箋正十六卷補注一卷　(清)袁枚撰　(清)石韞玉注　清光緒八年(1882)刻本　八册

650000－1445－0000059　集/别集/357
雲左山房詩鈔八卷附一卷　(清)林則徐撰　清光緒十二年(1886)刻本　二册

650000－1445－0000060　集/别集/358
閱微草堂筆記擇要二卷　(清)紀昀撰　清光緒十五年(1889)泉唐沈氏刻本　二册

650000－1445－0000061　集/别集/362
漁洋山人精華録訓纂十卷補十卷首一卷年譜二卷附録一卷　(清)王士禛撰　清光緒刻本　二册

650000－1445－0000062　集/别集/354
曾文正公全集一百七十七卷首一卷奏議三十六卷　(清)曾國藩撰　清光緒三年(1877)刻本　七十二册

650000－1445－0000063　集/别集/355
養一齋文集二十卷　(清)□□撰　清光緒四年(1878)刻本　八册

650000－1445－0000064　集/别集/394
紀文達公遺集文十六卷詩十六卷　(清)紀昀撰　(清)紀樹馨編校　清嘉慶十七年(1812)刻本　二十册

650000－1445－0000065　集/别集/352
隰西草堂文集三卷附遯渚唱和集一卷拾遺一卷　(清)萬壽祺撰　(清)孫運錦集　清道光刻本　二册

650000－1445－0000066　集/别集/348
太鶴山人集十三卷　(清)端木國瑚撰　清嘉慶十三年(1808)刻本　四册

650000－1445－0000067　集/别集/350

紀文達公遺集文十六卷詩十六卷 （清）紀昀撰 （清）紀樹馨編校 （清）紀樹馥重刊 清嘉慶十七年(1812)刻本 十六册

650000－1445－0000068 集/别集/339
王陽明先生全集十六卷目錄二卷 （明）王守仁撰 清道光六年(1826)刻本 十六册

650000－1445－0000069 集/别集/340
扊園詩集二卷 （明）李天植撰 清末鉛印本 二册

650000－1445－0000070 集/别集/339－1
扊園續詩集一卷扊園七言雜詠一卷 （明）李確撰 清末鉛印本 二册

650000－1445－0000071 集/别集/342
扊園文集四卷首一卷補遺一卷 （明）李確撰 清末鉛印本 二册

650000－1445－0000072 集/别集/343
梅花百詠一卷九山遊草一卷 （明）李確撰 清末鉛印本 二册

650000－1445－0000073 集/别集/363
左文襄公文集五卷附詩集聯語一卷 （清）左宗棠撰 清光緒十八年(1892)刻本 八册

650000－1445－0000074 集/别集/364
小倉山房詩集三六卷 （清）袁枚撰 清末刻本 十册

650000－1445－0000075 集/别集/365
音注小倉山房尺牘八卷 （清）袁枚撰 （清）胡光斗釋 清宣統三年(1911)掃葉山房石印本 二册

650000－1445－0000076 集/别集/405
杜詩言志十六卷 （清）□□撰 清末刻本 十六册

650000－1445－0000077 集/别集/406
敬業堂詩集五十卷續集六卷 （清）查慎行撰 清末上海涵芬樓影印本 十六册

650000－1445－0000078 集/别集/409
宋六十名家詞八十九卷 （宋）晏殊等撰 清光緒十四年(1888)錢唐窪氏刻本 二十四册

650000－1445－0000079 集/曲類/412
玉釧緣三十二卷二百三十四回 （清）□□撰 清道光刻本 六十四册

650000－1445－0000080 集/别集/413
桃花扇四卷首一卷 （清）孔尚任撰 清光緒二十一年(1895)刻本 五册

650000－1445－0000081 史/雜史/58
湘軍志十六卷 （清）王湘綺撰 清宣統元年(1909)刻本 四册

650000－1445－0000082 史/傳記/64
歷代名臣言行錄二十四卷 （清）朱桓編輯 清光緒元年(1875)刻本 三十二册

650000－1445－0000083 史/傳記/65
中興將帥别傳三十卷 朱孔彰撰 清光緒二十三年(1897)刻本 十册

650000－1445－0000084 史/傳記/70
劉襄勤史傳稿一卷 （清）何維樸輯 清宣統二年(1910)抄本 一册

650000－1445－0000085 史/詔令奏議/84
林文忠公政書三卷 （清）林則徐撰 清末刻本 八册

650000－1445－0000086 史/地理/99
李氏五種合刊二十七卷末一卷 （清）李兆洛輯 清光緒刻本 十二册

650000－1445－0000087 史/地理/100
中外地輿圖說集成一百三十卷首三卷 （清）同康廬編輯 清光緒二十年(1894)上海積山書局石印本 二十三册

650000－1445－0000088 史/地理/101
大清一統志四百二十四卷 （清）穆彰阿等纂修 清光緒二十三年(1897)杭州竹簡齋石印本 六十册

650000－1445－0000089 史/地理/104
讀史方輿紀要一百三十卷輿圖要覽四卷 （清）顧祖禹撰 清嘉慶十七年(1812)刻本 八十册

650000－1445－0000090 史/地理/106

[光緒]衛藏通志十六卷首一卷 (清)□□撰 清光緒刻本 八冊

650000－1445－0000091 史/地理/107
天下郡國利病書一百二十卷 (清)顧炎武輯 清光緒二十七年(1901)圖書集成局鉛印本 二十七冊 存一百十八卷(一至十、十三至一百二十)

650000－1445－0000092 史/地理/150
新疆訪古錄二卷 王樹枏撰 清末聚珍仿宋印書局刻本 一冊

650000－1445－0000093 史/地理/150－1
湖山便覽十二卷 (清)翟灝 (清)翟瀚緝 清光緒六年(1880)刻本 六冊

650000－1445－0000094 史/地理/161
鴻雪因緣圖記不分卷 (清)麟慶撰 清光緒十二年(1886)上海點石齋石印本 六冊

650000－1445－0000095 史/地理/162
辛卯侍行記六卷 (清)陶保廉撰 清光緒二十三年(1897)養樹山房刻本 六冊

650000－1445－0000096 史/地理/163
撫新記程二卷 袁大化撰 清宣統三年(1911)新疆官司報書局鉛印本 四冊

650000－1445－0000097 史/地理/171
大唐西域記十二卷 (唐)釋玄奘譯 (唐)釋辯機撰 清宣統元年(1909)刻本 四冊

650000－1445－0000098 子/醫家/201
增訂敬信錄四卷 (清)□□撰 清道光刻本 三冊

650000－1445－0000099 子/儒家/194
明儒學案六十二卷 (清)黄宗羲撰 清光緒八年(1882)上海文瑞樓石印本 十六冊

650000－1445－0000100 子/儒家/195
宋元學案一百卷首一卷 (清)黄宗羲原本 (清)全祖望修定 (清)馮雲濠校刊 清末刻本 二十二冊

650000－1445－0000101 史/目録/183
直齋書錄解題二十二卷 (宋)陳振孫撰 清光緒中華書局鉛印本 六冊

650000－1445－0000102 史/詔令奏議/487
清平回疆諭旨抄底不分卷 (清)宣宗旻寧撰 清道光抄本 一冊

650000－1445－0000103 集/别集/347
漁洋山人精華錄箋注十二卷 (清)王士禎撰 (清)金榮箋注 清乾隆二年(1737)戚羽堂刻本 六冊

650000－1445－0000104 子/小説家/489
世説新語補二十卷 (南朝宋)劉義慶撰 清乾隆二十七年(1762)刻本 八冊

650000－1445－0000105 集/别集/326
宋黄文節公文集七十七卷首四卷 (宋)黄庭堅撰 清乾隆三十年(1765)刻本 十六冊

650000－1445－0000106 子/小説家/489－1
世説新語六卷 (南朝宋)劉義慶撰 明嘉靖十四年(1535)刻本 六冊

650000－1445－0000107 子/小説家/490
醫宗必讀十卷 (明)李中梓撰 清乾隆二十二年(1757)刻本 六冊

650000－1445－0000108 集/小説/484
聊齋志異新評十八卷 (清)蒲松齡撰 (清)王士正評 (清)但明倫新評 清道光二十二年(1842)廣順但氏刻本 十六冊

650000－1445－0000109 集/小説/483
繡像東西漢全傳十八卷 (明)鍾惺評 (明)袁宏道序 清經綸堂刻本 十四冊

650000－1445－0000110 集/别集/303
御選唐宋文醇五十八卷 (清)高宗弘曆選 清光緒十八年(1892)湖南書局刻本 二十四冊

新疆師範高等專科學校圖書館古籍普查登記目録

全國古籍普查登記目録

國家圖書館出版社
National Library of China Publishing House

650000－1446－0000001　GJ－0001
易經精華四卷　(□)□□輯　清道光六年(1826)刻本　二册

650000－1446－0000002　GJ－0002
漢書一百二十卷　(漢)班固撰　(唐)顔師古注　清同治八年(1869)金陵書局刻本　十六册

650000－1446－0000003　GJ－0003
周禮正義八十六卷　(清)孫詒讓學　清光緒三十三年(1907)鉛印本　十一册

650000－1446－0000004　GJ－0004
二十四史□□卷　(漢)司馬遷等撰　清末刻本　十六册　存六十二卷(魏志八至十,南史二十五至二十八、四十四至四十七,隋書二十八至三十、三十四至三十五、六十六至七十,舊唐書四十八至五十,唐書二十六至二十七,宋史二百一至二百三、二百七十至二百七十三、二百八十六至二百八十九、四百五十九至四百六十六,金史十三至十六,元史一百七十六至一百八十,明史一百二十六至一百二十九)

650000－1446－0000005　GJ－0005
明史紀事本末八十卷　(清)谷應泰編輯　清同治十三年(1874)刻本　二十册

650000－1446－0000006　GJ－0006
宋史四百九十六卷　(元)脱脱等撰　清乾隆四年(1739)鉛印本　十册　存七十一卷(二百二十九至二百九十九)

650000－1446－0000007　GJ－0007
史記一百三十卷附方望溪評點史記四卷　(漢)司馬遷撰　清光緒二年(1876)武昌張氏刻本　二十册

650000－1446－0000008　GJ－0008
王陽明先生全集二十二卷首一卷　(明)王守仁撰　(清)俞嶙重編　清康熙十二年(1673)刻本　二册　存二卷(六、首一卷)

650000－1446－0000009　GJ－0009
漁洋山人精華録箋注十二卷附補註一卷年譜一卷　(清)王士禛撰　清鳳翽堂刻本　六册

650000－1446－0000010　GJ－0010
明詩綜一百卷家數一卷　(清)朱彝尊編　清康熙四十四年(1705)刻本　三十册

650000－1446－0000011　GJ－0011
爾雅註疏十一卷　(晉)郭璞註　(宋)邢昺疏　清乾隆四十三年(1778)三樂齋刻本　二册

650000－1446－0000012　GJ－0012
春秋左繡三十卷首一卷　(晉)杜預原本　(唐)陸德明音譯　(清)馮李驊　(清)陸浩評輯　清刻本　十六册

650000－1446－0000013　GJ－0013
梁書五十六卷　(唐)姚思廉撰　明崇禎六年(1633)毛氏汲古閣刻本　六册

650000－1446－0000014　GJ－0014
四書説苑十一卷首一卷附補遺一卷續補遺一卷　(清)孫應科撰　清道光二十八年(1848)刻本　四册

650000－1446－0000015　GJ－0015
古文辭類纂七十四卷　(清)姚鼐輯　清同治八年(1869)江蘇書局刻本　十二册

650000－1446－0000016　GJ－0016
廣列女傳二十卷附録一卷　(清)劉開纂　清同治八年(1869)皖江撫署刻本　六册

650000－1446－0000017　GJ－0017
杜詩鏡銓二十卷目録一卷附讀書堂杜工部文集註解二卷　(清)楊倫編輯　清同治十一年(1872)望三益齋刻本　十册

650000－1446－0000018　GJ－0018
十三經札記十二種二十二卷　(清)朱亦棟編　清光緒四年(1878)武林竹簡齋刻本　十六册

650000－1446－0000019　GJ－0019
律例便覽八卷　(清)蔡嵩年輯　清同治四年(1865)刻本　四册

650000－1446－0000020　GJ－0020
中州集十卷首一卷附中州樂府一卷　(元)元

好問集　明末虞山毛氏汲古閣刻本　十册

650000－1446－0000021　GJ－0021
二十四史九通政典類要合編三百二十卷　（清）黄書霖輯　清光緒二十八年（1902）約雅堂石印本　六十册

650000－1446－0000022　GJ－0022
史通削繁四卷　（清）紀昀撰　清道光十三年（1833）兩廣節署刻本　四册

650000－1446－0000023　GJ－0023
周書五十卷　（唐）令狐德棻撰　明崇禎五年（1632）毛氏汲古閣刻本　六册

650000－1446－0000024　GJ－0024
北齊書五十卷　（唐）李百藥撰　清同治十三年（1874）金陵書局刻本　四册

650000－1446－0000025　GJ－0025
十三經集字摩本不分卷　（□）□□輯　清刻本　五册　存八種（詩經、春秋、禮記、周禮、儀禮、三傳、孝經、爾雅）

650000－1446－0000026　GJ－0026
周禮精華六卷　（清）陳龍標輯　清嘉慶十六年（1811）緯文堂刻本　六册

650000－1446－0000027　GJ－0027
樊南文集詳註八卷玉谿生詩詳註三卷　（清）馮浩編訂　清乾隆四十五年（1780）桐鄉德聚堂刻本　八册

650000－1446－0000028　GJ－0028
大清律例增修統纂集成四十卷附督捕則例二卷　（□）□□輯　清光緒二十九年（1903）刻本　二十四册

650000－1446－0000029　GJ－0030
定盦文集三卷續集四卷補編四卷附拾遺一卷　（清）龔自珍撰　清宣統元年（1909）國學扶輪社鉛印本　四册

650000－1446－0000030　GJ－0030－1
定盦文集三卷續集四卷補編四卷附拾遺一卷　（清）龔自珍撰　清宣統元年（1909）國學扶輪社鉛印本　四册

650000－1446－0000031　GJ－0031
廬陵宋丞相信國公文忠烈先生全集十六卷　（宋）文天祥撰　清道光二十三年（1843）刻本　六册

650000－1446－0000032　GJ－0032
説文釋例二十卷附補正　（清）王筠撰　清同治四年（1865）刻本　十三册

650000－1446－0000033　GJ－0033
欽定春秋傳説彙纂三十八卷首二卷　（清）王掞等撰　清康熙六十年（1721）刻本　十六册　缺二十一卷（十八至三十八）

650000－1446－0000034　GJ－0034
西學啟蒙十六種　（英國）赫德輯　清光緒二十四年（1898）上海圖書集成印書局刻本　十六册

650000－1446－0000035　GJ－0035
北史一百卷　（唐）李延壽撰　清鉛印本　一册　存六卷（六至十一）

650000－1446－0000036　GJ－0036
詩經融註大全體要八卷　（清）高朝瓔定　清光緒二十七年（1901）善成堂刻本　四册

650000－1446－0000037　GJ－0037
晉書一百三十卷　（唐）房玄齡等撰　明崇禎元年（1628）毛氏汲古閣刻本　二十八册

650000－1446－0000038　GJ－0038
元史二百十卷藝文志四卷　（明）宋濂等撰　**元史氏族表三卷**　（清）錢大昕撰　清江蘇書局刻本　十八册　缺一百十三卷（一至一百十三）

650000－1446－0000039　GJ－0039
三十家詩鈔六卷首一卷末一卷　（清）曾國藩纂　（清）王定安增輯　清同治十三年（1874）傳忠書局刻本　六册

650000－1446－0000040　GJ－0040
積古齋鐘鼎彝器款識十卷　（清）阮元輯　清嘉慶九年（1804）揚州阮氏刻本　四册

650000－1446－0000041　GJ－0041

西湖志四十八卷　(□)□□輯　清光緒四年(1878)浙江書局刻本　一册　存二卷(一至二)

650000-1446-0000042　GJ-0042
教育法規二十七編附索引勘誤表一卷　盧靖總理　清光緒三十二年(1906)直隸提學使署鉛印本　十一册

650000-1446-0000043　GJ-0043
史姓韻編二十四卷　(清)汪輝祖撰　清光緒二十九年(1903)文瀾書局石印本　八册

650000-1446-0000044　GJ-0044
女四書二卷　(清)王相箋注　清文成堂刻本　二册

650000-1446-0000045　GJ-0045
文粹一百卷　(宋)姚鉉纂　清光緒十六年(1890)杭州許氏榆園刻本　十六册

650000-1446-0000046　GJ-0046
康熙字典十二集　(清)張玉書等撰　清康熙五十五年(1716)刻本　十四册

650000-1446-0000047　GJ-0047
本草綱目五十二卷附脈訣考證奇經八脈考瀕湖脈學　(明)李時珍編輯　清順治十五年(1658)刻本　三十六册

650000-1446-0000048　GJ-0048
周易四卷　(□)□□輯　清恕堂刻本　二册

650000-1446-0000049　GJ-0049
周易四卷　(□)□□輯　清光緒十二年(1886)掃葉山房刻本　二册

650000-1446-0000050　GJ-0050
王臨川全集一百卷　(宋)王安石撰　清刻本　一册　存三卷(六十五至六十七)

650000-1446-0000051　GJ-0051
海國圖志一百卷　(清)魏源撰　清刻本　二册　存四卷(三至四、十一至十二)

650000-1446-0000052　GJ-0052
宋本十三經注疏附校勘記十三種四百十六卷　(清)楊泗孫署檢　清光緒十三年(1887)脈望仙館石印本　三十二册

650000-1446-0000053　GJ-0053
經學輯要二十四卷　(清)吳潁炎等輯　清光緒十九年(1893)上海點石齋石印本　三十二册

650000-1446-0000054　GJ-0054
策學備纂三十二卷首一卷　(清)蔡啟盛輯　清光緒二十年(1894)點石齋石印本　四十八册

650000-1446-0000055　GJ-0055
大清律例彙輯便覽四十卷附督捕則例附纂五軍道里表三流道里表　(□)□□輯　清光緒十四年(1888)京都善成堂刻本　三十三册

650000-1446-0000056　GJ-0056
尚書約註四卷　(清)任啟運撰　清光緒十二年(1886)刻本　二册

650000-1446-0000057　GJ-0057
陶淵明集十八卷　(晉)陶潛著　清光緒五年(1879)羊城龍藏街萃文堂刻本　二册

650000-1446-0000058　GJ-0058
舊唐書二百卷　(五代)劉昫等撰　清光緒二十九年(1903)五洲同文局石印本　八册　存三十七卷(一至三、十三至十五、二十五至二十七、六十四至六十八、八十六至一百二、一百十八至一百二十三)

650000-1446-0000059　GJ-0029
古文苑九卷　(宋)章樵注　清嘉慶十四年(1809)蘭陵孫氏刻本　二册

中國科學院新疆分院文獻信息中心古籍普查登記目録

全國古籍普查登記目録

國家圖書館出版社
National Library of China Publishing House

650000－1461－0000001　經00001

儀禮注疏五十卷附校勘記五十卷　(漢)鄭玄注　(唐)賈公彦疏　清嘉慶二十年(1815)江西南昌府學刻本　十六册

650000－1461－0000002　經00002

周禮注疏四十二卷附校勘記四十二卷　(漢)鄭玄注　(唐)賈公彦疏　清光緒十三年(1887)脈望仙館石印本　十六册

650000－1461－0000003　經00003

周禮注疏四十二卷附校勘記四十二卷　(漢)鄭玄注　(唐)賈公彦疏　清光緒十八年(1892)湖南寶慶務本書局刻本　三册

650000－1461－0000004　經00004

儀禮注疏五十卷附校勘記五十卷　(漢)鄭玄注　(唐)賈公彦疏　清光緒十三年(1887)脈望仙館石印本　十册

650000－1461－0000005　經00005

儀禮注疏五十卷附校勘記五十卷　(漢)鄭玄注　(唐)賈公彦疏　清光緒十八年(1892)湖南寶慶務本書局刻本　三册

650000－1461－0000006　經00006

毛詩訂詁八卷附錄二卷　(清)顧棟高著　清光緒二十二年(1896)江蘇書局刻本　四册

650000－1461－0000007　經00007

學春秋隨筆十卷　(清)萬斯大撰　清乾隆二十六年(1761)刻本　一册

650000－1461－0000008　經00008

三合吏治輯要不分卷　(清)孟保撰　清咸豐七年(1857)刻本　一册

650000－1461－0000009　經00009

續方言新校補二卷　(清)張慎儀校補　清光緒二十八年(1902)刻本　一册

650000－1461－0000010　經00010

輶軒使者絕代語釋别國方言十三卷校正補遺一卷　(漢)揚雄撰　(晉)郭璞注　清同治十二年(1873)粤東書局刻本　一册

650000－1461－0000011　經00011

論語集注補正述疏十卷首一卷附讀書堂答問一卷　(清)簡朝亮撰　清讀書堂刻本　十八册

650000－1461－0000012　經00012

孟子注疏解經十四卷附校勘記十四卷　(漢)趙岐注　(宋)孫奭疏　清光緒十八年(1892)湖南寶慶務本書局刻嘉慶二十年(1815)江西南昌府學本　七册

650000－1461－0000013　經00013

春秋繁露十七卷　(漢)董仲舒撰　清同治十二年(1873)粤東書局刻本　三册

650000－1461－0000014　經00014

春秋公羊注疏二十八卷附校勘記二十八卷　(漢)何休解詁　(唐)徐彦疏　清光緒十三年(1887)脈望仙館石印本　二册

650000－1461－0000015　經00015

春秋大事表五十卷輿圖一卷附錄一卷　(清)顧棟高撰　清乾隆十三年(1748)萬卷樓刻本　二十册

650000－1461－0000016　經00016

春秋穀梁注疏二十卷附校勘記二十卷　(晉)范寧集解　(唐)楊士勛疏　清光緒十八年(1892)湖南寶慶務本書局刻本　六册

650000－1461－0000017　經00017

春秋穀梁注疏二十卷附校勘記二十卷　(晉)范寧集解　(唐)楊士勛疏　清嘉慶二十年(1815)江西南昌府學刻本　四册

650000－1461－0000018　經00019

新訂四書補注備旨十卷　(明)鄧林撰　清光緒三年(1877)貴文堂刻本　六册

650000－1461－0000019　經00020

春秋公羊傳注疏二十八卷附校勘記二十八卷　(漢)何休解詁　(唐)徐彦疏　清光緒十八年(1892)湖南寶慶務本書局刻本　十册

650000－1461－0000020　經00021

論語孟子集注十七卷　(宋)朱熹撰　清永順堂刻本　五册

650000－1461－0000021　經 00022
爾雅注疏十卷附校勘記十卷　(宋)邢昺等疏　清光緒十八年(1892)湖南寶慶務本書局刻本　五冊

650000－1461－0000022　經 00024
音學五書三十八卷　(清)顧炎武撰　清光緒十一年(1885)四明觀稼樓刻本　十二冊

650000－1461－0000023　經 00025
韓詩外傳十卷　(漢)韓嬰撰　清同治十二年(1873)粵東書局刻本　一冊　存六卷(一至六)

650000－1461－0000024　經 00026
五經味根錄周易四十二卷書經六卷　(清)關生輯纂　清光緒十四年(1888)同文書局石印本　十一冊　存二十九卷(易經一至四,詩經三至四,禮記一至四、九至十,書經四至六,春秋一至十四)

650000－1461－0000025　經 00027
增補文字匯十二卷首一卷末一卷　(明)梅膺祚撰　清道光五年(1825)三讓堂刻本　十四冊

650000－1461－0000026　經 00028
潛研堂文集五十卷　(清)錢大昕撰　清嘉慶十一年(1806)刻本　十冊

650000－1461－0000027　經 00029
尚書注疏二十卷附校勘記二十卷　(漢)孔安國傳　(唐)孔穎達疏　清嘉慶二十年(1815)江西南昌府學刻本　六冊

650000－1461－0000028　經 00030
廣雅疏證十卷附博雅音十卷　(清)王念孫撰　清光緒五年(1879)淮南書局刻本　八冊

650000－1461－0000029　經 00031
春秋穀梁注疏二十卷附校勘記二十卷　(晉)范寧集解　(唐)楊士勛疏　清光緒十三年(1887)脈望仙館石印本　一冊

650000－1461－0000030　經 00032
新學僞經考十四卷　康有為撰　清光緒十七年(1891)廣州康氏萬木草堂刻本　八冊

650000－1461－0000031　經 00033
說文解字注三十卷附六書音韻表二卷說文訂一卷　(清)段玉裁撰　清同治六年(1867)湖北崇文書局刻本　三十二冊

650000－1461－0000032　經 00034
說文解字斠詮十四卷　(清)錢坫撰　清光緒九年(1883)淮南書局刻本　十二冊

650000－1461－0000033　經 00035
說文分韻易知錄十卷　(清)許巽行撰　清光緒五年(1879)刻本　十冊

650000－1461－0000034　經 00036
說文解字繫傳四十卷附校勘記三卷　(宋)徐鍇撰　清道光十九年(1839)刻本　八冊

650000－1461－0000035　經 00036－1
說文解字繫傳四十卷附校勘記三卷　(宋)徐鍇撰　清道光十九年(1839)刻本　八冊

650000－1461－0000036　經 00037
說文句讀三十卷　(清)王筠撰　清同治四年(1865)王氏刻本　十六冊

650000－1461－0000037　經 00038
說文解字十五卷　(漢)許慎撰　清同治十二年(1873)粵東書局刻本　四冊

650000－1461－0000038　經 00039
說文解字篆韻譜五卷　(宋)徐鍇撰　清同治十二年(1873)粵東書局刻本　二冊

650000－1461－0000039　經 00040
說文解字通釋四十卷附校勘記三卷　(宋)徐鍇撰　清同治十二年(1873)粵東書局刻本　七冊

650000－1461－0000040　經 00041
爾雅注疏十卷附校勘記十卷　(宋)邢昺等疏　清光緒十三年(1887)脈望仙館石印本　一冊

650000－1461－0000041　經 00042
廣雅十卷　(三國魏)張揖撰　清同治十二年(1873)粵東書局刻本　一冊

650000－1461－0000042　經 00043
爾雅注疏十卷附校勘記十卷　（宋）邢昺等疏　清嘉慶二十年（1815）江西南昌府學刻本　四册

650000－1461－0000043　經 00044
周易注疏九卷附校勘記九卷釋文校勘記一卷音義一卷　（三國魏）王弼　（晉）韓康伯注　（唐）孔穎達疏　清光緒十八年（1892）湖南寶慶務本書局刻本　四册

650000－1461－0000044　經 00045
周易口訣義六卷　（唐）史徵撰　清萃文堂刻本　一册

650000－1461－0000045　經 00046
周禮注疏四十二卷附校勘記四十二卷　（漢）鄭玄注　（唐）賈公彦疏　清嘉慶二十年（1815）江西南昌府學刻本　十二册

650000－1461－0000046　經 00047
周易注疏九卷附校勘記九卷釋文校勘記一卷音義一卷　（三國魏）王弼　（晉）韓康伯注　（唐）孔穎達疏　清嘉慶二十年（1815）江西南昌府學刻本　四册

650000－1461－0000047　經 00048
説文韻譜校五卷　（清）王筠撰　清光緒十六年（1890）劉嘉禾素心琴室刻本　五册

650000－1461－0000048　經 00049
選集漢印分韻二卷續集漢印分韻二卷　（清）謝景卿輯　清嘉慶八年（1803）漱藝堂刻本　四册

650000－1461－0000049　經 00050
春秋左傳注疏六十卷附校勘記六十卷　（春秋）左丘明傳　（晉）杜預注　（唐）孔穎達疏　清嘉慶二十年（1815）江西南昌府學刻本　十八册

650000－1461－0000050　經 00051
六書通十卷　（明）閔齊伋輯　清光緒四年（1878）繡谷留耕堂刻本　六册

650000－1461－0000051　經 00052
詞科掌錄十七卷詞科餘話七卷　（清）杭世駿編輯　清乾隆道古堂刻本　八册

650000－1461－0000052　經 00053
干禄字書一卷五經文字三卷　（唐）張參撰　**新加九經字樣一卷**　（唐）唐玄度撰　清同治十二年（1873）粵東書局刻本　一册

650000－1461－0000053　經 00054
毛詩草木鳥獸蟲魚疏二卷　（唐）陸璣撰　（清）丁晏校正　**韓詩外傳**　（漢）韓嬰撰　清刻本　一册

650000－1461－0000054　經 00055
毛詩注疏二十卷附校勘記二十卷　（漢）毛亨傳　（漢）鄭玄箋　（唐）孔穎達疏　清光緒十三年（1887）脈望仙館石印本　四册

650000－1461－0000055　經 00056
周易注疏九卷附校勘記九卷釋文校勘記一卷音義一卷　（三國魏）王弼　（晉）韓康伯注　（唐）孔穎達疏　清光緒十三年（1887）石印本　一册

650000－1461－0000056　經 00057
字系十五卷附錄一卷　（清）夏日瑗撰　清石印本　四册

650000－1461－0000057　經 00058
詩毛氏傳疏三十卷　（清）陳奂撰　清道光二十七年（1847）吳門南園掃葉山莊陳氏刻本　十二册

650000－1461－0000058　經 00059
易緯辨終備一卷易緯稽覽圖二卷易緯通卦驗二卷易緯乾元序制記一卷易緯是類謀一卷易緯坤靈圖一卷　（漢）鄭玄注　清刻本　一册　缺一卷（易緯稽覽圖上）

650000－1461－0000059　經 00060
龍文鞭影二卷　（明）蕭良友撰　清永順堂刻本　四册

650000－1461－0000060　經 00061
訓蒙四字經龍文鞭影初集二卷二集二卷　（明）蕭良友撰　清光緒十年（1884）打磨廠文

和堂刻本　四册

650000－1461－0000061　經00062
周易集解十七卷　(唐)李鼎祚撰　清刻本　五册

650000－1461－0000062　經00063
尚書注疏二十卷附校勘記二十卷　(漢)孔安國傳　(唐)孔穎達疏　清光緒十八年(1892)湖南寶慶務本書局刻本　八册

650000－1461－0000063　經00064
毛詩天文考一卷　(清)洪亮吉撰　**禮記天算釋一卷**　(清)孔廣牧撰　**爾雅補注殘本**　(清)劉玉麐撰　清光緒十五年(1889)廣雅書局刻本　一册

650000－1461－0000064　經00065
滿漢合璧小學八卷　(清)陳選注　清手抄本　八册

650000－1461－0000065　經00066
易緯乾坤鑿度二卷易緯乾鑿度二卷易緯稽覽圖二卷　(漢)鄭玄注　清刻本　一册

650000－1461－0000066　經00067
陸氏周易述一卷　(三國吴)陸績撰　(明)姚士粦輯　**鄭氏周易注補遺一卷**　(清)孫堂輯　**鄭氏周易注**　(宋)王應麟輯　(清)惠棟增補　(清)孫堂校　清刻本　一册　缺(鄭氏周易注)

650000－1461－0000067　經00068
尚書注疏二十卷附校勘記二十卷　(漢)孔安國傳　(唐)孔穎達疏　清光緒十三年(1887)脈望仙館石印本　二册

650000－1461－0000068　經00069
毛詩注疏二十卷附校勘記二十卷詩譜序一卷詩譜校勘記一卷　(漢)毛亨傳　(漢)鄭玄箋　(唐)孔穎達疏　清嘉慶二十年(1815)江西南昌府學刻本　十四册

650000－1461－0000069　經00070
毛詩傳義類一卷　(清)陳奂撰　清咸豐九年(1859)王載雲刻本　一册

650000－1461－0000070　經00071
毛詩傳箋三十卷附鄭氏詩譜一卷　(漢)毛亨傳　(漢)鄭玄箋　清道光七年(1827)立本齋刻本　四册

650000－1461－0000071　經00072
鄭氏箋攷徵一卷　(清)陳奂撰　清咸豐八年(1858)許文一刻本　一册

650000－1461－0000072　經00073
毛詩説一卷　(清)陳奂撰　清道光二十七年(1847)武林愛日軒刻本　一册

650000－1461－0000073　經00074
毛詩注疏二十卷附校勘記二十卷　(漢)毛亨傳　(漢)鄭玄箋　(唐)孔穎達疏　清光緒十八年(1892)湖南寶慶務本書局刻本　二十四册

650000－1461－0000074　經00075
欽定詩經傳説彙纂二十一卷首二卷詩序二卷　(清)王鴻緒等編　清同治七年(1868)刻本　十六册

650000－1461－0000075　經00076
詩説十二卷　(宋)劉克撰　清道光八年(1828)藝芸書舍刻本　四册

650000－1461－0000076　經00077
禮記偶箋三卷　(清)萬斯大撰　清嘉慶元年(1796)刻本　一册

650000－1461－0000077　經00078
千字文二卷　(南朝梁)周興嗣撰　清光緒七年(1881)刻本　一册

650000－1461－0000078　經00079
左傳句解六卷　(宋)朱申撰　(清)韓菼重訂　清上海掃葉山房石印本　五册　存五卷(一至五)

650000－1461－0000079　經00080
儀禮商二卷附錄一卷周官辨非一卷　(清)萬斯大撰　清嘉慶元年(1796)刻本　一册

650000－1461－0000080　經00081
禮記十卷　(元)陳澔撰　清明善堂刻本

十册

650000－1461－0000081　經 00082
孫子兵法四卷　(清)耆英譯　清道光二十六年(1846)刻本　四册

650000－1461－0000082　經 00083
四書章句集注十九卷　(宋)朱熹撰　清永順堂刻本　六册

650000－1461－0000083　經 00084
孟子七卷　(戰國)孟子撰　清光緒十八年(1892)湖北官書處刻本　三册

650000－1461－0000084　經 00085
釋毛詩音四卷　(清)陳奐撰　清咸豐元年(1851)蘇州漱芳齋刻本　一册

650000－1461－0000085　經 00086
禮記易讀四卷　(□)□□撰　清光緒五年(1879)志文堂刻本　四册

650000－1461－0000086　經 00087
孝經注疏九卷附校勘記九卷　(宋)邢昺疏　清嘉慶二十年(1815)江西南昌府學刻本　一册

650000－1461－0000087　經 00088
論語十卷　(春秋)孔子撰　清光緒十八年(1892)湖北官書處刻本　二册

650000－1461－0000088　經 00089
三和便覽不分卷　(□)□□撰　清手抄本　六册

650000－1461－0000089　經 00090
孟子十四卷附校勘記十四卷識語四卷　(漢)趙岐注　(宋)孫奭疏　清光緒十三年(1887)石印本　二册

650000－1461－0000090　經 00091
論語筆解二卷　(唐)韓愈撰　**鄭志三卷補遺一卷**　(三國魏)鄭小同撰　清同治十二年(1873)粤東書局刻本　一册

650000－1461－0000091　經 00093
論語注疏解經二十卷附校勘記二十卷　(三國魏)何晏集解　(宋)邢昺疏　清光緒十八年(1892)湖北寶慶務本書局刻本　五册

650000－1461－0000092　經 00094
論語注疏解經二十卷附校勘記二十卷　(三國魏)何晏集解　(宋)邢昺疏　**孝經注疏九卷附校勘記九卷**　(唐)玄宗李隆基注　(宋)邢昺疏　清光緒十三年(1887)石印本　一册

650000－1461－0000093　經 00095
論語集解義疏十卷　(三國魏)何晏撰　清同治十二年(1873)粤東書局刻本　四册

650000－1461－0000094　經 00096
孝經注疏九卷附校勘記九卷　(宋)邢昺疏　清光緒十八年(1892)湖南務本書局刻本　一册

650000－1461－0000095　經 00097
滿漢合璧孟子集注□□卷　(宋)朱熹撰　清刻本　三册　存三卷(五至七)

650000－1461－0000096　經 00098
論語注疏解經二十卷附校勘記二十卷　(三國魏)何晏集解　(宋)邢昺疏　清嘉慶二十年(1815)江西南昌府學刻本　四册

650000－1461－0000097　經 00099
漢魏石經攷三卷　(清)劉傳瑩著　清光緒十二年(1886)沌城黄氏試館刻本　一册

650000－1461－0000098　經 00100
歷代石經略二卷　(清)桂馥著　清光緒九年(1883)刻本　一册

650000－1461－0000099　經 00101
重訂幼學須知句解四卷　(清)錢元龍學　清光緒二年(1876)刻本　四册

650000－1461－0000100　經 00102
詩韻集成十卷　(清)余照輯　清光緒八年(1882)京都文成書坊刻本　四册

650000－1461－0000101　經 00103
經傳攷證八卷　(清)朱彬撰　清道光十六年(1836)宜禄堂刻本　二册

650000－1461－0000102　經 00104
尚書大傳三卷　(漢)伏勝撰　(漢)鄭玄注

(清)陳壽祺輯校　清道光刻本　二册

650000－1461－0000103　經 00105
春秋啖趙集傳纂例十卷　(唐)陸淳纂　清道光二十六年(1846)嘉興錢氏經苑刻本　三册

650000－1461－0000104　經 00106
蒙文法程一卷蒙文晰義二卷遍覽正訛一卷　(清)賽尚阿纂　清道光二十八年(1848)刻本　四册

650000－1461－0000105　經 00107
欽定同文韻統六卷　(清)允祿等撰　清宣統二年(1910)理藩部刻本　五册

650000－1461－0000106　經 00108
同音字辨四卷　(清)劉維坊輯　清同治十二年(1873)刻本　四册

650000－1461－0000107　經 00110
學禮質疑二卷　(清)萬斯大撰　清嘉慶元年(1796)刻本　一册

650000－1461－0000108　經 00111
春秋左傳杜林合注五十卷　(晉)杜預　(宋)林堯叟注　(唐)陸德明音譯　清大文堂刻本　十四册

650000－1461－0000109　經 00112
雜學不分卷　(□)□□撰　清石印本　一册

650000－1461－0000110　經 00113
倉頡篇校證三卷補遺一卷　(清)梁章鉅撰　清光緒五年(1879)刻本　二册

650000－1461－0000111　經 00113－1
倉頡篇校證三卷補遺一卷　(清)梁章鉅撰　清光緒五年(1879)刻本　二册

650000－1461－0000112　經 00114
匡謬正俗八卷　(唐)顏師古撰　**急就章考異一卷**　(漢)史游撰　清同治十二年(1873)粵東書局刻本　一册

650000－1461－0000113　經 00115
春秋公羊傳注疏二十八卷附校勘記二十八卷　(漢)何休解詁　(唐)徐彥疏　清嘉慶二十年(1815)江西南昌府學刻本　六册

650000－1461－0000114　經 00116
大廣益會玉篇三卷　(南朝梁)顧野王撰　清同治十二年(1873)粵東書局刻本　三册

650000－1461－0000115　經 00117
滿文小學四卷　(□)□□撰　清刻本　四册

650000－1461－0000116　經 00118
春秋左傳注疏六十卷附校勘記六十卷　(春秋)左丘明撰　(晉)杜預注　(唐)孔穎達疏　清光緒十三年(1887)脈望仙館石印本　六册

650000－1461－0000117　經 00119
春秋左傳注疏六十卷附校勘記六十卷　(春秋)左丘明撰　(晉)杜預注　(唐)孔穎達疏　清光緒十八年(1892)湖南寶慶務本書局刻本　三十册

650000－1461－0000118　經 00120
禮記注疏六十三卷附校勘記六十三卷　(漢)鄭玄注　(唐)孔穎達疏　清光緒十三年(1887)脈望仙館石印本　六册

650000－1461－0000119　經 00121
春秋釋例十五卷　(晉)杜預撰　清同治十二年(1873)粵東書局刻本　七册

650000－1461－0000120　經 00122
春秋公羊傳注疏二十八卷附校勘記二十八卷　(漢)何休解詁　(唐)徐彥疏　清嘉慶二十年(1815)江西南昌府學刻本　八册

650000－1461－0000121　經 00123
禮記注疏六十三卷附校勘記六十三卷　(漢)鄭玄注　(唐)孔穎達疏　清嘉慶二十年(1815)江西南昌府學刻本　十八册

650000－1461－0000122　經 00124
孟子注疏解經十四卷附校勘記十四卷　(漢)趙岐注　(宋)孫奭疏　清嘉慶二十年(1815)江西南昌府學刻本　五册

650000－1461－0000123　經 00125
春秋啖趙二先生集傳辯疑十卷附錄一卷　(唐)陸淳纂　清錢塘龔氏玉玲瓏閣刻本

二册

650000－1461－0000124　經00126
春秋微旨三卷　(唐)陸淳纂　清道光二十六年(1846)嘉興錢氏經苑刻本　一册

650000－1461－0000125　經00127
禮記注疏六十三卷附校勘記六十三卷　(漢)鄭玄注　(唐)孔穎達疏　清光緒十八年(1892)湖南寶慶務本書局刻本　二十八册

650000－1461－0000126　經00128
禹貢滙解六卷攷辯略一卷首一卷　(清)洪兆雲纂輯　清光緒二十八年(1902)刻本　四册　存一卷(首一卷)

650000－1461－0000127　經00129
春秋微旨三卷　(清)傅恒等撰　清光緒刻本　六册

650000－1461－0000128　經00131
詩經八卷　(宋)朱熹集傳　清光緒十七年(1891)掃葉山房石印本　四册

650000－1461－0000129　經00132
致和堂重訂幼學須知句解四卷　(清)程允升撰　清嘉慶四年(1799)刻本　四册

650000－1461－0000130　經00133
佩文韻府一百六卷　(清)張玉書等撰　清光緒十五年(1889)上海點石齋石印本　二十四册

650000－1461－0000131　經00134
新增幼學故事瓊林四卷　(清)程允升撰　清光緒二年(1876)本立堂刻本　四册

650000－1461－0000132　經00135
山海經十八卷　(晉)郭璞撰　清光緒三年(1877)浙江書局刻本　三册

650000－1461－0000133　經00136
佩文韻府一百六卷韻府拾遺五卷　(清)張玉書等撰　清光緒十二年(1886)上海同文書局石印本　五十三册

650000－1461－0000134　經00137
古經解匯函十六種附小學匯函十四種　(清)鍾謙鈞輯　清同治十二年(1873)粤東書局刻本　十八册　存八種(鄭氏周易注、陸氏周易述、周易集解、周易口訣義、易緯八種、尚書大傳、韓詩外傳、春秋繁露)

650000－1461－0000135　經00138
四聲釋義十二卷　(清)鄭雪亭撰　清道光二十三年(1843)三讓堂刻本　六册

650000－1461－0000136　經00139
重修廣韻五卷　(宋)陳彭年等撰　清末粤東書局刻本　五册

650000－1461－0000137　經00140
廣韻五卷　(宋)陳彭年等撰　清末粤東書局刻本　五册

650000－1461－0000138　經00141
春秋經傳集解三十卷　(晉)杜預撰　清刻本　十册

650000－1461－0000139　經00142
方言十三卷續二卷續補一卷　(漢)揚雄著　清光緒十七年(1891)刻本　二册

650000－1461－0000140　經00143
御製增訂清文鑑三十二卷　清刻本　三十三册

650000－1461－0000141　經00144
經義考二百九十八卷目錄二卷　(清)朱彝尊撰　清乾隆二十年(1755)盧氏刻本　六十册

650000－1461－0000142　經00145
周會魁校正易經大全二十卷　(明)胡廣等纂修　明萬曆三十三年(1605)刻本　十四册

650000－1461－0000143　經00146
御纂周易折中二十二卷首一卷　(清)聖祖玄燁撰　清光緒十四年(1888)江南書局刻本　十册

650000－1461－0000144　經00147
書經集傳六卷　(宋)蔡沈撰　清康熙武英殿刻本　六册

650000－1461－0000145　經00148
禹貢錐指二十卷圖一卷　(清)胡渭撰　清康

熙四十四年(1705)漱六軒刻本　十二册

650000－1461－0000146　經00149
禹貢圖說一卷註節讀一卷　(清)馬俊良撰　清乾隆五十四年(1789)端溪書院刻本　四册

650000－1461－0000147　經00150
讀禮通考一百二十卷　(清)徐乾學撰　清康熙三十五年(1696)刻本　二十四册

650000－1461－0000148　經00151
五禮通考二百六十二卷目録二卷首四卷　(清)秦蕙田編輯　清乾隆二十八年(1763)味經窩刻本　七十二册

650000－1461－0000149　經00152
考工記圖二卷　(清)戴震撰　清乾隆二十一年(1756)刻本　二册

650000－1461－0000150　經00153
欽定春秋傳說彙纂三十八卷目録二卷　(清)王掞等修　清康熙六十年(1721)武英殿刻本　二十四册

650000－1461－0000151　經00154
説文解字三十卷　(漢)許慎撰　(宋)徐鉉校定　清初毛氏汲古閣刻本　八册

650000－1461－0000152　經00155
通俗編三十八卷　(清)翟灝撰　清乾隆十六年(1751)无宜齋原刻本　十二册

650000－1461－0000153　經00156
字彙十二卷首一卷末一卷　(明)梅膺祚撰　清康熙十年(1671)葉之明刻本　十四册

650000－1461－0000154　經00157
漢隸字源五卷碑目一卷附字一卷　(宋)婁機撰　明末毛氏汲古閣刻本　六册

650000－1461－0000155　經00158
六經天文編二卷　(宋)王應麟撰　清刻本　四册

650000－1461－0000156　經00159
經籍籑詁并補遺一百六卷　(清)阮元撰　清嘉慶十七年(1812)揚州阮氏琅環仙館刻本　六十四册

650000－1461－0000157　經00160
經典釋文三十卷攷證三十卷　(唐)陸德明撰　清同治八年(1869)湖北崇文書局刻本　十二册

650000－1461－0000158　經00161
經字正蒙八卷分畫便查一卷　(清)李文沂著　清光緒十八年(1892)萃經堂刻本　八册

650000－1461－0000159　經00162
周易本義四卷　(宋)朱熹撰　清永順堂刻本　四册

650000－1461－0000160　經00163
易經來注十五卷首一卷末一卷附圖像一卷　(明)來瞿唐撰　清嘉慶十四年(1809)寧遠堂刻本　十二册

650000－1461－0000161　經00164
書經集傳六卷　(宋)蔡沈撰　清永順堂刻本　四册

650000－1461－0000162　經00165
御纂周易折中二十二卷首一卷　(清)聖祖玄燁撰　清康熙五十四年(1715)武英殿刻本　十册

650000－1461－0000163　經00166
欽定書經圖說五十卷　(清)孫家鼐等撰　清光緒三十一年(1905)武英殿石印本　十六册

650000－1461－0000164　經00167
欽定書經圖說五十卷　(清)孫家鼐等撰　清光緒三十一年(1905)武英殿石印本　十六册

650000－1461－0000165　經00168
詩經集傳八卷　(宋)朱熹傳　清慎詒堂刻本　四册

650000－1461－0000166　經00169
御纂詩義折中二十卷　(清)傅恒等撰　清光緒刻本　六册

650000－1461－0000167　經00170
滿漢合璧禮記三十卷　(□)□□撰　清乾隆手抄本　十二册

650000－1461－0000168　經00171

釋名疏證八卷補遺一卷續釋名一卷　(漢)劉熙撰　清乾隆五十四年(1789)靈巖山館刻本　四冊

650000－1461－0000169　經00172
檀弓二卷　(元)謝枋得批點　明萬曆四十四年(1616)吳興閔齊伋刻本　二冊

650000－1461－0000170　經00173
康熙字典四十二卷　(清)張玉書等撰　清康熙坊刻本　四十冊

650000－1461－0000171　經00174
考工記二卷　(明)郭正域批點　明閔齊伋刻朱墨套印本　二冊

650000－1461－0000172　史00001
資治通鑑二百九十四卷釋文十二卷　(宋)司馬光撰　(元)胡三省音註　清嘉慶二十一年(1816)鄱陽胡氏刻本　一百二十冊

650000－1461－0000173　史00002
晉畧彙傳七卷晉畧國傳三十六卷　(清)周濟撰　清道光十八年(1838)刻本　八冊　缺八卷(晉畧國傳十二至十九)

650000－1461－0000174　史00003
竹書紀年二卷　(南朝梁)沈約注　清嘉慶十一年(1806)平津館刻本　一冊

650000－1461－0000175　史00004
元史攷訂四卷　曾廉著　清宣統三年(1911)層漪堂刻本　一冊

650000－1461－0000176　史00005
紀元編三卷末一卷　(清)李兆洛撰　清同治十年(1871)李氏刻本　三冊

650000－1461－0000177　史00006
[光緒]西藏圖考八卷首一卷　(清)黄沛翹輯　清光緒二十年(1894)刻本　四冊

650000－1461－0000178　史00007
萬國輿圖□□卷　(清)陳兆桐繪　清光緒十二年(1886)石印本　一冊

650000－1461－0000179　史00008
東還紀略五卷　(清)史善長撰　清刻本　一冊

650000－1461－0000180　史00009
宋史紀事本末一百九卷　(明)陳邦瞻增訂　(明)馮琦編　(明)張溥論正　清同治十三年(1874)江西書局刻本　二十冊

650000－1461－0000181　史00010
[光緒]西藏圖考八卷　(清)黄沛翹纂　清光緒二十二年(1896)滇南李培榮刻本　六冊

650000－1461－0000182　史00011
五代史七十四卷　(宋)歐陽修　清乾隆四年(1739)大同書局刻本　六冊

650000－1461－0000183　史00012
江寧吳向之節抄康雍乾朝實錄□□卷　(清)吳向之抄　清朱欄手抄本　二十九冊

650000－1461－0000184　史00013
八賢手札八種　(□)□□撰　清光緒十一年(1885)羊城廣百宋齋石印本　四冊

650000－1461－0000185　史00014
元秘史山川地名攷十二卷　(清)施世傑撰　清光緒二十三年(1897)刻本　二冊

650000－1461－0000186　史00015
十六國春秋一百卷　(清)汪日桂重訂　清乾隆四十六年(1781)刻本　二十冊

650000－1461－0000187　史00016
水道提綱二十八卷　(清)齊召南編錄　清光緒七年(1881)上海文瑞樓鉛印本　八冊

650000－1461－0000188　史00016－1
水道提綱二十八卷　(清)齊召南編錄　清光緒七年(1881)上海文瑞樓鉛印本　八冊

650000－1461－0000189　史00017
國朝先正事略六十卷　(清)李元度編　清同治五年(1866)循陔草堂刻本　二十四冊

650000－1461－0000190　史00018
湘軍記二十卷　(清)王定安撰　清光緒十五年(1889)江南書局石印本　四冊

650000－1461－0000191　史00280

湘軍記二十卷　(清)王定安撰　清光緒十五年(1889)江南書局石印本　四冊

650000－1461－0000192　史 00019
史姓韻編六十四卷　(清)汪輝祖述　清同治九年(1870)金陵書局刻本　二十四冊

650000－1461－0000193　史 00019－1
史姓韻編六十四卷　(清)汪輝祖述　清光緒刻本　十一冊　存六十卷(五至六十四)

650000－1461－0000194　史 00020
東華錄三十二卷　(清)蔣良騏撰　清乾隆三十年(1765)刻本　十冊

650000－1461－0000195　史 00021
皇朝武功紀盛四卷　(清)趙翼撰　清乾隆五十七年(1792)湛貽堂刻本　二冊

650000－1461－0000196　史 00022
史姓韻編六十四卷　(清)汪輝祖輯　清光緒十年(1884)石印本　一冊　存四卷(一至四)

650000－1461－0000197　史 00023
左文襄公奏疏初編三十八卷續編七十六卷三編六卷　(清)左宗棠撰　清光緒十六年(1890)上海圖書集成局石印本　二十冊

650000－1461－0000198　史 00024
五洲圖考不分卷　(清)龔柴撰　清光緒二十四年(1898)上海徐家匯印書館鉛印本　四冊

650000－1461－0000199　史 00025
歷代名臣言行錄二十四卷　(清)朱桓編輯　清光緒十一年(1885)刻本　二十四冊　存十八卷(一至十八)

650000－1461－0000200　史 00026
水道提綱二十八卷　(清)齊召南編錄　清光緒四年(1878)霞城精舍刻本　八冊

650000－1461－0000201　史 00027
五代史記注七十四卷　(宋)歐陽修撰　(清)彭元瑞注　清道光八年(1828)刻本　四十冊

650000－1461－0000202　史 00028
續行水金鑑一百五十六卷圖一卷　(清)黎世序撰　清道光十二年(1832)河庫道署刻本　八十冊

650000－1461－0000203　史 00029
全氏七校水經注四十卷補遺一卷附錄二卷　(清)全祖望著　清光緒十四年(1888)無錫薛氏刻本　十二冊

650000－1461－0000204　史 00030
續行水金鑑一百五十六卷圖一卷　(清)黎世序撰　清道光十二年(1832)河庫道署刻本　八十二冊

650000－1461－0000205　史 00031
貳臣傳十二卷逆臣傳四卷　(清)國史館編　清琉璃廠半松居士刻本　十二冊

650000－1461－0000206　史 00032
錦里新編十六卷　(清)張邦伸纂輯　清嘉慶五年(1800)刻本　八冊

650000－1461－0000207　史 00033
行朝錄六卷　(清)黄宗羲撰　清刻本　四冊

650000－1461－0000208　史 00034
西湖志四十八卷　(清)李衛等編修　清光緒四年(1878)刻本　十冊　存二十五卷(二十四至四十八)

650000－1461－0000209　史 00035
歷代輿地沿革險要圖說不分卷　楊守敬　饒敦秩撰　清光緒二十四年(1898)江南王氏刻本　一冊

650000－1461－0000210　史 00036
辛卯侍行記六卷　(清)陶保廉撰　清光緒二十三年(1897)養樹山房刻本　六冊

650000－1461－0000211　史 00037
新疆國界圖志八卷　(清)王樹楠撰　清宣統元年(1909)陶廬叢刻本　四冊

650000－1461－0000212　史 00038
繹史一百六十卷附世系圖附年表　(清)馬驌撰　清康熙三十五年(1696)刻本　四十七冊

650000－1461－0000213　史 00039
繹史一百六十卷附世系圖附年表　(清)馬驌撰　清康熙九年(1670)澹甯齋刻本　三十

三册

650000－1461－0000214　史00040
繹史一百六十卷附世系圖附年表　(清)馬驌撰　清康熙九年(1670)澹甯齋刻本　四十八册

650000－1461－0000215　史00041
繹史一百六十卷附世系圖附年表　(清)馬驌撰　清康熙九年(1670)澹甯齋刻本　四十册

650000－1461－0000216　史00042
通鑑紀事本末二百三十九卷　(宋)袁樞撰　(明)張溥論正　清同治十二年(1873)江西書局刻本　八十册

650000－1461－0000217　史00043
大金國志四十卷　(宋)宇文懋昭撰　清嘉慶二年(1797)埽葉山房刻本　四册

650000－1461－0000218　史00044
使俄日記八卷　王之春恭紀　清光緒二十二年(1896)上海石印本　六册

650000－1461－0000219　史00045
碑傳集一百六十卷首二卷末二卷　(清)錢儀吉纂錄　清光緒十九年(1893)江蘇書局刻本　六十册

650000－1461－0000220　史00046
四庫未收書目提要五卷　(清)阮元撰　清光緒九年(1883)成都御風樓刻本　三册

650000－1461－0000221　史00047
涑水記聞十六卷補遺一卷　(宋)司馬光著　清光緒三年(1877)湖北崇文書局刻本　四册

650000－1461－0000222　史00048
欽定大清會典一百卷　(清)王允裪等修　清光緒十九年(1893)刻本　八册

650000－1461－0000223　史00049
大清中樞備覽不分卷　(□)□□撰　清宣統元年(1909)榮祿堂刻本　二册

650000－1461－0000224　史00050
大清縉紳全書四卷　(□)□□撰　清宣統三年(1911)刻本　五册

650000－1461－0000225　史00051
大清搢紳全書不分卷　(□)□□撰　清光緒三十三年(1907)榮錄堂石印本　四册

650000－1461－0000226　史00052
大清縉紳全書四卷　(□)□□撰　清宣統二年(1910)榮錦堂刻本　四册

650000－1461－0000227　史00053
大清最新百官祿□□卷　(清)彭如疇編　清宣統元年(1909)槐蔭山房刻本　四册

650000－1461－0000228　史00054
憲政最新搢紳全書不分卷　(□)□□撰　清光緒二十四年(1898)京都琉璃廠橋西樂寶齋刻本　五册

650000－1461－0000229　史00054－1
憲政最新搢紳全書不分卷　(□)□□撰　清宣統元年(1909)京都琉璃廠刻本　五册

650000－1461－0000230　史00078
漢西域圖考七卷圖一卷　(清)李光廷撰　清光緒十九年(1893)寶善書局石印本　七册

650000－1461－0000231　史00055
漢西域圖考七卷圖一卷　(清)李光廷撰　清光緒十九年(1893)寶善書局石印本　七册

650000－1461－0000232　史00056
蜀碧四卷　(清)彭遵泗撰　清末刻本　二册

650000－1461－0000233　史00057
軍興本末紀略四卷　(清)謝蘭生撰　清光緒二年(1876)刻本　二册

650000－1461－0000234　史00058
明史藁列傳二百五卷　(清)王鴻緒撰　清末敬慎堂刻本　四十册

650000－1461－0000235　史00059
東萊先生音註唐鑑二十四卷　(宋)范祖禹撰　(宋)呂祖謙音註　清嘉慶十二年(1807)刻本　十册

650000－1461－0000236　史00060
十一朝東華錄詳解二十四卷　(清)郭樹庭編　清光緒二十六年(1900)上海東文學堂石印

本　十六册

650000－1461－0000237　史00061
讀史方輿紀要一百三十卷　(清)顧祖禹撰　清光緒二十五年(1899)上海二林齋圖書集成局刻本　二十八册

650000－1461－0000238　史00062
天一閣書目十卷　(清)范懋柱編　清嘉慶十三年(1808)文選樓刻本　九册

650000－1461－0000239　史00063
欽定錢録十六卷　(清)梁詩正等編　清中後期刻本　四册

650000－1461－0000240　史00064
水經注四十卷首一卷附錄二卷　(北魏)酈道元著　清光緒十八年(1892)王氏校本刻本　二十册

650000－1461－0000241　史00065
秦漢瓦當文字二卷續一卷　(清)程敦撰　清光緒石印本　三册

650000－1461－0000242　史00091
秦漢瓦當文字二卷續一卷　(清)程敦撰　清光緒石印本　三册

650000－1461－0000243　史00066
廣輿記二十四卷　(明)陸應陽輯　明刻本　四册

650000－1461－0000244　史00067
皇朝蓄艾文編八十卷　(清)于寶軒輯　清光緒二十九年(1903)上海官書局鉛印本　四十册

650000－1461－0000245　史00068
左文襄公謝稿二卷奏稿六十四卷　(清)左宗棠著　清光緒十六年(1890)刻本　六十八册

650000－1461－0000246　史00069
疑年録四卷　(清)吳修撰　清嘉慶二十三年(1818)刻本　一册

650000－1461－0000247　史00070
畿輔水利議不分卷　(清)林則徐撰　清光緒二年(1876)刻本　一册

650000－1461－0000248　史00071
滇考二卷　(清)馮甦撰　清道光元年(1821)刻本　二册

650000－1461－0000249　史00072
郭侍郎使西紀程不分卷　(清)郭嵩燾撰　清光緒二十三年(1897)成都志古堂刻本　一册

650000－1461－0000250　史00073
歷代地理志韻編今釋二十卷　(□)□□撰　清光緒四年(1878)馬貞榆刻本　一册　存一卷(一)

650000－1461－0000251　史00074
河海崑崙録四卷　(清)裴景福撰　清宣統元年(1909)鉛印本　一册　存一卷(四)

650000－1461－0000252　史00075
遼史拾遺二十四卷　(清)厲鶚撰　清道光元年(1821)刻本　六册

650000－1461－0000253　史00076
瀛環志略十卷　(清)徐繼畬撰　清光緒二十一年(1895)上海寶文書局石印本　四册

650000－1461－0000254　史00076－1
瀛環志略十卷　(清)徐繼畬撰　清光緒二十一年(1895)上海寶文書局石印本　四册

650000－1461－0000255　史00077
隨軒金石文字不分卷　(清)徐渭仁編　清同治七年(1868)刻本　四册

650000－1461－0000256　史00079
水經註釋四十卷附錄二卷刊誤十二卷　(清)趙一清撰　清光緒六年(1880)張氏刻本　二十册

650000－1461－0000257　史00080
新編條約不分卷　(清)吳葆誠撰　清宣統二年(1910)刻本　十册

650000－1461－0000258　史00081
陶垒藏石記四十四卷藏磚記二卷　(清)端方撰　清宣統元年(1909)石印本　十二册

650000－1461－0000259　史00082
續藏書二十七卷　(明)李贄撰　明刻本

七册

650000－1461－0000260　史 00083
歷代名臣奏議三百十九卷目錄二卷　（明）楊士奇等編　明崇禎八年（1635）陳明卿刻本　六十四册

650000－1461－0000261　史 00084
大清搢紳全書不分卷　（清）松竹榮寶主人　清光緒二十年（1894）刻本　四册

650000－1461－0000262　史 00085
十七史商榷一百卷　（清）王鳴盛撰　清乾隆五十二年（1787）刻本　二十四册

650000－1461－0000263　史 00086
大清律集解附例三十卷首一卷　（清）朱軾等撰　清雍正三年（1725）刻本　十五册

650000－1461－0000264　史 00087
兩漢金石記二十二卷　（清）翁方綱撰　清刻本　十二册

650000－1461－0000265　史 00088
續泉匯十四卷　（清）李佐賢編　清光緒元年（1875）刻本　五册

650000－1461－0000266　史 00123
續泉匯十四卷　（清）李佐賢編　清光緒元年（1875）刻本　四册　缺一卷（補遺下）

650000－1461－0000267　史 00089
書目答問四卷叢書目别錄姓名略二卷　（清）張之洞撰　清光緒十四年（1888）上海蜚英館石印本　二册

650000－1461－0000268　史 00090
歷代黃河變遷圖考四卷　（清）劉鶚撰　清宣統二年（1910）刻本　四册

650000－1461－0000269　史 00092
金石契不分卷　（清）張燕昌撰　清乾隆四十三年（1778）刻本　四册

650000－1461－0000270　史 00093
元史紀事本末二十七卷　（明）陳邦瞻輯　清同治十三年（1874）江西書局刻本　四册

650000－1461－0000271　史 00094
平定粵匪紀略十八卷附記四卷　（清）杜文瀾撰　清同治九年（1870）刻本　十册

650000－1461－0000272　史 00095
金石萃編補略二卷　（清）王昶撰　清光緒八年（1882）杭州抱經堂書局刻本　四册

650000－1461－0000273　史 00130
金石萃編補略二卷　（清）王昶撰　清光緒八年（1882）刻本　四册

650000－1461－0000274　史 00096
合璧聖諭廣訓不分卷　（清）聖祖玄燁撰　清抄本　四册

650000－1461－0000275　史 00097
月令粹編二十四卷圖説一卷　（清）秦嘉謨撰　清嘉慶十七年（1812）刻本　八册

650000－1461－0000276　史 00098
古玉圖考不分卷　（清）吳大澂撰　清光緒十五年（1889）上海大同書局石印本　二册

650000－1461－0000277　史 00098－1
古玉圖考不分卷　（清）吳大澂撰　清光緒十五年（1889）上海大同書局石印本　二册

650000－1461－0000278　史 00099
六朝事迹編類十四卷　（宋）張敦頤編　清光緒十三年（1887）刻本　四册

650000－1461－0000279　史 00100
三合聖諭廣訓不分卷　（清）聖祖玄燁撰　清同治十三年（1874）刻本　四册

650000－1461－0000280　史 00119
憲政最新搢紳全書不分卷　（□）□□撰　清宣統元年（1909）京都琉璃廠橋西樂寶齋刻本　五册

650000－1461－0000281　史 00101
憲政最新搢紳全書不分卷　（□）□□撰　清光緒二十四年（1898）京都琉璃廠橋西樂寶齋刻本　五册

650000－1461－0000282　史 00102
二十四史九通政典類要合編三百二十卷

（清）約雅堂主人輯　清光緒二十八年（1902）鉛印本　六十册　缺二十卷（二百十七至二百三十六）

650000－1461－0000283　史00103
瀛環志略十卷　（清）徐繼畬撰　清道光三十年（1850）刻本　六册

650000－1461－0000284　史00104
語石十卷　葉昌熾撰　清宣統元年（1909）刻本　四册

650000－1461－0000285　史00105
聖武記十四卷　（清）魏源撰　清道光二十六年（1846）和記書莊鉛印本　八册

650000－1461－0000286　史00106
讀史鏡古編三十二卷　（清）潘世恩撰　清同治十三年（1874）刻本　六册

650000－1461－0000287　史00107
聖諭廣訓不分卷　（清）聖祖玄燁撰　清光緒十六年（1890）刻本　一册

650000－1461－0000288　史00108
治河方略十卷　（清）靳輔撰　清嘉慶四年（1799）刻本　八册

650000－1461－0000289　史00110
甸雅二卷　（清）陳瀏撰　清末刻本　四册

650000－1461－0000290　史00111
三湖水利本末二卷　（元）陳晏如撰　清光緒三年（1877）刻本　二册

650000－1461－0000291　史00112
製錢通考三卷　（清）唐與崑撰　清咸豐二年（1852）刻本　一册

650000－1461－0000292　史00112－1
製錢通考三卷　（清）唐與崑撰　清咸豐二年（1852）刻本　一册

650000－1461－0000293　史00113
殿試舉人不分卷　（清）汪慶生撰　清光緒刻本　一册

650000－1461－0000294　史00114
擴古録金文九卷　（清）吳式芬撰　清光緒二十一年（1895）刻本　九册

650000－1461－0000295　史00115
西徼水道一卷　（清）黃楙材撰　清光緒十二年（1886）得一齋刻本　一册

650000－1461－0000296　史00116
泊如齋重修宣和博古圖録三十卷　（宋）王黼等撰　（明）劉季然書録　（明）丁南羽（明）吳左千繪圖　明萬曆十六年（1588）抄本　三十册

650000－1461－0000297　史00117
廿二史劄記三十六卷補遺一卷　（清）趙翼撰　清光緒二十六年（1900）新化西會山館石印本　十二册

650000－1461－0000298　史00118
增訂廣輿記二十四卷　（清）蔡方炳增輯　清嘉慶七年（1802）刻本　十二册

650000－1461－0000299　史00120
歷代史論十二卷　（明）張天如撰　清光緒八年（1882）刻朱墨套印本　八册

650000－1461－0000300　史00121
史學提要箋釋五卷　（宋）黃繼善　（清）楊錫佑撰　清嘉慶十年（1805）刻本　五册

650000－1461－0000301　史00122
明史紀事本末八十卷　（清）谷應泰編輯　清同治十三年（1874）江西書局刻本　二十册

650000－1461－0000302　史00124
大唐西域記十二卷　（唐）釋玄奘撰　清宣統元年（1909）刻本　四册

650000－1461－0000303　史00125
蒙古遊牧記十六卷　（清）張穆撰　清同治六年（1867）刻本　四册

650000－1461－0000304　史00126
度隴記四卷　（清）董醇著　清道光三十年（1850）刻本　四册

650000－1461－0000305　史00127
水道提綱二十八卷　（清）齊召南編録　清光

緒四年(1878)霞城精舍刻本　八册

650000－1461－0000306　史00128

三河創業記五卷　(清)范壽金編　清光緒三十三年(1907)石印本　二册

650000－1461－0000307　史00129

三河創業記五卷　(清)范壽金輯　清光緒三十年(1904)石印本　二册

650000－1461－0000308　史00131

敬吾心室識篆圖不分卷　(清)李國教　(清)朱之榛校　清光緒三十四年(1908)石印本　二册

650000－1461－0000309　史00132

封泥攷略十卷　(清)吳式芬　(清)陳介祺撰　清光緒三十年(1904)石印本　十册

650000－1461－0000310　史00133

長安獲古編二卷補遺一卷　(清)劉喜海撰　清光緒三十一年(1905)丹徒劉鶚刻本　二册

650000－1461－0000311　史00134

古泉雜詠四卷　葉德輝撰　清光緒二十七年(1901)刻本　二册

650000－1461－0000312　史00135

朔方備乘八十卷　(清)何秋濤撰　清光緒七年(1881)刻本　八册

650000－1461－0000313　史00307

朔方備乘六十八卷　(清)何秋濤撰　清光緒七年(1881)刻本　八册

650000－1461－0000314　史00136

欽定新疆識略十二卷首一卷　(清)徐松原撰　清光緒二十年(1894)上海積山書局石印本　八册　存四卷(一至三、首一卷)

650000－1461－0000315　史00137

鑑史輯要圖說不分卷　(清)萬卓志撰　清光緒三十三年(1907)刻本　一册

650000－1461－0000316　史00137－1

鑑史輯要圖說不分卷　(清)萬卓志撰　清光緒三十三年(1907)刻本　一册

650000－1461－0000317　史00138

明紀六十卷　(清)陳鶴撰　清同治十年(1871)江蘇書局刻本　十二册　存三十六卷(一至三十六)

650000－1461－0000318　史00139

同治中興京外奏議約編八卷　(清)陳弢輯　清光緒元年(1875)篋劍囊琴之室刻本　八册

650000－1461－0000319　史00140

明季南略十八卷明季北略二十四卷　(清)計六奇輯　清光緒十三年(1887)上海圖書集成局石印本　十册

650000－1461－0000320　史00141

欽定六部處分則例五十二卷　(清)文孚等編　清光緒十八年(1892)上海圖書集成印書局石印本　八册

650000－1461－0000321　史00142

李氏歷代輿地沿革圖校勘記不分卷　(清)惲毓嘉　(清)惲毓鼎撰　清光緒十四年(1888)刻本　二册

650000－1461－0000322　史00143

大唐西域記十二卷　(唐)釋玄奘撰　清宣統元年(1909)刻本上海涵芬樓影印本　四册

650000－1461－0000323　史00144

重刊宋名臣言行錄前集十卷後集十四卷續集八卷別集二十六卷外集十七卷　(宋)朱熹輯　清道光二十二年(1842)丹徒包氏刻本　十六册

650000－1461－0000324　史00145

皇朝道咸同光奏議六十四卷　(清)王延熙著　清光緒二十八年(1902)上海久敬齋石印本　十四册

650000－1461－0000325　史00146

廣治平略四十四卷　(清)蔡方炳纂定　清康熙三年(1664)刻本　十二册

650000－1461－0000326　史00147

水經注圖經流三十八卷　楊守敬撰　清光緒三十一年(1905)觀海堂刻本　八册

650000－1461－0000327　史00148
爵秩全函不分卷　榮寶齋編　清光緒三十三年(1907)刻本　四册

650000－1461－0000328　史00149
聖武記十四卷　(清)魏源著　清道光二十二年(1842)古微堂刻本　六册

650000－1461－0000329　史00150
萬國史要不分卷　(美國)維廉斯因頓著　張相譯　清光緒二十九年(1903)通記編譯印書局石印本　四册　存四編(一至四)

650000－1461－0000330　史00151
西湖佳話十六卷　墨浪子搜輯　清乾隆五十一年(1786)刻本　四册

650000－1461－0000331　史00152
欽定歷代職官表七十二卷　(清)永瑢等修　清光緒二十二年(1896)廣雅書局刻本　二十二册

650000－1461－0000332　史00153
元書一百二卷　曾廉撰　清宣統三年(1911)層漪堂刻本　二十册

650000－1461－0000333　史00154
職官錄不分卷　(清)内閣印鑄局編　清宣統三年(1911)鉛印本　八册

650000－1461－0000334　史00155
五千年中外交涉史九十七卷　(清)屯廬主人輯　清光緒二十九年(1903)上海蜚英書局鉛印本　二十册

650000－1461－0000335　史00155－1
五千年中外交涉史九十七卷　(清)屯廬主人輯　清光緒二十九年(1903)上海蜚英書局鉛印本　一册　存六卷(一至六)

650000－1461－0000336　史00156
西陲竹枝詞一卷　(清)祁韻士撰　清嘉慶十六年(1811)刻本　一册

650000－1461－0000337　史00157
元書一百二卷　曾廉撰　清宣統三年(1911)層漪堂刻本　二十册

650000－1461－0000338　史00158
辛卯侍行記六卷　(清)陶保廉撰　清光緒二十三年(1897)養樹山房刻本　六册

650000－1461－0000339　史00159
蜀鑑九卷蜀鑑札記一卷　(宋)郭允蹈撰　清光緒七年(1881)成都志古堂刻本　五册

650000－1461－0000340　史00160
邊疆簡覽三卷　(清)李慎儒撰　清光緒二十八年(1902)石印本　一册

650000－1461－0000341　史00161
奏稿□□卷　(清)文悌撰　清光緒豐源印書局鉛印本　一册

650000－1461－0000342　史00162
元朝名臣事略十五卷　(元)蘇天爵輯　清刻本　五册

650000－1461－0000343　史00163
華嶽志八卷首一卷　(清)李榕撰　清道光十一年(1831)刻本　一册　存二卷(一、首一卷)

650000－1461－0000344　史00164
綏服紀略圖詩不分卷　(清)松筠著　(清)程振甲撰　清嘉慶元年(1796)刻本　一册

650000－1461－0000345　史00400
綏服紀略圖詩不分卷　(清)松筠著　(清)程振甲撰　清嘉慶元年(1796)刻本　一册

650000－1461－0000346　史00165
增訂刑部説帖八卷　(□)□□撰　清光緒九年(1883)刻本　十册

650000－1461－0000347　史00166
大清德宗景皇帝實錄五百九十七卷　陸潤庠等纂修　清抄本　十册　存(第一百九帙)

650000－1461－0000348　史00167
山海經存九卷首一卷　(清)汪紱釋　清光緒二十一年(1895)石印本　四册

650000－1461－0000349　史00168
歷代名人年譜十卷　(清)吳榮光撰　清同治十二年(1873)刻本　十册

650000－1461－0000350　史 00169
中興蘇浙表忠録三十六卷續録八卷　(清)王希曾纂述　清光緒二十九年(1903)刻本　八册

650000－1461－0000351　史 00170
平浙紀略十六卷　(清)秦緗業等纂　清同治十二年(1873)浙江書局刻本　二册

650000－1461－0000352　史 00171
欽定理藩院則例六十四卷通例二卷　(清)理藩院重修　清光緒十七年(1891)刻本　三十二册

650000－1461－0000353　史 00172
皇朝經世文編一百二十卷　(清)賀長齡輯　清光緒二十八年(1902)上海煥文書局石印本　二十四册

650000－1461－0000354　史 00173
各國交涉公法論十六卷附校勘記　(英國)費利摩羅巴德著　(英國)傅蘭雅譯　清光緒二十二年(1896)慎記書莊石印本　八册

650000－1461－0000355　史 00174
廿一史約編不分卷　(清)鄭元慶述　(清)陳瞿石鑒定　清光緒二年(1876)魚計亭刻本　八册

650000－1461－0000356　史 00175
水道提綱二十八卷　(清)齊召南編録　清光緒四年(1878)霞城精舍刻本　八册

650000－1461－0000357　史 00176
五洲地理志三十六卷首一卷　王先謙撰　清宣統二年(1910)湖南學務公所刻本　十二册

650000－1461－0000358　史 00177
尺木堂綱鑑易知録一百七卷　(清)吳乘權等撰　清光緒三十一年(1905)上海商務印書館鉛印本　八册　存五十四卷(一至五十四)

650000－1461－0000359　史 00178
吾學録初編二十四卷　(清)吳榮光恭述　清同治七年(1868)木活字印本　八册

650000－1461－0000360　史 00179
士禮居藏書題跋記六卷　(清)黄丕烈撰　清光緒八年(1882)刻本　四册

650000－1461－0000361　史 00180
列國政要一百三十二卷首一卷　(清)戴鴻慈　(清)端方輯　清光緒三十三年(1907)石印本　三十二册

650000－1461－0000362　史 00181
俄國疆界風俗誌不分卷　(清)林則徐撰　清光緒十年(1884)五湖草廬刻本　一册

650000－1461－0000363　史 00182
皇朝經世文三編八十卷　(清)陳忠倚輯　清光緒二十七年(1901)上海書局石印本　十六册

650000－1461－0000364　史 00183
俄游彙編八卷　(清)繆祐孫纂　清光緒二十四年(1898)石印本　六册

650000－1461－0000365　史 00184
荒政輯要九卷　(清)汪志伊纂　清嘉慶十一年(1806)刻本　二册

650000－1461－0000366　史 00185
先恭勤公[澤醇]年譜四卷附誄詞一卷　(清)徐彬輯　清咸豐九年(1859)刻本　四册

650000－1461－0000367　史 00186
欽定大清會典一百卷圖二百七十卷　(清)崑岡等纂　清光緒二十五年(1899)石印本　七十四册

650000－1461－0000368　史 00187
歷代地理志韻編今釋二十卷　(清)李兆洛輯　清同治十年(1871)合肥李氏刻本　十册

650000－1461－0000369　史 00188
欽定大清會典一百卷首一卷圖二百七十卷首一卷　(清)李鴻章撰　清光緒二十五年(1899)石印本　三十六册

650000－1461－0000370　史 00189
行水金鑑一百七十五卷　(清)傅澤洪撰　清雍正三年(1725)淮揚官舍刻本　四十册

650000－1461－0000371　史 00190

天下郡國利病書一百二十卷 （清）顧炎武編 清光緒五年（1879）敷文閣刻本 六十四冊 缺一冊（一）

650000－1461－0000372 史00191
清史攬要八卷 （日本）增田貢撰 （清）毛淦補編著 清光緒二十八年（1902）上海石印本 一冊

650000－1461－0000373 史00192
時務通攷三十一卷 （清）杞廬主人等輯 清光緒二十三年（1897）點石齋石印本 二十四冊

650000－1461－0000374 史00211
時務通攷三十一卷 （清）杞廬主人等輯 清光緒二十三年（1897）點石齋石印本 二十四冊

650000－1461－0000375 史00193
百將圖傳二卷 （清）丁日昌輯 清同治八年（1869）江蘇書局刻本 二冊

650000－1461－0000376 史00194
二十四史姓氏韻編六十四卷 （清）汪輝祖輯 清上海中西書局石印本 四冊

650000－1461－0000377 史00195
群書札記十六卷 （清）朱亦棟撰 清光緒四年（1878）武林竹簡齋刻本 六冊

650000－1461－0000378 史00196
史略八十七卷 （清）朱堃輯 清同治六年（1867）刻本 二十冊

650000－1461－0000379 史00197
諭摺彙存不分卷 清末刻本 一百冊 存（光緒二十年三月初一至二十日、二十一年六月十五日至六月二十二日、二十三年五月初一至五月二十九日、三十三年五月初一至二十九日）

650000－1461－0000380 史00198
諭摺彙存不分卷 清光緒九年（1883）刻本 五冊

650000－1461－0000381 史00199
歷代史略歌論注十二卷 （□）□□撰 清光緒二十七年（1901）刻本 十冊

650000－1461－0000382 史00200
諭摺彙存不分卷 清光緒刻本 九十九冊 存（光緒二十年三月初一至二十日、二十一年六月十五日至六月二十二日、二十三年五月初一至五月二十九日、三十三年五月初一至二十九日）

650000－1461－0000383 史00201
居易錄三十四卷 （清）王士禎著 清末刻本 六冊

650000－1461－0000384 史00202
皇朝經世文新增續編一百二十卷新增時務續編四十卷新增洋務八卷 （清）葛士濬輯 清光緒二十三年（1897）上海掃葉山房鉛印本 三十冊

650000－1461－0000385 史00203
飛鴻堂印譜初集八卷二集八卷三集八卷四集八卷五集八卷 （清）汪啟淑輯 清末朱墨套印本 二十冊

650000－1461－0000386 史00204
徐霞客遊記十卷外編一卷補編不分卷 （明）徐宏祖撰 徐寄輯 清光緒七年（1881）瘦影山房刻本 十冊

650000－1461－0000387 史00205
國朝柔遠記二十卷附寰瀛一覽圖 （清）彭玉麟撰 清光緒十七年（1891）上海廣雅書局刻本 六冊

650000－1461－0000388 是00206
郘亭知見傳本書目十六卷 （清）莫友芝撰 清宣統元年（1909）鉛印本 八冊

650000－1461－0000389 史00207
萬山綱目二十一卷 （清）李誠纂 清光緒二十六年（1900）刻本 八冊

650000－1461－0000390 史00208
試場異聞錄五種 （清）俞增光輯 清同治九年（1870）刻本 十冊

650000－1461－0000391　史 00209
歷朝史案二十卷首一卷　(清)洪亮吉編　(清)吳裕垂著　清聚奎閣刻本　四册

650000－1461－0000392　史 00210
升恭勤公藏印邊務錄二卷　(清)升泰撰　清鉛印本　一册　存一卷(一)

650000－1461－0000393　史 00212
史姓韻編六十四卷　(清)汪輝祖述　清同治九年(1870)金陵書局刻本　二十四册

650000－1461－0000394　史 00559
史姓韻編六十四卷　(清)汪輝祖述　清光緒刻本　十一册　存六十卷(五至六十四)

650000－1461－0000395　史 00213
約章述要二卷　(美國)李佳白著　清光緒三十三年(1907)尚賢堂鉛印本　二册

650000－1461－0000396　史 00214
瀛環志略續集五卷附補遺　(清)陳俠君校訂　清光緒二十三年(1897)新學會堂石印本　五册

650000－1461－0000397　史 00215
龍威秘書十集三百二十三卷　(清)馬俊良輯　清乾隆五十九年(1794)大西山房刻本　七册

650000－1461－0000398　史 00216
海外文編四卷　(清)薛福成著　清光緒二十四年(1898)志强學會刻本　四册

650000－1461－0000399　史 00217
水經注圖及附錄二卷　(清)汪士鐸撰　清咸豐刻本　一册

650000－1461－0000400　史 00218
積古齋鐘鼎彝器款識十卷　(清)阮元撰　清光緒五年(1879)刻本　六册

650000－1461－0000401　史 00219
中俄約章會要三卷　(清)總理各國事務衙門編　清光緒四年(1878)京師總理衙門鉛印本　三册

650000－1461－0000402　史 00219－1
中俄約章會要三卷　(清)總理各國事務衙門編　清光緒四年(1878)京師總理衙門鉛印本　三册

650000－1461－0000403　史 00220
鐘鼎字源五卷　(清)汪立名撰　清光緒二年(1876)洞庭一隅草堂刻本　一册

650000－1461－0000404　史 00221
東晉疆域志四卷　(清)洪亮吉學　清光緒四年(1878)授經堂刻本　二册

650000－1461－0000405　史 00222
華嶽志八卷首一卷　(清)李榕撰　清刻本　三册　存七卷(二至八)

650000－1461－0000406　史 00223
校正元親征錄一卷　(清)何秋濤著　清光緒二十三年(1897)蓮池書局刻本　一册

650000－1461－0000407　史 00224
欽定增補六部處分則例□□卷　清光緒七年(1881)刻本　二十四册

650000－1461－0000408　史 00225
俄游日記不分卷　(清)繆祐孫撰　清光緒十三年(1887)刻本　一册

650000－1461－0000409　史 00226
藩獻記四卷　(明)朱謀㙔撰　清杭州抱經堂書局刻本　一册

650000－1461－0000410　史 00227
險異錄二卷　(清)豫師撰　清光緒十四年(1888)石印本　二册

650000－1461－0000411　史 00228
左傳紀事本末五十三卷　(清)高士奇著　清同治十二年(1873)江西書局刻本　十二册

650000－1461－0000412　史 00229
平定關隴紀略十三卷　(清)易孔昭等撰　清光緒十三年(1887)刻本　十册

650000－1461－0000413　史 00230
平定關隴紀略十三卷　楊守敬　饒敦秩同撰　清光緒五年(1879)東湖饒氏刻本　一册

650000－1461－0000414　史 00231
歷代帝王世系紀元攷不分卷　(□)□□撰　清光緒十一年(1885)江陰季氏栩園刻本　一冊

650000－1461－0000415　史 00232
湟中行紀不分卷　(清)闊普通武撰　清光緒三十年(1904)刻本　一冊

650000－1461－0000416　史 00233
元史譯文證補三十卷　(清)洪鈞著　清光緒二十三年(1897)刻本　四冊

650000－1461－0000417　史 00233－1
元史譯文證補三十卷　(清)洪鈞著　清光緒二十三年(1897)刻本　二冊　存十二卷(十八至二十九)

650000－1461－0000418　史 00234
元朝秘史十五卷　(清)李文田注　清光緒二十九年(1903)上海文瑞樓石印本　四冊

650000－1461－0000419　史 00235
綏寇紀略十二卷附補遺三卷　(清)吳偉業纂輯　清嘉慶九年(1804)照曠閣刻本　八冊

650000－1461－0000420　史 00236
元史藝文志四卷　(清)錢大昕補　清嘉慶五年(1800)江蘇書局刻本　一冊

650000－1461－0000421　史 00237
歷代錢幣考二十二編　(□)□□撰　清抄本　一冊

650000－1461－0000422　史 00239
歷代錢幣考二十二編　麥仲華輯　清光緒二十七年(1901)上海日新社石印本　二十冊

650000－1461－0000423　史 00241
歷代帝王年表不分卷帝王廟謚年譜一卷　(清)阮福編　清道光四年(1824)小琅嬛仙館刻本　四冊

650000－1461－0000424　史 00242
英軺日記十二卷　載振撰　清光緒二十九年(1903)上海文明編譯局鉛印本　四冊

650000－1461－0000425　史 00243
西征日記一卷　汪振聲錄　清光緒二十六年(1900)刻本　一冊

650000－1461－0000426　史 00245
蜀典十二卷　(清)張澍輯　清光緒二年(1876)刻本　四冊

650000－1461－0000427　史 00246
漢簡三卷　(宋)郭忠恕撰　清光緒十一年(1885)刻本　三冊

650000－1461－0000428　史 00247
河海崑崙錄四卷　(清)裴景福著　清宣統元年(1909)鉛印本　四冊

650000－1461－0000429　史 00248
河海崑崙錄四卷　(清)裴景福著　清宣統元年(1909)鉛印本　一冊　存一卷(四)

650000－1461－0000430　史 00249
史目表一卷　(清)洪飴孫撰　清光緒三年(1877)授經堂刻本　一冊

650000－1461－0000431　史 00250
西清古鑑四十卷附錢錄十六卷　(清)梁詩正等纂　清光緒十四年(1888)鉛印本　二十四冊

650000－1461－0000432　史 00251
南漢春秋十三卷　(清)劉應麟撰　清道光三十年(1850)刻本　四冊

650000－1461－0000433　史 00252
疇人傳四十六卷續傳六卷　(清)阮元撰　清光緒八年(1882)刻本　十二冊

650000－1461－0000434　史 00253
西漢會要七十卷　(宋)徐天麟撰　清光緒十年(1884)江蘇書局刻本　十冊

650000－1461－0000435　史 00254
竹書紀年校正十四卷　(南朝梁)沈約注　(清)郝懿行學　清光緒五年(1879)東路廳署刻本　二冊

650000－1461－0000436　史 00255
張叔未解元所藏金石文字不分卷　(清)張廷濟撰　清石印本　二冊

650000－1461－0000437　史 00256
釋公債不分卷　盧靖撰　清鉛印本　一冊

650000－1461－0000438　史 00257
西魏書二十四卷附錄一卷　（清）謝啟昆撰　清光緒九年（1883）樹經堂刻本　六冊

650000－1461－0000439　史 00258
陝西清理財政局説明書不分卷　（□）□□撰　清宣統元年（1909）鉛印本　六冊

650000－1461－0000440　史 00259
光緒三年正月初一日起至四年七月底止收支餉銀四柱總冊不分卷　頭品頂戴前西寧辦事大臣造送　清抄本　一冊

650000－1461－0000441　史 00260
亦政堂重修宣和博古圖錄三十卷　（宋）王黼撰　清亦政堂刻本　十六冊

650000－1461－0000442　史 00261
萬國通史前編十卷　（英國）李思倫白輯譯　蔡爾康紀述　清光緒二十六年（1900）上海廣學會鉛印本　十冊

650000－1461－0000443　史 00262
資治通鑑地理今釋十六卷　（清）吳熙載撰　清末刻本　三冊

650000－1461－0000444　史 00263
國語校注本三種二十九卷　（清）汪遠孫撰　清道光二十六年（1846）刻本　六冊

650000－1461－0000445　史 00264
甲申朝事小紀八卷二編八卷　（清）抱陽生撰　清上海商務印書館鉛印本　八冊

650000－1461－0000446　史 00265
元史譯文證補三十卷　（清）洪鈞著　清光緒二十六年（1900）廣雅書局刻本　四冊

650000－1461－0000447　史 00266
滇軺紀程一卷荷戈紀程一卷附林文忠公政書一卷　（清）林則徐撰　清光緒三年（1877）宣南寓齋刻本　一冊

650000－1461－0000448　史 00266－1
滇軺紀程一卷荷戈紀程一卷附林文忠公政書一卷　（清）林則徐撰　清光緒三年（1877）宣南寓齋刻本　一冊

650000－1461－0000449　史 00267
金石萃編一百六十卷續編二十一卷　（清）王昶撰　清光緒十九年（1893）上海醉六堂石印本　二十四冊

650000－1461－0000450　史 00268
欽定戶部漕運全書九十六卷　（清）福祉纂　清光緒二年（1876）刻本　四十八冊

650000－1461－0000451　史 00269
御批歷代通鑑輯覽一百二十卷　（清）傅恒等撰修　清同治十一年（1872）湖北崇文書局刻本　六十冊

650000－1461－0000452　史 00270
聖武記十四卷　（清）魏源撰　清道光二十二年（1842）古微堂刻本　十二冊

650000－1461－0000453　史 00271
聖武記十四卷　（清）魏源撰　清道光二十六年（1846）刻本　十冊

650000－1461－0000454　史 00272
英軺日記十二卷　載振撰　清光緒二十九年（1903）上海文明編譯局鉛印本　四冊

650000－1461－0000455　史 00273
國朝柔遠記二十卷附寰瀛一覽圖　（清）彭玉麟撰　清光緒十七年（1891）上海廣雅書局刻本　六冊

650000－1461－0000456　史 00274
善本書室藏書志四十卷附錄一卷　（清）丁丙輯　清光緒二十七年（1901）刻本　十六冊

650000－1461－0000457　史 00275
湘軍志十六卷　王闓運纂　清末石印本　二冊

650000－1461－0000458　史 00276
十七史商榷一百卷　（清）王鳴盛述　清乾隆五十二年（1787）洞涇草堂刻本　二十冊

650000－1461－0000459　史 00277
關中金石記八卷　（清）畢沅撰　清乾隆四十

七年(1782)刻本　四冊

650000－1461－0000460　史 00277－1

關中金石記八卷　(清)畢沅撰　清乾隆四十七年(1782)刻本　四冊

650000－1461－0000461　史 00278

華志存考不分卷　(清)袁樹勛撰　清宣統二年(1910)鉛印本　五冊

650000－1461－0000462　史 00343

華志存考不分卷　(清)袁樹勛撰　清宣統二年(1910)鉛印本　八冊

650000－1461－0000463　史 00279

吉金志存四卷　(清)李光廷輯　清末刻本　四冊

650000－1461－0000464　史 00281

續編綏寇紀略五卷　(清)葉夢珠輯　清康熙二十七年(1688)刻本　二冊

650000－1461－0000465　史 00282

林文忠公政書甲集九卷乙集十七卷丙集十一卷　(清)林則徐撰　清末刻本　十冊

650000－1461－0000466　史 00283

東都事略一百三十卷　(宋)王稱撰　清光緒九年(1883)揚州淮南書局刻本　八冊

650000－1461－0000467　史 00284

小腆紀年坿攷二十卷　(清)徐鼒撰　清咸豐十一年(1861)刻本　十二冊

650000－1461－0000468　史 00285

大清歷代皇帝聖訓(太祖至宣宗)　清末石印本　一百二冊

650000－1461－0000469　史 00286

西域水道記五卷　(清)徐松撰　清光緒二十九年(1903)上海文瑞樓石印本　七冊

650000－1461－0000470　史 00287

畿輔輿圖不分卷　(清)□□繪　清同治十一年(1872)刻本　六冊

650000－1461－0000471　史 00288

林文忠公政書甲集九卷乙集十七卷丙集十一卷　(清)林則徐撰　清刻本　五冊　存十九卷(甲集九卷、乙集一至十)

650000－1461－0000472　史 00289

高僧傳初集十五卷　(南朝梁)釋慧皎撰　清光緒十年(1884)刻本　四冊

650000－1461－0000473　史 00290

徐霞客遊記十卷外編一卷補編不分卷　(明)徐宏祖撰　徐寄輯　清光緒七年(1881)瘦影山房刻本　十冊

650000－1461－0000474　史 00291

長安獲古編二卷補遺一卷　(清)劉喜海撰　清光緒三十一年(1905)刻本　二冊

650000－1461－0000475　史 00292

南皮張宮保政書存奏議初編十二卷　(清)張之洞撰　清光緒二十七年(1901)上海圖書集成印書局石印本　六冊

650000－1461－0000476　史 00293

古泉匯六十四卷　(清)李佐賢撰　清同治三年(1864)刻本　十六冊

650000－1461－0000477　史 00293－1

古泉匯六十四卷　(清)李佐賢撰　清同治三年(1864)刻本　十六冊

650000－1461－0000478　史 00294

皇朝開國方略三十二卷　(清)阿桂撰　清光緒十三年(1887)廣百宋齋鉛印本　六冊

650000－1461－0000479　史 00295

元史二百十卷　(明)宋濂等撰　清同治十三年(1874)江蘇書局刻本　四十冊

650000－1461－0000480　史 00296

芙蓉湖修堤錄八卷　(清)張之杲修　清光緒十五年(1889)木活字印本　六冊

650000－1461－0000481　史 00298

定例彙編一百二十九卷　(□)□□撰　清刻本　一百八十冊

650000－1461－0000482　史 00299

唐律疏議三十卷　(唐)長孫無忌撰　**律音義一卷**　(宋)孫奭撰　**洗冤集錄**　(宋)宋慈編

清咸豐五年(1855)刻本　八册

650000-1461-0000483　史00300
爵秩全覽不分卷　(□)□□撰　清光緒十三年(1887)石印本　四册

650000-1461-0000484　史00301
皇朝紀略不分卷　紹興北鄉義塾編譯　清光緒二十七年(1901)上海普通學書室刻本　一册

650000-1461-0000485　史00302
水道提綱二十八卷　(清)齊召南編錄　清光緒二十四年(1898)石印本　八册

650000-1461-0000486　史00302-1
水道提綱二十八卷　(清)齊召南編錄　清光緒二十四年(1898)石印本　八册

650000-1461-0000487　史00303
歷代疆域表三卷　(清)段長基輯　清嘉慶刻本　五册

650000-1461-0000488　史00304
資治通鑑綱目五十九卷附錄一卷　(宋)朱熹撰　清光緒二年(1876)述荆堂刻本　三十册

650000-1461-0000489　史00305
沈文肅公政書七卷　(清)沈葆楨撰　清光緒六年(1880)刻本　十二册

650000-1461-0000490　史00308
二罍軒彝器圖釋十二卷　(清)吳雲撰　清同治十二年(1873)歸安吳氏刻本　六册

650000-1461-0000491　史00309
御纂學政全書八十六卷首一卷　(清)汪梅鼎等纂　清嘉慶十七年(1812)刻本　二十册

650000-1461-0000492　史00310
五代史記七十四卷　(宋)歐陽修撰　(清)彭元瑞注　清宣統元年至三年(1909-1911)刻本　十二册

650000-1461-0000493　史00311
李肅毅伯奏議十二卷　(清)李鴻章撰　清末石印本　十一册　缺一卷(一)

650000-1461-0000494　史00312
歷代通鑑纂要九十二卷　(清)柳機等纂　清光緒二十三年(1897)廣雅書局刻本　四十八册

650000-1461-0000495　史00313
通商各國條約不分卷　(清)徐宗亮等編輯　清光緒十二年(1886)鉛印本　二十册

650000-1461-0000496　史00314
欽定元史語解二十四卷　清光緒四年(1878)江蘇書局刻本　六册

650000-1461-0000497　史00315
欽定天祿琳琅書目十卷續編二十卷　(清)于敏中初編　清光緒十年(1884)長沙王氏刻本　十册

650000-1461-0000498　史00316
長江圖說十二卷　(清)馬徵麟編繪　清同治十年(1871)湖北崇文書局刻本　五册

650000-1461-0000499　史00317
史記天官書補目一卷楚漢諸侯疆域志三卷　(清)孫星衍　(清)劉文淇撰　清光緒十五年(1889)廣雅書局刻本　一册

650000-1461-0000500　史00318
學治瑣言二卷訓家瑣言四卷　(□)□□撰　清光緒九年(1883)石印本　三册　缺二卷(訓家瑣言一至二)

650000-1461-0000501　史00319
續碑傳集八十六卷首二卷　繆荃孫輯　清宣統二年(1910)江楚編譯書局刻本　二十四册

650000-1461-0000502　史00320
關中金石記八卷　(清)畢沅撰　(清)蔡汝霖輯　清光緒三十四年(1908)刻本　四册

650000-1461-0000503　史00320-1
關中金石記八卷　(清)畢沅撰　(清)蔡汝霖輯　清光緒三十四年(1908)刻本　四册

650000-1461-0000504　史00321
大清高宗純皇帝實錄一千五百卷　(清)曹振鏞等修　清末石印本　十册　存三十八卷

（九十六至一百三十三）

650000－1461－0000505　史00322
鐵雲藏陶不分卷　（清）劉鶚輯　清光緒三十年（1904）抱殘守缺齋石印本　四冊

650000－1461－0000506　史00323
南北史識小録十四卷　（清）孫潤芳　（清）田文盎原輯　（清）張應昌補正　清同治十年（1871）清來堂刻本　十冊

650000－1461－0000507　史00324
西陲總統事略十二卷　（清）松筠修　清嘉慶十四年（1809）刻本　六冊

650000－1461－0000508　史00325
西陲總統事略十二卷　（清）松筠修　清嘉慶十四年（1809）刻本　六冊

650000－1461－0000509　史00326
增訂史記評林一百三十卷首一卷　（明）凌稚隆輯校　（清）李光縉增補　清同治八年（1869）修來館刻本　五十冊　存四十九卷（一至四十九）

650000－1461－0000510　史00327
元史譯文證補三十卷　（清）洪鈞著　清光緒二十三年（1897）刻本　四冊　存二十七卷（一至十八、二十二至三十）

650000－1461－0000511　史00328
禹貢水道考異十卷　（清）方堃撰　清道光三年（1823）紫霞仙館刻本　四冊

650000－1461－0000512　史00329
長郡題名録不分卷長郡會館志不分卷　（□）□□撰　清光緒十一年（1885）刻本　四冊

650000－1461－0000513　史00330
欽定宗室王公功績表傳十二卷首一卷　（清）高宗弘曆欽定　清京都琉璃廠刻本　八冊

650000－1461－0000514　史00331
泰西新史攬要二十三卷附記一卷　（英國）馬懇西元本　（英國）李提摩太譯　蔡爾康述稿　清光緒二十一年（1895）上海美華館鉛印本　八冊

650000－1461－0000515　史00332
出使英法意比四國日記六卷　（清）薛福成纂　清光緒二十年（1894）校經堂刻本　六冊

650000－1461－0000516　史00333
湘軍志十六卷首一卷　王闓運撰　清光緒五年（1879）刻本　六冊

650000－1461－0000517　史00335
欽定錢録十六卷　（清）梁詩正等編　清乾隆五十二年（1787）刻本　六冊

650000－1461－0000518　史00336
瀛環志略十卷　（清）徐繼畬撰　清同治十二年（1873）掞雲樓刻本　六冊

650000－1461－0000519　史00337
水道提綱二十八卷　（清）齊召南編録　清光緒二十四年（1898）石印本　八冊

650000－1461－0000520　史00337－1
水道提綱二十八卷　（清）齊召南編録　清光緒二十四年（1898）石印本　八冊

650000－1461－0000521　史00338
淮軍平捻記十二卷　（清）周世澄撰　清光緒三年（1877）上海機器印書局鉛印本　四冊

650000－1461－0000522　史00339
水經注四十卷首一卷附録二卷　（北魏）酈道元著　清光緒十八年（1892）王氏校本刻本　十六冊

650000－1461－0000523　史00340
東都事略一百三十卷　（宋）王稱撰　清末刻本　二十四冊

650000－1461－0000524　史00341
南疆繹史三十卷附摭遺十八卷卹謚考八卷　（清）溫睿臨撰　（清）李瑤補纂　清道光十年（1830）都城琉璃廠半松居士刻本　十六冊

650000－1461－0000525　史00342
大清畿輔先哲傳四十卷列女傳六卷　徐世昌撰　清天津徐氏刻本　二十二冊

650000－1461－0000526　史00344
水經注匯校四十卷附錄二卷首一卷　（北魏）酈道元撰　清光緒七年（1881）福州刻本　十六册

650000－1461－0000527　史00345
浙東籌防錄四卷　（清）薛福成著　清光緒十四年（1888）刻本　四册

650000－1461－0000528　史00346
天下郡國利病書一百二十卷　（清）顧炎武輯　清光緒二十五年（1899）上海二林叁石印本　二十八册

650000－1461－0000529　史00347
商約摘要□□卷　（□）□□撰　清石印本　一册

650000－1461－0000530　史00348
光緒建元以來巡撫年表一卷（光緒元年至三十四年）　（清）吴廷燮撰　清光緒二十四年（1898）刻本　一册

650000－1461－0000531　史00349
東西年表不分卷　（日本）井上賴圀撰　清光緒二十七年（1901）小方壺齋石印本　一册

650000－1461－0000532　史00350
四裔編年表四卷　（美國）林樂知　嚴良勳譯（清）李鳳苞編　清刻本　四册

650000－1461－0000533　史00351
元豐九域志十卷　（宋）王存等撰　清光緒八年（1882）金陵書局刻本　四册

650000－1461－0000534　史00352
大清會典四卷　（清）顒琰續修　清同治十一年（1872）湖北崇文書局刻本　四册

650000－1461－0000535　史00353
出使英法義比四國日記六卷　（清）薛福成撰　清光緒二十年（1894）孫谿校經堂刻本　六册

650000－1461－0000536　史00354
歸方評點史記合筆六卷　（清）王拯纂　清光緒元年（1875）盱眙吴棠望三益齋刻本　四册

650000－1461－0000537　史00355
吾學錄初編二十四卷　（清）吴榮光恭述　清道光十二年（1832）刻本　八册

650000－1461－0000538　史00356
防海新論十八卷　（英國）傅蘭雅譯　（清）華蘅芳筆錄　清同治七年（1868）刻本　六册

650000－1461－0000539　史00357
關中金石記八卷附記一卷　（清）畢沅撰　清道光二十七年（1847）渭邑焦醇敬堂刻本　五册

650000－1461－0000540　史00358
西征集不分卷　（清）黄家鼎撰　清光緒八年（1882）刻本　四册

650000－1461－0000541　史00359
明季稗史彙編十六種二十七卷　（清）留雲居士編　清光緒掃葉山房刻本　十二册

650000－1461－0000542　史00360
九通全書九種　（唐）杜佑等撰　清光緒二十七年（1901）貫吾齋石印本　一百十六册

650000－1461－0000543　史00361
續行水金鑑一百五十六卷首一卷　（清）俞正燮等修　清道光十二年（1832）河庫道署刻本　五十四册　存一百五十四卷（一至一百五十三、首一卷）

650000－1461－0000544　史00362
嘯亭雜錄十卷續錄三卷　（清）汲修主人著　清宣統元年（1909）中國圖書公司鉛印本　四册

650000－1461－0000545　史00363
湘軍志十六卷首一卷　王闓運撰　清光緒二十八年（1902）富記書局刻本　六册

650000－1461－0000546　史00364
欽定大清會典事例一千二百二十卷目錄八卷　（清）李鴻章撰　清宣統元年（1909）上海商務印書館石印本　一百五十册

650000－1461－0000547　史00370
欽定大清會典一百卷　（清）崑岡等纂　清宣

統三年(1911)商務印書館鉛印本　十册　存七十卷(一至六十九、首一卷)

650000－1461－0000548　史 00365
南天痕二十六卷附錄一卷　(清)凌雪撰　清宣統二年(1910)復古社鉛印本　六册

650000－1461－0000549　史 00366
東漢會要四十卷　(宋)徐天麟撰　清光緒十年(1884)江蘇書局刻本　八册

650000－1461－0000550　史 00367
漢石例六卷　(清)劉寶楠錄　清道光二十八年(1848)靈石楊氏刻本　一册　存四卷(三至六)

650000－1461－0000551　史 00368
蒙古史二卷　(日本)河野元三述　歐陽瑞驊譯　清宣統三年(1911)江南圖書館鉛印本　二册

650000－1461－0000552　史 00369
思痛記二卷　(清)李圭撰　清光緒六年(1880)師一齋刻本　一册

650000－1461－0000553　史 00371
西招圖略一卷　(清)松筠纂修　清道光二十七年(1847)刻本　一册

650000－1461－0000554　史 00372
繹史一百六十卷　(清)馬驌撰　清光緒十五年(1889)金匱浦氏刻本　四十八册　存六十四卷(目錄、世系圖、年表、二十六至八十六)

650000－1461－0000555　史 00373
心畧□□卷　(清)施永圖輯　清刻本　十册

650000－1461－0000556　史 00374
補遼金元藝文志一卷　(清)倪燦撰　清光緒十七年(1891)廣雅書局刻本　一册

650000－1461－0000557　史 00375
黑龍江述略六卷　(清)徐宗亮著　清光緒十七年(1891)石埭徐氏觀自得齋刻本　二册

650000－1461－0000558　史 00376
西遊錄一卷　(元)耶律楚材撰　清刻本　一册

650000－1461－0000559　史 00377
御批歷代通鑑輯覽一百二十卷　(清)傅恒等編　清光緒五年(1879)朱墨套印本　五十八册

650000－1461－0000560　史 00378
萬國輿圖□□卷　(清)陳兆桐繪　清光緒十二年(1886)石印本　一册

650000－1461－0000561　史 00379
蒙邊軍制或問五卷　(清)張超宗撰　清宣統三年(1911)鉛印本　一册　存三卷(一至三)

650000－1461－0000562　史 00380
元史紀事本末二十七卷　(明)陳邦瞻編輯　清同治十三年(1874)江西書局刻本　四册

650000－1461－0000563　史 00381
左文襄公輓詞不分卷　(□)□□撰　清光緒十二年(1886)刻本　四册

650000－1461－0000564　史 00382
司馬溫公稽古錄二十卷附校勘記一卷　(宋)司馬光撰　清光緒五年(1879)江蘇書局刻本　四册

650000－1461－0000565　史 00383
烈皇小識八卷　(清)文秉著　清光緒二十二年(1896)都城琉璃廠留雲居士刻本　八册

650000－1461－0000566　史 00383－1
烈皇小識八卷　(清)文秉著　清刻本　八册

650000－1461－0000567　史 00383－2
烈皇小識八卷　(清)文秉著　清光緒二十二年(1896)掃葉山房刻本　四册

650000－1461－0000568　史 00384
碑傳集一百六十卷首二卷末二卷　(清)錢儀吉纂錄　清光緒十九年(1893)江蘇書局刻本　六十册

650000－1461－0000569　史 00385
曾文正公手書日記不分卷　(清)曾國藩著　清宣統元年(1909)石印本　四十册

650000－1461－0000570　史 00386
遼史一百十五卷　(元)脫脫撰　清同治十二

年(1873)江蘇書局刻本　十二冊

650000－1461－0000571　史00387
金史一百三十五卷　(元)脱脱撰　清同治十三年(1874)江蘇書局刻本　九冊　存五十八卷(一至五十八)

650000－1461－0000572　史00388
御批歷代通鑑輯覽一百二十卷　(清)傅恒等編　清光緒五年(1879)朱墨套印本　四十冊

650000－1461－0000573　史00389
曾文正公大事記四卷　(清)王定安著　清末刻本　四冊

650000－1461－0000574　史00390
聖祖仁皇帝實錄三百卷　(清)馬齊　(清)朱軾纂　清刻本　十冊　存三十九卷(二百六十二至三百)

650000－1461－0000575　史00391
宜邑丁卯死事略一卷　(清)涂官俊撰　清光緒十五年(1889)刻本　一冊

650000－1461－0000576　史00392
元朝名臣事略十五卷　(元)蘇天爵撰　清光緒二十年(1894)刻本　五冊

650000－1461－0000577　史00393
第一才子書繡像三國志演義六十卷　(明)羅貫中撰　清同治十三年(1874)石印本　二十四冊

650000－1461－0000578　史00394
遼史拾遺二十四卷　(清)厲鶚撰　清光緒二十五年(1899)刻本　八冊

650000－1461－0000579　史00395
龔端毅公奏疏八卷附一卷附錄浠川政譜二卷　(清)龔鼎孳撰　清光緒九年(1883)刻本　五冊

650000－1461－0000580　史00396
金石稱例四卷　(清)徐惟琨　(清)梁廷枬撰　清道光十年(1830)刻本　一冊

650000－1461－0000581　史00397
金石綜例四卷　(清)徐惟琨　(清)馮登府撰　清光緒十三年(1887)刻本　二冊

650000－1461－0000582　史00398
題名碑錄不分卷　(□)□□撰　清刻本　二十冊

650000－1461－0000583　史00399
時務通攷續編三十一卷　(清)杞廬主人輯　清光緒二十七年(1901)上海點石齋石印本　十六冊

650000－1461－0000584　史00402
西域聞見錄八卷　(清)七十一椿園著　清乾隆刻本　四冊

650000－1461－0000585　史00403
南疆繹史三十卷附摭遺十八卷卹謚考八卷　(清)溫睿臨撰　清道光十年(1830)刻本　十二冊

650000－1461－0000586　史00404
金川瑣記六卷　(清)李心衡撰　清嘉慶南汇吳氏聽彝堂刻本　一冊

650000－1461－0000587　史00405
皇朝中外一統輿圖三十卷　(清)胡林翼撰　清同治二年(1863)刻本　一冊　存一卷(目錄一卷)

650000－1461－0000588　史00406
諭摺彙存不分卷　清光緒二十年(1894)刻本　十三冊

650000－1461－0000589　史00407
東華續錄一百二十卷(光緒朝)　(清)朱壽朋編　清宣統元年(1909)上海集成圖書公司鉛印本　六十四冊

650000－1461－0000590　史00408
東華續錄　王先謙編　清光緒十七年(1891)上海廣百宋齋石印本　八十四冊　存三百九十九卷(乾隆朝一百二十卷、嘉慶朝五十卷、道光朝六十卷、咸豐朝六十九卷、同治朝一百卷)

650000－1461－0000591　史00409
東華錄附續錄一百卷(咸豐朝)　王先謙等輯

清光緒二十年(1894)上海積山書局石印本　九冊

650000－1461－0000592　史00410
十朝東華錄東華續錄一百卷(同治朝)　王先謙編　清光緒二十五年(1899)石印本　六十二冊

650000－1461－0000593　史00410－1
十朝東華錄東華續錄一百卷(同治朝)　王先謙編　清光緒二十五年(1899)石印本　二十四冊

650000－1461－0000594　史00411
東華錄四十五卷　王先謙纂　清光緒十三年(1887)上海廣百宋齋鉛印本　二十八冊　存(天命朝、天聰朝、崇德朝、順治朝、康熙朝、雍正朝)

650000－1461－0000595　史00412
東華續錄一百卷　王先謙等輯　清光緒十三年(1887)上海圖書集成書局鉛印本　三十六冊

650000－1461－0000596　史00413
九朝東華錄四百二十四卷　王先謙纂　清刻本　五十二冊

650000－1461－0000597　史00414
十朝東華錄五百九十四卷　王先謙編　清光緒二十五年(1899)石印本　八十八冊

650000－1461－0000598　史00415
東華錄□□卷　王先謙等輯　清光緒上海廣百宋齋石印本　三十二冊

650000－1461－0000599　史00416
東華續錄一百卷(同治朝)　王先謙編　清光緒二十五年(1899)公記書莊石印本　二十四冊

650000－1461－0000600　史00417
重刊宋名臣言行錄前集十卷後集十四卷續集八卷別集二十六卷外集十七卷　(宋)朱熹輯　清同治七年(1868)臨川桂氏刻本　十一冊　缺十八卷(別集十四至二十六、外集一至五)

650000－1461－0000601　史00418
林文忠公政書三十七卷　(清)林則徐撰　清刻本　六冊　存六冊(乙集二冊、丙集四冊)

650000－1461－0000602　史00419
林文忠公政書甲集九卷乙集十七卷丙集十一卷　(清)林則徐撰　清刻本　二十冊

650000－1461－0000603　史00419－1
林文忠公政書甲集九卷乙集十七卷丙集十一卷　(清)林則徐撰　清光緒十一年(1885)林氏本宅刻本　十六冊

650000－1461－0000604　史00420
三國志六十五卷　(晉)陳壽撰　(南朝宋)裴松之注　清光緒二十八年(1902)史學會社石印本　五冊

650000－1461－0000605　史00421
辛卯侍行記六卷　(清)陶保廉撰　清光緒二十三年(1897)養樹山房刻本　六冊

650000－1461－0000606　史00422
辛卯侍行記五卷　(清)陶保廉著　清光緒二十三年(1897)養樹山房刻本　五冊

650000－1461－0000607　史00422－1
辛卯侍行記五卷　(清)陶保廉著　清光緒二十三年(1897)養樹山房刻本　五冊

650000－1461－0000608　史00423
東華續錄一百卷　王先謙編　清光緒十七年(1891)上海廣百宋齋刻本　三十二冊　存三十二冊(天命朝一冊、天聰朝二冊、崇德朝一冊、順治朝四冊、康熙朝十四冊、雍正朝十冊)

650000－1461－0000609　史00424
諭摺彙存不分卷　清光緒三十三年(1907)刻本　四冊

650000－1461－0000610　史00425
元史二百十卷　(元)脫脫撰　清光緒二十八年(1902)史學會社石印本　十四冊

650000－1461－0000611　史00426
明史三百三十二卷　(清)張廷玉等修　清光

緒二十八年(1902)史學會社石印本　二十四册

650000－1461－0000612　史00427

元史二百十卷　(明)宋濂等修　清光緒三十四年(1908)上海集成圖書公司石印本　二十四册

650000－1461－0000613　史00428

史記一百三十卷　(漢)司馬遷撰　清光緒二十八年(1902)史學會社石印本　八册

650000－1461－0000614　史00429

宋史四百九十六卷　(元)脱脱等撰　清光緒二十八年(1902)史學會社石印本　三十二册

650000－1461－0000615　史00430

金史一百三十五卷　(元)脱脱撰　清光緒二十八年(1902)史學會社石印本　八册

650000－1461－0000616　史00431

舊唐書二百卷　(五代)劉昫撰　清光緒二十八年(1902)史學會社石印本　十六册

650000－1461－0000617　史00432

北史一百卷　(唐)李延壽撰　清光緒二十八年(1902)史學會社石印本　八册

650000－1461－0000618　史00433

唐書二百二十五卷唐書釋音二十五卷　(宋)歐陽修撰　清光緒二十八年(1902)史學會社石印本　十六册

650000－1461－0000619　史00434

舊五代史一百五十卷　(宋)薛居正等撰　清光緒二十八年(1902)史學會社石印本　六册　存四十八卷(一至四十八)

650000－1461－0000620　史00435

宋書一百卷　(南朝梁)沈約撰　清光緒二十八年(1902)史學會社石印本　六册

650000－1461－0000621　史00436

梁書五十六卷　(唐)姚思廉撰　清光緒二十八年(1902)史學會社石印本　二册

650000－1461－0000622　史00437

梁書五十六卷　(唐)姚思廉撰　清光緒二十八年(1902)史學會社石印本　二册

650000－1461－0000623　史00438

南史八十卷　(唐)李延壽撰　清光緒二十八年(1902)史學會社石印本　六册

650000－1461－0000624　史00439

逆臣傳四卷　(清)國史館編　清琉璃廠半松居士刻本　二册

650000－1461－0000625　史00440

貳臣傳八卷逆臣傳二卷四王傳二卷　(清)國史館編輯　清乾隆木活字印本　六册

650000－1461－0000626　史00441

元朝秘史十五卷　(清)李文田注　清光緒二十九年(1903)上海文瑞樓石印本　四册

650000－1461－0000627　史00442

新五代史七十四卷　(宋)歐陽修等撰　清光緒二十八年(1902)石印本　二册

650000－1461－0000628　史00443

後漢書一百二十卷　(南朝宋)范曄撰　清光緒二十八年(1902)史學會社石印本　八册

650000－1461－0000629　史00444

前漢書一百卷　(漢)班固撰　清光緒二十八年(1902)史學會社石印本　八册

650000－1461－0000630　史00445

遼史一百十五卷　(元)脱脱等撰　清光緒二十八年(1902)史學會社石印本　三册　存八十六卷(三十一至一百十六)

650000－1461－0000631　史00446

晉書一百三十卷　(唐)房玄齡撰　清光緒二十八年(1902)史學會社石印本　八册

650000－1461－0000632　史00447

李肅毅伯奏議十二卷　(清)李鴻章撰　清末石印本　十三册

650000－1461－0000633　史00448

日本維新三十年史不分卷　(清)東京博文館編　清光緒二十九年(1903)鉛印本　五册　缺一册(一)

650000－1461－0000634　史 00449
法苑珠林一百二十卷　（唐）釋道世撰　清刻本　十四册　存七十二卷（四十四至一百十五）

650000－1461－0000635　史 00450
李肅毅伯奏議二十卷　（清）章洪鈞等編　清同治元年（1862）刻本　一册　存一卷（一）

650000－1461－0000636　史 00451
［光緒］西藏圖考八卷　（清）黄沛翹編　清光緒十二年（1886）刻本　四册

650000－1461－0000637　史 00452
中俄約章會要三卷　（清）總理各國事務衙門編　清鉛印本　一册　存一卷（下）

650000－1461－0000638　史 00454
方輿紀要簡覽三十四卷　（清）潘鐸輯　清咸豐八年（1858）紅杏書屋刻本　一册　存二卷（一至二）

650000－1461－0000639　史 00455
蒙墾續供不分卷　（清）貽穀撰　清宣統元年（1909）鉛印本　一册

650000－1461－0000640　史 00456
庸盦海外文編四卷　（清）薛福成撰　清光緒二十一年（1895）石印本　二册

650000－1461－0000641　史 00457
明紀六十卷　（清）羅謙撰　清刻本　八册　存二十五卷（三十七至六十一）

650000－1461－0000642　史 00458
中西紀事二十四卷　（清）夏燮撰　清刻本　五册　存二十卷（五至二十四）

650000－1461－0000643　史 00459
鑑畧妥注□□卷　（明）李廷機撰　清光緒二十九年（1903）澹雅局刻本　一册　存三卷（一至三）

650000－1461－0000644　史 00460
曾文正公大事記四卷　（清）王定安著　清末刻本　三册

650000－1461－0000645　史 00461
遼史紀事本末四十卷首一卷　（清）李有棠編纂　清光緒十九年（1893）同文書局石印本　四册

650000－1461－0000646　史 00462
金史紀事本末五十二卷首一卷　（清）李有棠撰　清光緒十九年（1893）同文書局石印本　六册

650000－1461－0000647　史 00463
遼史紀事本末四十卷　（清）李有棠撰　清光緒二十九年（1903）刻本　四册

650000－1461－0000648　史 00464
欽定續通志六百四十卷　清光緒二十七年（1901）上海圖書集成局刻本　五十九册　存六百二十六卷（一至六百二十六）

650000－1461－0000649　史 00465
馬氏文獻通考三百四十八卷考異三卷　（□）□□撰　清光緒二十七年（1901）上海圖書集成局刻本　二十三册　存二百十卷（一百四十二至三百四十八、考異三卷）

650000－1461－0000650　史 00466
欽定續通典一百五十卷　清光緒二十七年（1901）上海圖書集成局刻本　十六册

650000－1461－0000651　史 00467
欽定續文獻通考二百五十卷　清光緒二十七年（1901）上海圖書集成局刻本　三十六册

650000－1461－0000652　史 00468
鄭氏通志二百卷考異三卷　（□）□□撰　清光緒二十七年（1901）上海圖書集成局刻本　四十七册

650000－1461－0000653　史 00469
鑑史輯要圖說不分卷　（清）萬卓志撰　清光緒三十三年（1907）刻本　一册

650000－1461－0000654　史 00469－1
鑑史輯要圖說不分卷　（清）萬卓志撰　清光緒三十三年（1907）刻本　一册

650000－1461－0000655　史 00471
元史氏族表三卷　（清）錢大昕撰　清嘉慶十

一年(1806)江蘇書局刻本　二册

650000－1461－0000656　史 00472
三省入藏程站記不分卷　(清)范鑄撰　清光緒三十三年(1907)石印本　一册

650000－1461－0000657　史 00473
三省入藏程站記不分卷　(清)范鑄撰　清光緒三十三年(1907)石印本　一册

650000－1461－0000658　史 00474
水經注疏要刪四十卷附補遺一卷　楊守敬撰　清光緒三十一年(1905)觀海堂刻本　六册

650000－1461－0000659　史 00475
廿一史約編八卷首一卷　(清)鄭元慶述　清光緒二年(1876)魚計亭刻本　七册

650000－1461－0000660　史 00476
諸史拾遺五卷　(清)錢大昕學　清光緒十年(1884)長沙龍氏刻本　一册

650000－1461－0000661　史 00477
資治通鑑地理今釋十六卷　(清)吳熙載撰　清光緒八年(1882)江蘇書局刻本　三册

650000－1461－0000662　史 00478
黔語二卷　(清)吳振棫纂　清咸豐四年(1854)刻本　一册

650000－1461－0000663　史 00479
三輔黄圖六卷補遺一卷　(清)畢沅輯　清光緒十七年(1891)刻本　一册

650000－1461－0000664　史 00480
金石苑四卷　(清)劉喜海輯　清道光二十六年(1846)東武劉氏來鳳堂刻本　一册

650000－1461－0000665　史 00481
黑龍江外紀八卷　(清)西清纂　清刻本　一册　存四卷(五至八)

650000－1461－0000666　史 00482
瀋陽紀程不分卷　(清)潘祖蔭撰　清刻本　一册

650000－1461－0000667　史 00483
小蓬萊閣金石文字十種　(清)黄易編輯　清嘉慶五年(1800)刻本　一册　存八卷(石經殘碑四卷、魏君碑四卷)

650000－1461－0000668　史 00484
百將圖傳二卷　(清)丁日昌輯　清同治八年(1869)江蘇書局刻本　二册

650000－1461－0000669　史 00485
資治通鑑二百九十四卷目錄三十卷續資治通鑑二百二十卷　(宋)司馬光撰　清光緒十四年(1888)上海蜚英館石印本　六十册　缺二卷(一、六十)

650000－1461－0000670　史 00486
資治通鑑補正二百九十卷　(宋)司馬光編集　(元)胡三省音注　(元)嚴衍補　清光緒二十八年(1902)上海益智書局石印本　四十八册

650000－1461－0000671　史 00487
資治通鑑目錄三十卷　(宋)司馬光編集　清光緒十四年(1888)上海蜚英館石印本　四册　存三十卷(一至三十)

650000－1461－0000672　史 00488
資治通鑑二百九十四卷　(宋)司馬光編集　(元)胡三省音注　清光緒十四年(1888)上海蜚英館石印本　三十六册

650000－1461－0000673　史 00489
續資治通鑑二百二十卷　(清)畢沅編　清光緒二十六年(1900)圖書集成局鉛印本　二十八册

650000－1461－0000674　史 00490
新刊四明先生續資治通鑑節要二十卷　(□)□□撰　清末刻本　七册　存十四卷(三至九、十二至十八)

650000－1461－0000675　史 00491
新刊少微先生高明大字資治通鑑節要二十卷　(□)□□撰　明嘉靖十八年(1539)刻本　六册　存十四卷(三至四、七至十一、十四至二十)

650000－1461－0000676　史 00492

少微先生高明大字資治通鑑節要□□卷　(□)□□撰　清刻本　四册　存六卷(一至二、五至六、十一至十二)

650000－1461－0000677　史 00493
四明先生續資治通鑑節要二十卷　(□)□□撰　明嘉靖十九年(1540)月積善書堂刻本　二册　存四卷(十至十一、十九至二十)

650000－1461－0000678　史 00494
四明先生續資治通鑑節要二十卷　(明)劉剡校　明嘉靖六年(1527)張氏新賢堂刻本　一册　存二卷(一至二)

650000－1461－0000679　史 00495
資治通鑑補二百九十四卷　(宋)司馬光編集　(元)胡三省音注　(元)嚴衍補　清光緒二年(1876)思補樓刻本　三十册

650000－1461－0000680　史 00496
續資治通鑑二百二十卷　(清)畢沅編　清光緒十四年(1888)上海蜚英館石印本　二十册

650000－1461－0000681　史 00497
痛史二十一種　(清)□□撰　清宣統三年(1911)商務印書館鉛印本　三十四册

650000－1461－0000682　史 00498
中興名臣事略三十卷　朱孔彰撰　清光緒二十六年(1900)仿泰西法石印本　一册　存一卷(一)

650000－1461－0000683　史 00499
金史紀事本末五十二卷末一卷　(清)李有棠撰　清光緒二十九年(1903)刻本　六册

650000－1461－0000684　史 00500
諭摺彙存不分卷　清光緒三十一年(1905)刻本　十一册

650000－1461－0000685　史 00501
湘軍記二十卷　(清)王定安撰　清光緒十五年(1889)江南書局石印本　四册

650000－1461－0000686　史 00501－1
湘軍記二十卷　(清)王定安撰　清光緒十五年(1889)江南書局石印本　四册

650000－1461－0000687　史 00502
晋畧六十六卷　(清)周濟撰　清光緒二年(1876)味雋齋刻本　八册　存三十卷(本紀一至六、表一至五、列傳一至十九)

650000－1461－0000688　史 00503
沈文肅公政書七卷首一卷　(清)沈葆楨撰　清光緒六年(1880)吴門節署刻本　八册

650000－1461－0000689　史 00504
杜氏通典二百卷附考證　(唐)杜佑纂　清光緒二十七年(1901)上海圖書集成局鉛印本　十六册

650000－1461－0000690　史 00505
方輿紀要簡覽圖三十四卷　(清)顧祖禹撰　清末刻本　十五册　存三十二卷(三至三十四)

650000－1461－0000691　史 00506
清秘述聞十六卷　(清)法式善撰　清嘉慶四年(1799)刻本　六册

650000－1461－0000692　史 00507
中俄約章會要三卷　(清)總理各國事務衙門編　清光緒四年(1878)京師總理衙門鉛印本　三册

650000－1461－0000693　史 00507－1
中俄約章會要三卷　(清)總理各國事務衙門編　清光緒四年(1878)京師總理衙門鉛印本　三册

650000－1461－0000694　史 00508
資治通鑑補二百九十四卷　(宋)司馬光編集　(元)胡三省音注　(元)嚴衍補　清光緒二年(1876)思補樓刻本　七十九册

650000－1461－0000695　史 00509
光緒編年錄不分卷　(□)□□撰　清末手抄本　三十册　存三十册(八至三十七)

650000－1461－0000696　史 00510
綏寇紀略十二卷補遺三卷　(清)吳偉業纂輯　清康熙十三年(1674)照曠閣刻本　八册

650000－1461－0000697　史 00511

日知錄集釋三十二卷日知錄勘誤二卷續勘誤二卷　(清)顧炎武著　(清)黄汝成集釋　清道光十四年(1834)刻本　十六册

650000－1461－0000698　史 00512
西藏通覽二編不分卷　(日本)山縣初男編　清宣統元年(1909)四川西藏研究會鉛印本　四册

650000－1461－0000699　史 00513
欽定續通志六百四十卷　清刻本　十册　存二百五十二卷(二百九十九至五百五十)

650000－1461－0000700　史 00514
資治通鑑後編一百八十四卷附校勘記十五卷　(清)徐乾學編　清光緒富陽夏氏刻本　五十二册

650000－1461－0000701　史 00515
欽定熙朝雅頌集一百六卷目錄一卷　(清)鐵保　(清)紀昀輯　清嘉慶九年(1804)刻本　十九册

650000－1461－0000702　史 00516
顯志堂稿十二卷　(清)馮桂芬著　清光緒二年(1876)刻本　七册

650000－1461－0000703　史 00517
通志二十略五十二卷　(宋)鄭樵撰　清末上海中華書局刻本　十六册

650000－1461－0000704　史 00518
方輿全圖總說五卷　(清)顧祖禹輯　清光緒二十七年(1901)圖書集成局鉛印本　四册

650000－1461－0000705　史 00519
出使英法日記不分卷　(清)曾紀澤著　清光緒二十三年(1897)湖南新學書局刻本　一册

650000－1461－0000706　史 00520
使德日記不分卷　(清)李鳳苞著　清光緒二十三年(1897)湖南新學書局刻本　一册

650000－1461－0000707　史 00521
西輶日記不分卷　(清)黄楙材著　清光緒二十三年(1897)湖南新學書局刻本　一册

650000－1461－0000708　史 00522
游歷芻言不分卷　(清)黄楙材著　清光緒二十三年(1897)湖南新學書局刻本　一册

650000－1461－0000709　史 00523
印度劄記不分卷　(清)黄楙材著　清光緒二十三年(1897)湖南新學書局刻本　一册

650000－1461－0000710　史 00524
伯利探路記不分卷　(清)曹廷杰著　清光緒二十三年(1897)湖南新學書局刻本　一册

650000－1461－0000711　史 00525
北齊書五十卷　(唐)李百藥撰　清光緒二十八年(1902)史學會社石印本　二册

650000－1461－0000712　史 00526
魏書一百十四卷　(北齊)魏收撰　清光緒二十八年(1902)史學會社石印本　八册

650000－1461－0000713　史 00527
周書五十卷　(唐)令狐德棻撰　清光緒二十八年(1902)史學會社石印本　二册

650000－1461－0000714　史 00528
隋書八十五卷　(唐)長孫無忌撰　清光緒二十八年(1902)史學會社石印本　六册

650000－1461－0000715　史 00529
陳書三十六卷　(唐)姚思廉撰　清光緒二十八年(1902)史學會社石印本　一册

650000－1461－0000716　史 00530
新刊趙田了凡袁先生編纂古本歷史大方綱鑑補三十九卷首一卷　(明)袁黄撰　清同治五年(1866)大文堂刻本　三十六册

650000－1461－0000717　史 00531
天下郡國利病書一百二十卷　(清)顧炎武輯　清光緒二十七年(1901)圖書集成局鉛印本　二十八册

650000－1461－0000718　史 00532
讀史方輿紀要一百三十卷　(清)顧祖禹輯　清光緒二十七年(1901)圖書集成局鉛印本　二十八册

650000－1461－0000719　史 00533
欽定四庫全書總目提要二百卷　(清)紀昀等

修　清宣統二年(1910)存古齋石印本　三十四冊

650000－1461－0000720　史00534
欽定吏部銓選滿洲官員品級考四卷欽定吏部稽勳司則例八卷欽定吏部則例六卷欽定吏部銓選漢官品級考八卷欽定吏部銓選滿洲官員則例四卷欽定吏部銓選漢官則例四卷　(清)吏部編　清道光刻本　二十冊

650000－1461－0000721　史00535
皇朝經世文編百二十卷　(清)賀長齡輯　清光緒十二年(1886)思補樓石印本　六十冊

650000－1461－0000722　史00536
籌辦夷務始末同治朝一百卷　(清)寶鋆撰　清光緒六年(1880)石印本　四十七冊

650000－1461－0000723　史00537
鄭堂讀書記七十一卷　(清)周中孚撰　清同治八年(1869)嘉業堂刻本　十三冊

650000－1461－0000724　史00538
皇朝經世文續編一百二十卷　(清)康旭人輯　清光緒二十三年(1897)盛氏思補樓刻本　八十冊

650000－1461－0000725　史00539
洪文惠公[适]年譜一卷　(清)錢大昕撰　清光緒十年(1884)長沙龍氏刻本　一冊

650000－1461－0000726　史00540
十駕齋養新錄二十卷餘錄三卷　(清)錢大昕撰　清長沙龍氏刻本　一冊　存七卷(十七至二十、餘錄三卷)

650000－1461－0000727　史00541
疑年錄四卷　(清)錢大昕撰　清長沙龍氏刻本　一冊

650000－1461－0000728　史00542
潛研堂文集五十卷　(清)錢大昕撰　清嘉慶刻本　三冊　存十三卷(一至四、三十四至三十八、四十七至五十)

650000－1461－0000729　史00543
潛研堂文集五十卷　(清)錢大昕著　清光緒十年(1884)長沙龍氏刻本　八冊

650000－1461－0000730　史00544
潛研堂金石文字目錄八卷　(清)錢大昕著　清光緒十年(1884)長沙龍氏刻本　二冊

650000－1461－0000731　史00545
潛研堂金石文跋尾二十卷　(清)錢大昕著　清光緒十年(1884)長沙龍氏刻本　五冊　存十四卷(七至二十)

650000－1461－0000732　史00546
元史氏族表三卷　(清)錢大昕著　清光緒十年(1884)長沙龍氏刻本　一冊　存一卷(一)

650000－1461－0000733　史00547
廿二史攷異一百卷　(清)錢大昕撰　清刻本　七冊　存三十六卷(六十五至一百)

650000－1461－0000734　史00548
十駕齋養新錄二十卷　(清)錢大昕著　清光緒十年(1884)長沙龍氏刻本　二冊　存六卷(一至六)

650000－1461－0000735　史00549
古泉叢話三卷　(清)戴熙撰　清同治十二年(1873)石印本　一冊

650000－1461－0000736　史00550
金史一百三十五卷并考證一百三十五卷附金國語解一卷　(元)脫脫撰　清同治十三年(1874)江蘇書局刻本　十一冊　存七十七卷(五十九至一百三十五)

650000－1461－0000737　史00551
阿文成公[桂]年譜三十四卷　(清)那彥成撰　(清)王昶勘定　(清)盧蔭溥增脩　清嘉慶十八年(1813)刻本　三十二冊

650000－1461－0000738　史00552
漢簡箋正八卷　(宋)郭忠恕撰　清光緒十五年(1889)刻本　四冊

650000－1461－0000739　史00553
隨軒金石文字九種　(清)徐渭仁編　清道光十七年(1837)刻本　四冊

650000－1461－0000740　史00554

資治通鑑綱目五十九卷附錄一卷　（宋）朱熹撰　清光緒二年(1876)述荆堂刻本　三十册

650000－1461－0000741　史00555
欽定新疆識略十二卷　（清）松筠等纂　清光緒二十年(1894)上海積山書局石印本　三册

650000－1461－0000742　史00556
唐宋八家文讀本三十卷　（清）沈德潛評點　清刻本　十二册

650000－1461－0000743　史00557
敦煌石室真蹟錄五卷附一卷　王仁俊錄　清宣統元年(1909)石印本　三册

650000－1461－0000744　史00558
兩漢金石記二十二卷　（清）翁方綱撰　清乾隆五十四年(1789)刻本　八册

650000－1461－0000745　史00560
辛卯侍行記六卷　（清）陶保廉著　清光緒二十三年(1897)刻本　一册　存一卷（六）

650000－1461－0000746　史00561
金軺籌筆四卷附和約一卷陸路通商章程一卷鄂商前往中國貿易過界卡倫單一卷　（□）□□撰　清光緒十三年(1887)刻本　四册

650000－1461－0000747　史00562
山海經十八卷　（清）汪紱釋　清光緒二十一年(1895)撫立雪齋石印本　四册

650000－1461－0000748　史00563
西陲要略四卷　（清）祁韻士撰　清道光十七年(1837)筠淥山房刻本　二册

650000－1461－0000749　史00564
西陲要略四卷　（清）祁韻士撰　清道光十七年(1837)筠淥山房刻本　二册

650000－1461－0000750　史00565
遊歷印度□□卷　（清）黄楙材撰　清刻本　一册

650000－1461－0000751　史00566
甘肅清理財政説明書四編□□卷　（清）甘肅省清理財政局編　清刻本　一册

650000－1461－0000752　史00567
秦輶日記一卷　（清）潘祖蔭撰　清刻本　一册

650000－1461－0000753　史00568
京師大學堂講義不分卷　京師大學堂編　清光緒至宣統京師大學堂鉛印本　四册　存四册（初編三册、貳編一册）

650000－1461－0000754　史00569
西北邊界圖地名譯漢攷證二卷　（清）許景澄撰　清光緒二十二年(1896)刻本　一册　存一卷（下）

650000－1461－0000755　史00570
元史類編四十二卷　（清）邵遠平撰　清乾隆六十年(1795)掃葉山房刻本　一册　存二卷（一至二）

650000－1461－0000756　史00571
金石三例再續編三種十三卷　（清）朱記榮輯　清光緒十四年(1888)行素草堂刻本　一册

650000－1461－0000757　史00572
漢書補注一百二十卷　王先謙著　清末石印本　三十册

650000－1461－0000758　史00573
漢西域圖考七卷首一卷　（清）李光廷撰　清末石印本　一册　存（西域圖、地球全圖）

650000－1461－0000759　史00574
蜀碧四卷　（清）彭遵泗撰　清末刻本　二册

650000－1461－0000760　史00575
校正元親征錄一卷　（清）何秋濤撰　清光緒二十年(1894)小漚巢刻本　一册

650000－1461－0000761　史00576
西北邊界圖地名譯漢攷證二卷　（清）許景澄識　清光緒二十二年(1896)刻本　二册

650000－1461－0000762　史00577
三史拾遺五卷　（清）錢大昕學　清光緒十年(1884)長沙龍氏刻本　二册

650000－1461－0000763　史00578
熙朝紀政八卷　（清）王慶雲著　清光緒二十

七年(1901)上海圖書集成印書局鉛印本　一册

650000－1461－0000764　史00579
林文忠公政書甲集九卷乙集十七卷丙集十一卷　(清)林則徐撰　清刻本　十四册

650000－1461－0000765　史00579－1
林文忠公政書甲集九卷乙集十七卷丙集十一卷　(清)林則徐撰　清光緒十一年(1885)林氏本宅刻本　二十册

650000－1461－0000766　史00580
資治通鑑補二百九十四卷　(宋)司馬光編集　(元)胡三省音注　(元)嚴衍補　清光緒二年(1876)思補樓木活字印本　一册　存五十九卷(二百三十六至二百九十四)

650000－1461－0000767　史00581
資治通鑑二百九十四卷目錄三十卷續資治通鑑二百二十卷　(宋)司馬光撰　清光緒十四年(1888)上海蜚英館石印本　六十册

650000－1461－0000768　史00582
資治通鑑補二百九十四卷　(宋)司馬光編集　(元)胡三省音注　(元)嚴衍補　清光緒二年(1876)思補樓刻本　五十册　存一百八十八卷(七十五至二百六十二)

650000－1461－0000769　史00583
元史氏族表三卷　(清)錢大昕撰　清長沙龍氏刻本　一册　存二卷(二至三)

650000－1461－0000770　史00584
十駕齋養新錄二十卷餘錄三卷　(清)錢大昕撰　清嘉慶五年(1800)刻本　二册　存七卷(一至七)

650000－1461－0000771　史00585
拳教析疑説一卷　(□)□□撰　清光緒二十六年(1900)刻本　一册

650000－1461－0000772　史00586
拿破崙本紀四十二章　(英國)洛加德箸　清光緒三十三年(1907)京師學務處官書局鉛印本　四册

650000－1461－0000773　史00587
西陲要略四卷　(清)祁韻士撰　清道光十七年(1837)刻本　二册

650000－1461－0000774　史00588
時務通攷三十一卷　(清)杞廬主人編　清刻本　一册　存五卷(史部四至六、吏部一至二)

650000－1461－0000775　史00589
辛卯侍行記六卷　(清)陶保廉撰　清光緒二十三年(1897)養樹山房刻本　六册

650000－1461－0000776　史00590
史記評林一百三十卷　(明)淩稚隆輯　明萬曆五年(1577)刻本　四十册

650000－1461－0000777　史00591
漢書評林一百卷　(明)淩稚隆撰　明萬曆九年(1581)積秀堂刻本　四十册

650000－1461－0000778　史00592
後漢書一百三十卷　(南朝宋)范曄撰　明崇禎十六年(1643)琴川毛氏刻本　十二册

650000－1461－0000779　史00593
晋書一百三十卷　(唐)房玄齡撰　明崇禎元年(1628)琴川毛氏刻本　二十册

650000－1461－0000780　史00594
南史八十卷　(唐)李延壽撰　明崇禎十三年(1640)琴川毛氏汲古閣刻本　十册

650000－1461－0000781　史00595
宋書一百卷　(南朝梁)沈約撰　明崇禎七年(1634)琴川毛氏刻本　十四册

650000－1461－0000782　史00596
南齊書五十九卷　(南朝梁)蕭子顯撰　明崇禎十年(1637)琴川毛氏刻本　五册

650000－1461－0000783　史00597
陳書三十六卷　(唐)姚思廉撰　明崇禎四年(1631)琴川毛氏刻本　三册

650000－1461－0000784　史00598
北史一百卷　(唐)李延壽撰　明崇禎十二年(1639)琴川毛氏汲古閣刻本　十六册

650000－1461－0000785　史 00599
魏書一百三十卷　(北齊)魏收撰　明崇禎九年(1636)琴川毛氏汲古閣刻本　十六册

650000－1461－0000786　史 00600
周書五十卷　(唐)令狐德棻撰　明崇禎五年(1632)琴川毛氏刻本　四册

650000－1461－0000787　史 00601
隋書八十五卷　(唐)魏徵撰　明崇禎八年(1635)琴川毛氏汲古閣刻本　十册

650000－1461－0000788　史 00602
遼史一百十六卷　(元)脫脫等撰　宋元明三朝刻明嘉靖八年(1529)南京國子監二十一史遞修本　十二册

650000－1461－0000789　史 00603
資治通鑑綱目五十九卷　(宋)朱熹撰　明成化九年(1473)内府刻本　四十册

650000－1461－0000790　史 00604
皇[清]開國方略三十二卷　(清)阿桂等撰　清乾隆五十一年(1786)刻本　三十二册

650000－1461－0000791　史 00605
古史六十卷　(宋)蘇轍撰　明萬曆三十九年(1611)南監刻本　十册

650000－1461－0000792　史 00606
季漢書六十卷　(明)謝陛撰　明萬曆三十一年(1603)刻本　十二册

650000－1461－0000793　史 00607
欽定蒙古源流八卷　(清)小徹辰薩囊台吉撰　清乾隆四十二年(1777)内府刻本　四册

650000－1461－0000794　史 00608
讀史四集四卷　(明)楊以任輯　清乾隆木活字印本　三册

650000－1461－0000795　史 00609
東周紀年一卷　(清)張坊撰　清乾隆二十三年(1758)刻本　一册

650000－1461－0000796　史 00610
欽定國史大臣列傳□□卷　(□)□□撰　清内府抄本　四册

650000－1461－0000797　史 00611
歷代名儒傳八卷　(清)朱軾撰　清雍正七年(1729)刻本　六册

650000－1461－0000798　史 00612
五朝宋名臣言行錄六十七卷　(宋)朱熹等輯　明萬曆三十五年(1607)張鰲山刻本　三十八册

650000－1461－0000799　史 00613
行水金鑑一百七十五卷圖一卷　(清)傅澤洪撰　清雍正三年(1725)淮揚官舍刻本　七十九册

650000－1461－0000800　史 00614
河防一覽十四卷　(明)潘季馴撰　(明)曹時聘校訂　(明)陳昌言編　明萬曆十九年(1591)刻本　十册

650000－1461－0000801　史 00615
日下舊聞四十二卷　(清)朱彝尊撰　(清)朱昆田補遺　清康熙二十六年至二十七年(1687－1688)古藤書屋刻本　十二册

650000－1461－0000802　史 00616
御選明臣奏議四十卷　(清)紀昀選　清乾隆四十六年(1781)刻本　三十册

650000－1461－0000803　史 00617
于端公政書八卷外集一卷　(清)于成龍撰　(清)蔡方炳編　清康熙四十六年(1707)刻本　十册

650000－1461－0000804　史 00618
文獻通考三百四十八卷　(元)馬端臨撰　明正德十一年至十四年(1516－1519)劉洪慎獨齋刻十六年(1521)重修本　八十册

650000－1461－0000805　史 00619
大清會典二百五十卷　(清)王允祿等編　清雍正十年(1732)刻本　一百册

650000－1461－0000806　史 00620
宋朝事實二十卷　(宋)李攸撰　清乾隆四十一年(1776)刻本　四册

650000－1461－0000807　史 00621

大清律例四十七卷　(清)三泰等撰　清乾隆五年(1740)刻本　四十冊

650000－1461－0000808　史00622
定例全編五十卷續刊六卷　(清)李珍編　清刻本　三十四冊

650000－1461－0000809　史00623
建炎以來朝野雜記甲集二十卷乙集二十卷　(宋)李心傳撰　清乾隆三十九年(1774)刻本　二十冊

650000－1461－0000810　史00624
宋淳熙敕編古玉圖譜一百卷　(宋)龍大淵等編纂　清乾隆四十四年(1779)康山草堂江氏刻本　三十冊

650000－1461－0000811　史00625
秦漢瓦當文字二卷續一卷　(清)程敦輯　清乾隆五十二年(1787)横渠書院印拓本　三冊

650000－1461－0000812　史00626
行水金鑑一百七十五卷圖一卷　(清)傅澤洪撰　清雍正三年(1725)淮揚官舍刻本　三十六冊

650000－1461－0000813　史00627
堯峰文鈔四十卷詩十卷　(清)汪琬撰　清康熙三十二年(1693)林佶寫刻本　六冊

650000－1461－0000814　史00628
汪鈍翁文鈔十二卷　(清)汪琬撰　清康熙三十三年(1694)國朝三家文抄本　六冊

650000－1461－0000815　史00629
貳臣傳八卷逆臣傳二卷四王傳二卷　(清)國史館編輯　清乾隆木活字印本　十六冊

650000－1461－0000816　史00630
南疆繹史三十卷附摭遺十八卷卹謚考八卷　(清)溫睿臨撰　(清)李瑤補纂　清道光十年(1830)都城琉璃廠半松居士刻本　十六冊

650000－1461－0000817　史00631
西陲要略四卷　(清)祁韻士撰　清道光十七年(1837)刻本　二冊

650000－1461－0000818　史00632
西域聞見錄八卷　(清)七十一椿園著　清乾隆刻本　四冊

650000－1461－0000819　史00633
欽定新疆識略十二卷　(清)松筠撰　清光緒二十年(1894)上海積山書局石印本　十六冊

650000－1461－0000820　史00634
西域水道記五卷　(清)徐松撰　清光緒二十九年(1903)上海文瑞樓石印本　五冊

650000－1461－0000821　史00635
西巡大事本末紀六卷　(□)□□撰　清光緒二十七年(1901)上海書局石印本　六冊

650000－1461－0000822　史00636
漢西域圖考七卷圖一卷　(清)李光廷撰　清光緒十九年(1893)寶善書局石印本　七冊

650000－1461－0000823　史00637
西域水道記漢書西域傳補注二卷　(清)徐松撰　清光緒十九年(1893)寶善書局石印本　二冊

650000－1461－0000824　史00638
西域聞見錄五卷　(□)□□撰　清末印本　二冊

650000－1461－0000825　史00639
西域輿地三種彙刻不分卷　(清)徐崇立撰　清光緒三十二年(1906)長沙徐氏刻本　一冊

650000－1461－0000826　史00640
外扎薩克四部落集各路將軍所屬銜名清單不分卷　(□)□□輯　清末刻本　一冊

650000－1461－0000827　子00001
抱朴子内篇四卷外篇四卷　(晉)葛洪撰　清光緒元年(1875)湖北崇文書局刻本　四冊

650000－1461－0000828　子00002
槐廳載筆二十卷　(清)法式善著　清末刻本　六冊

650000－1461－0000829　子00003
天方性理五卷　(清)劉智纂述　清同治五年(1866)敬畏堂刻本　六冊

650000－1461－0000830　子 00004
傅氏眼科審視瑤函六卷首一卷　（明）傅仁宇纂輯　（明）林長生補　清善成堂刻本　六冊

650000－1461－0000831　子 00005
無邪堂答問五卷　（清）朱一新撰　清光緒二十一年（1895）刻本　五冊

650000－1461－0000832　子 00006
七修類稿五十一卷　（明）郎瑛撰　清光緒六年（1880）廣州翰墨園刻本　十二冊

650000－1461－0000833　子 00007
敬齋古今黈八卷　（元）李冶撰　清刻本　四冊

650000－1461－0000834　子 00008
子史精華一百六十卷　（清）聖祖玄燁撰　清雍正五年（1727）刻本　四十冊

650000－1461－0000835　子 00009
陔餘叢考四十三卷　（清）趙翼撰　清乾隆五十五年（1790）湛怡堂刻本　十冊

650000－1461－0000836　子 00010
校訂困學紀聞集證二十卷　（宋）王應麟撰（清）閻若璩箋　清嘉慶十六年（1811）刻本　十二冊

650000－1461－0000837　子 00011
校訂困學紀聞三箋二十卷　（宋）王應麟撰（清）閻若璩箋　清嘉慶九年（1804）刻本　十二冊

650000－1461－0000838　子 00012
困學紀聞注二十卷　（宋）王應麟撰　清道光五年（1825）刻本　十二冊

650000－1461－0000839　子 00013
療馬集六卷附圖像水黃牛經大全二卷　（明）喻本元　（明）喻本亨撰　清刻本　四冊

650000－1461－0000840　子 00014
選集漢印分韻二卷續集漢印分韻二卷　（清）袁日省編　（清）謝雲生摹錄　（清）謝景卿編摹　清嘉慶二年（1797）潄藝堂刻本　四冊

650000－1461－0000841　子 00015
開礦器法圖說十卷　（美國）俺特累撰　（英國）傅蘭雅口譯　清光緒二十五年（1899）江南製造總局石印本　六冊

650000－1461－0000842　子 00016
管子二十四卷　（春秋）管仲撰　（明）朱養和輯　明末木活字印本　六冊

650000－1461－0000843　子 00017
洗冤錄詳義四卷摭遺二卷　（清）許槤編校　清光緒五年（1879）刻本　五冊

650000－1461－0000844　子 00018
黃帝内經素問九卷　（清）張志聰集註　清光緒十六年（1890）浙江書局刻本　六冊

650000－1461－0000845　子 00019
教女遺規三卷　（清）陳弘謀原輯　清培元堂刻本　五冊

650000－1461－0000846　子 00020
夢溪筆談二十六卷補筆談三卷續筆談一卷附校字記　（宋）沈括撰　清光緒三十二年（1906）番禺陶氏愛廬刻本　四冊

650000－1461－0000847　子 00021
飛鴻堂印譜五集四十卷　（清）汪啟淑輯　清刻本　二十冊

650000－1461－0000848　子 00022
訂訛類編六卷續補二卷　（清）杭世駿著　清吳興劉氏嘉業堂刻本　四冊

650000－1461－0000849　子 00023
讀史兵略四十六卷　（清）胡林翼纂　清光緒元年（1875）湖北崇文書局刻本　十六冊

650000－1461－0000850　子 00024
管子校正二十四卷　（清）戴望纂　清同治十二年（1873）刻本　六冊

650000－1461－0000851　子 00025
管子校正二十四卷　（清）戴望撰　清同治十二年（1873）刻本　六冊

650000－1461－0000852　子 00026
農桑輯要七卷附蠶事要略一卷　（元）司農司撰　清光緒二十一年（1895）刻本　二冊

650000－1461－0000853　子 00027
經義述聞三十二卷　(清)王引之著　清嘉慶二十二年(1817)石印本　二十册

650000－1461－0000854　子 00028
人鏡類纂四十六卷　(清)程之楨輯　清同治十二年(1873)江夏程氏刻本　十六册

650000－1461－0000855　子 00029
得一録八卷　(清)余治輯　清光緒十一年(1885)寳善堂刻本　八册

650000－1461－0000856　子 00030
本草綱目五十二卷首一卷附圖二卷附録一卷　(明)李時珍撰　清順治十五年(1658)刻本　四十册

650000－1461－0000857　子 00031
法苑珠林一百二十卷　(唐)釋道世撰　清刻本　十册　存四十八卷(一至四十三、一百十六至一百二十)

650000－1461－0000858　子 00032
六藝通攷一百卷　(清)孫玉堂撰　清光緒二十七年(1901)兩湖譯書學堂刻本　四十八册　存五十九卷(一至二十六、六十八至一百)

650000－1461－0000859　子 00033
二如亭群芳譜三十卷首一卷　(明)王象晉纂輯　明天啟元年(1621)刻本　二十册

650000－1461－0000860　子 00034
益聞録不分卷　益聞録報館編　清光緒六年至九年(1880－1883)鉛印本　十册

650000－1461－0000861　子 00035
性理大全書七十卷　(明)胡廣撰　明萬曆二十五年(1597)吴勉學刻本　十六册

650000－1461－0000862　子 00036
宋瑣語三十一種　(□)□□撰　清嘉慶二十一年(1816)刻本　四册

650000－1461－0000863　子 00037
增補壽世保元外科諸證十卷　(清)龔廷賢撰　清刻本　八册　存七卷(三至四、六至十)

650000－1461－0000864　子 00038
原富不分卷　(英國)斯密亞當著　清南洋公學譯書院鉛印本　八册　存二十三篇(甲上、下篇,乙五篇,丙四篇,丁九篇,戊三篇)

650000－1461－0000865　子 00039
攷古質疑六卷　(宋)葉大慶撰　清乾隆三十九年(1774)刻本　二册

650000－1461－0000866　子 00040
日知録三十二卷　(清)顧亭林撰　清康熙三十四年(1695)刻本　十二册

650000－1461－0000867　子 00041
鬼谷子三卷　(戰國)鬼谷子撰　(南朝梁)陶宏景注　清嘉慶十年(1805)刻本　一册

650000－1461－0000868　子 00042
白虎通二卷　(漢)班固撰　清乾隆四十九年(1784)刻本　二册

650000－1461－0000869　子 00043
星學發軔十六卷　(英國)駱三畏撰　清光緒二十年(1894)刻本　十六册

650000－1461－0000870　子 00044
釋名疏證補八卷附録一卷　(漢)劉熙撰　清光緒二十二年(1896)刻本　四册

650000－1461－0000871　子 00045
滇釋記四卷　(□)□□撰　清末刻本　一册

650000－1461－0000872　子 00046
滇釋記四卷　(□)□□撰　清末刻本　一册

650000－1461－0000873　子 00047
藤陰雜記十二卷　(清)戴璐撰　清光緒三年(1877)吴興會館刻本　二册

650000－1461－0000874　子 00048
重訂廣事類賦四十卷　(清)華希閔撰　清乾隆二十九年(1764)寳翰樓刻本　八册　存八卷(一至八)

650000－1461－0000875　子 00049
韻府群玉二十卷　(元)陰時夫輯　(元)陰中夫編注　(明)王元貞校正　明萬曆王元貞增刻本　二十册

650000－1461－0000876　子00050
輟耕錄三十卷　(明)陶宗儀撰　明末毛氏汲古閣刻本　七冊

650000－1461－0000877　子00051
老子翼八卷　(明)焦竑輯　清光緒二十一年(1895)漸西村舍刻本　四冊

650000－1461－0000878　子00052
欽定秘殿珠林石渠寶笈續編不分卷　(清)王傑等編　清光緒十四年(1888)開平譚氏影印本　十九冊

650000－1461－0000879　子00053
小石詩鈔六卷補編一卷詩餘一卷鹹鸝山館詩草一卷　(清)曾諧撰　清光緒七年(1881)刻本　二冊

650000－1461－0000880　子00054
論衡三十卷　(漢)王充撰　清光緒元年(1875)湖北崇文書局刻本　六冊

650000－1461－0000881　子00055
墨子閒詁十五卷目錄一卷附錄一卷後語二卷　(清)孫詒讓撰　清宣統二年(1910)刻本　八冊

650000－1461－0000882　子00056
癸巳類稿十五卷　(清)俞正燮撰　清道光十三年(1833)求日齋刻本　五冊

650000－1461－0000883　子00057
事物紀原十卷　(宋)高承撰　(明)李果訂　清道光刻本　十冊

650000－1461－0000884　子00058
聖諭像解二十卷　(清)梁延年編　清咸豐六年(1856)廣州味經堂刻本　十冊

650000－1461－0000885　子00059
齊民要術十卷　(北魏)賈思勰撰　清光緒刻本　四冊

650000－1461－0000886　子00060
在官法戒錄四卷　(清)陳弘謀輯　清乾隆八年(1743)退思堂刻本　二冊

650000－1461－0000887　子00061
從政遺規二卷　(清)陳弘謀輯　清乾隆七年(1742)培遠堂刻本　二冊

650000－1461－0000888　子00062
海錯百一錄五卷　(清)郭柏蒼輯　清光緒十二年(1886)刻本　三冊

650000－1461－0000889　子00063
增補牛馬經大全六卷　(明)喻本元　(明)喻本亨撰　清光緒二十八年(1902)刻本　五冊

650000－1461－0000890　子00064
茶香室叢鈔二十三卷續鈔二十五卷　(清)俞樾撰　清光緒十一年(1885)刻本　十二冊

650000－1461－0000891　子00065
清真釋疑補輯不分卷　(清)金天柱撰　清光緒七年(1881)京都清真寺刻本　四冊

650000－1461－0000892　子00066
歷代畫史彙傳七十二卷附錄二卷　(清)彭蘊燦輯　清光緒八年(1882)埽葉山房刻本　二十四冊

650000－1461－0000893　子00067
證俗文十九卷　(清)郝懿行撰　清光緒十一年(1885)曬書堂刻本　六冊

650000－1461－0000894　子00068
註釋白眉故事十卷　(清)許貫註釋　清康熙四十一年(1702)聚錦堂刻本　十冊

650000－1461－0000895　子00069
清真釋疑補輯二卷　(清)金天柱著　清光緒十一年(1885)成都清真寺刻本　二冊

650000－1461－0000896　子00070
歷朝史印十卷　(清)黃學圯纂　清道光九年(1829)楚橋書屋石印本　六冊

650000－1461－0000897　子00071
天咫偶聞十卷　震鈞撰　清光緒三十三年(1907)甘棠轉舍刻本　八冊

650000－1461－0000898　子00072
增廣玉匣記六卷　(□)□□撰　清刻本　二冊

650000－1461－0000899　子 00073
蘿藦亭札記八卷　(清)喬松年撰　清同治十二年(1873)刻本　四冊

650000－1461－0000900　子 00074
管窺輯要八十卷　(清)黃鼎撰　清刻本　二十八冊　存六十五卷(十一至三十四、三十八至四十二、四十五至八十)

650000－1461－0000901　子 00075
羣學肄言不分卷　(英國)斯賓塞爾著　嚴復譯　清光緒二十九年(1903)文明編譯書局鉛印本　一冊

650000－1461－0000902　子 00076
蘭言述畧四卷　(清)袁世俊撰　清光緒二年(1876)六俊世家刻本　一冊

650000－1461－0000903　子 00077
益古演段三卷　(元)李冶撰　清同治十二年(1873)古荷池精舍刻本　二冊

650000－1461－0000904　子 00078
管子二十四卷　(春秋)管仲撰　清光緒二年(1876)浙江書局刻本　六冊

650000－1461－0000905　子 00079
呂氏春秋二十六卷　(清)畢沅輯校　清乾隆五十四年(1789)刻本　八冊

650000－1461－0000906　子 00080
淵鑑類函四百五十卷總目四卷　(清)張英纂　清同治九年(1870)刻本　一百六十冊

650000－1461－0000907　子 00081
日本刑法不分卷　章宗祥譯　清光緒三十一年(1905)中外法制調查局鉛印本　一冊

650000－1461－0000908　子 00082
原富不分卷　(英國)斯密亞當撰　清光緒二十八年(1902)上海南洋公學鉛印本　七冊

650000－1461－0000909　子 00083
九章算術細草圖說九卷　(清)李潢撰　清刻本　八冊

650000－1461－0000910　子 00084
增廣本草綱目五十二卷附圖三卷本草萬方鍼線八卷奇經八脈攷二卷首一卷拾遺十卷　(明)李時珍輯　清光緒三十年(1904)同文書局石印本　二十冊

650000－1461－0000911　子 00085
藝文類聚一百卷　(唐)歐陽詢撰　清刻本　八冊　存五十四卷(四十七至一百)

650000－1461－0000912　子 00086
北堂書鈔一百六十卷首一卷　(唐)虞世南纂　清光緒十四年(1888)南海孔氏三十有三萬卷樓刻本　二十冊

650000－1461－0000913　子 00087
植物名實圖考三十八卷　(清)吴其濬撰　清光緒六年(1880)山西濬文書局刻本　六十冊

650000－1461－0000914　子 00087－1
植物名實圖考三十八卷　(清)吴其濬撰　清光緒六年(1880)山西濬文書局刻本　六十冊

650000－1461－0000915　子 00088
管子二十四卷　(春秋)管仲撰　明天啟五年(1625)刻本　六冊

650000－1461－0000916　子 00089
植物名實圖考三十八卷　(清)吴其濬撰　清光緒六年(1880)山西濬文書局刻本　六十冊

650000－1461－0000917　子 00089－1
植物名實圖考三十八卷　(清)吴其濬撰　清光緒六年(1880)山西濬文書局刻本　六十冊

650000－1461－0000918　子 00090
天中記六十卷　(明)陳耀文纂　(清)屠隆校　清光緒四年(1878)聽雨山房刻本　六十冊

650000－1461－0000919　子 00091
困學紀聞注二十卷　(宋)王應麟撰　清道光五年(1825)刻本　十二冊

650000－1461－0000920　子 00092
太平御覽一千卷　(宋)李昉等撰　清嘉慶十七年(1812)刻本　一百二十冊

650000－1461－0000921　子 00093
太平御覽一千卷目錄十五卷　(宋)李昉等纂　清光緒十八年(1892)學海堂刻本　一百冊

650000－1461－0000922　子00094
太平御覽一千卷　(宋)李昉等撰　清刻本　一百二十八冊

650000－1461－0000923　子00095
論語通釋一卷　(清)焦循撰　清刻本　一冊

650000－1461－0000924　子00096
屈廬詩稿四卷　(清)鄭知同撰　清刻本　二冊

650000－1461－0000925　子00097
顏氏學記十卷　(清)戴望撰　清同治八年(1869)刻本　五冊

650000－1461－0000926　子00098
巢經巢詩鈔九卷　(清)鄭珍撰　清咸豐四年(1854)遵義鄭氏刻本　三冊

650000－1461－0000927　子00099
巢經巢詩集九卷後集四卷　(清)鄭珍撰　清咸豐四年(1854)刻本　二冊

650000－1461－0000928　子00100
學算筆談十二卷　(清)華蘅芳撰　清光緒十一年(1885)金遺華氏刻本　四冊

650000－1461－0000929　子00101
農政全書六十卷　(明)徐光啓撰　清光緒二十六年(1900)上海文海書局石印本　八冊

650000－1461－0000930　子00102
徐孝穆全集六卷　(清)吴兆宜箋注　清揚州藝古堂刻本　三冊

650000－1461－0000931　子00103
稟啟零紈四卷　(清)雲廬居士撰　清末上海申報館鉛印本　二冊

650000－1461－0000932　子00104
嶺外代答一卷　(宋)周去非撰　清刻本　三冊

650000－1461－0000933　子00105
聖諭像解二十卷　(清)梁延年編輯　清康熙二十年(1681)承宣堂刻本　十冊

650000－1461－0000934　子00106
重訂教乘法數十二卷　(清)釋超海等撰　清雍正至乾隆武英殿刻本　六冊

650000－1461－0000935　子00107
周髀算經二卷　(漢)趙君卿註　明末琴川毛氏初刻本　二冊

650000－1461－0000936　子00108
正教真詮二卷　(清)真回老人撰　清順治十四年(1657)清真堂刻本　二冊

650000－1461－0000937　子00109
能改齋漫錄十八卷　(宋)吳曾撰　清乾隆三十九年(1774)武英殿刻本　八冊

650000－1461－0000938　子00110
荀子二十卷　(戰國)荀況撰　明萬曆七年(1579)刻本　二冊

650000－1461－0000939　子00111
佛母大孔雀明王經三卷　(唐)釋不空譯　明成化十六年(1480)刻本　二冊

650000－1461－0000940　子00112
諸子彙函二十六卷　(明)歸有光蒐輯　明天啓六年(1626)刻本　二十七冊

650000－1461－0000941　子00113
山海經十八卷　(晉)郭璞撰　清康熙五十三年(1714)項氏群玉書堂刻本　四冊

650000－1461－0000942　子00114
文昌雜錄六卷補遺一卷　(宋)龐元英撰　清乾隆二十一年(1756)雅雨堂刻本　四冊

650000－1461－0000943　子00115
因樹屋書影十卷　(清)周亮工撰　(清)吳宋信校定　清雍正三年(1725)懷德堂刻本　六冊

650000－1461－0000944　子00116
何氏語林三十卷　(明)何良俊撰　(明)茅坤評　明天啓三年(1623)刻本　十四冊

650000－1461－0000945　子00117
酉陽雜俎二十卷續集十卷　(唐)段成式撰　明毛晉汲古閣刻本　四冊

650000－1461－0000946　子 00118
西青散記四卷　(清)史震林撰　清乾隆三年(1738)刻本　四冊

650000－1461－0000947　子 00119
佩文齋廣羣芳譜一百卷目錄二卷　(清)汪灝等撰　清康熙四十七年(1708)武英殿刻本　十八冊

650000－1461－0000948　子 00120
御製子史精華一百六十卷　(清)張廷玉等編校　清康熙六十年至雍正五年(1721－1727)武英殿刻本　四十八冊

650000－1461－0000949　子 00121
精選黃眉故事十卷　(明)鄧志謨輯　清康熙三十六年(1697)刻本　十冊

650000－1461－0000950　子 00122
潛確居類書一百二十卷　(明)陳仁錫輯　明崇禎三年(1630)刻本　六十冊

650000－1461－0000951　子 00123
初學記三十卷　(唐)徐堅等撰　明萬曆十五年(1587)徐氏寧壽堂刻本　十六冊

650000－1461－0000952　子 00124
唐類函二百卷目錄二卷　(明)俞安期輯　明萬曆三十一年(1603)刻本　四十冊

650000－1461－0000953　子 00125
歷代人模五卷　(明)王延拱輯　明崇禎八年(1635)刻本　四冊

650000－1461－0000954　子 00126
萬姓統譜一百六十卷　(明)淩迪知撰　明萬曆七年(1579)淩迪知刻本　四十冊

650000－1461－0000955　子 00127
省軒考古類編十二卷　(清)柴紹炳撰　清雍正四年(1726)刻本　四冊

650000－1461－0000956　子 00128
農政全書六十卷　(明)徐光啓撰　清光緒二十六年(1900)上海文海書局石印本　八冊

650000－1461－0000957　集 00001
盛世良圖紀一卷附湖山送別詩冊一卷桂亭公餘小草一卷　(清)廣玉撰　清嘉慶十六年(1811)刻本　一冊

650000－1461－0000958　集 00002
御製全韻詩(滿漢合璧)不分卷　(清)世宗胤禛撰　清手抄本　四冊

650000－1461－0000959　集 00003
歷代名人書札二卷　吳曾祺編纂　清宣統元年(1909)上海商務印書館鉛印本　一冊　存一卷(二)

650000－1461－0000960　集 00004
庾子山集十六卷　(北周)庾信撰　(清)倪璠注　清刻本　十冊

650000－1461－0000961　集 00005
昭代名人尺牘續集二十四卷　陶湘選集　清宣統三年(1911)陽湖陶氏石印本　十二冊

650000－1461－0000962　集 00006
清代御製詩文□□卷　(清)奕訢等纂　清光緒五年(1879)鉛印本　四百七十五冊

650000－1461－0000963　集 00007
有正味齋全集詩集十六卷駢體文二十四卷詞集八卷詩續集八卷詞續集二卷駢體文續集八卷外集五卷　(清)吳錫麒著　清嘉慶十三年(1808)刻本　十六冊

650000－1461－0000964　集 00008
全晉文一百六十七卷　(清)嚴可均編　清刻本　十五冊

650000－1461－0000965　集 00009
十八家詩鈔二十八卷　(清)曾國藩輯　(清)王定安校　清同治十三年(1874)傳忠書局刻本　二十八冊　存二十六卷(一至十一、十三至十九、二十一至二十八)

650000－1461－0000966　集 00010
昌黎先生集四十卷　(唐)韓愈撰　明東雅堂刻本　十二冊

650000－1461－0000967　集 00011
古微堂内集二卷外集八卷　(清)魏源著　清宣統元年(1909)上海國學扶輪社刻本　六冊

650000－1461－0000968　集 00012
西清古鑑四十卷附錢録十六卷　(清)梁詩正等纂　清光緒十四年(1888)刻本　二十四册

650000－1461－0000969　集 00013
古文淵鑑六十四卷　(清)徐乾學等編　清雍正武英殿刻四色套印本　二十四册

650000－1461－0000970　集 00014
奉使車臣汗記程詩三卷　陸潤庠撰　清光緒元年(1875)刻本　四册

650000－1461－0000971　集 00015
重訂事類賦三十卷　(宋)吴淑撰　清道光二十二年(1842)寶翰樓刻本　四册　存二十卷(一至二十)

650000－1461－0000972　集 00016
東周列國全志二十三卷一百八回　(清)蔡界評點　清光緒九年(1883)鉛印本　十二册

650000－1461－0000973　集 00017
吴梅村文集二十卷　(清)吴偉業撰　清宣統二年(1910)順德鄧氏風雨樓刻本　四册

650000－1461－0000974　集 00018
文信國公集二十卷　(宋)文天祥撰　清光緒二十三年(1897)湘南書局刻本　十册

650000－1461－0000975　集 00019
庾子山集十六卷　(北周)庾信撰　清光緒十六年(1890)廣州經史閣刻本　一册　存一卷(目録)

650000－1461－0000976　集 00020
經史百家簡編二卷　(清)曾國藩輯　清同治十三年(1874)傳忠書局刻本　二册

650000－1461－0000977　集 00021
古微堂詩集十卷　(清)魏源撰　清抄本　四册

650000－1461－0000978　集 00022
續古文苑二十卷　(清)孫星衍撰　清嘉慶十七年(1812)冶城山館刻本　八册

650000－1461－0000979　集 00023
二般秋雨盦隨筆八卷　(清)梁紹壬撰　清光緒十年(1884)刻本　八册

650000－1461－0000980　集 00024
古文淵鑑六十四卷　(清)徐乾學編　清宣統二年(1910)學部圖書局刻本　二十四册

650000－1461－0000981　集 00025
古文淵鑑六十四卷　(清)徐乾學編　清宣統二年(1910)學部圖書局刻本　二十四册

650000－1461－0000982　集 00026
陶淵明集十卷　(晋)陶淵明著　清光緒五年(1879)刻本　三册

650000－1461－0000983　集 00027
孫淵如先生全集二十三卷　(清)孫星衍著　清光緒二十年(1894)長沙湖南思賢書局刻本　十册

650000－1461－0000984　集 00028
嘯亭雜録八卷續録二卷　(清)汲修主人著　清光緒刻本　十册

650000－1461－0000985　集 00029
牧齋全集初學集一百十卷有學集五十卷補遺二卷　(清)錢謙益撰　清宣統二年(1910)邃漢齋鉛印本　十六册　缺一百十卷(初學集一百十卷)

650000－1461－0000986　集 00030
秦川焚餘草六卷首一卷　(清)董平章撰　清光緒二十七年(1901)容齋刻本　六册

650000－1461－0000987　集 00031
忠介公集十三卷附録五卷末一卷　(明)楊爵撰　清光緒十九年(1893)富平張氏履誠堂刻本　四册　存十一卷(一至五、八至十三)

650000－1461－0000988　集 00032
益聞録□□卷　益聞録報館編　清光緒九年(1883)鉛印本　九册　存三卷(五至七)

650000－1461－0000989　集 00033
項城袁氏家集六種　(清)丁振鐸編輯　清宣統三年(1911)項城袁氏清芬閣鉛印本　五十六册

650000－1461－0000990　集 00034

容齋隨筆十六卷續筆十六卷三筆十六卷四筆十六卷五筆十卷 (宋)洪邁撰 清光緒二十年(1894)刻本 十六册

650000－1461－0000991 集00035
新疆賦一卷 (清)徐松撰 清光緒八年(1882)元尚居刻本 一册

650000－1461－0000992 集00036
新疆賦不分卷 (清)徐松撰 清鉛印本 一册

650000－1461－0000993 集00037
八代詩選二十卷 王闓運撰 清光緒十六年(1890)江蘇書局刻本 八册 存十七卷(一至十七)

650000－1461－0000994 集00038
感舊集十六卷 (清)王士禛撰 清乾隆十七年(1752)刻本 八册

650000－1461－0000995 集00039
熊襄愍公集十卷末一卷 (明)熊廷弼撰 清刻本 十册

650000－1461－0000996 集00040
皇朝駢文類苑十四卷首一卷 (清)姚燮選 清光緒九年(1883)律中林鍾刻本 十二册 存七卷(一至六、首一卷)

650000－1461－0000997 集00041
錢牧齋先生箋注杜工部集十六卷 (清)錢謙益注 清宣統二年(1910)靜思堂刻本 八册

650000－1461－0000998 集00042
離騷彙訂一卷 (清)王邦采輯 清光緒二十六年(1900)廣雅書局刻本 二册

650000－1461－0000999 集00043
紅樓夢曲譜十六卷 (清)荆石山民填詞 清蟾波閣石印本 六册

650000－1461－0001000 集00044
蔡中郎集十卷附外紀一卷外集四卷列傳一卷年表一卷 (漢)蔡邕撰 清光緒十六年(1890)番禺陶氏愛廬刻本 五册

650000－1461－0001001 集00045
古詩源十四卷 (清)沈德潛輯 清光緒十七年(1891)湖南思賢書局刻本 四册

650000－1461－0001002 集00046
唐文粹一百卷 (宋)姚鉉編 清光緒九年(1883)江蘇書局刻本 二十册

650000－1461－0001003 集00047
忠雅堂詩集二十七卷補遺二卷詞二卷 (清)蔣士銓撰 清刻本 八册

650000－1461－0001004 集00048
吳汝綸文集四卷 (清)吳汝綸撰 清宣統元年(1909)國學扶輪社鉛印本 四册

650000－1461－0001005 集00049
國朝文匯甲前集二十卷甲集六十卷乙集七十卷丙集三十卷丁集二十卷 (清)王文濡等編 清宣統元年(1909)上海國學扶輪社石印本 一百一册

650000－1461－0001006 集00050
吟香室詩草題詞一卷詩草二卷續刻一卷 (清)楊蘊輝撰 清光緒二十三年(1897)刻本 二册

650000－1461－0001007 集00051
西漢文二十卷東漢文二十卷 (明)張采輯 明崇禎六年(1633)刻本 二十四册

650000－1461－0001008 集00052
漁洋山人文略十四卷 (清)王士禛撰 清刻本 五册

650000－1461－0001009 集00053
聊齋文集二卷 (清)蒲松齡著 清宣統二年(1910)上海國學扶輪社鉛印本 二册

650000－1461－0001010 集00054
唐詩三百首注疏六卷 (清)孫洙編 (清)章燮注 清道光十四年(1834)刻本 六册

650000－1461－0001011 集00055
落帆樓文集二十四卷 (清)沈垚撰 清刻本 一册 存三卷(一至三)

650000－1461－0001012 集00056
文選六十卷 (南朝梁)蕭統撰 清乾隆三十

七年(1772)葉氏海錄軒朱墨套印本　二十冊

650000－1461－0001013　集00057
梅村家藏藁五十八卷附補遺一卷世系一卷年譜四卷秣陵春傳奇二卷　(清)吳偉業撰　清宣統三年(1911)鉛印本　八冊

650000－1461－0001014　集00058
黃鵠山人詩初鈔十八卷　(清)林壽圖著　清光緒八年(1882)刻本　六冊

650000－1461－0001015　集00059
堅瓠集正集十集四十卷續集四卷餘集四卷廣集六卷補集六卷秘集六卷　(清)褚人穫輯　清康熙三十一年(1692)刻本　三十二冊

650000－1461－0001016　集00060
杜工部草堂詩箋二十二卷詩話二卷年譜二卷　(宋)魯訔編　清光緒元年(1875)巴陵方氏碧琳琅館刻本　五冊

650000－1461－0001017　集00061
昌黎先生詩集注十一卷　(唐)韓愈撰　(清)顧嗣立注　清光緒九年(1883)廣州翰墨園刻本　四冊

650000－1461－0001018　集00062
今古奇觀四十卷　(明)抱甕老人輯　清石印本　六冊　存二十卷(一至二十)

650000－1461－0001019　集00063
歷朝詩約選九十二卷　(清)劉大櫆纂　清光緒二十三年(1897)文徵閣刻本　二十二冊

650000－1461－0001020　集00064
御選唐詩三十二卷　(清)陳廷敬等編注　清康熙五十二年(1713)武英殿朱墨套印本　十五冊

650000－1461－0001021　集00065
史忠正公集四卷首一卷末一卷　(明)史可法撰　清乾隆五十三年(1788)教忠堂刻本　四冊

650000－1461－0001022　集00066
中晚唐詩叩彈集十二卷續集三卷　(清)杜詔(清)杜庭珠同輯　清康熙四十三年(1704)采山亭刻本　十二冊

650000－1461－0001023　集00067
西遊原旨二十四卷　(清)劉一明解　清嘉慶十五年(1810)護國菴刻本　二十四冊

650000－1461－0001024　集00068
遜志齋集二十四卷拾補一卷外紀一卷校勘記一卷　(明)張紹謙纂　清同治十二年(1873)武林刻本　十六冊　缺二卷(一至二)

650000－1461－0001025　集00070
履園叢話二十四卷　(清)錢泳輯　清同治九年(1870)刻本　八冊

650000－1461－0001026　集00071
望溪集八卷　(清)方苞撰　清乾隆十一年(1746)刻本　六冊

650000－1461－0001027　集00072
本朝館閣詩二十卷　(清)阮學浩　(清)阮學濬選　清乾隆二十三年(1758)刻本　十冊

650000－1461－0001028　集00073
南畇文稾十二卷附行狀墓表　(清)彭定求撰　清雍正四年(1726)刻本　六冊

650000－1461－0001029　集00074
近光集二十八卷　(清)汪士鋐編　清康熙五十八年(1719)刻本　六冊

650000－1461－0001030　集00075
遂初堂詩集十六卷文集二十卷　(清)潘耒撰　清康熙四十九年(1710)刻本　十四冊

650000－1461－0001031　集00076
增評補像全圖金玉緣一百二十回首一卷　(清)曹雪芹撰　清光緒十八年(1892)石印本　十六冊

650000－1461－0001032　集00077
張太岳集四十七卷目錄一卷　(明)張居正撰　明萬曆四十年(1612)繡谷唐氏廣慶堂刻本　十六冊

650000－1461－0001033　集00078
第一才子書三國志演義六十卷一百二十回　(明)羅貫中撰　清善成堂石印本　二十四冊

650000－1461－0001034　集 00079
古詩源十四卷　（清）沈德潛撰　清康熙五十八年（1719）沈氏竹嘯軒刻本　二冊

650000－1461－0001035　集 00080
皇朝經世文編一百二十卷　（清）賀長齡輯　清同治十二年（1873）雙峰書屋刻本　八十冊

650000－1461－0001036　集 00081
文心雕龍十卷　（南朝梁）劉勰撰　明萬曆八年（1580）刻本　二冊

650000－1461－0001037　集 00082
金臺集二卷　（元）納新撰　明毛晉汲古閣刻本　一冊

650000－1461－0001038　集 00083
里乘十卷　（清）許奉恩撰　清同治十三年（1874）刻本　十冊

650000－1461－0001039　集 00084
初白菴詩評三卷詞綜偶評一卷　（清）張載華撰　清乾隆四十三年（1778）涉園觀樂堂刻本　八冊

650000－1461－0001040　濟 00085
山海經十八卷　（晉）郭璞撰　清光緒三年（1877）浙江書局刻本　三冊

650000－1461－0001041　集 00086
壯悔堂文集十卷遺稿十卷　（清）侯方域撰　清刻本　四冊

650000－1461－0001042　集 00087
惲子居文鈔四卷　（清）惲敬撰　清宣統二年（1910）上海國學扶輪社石印本　四冊

650000－1461－0001043　集 00088
林嚴文鈔四卷　（清）上海國學扶輪社編　清宣統元年（1909）上海國學扶輪社鉛印本　四冊

650000－1461－0001044　集 00089
學海堂集十六卷二集二十二卷　（清）阮元等編　清道光啟秀山房刻本　十四冊

650000－1461－0001045　集 00090
昌黎先生集四十卷　（唐）韓愈撰　明東雅堂刻本　十二冊

650000－1461－0001046　集 00091
唐駢體文鈔十七卷　（清）陳均輯　清嘉慶二十五年（1820）松籟閣刻本　四冊

650000－1461－0001047　集 00092
求闕齋文鈔八卷　（清）曾國藩撰　清同治十一年（1872）合肥李鴻章刻本　二冊

650000－1461－0001048　集 00093
全謝山文鈔十六卷　（清）全祖望撰　清宣統二年（1910）上海國學扶輪社鉛印本　八冊

650000－1461－0001049　集 00094
二當軒詩鈔十四卷悔存詞鈔二卷　（清）黃景仁著　（清）趙希璜校　清嘉慶二十二年（1817）刻本　二冊

650000－1461－0001050　集 00095
南北朝文鈔二卷　（清）彭兆蓀編　清嘉慶四年（1799）刻本　二冊

650000－1461－0001051　集 00096
冷廬雜識八卷　（清）陸以湉撰　清咸豐六年（1856）刻本　八冊

650000－1461－0001052　集 00097
穆天子傳六卷　（晉）郭璞注　清嘉慶十一年（1806）刻本　一冊

650000－1461－0001053　集 00098
蘇文忠公詩集五十卷　（宋）蘇軾撰　清同治八年（1869）韞玉山房刻本　十二冊

650000－1461－0001054　集 00099
小學弦歌八卷　（清）李元度輯　清光緒五年（1879）刻本　四冊

650000－1461－0001055　集 00100
忠雅堂文集三十卷　（清）蔣士銓撰　清刻本　六冊

650000－1461－0001056　集 00101
明詩別裁集十二卷　（清）沈德潛等輯　清乾隆四年（1739）刻本　四冊

650000－1461－0001057　集 00102

滄溟先生集十四卷　(明)李攀龍撰　清光緒三十三年(1907)渭南嚴氏刻本　四册

650000－1461－0001058　集 00103
廣陵詩事十卷　(清)阮元撰　清光緒十六年(1890)京師揚州會館刻本　二册

650000－1461－0001059　集 00104
唐文粹一百卷　(宋)姚鉉編　清光緒九年(1883)江蘇書局刻本　二十册

650000－1461－0001060　集 00105
文選六十卷　(南朝梁)蕭統輯　清羊城翰墨園刻本　十二册

650000－1461－0001061　集 00106
李文忠公朋僚函稿二十四卷　(清)吳汝綸輯　清光緒二十八年(1902)蓮池書社鉛印本　十二册

650000－1461－0001062　集 00107
翰海十二卷　(明)沈佳胤輯　清光緒二年(1876)上海申報館鉛印本　八册

650000－1461－0001063　集 00108
國朝文錄八十二卷文錄續編六十六卷　(清)李祖陶選輯　清同治七年(1868)敖陽李氏尚友樓刻本　七十册

650000－1461－0001064　集 00109
御選唐宋詩醇四十七卷目錄二卷　(清)梁詩正等校　清乾隆四十五年(1780)武英殿四色套印本　二十四册

650000－1461－0001065　集 00110
高子遺書十二卷附錄一卷年譜一卷　(明)高攀龍撰　清光緒二年(1876)刻本　十三册　存十三卷(高子遺書十二卷、附錄一卷)

650000－1461－0001066　集 00111
元豐類稾五十卷首一卷　(宋)曾鞏撰　清光緒十六年(1890)慈利漁浦書院刻本　十册

650000－1461－0001067　集 00112
八旗文經五十六卷作者攷三卷敘錄一卷　(清)盛昱輯　清光緒二十七年(1901)武昌刻本　十二册

650000－1461－0001068　集 00113
楊忠介公文集十三卷　(明)楊爵撰　清光緒十九年(1893)刻本　二册　存七卷(一至七)

650000－1461－0001069　集 00114
古文苑九卷　(宋)韓元吉編次　清光緒五年(1879)飛青閣刻本　二册

650000－1461－0001070　集 00115
元遺山詩集箋注十四卷首一卷末一卷附錄一卷　(元)元好問撰　清道光二年(1822)南潯蔣氏瑞松堂刻本　八册

650000－1461－0001071　集 00116
宋文鑑一百五十卷目錄三卷　(宋)呂祖謙輯　清光緒十二年(1886)江蘇書局刻本　二十四册

650000－1461－0001072　集 00117
庸盦文編四卷續編二卷外編四卷　(清)薛福成著　清刻本　八册　存八卷(文編四卷、續編二卷、外編一至二)

650000－1461－0001073　集 00118
西遊真詮二十卷一百回　(清)陳士斌詮解　清康熙三十五年(1696)刻本　二十册

650000－1461－0001074　集 00119
李翰林集三十卷　(唐)李白撰　清光緒三十二年(1906)西泠印社刻本　六册

650000－1461－0001075　集 00120
胡天游文集五卷補遺一卷　(清)胡天游撰　清宣統元年(1909)上海國學扶輪社鉛印本　四册

650000－1461－0001076　集 00121
山海經十八卷　(晋)郭璞撰　清尊德堂刻本　四册

650000－1461－0001077　集 00122
鈐山堂集四十卷　(明)嚴嵩撰　清嘉慶十一年(1806)刻本　十册

650000－1461－0001078　集 00123
秋根書室詩文集十四卷附傳一卷西行紀程二卷西征集一卷　(清)孟傳鑄撰　清宣統二年

(1910)綠野堂鉛印本　八冊

650000－1461－0001079　集00124
樊山集二十八卷　樊增祥撰　清光緒十九年(1893)渭南縣署刻本　八冊

650000－1461－0001080　集00125
甌北詩鈔不分卷　(清)趙翼撰　清乾隆五十六年(1791)刻本　八冊

650000－1461－0001081　集00126
東坡先生編年詩五十卷目錄一卷　(宋)蘇軾撰　清乾隆二十六年(1761)香雨齋刻本　十二冊

650000－1461－0001082　集00127
黔詩紀略三十三卷　(清)黎兆勳等輯　清同治十二年(1873)唐氏夢研齋刻本　八冊

650000－1461－0001083　集00128
蘭雪堂古事苑定本十二卷　(明)鄧志謨輯　清末刻本　六冊

650000－1461－0001084　集00129
妙吉祥室詩鈔十三卷詩餘一卷雜存一卷　(清)朱葵之著　清光緒十年(1884)古義安郡署刻本　五冊　存十二卷(詩抄一至十、詩餘一卷、雜存一卷)

650000－1461－0001085　集00130
心白日齋集六卷　(清)尹耕雲撰　清光緒二十一年(1895)刻本　四冊

650000－1461－0001086　集00131
惜抱軒文集十六卷文後集十卷　(清)姚鼐撰　清光緒九年(1883)桐城徐氏刻本　六冊

650000－1461－0001087　集00132
太平廣記五百卷目錄十卷　(宋)李昉等撰　清乾隆二十年(1755)槐蔭草堂刻本　四十八冊

650000－1461－0001088　集00133
吳詩集覽二十卷　(清)吳偉業撰　清乾隆四十年(1775)凌雲亭刻本　二十冊

650000－1461－0001089　集00134
春融堂集六十八卷　(清)王昶撰　清嘉慶十二年(1807)塾南書舍刻本　二十八冊

650000－1461－0001090　集00135
鏡花緣一百回　(清)李汝珍著　清道光二十二年(1842)厚德堂刻本　二十四冊

650000－1461－0001091　集00136
七家文鈔七卷　(清)陸繼輅輯　清道光元年(1821)刻本　二冊

650000－1461－0001092　集00137
翼教叢編六卷附一卷　(清)蘇輿編　清光緒二十四年(1898)刻本　三冊

650000－1461－0001093　集00138
翁山詩外二十卷　(清)屈大均撰　清宣統二年(1910)國學扶輪社鉛印本　十二冊

650000－1461－0001094　集00139
元遺山先生全集四十卷首一卷末一卷附翁輯年譜一卷施輯年譜一卷凌輯年譜二卷續夷堅志四卷攷證三卷新樂府四卷　(元)元好問撰　清光緒七年(1881)讀書山房刻本　十七冊

650000－1461－0001095　集00140
嘯亭雜錄八卷續錄二卷　(清)汲修主人著　清光緒六年(1880)九思堂刻本　十二冊

650000－1461－0001096　集00141
西征集不分卷　(清)孟傳鑄撰　清宣統二年(1910)綠野堂刻本　一冊

650000－1461－0001097　集00142
養一齋文集二十卷　(清)李兆洛撰　清光緒四年(1878)刻本　八冊

650000－1461－0001098　集00143
朱子文集大全一百卷續集十一卷別集十卷　(宋)朱熹撰　清同治十二年(1873)求我齋刻本　六十四冊

650000－1461－0001099　集00144
梅村詩集箋注十八卷　(清)吳翌鳳撰　清嘉慶十九年(1814)刻本　七冊　存九卷(一至九)

650000－1461－0001100　集00145
西遊真詮二十卷一百回　(清)陳士斌撰　清

康熙三十五年(1696)刻本　二十册

650000－1461－0001101　集00146
淮海集一卷　(宋)秦觀著　清刻本　八册

650000－1461－0001102　集00147
養正書屋全集定本四十卷　(清)宣宗旻寧撰　清光緒五年(1879)刻本　二十四册

650000－1461－0001103　集00148
柏梘山房集三十一卷　(清)梅曾亮撰　清咸豐六年(1856)刻本　六册

650000－1461－0001104　集00149
東萊先生古文關鍵二卷　(宋)吕祖謙輯評　清刻本　二册

650000－1461－0001105　集00150
山海經圖讃一卷山海經十八卷訂譌一卷　(晉)郭璞傳　(清)郝懿行注　清嘉慶九年(1804)阮氏琅嬛僊館刻本　二册

650000－1461－0001106　集00151
安陽集五十卷　(宋)韓琦著　清乾隆四年(1739)陳錫輅刻本　八册

650000－1461－0001107　集00152
欽定熙朝雅頌集一百六卷首集二十六卷餘集二卷　(清)鐵保　(清)紀昀輯　清嘉慶九年(1804)刻本　一册　存三卷(首三卷)

650000－1461－0001108　集00153
道腴堂詩編三十卷　(清)鮑珍撰　清乾隆鮑氏刻本　六册

650000－1461－0001109　集00154
亭林文集六卷餘集一卷　(清)顧炎武撰　清山隱居刻本　四册

650000－1461－0001110　集00155
梅村詩集箋注十八卷　(清)沈德潛撰　清乾隆刻本　四册

650000－1461－0001111　集00156
文選補遺四十卷　(宋)陳仁子輯　清刻本　十二册

650000－1461－0001112　集00157
船山詩草二十卷　(清)張問陶撰　清嘉慶二十年(1815)刻本　四册

650000－1461－0001113　集00158
秋根書室詩文集十四卷　(清)孟傳鑄撰　清宣統二年(1910)緑野堂鉛印本　六册

650000－1461－0001114　集00159
南宋文錄二十四卷　(清)董兆熊輯　清光緒十七年(1891)蘇州書局刻本　六册

650000－1461－0001115　集00160
學海堂集十六卷二集二十二卷　(清)阮元等編　清道光啟秀山房刻本　十七册　存七卷(二集十四至二十)

650000－1461－0001116　集00161
硃批諭旨不分卷　(清)世宗胤禛撰　清石印本　六十册

650000－1461－0001117　集00162
宛陵集六十卷　(宋)梅堯臣著　清宣統二年(1910)石印本　十册

650000－1461－0001118　集00163
欽定全唐詩九百卷　(清)聖祖玄燁編　清光緒十三年(1887)上海同文書局石印本　十六册

650000－1461－0001119　集00164
歷代名賢列女氏姓譜一百五十七卷　(清)蕭智漢纂輯　清末刻本　十七册　存十九卷(四十六至五十三、九十至一百)

650000－1461－0001120　集00165
歸震川先生文集三十卷别集十卷附錄一卷　(明)歸有光著　清光緒六年(1880)刻本　十六册

650000－1461－0001121　集00166
養知書屋文集二十八卷　(清)郭嵩燾撰　清光緒十八年(1892)刻本　十二册

650000－1461－0001122　集00167
曾惠敏公遺集四種十七卷　(清)曾紀澤撰　清光緒十九年(1893)江南製造總局刻本　八册

650000－1461－0001123　集00168
古文觀止十二卷　(清)吳乘權等編　清光緒九年(1883)上海埽葉山房刻本　六册

650000－1461－0001124　集00169
續古文辭類篹二十八卷　(□)□□撰　清光緒二十一年(1895)金陵狀元閣刻本　十二册

650000－1461－0001125　集00170
誠意伯文集二十卷　(明)劉基著　清光緒二十六年(1900)浙江書局刻本　十册

650000－1461－0001126　集00171
皇朝駢文類苑十四卷首一卷　(清)姚燮撰　清光緒七年(1881)刻本　十二册　存八卷(七至十四)

650000－1461－0001127　集00172
西藏賦一卷　(清)和寧撰　**卜魁城賦一卷**　(清)英和撰　清光緒元尚居刻本　一册

650000－1461－0001128　集00173
西藏賦一卷　(清)和寧撰　**卜魁城賦一卷**　(清)英和撰　清光緒元尚居刻本　一册

650000－1461－0001129　集00174
陶庵集二十二卷首一卷末一卷　(明)黄淳耀　(明)黄淵耀撰　清刻本　七册

650000－1461－0001130　集00175
古詩選三十八卷　(清)王士禛選　清同治五年(1866)金陵書局刻本　十册

650000－1461－0001131　集00176
重刻張太岳先生全集四十七卷　(明)張居正撰　明萬曆四十年(1612)刻本　十六册

650000－1461－0001132　集00177
閱微草堂筆記二十四卷　(清)紀昀撰　清上海廣益書局石印本　二册

650000－1461－0001133　集00178
潛研堂詩集十卷詩續集十卷　(清)錢大昕撰　清長沙龍氏刻本　五册

650000－1461－0001134　集00179
魯公文集十五卷　(唐)顔真卿撰　清宣統二年(1910)守政書局刻本　四册

650000－1461－0001135　集00180
石洲詩話八卷　(清)翁方綱撰　清嘉慶二十年(1815)刻本　二册

650000－1461－0001136　集00181
明詩綜一百卷　(清)朱彝尊輯　清雍正刻本　六册

650000－1461－0001137　集00182
善卷堂四六十卷　(清)陸繁弨撰　清道光二年(1822)刻本　四册

650000－1461－0001138　集00183
變雅堂詩集十卷附録二卷　(清)杜浚撰　清光緒二十年(1894)黄岡沈氏刻本　六册

650000－1461－0001139　集00184
唐賢三昧集箋注三卷　(清)王士禛選　(清)吳煊　(清)胡棠輯注　清乾隆五十二年(1787)吳煊聽雨齋刻本　三册

650000－1461－0001140　集00185
西藏賦一卷　(清)和寧撰　**卜魁城賦一卷**　(清)英和撰　清光緒元尚居刻本　一册

650000－1461－0001141　集00185－1
西藏賦一卷　(清)和寧撰　**卜魁城賦一卷**　(清)英和撰　清光緒元尚居刻本　一册

650000－1461－0001142　集00186
岳忠武王文集八卷首一卷末一卷　(宋)岳飛撰　清同治十二年(1873)刻本　四册

650000－1461－0001143　集00187
圖像水黄牛經合併大全二卷　(□)□□撰　清醉經堂刻本　一册　存一卷(上)

650000－1461－0001144　集00188
古唐詩合解十二卷附古詩四卷　(清)王堯衢編註　清雍正十年(1732)文安堂刻本　六册

650000－1461－0001145　集00189
梅村詩集箋注十八卷　(清)吳偉業撰　清嘉慶十九年(1814)滄浪吟榭刻本　十二册

650000－1461－0001146　集00190
楚辭十七卷　(戰國)屈原撰　(漢)王逸選注　清同治十一年(1872)南京金陵書局刻本

四冊

650000－1461－0001147　集 00191
續古文苑二十卷　(清)孫星衍纂　清光緒九年(1883)江蘇書局刻本　六冊

650000－1461－0001148　集 00192
巖下放言三卷　(宋)葉夢得撰　清光緒三十年(1904)刻本　一冊

650000－1461－0001149　集 00193
紀文達公遺集十六卷　(清)紀昀撰　清嘉慶十七年(1812)刻本　十二冊

650000－1461－0001150　集 00194
尺牘新鈔十二卷　(清)周在浚編輯　清宣統三年(1911)上海國學扶輪社鉛印本　十六冊

650000－1461－0001151　集 00195
吳汝綸尺牘五卷補遺一卷諭兒書一卷　(清)吳汝綸撰　清宣統二年(1910)上海國學扶輪社鉛印本　十二冊

650000－1461－0001152　集 00196
評論出像水滸傳二十卷七十回　(明)施耐庵撰　清刻本　二十冊

650000－1461－0001153　集 00197
詳注分類飲香尺牘四卷　(□)□□撰　清道光八年(1828)三讓堂刻本　四冊

650000－1461－0001154　集 00198
定盦文集三卷續集四卷補五卷補編四卷　(清)龔自珍撰　清光緒二十三年(1897)刻本　六冊

650000－1461－0001155　集 00199
樊榭山房集十卷續集十卷文集八卷集外詩四卷集外詞五卷集外曲二卷　(清)厲鶚著　清光緒十年(1884)錢唐汪氏振綺堂刻本　十二冊

650000－1461－0001156　集 00200
錢牧齋詩集二十卷　(清)錢謙益撰　清宣統三年(1911)國學扶輪社刻本　十二冊

650000－1461－0001157　集 00201
能改齋漫錄十八卷　(宋)吳曾撰　清刻本　八冊

650000－1461－0001158　集 00202
留春堂詩鈔七卷　(清)伊秉綬撰　清嘉慶十九年(1814)刻本　二冊

650000－1461－0001159　集 00203
壯悔堂文集十卷遺稿十卷　(清)侯方域撰　清刻本　二冊

650000－1461－0001160　集 00204
琵琶記二卷　(元)高明撰　清光緒二十四年(1898)刻本　二冊

650000－1461－0001161　集 00205
皇朝經世文續編一百二十卷　(清)葛士濬輯　清光緒十四年(1888)圖書集成局石印本　三十二冊

650000－1461－0001162　集 00206
國朝文錄八十二卷　(清)姚椿輯　清咸豐元年(1851)終南山館刻本　二十四冊

650000－1461－0001163　集 00207
牧齋初學集一百十卷目錄二卷　(清)錢謙益撰　清宣統二年(1910)遂漢齋鉛印本　二十四冊

650000－1461－0001164　集 00208
同人集二卷補遺一卷　(□)□□撰　清刻本　十四冊

650000－1461－0001165　集 00209
重訂古文雅正十四卷　(清)蔡世遠輯　清道光六年(1826)刻本　十冊

650000－1461－0001166　集 00210
煙霞萬古樓文集六卷　(清)王曇撰　清道光二十八年(1848)刻本　二冊

650000－1461－0001167　集 00211
柳文惠公全集四十三卷別集二卷外集二卷附錄二卷　(唐)柳宗元撰　清同治七年(1868)刻本　十一冊　缺四卷(外集二卷、附錄二卷)

650000－1461－0001168　集 00212
詩緝三十六卷　(宋)嚴粲撰　清光緒十六年

(1890)雖園刻本　十二冊

650000－1461－0001169　集00213
李文忠公朋僚函稿二十四卷　(清)吳汝綸輯　清光緒二十八年(1902)蓮池書社鉛印本　十二冊

650000－1461－0001170　集00214
玉臺新詠十卷　(清)馮舒　(清)馮班點定　清乾隆二十六年(1761)刻本　四冊

650000－1461－0001171　集00215
古文苑二十一卷　(宋)章樵注　清光緒十二年(1886)江蘇書局刻本　四冊

650000－1461－0001172　集00216
海道圖說十五卷附錄一卷　(英國)金約翰輯　清刻本　十冊

650000－1461－0001173　集00217
古文辭類纂七十四卷　(清)姚鼐纂　清乾隆四十四年(1779)刻本　二十四冊

650000－1461－0001174　集00218
全梁文七十四卷　(清)嚴可均編　清影印本　七冊

650000－1461－0001175　集00219
全宋文六十四卷　(清)嚴可均編　清影印本　二冊　存二十四卷(一至十二、五十三至六十四)

650000－1461－0001176　集00220
全陳文十八卷　(清)嚴可均編　清影印本　二冊

650000－1461－0001177　集00221
全齊文二十六卷　(清)嚴可均編　清影印本　二冊

650000－1461－0001178　集00222
閱微草堂筆記二十四卷　(清)紀昀撰　清嘉慶二十一年(1816)北平盛氏刻本　十冊

650000－1461－0001179　集00223
閱微草堂筆記二十四卷　(清)紀昀撰　清嘉慶二十一年(1816)北平盛氏刻本　十冊

650000－1461－0001180　集00224
小倉山房文集八十二卷　(清)袁枚撰　清刻本　七十二冊

650000－1461－0001181　集00225
六朝文絜箋註十二卷　(清)許槤輯　(清)黎經誥箋註　清光緒十五年(1889)枕溢書屋刻本　四冊

650000－1461－0001182　集00226
白雨齋詞話八卷附詞存一卷詩抄一卷　(清)陳廷焯撰　清光緒二十年(1894)刻本　二冊

650000－1461－0001183　集00227
楊忠烈公文集十卷　(明)楊漣撰　清同治四年(1865)世美堂刻本　六冊　存五卷(一至五)

650000－1461－0001184　集00228
古文四象四卷　(清)曾國藩輯　清光緒三十四年(1908)趙氏刻本　四冊

650000－1461－0001185　集00229
重訂文選集評十五卷首一卷末一卷　(清)于光華編　清嘉慶二十一年(1816)寶經堂刻本　十六冊

650000－1461－0001186　集00230
荊川文集十八卷　(明)唐順之撰　清康熙五十一年(1712)刻本　八冊

650000－1461－0001187　集00231
全後魏文六十卷　(清)嚴可均編　清影印本　三冊　存三十三卷(一至三十三)

650000－1461－0001188　集00232
清暉贈言十卷附錄一卷　(清)徐永宣編　清道光十六年(1836)來青閣刻本　六冊

650000－1461－0001189　集00233
文選六十卷　(南朝梁)蕭統撰　清乾隆三十七年(1772)葉氏海錄軒朱墨套印本　二十四冊

650000－1461－0001190　集00234
國朝文錄續編五十種　(清)李祖陶輯　清末刻本　三十四冊

650000－1461－0001191　集00235
駱文忠公奏議□□卷　(清)駱秉章撰　清光緒刻本　二十八册

650000－1461－0001192　集00236
約章成案匯覽甲篇十卷乙篇四十二卷　(清)北洋洋務局纂輯　清光緒三十一年(1905)上海點石齋石印本　四十六册

650000－1461－0001193　集00237
第一才子書繡像三國志演義六十卷　(明)羅貫中撰　清刻本　二十册

650000－1461－0001194　集00238
陶庵集二十二卷首一卷末一卷　(明)黃淳耀　(明)黃淵耀撰　清光緒五年(1879)刻本　一册　存二卷(序、首一卷)

650000－1461－0001195　集00239
唐王子安集注二十卷首一卷末一卷　(唐)王勃撰　(清)蔣清翊注　清光緒九年(1883)吳縣蔣氏雙唐碑館刻本　八册

650000－1461－0001196　集00240
項城袁氏家集六種　(清)丁振鐸編輯　清宣統三年(1911)項城袁氏清芬閣鉛印本　五十六册

650000－1461－0001197　集00241
宋四六選二十四卷　(清)曹振鏞編　(清)彭元瑞定本　清乾隆四十一年(1776)北京曹振鏞刻本　十二册

650000－1461－0001198　集00242
曾文正公書札二十七卷　(清)曾國藩撰　清光緒二年(1876)刻本　九册　存十八卷(一至十八)

650000－1461－0001199　集00243
弘正四傑集不分卷　(清)張祖同輯　清光緒二十一年(1895)湘雨樓刻本　十六册

650000－1461－0001200　集00244
元遺山詩集箋注十四卷首一卷末一卷附錄一卷　(元)元好問撰　清道光二年(1822)南潯蔣氏瑞松堂刻本　四册

650000－1461－0001201　集00245
文心雕龍十卷　(南朝梁)劉勰撰　(清)黃叔琳注　(清)紀昀評　清道光十三年(1833)翰墨園刻朱墨套印本　四册

650000－1461－0001202　集00246
新疆賦一卷　(清)徐松撰　清光緒八年(1882)元尚居刻本　一册

650000－1461－0001203　集00247
綏服紀略圖詩不分卷　(清)松筠著　(清)程振甲撰　清嘉慶元年(1796)刻本　一册

650000－1461－0001204　集00248
滇繫八卷　(清)師範纂輯　清刻本　十九册　缺一卷(一)

650000－1461－0001205　集00249
咸同以來中俄交涉記三卷　(清)江標譯　清光緒十八年(1892)刻本　一册

650000－1461－0001206　集00250
張文忠公全集四十七卷　(明)張居正撰　清刻本　十六册

650000－1461－0001207　集00251
隋唐演義二十卷一百回　(清)褚人穫輯　清道光三十年(1850)刻本　二十册

650000－1461－0001208　集00252
繡像東周列國全志二十三卷　(清)蔡界評點　清光緒十九年(1893)澹雅書局刻本　二十四册

650000－1461－0001209　集00253
冷廬雜識八卷　(清)陸以湉撰　清咸豐六年(1856)掃葉山房刻本　五册　存五卷(一至五)

650000－1461－0001210　集00254
山谷集内集二十卷外集十七卷别集二卷　(宋)黃庭堅撰　清光緒二十六年(1900)義寧陳氏四覺草堂刻本　二十册

650000－1461－0001211　集00255
元文類七十卷目錄三卷　(元)蘇天爵編　清光緒十五年(1889)江蘇書局刻本　十册

650000－1461－0001212　集00256
測圓海鏡十二卷　(元)李冶撰　清同治十二年(1873)古荷池精舍刻本　四册

650000－1461－0001213　集00257
門存詩錄十卷　(清)陳伯弢撰　清刻本　二册

650000－1461－0001214　集00258
萬山草堂詩集六卷　(清)李登雲撰　清光緒三十三年(1907)武林刻本　二册

650000－1461－0001215　集00259
雁門集六卷附補遺一卷　(元)薩都剌撰　清宣統二年(1910)薩氏刻本　四册

650000－1461－0001216　集00260
林和靖先生詩集四卷附錄一卷　(宋)林逋撰　清光緒二十一年(1895)婺源俞氏清蔭堂刻本　二册

650000－1461－0001217　集00261
吴梅村文集二十卷　(清)吳偉業撰　清宣統二年(1910)順德鄧氏風雨樓刻本　四册

650000－1461－0001218　集00262
嘯亭雜錄八卷續錄二卷庸盦筆記二卷　(清)汲修主人著　清光緒二十七年(1901)上海文寶書局石印本　七册

650000－1461－0001219　集00263
杜工部集二十卷首一卷　(唐)杜甫撰　清光緒二年(1876)粵東翰墨園刻本　十册

650000－1461－0001220　集00264
樊南文集詳注七卷　(唐)李商隱撰　清乾隆四十五年(1780)桐鄉馮氏德聚堂刻本　四册

650000－1461－0001221　集00265
桃花扇四卷　(清)孔尚任撰　清刻本　四册

650000－1461－0001222　集00266
甲申日記一卷　(清)李清著　清手抄本　二册　存(土集、匏集)

650000－1461－0001223　集00267
巢經巢詩鈔九卷　(清)鄭珍撰　清咸豐四年(1854)遵義鄭氏刻本　三册

650000－1461－0001224　集00268
清儀閣雜詠不分卷竹田樂府不分卷感逝詩不分卷　(清)張廷濟撰　清道光十九年(1839)刻本　四册

650000－1461－0001225　集00269
唐人萬首絕句選七卷　(清)王士禎選　清光緒二十三年(1897)刻本　二册

650000－1461－0001226　集00270
明詩綜一百卷　(清)朱彝尊輯　清雍正刻本　十八册

650000－1461－0001227　集00271
巢經巢文集六卷　(清)鄭珍著　清光緒二十年(1894)刻本　三册　存五卷(一至五)

650000－1461－0001228　集00272
皇朝輿地韻編二卷附校勘記　(清)馬貞榆撰　**歷代地理沿革圖**　清同治十一年(1872)刻本　一册

650000－1461－0001229　集00273
出使英法義比四國日記六卷　(清)薛福成撰　清光緒十八年(1892)石印本　三册

650000－1461－0001230　集00274
皇朝經世文新增續編一百二十卷新增時務續編四十卷新增洋務八卷　(清)葛士濬輯　清光緒二十三年(1897)上海掃葉山房鉛印本　三十册

650000－1461－0001231　集00275
海虞文徵三十卷　邵松年編輯　清光緒三十一年(1905)鴻文書局石印本　十六册

650000－1461－0001232　集00276
漢書補注一百二十卷　王先謙著　清石印本　六册　存十一卷(八至十五、十七至十八、二十一)

650000－1461－0001233　集00277
退思軒詩存六卷補遺一卷　(清)史澄撰　清光緒九年(1883)刻本(配有趨庭瑣語卷六至八)　一册

650000－1461－0001234　集00278

退思軒試帖二卷　(清)史澄撰　清光緒十一年(1885)刻本　一册

650000－1461－0001235　集00279
味根山房詩鈔八卷　(清)史善長著　清刻本　四册

650000－1461－0001236　集00280
戊申全年畫報不分卷　(清)時事報館編　清光緒元年(1875)石印本　二册

650000－1461－0001237　集00281
綏寇紀略十二卷補遺三卷　(清)吳偉業纂輯　清康熙十三年(1674)照曠閣刻本　八册

650000－1461－0001238　集00282
紅樓夢一百二十回　(清)曹雪芹撰　清末石印本　二十三册　缺五回(一百六至一百十)

650000－1461－0001239　集00283
詞律二十卷拾遺八卷　(清)徐本立撰　清光緒二年(1876)刻本　十六册

650000－1461－0001240　集00284
歷代名賢列女氏姓譜一百五十七卷　(清)蕭智漢纂輯　清末刻本　八十二册　存九十六卷(五至一百)

650000－1461－0001241　集00285
十友草堂詩集四卷　(清)劉永滇撰　清光緒三十四年(1908)刻本　二册

650000－1461－0001242　集00286
帶經堂詩話三十卷首一卷　(清)王士禛撰　清刻本　八册

650000－1461－0001243　集00287
水經注疏要刪四十卷　楊守敬撰　清光緒三十一年(1905)觀海堂刻本　八册

650000－1461－0001244　集00288
楚辭辯證二卷楚辭後語六卷　(宋)朱熹撰　清刻本　一册

650000－1461－0001245　集00289
圭盦詩錄不分卷　(清)吳觀禮撰　清光緒五年(1879)刻本　二册

650000－1461－0001246　集00290
湛然居士文集十四卷　(元)耶律楚材撰　清光緒二十一年(1895)漸西村舍刻本　二册　存十卷(一至十)

650000－1461－0001247　集00291
冷廬雜識八卷　(清)陸以湉撰　清末刻本　三册　存三卷(六至八)

650000－1461－0001248　集00292
八旗文經五十六卷作者攷三卷敘錄一卷　(清)盛昱輯　清光緒二十七年(1901)武昌刻本　十二册

650000－1461－0001249　集00293
增評補像全圖金玉緣一百二十回　(清)曹雪芹撰　清光緒十五年(1889)滬上石印本　十四册　存一百三回(一至十八、三十六至一百二十)

650000－1461－0001250　集00294
昌黎詩增注證訛十一卷附年譜　(唐)韓愈撰　清道光二十八年(1848)刻本　四册

650000－1461－0001251　集00295
夢柰詩存不分卷　(清)馮桂芬撰　清光緒二年(1876)刻本　一册

650000－1461－0001252　集00296
經史百家雜鈔二十六卷　(清)曾國藩輯　清光緒二年(1876)傳忠書局刻本　二十六册

650000－1461－0001253　集00297
御定駢字類編二百四十卷　(清)沈宗敬等輯　清光緒十三年(1887)上海同文書局石印本　四十六册　存二百三十六卷(一至一百三十三、一百三十八至二百四十)

650000－1461－0001254　集00298
樊川詩集注四卷補遺一卷別集一卷外集一卷　(唐)杜牧撰　(清)馮集梧錄　清光緒十六年(1890)湘南書局刻本　五册　存五卷(詩集四卷、外集一卷)

650000－1461－0001255　集00299
左文襄公書牘二十六卷附家書二卷　(清)左

宗棠撰　清刻本　十三册　存十三卷（十三至二十五）

650000－1461－0001256　集00300
錢牧齋文鈔不分卷　（清）錢謙益注　清宣統元年（1909）國學扶輪社鉛印本　四册

650000－1461－0001257　集00301
隨園三十六種　（清）袁枚著　清光緒十八年（1892）上海圖書集成印書局石印本　四十九册　缺六卷（詩集二十四至二十七、附詩集補遺二卷）

650000－1461－0001258　集00302
元曲選不分卷　（明）臧晉叔校　清末刻本　六册　存（昊天塔孟良盜骨雜劇至桃花女破法嫁周公雜劇）

650000－1461－0001259　集00303
庾子山集十六卷　（北周）庾信撰　（清）倪璠註釋　清刻本　十一册

650000－1461－0001260　集00304
儀顧堂集十六卷　（清）陸心源撰　清光緒十六年（1890）刻本　四册

650000－1461－0001261　集00305
金源記事詩八卷　（清）湯運泰著　清同治十二年（1873）淮南書局刻本　四册

650000－1461－0001262　集00306
戊申全年畫報不分卷　（清）時事報館編　清宣統元年（1909）時事報館石印本　三十四册　存三十四册（三至二十三、二十四至三十六）

650000－1461－0001263　集00307
池上草堂筆記六卷續錄六卷三錄六卷四錄六卷　（清）梁恭辰撰　清同治十二年（1873）刻本　八册

650000－1461－0001264　集00308
庸盦全集六種二十一卷　（清）薛福成撰　清光緒二十三年（1897）上海醉六堂石印本　六册　缺十一卷（海外文編一至四、籌洋芻議一、英法義比日記一至六）

650000－1461－0001265　集00309
庸庵文外編四卷　（清）薛福成撰　清光緒十九年（1893）刻本　四册

650000－1461－0001266　集00310
劍南詩鈔六卷　（宋）陸游撰　清康熙二十四年（1685）刻本　八册

650000－1461－0001267　集00311
唐宋八大家類選十四卷　（清）儲欣評選　清光緒九年（1883）靜遠堂刻本　十册

650000－1461－0001268　集00312
聊齋文集二卷　（清）蒲松齡著　清宣統元年（1909）國學扶輪社鉛印本　二册

650000－1461－0001269　集00313
戶部井田科奏咨輯要不分卷　（清）戶部編輯　清末刻本　二册

650000－1461－0001270　集00314
庸盦筆記六卷　（清）薛福成撰　清光緒二十三年（1897）蕭山陳氏刻本　六册

650000－1461－0001271　集00315
札迻十二卷　（清）孫詒讓撰　清光緒二十年（1894）刻本　六册

650000－1461－0001272　集00316
全後周文二十四卷　（清）嚴可均編　清光緒影印本　二册

650000－1461－0001273　集00317
全隋文三十六卷附先唐文一卷　（清）嚴可均編　清光緒影印本　四册

650000－1461－0001274　集00318
全後魏文六十卷　（清）嚴可均編　清光緒影印本　二册　存二十七卷（三十四至六十）

650000－1461－0001275　集00319
全北齊文十卷　（清）嚴可均編　清光緒影印本　一册

650000－1461－0001276　集00320
風俗通義逸文不分卷　（清）錢大昕著　清光緒十年（1884）長沙龍氏刻本　一册

650000－1461－0001277　集 00321

三統術衍三卷附三統術鈐一卷　(清)錢大昕著　清光緒十年(1884)長沙龍氏刻本　二册

650000－1461－0001278　集 00322

元史藝文志四卷　(清)錢大昕補　清嘉慶五年(1800)江蘇書局刻本　一册

650000－1461－0001279　集 00323

宋遼金元四史朔閏考二卷　(清)錢大昕撰　清光緒十七年(1891)廣雅書局刻本　一册

650000－1461－0001280　集 00324

恒言錄六卷　(清)錢大昕著　清光緒十年(1884)長沙龍氏刻本　二册

650000－1461－0001281　集 00325

潛研堂詩集十卷詩續集十卷　(清)錢大昕撰　清長沙龍氏刻本　五册

650000－1461－0001282　集 00325－1

潛研堂詩集十卷詩續集十卷　(清)錢大昕撰　清長沙龍氏刻本　五册

650000－1461－0001283　集 00326

十駕齋養新錄二十卷餘錄三卷　(清)錢大昕撰　清刻本　三册　存十卷(七至十六)

650000－1461－0001284　集 00327

韓柳文一百卷　(唐)韓愈撰　明刻本　七册　存四卷(四至七)

650000－1461－0001285　集 00328

西陲要略四卷　(清)祁韻士輯　清道光十七年(1837)筠淥山房刻本　二册

650000－1461－0001286　集 00329

東坡集四十卷　(宋)蘇軾撰　清宣統元年(1909)刻本　四十八册

650000－1461－0001287　集 00330

白香山詩集四十卷　(唐)白居易撰　清代隅草堂刻本　十二册

650000－1461－0001288　集 00331

二林居集二十四卷　(清)彭紹升撰　清光緒七年(1881)刻本　六册

650000－1461－0001289　集 00332

新疆賦一卷　(清)徐松撰　清刻本　一册

650000－1461－0001290　集 00333

唐確慎公集十卷首一卷末一卷　(清)唐鑑撰　清光緒元年(1875)刻本　六册

650000－1461－0001291　集 00334

西夏書事四十二卷　(清)吳廣成撰　清刻本　二册　存十卷(十一至二十)

650000－1461－0001292　集 00335

約章成案匯覽甲篇十卷乙篇四十二卷　(清)顔世清編　清石印本　二册　存二卷(甲編六、八)

650000－1461－0001293　集 00336

韻府拾遺一百六卷　(清)蔡升元輯　清末石印本　一册　存十卷(六至十五)

650000－1461－0001294　集 00337

蔡中郎集十卷外紀一卷外集四卷傳表一卷　(漢)蔡邕撰　清咸豐二年(1852)東郡楊氏海源閣刻本　六册

650000－1461－0001295　集 00338

笥河詩集二十卷　(清)朱筠撰　清嘉慶九年(1804)刻本　八册

650000－1461－0001296　集 00339

天真閣集三十二卷　(清)孫原湘撰　清光緒二十一年(1895)刻本　八册

650000－1461－0001297　集 00340

唐文萃補遺二十六卷　(清)郭麐輯　清光緒十一年(1885)江蘇書局刻本　四册

650000－1461－0001298　集 00341

竹書紀年統箋十二卷附前編一卷雜述一卷　(清)徐文靖撰　清光緒三年(1877)浙江書局刻本　四册

650000－1461－0001299　集 00342

全三國文七十五卷　(清)嚴可均編　清刻本　六册

650000－1461－0001300　集 00343

全後漢文一百六卷　(清)嚴可均編　清刻本

六冊　存六十三卷(一至六十三)

650000－1461－0001301　集00344
詩比興箋四卷　(清)陳沆箋　清光緒九年(1883)彭祖賢刻本　二冊

650000－1461－0001302　集00345
廣治平略三十六卷續篇八卷　(清)蔡方炳撰　清刻本　九冊　缺五卷(續篇四至八)

650000－1461－0001303　集00346
籌洋芻議一卷　(清)薛福成撰　清末石印本　一冊

650000－1461－0001304　集00347
莊子南華真經十卷　(戰國)莊周撰　(晉)郭象注　(唐)陸德明音義　清光緒十一年(1885)善化傳忠書局刻本　一冊

650000－1461－0001305　集00348
柳文外集二卷　(唐)柳宗元著　清刻本　一冊

650000－1461－0001306　集00349
元俞氏宗本種樹書一卷　(清)俞宗本撰　清光緒二十三年(1897)刻本　一冊

650000－1461－0001307　集00350
老學庵筆記十卷　(宋)陸游著　清光緒三年(1877)湖北崇文書局刻本　一冊

650000－1461－0001308　集00351
龍威秘書十集三百二十三卷　(清)馬俊良編　清乾隆五十九年(1794)石門馬氏大酉山房刻本　一冊　存一冊(第九集第三冊)

650000－1461－0001309　集00352
大清壹統輿圖三十一卷首一卷　(□)□□撰　清同治二年(1863)刻本　三冊　存三卷(北二至四)

650000－1461－0001310　集00353
文章軌範七卷　(元)謝枋得輯　清光緒九年(1883)刻本　二冊

650000－1461－0001311　集00354
漢西域圖考七卷首一卷　(清)李光廷撰　清石印本　二冊　存(西域圖、地球全圖)

650000－1461－0001312　集00355
宛鄰書屋古詩錄十二卷　(清)張琦編　清同治八年(1869)刻本　四冊

650000－1461－0001313　集00356
紀文達公遺集文集十六卷詩集十六卷　(清)紀昀撰　清嘉慶十七年(1812)刻本　十二冊

650000－1461－0001314　集00357
梅花夢傳奇二卷　(清)陳森撰　清光緒十二年(1886)刻本　二冊

650000－1461－0001315　集00358
漢西域圖考七卷首一卷　(清)洪葆榮撰　清光緒二十二年(1896)上海文瑞慶石印本　八冊

650000－1461－0001316　集00359
冬心草堂詩選不分卷　(清)李恩綬撰　清宣統二年(1910)鉛印本　二冊

650000－1461－0001317　集00360
昌黎先生集四十卷　(唐)韓愈撰　明萬曆徐氏東雅堂刻本　三十二冊

650000－1461－0001318　集00361
杜詩詳註二十四卷附錄二卷首一卷　(清)仇兆鰲輯　清康熙三十二年(1693)刻本　二十四冊

650000－1461－0001319　集00362
韓文公文抄十六卷　(唐)韓愈撰　明閔齊伋刻本　十四冊

650000－1461－0001320　集00363
施注蘇詩四十二卷東坡年譜一卷王注正譌一卷蘇詩續補遺二卷　(宋)施元之撰　清康熙三十八年(1699)宋氏刻本(補遺卷下據古香齋本抄配)　十六冊

650000－1461－0001321　集00364
新刻臨川王介甫先生文集一百卷目錄二卷　(宋)王安石撰　明萬曆四十年(1612)王鳳翔刻本　十六冊

650000－1461－0001322　集00365
晦庵先生朱文公文集一百卷續集五卷別集七

卷目錄二卷 （宋）朱熹撰 清康熙二十七年(1688)刻本 四十冊

650000－1461－0001323 集 00366
蘇學士文集十六卷滄浪小志二卷 （宋）蘇舜欽撰 清康熙三十七年(1698)刻本 六冊

650000－1461－0001324 集 00367
靳雨城先生集二十卷 （明）靳學顔著 明萬曆十七年(1589)刻本 八冊

650000－1461－0001325 集 00368
史忠正公集四卷首一卷末一卷 （明）史可法撰 清乾隆五十三年(1788)教忠堂刻本 三冊

650000－1461－0001326 集 00369
曝書亭集八十卷附錄一卷 （清）朱彝尊撰 清康熙五十三年(1714)刻本 十二冊

650000－1461－0001327 集 00370
漁洋山人精華錄箋注十二卷附補注一卷 （清）王士禎撰 清雍正十二年(1734)鳳翽堂刻本 十二冊

650000－1461－0001328 集 00371
味道軒集十二卷 （清）周光檀著 清稿本 八冊

650000－1461－0001329 集 00372
御選唐宋詩醇四十七卷 （清）陳弘謀輯 清乾隆二十五年(1760)刻本 二十冊

650000－1461－0001330 集 00373
唐詩別裁集十卷 （清）沈德潛選 清康熙五十六年(1717)敬業堂刻本 八冊

650000－1461－0001331 集 00374
杜工部集二十卷 （唐）杜甫撰 清光緒二年(1876)粵東翰墨園刻本 十冊

650000－1461－0001332 集 00375
全唐詩九百卷 （清）曹寅等校閲 清康熙四十六年(1707)揚州詩局刻本 一百二十冊

650000－1461－0001333 集 00376
全唐詩九百卷 （清）曹寅等校閲 清康熙四十六年(1707)揚州詩局刻本 一百二十冊

650000－1461－0001334 集 00377
感舊集十六卷 （清）王士禛選 清乾隆十七年(1752)刻本 八冊

650000－1461－0001335 集 00378
六臣注文選六十卷 （南朝梁）蕭統撰 明萬卷堂刻本 六十冊

650000－1461－0001336 集 00379
元文類七十卷目錄三卷 （元）蘇天爵輯 明末修德堂刻本 二十四冊

650000－1461－0001337 集 00380
御選唐宋文醇五十八卷 （清）張照校對 清乾隆三年(1738)武英殿三色套印本 二十冊

650000－1461－0001338 集 00381
古文淵鑑六十四卷 （清）徐乾學等編 清雍正武英殿四色套印本 二十四冊

650000－1461－0001339 集 00382
文苑英華選六十卷 （清）宮夢仁輯 清康熙四十三年(1704)宮夢仁刻本 二十四冊

650000－1461－0001340 集 00383
蘇子瞻文約選一卷蘇子由文約選一卷 （宋）蘇軾撰 清康熙武英殿刻本 六冊

650000－1461－0001341 集 00384
詞律二十卷 （清）萬樹撰 清康熙二十六年(1687)萬樹堆絮園刻本 十冊

650000－1461－0001342 集 00385
琴香堂繪像第六才子書八卷 （元）王實甫撰 清乾隆三十二年(1767)琴香堂刻本 六冊

650000－1461－0001343 集 00386
彙纂詩法度鍼三十三卷首一卷 （清）徐文弼輯 清乾隆二十七年(1762)聚錦堂刻本 八冊

650000－1461－0001344 集 00387
欽定國朝詩別裁集三十二卷 （清）沈德潛纂評 清乾隆二十六年(1761)翰林院重修本 十六冊

650000－1461－0001345 集 00388
漁隱叢話前集六十卷後集四十卷 （宋）胡仔

撰　清耘經樓刻本　十册

650000－1461－0001346　集00391
閱微草堂筆記二十四卷　（清）紀昀撰　清嘉慶二十一年（1816）刻本　十册

650000－1461－0001347　集00389
閱微草堂筆記二十四卷　（清）紀昀撰　清嘉慶二十一年（1816）刻本　十册

650000－1461－0001348　集00390
岑襄勤公勛德介福圖册不分卷　（清）徐謙撰　清光緒十七年（1891）刻本　一册

650000－1461－0001349　志00001
欽定皇輿西域圖志四十八卷首四卷　（清）傅恒等纂輯　清光緒十九年（1893）杭州便益書局石印本　十二册

650000－1461－0001350　志00002
番社采風圖考一卷　（清）六十七撰　清刻本　一册

650000－1461－0001351　志00003
番社采風圖考一卷　（清）六十七撰　清刻本　一册

650000－1461－0001352　志00004
海國圖志一百卷　（清）魏源撰　清同治七年（1868）柳州陳氏刻本　二十四册

650000－1461－0001353　志00005
灌縣鄉土志二卷　（清）鍾文虎修　（清）徐昱纂　清光緒三十三年（1907）灌縣縣署刻本　二册

650000－1461－0001354　志00006
新疆輿圖風土攷五卷　（清）椿園氏著　清光緒八年（1882）點石齋石印本　一册

650000－1461－0001355　志00007
新疆兵事志二卷　王樹枏撰　清新疆官書局鉛印本　二册

650000－1461－0001356　志00007－1
新疆兵事志二卷　王樹枏撰　清新疆官書局鉛印本　二册

650000－1461－0001357　志00007－2
新疆兵事志二卷　王樹枏撰　清新疆官書局鉛印本　二册

650000－1461－0001358　志00007－3
新疆兵事志二卷　王樹枏撰　清新疆官書局鉛印本　二册

650000－1461－0001359　志00007－4
新疆兵事志二卷　王樹枏撰　清新疆官書局鉛印本　二册

650000－1461－0001360　志00007－5
新疆兵事志二卷　王樹枏撰　清新疆官書局鉛印本　二册

650000－1461－0001361　志00008
鄭氏通志二百卷　（宋）鄭樵撰　清鉛印本　十三册　存四十四卷（一百五十一至一百九十四）

650000－1461－0001362　志00009
馬氏文獻通考三百四十八卷　（元）馬端臨撰　清光緒二十七年（1901）上海圖書集成鉛印本　二十一册　存一百四十一卷（一至一百四十一）

650000－1461－0001363　志00010
衛藏通志十六卷　（清）松筠撰　清末手抄本　十六册

650000－1461－0001364　志00011
海國圖志六十卷　（清）魏源撰　清道光二十九年（1849）刻本　二十四册

650000－1461－0001365　志00012
十三州志一卷三輔决二卷　（清）張澍輯　清光緒十六年（1890）刻本　一册

650000－1461－0001366　志00013
新疆禮俗志一卷　王樹枏撰　清末新疆官書局鉛印本　一册　存（圖志卷）

650000－1461－0001367　志00014
西藏記二卷　（□）□□撰　清刻本　二册

650000－1461－0001368　志00015
甘肅全省新通志一百卷首五卷　（清）昇允修

清宣統元年(1909)甘肅督署刻本　十二册　存二十卷(五至六、九、十三至十五、十八至二十四、二十八、六十七、七十二、七十四、七十八至八十)

650000－1461－0001369　志 00016
補元史藝文志四卷　(清)錢大昕撰　清光緒十九年(1893)廣雅書局刻本　一册

650000－1461－0001370　志 00017
日本國志四十卷　(清)黄遵憲編　清光緒二十四年(1898)浙江書局刻本　十册

650000－1461－0001371　志 00018
中外地輿圖說集成一百三十卷　(清)同康廬編輯　清光緒二十年(1894)上海積山書局石印本　二十四册

650000－1461－0001372　志 00019
[光緒]增修灌縣志十四卷首一卷　(清)莊思恒修　清光緒十二年(1886)刻本　十册

650000－1461－0001373　志 00020
[乾隆]潮州府志四十二卷首一卷　(清)周碩勳纂修　清光緒十九年(1893)珠蘭書屋刻本　二十五册

650000－1461－0001374　志 00021
博異記一卷　(唐)鄭還古撰　清刻本　一册

650000－1461－0001375　志 00022
黑心符不分卷　(唐)于義方撰　清刻本　一册

650000－1461－0001376　志 00022－1
龍女傳一卷　(唐)薛瑩撰　清刻本　一册

650000－1461－0001377　志 00024
紅線傳一卷　(唐)楊巨源撰　清刻本　一册

650000－1461－0001378　志 00025
周秦行紀一卷　(唐)牛僧孺著　清刻本　一册

650000－1461－0001379　志 00026
柳毅傳一卷　(唐)李朝威著　清刻本　一册

650000－1461－0001380　志 00027
虬髯客傳一卷　(唐)張說撰　清刻本　一册

650000－1461－0001381　志 00028
三夢記不分卷　(唐)白行簡撰　清刻本　一册

650000－1461－0001382　志 00029
小名錄一卷　(唐)陸龜蒙著　清刻本　一册

650000－1461－0001383　志 00030
集異記不分卷　(唐)薛用弱撰　清刻本　一册

650000－1461－0001384　志 00031
靈應錄一卷　(五代)于逖撰　清刻本　一册

650000－1461－0001385　志 00032
冥音錄一卷　(唐)朱慶餘撰　清刻本　一册

650000－1461－0001386　志 00033
諾臯記一卷　(唐)段成式撰　清刻本　一册

650000－1461－0001387　志 00034
才鬼記一卷　(唐)鄭蕡撰　清刻本　一册

650000－1461－0001388　志 00035
前定録一卷　(唐)鍾輅撰　清刻本　一册

650000－1461－0001389　志 00036
靈鬼志一卷　(唐)常沂撰　清刻本　一册

650000－1461－0001390　志 00037
新疆圖志一百十六卷　王樹枏　曾少魯總纂　清宣統三年(1911)刻本　一百五十二册

650000－1461－0001391　志 00038
[光緒]山西通志二百三十卷　(清)張煦修　清光緒十年(1884)刻本　九十六册

650000－1461－0001392　志 00039
大清一統志五百卷　(清)和珅修　清石印本　六十册

650000－1461－0001393　志 00040
滇繫四十卷　(清)師範纂輯　清光緒六年(1880)雲南書局刻本　四十册

650000－1461－0001394　志 00041
[宣統]南海縣志二十六卷　(清)張鳳喈修

清宣統三年(1911)刻本　十五册

650000－1461－0001395　志 00042
衛藏通志十六卷首一卷校字記一卷　(清)和琳輯　清光緒二十二年(1896)漸西村舍石印本　八册

650000－1461－0001396　志 00043
[民國]杭州府志一百七十八卷首八卷　(□)□□撰　清鉛印本　八十一册

650000－1461－0001397　志 00044
大清一統志五百卷　(清)高宗弘曆纂　清光緒二十八年(1902)上海寶善齋石印本　六十册

650000－1461－0001398　志 00045
大清一統志五百卷　(清)高宗弘曆纂　清光緒二十八年(1902)上海寶善齋石印本　一册　存一卷(三十四)

650000－1461－0001399　志 00046
乾隆府廳州縣圖志五十卷　(清)洪亮吉撰　清光緒五年(1879)授經堂刻本　十八册　存四十七卷(二至四十八)

650000－1461－0001400　志 00047
西陲竹枝詞一卷　(清)祁韻士撰　清末影印本　一册

650000－1461－0001401　志 00048
西陲總統事略十二卷　(清)松筠修　清嘉慶十四年(1809)刻本　六册

650000－1461－0001402　志 00049
亞細亞洲志一卷附新志一卷　(清)學部編譯圖書局編　清光緒三十四年(1908)學部圖書館鉛印本　一册

650000－1461－0001403　志 00050
爪哇志一卷附新志一卷蘇門答拉志一卷附新志一卷　(清)學部編譯圖書局編　清光緒三十三年(1907)學部圖書館鉛印本　一册

650000－1461－0001404　志 00051
亞拉伯志一卷附新志　(清)學部編譯圖書局編　清光緒三十三年(1907)學部圖書館鉛印本　一册

650000－1461－0001405　志 00052
小亞細亞志一卷　(清)學部編譯圖書局編　清光緒三十三年(1907)學部圖書館鉛印本　一册

650000－1461－0001406　志 00053
波斯志一卷　(清)學部編譯圖書局編　清光緒三十三年(1907)學部圖書館鉛印本　一册

650000－1461－0001407　志 00054
西比利亞志一卷附新志一卷　(清)學部編譯圖書局編　清光緒三十四年(1908)學部圖書館鉛印本　一册

650000－1461－0001408　志 00055
亞斐利加州志一卷附新志一卷　(清)學部編譯圖書局編　清光緒三十四年(1908)學部圖書館鉛印本　一册

650000－1461－0001409　志 00056
黔書二卷　(清)田雯撰　清康熙二十九年(1690)刻本　一册

650000－1461－0001410　志 00057
黑龍江述略六卷　(清)徐宗亮著　清光緒十七年(1891)石埭徐氏觀自得齋刻本　二册

650000－1461－0001411　志 00058
西藏通覽不分卷　(日本)山縣初男編　清光緒三十四年(1908)石印本　四册

650000－1461－0001412　志 00059
蒙古遊牧記十六卷　(清)張穆撰　清同治六年(1867)刻本　四册

650000－1461－0001413　志 00060
歷代地理志韻編今釋二十卷　(清)李兆洛等撰　清刻本　六册　存十三卷(八至二十)

650000－1461－0001414　志 00061
讀書雜識十二卷　(清)勞格撰　清光緒四年(1878)刻本　四册

650000－1461－0001415　志 00062
西湖志四十八卷　(清)李衛等編修　清刻本　十册　存二十五卷(二十四至四十八)

650000－1461－0001416　志 00063

新疆禮俗志一卷　王樹枏撰　清末新疆官書局鉛印本　一册　存(圖志卷)

650000－1461－0001417　志 00064

新疆禮俗志一卷　王樹枏撰　清末新疆官書局鉛印本　一册　存(圖志卷)

650000－1461－0001418　志 00065

衛藏圖識五卷　(清)魯華祝等撰　清乾隆五十七年(1792)刻本　四册

650000－1461－0001419　叢 00001

大清太祖高皇帝聖訓四卷　清刻本　四册

650000－1461－0001420　叢 00002

大清太宗文皇帝聖訓六卷　清刻本　六册

650000－1461－0001421　叢 00003

大清世祖章皇帝聖訓六卷　清刻本　六册

650000－1461－0001422　叢 00004

大清聖祖仁皇帝聖訓六十卷　清刻本　二十四册

650000－1461－0001423　叢 00005

大清世宗憲皇帝聖訓三十六卷　清刻本　二十册

650000－1461－0001424　叢 00006

大清高宗純皇帝聖訓三百卷　清刻本　一百六十册

650000－1461－0001425　叢 00007

大清仁宗睿皇帝聖訓一百十卷　清刻本　八十册

650000－1461－0001426　叢 00008

大清宣宗成皇帝聖訓一百三十卷　清刻本　一百册

650000－1461－0001427　叢 00009

大清文宗顯皇帝聖訓一百十卷　清刻本　四十八册

650000－1461－0001428　叢 00010

皇清經解一千四百八卷　(清)阮元主編　清咸豐十一年(1861)刻本　三百六十册

650000－1461－0001429　叢 00011

欽定大清會典事例九百二十卷目錄八卷　(清)王傑等修　清嘉慶二十三年(1818)刻本　六十五册　存一百六十三卷(一至十三、二十七至三十二、三十五至三十九、八十三至一百二十七、三百五十至三百七十二、四百五十七至四百六十九、五百四十九至五百八十三、六百六十三至六百六十四、七百五至七百二十五)

650000－1461－0001430　叢 00012

皇清經解一千四百卷　(清)阮元主編　清道光九年(1829)刻本　三百册

650000－1461－0001431　叢 00013

中外地輿圖説集成一百三十卷首三卷　(清)同康廬編輯　清光緒二十年(1894)上海順成書局石印本　二十四册

650000－1461－0001432　叢 00014

中外地輿圖説集成一百三十卷首一卷　(清)同康廬編輯　清光緒二十年(1894)上海積山書局石印本　三十一册　缺四卷(一百二十三至一百二十六)

650000－1461－0001433　叢 00015

欽定大清會典圖二百七十卷首一卷　(清)李鴻章撰　清光緒二十五年(1899)石印本　七十三册

650000－1461－0001434　叢 00016

欽定大清會典一百卷　(清)允祹等修　清石印本　三十六册

650000－1461－0001435　叢 00017

欽定大清會典事例一千二百二十卷目錄八卷　(清)李鴻章撰　清光緒十二年(1886)石印本　三百八十四册

650000－1461－0001436　叢 00018

曾文正公全集十四種　(清)曾國藩撰　清光緒三年(1877)傳忠書局刻本　一百二十八册

650000－1461－0001437　叢 00019

曾文正公奏議十卷補編四卷　(清)曾國藩著　清同治十三年(1874)刻本　十八册

650000－1461－0001438　叢 00020
江左三大家詩抄九卷　(清)顧有孝等輯　清刻本　五冊

650000－1461－0001439　叢 00021
西堂全集六十二卷　(清)尤侗撰　清刻本　二十四冊

650000－1461－0001440　叢 00022
皇清經解續編一千四百三十卷　王先謙輯　清光緒十四年(1888)南菁書院刻本　三百二十冊

650000－1461－0001441　叢 00023
顧亭林先生遺書十種二十七卷　(清)顧炎武撰　清蓬瀛閣刻本　十二冊

650000－1461－0001442　叢 00024
國朝六家詩鈔八卷　(清)劉執玉選　清光緒九年(1883)刻本　八冊

650000－1461－0001443　叢 00025
李文忠公全集五種　(清)李鴻章撰　清光緒三十四年(1908)刻本　一百冊

650000－1461－0001444　叢 00026
李文忠公全集一百六十五卷　(清)李鴻章撰　清光緒三十一年至三十四年(1905－1908)金陵刻本　一百冊

650000－1461－0001445　叢 00027
少室山房筆叢四十八卷　(明)胡應麟撰　清光緒二十二年(1896)廣雅書局刻本　十二冊

650000－1461－0001446　叢 00028
綱鑑易知錄一百七卷　(清)吳乘權等輯　清刻本　四十八冊

650000－1461－0001447　叢 00029
歷朝紀事本末九種六百五十八卷　(清)高士奇等撰　清宣統二年(1910)上海文盛書局石印本　四十冊

650000－1461－0001448　叢 00030
歐陽文忠公集一百五十三卷年譜一卷附錄五卷　(宋)歐陽修撰　清乾隆五十七年(1792)刻本　二十四冊

650000－1461－0001449　叢 00031
皇朝通典一百卷通考通志五百二十六卷　(清)曹仁虎等纂修　清光緒二十八年(1902)上海鴻寶書局石印本　八冊

650000－1461－0001450　叢 00032
木犀軒叢書二十五種　(清)李盛鐸輯　清光緒十一年(1885)刻本　四十冊

650000－1461－0001451　叢 00033
邵武徐氏叢書十四種　(清)徐幹輯　清光緒九年(1883)邵武徐氏刻本　四十冊

650000－1461－0001452　叢 00034
洪北江全集二十三種二百二十二卷附年譜傳記　(清)洪亮吉撰　清光緒三年(1877)授經堂刻本　八十四冊

650000－1461－0001453　叢 00035
張子全書十四卷　(宋)張載撰　清道光二十二年(1842)刻本　八冊

650000－1461－0001454　叢 00036
古逸叢書二十六種　(清)黎庶昌編　清光緒十年(1884)遵義黎氏日本東京使署刻本　四十九冊

650000－1461－0001455　叢 00037
船山遺書六十二種　(清)王夫之撰　清同治四年(1865)湘鄉曾國荃金陵刻本　一百冊

650000－1461－0001456　叢 00038
御纂七經□□卷　(清)李光地等纂　清光緒中江南書局刻本　一百三十二冊

650000－1461－0001457　叢 00039
明季稗史彙編十六種二十七卷　(清)留雲居士編　清光緒掃葉山房刻本　十二冊　存十五種十九卷(行在陽秋二卷、幸存錄二卷、聖安皇帝本紀二卷、嘉定屠城紀略一卷、耿尚孔吳四王合傳一卷、求野錄一卷、也是錄一卷、江南聞見錄一卷、續幸存錄一卷、粵游見聞一卷、賜姓始末一卷、兩廣紀略一卷、揚州十日記一卷、東明聞見錄一卷、青燐屑二卷)

650000－1461－0001458　叢 00040

全唐文一千卷目錄三卷　(清)仁宗顒琰編　清嘉慶刻本　五百四册

650000－1461－0001459　叢 00041
欽定全唐詩三十二卷　(清)聖祖玄燁編　清末石印本　十五册　存十五卷(十八至三十二)

650000－1461－0001460　叢 00042
白圭堂詩鈔六卷續鈔六卷　(清)江之紀修　清光緒十九年(1893)刻本　四册

650000－1461－0001461　叢 00043
觀古堂所著書二集□□卷　葉德輝輯　清光緒二十八年(1902)湘潭葉氏刻本　十六册

650000－1461－0001462　叢 00044
觀古堂所著書二集□□卷　葉德輝輯　清光緒二十八年(1902)湘潭葉氏刻本　十五册　缺三卷(巖下放言一至三)

650000－1461－0001463　叢 00045
兵垣四編四種　(明)唐順之等撰　清抄本　五册

650000－1461－0001464　叢 00046
武林往哲遺著五十二種三百十卷　(清)丁丙輯　清光緒嘉惠堂刻本　九十六册

650000－1461－0001465　叢 00047
群書拾補初編三十七卷　(清)盧文弨撰　清光緒十三年(1887)上海蜚英館石印本　八册

650000－1461－0001466　叢 00048
忠武侯諸葛孔明先生全集五種　(三國蜀)諸葛亮撰　清同治元年(1862)刻本　五册　存七卷(故事五卷、兵法二卷)

650000－1461－0001467　叢 00049
林文忠公政書甲集九卷乙集十七卷丙集十一卷　(清)林則徐撰　清刻本　十六册

650000－1461－0001468　叢 00050
音學五書三十八卷　(清)顧炎武撰　清光緒十六年(1890)思賢講舍刻本　十二册

650000－1461－0001469　叢 00051
五種遺規二十卷　(清)陳宏謀輯　清乾隆七年(1742)陳氏培遠堂刻本　八册

650000－1461－0001470　叢 00052
說鈴前集三十九種後集十六種　(清)吴震方編　清嘉慶四年(1799)刻本　三十二册

650000－1461－0001471　叢 00053
忠武侯全集二十卷　(清)張澍輯　清光緒刻本　六册　存十二卷(諸葛忠武侯故事五卷、諸葛忠武侯兵法四卷附錄二卷、文集不分卷)

650000－1461－0001472　叢 00054
胡文忠公遺集八十六卷　(清)胡林翼撰　清同治六年(1867)刻本　十二册　存二十八卷(行狀本傳奏疏一至十九、守黔書牘二至三、撫鄂書牘四至七、撫鄂批札八至十)

650000－1461－0001473　叢 00055
胡文忠公遺集十卷　(清)胡林翼撰　清刻本　六册

650000－1461－0001474　叢 00056
楊忠愍公集四卷　(明)楊繼盛撰　清光緒九年(1883)甘肅藩署刻本　四册

650000－1461－0001475　叢 00057
龍莊遺書四種十五卷　(清)汪輝祖撰　清光緒十五年(1889)刻本　六册

650000－1461－0001476　叢 00058
澤存堂五種　(清)張士俊輯　清光緒十四年(1888)上海蜚英館石印本　八册

650000－1461－0001477　叢 00059
惜抱軒全集十六卷　(清)姚鼐撰　清同治五年(1866)省心閣刻本　十六册

650000－1461－0001478　叢 00060
望溪先生文集十八卷集外文十卷補遺二卷年譜二卷　(清)方苞撰　清咸豐二年(1852)刻本　十四册

650000－1461－0001479　叢 00061
續知不足齋叢書第一集六種　(□)□□撰　清刻本　十六册

650000－1461－0001480　叢 00062
二酉堂叢書二十一種　(清)張澍輯　清道光

元年(1821)武威張氏二酉堂刻本　十册

650000－1461－0001481　叢00063
麗廔叢書九種　葉德輝輯　清光緒三十二年至民國八年(1906－1919)長沙葉氏觀古堂刻本　八册

650000－1461－0001482　叢00064
高子遺書十二卷附録一卷年譜一卷　(明)高攀龍撰　清光緒二年(1876)刻本　十三册　存十三卷(高子遺書十二卷、附録一卷)

650000－1461－0001483　叢00065
荆駝逸史五十二種八十一卷　(清)陳湖逸士撰　清刻本　二十四册

650000－1461－0001484　叢00066
歷陽典録三十四卷　(清)陳廷桂輯　清同治六年(1867)和州館舍刻本　十册

650000－1461－0001485　叢00067
史學叢書三編一百五十種　(□)□□撰　清光緒二十五年(1899)文瀾書局石印本　三十二册

650000－1461－0001486　叢00068
問影樓輿地叢書十五種　(清)胡思敬輯　清光緒三十四年(1908)問影樓刻本　十册

650000－1461－0001487　叢00069
粤雅堂叢書二十集一百二十二種七百十八卷　(清)伍崇曜輯　清咸豐三年(1853)南海伍氏刻本　八十册

650000－1461－0001488　叢00070
函海一百五十九種　(清)李調元輯　清乾隆四十七年(1782)刻本　一百四十册

650000－1461－0001489　叢00071
崇文書局叢書三十三種　(清)崇文書局輯　清光緒三年(1877)湖北崇文書局刻本　八十册

650000－1461－0001490　叢00072
倭文端公遺書十一卷首二卷　(清)倭仁撰　清光緒二十年(1894)山東書局刻本　八册

650000－1461－0001491　叢00072－1
倭文端公遺書十一卷首二卷　(清)倭仁撰　清光緒二十年(1894)山東書局刻本　八册

650000－1461－0001492　叢00073
元遺山先生全集四十卷首一卷末一卷附翁輯年譜一卷施輯年譜一卷凌輯年譜二卷續夷堅志四卷攷證三卷新樂府四卷　(元)元好問撰　清光緒七年(1881)讀書山房刻本　十七册

650000－1461－0001493　叢00074
范文正忠宣二公全集十八種　(明)毛一鷺編　清宣統二年(1910)歲寒堂刻本　十六册

650000－1461－0001494　叢00075
張子全書十五卷附年譜一卷　(宋)張載撰　清同治九年(1870)刻本　八册

650000－1461－0001495　叢00076
左文襄公全集十一種首一卷　(清)左宗棠撰　清光緒湘陰左氏刻本　一百二十八册　存十種一百三十卷(左文襄公奏稿一至六十四,左文襄公批札一至七,左文襄公書牘一至十六、十八至二十六,文集一至五,詩集一,聯語一,謝摺一至二,張大司馬奏稿一至四,駱文忠公奏稿一至十,左文襄公年譜一至十,札一)

650000－1461－0001496　叢00077
左文襄公奏稿六十四卷　(清)左宗棠撰　清刻本　三十四册　存三十一卷(總目,一、五至十八、二十四至二十五、二十八至三十三、五十五、五十八至六十、六十二至六十四)

650000－1461－0001497　叢00078
左文襄公書牘二十六卷　(清)左宗棠撰　清光緒十八年(1892)刻本　二十四册　缺三卷(十三至十五)

650000－1461－0001498　叢00079
左文襄公批札七卷　(清)左宗棠撰　清刻本　七册

650000－1461－0001499　叢00080
左文襄公謝摺二卷　(清)左宗棠撰　清光緒刻本　二册

650000－1461－0001500　叢 00081

左文襄公文集五卷　(清)左宗棠撰　清光緒十八年(1892)刻本　一冊　缺一卷(一)

650000－1461－0001501　叢 00082

駱文忠公奏稿十卷　(清)駱秉章撰　(清)左宗棠撰　清光緒十七年(1891)刻本　三冊　存三卷(一、三、十)

650000－1461－0001502　叢 00083

張大司馬奏稿四卷　(清)張亮基撰　(清)左宗棠撰　清光緒十七年(1891)刻本　一冊　存一卷(四)

650000－1461－0001503　叢 00084

國史本傳不分卷　(清)左宗棠撰　清光緒十六年(1890)刻本　一冊

650000－1461－0001504　叢 00085

左文襄公詩集聯語說帖一卷　(清)左宗棠撰　清光緒十八年(1892)刻本　一冊

650000－1461－0001505　叢 00086

左文襄集咨札告示□□卷　(清)左宗棠著　清光緒十八年(1892)刻本　一冊　存二卷(張大司馬奏稿四、首卷)

650000－1461－0001506　叢 00087

唐代叢書六集一百六十四種一百六十八卷　(清)陳世熙輯　清刻本　二十冊

650000－1461－0001507　叢 00088

皇朝藩屬輿地叢書二十八種　(清)文瑞樓主輯　清光緒二十九年(1903)上海文瑞樓石印本(元史釋文證補卷七至八、十三、十六至十七、十九至二十一、二十五、二十八原缺)　四十八冊

650000－1461－0001508　叢 00088－1

皇朝藩屬輿地叢書二十八種　(清)文瑞樓主輯　清光緒二十九年(1903)上海文瑞樓石印本　四十七冊　缺三卷(帕米爾圖說一卷、帕米爾輯略一卷、澳大利亞州志一卷)

650000－1461－0001509　叢 00088－2

皇朝藩屬輿地叢書二十八種　(清)文瑞樓主輯　清光緒二十九年(1903)上海文瑞樓石印本　九冊　存十九卷(西藏圖考一至四、六、八,越史略一至三,吉林外紀一至十)

650000－1461－0001510　叢 00088－3

皇朝藩屬輿地叢書二十八種　(清)文瑞樓主輯　清光緒二十九年(1903)上海文瑞樓石印本　二十七冊　缺二十三卷(蒙古遊牧記六至八、元史釋文補正一至十七、十九至二十一)

650000－1461－0001511　叢 00089

皇朝藩屬輿地叢書二十八種　(清)文瑞樓主輯　清光緒二十九年(1903)上海文瑞樓石印本　四十八冊

650000－1461－0001512　叢 00090

皇朝藩屬輿地叢書四種　(□)□□撰　清光緒上海文瑞樓石印本　三十五冊

650000－1461－0001513　叢 00091

李氏五種合刊二十七卷　(清)李兆洛輯　清光緒十四年(1888)埽葉山房刻本　十六冊

650000－1461－0001514　叢 00092

四印齋所刻詞□□卷　(清)王鵬運輯　清光緒十四年(1888)臨桂王氏家塾刻本　十八冊

650000－1461－0001515　叢 00093

鐵華館叢書六種　(清)蔣鳳藻輯　清光緒徐元圃刻本　十二冊

650000－1461－0001516　叢 00094

明大司馬盧公集十二卷首一卷　(明)盧象昇撰　**盧忠肅公遺翰**　(清)任錫汾書　清光緒三十四年(1908)會稽施惠刻本　八冊

650000－1461－0001517　叢 00095

洪北江全集二十三種二百二十二卷附年譜傳記　(清)洪亮吉撰　清光緒三年(1877)授經堂刻本　六十四冊

650000－1461－0001518　叢 00096

北堂書鈔一百六十卷　(唐)虞世南纂　(清)孔廣陶校注　清光緒十四年(1888)南海孔氏三十有三萬卷樓刻本　二十冊

650000－1461－0001519　叢 00097
榆園叢刻三十七種　(清)許增輯　清光緒十九年(1893)刻本　四十册

650000－1461－0001520　叢 00098
宋名家詞六十一種　(明)毛晉編　清光緒十四年(1888)錢塘汪氏石印本　三十册

650000－1461－0001521　叢 00099
秋浦雙忠錄五種四十卷　劉世珩編　清光緒二十八年(1902)貴池劉氏唐石簃刻本　六册

650000－1461－0001522　叢 00100
粵雅堂叢書二十集一百二十二種　(清)伍崇曜輯　清咸豐三年(1853)南海伍氏刻本　二百三十八册

650000－1461－0001523　叢 00101
范文正公全集十二種四十八卷附范忠宣公全集　(明)毛一鷺編　清宣統二年(1910)刻本　十六册

650000－1461－0001524　叢 00102
史學叢書四十四種　(□)□□撰　清光緒二十五年(1899)上海文瀾書局石印本　三十二册

650000－1461－0001525　叢 00103
授堂遺書十三種　(清)武億著　清道光二十三年(1843)授堂刻本　十六册

650000－1461－0001526　叢 00104
宋詩鈔初集一百六卷　(清)吳之振編　清康熙十年(1671)刻本　三十二册

650000－1461－0001527　叢 00105
陶廬叢刻初集十九種續集一種　王樹枏撰　清光緒十一年(1885)刻本　五十三册

650000－1461－0001528　叢 00106
湖海樓叢書十二種　(清)陳春輯　清嘉慶二十四年(1819)蕭山陳氏湖海樓刻本　二十五册　缺二十八卷(訂譌雜錄一至十、龍筋鳳髓判一至四、永嘉八面鋒一至十三、會稽三賦一)

650000－1461－0001529　叢 00107
滂喜齋叢書五十六種八十一卷　(清)潘祖蔭輯　清同治十一年至光緒九年(1872－1883)潘氏刻本　三十二册

650000－1461－0001530　叢 00108
玉海二百卷　(宋)王應麟撰　清光緒成都王氏刻本　十二册　存二十三卷(一至二十三)

650000－1461－0001531　叢 00109
玉海詩考一卷詩地理考六卷漢藝文志考證十卷通鑑地理通釋十四卷踐阼篇集解一卷急就章四卷周書王會補注一卷漢制考四卷小學紺珠十卷姓氏急就篇二卷六經天文篇二卷周易鄭康成注一卷通鑑答問五卷校補瑣記二卷　(宋)王應麟纂　清光緒浙江書局刻本　十八册

650000－1461－0001532　叢 00110
玉海二百卷附辭學指南四卷　(宋)王應麟撰　清成都王氏刻本　九十六册

650000－1461－0001533　叢 00111
玉海二百卷附辭學指南四卷　(宋)王應麟撰　清光緒九年(1883)浙江書局刻本(卷五十六至五十七、一百六十三至一百八十三爲補配)　九十八册　缺一卷(一百二)

650000－1461－0001534　叢 00112
宜稼堂十一種　(清)郁松年輯　清道光二十一年(1841)刻本　六十四册

650000－1461－0001535　叢 00113
小方壺齋輿地叢鈔十二帙六十四卷　王錫祺輯　清光緒十七年(1891)南清河王氏鉛印本　六十四册

650000－1461－0001536　叢 00114
小方壺齋輿地叢鈔十二帙六十四卷　王錫祺輯　清光緒十七年(1891)南清河王氏鉛印本　十六册　存九百四十一卷(第四帙一至五百十七、五百九十七至七百四、七百七十六至九百六十九,第五帙一至一百二十二)

650000－1461－0001537　叢 00114－1
小方壺齋輿地叢鈔十二帙六十四卷　王錫祺輯　清光緒十七年(1891)南清河王氏鉛印本

十二冊　存八百十七卷（第四帙一至四百三十三、五百二十三至八百四十七、一千二十八至一千八十六）

650000－1461－0001538　叢 00114－2
小方壺齋輿地叢鈔十二帙六十四卷　王錫祺輯　清光緒十七年（1891）南清河王氏鉛印本　一冊　存七十三卷（第四帙六百七十二至七百四十四）

650000－1461－0001539　叢 00115
小方壺齋輿地叢鈔十二帙六十四卷　王錫祺輯　清光緒十七年（1891）南清河王氏鉛印本　六十冊　存六十冊（第一秩六冊、第三秩六冊、第五秩二冊、第六秩四冊、第七秩四冊、第八秩三冊、第九秩四冊、第十秩六冊、第十一秩七冊、第十二秩二冊、再補編十六冊）

650000－1461－0001540　叢 00116
小方壺齋輿地叢鈔十二帙六十四卷　王錫祺輯　清光緒十七年（1891）南清河王氏鉛印本　四十二冊　存二十六冊（第一秩六冊、第二秩一冊、第四秩十六冊、第五秩三冊）

650000－1461－0001541　叢 00117
粵雅堂叢書三編三十集一百八十五種　（清）伍崇曜輯　清道光至光緒南海伍氏刻本　四百冊

650000－1461－0001542　叢 00118
甌北全集七種　（清）趙翼撰　清嘉慶十七年（1812）湛貽堂刻本　六十四冊　存七十卷（陔餘叢考一至四十三、簷曝雜記一至六、皇朝武功紀盛一至四、甌北詩抄一至十七）

650000－1461－0001543　叢 00119
甌北全集八種　（清）趙翼撰　清光緒三年（1877）滇南唐氏刻本　五十七冊　缺三冊（一至三）

650000－1461－0001544　叢 00120
白沙子全集十卷首一卷末一卷白沙子古詩教解二卷　（明）陳獻章著　清乾隆三十六年（1771）碧玉樓刻本　十冊

650000－1461－0001545　叢 00121
問影樓輿地叢書十五種　（清）胡思敬輯　清光緒三十四年（1908）問影樓刻本　十二冊

650000－1461－0001546　叢 00122
王文成公全書三十八卷　（明）王守仁撰　清刻本　二十四冊

650000－1461－0001547　叢 00123
陶文毅公全集六十四卷首一卷末一卷　（清）陶澍著　清刻本　二十四冊

650000－1461－0001548　叢 00124
海山仙館叢書六十四種　（清）潘仕成編　清道光二十九年（1849）刻本　一百二十八冊

650000－1461－0001549　叢 00125
大雲山房文集十一卷　（清）惲敬著　清同治八年（1869）刻本　八冊　存七卷（初集一、二集三至四、補編一至四）

650000－1461－0001550　叢 00126
涵芬樓古今文鈔一百卷　吳曾祺纂錄　清宣統二年（1910）鉛印本　一百冊

650000－1461－0001551　叢 00127
平津館叢書十集四十三種　（清）孫星衍編　清光緒十一年（1885）吳縣朱氏槐廬家塾刻本　四十八冊

650000－1461－0001552　叢 00128
皇朝掌故彙編内篇六十卷首一卷外篇四十卷首一卷　（清）宋文蔚等纂　清光緒二十八年（1902）求實書社鉛印本　六十冊

650000－1461－0001553　叢 00129
四六叢話三十三卷選詩叢話一卷　（清）孫梅輯　清刻本　十二冊

650000－1461－0001554　叢 00130
小綠天庵遺詩二卷六舟山野紀事詩一卷　（清）釋達受著　清光緒二十二年（1896）古濮山房刻本　一冊

650000－1461－0001555　叢 00131
批點七家詩選箋註四卷　（清）張熙宇輯評　清光緒五年（1879）上海江左書林刻本　四冊

650000－1461－0001556　叢 00132

古唐詩合解十二卷　(清)王堯衢註　清西安義興堂刻本　五册

650000－1461－0001557　叢00133
山谷集内集二十卷外集十七卷别集二卷　(宋)黄庭堅撰　清光緒二十六年(1900)義寧陳氏四覺草堂刻本　二十册

650000－1461－0001558　叢00134
聖武記十四卷　(清)魏源撰　清道光二十四年(1844)常熟抱芳閣刻本　十二册

650000－1461－0001559　叢00135
國朝先正事略續編四卷　朱孔彰撰　清末石印本　二册　存二卷(三至四)

650000－1461－0001560　叢00136
皇朝道學名臣言行外録十七卷　(宋)李幼武輯　清刻本　一册　存五卷(一至五)

650000－1461－0001561　叢00137
初唐四傑文集二十一卷　(□)□□編　清光緒五年(1879)淮南書局刻本　四册

650000－1461－0001562　叢00138
經訓堂叢書二十一種　(清)畢沅輯　清光緒十三年(1887)大同書局刻本　十六册

650000－1461－0001563　叢00139
九通□□卷　(□)□□撰　清光緒二十八年(1902)上海鴻寶書局石印本　一百五十六册

650000－1461－0001564　叢00140
合肥李勤恪公政書十卷首一卷　(清)李瀚章撰　清光緒三十二年(1906)石印本　十册

650000－1461－0001565　叢00141
晨風閣叢書二十二種四十六卷　沈宗畸輯　清宣統元年(1909)沈氏刻本　十六册

650000－1461－0001566　叢00142
三十家詩鈔六卷末一卷　(清)曾國藩纂　清同治十三年(1874)傳忠書局刻本　六册

650000－1461－0001567　叢00143
李氏五種合刊二十七卷　(清)李兆洛輯　清光緒十四年(1888)埽葉山房刻本　四册

650000－1461－0001568　叢00144
八家四六文注八卷首一卷　(清)許貞幹輯　清光緒十七年(1891)許氏刻本　八册

650000－1461－0001569　叢00145
五千年中外交涉史九十七卷　(清)屯廬主人輯　清光緒二十九年(1903)上海蜚英書局鉛印本　二十册

650000－1461－0001570　叢00145－1
五千年中外交涉史九十七卷　(清)屯廬主人輯　清光緒二十九年(1903)上海蜚英書局鉛印本　一册　存六卷(一至六)

650000－1461－0001571　叢00146
倭文端公遺書十一卷首二卷　(清)倭仁撰　清光緒二十年(1894)山東書局刻本　八册

650000－1461－0001572　叢00146－1
倭文端公遺書十一卷首二卷　(清)倭仁撰　清光緒二十年(1894)山東書局刻本　八册

650000－1461－0001573　叢00147
遼金元三史國語解四十六卷　(清)高宗弘曆撰　清光緒四年(1878)江蘇書局刻本　十册

650000－1461－0001574　叢00148
庸盦全集六種二十一卷　(清)薛福成撰　清光緒二十三年(1897)上海醉六堂石印本　十二册

650000－1461－0001575　叢00149
夢厂雜著七種十卷　(清)俞蛟撰　清同治九年(1870)刻本　八册

650000－1461－0001576　叢00150
曾文正公奏議十卷末一卷　(清)曾國藩撰　清同治十三年(1874)上海醉六堂刻本　六册　存六卷(一至六)

650000－1461－0001577　叢00151
明季稗史二十七卷　(清)文秉撰　清都城琉璃廠刻本　十六册　存十八卷(烈皇小識一至八、聖安皇帝本紀一至二、行在陽秋一至二、嘉定屠城紀畧一、幸存録二、續幸存録一、粵游見聞一、東朝見聞録一、耿尚孔吴四王合

傳揚州十日記一)

650000－1461－0001578　叢00152

全後漢文一百六卷　(清)嚴可均編　清刻本　六册

650000－1461－0001579　叢00153

章氏遺書八種　(清)章學誠撰　清同治元年(1862)吳興劉氏嘉業堂刻本　二十六册

650000－1461－0001580　叢00154

玉海詩考一卷詩地理考六卷漢藝文志考證十卷通鑑地理通釋十四卷踐阼篇集解一卷急就章四卷周書王會補注一卷漢制考四卷小學紺珠十卷姓氏急就篇二卷六經天文篇二卷周易鄭康成注一卷通鑑答問五卷校補瑣記二卷　(宋)王應麟纂　清光緒浙江書局刻本　二十册

650000－1461－0001581　叢00155

陔餘叢考四十三卷　(清)趙翼撰　清刻本　十六册

650000－1461－0001582　叢00156

錦官録八種　(清)李錫書撰　清刻本　十册　存二十七卷(圜海圖考一至四、釋地圖考釋星圖考臆説一至十二、河洛圖説一至四、周官圖説一至六、雜著一)

650000－1461－0001583　叢00157

靈鶼閣叢書四集四十九種六十八卷　(清)江標輯　清光緒二十三年(1897)湖南使院刻本　二十八册

650000－1461－0001584　叢00158

武英殿聚珍版叢書五十四種四百十九卷　(□)□□撰　清同治十三年(1874)江西書局刻本　一百二十八册

650000－1461－0001585　叢00159

古逸叢書二十六種　(清)黎庶昌編　清光緒十年(1884)遵義黎氏日本東京使署刻本　四十八册

650000－1461－0001586　叢00160

歐陽文忠公集一百五十三卷年譜一卷附録五卷　(宋)歐陽修撰　清乾隆五十七年(1792)刻本　二十四册

650000－1461－0001587　叢00161

西域水道記五卷新疆賦一卷漢書西域傳補注二卷　(清)徐松撰　清光緒十九年(1893)石印本　八册

650000－1461－0001588　叢00230

文選六十卷攷異十卷　(南朝梁)蕭統輯　清同治八年(1869)湖北崇文書局刻本　二十一册　缺九卷(二十一至二十三、五十五至六十)

650000－1461－0001589　叢00162

司馬文正公傳家集八十卷附録一卷　(宋)司馬光撰　清光緒十二年(1886)解梁書院刻本　十六册

650000－1461－0001590　叢00163

洪北江全集二十三種二百二十二卷附年譜傳記　(清)洪亮吉撰　清光緒三年(1877)授經堂刻本　七十册

650000－1461－0001591　叢00164

毛西河全集一百十九種四百九十三卷　(清)毛奇齡撰　清嘉慶元年(1796)蕭山陸凝瑞堂刻本　一百二十册

650000－1461－0001592　叢00165

皇朝通典一百卷通考通志五百二十六卷　(清)曹仁虎等纂修　清光緒二十七年(1901)上海圖書集成局鉛印本　六十四册

650000－1461－0001593　叢00166

陝西清理財政局説明書不分卷　(清)陝西清理財政局編　清宣統元年(1909)鉛印本　一册

650000－1461－0001594　叢00167

陝西清理財政局説明書不分卷　(清)陝西清理財政局編　清宣統元年(1909)鉛印本　一册

650000－1461－0001595　叢00168

陝西清理財政局説明書不分卷　(清)陝西清

理財政局編　清宣統元年(1909)鉛印本　一冊

650000－1461－0001596　叢00169
陝西清理財政局説明書不分卷　(清)陝西清理財政局編　清宣統元年(1909)鉛印本　一冊

650000－1461－0001597　叢00170
功司閣鈔□□卷　(□)□□撰　清抄本　一冊

650000－1461－0001598　叢00171
元和江氏靈鶼閣叢書六集五十六種　(清)江標輯　清光緒二十三年(1897)湖南使院刻本　四十八冊

650000－1461－0001599　叢00172
莊子南華真經十卷　(戰國)莊周撰　(晉)郭象注　(唐)陸德明音義　清光緒十一年(1885)善化傳忠書局刻本　五冊

650000－1461－0001600　叢00173
莊子因六卷　(清)林雲銘評述　清雍正元年(1723)刻本　五冊

650000－1461－0001601　叢00174
續中州文賢表六十八卷　邵松年編　清光緒二十五年(1899)石印本　二十八冊　缺二卷(六十七至六十八)

650000－1461－0001602　叢00175
蠶桑萃編十五卷首一卷　(清)衛杰撰　清光緒二十六年(1900)浙江書局刻本　八冊

650000－1461－0001603　叢00176
山東省保存古蹟事項統計表一卷　(清)高裕瑞編輯　清宣統二年(1910)石印本　一冊

650000－1461－0001604　叢00177
續廣治平略八卷　(清)蔡方炳撰　清鉛印本　一冊

650000－1461－0001605　叢00178
唐代叢書二十卷　(清)蓮塘居士纂　清刻本　十九冊　存十九卷(一至十九)

650000－1461－0001606　叢00179
國朝先正事略續編四卷　朱孔彰撰　清末石印本　一冊　存一卷(二)

650000－1461－0001607　叢00180
曾文正公大事記十卷　(清)王定安著　清末石印本　五冊

650000－1461－0001608　叢00181
韻府拾遺一百六卷　(清)蔡升元輯　清末石印本　六冊　存九十一卷(十六至一百六)

650000－1461－0001609　叢00182
皇朝輿地韻編二卷　(清)李兆洛輯　清末刻本　一冊　存一卷(下)

650000－1461－0001610　叢00183
西遊録注一卷　(元)耶律楚材撰　清末刻本　一冊

650000－1461－0001611　叢00184
司馬文正公傳家集八十卷目録二卷附録不分卷年譜一卷　(宋)司馬光撰　(清)陳弘謀輯　清乾隆六年(1741)培遠堂刻本　十二冊

650000－1461－0001612　叢00185
司馬文正公集八十二卷　(清)劉組曾重鐫　清乾隆十年(1745)百祿堂刻本　二十冊

650000－1461－0001613　叢00186
津逮秘書十五集一百四十一種七百四十八卷　(明)毛晉輯　明崇禎汲古閣刻本　一百七十二冊

650000－1461－0001614　叢00187
古經解匯函十六種附小學匯函十四種　(清)鍾謙鈞輯　清光緒十四年(1888)刻本　六十八冊　存一百七十五卷(古經解匯函春秋繁露十二至十七、春秋釋例一至十五、春秋啖趙集傳纂例一至十、春秋微旨一至三、春秋啖趙二先生集傳辯疑一至十、論語集解義疏一至十、論語筆解一至二、鄭志一至三,小學匯函方言一至十三、釋名一至八、廣雅一至十、匡謬正俗一至八、急就篇一、説文解字一至十五、説文繫傳四十卷附校勘記一至三、説文篆韻譜一至五、玉篇一至三、干祿字書一、五經文字一至三、九經字樣一、廣韻一至五)

650000－1461－0001615　叢00188
唐土名勝圖會初集六卷　（日本）岡田玉山編述　清刻本　六冊

650000－1461－0001616　叢00189
嘉定錢氏潛研堂全書二十二種　（清）錢大昕撰　清光緒十年（1884）長沙龍氏刻本　十五冊

650000－1461－0001617　叢00190
五朝小說大觀三百六十六卷　（□）□□撰　清末上海掃葉山房鉛印本　二十六冊

650000－1461－0001618　叢00191
左恪靖伯奏稿三十八卷　（清）左宗棠撰　清刻本　三十八冊

650000－1461－0001619　叢00192
古文翼八卷　（清）唐介軒撰　清末掃葉山房刻本　八冊

650000－1461－0001620　叢00193
評選四六法海八卷　（清）蔣士銓輯　清同治十年（1871）刻本　十冊

650000－1461－0001621　叢00198
清尊集十六卷　（清）汪遠孫輯　清刻本　五冊　存一卷（三）

650000－1461－0001622　叢00199
歷代輿地沿革險要圖說不分卷　楊守敬　饒敦秩撰　清光緒五年（1879）東湖饒氏刻本　一冊

650000－1461－0001623　叢00202
李太白集三十卷　（□）□□撰　清光緒十四年（1888）湖北官書刻本　四冊

650000－1461－0001624　叢00204
龍威秘書十集一百七十七種　（清）馬俊良輯　清乾隆五十九年（1794）石門馬氏大酉山房刻本　八十冊

650000－1461－0001625　叢00205
宋元紀事本末一百三十六卷　（明）陳邦瞻撰　清康熙十八年（1679）張聞昇刻本　二十冊

650000－1461－0001626　叢00206
周易函書五十二卷　（清）胡煦撰　清乾隆三十八年（1773）胡季堂刻本　二十六冊

650000－1461－0001627　叢00207
陸放翁全集六種一百五十五卷　（宋）陸游撰　明毛氏汲古閣刻本　六十四冊

650000－1461－0001628　叢00208
帶經堂集九十二卷　（清）王士禛撰　清康熙四十九年至五十年（1710－1711）程哲七略書堂刻本　二十四冊

650000－1461－0001629　叢00209
歐陽文忠公集一百五十三卷年譜一卷附錄五卷　（宋）歐陽修撰　明天順六年（1462）刻本　三十冊

650000－1461－0001630　叢00210
亭林遺書二十七卷　（清）顧炎武撰　清初蓬瀛閣刻本　八冊

650000－1461－0001631　叢00211
王漁洋三十六種二百五十卷　（清）王士禎撰　清康熙八年（1669）刻本　一百三冊

650000－1461－0001632　叢00213
乾隆平定西域得勝圖□□卷　（清）洪亮吉繪　清乾隆二十九年（1764）刻本　三十四冊　缺一幀畫及兩幀畫的解說文字（鄂坌札拉圖之戰畫及解釋文字、格登鄂拉斫營解釋文字）

650000－1461－0001633　叢00214
乾隆平定西域得勝圖□□卷　（清）洪亮吉繪　清乾隆二十九年（1764）刻本　三十一冊

650000－1461－0001634　叢00215
平定兩金川得勝圖十六幅　（法國）艾啓蒙（清）賀清泰等繪　清乾隆五十年至五十一年（1785－1786）刻本　六冊　存（將軍阿桂奏捷攻克木思工噶克了口等碉柵、攻克宜喜達爾圖山梁、攻克康薩爾山梁、攻克木思工噶克丫口等碉柵、攻克宜喜達爾圖山梁、攻克菑則大海昆色爾山梁并拉枯喇嘛寺等处）

650000－1461－0001635　100163
小方壺齋輿地叢鈔十二帙六十四卷　王錫祺

輯　清南清河王氏鉛印本　六冊

650000－1461－0001636　叢00219
英漢成語辭林□□卷　顔惠慶編輯　清宣統元年(1909)上海商務印書館鉛印本　一冊

650000－1461－0001637　叢00220
明史雜詠四卷附賈梟西歌詞　(清)柴文杰著　清光緒三十三年(1907)國學叢書社鉛印本　一冊

650000－1461－0001638　叢00221
史閣部文集□□卷　(清)柴文杰著　清光緒三十三年(1907)國學叢書社鉛印本　一冊

650000－1461－0001639　叢00222
陶南村輟耕錄□□卷　(清)柴文杰著　清光緒三十三年(1907)國學叢書社鉛印本　一冊

650000－1461－0001640　叢00223
明季南都殉難記不分卷　(清)柴文杰著　清光緒三十三年(1907)國學叢書社鉛印本　一冊

650000－1461－0001641　叢00224
欽定續通志六百四十卷　(清)嵇璜纂　清石印本　二冊　存九十卷(五百五十一至六百四十)

650000－1461－0001642　叢00225
莊子因六卷　(清)林雲銘撰　清刻本　一冊　存一卷(六)

650000－1461－0001643　叢00226
李鴻章不分卷　(清)梁啓超撰　清光緒三十二年(1906)新民叢報社刻本　一冊

650000－1461－0001644　叢00227
中等東洋歷史地圖□□卷　(日本)桑原隲藏撰　清刻本　一冊

650000－1461－0001645　叢00228
畿輔叢書一百七十種　(清)王灝輯　清光緒刻本　九十八冊

650000－1461－0001646　叢00229
畿輔叢書一百八十四種　(清)王灝輯　清末刻本　三百一冊　缺四十七卷(劉賓文集二十五至三十,居業堂文集一至七,介菴經說一至八,兼濟堂集一至三、六至九,洨賓語錄一至十,臺海使槎錄一至四,平播全書六、八至九,寒松堂集一至二)

650000－1461－0001647　100001
欽定新疆識略十二卷首一卷　(清)松筠纂修　清刻本　二冊　存二卷(二至三)

650000－1461－0001648　100002
咸同以來中俄交涉記三卷　(清)江標譯　清光緒十八年(1892)刻本　一冊

650000－1461－0001649　100003
元史二百十卷　(明)宋濂等撰　清同治十三年(1874)江蘇書局刻本　四十冊

650000－1461－0001650　100004
曾文正公全集一百五十八卷　(清)曾國藩著　(清)王啟原編輯　清鉛印本　四十五冊

650000－1461－0001651　100005
左文襄公奏稿六十四卷　(清)左宗棠著　清光緒十八年(1892)刻本　七冊　存十卷(五十五至六十四)

650000－1461－0001652　100006
左文襄公書牘二十六卷　(清)左宗棠撰　清光緒十八年(1892)刻本　二十四冊　缺二卷(十一、二十六)

650000－1461－0001653　100007
蠶桑萃編十五卷首一卷　(清)衛杰撰　清光緒二十六年(1900)浙江書局刻本　八冊

650000－1461－0001654　100008
時務通考三十一卷　(清)杞廬主人纂　清刻本　一冊

650000－1461－0001655　100009
玉海二百卷辭學指南四卷附刻十三種　(宋)王應麟撰　清光緒九年(1883)浙江書局刻本　一冊　存一卷(一)

650000－1461－0001656　100010
洪北江全集二百二十二卷　(清)洪亮吉撰　清光緒三年至五年(1877－1879)刻本　三十

四冊　存一百十一卷(史目表二卷、春秋左傳詁二十卷、漢魏音四卷、比雅十卷、乾隆府廳州縣圖志五十卷、補三國疆域志二卷、東晉疆域志四卷、十六國疆域志十六卷、遣戍伊犁日記一卷、天山客語一卷、外家紀聞一卷)

650000－1461－0001657　100011
問影樓叢書十五種　(清)嚴如煜撰　**萬里行程記**　(清)祁韻士撰　清光緒三十四年(1908)鉛印本　八冊　缺二卷(陝西南山谷口攷一、緬述一)

650000－1461－0001658　100012
荆駝逸史五十二種　(清)陳湖逸士輯　清刻本　十二冊　存三十種(甲申忠佞紀事、甲申紀變實錄、甲申紀事、北使紀略、汴圍濕襟錄、所知錄、聖安本紀、江陰城守紀卷上、甲行日注六至八、恩恤諸公志略孫高陽督師略、東陽兵變、閩游日記風倒梧桐記、揚州十日記、庚寅始安事略、平回記略、平吳事略、人變述略、全吳紀略、歷年城守記、明亡述略、劉公死義記、偽官據城記、懿安事略、江陵記事兩粵夢遊記、平臺記略、孫愷陽先生殉城論、永曆紀事、平定耿逆記、錢氏家變錄、兩夢遊粵記敘)

650000－1461－0001659　100013
西湖志二十四卷　(清)李衛撰　清光緒四年(1878)刻本　十冊　存二十三卷(一至二十三)

650000－1461－0001660　100014
乾隆府廳州縣圖志五十卷　(清)洪亮吉撰　清刻本　一冊　存二卷(四十九至五十)

650000－1461－0001661　100015
乾隆府廳州縣圖志五十卷　(清)洪亮吉撰　清刻本　一冊　存二卷(四十九至五十)

650000－1461－0001662　100016
中外地輿圖説集成一百三十卷首三卷　(清)同康廬主人編輯　清光緒石印本　三冊　存二十一卷(四十八至六十八)

650000－1461－0001663　100017
第一才子書三國志演義六十卷一百二十回　(明)羅貫中撰　(清)毛宗崗評　清刻本　十五冊

650000－1461－0001664　100018
欽定皇輿西域圖志四十八卷首四卷　(清)傅恒等纂　清光緒鉛印本　六冊　存九卷(一至五、首四卷)

650000－1461－0001665　100019
御定駢字類編二百四十卷　(清)沈宗敬等輯　清光緒十三年(1887)上海同文書局石印本　十九冊　存九十七卷(一至四十、六十二至七十七、九十三至一百三十三)

650000－1461－0001666　100020
拿破崙本紀不分卷　(英國)洛加德著　林紓　魏易譯　清光緒三十三年(1907)京師學務處官書局鉛印本　四冊

650000－1461－0001667　100021
元史類編四十二卷　(清)邵遠平撰　清刻本　十三冊　存四十卷(三至四十二)

650000－1461－0001668　100022
樊川詩集四卷　(唐)杜牧撰　(清)馮集梧注　清刻本　一冊　存一卷(二)

650000－1461－0001669　100023
樊川詩集四卷　(唐)杜牧撰　(清)馮集梧注　清刻本　一冊　存一卷(二)

650000－1461－0001670　100024
潛研堂詩集十卷詩續集十卷　(清)錢大昕撰　清光緒十年(1884)長沙龍氏家塾刻本　八冊

650000－1461－0001671　100025
西藏賦不分卷　(清)和寧撰　清嘉慶二年(1797)刻本　一冊

650000－1461－0001672　100026
皇朝經世文編一百二十卷　(清)賀長齡輯　清思補樓石印本　二十冊　存三十八卷(八十三至一百二十)

650000－1461－0001673　100027
續資治通鑑二百二十卷　(清)畢沅編　清末

刻本　十九册　存七十一卷(一百五十至二百二十)

650000－1461－0001674　100028
端敏公集二卷　(清)袁甲三著　(清)丁振鐸編輯　清宣統三年(1911)天津華新印刷局鉛印本　一册　存一卷(下)

650000－1461－0001675　100029
舊五代史一百五十卷附考證　(宋)薛居正等撰　清末石印本　四册　存一百二卷(四十九至一百五十)

650000－1461－0001676　100030
大清壹統輿圖三十一卷　(□)□□撰　清末刻本　三十册

650000－1461－0001677　100031
大清壹統輿圖三十一卷　(□)□□撰　清光緒六年(1880)刻本　二十九册　缺二十卷(北一至二十)

650000－1461－0001678　100032
翁松禪手札十卷　(清)翁同龢撰　清宣統三年(1911)石印本　十册

650000－1461－0001679　100033
石笥山房文集五卷補遺一卷　(清)胡天游著　清宣統元年(1909)上海國學扶輪社鉛印本　四册

650000－1461－0001680　100034
大清帝國全圖不分卷　(清)商務印書館編輯　清光緒三十一年(1905)刻本　一册

650000－1461－0001681　100035
皇朝直省地輿全圖不分卷　(□)□□撰　清光緒二十一年(1895)刻本　一册

650000－1461－0001682　100036
前漢書補注一百卷首一卷　王先謙補注　清末上海文瑞樓石印本　三十册　缺十九卷(二至二十)

650000－1461－0001683　100037
元書一百二卷　曾廉撰　清末刻本　三册　存十卷(五十九至六十八)

650000－1461－0001684　100038
朱批諭旨不分卷　(清)世宗胤禛撰　清石印本　五十六册　缺四卷(三十六至三十九)

650000－1461－0001685　100039
朱批諭旨不分卷　(清)世宗胤禛撰　清石印本　一册　存一卷(二)

650000－1461－0001686　100040
元遺山先生集四十卷首一卷末一卷附新樂府四卷考証三卷續夷堅志四卷附録一卷補載一卷淩輯年譜三卷翁輯年譜一卷施輯年譜一卷　(元)元好問撰　清光緒七年(1881)讀書山房刻本　十七册

650000－1461－0001687　100041
潛研堂全書二十一種　(清)錢大昕撰　清光緒十年(1884)長沙龍氏家塾刻本　二十三册　存七十卷(聲類一至四、廿二史攷異一至三十六、詩集一至十、續集一至十、宋遼金元四史朔閏攷一至二、通鑑注辯正一至二、元史藝文志一至四、元史氏族表二至三)

650000－1461－0001688　100042
李文忠公朋僚函稿二十四卷　(清)吳汝綸輯　清光緒二十八年(1902)蓮池書社鉛印本　十二册

650000－1461－0001689　100043
隨園全集三十六種　(清)袁枚撰　清刻本　七十二册

650000－1461－0001690　100044
知不足齋叢書二百八種　(清)鮑廷博　(清)鮑士恭等輯　清刻本　二十八册　存十八種(孫子算經、五曹算經、釣磯立談、洛陽搢绅舊聞記、四朝聞見錄、吹劍録外集、宋遺民録十五卷、天地閑集一卷、宋舊宮人詩詞集一卷、竹譜詳録七卷、書學捷要二卷、履齋示兒編二十三卷附校補一卷覆校一卷、霽山先生集五卷首一卷拾遺一卷、五行大義五卷、負暄野録二卷、古刻叢抄一卷、梅花喜神譜二卷、斜川集六卷附録二卷訂誤一卷)

650000－1461－0001691　100045

知不足齋叢書二百八種　(清)鮑廷博　(清)鮑士恭等輯　清刻本　一冊　存三卷(霽山先生集四至五、拾遺一卷)

650000－1461－0001692　100046
綏寇紀略十二卷補遺三卷　(清)吳偉業纂輯　清嘉慶九年(1804)刻本　八冊

650000－1461－0001693　100047
欽定大清會典一百卷首一卷事例一千二百二十卷首一卷　(清)李鴻章撰　清刻本　十三冊

650000－1461－0001694　100048
欽定大清會典一百卷首一卷事例一千二百二十卷首一卷　(清)李鴻章撰　清光緒三十四年(1908)商務印書館石印本　八十冊

650000－1461－0001695　100049
續資治通鑑二百二十卷　(清)畢沅編　清光緒十四年(1888)上海蜚英館石印本　二十冊

650000－1461－0001696　100050
國史本傳一卷滇軺紀程一卷荷戈紀程一卷　(清)林則徐撰　清光緒三年(1877)刻本　一冊

650000－1461－0001697　100051
欽定續通志六百四十卷　(清)嵇璜　(清)劉墉等撰　清末石印本　十二冊　存三百四十二卷(二百九十九至六百四十)

650000－1461－0001698　100052
華志存考不分卷　(□)□□撰　清末鉛印本　八冊

650000－1461－0001699　100053
續資治通鑑二百二十卷　(清)畢沅編　清末刻本　三十八冊　存一百四十七卷(三至一百四十九)

650000－1461－0001700　100054
約章成案匯覽乙篇四十二卷　(□)□□撰　清末石印本　十五冊　存二十卷(十九至三十八)

650000－1461－0001701　100055
死事錄一卷　(□)□□撰　清光緒十六年(1890)刻本　一冊

650000－1461－0001702　100056
文章軌範七卷　(元)謝枋得輯　清光緒九年(1883)弦歌書院刻本　二冊

650000－1461－0001703　100057
歐陽文忠公全集一百五十三卷附錄五卷首一卷　(宋)歐陽修撰　清嘉慶二十四年(1819)梅龕書屋刻本　四十冊

650000－1461－0001704　100058
有學集五十卷補遺二卷　(清)錢謙益撰　清宣統二年(1910)吳江鳳昌邃漢齋鉛印本　十六冊

650000－1461－0001705　100059
資治通鑑二百九十四卷目錄三十卷　(宋)司馬光撰　清光緒十四年(1888)上海蜚英館石印本　四十冊

650000－1461－0001706　100060
記事珠十卷　(清)張以謙著　清光緒八年(1882)掃葉山房刻本　十二冊

650000－1461－0001707　100061
西清古鑑四十卷　(清)梁詩正等編纂　清光緒十四年(1888)銅刻本　十二冊

650000－1461－0001708　100062
校漢書八表八卷　(清)夏燮撰　清光緒十六年(1890)當塗夏氏江城公所刻本　六冊

650000－1461－0001709　100063
校正元親征錄不分卷附刊誤　(清)何秋濤著　清光緒二十年(1894)小漚巢刻本　一冊

650000－1461－0001710　100064
俄國疆界風俗誌不分卷　(清)林則徐撰　清光緒十年(1884)五湖草廬刻本　一冊

650000－1461－0001711　100065
紀元通考十二卷　(清)葉維庚撰　清同治十年(1871)刻本　四冊

650000－1461－0001712　100066

大清最新縉紳録不分卷　(□)□□撰　清刻本　三冊

650000－1461－0001713　100067
西魏書二十四卷附録一卷　(清)謝啟昆撰　清光緒九年(1883)樹經堂刻本　六冊

650000－1461－0001714　100068
南史識小録十四卷　(清)孫濶芳　(清)田文盎原輯　(清)張應昌補正　清同治十年(1871)清來堂刻本　十冊

650000－1461－0001715　100069
遊歷芻言不分卷　(清)黄楙材著　清光緒二十三年(1897)湖南新學書局刻本　一冊

650000－1461－0001716　100070
農政全書六十卷　(明)徐光啓著　清光緒二十六年(1900)上海文海書局石印本　八冊

650000－1461－0001717　100071
味餘堂全集四十卷　(清)慶桂等纂　清光緒五年(1879)鉛印本　三十二冊

650000－1461－0001718　100072
樂善堂全集四十卷　(清)蔣溥等纂　清光緒五年(1879)鉛印本　十二冊

650000－1461－0001719　100073
古文辭類纂七十五卷附校勘記一卷　(清)姚鼐著　清光緒二十七年(1901)求要堂刻本　十二冊

650000－1461－0001720　100074
續廣治平略八卷　(清)蔡方炳定本　清刻本　一冊　存四卷(五至八)

650000－1461－0001721　100075
春秋毛氏傳三十六卷　(清)毛奇齡稿　清刻本　六冊　存二十一卷(十六至三十六)

650000－1461－0001722　100076
大學證文四卷　(清)毛奇齡稿　清刻本　一冊

650000－1461－0001723　100077
春秋屬辭比事記四卷　(清)毛奇齡稿　清刻本　一冊　存二卷(一至二)

650000－1461－0001724　100078
春秋條貫篇十一卷　(清)毛奇齡稿　清刻本　三冊　存九卷(三至十一)

650000－1461－0001725　100079
春秋占筮書三卷春秋簡書刊誤二卷　(清)毛奇齡稿　清刻本　一冊

650000－1461－0001726　100080
四書索解四卷　(清)毛奇齡稿　清刻本　一冊

650000－1461－0001727　100081
論語稽求篇七卷　(清)毛奇齡稿　清刻本　二冊

650000－1461－0001728　100082
中庸説五卷　(清)毛奇齡稿　清刻本　二冊

650000－1461－0001729　100083
四書賸言四卷　(清)毛奇齡稿　清刻本　二冊

650000－1461－0001730　100084
四書賸言補二卷聖門釋非録三卷逸講箋三卷　(清)毛奇齡稿　清刻本　二冊

650000－1461－0001731　100085
聖諭樂本解説二卷竟山樂録四卷　(清)毛奇齡稿　清刻本　一冊

650000－1461－0001732　100086
經問十八卷經問補三卷　(清)毛奇齡稿　清刻本　六冊

650000－1461－0001733　100087
皇言定聲録八卷　(清)毛奇齡稿　清刻本　二冊

650000－1461－0001734　100088
李氏學樂録二卷孝經問一卷　(清)毛奇齡稿　清刻本　一冊

650000－1461－0001735　100089
周禮問二卷大學問一卷明堂問一卷學校問一卷郊社禘祫問一卷　(清)毛奇齡稿　清刻本　二冊

650000－1461－0001736　100090
戡靖教匪述編十二卷　（清）石香村居士撰　清刻本　一冊　存三卷（十至十二）

650000－1461－0001737　100091
開浦殖民地志一卷附新志一卷　（清）學部編譯圖書局編　清光緒三十四年（1908）學部圖書館鉛印本　一冊

650000－1461－0001738　100092
俾路芝志一卷馬留土股志一卷紐吉尼亞島志一卷西里伯島志一卷附新志　（清）學部編譯圖書局編　清光緒三十四年（1908）學部圖書館鉛印本　一冊

650000－1461－0001739　100093
東周列國志二十七卷　（清）蔡界評點　清刻本　八冊　存八卷（五、八、十四、十六至十七、二十、二十二至二十三）

650000－1461－0001740　100094
續方言新校補二卷　（清）張慎儀校補　清光緒二十八年（1902）刻本　一冊

650000－1461－0001741　100095
論語集注補正述疏十卷首一卷附讀書堂答問一卷　（清）簡朝亮撰　清宣統讀書堂刻本　十八冊

650000－1461－0001742　100096
師儉堂四書不分卷　（□）□□撰　清江陰曹氏師儉堂刻本　一冊

650000－1461－0001743　100097
釋名八卷　（漢）劉熙撰　清同治十二年（1873）粵東書局刻本　一冊

650000－1461－0001744　100098
學庸一卷　（□）□□撰　清光緒十八年（1892）湖北官書處刻本　一冊

650000－1461－0001745　100099
遼史拾遺二十四卷　（清）厲鶚撰　清光緒元年（1875）振綺堂刻本　八冊

650000－1461－0001746　100100
皇朝經世文編一百二十卷　（清）賀長齡撰　清光緒二十二年（1896）掃葉山房石印本　二十四冊

650000－1461－0001747　100101
硃批諭旨不分卷　（清）世宗胤禛撰　清刻本　一冊　存一冊（三十九）

650000－1461－0001748　100102
資治通鑑後編校勘記十五卷　（□）□□撰　清刻本　一冊　存五卷（十一至十五）

650000－1461－0001749　100103
湘軍志十六卷　王闓運撰　清刻本　四冊

650000－1461－0001750　100104
歷代同姓名錄二十三卷　（清）劉長華撰輯　清光緒五年至六年（1879－1880）刻本　六冊

650000－1461－0001751　100105
新義錄一百卷　（清）孫璧文撰　清刻本　十七冊　存四十一卷（二十七至六十七）

650000－1461－0001752　100106
新學僞經考十四卷　康有爲撰　清刻本　七冊　缺二卷（一至二）

650000－1461－0001753　100107
天祿閣外史八卷　（漢）黄憲撰　（明）鍾惺評　清刻本　一冊　存一卷（一）

650000－1461－0001754　100108
尚書攷異六卷　（明）梅鷟撰　**古刻叢鈔一卷**　（明）陶宗儀撰　清光緒十年（1884）孫谿槐廬家塾刻本　一冊　存六卷（尚書攷異一至五、古刻叢抄一卷）

650000－1461－0001755　100109
尚書今古文注疏三十卷　（清）孫星衍輯　清光緒十一年（1885）吳縣朱氏槐廬家塾刻本　八冊

650000－1461－0001756　100110
尚書今古文注疏三十卷　（清）孫星衍注　清光緒十一年（1885）吳縣朱氏槐廬家塾刻本　八冊

650000－1461－0001757　100111
抱朴子内篇二十卷外篇五十卷　（晉）葛洪撰

清光緒十一年(1885)吳縣朱氏槐廬家塾刻本　四冊

650000－1461－0001758　100112

芳茂山人詩錄十種長離閣集一卷　(□)□□撰　清光緒十一年(1885)吳縣朱氏槐廬家塾刻本　二冊

650000－1461－0001759　100113

歷代地理志韵編二十卷　(清)李兆洛輯　清光緒十四年(1888)刻本　四冊　存八卷(一至八)

650000－1461－0001760　100114

古文辭類纂七十五卷　(清)姚鼐纂　清光緒二十七年(1901)滁州李氏求要堂刻本　十二冊

650000－1461－0001761　100115

山谷集内集二十卷外集十七卷别集二卷　(宋)黄庭堅撰　清光緒二十一年至二十五年(1895－1899)刻本　二十冊

650000－1461－0001762　100116

歸愚文鈔十二卷　(清)沈德潛撰　清乾隆刻本　四冊

650000－1461－0001763　100117

武備地利四卷　(明)施永圖輯　清刻本　五冊

650000－1461－0001764　100118

紀元通考十二卷　(清)葉維庚撰　清同治十年(1871)刻本　四冊

650000－1461－0001765　100119

皇清經解一百八十三種　(清)阮元編　清道光九年(1829)學海堂刻本　一百三十二冊　存七百八十一卷(三百二十至四百九十五、五百十四至五百三十七、六百二十至一千二百)

650000－1461－0001766　100120

萬國史記二十卷　(日本)岡本監輔撰　清光緒六年(1880)石印本　四冊　存十四卷(一至十四)

650000－1461－0001767　100121

新拓武梁祠畫像不分卷　(□)□□撰　清拓本　一冊

650000－1461－0001768　100122

三統術衍三卷　(清)錢大昕撰　清嘉慶六年(1801)刻本　二冊

650000－1461－0001769　100123

風俗通義逸文一卷　(清)錢大昕撰　清刻本　一冊

650000－1461－0001770　100124

十駕齋養新錄二十卷餘錄三卷　(清)錢大昕撰　清刻本　三冊　存十卷(七至十六)

650000－1461－0001771　100125

桐城吳先生全書六種十九卷　(清)吳汝綸撰　清光緒三十年(1904)桐城吳氏刻本　二十冊

650000－1461－0001772　100126

水經註釋四十卷附錄二卷刊誤十二卷　(清)趙一清撰　清光緒六年(1880)張氏刻本　二十冊

650000－1461－0001773　100127

霞客遊記不分卷　(明)徐宏祖撰　清光緒七年(1881)瘦影山房鉛印本　十冊

650000－1461－0001774　100128

二十四史九通政典類要合編三百卷　(清)黄書霖撰　清光緒二十八年(1902)石印本　六十冊

650000－1461－0001775　100129

萬國輿圖□□卷　(清)陳兆桐繪圖　清光緒十二年(1886)石印本　一冊

650000－1461－0001776　100130

拳教析疑說一卷　(□)□□撰　清刻本　一冊

650000－1461－0001777　100131

漢石例六卷　(清)劉寶楠撰　清道光二十九年(1849)靈石楊氏刻本　一冊　存二卷(一至二)

650000－1461－0001778　100132
和林格爾廳志畧不分卷　(清)陳寶晉撰　清同治十年(1871)油印本　一册

650000－1461－0001779　100133
金遼備攷二卷　(清)林佶撰　清油印本　二册

650000－1461－0001780　100134
金遼備攷二卷　(清)林佶撰　清油印本　二册

650000－1461－0001781　100135
金遼備攷二卷　(清)林佶撰　清油印本　二册

650000－1461－0001782　100136
定例彙編一百二十九卷　(清)江西按察司衙門編　清刻本　三十一册

650000－1461－0001783　100137
五代史記七十四卷　(宋)歐陽修撰　(清)彭元瑞注　清刻本　二十册　存二十八卷(四十七至七十四)

650000－1461－0001784　100138
金石文跋尾六卷　(清)錢大昕撰　清長沙龍氏刻本　二册

650000－1461－0001785　100139
元史藝文志四卷　(清)錢大昕撰　清光緒十年(1884)長沙龍氏家塾刻本　一册

650000－1461－0001786　100140
宋遼金元四史朔閏考二卷　(清)錢大昕撰　清光緒十年(1884)長沙龍氏家塾刻本　一册

650000－1461－0001787　100141
知不足齋叢書二百八種　(□)□□撰　清刻本　八册　存八卷(古今事物考,戴氏鼠璞上、下,聽雨紀譚,忠肝集,鬼撮腳,豪譜,遊戲錄)

650000－1461－0001788　100142
滇釋記四卷　(□)□□撰　清末刻本　一册

650000－1461－0001789　100143
滇釋記四卷　(□)□□撰　清末刻本　一册

650000－1461－0001790　100144
圖像水黃牛經合併大全二卷　(□)□□撰　清刻本　一册　存一卷(上)

650000－1461－0001791　100145
約章成案匯覽甲篇十卷乙篇四十二卷　(清)北洋洋務局輯　清光緒三十一年(1905)上海點石齋石印本　五册　存七卷(乙篇十六、二十六、三十八至四十二)

650000－1461－0001792　100146
平播全書十五卷　(明)李化龍著　清刻本　一册　存一卷(七)

650000－1461－0001793　100147
國朝先生事略不分卷　(□)□□撰　清光緒三十三年(1907)鉛印本　二册　存二卷(三至四)

650000－1461－0001794　100148
尚書考六卷　(明)梅鷟撰　(清)孫星衍編　清光緒十年(1884)刻本　一册　存二卷(五至六)

650000－1461－0001795　100149
古刻叢鈔一卷　(明)陶宗儀撰　(清)孫星衍重編　清光緒十一年(1885)吴縣朱氏槐廬家塾刻本　一册

650000－1461－0001796　100150
校勘抱朴子内外篇五十卷　(清)孫星衍輯　清光緒十一年(1885)吴縣朱氏槐廬家塾刻本　四册

650000－1461－0001797　100151
芳茂山人詩錄九卷　(清)孫星衍輯　清光緒十一年(1885)吴縣朱氏槐廬家塾刻本　二册

650000－1461－0001798　100152
曾文正公文鈔四卷　(清)曾國藩著　清同治十一年(1872)刻本　四册

650000－1461－0001799　100153
曾文正公詩鈔四卷輓聯一卷雜書一卷散體文二十二卷　(清)曾國藩著　清同治十一年(1872)刻本　十二册

650000－1461－0001800　100154
詩集箋注三卷　(元)元好問撰　(清)施國祁箋注　清道光二年(1822)南潯蔣氏瑞松堂刻本　八冊

650000－1461－0001801　100155
文粹一百卷文粹補遺二十六卷　(宋)姚鉉編　(清)郭麐補　清光緒十六年(1890)杭州許氏榆園刻本　二十冊

650000－1461－0001802　100156
四憶堂詩集六卷　(清)侯方域撰　清刻本　二冊

650000－1461－0001803　100157
訓俗遺規五卷　(清)陳弘謀輯　(清)華希閔編　清培元堂刻本　五冊

650000－1461－0001804　100158
新疆和闐直隸州鄉土志不分卷　(□)□□撰　清宣統元年(1909)藍曬本　一冊

650000－1461－0001805　100159
小方壺齋輿地叢鈔十二帙六十四卷　王錫祺輯　清光緒十七年(1891)南清河王氏鉛印本　五十八冊　缺三帙六冊(第四帙一冊、第八帙二冊、第十帙三冊)

650000－1461－0001806　100160
小方壺齋輿地叢鈔十二帙六十四卷　王錫祺輯　清光緒十七年(1891)南清河王氏鉛印本　五十九冊　存十一帙六十冊(第一帙六冊、第三帙六冊、第五帙二冊、第六帙四冊、第七帙四冊、第八帙三冊、第九帙四冊、第十帙六冊、第十一帙七冊、第十二帙二冊、再補編十六冊)

650000－1461－0001807　100161
小方壺齋輿地叢鈔十二帙六十四卷　王錫祺輯　清光緒十七年(1891)南清河王氏鉛印本　二十六冊　存四帙二十六冊(第一帙六冊、第二帙一冊、第四帙十六冊、第五帙三冊)

650000－1461－0001808　100162
小方壺齋輿地叢鈔十二帙六十四卷　王錫祺輯　清南清河王氏鉛印本　六冊

新疆社會科學院圖書館古籍普查登記目録

全國古籍普查登記目録

國家圖書館出版社
National Library of China Publishing House

650000－1464－0000001　L74
阿毗達磨法蘊足論十卷　(唐)釋玄奘譯　清刻本　三冊

650000－1464－0000002　L73
阿毗達磨俱舍論三十卷　(唐)釋玄奘譯　清刻本　三冊　存十五卷(十六至三十)

650000－1464－0000003　A59
八旗文經五十六卷作者攷三卷敘錄一卷　(清)楊昱輯　(清)盛昱　楊鍾羲編　清光緒二十七年(1901)刻本　十二冊

650000－1464－0000004　A213
八宗綱要二卷　(明)釋凝然撰　清宣統三年(1911)刻本　一冊

650000－1464－0000005　L30
白雲寺至雷洞坪圖一卷大坪至會佛寺圖一卷　(□)□□撰　清刻本　一冊

650000－1464－0000006　A185
般若燈論十卷　(印度)釋清辨撰　清康熙四十二年(1703)刻本　十冊

650000－1464－0000007　L14
保甲書輯要四卷　(清)徐棟編　(清)丁日昌重校　清同治七年(1868)江蘇書局刻本　一冊

650000－1464－0000008　N55
北齊書五十卷　(唐)李百藥撰　明崇禎十一年(1638)汲古閣刻本　六冊

650000－1464－0000009　A39
北齊書五十卷　(唐)李百藥撰　清光緒十四年(1888)上海圖書集成公司石印本　六冊

650000－1464－0000010　A99
北齊書五十卷　(唐)李百藥撰　清同治十三年(1874)金陵書局刻本　四冊

650000－1464－0000011　N54
北史一百卷　(唐)李延壽撰　明萬曆二十一年(1593)刻本　二十一冊　存二十六卷(列傳一至二十六)

650000－1464－0000012　A37A101
北史一百卷　(唐)李延壽撰　清刻本　二十冊

650000－1464－0000013　A100
北史一百卷　(唐)李延壽撰　清光緒四年(1878)刻本　二十五冊　存五十八卷(四十一至四十四、四十七至一百)

650000－1464－0000014　A25
左文襄公全集一百九卷　(清)左宗棠撰　清光緒十六年(1890)湖南刻本　八十四冊

650000－1464－0000015　A172
北行日記一卷　(清)薛寶田撰　清光緒六年(1880)刻本　一冊

650000－1464－0000016　A262
本朝詩選不分卷　(□)□□撰　清手抄本　一冊

650000－1464－0000017　N36
碧聲吟館談塵四卷香消酒醒詞一卷　(清)許善長撰　清光緒四年(1878)刻本　四冊　缺一卷(香消酒醒詞一卷)

650000－1464－0000018　L45
光緒丙午年交涉要覽七卷　北洋洋務局纂輯　清光緒三十四年(1908)北洋官報局鉛印本　五冊　缺一卷(下篇四)

650000－1464－0000019　N11
補註洗冤錄集證四卷　(清)王又槐集　清道光二十三年(1843)刻本　四冊

650000－1464－0000020　A261
菜根譚一卷附娑羅館清語一卷　(明)洪應明撰　清光緒十三年(1887)刻本　一冊

650000－1464－0000021　N38
倡酬續錄不分卷　(清)許善長撰　清光緒十二年(1886)碧聲吟館刻本　一冊

650000－1464－0000022　A78
[正德]朝邑縣志二卷　(明)韓邦靖纂　清刻本　一冊

650000－1464－0000023　A34
陳書三十六卷　(唐)姚思廉撰　清同治十三

年(1874)金陵書局刻本　四冊

650000－1464－0000024　A92
成唯識論十卷　(唐)釋玄奘譯　清刻本　二冊

650000－1464－0000025　A263
勅封天后志二卷　(清)林清標輯　清同治四年(1865)淮安林崇仁堂刻本　二冊

650000－1464－0000026　L10
楚辭辯證二卷　(宋)朱熹撰　清光緒三年(1877)湖北崇文書局刻本　一冊

650000－1464－0000027　L11
楚辭集注八卷　(宋)朱熹撰　清光緒三年(1877)湖北崇文書局刻本　一冊

650000－1464－0000028　L8
楚辭十七卷　(戰國)屈原撰　清同治十一年(1872)金陵書局刻本　四冊

650000－1464－0000029　A155
春秋繁露十七卷首一卷　(漢)董仲舒撰　清光緒三年(1877)湖北崇文書局刻本　二冊

650000－1464－0000030　N78L101
春秋公羊傳注疏二十八卷附校勘記　(漢)何休撰　(清)阮元校　清同治十年(1871)刻本　十冊

650000－1464－0000031　A154
左傳舊疏考正八卷　(清)劉文淇撰　清光緒三年(1877)湖北崇文書局刻本　四冊

650000－1464－0000032　N79
春秋穀梁傳注疏二十卷　(晉)范甯集解　清同治十年(1871)刻本　六冊

650000－1464－0000033　L104
春秋左傳注疏六十卷附考證二卷　(晉)杜預注　清同治十年(1871)刻本　二十冊

650000－1464－0000034　N22
春在堂全書一百三十四種　(清)俞樾撰　清光緒十五年(1889)刻本　四十冊

650000－1464－0000035　L1
春在堂全書一百三十四種　(清)俞樾著　清同治十年(1871)刻本　三十五冊　存一百四十一卷(春在堂詞錄,春在堂雜文,春在堂襍文續編,春在堂襍文三編,俞樓雜纂,賓萌集,賓萌集外集,春在堂隨筆一至八,春在堂尺牘一至二,春在堂詩編一至十二,曲園雜纂十八至五十,羣經平議一至二、八至十六)

650000－1464－0000036　A167
慈悲道場懺法十卷　(南朝梁)武帝蕭衍等撰　清同治十二年(1873)刻本　十冊

650000－1464－0000037　L3
慈悲道場懺法十卷　(南朝梁)武帝蕭衍等撰　清抄本　六冊　存六卷(一至六)

650000－1464－0000038　A186
慈悲道場千佛懺法十卷　(南朝梁)蕭子良等撰　明刻本　十冊

650000－1464－0000039　A269
慈悲道場千佛懺法十卷　(南朝梁)蕭子良等撰　明刻本　四冊　存四卷(七至十)

650000－1464－0000040　A220
大乘法界無差別論疏二卷　(唐)釋法藏撰　清光緒二十一年(1895)金陵刻經處刻本　一冊

650000－1464－0000041　L68
大乘集菩薩學論十卷　(□)□□撰　清影印本　十冊

650000－1464－0000042　A165
大乘妙法蓮華經觀世音菩薩普門品不分卷　(後秦)釋鳩摩羅什譯　清乾隆四年(1739)刻本　一冊

650000－1464－0000043　A183
大乘妙法蓮華經七卷　(後秦)釋鳩摩羅什譯　明刻本　二冊　存二卷(六至七)

650000－1464－0000044　A164
大方廣佛華嚴經八十卷　(唐)釋實叉難陀譯　清咸豐元年(1851)據北藏本抄本　十七冊

650000－1464－0000045　A188

大方廣佛華嚴經八十卷　（唐）釋實叉難陀譯　清刻本　七十一册　存七十卷（十一至八十）

650000－1464－0000046　N93L57
大方廣佛華嚴經疏鈔會本二百二十卷　（唐）釋實叉難陀譯　清刻本　五十九册　缺二十四卷（一百三十二至一百三十五、二百一至二百二十）

650000－1464－0000047　A196
周禮注疏附考證四十二卷　（漢）鄭玄注　清同治十年（1871）刻本　十四册

650000－1464－0000048　A228
大方廣佛華嚴經疏鈔科文十卷　（唐）釋澄觀撰　清刻本　六册

650000－1464－0000049　A238
大佛頂經文句十卷　（清）釋智旭撰　清同治十三年（1874）金陵刻經處刻本　六册　存七卷（四至十）

650000－1464－0000050　N113
大佛頂經玄義不分卷　（清）釋智旭譯　清同治十三年（1874）南京金陵刻經處刻本　四册

650000－1464－0000051　A189
大佛頂如來密因修證了義諸菩薩萬行首楞嚴經十卷　（唐）釋般刺密帝譯　清刻本　十册

650000－1464－0000052　L107
大佛頂如來密因修證了義諸菩薩萬行首楞嚴經十卷　（唐）釋般刺密帝譯　清嘉慶七年（1802）抄本　十册

650000－1464－0000053　L71
大佛頂如來密因修證了義諸菩薩萬行首楞嚴經通義十卷　（唐）釋般刺密帝譯　清刻本　十册

650000－1464－0000054　L80
大佛頂如來密因修證了義諸菩薩萬行首楞嚴經文句十卷玄義二卷　（唐）釋般刺密帝譯　清光緒元年（1875）慧空經房石印本　十册

650000－1464－0000055　N109
大佛頂首楞嚴經正脈疏四十卷　（明）釋真鑒撰　清光緒二十二年（1896）金陵刻經處刻本　十四册

650000－1464－0000056　N133
大佛頂首楞嚴經正脈疏四十卷　（明）釋真鑒撰　清光緒二十二年（1896）金陵刻經處刻本　十四册

650000－1464－0000057　A88
大佛頂首楞嚴經正脈疏四十卷　（明）釋真鑒撰　清光緒二十二年（1896）金陵刻經處刻本　五册　存十五卷（二十六至四十）

650000－1464－0000058　A79
大觀亭志二卷　（清）李炳榮纂　清宣統三年（1911）安徽官紙印刷局鉛印本　一册

650000－1464－0000059　N97
大明三藏法數五十卷　（明）釋一如等集注　清刻本　八册

650000－1464－0000060　A14
大清高宗純皇帝聖訓三百卷　（清）高宗弘曆撰　清光緒五年（1879）刻本　一百十册　存一百九十卷（一至十八、三十九至一百十七、一百三十八至一百六十一、二百三十二至三百）

650000－1464－0000061　A45
大清會典一百卷　（清）崑岡修　清光緒十九年（1893）上海圖書集成公司石印本　八册

650000－1464－0000062　N103
大清律例集要新編四十卷　（清）姚潤撰　清道光三年（1823）刻本　二十六册

650000－1464－0000063　A2
大清仁宗睿皇帝聖訓一百十卷首一卷　（清）仁宗顒琰撰　清光緒五年（1879）刻本　四十册　存五十六卷（一至五十五、首一卷）

650000－1464－0000064　A1
大清聖祖仁皇帝聖訓六十卷首一卷　（清）聖祖玄燁撰　清光緒五年（1879）刻本　二十四册

650000－1464－0000065　A15
大清世宗憲皇帝聖訓三十六卷　(清)世宗胤禛撰　清光緒五年(1879)刻本　十册　存十六卷(一至十六)

650000－1464－0000066　A13
大清文宗顯皇帝聖訓一百十卷　(清)文宗奕詝撰　清光緒五年(1879)刻本　五十二册

650000－1464－0000067　A12
大清宣宗成皇帝聖訓一百三十卷　(清)宣宗旻寧撰　清光緒五年(1879)刻本　一百册　存一百二十卷(一至一百二十)

650000－1464－0000068　L48
大唐郊祀錄十卷　(唐)王涇撰　清刻本　二册

650000－1464－0000069　N30
大學衍義補輯要十二卷首一卷　(清)陳宏謀輯　清乾隆元年(1736)刻本　十二册

650000－1464－0000070　N40
大學衍義補一百六十卷　(明)邱濬撰　明天啟四年(1624)刻本　六册　存三十三卷(一至三十三)

650000－1464－0000071　N136
道古堂文集四十八卷　(清)杭世駿撰　清光緒十四年(1888)刻本　十册

650000－1464－0000072　A153
道光朝東華續錄六十卷　王先謙輯　清光緒十四年(1888)刻本　二十册

650000－1464－0000073　A87
道學淵源録一百卷　(清)黃嗣東編　清光緒三十四年(1908)鳳山學舍鉛印本　七册　存四十八卷(五十二至九十九)

650000－1464－0000074　L82
道祖真傳輯要四卷　(清)陸輿輯　(清)李西月謹註　清光緒三年(1877)刻本　四册

650000－1464－0000075　L12
第一才子書六十卷　(明)羅貫中撰　清光緒三十二年(1906)上海同文書局石印本　八册

650000－1464－0000076　N44
第一樓叢書三十卷　(清)俞樾撰　清刻本　十册　存九種(一至九)

650000－1464－0000077　L42
滇緬劃界圖説一卷　(清)薛福成著　清光緒二十八年(1902)無錫傳經樓石印本　一册

650000－1464－0000078　L105
東華續錄四百三十卷(乾隆朝至同治朝)　王先謙敬編　清刻本　十五册　存三十八卷(乾隆十二至四十九)

650000－1464－0000079　A5
東周列國全志二十三卷一百八回　(明)馮夢龍撰　(清)蔡界評點　清乾隆十七年(1752)刻本　二十四册

650000－1464－0000080　N8L62
杜詩詳註二十五卷附録二卷　(清)仇兆鰲輯註　清刻本　六册　缺十二卷(一至十二)

650000－1464－0000081　A207
[道光]遵義府志四十八卷　(清)平翰等纂修　清刻本　十三册　存八卷(四十一至四十八)

650000－1464－0000082　N125
[道光]敦煌縣志七卷首一卷　(清)曾誠纂輯　清道光十一年(1831)刻本　四册

650000－1464－0000083　A239
而菴説唐詩二十二卷首一卷　(清)徐增撰　清刻本　五册　存六卷(二至七)

650000－1464－0000084　L58
爾雅郭注義疏三卷　(清)郝懿行學　清光緒十年(1884)蜀南閣刻本　八册

650000－1464－0000085　L100
爾雅注疏十一卷附考證十一卷　(晉)郭璞注　清同治十年(1871)刻本　四册

650000－1464－0000086　N27
二十一史四譜五十四卷　(清)沈炳震撰　清同治十年(1871)武林吳氏清來堂刻本　八册　存二十五卷(一至二十五)

650000－1464－0000087　A197
法華經會義十六卷　（清）釋智旭撰　清光緒十九年（1893）江北刻經處刻本　八册

650000－1464－0000088　N96
法界安立圖六卷　（明）釋仁潮集録　清光緒六年（1880）刻本　三册

650000－1464－0000089　N1
法苑珠林一百卷　（唐）釋道世撰　清宣統二年（1910）刻本　二十七册　存五十五卷（一至三、四十六至七十一、七十五至一百）

650000－1464－0000090　N120
法苑珠林一百卷　（唐）釋道世撰　清刻本　二十九册　存二十九册（二至三十）

650000－1464－0000091　A221
翻譯名義二十卷　（宋）釋法雲編　清光緒四年（1878）金陵刻經處刻本　六册

650000－1464－0000092　N75
梵網經合註七卷　（後秦）釋鳩摩羅什譯　清同治十二年（1873）金陵刻經處刻本　五册

650000－1464－0000093　N74
梵網經直解四卷　（後秦）釋鳩摩羅什譯　清光緒二十六年（1900）刻本　五册

650000－1464－0000094　N35
風雲會二卷　（唐）張説撰　清光緒三年（1877）刻本　二册

650000－1464－0000095　A166
佛頂心大陀羅尼經三卷　（□）□□撰　明嘉靖三十六年（1557）刻本　一册

650000－1464－0000096　N122
佛果圜悟禪師碧巖集十卷　（宋）釋圜悟輯　清光緒二年（1876）刻本　五册

650000－1464－0000097　A270
佛説大乘菩薩藏正法經二十卷　（晉）釋法護等譯　清康熙四十二年（1703）刻本　十册

650000－1464－0000098　N42
佛祖歷代通載三十六卷　（元）釋念常撰　（元）釋念帝輯　清刻本　六册　存六卷（十四、十六至二十）

650000－1464－0000099　A215
佛祖統紀五十四卷　（宋）釋志磐撰　清光緒五年（1879）三寶經房刻本　十册

650000－1464－0000100　N39
茯苓仙一卷　（清）許善長撰　清光緒九年（1883）刻本　一册

650000－1464－0000101　N24
甫田集三十五卷附録一卷　（明）文徵明撰　清刻本　六册

650000－1464－0000102　L91
高等小學理科教科書不分卷　（清）謝洪賚編　清宣統二年（1910）刻本　一册　存一册（三）

650000－1464－0000103　L31
高僧傳初集十五卷二集四十卷　（南朝梁）釋慧皎撰　清光緒十六年（1890）江北刻經處刻本　十四册

650000－1464－0000104　N47
高僧傳三集三十卷　（宋）釋贊寧撰　清光緒刻本　八册

650000－1464－0000105　A51
高僧傳四集六卷　（明）釋如惺撰　清光緒十八年（1892）江北刻經處刻本　二册

650000－1464－0000106　A179
高上玉皇本行集經三卷　（□）□□撰　明萬曆四十年（1612）藍印本　三册

650000－1464－0000107　L51
高士傳三卷　（晉）皇甫謐著　清光緒三年（1877）湖北崇文書局刻本　一册

650000－1464－0000108　N15
高宗詩二集九十卷　（清）高宗弘曆撰　清光緒五年（1879）刻本　十八册　存二十七卷（一至十、十七至三十二、目録）

650000－1464－0000109　A122
高宗御製詩初集四十四卷　（清）高宗弘曆撰　清光緒五年（1879）刻本　二十册

650000－1464－0000110　A123
高宗御製詩二集九十卷　（清）高宗弘曆撰　清光緒五年（1879）刻本　三十冊　缺一卷（目録）

650000－1464－0000111　A124
高宗御製詩三集一百卷　（清）高宗弘曆撰　清光緒五年（1879）刻本　四十冊

650000－1464－0000112　A125
高宗御製詩四集一百卷　（清）高宗弘曆撰　清光緒五年（1879）刻本　五十四冊　存八十四卷（一至十六、三十三至一百）

650000－1464－0000113　A126
高宗御製詩五集一百卷　（清）高宗弘曆撰　清光緒五年（1879）刻本　五十六冊

650000－1464－0000114　A127
高宗御製詩餘集二十卷　（清）高宗弘曆撰　清光緒五年（1879）刻本　十二冊

650000－1464－0000115　A138
高宗御製文初集三十卷　（清）高宗弘曆撰　清光緒五年（1879）刻本　八冊

650000－1464－0000116　A139
高宗御製文二集四十四卷　（清）高宗弘曆撰　清光緒五年（1879）刻本　八冊

650000－1464－0000117　A140
高宗御製文三集十六卷　（清）高宗弘曆撰　清光緒五年（1879）刻本　八冊

650000－1464－0000118　A141
高宗御製文餘集二卷　（清）高宗弘曆撰　清光緒五年（1879）刻本　二冊

650000－1464－0000119　L2
古經解彙函三十種三百一卷　（清）鍾謙鈞等輯　清同治十三年（1874）粵東書局刻本　五十三冊

650000－1464－0000120　A198
古列女傳八卷　（漢）劉向撰　清光緒三年（1877）湖北崇文書局刻本　四冊

650000－1464－0000121　L106
古唐詩合解十六卷　（清）王堯衢編註　清石印本　六冊

650000－1464－0000122　N84
古玉圖攷不分卷　（清）吳大澂撰　清光緒十五年（1889）上海同文書局刻本　四冊

650000－1464－0000123　L65
關中漢唐存碑跋不分卷　（清）王志沂輯　清道光七年（1827）刻本　一冊

650000－1464－0000124　A44
光緒己巳年交涉要覽五卷　北洋洋務局纂　清北洋官報局鉛印本　一冊　存一卷（一）

650000－1464－0000125　N89
海國圖志一百卷　（清）魏源輯　清光緒二十八年（1902）文賢閣石印本　十四冊

650000－1464－0000126　N90
海國圖志續集二十五卷　（英國）麥高爾撰　清光緒二十一年（1895）上海書局石印本　二冊

650000－1464－0000127　N13
憨山老人夢遊集五十五卷　（明）釋德清撰　清光緒五年（1879）江北刻經處刻本　二十冊

650000－1464－0000128　A163
憨山老人夢遊集五十五卷　（明）釋德清撰　清刻本　一冊　存三卷（二十八至三十）

650000－1464－0000129　A195
韓詩外傳十卷　（漢）韓嬰撰　清光緒三年（1877）湖北崇文書局刻本　一冊

650000－1464－0000130　A57
漢南游草不分卷　（清）王志沂撰　清刻本　一冊

650000－1464－0000131　A95
漢書一百二十卷　（漢）班固撰　清同治八年（1869）金陵書局刻本　十六冊

650000－1464－0000132　A96
漢書一百二十卷　（漢）班固撰　清刻本　二十一冊　存九十七卷（一至九十五、九十九至一百）

650000－1464－0000133　L28
漢學商兌三卷　（清）方東樹著　清光緒二十六年（1900）浙江書局刻本　四冊

650000－1464－0000134　A171
河海崐崙錄四卷　（清）裴景福撰　清光緒三十二年（1906）鉛印本　一冊　存一卷（一）

650000－1464－0000135　A177
弘明集十卷　（南朝梁）釋僧祐撰　明萬曆十六年（1588）刻本　一冊

650000－1464－0000136　N52
後漢書一百二十卷　（南朝宋）范曄撰　明崇禎十六年（1643）汲古閣刻本　十三冊　存九十八卷（列傳一至五十三、七十至八十七，志四至三十）

650000－1464－0000137　A61
後漢書九十卷後續三十卷　（南朝宋）范曄撰　清同治八年（1869）金陵刻本　十六冊

650000－1464－0000138　A255
後漢書一百二十卷　（南朝宋）范曄撰　明毛氏汲古閣刻本　二冊　存十六卷（五十四至六十九）

650000－1464－0000139　N116
胡文忠公遺集八十六卷首一卷　（清）胡林翼撰　清同治六年（1867）刻本　三十二冊

650000－1464－0000140　A85
胡文忠公遺集八十六卷首一卷　（清）曾國荃輯　清同治六年（1867）刻本　一冊　存五卷（二至六）

650000－1464－0000141　A66
華嚴隨疏演義鈔六十卷　（唐）釋澄觀述　清刻本　十二冊

650000－1464－0000142　N85
畫史彙傳七十二卷首一卷附録二卷　（清）彭藴璨編　清光緒八年（1882）掃葉山房刻本　二十四冊

650000－1464－0000143　L79
淮南天文訓補注二卷　（清）錢塘撰　清光緒三年（1877）湖北崇文書局刻本　二冊

650000－1464－0000144　L21
皇朝經世文編一百二十卷　（清）賀長齡輯　清光緒十二年（1886）石印本　五十冊　存一百卷（一至四十、六十一至一百二十）

650000－1464－0000145　A190
皇朝經世文編一百二十卷　（清）賀長齡輯　清光緒二十八年（1902）上海詞源閣書局石印本　二十冊

650000－1464－0000146　A191
皇朝經世文編一百二十卷　（清）賀長齡輯　清光緒十六年（1890）廣百宋齋石印本　二十四冊

650000－1464－0000147　A253
皇朝經世文編一百二十卷　（清）賀長齡輯　清光緒十三年（1887）廣百宋齋石印本　二十四冊

650000－1464－0000148　A192
皇朝經世文三編八十卷　（清）賀長齡輯　清石印本　十六冊

650000－1464－0000149　A271
皇朝經世文新編二十一卷　麥仲華輯　清光緒二十四年（1898）上海書局石印本　十六冊

650000－1464－0000150　A214
皇朝經世文續編一百二十卷　（清）賀長齡輯　清石印本　十九冊　存一百十四卷（七至一百二十）

650000－1464－0000151　N61
皇朝通典一百卷　（清）高宗弘曆撰　清光緒八年（1882）浙江書局刻本　四十冊

650000－1464－0000152　N60
皇朝通志一百二十六卷　（清）高宗弘曆撰　清光緒八年（1882）浙江書局刻本　四十冊　存一百十七卷（十至一百二十六）

650000－1464－0000153　N59
皇朝文獻通考三百卷　（清）嵇璜等纂　清光緒八年（1882）浙江書局刻本　一百五十九冊

存二百九十二卷（一至一百十六、一百十七至一百八十二、一百八十四至二百三十七、二百四十五至三百）

650000－1464－0000154 L95

繪圖筆生花十六卷 （清）邱心如撰 清石印本 三冊 存三卷（七、九、十五）

650000－1464－0000155 L92

繪圖孟子白話註解□□卷 （□）□□撰 清末上海錦章圖書局石印本 一冊 存二卷（公孫丑二卷）

650000－1464－0000156 A206

繪圖韵對千家詩註釋四卷 （清）鍾伯敬撰 清宣統元年（1909）上海章福記石印本 二冊

650000－1464－0000157 A243

畿輔水利議不分卷 （清）林則徐撰 清光緒二年（1876）刻本 二冊

650000－1464－0000158 A72

集説詮真不分卷 （清）黄伯祿輯 清光緒八年（1882）上海慈母堂刻本 二冊

650000－1464－0000159 A71

集説詮真提要不分卷 （清）黄伯祿輯 清光緒八年（1882）上海慈母堂刻本 二冊

650000－1464－0000160 L50

紀元編三卷 （清）李兆洛撰 清道光十一年（1831）輩學齋刻本 二冊

650000－1464－0000161 A152

東華續録五十卷（嘉慶朝） 王先謙輯 清光緒五年（1879）刻本 九冊 存二十五卷（二十六至五十）

650000－1464－0000162 L20

鑑誡録十卷 （後蜀）何光遠編 清光緒三年（1877）湖北崇文書局刻本 二冊

650000－1464－0000163 L63

江左三大家詩鈔九卷 （清）顧有孝 （清）趙澐子輯 清桐葉山房刻本 三冊

650000－1464－0000164 A80

焦山續志八卷 （清）陳任暘撰 清光緒三十一年（1905）刻本 二冊

650000－1464－0000165 A81

焦山志二十卷首一卷 （清）王豫撰 清道光三年（1823）刻本 六冊

650000－1464－0000166 L86

教欵捷要不分卷 （清）馬伯良著 清同治十年（1871）寶真堂刻本 一冊

650000－1464－0000167 A203

教務紀略四卷首一卷末一卷 魏家驊撰 清光緒三十一年（1905）南洋官報局刻本 四冊

650000－1464－0000168 A82

戒疏發隱五卷 （明）釋祩宏發隱 清刻本 四冊

650000－1464－0000169 L108

金剛般若波羅蜜經二卷 （後秦）釋鳩摩羅什譯 清嘉慶八年（1803）刻本 一冊

650000－1464－0000170 A162

金剛經解義二卷 （清）徐槐廷撰 清咸豐七年（1857）刻本 一冊

650000－1464－0000171 A176

金光明最勝王經九卷 （□）□□撰 明萬曆二十五年（1597）刻本 九冊

650000－1464－0000172 A181

金光明最勝王經十卷 （□）□□撰 明永樂十七年（1419）刻本 十冊

650000－1464－0000173 N92L66

金石萃編一百六十卷 （清）王昶撰 清刻本 六十四冊

650000－1464－0000174 A98

周書五十卷 （唐）令狐德棻撰 清同治十三年（1874）金陵書局刻本 四冊

650000－1464－0000175 N99

金史一百三十五卷 （元）脱脱撰 清同治十三年（1874）刻本 三十二冊

650000－1464－0000176 N70

金史一百三十五卷 （元）脱脱撰 明嘉靖八

年(1529)刻本　二十四册

650000－1464－0000177　N53
晉書一百三十卷　(唐)房玄齡撰　明末刻本　四十册

650000－1464－0000178　A29
晉書一百三十卷附晉書音義三卷　(唐)房玄齡撰　清同治十年(1871)金陵書局刻本　二十册

650000－1464－0000179　A20
儆季雜著二十五卷　(清)黄以周撰　清光緒二十年(1894)江蘇南菁講舍刻本　九册　存二十四卷(禮六卷、經四卷、史四卷、子一卷、文六卷、藝三卷)

650000－1464－0000180　N31
瘞雲巘不分卷　(清)許善長著　清光緒三年(1877)仁和許氏刻本　一册

650000－1464－0000181　A60
九朝野記四卷　(明)祝允明撰　清宣統三年(1911)時中書局石印本　二册

650000－1464－0000182　N121
九佛頂首楞嚴經纂註□□卷　(唐)釋般剌密帝譯　清光緒三十四年(1908)金陵刻經處刻本　五册

650000－1464－0000183　A170
九經三傳沿革例不分卷　(宋)岳珂撰　清光緒三年(1877)湖北崇文書局刻本　一册

650000－1464－0000184　A28
舊唐書二百卷　(五代)劉昫撰　清乾隆四年(1739)刻本　六十册

650000－1464－0000185　A102
舊唐書二百卷　(五代)劉昫撰　清同治十一年(1872)浙江書局刻本　四十册

650000－1464－0000186　A41
舊五代史一百五十卷附考證　(宋)薛居正撰　清光緒十四年(1888)上海圖書集成公司石印本　十二册

650000－1464－0000187　A104
舊五代史一百五十卷附考證　(宋)薛居正撰　清乾隆四十年(1775)武英殿聚珍版刻本　十六册

650000－1464－0000188　A105
舊五代史一百五十卷附考證　(宋)薛居正撰　清同治十一年(1872)湖北崇文書局刻本　十六册

650000－1464－0000189　A216
居士傳五十六卷　(清)彭紹升撰　清乾隆四十一年(1776)刻本　四册

650000－1464－0000190　A156
刊謬正俗八卷　(唐)顔師古撰　清光緒三年(1877)湖北崇文書局刻本　一册

650000－1464－0000191　N88
康熙字典三十六卷　(清)張玉書等撰　清光緒十三年(1887)上海積山書屋刻本　十册

650000－1464－0000192　L53L52
康熙字典三十六卷　(清)張玉書等撰　清久敬齋石印本　六册

650000－1464－0000193　A168A83
康熙字典三十六卷附備考補遺等韻　(清)張玉書等撰　清道光七年(1827)刻本　四十四册

650000－1464－0000194　N98
[道光]遵義府志四十八卷　(清)平翰修　清道光二十一年(1841)刻本　十六册

650000－1464－0000195　N14
紫柏老人集二十九卷首一卷　(明)釋貞可撰　清刻本　十册　存二十九卷(一至二十九)

650000－1464－0000196　A212
考古圖十卷附考古玉圖二卷　(宋)呂大臨撰　清乾隆十七年(1752)天都黄氏亦政堂刻本　六册

650000－1464－0000197　N105
考試法官必要不分卷　新疆官書局編　清宣統二年(1910)新疆官書局石印本　二册

650000－1464－0000198　A182

苦功悟道經不分卷　(明)羅清撰　明正德十三年(1518)刻本　一册

650000－1464－0000199　L40
懶菴奇畢居士別傳八卷　(□)□□撰　清刻本　四册

650000－1464－0000200　A210
老學庵筆記十卷　(宋)陸游撰　清光緒三年(1877)湖北崇文書局刻本　二册

650000－1464－0000201　A148
樂善堂全集定本三十卷　(清)高宗弘曆撰　清光緒五年(1879)刻本　十二册

650000－1464－0000202　A161
楞嚴經指掌疏附楞嚴經懸示事義二十一卷　(清)釋通理撰　清光緒二十八年(1902)四川文殊院經坊刻本　十二册

650000－1464－0000203　L9
離騷草木疏四卷　(宋)吳仁傑撰　清光緒三年(1877)湖北崇文書局刻本　一册

650000－1464－0000204　L6
離騷箋二卷　(清)龔景瀚撰　清光緒三年(1877)湖北崇文書局刻本　一册

650000－1464－0000205　L5
離騷一卷　(宋)錢杲之集傳　清光緒三年(1877)湖北崇文書局刻本　一册

650000－1464－0000206　N20
李文忠公電稿四十卷　(清)李鴻章撰　清光緒三十四年(1908)金陵刻本　二十六册

650000－1464－0000207　N21
李文忠公朋僚函稿二十四卷　(清)李鴻章撰　清光緒三十四年(1908)金陵刻本　一册　存二卷(一至二)

650000－1464－0000208　A16N17
李文忠公全書一百六十五卷　(清)李鴻章撰　清光緒三十一年(1905)刻本　七十三册　存一百三十三卷(奏稿,朋僚函稿三至二十、譯署函稿一至二十、海軍函稿一至四、蠶池函稿)

650000－1464－0000209　N131
周易姚氏學十六卷　(清)姚配中撰　清光緒三年(1877)湖北崇文書局刻本　六册

650000－1464－0000210　L24
理學宗傳姓氏二十六卷　(清)孫奇逢輯　清光緒六年(1880)浙江書局刻本　十二册

650000－1464－0000211　A202
禮拜箴規不分卷　(清)蔣湧泉輯　清光緒十五年(1889)刻本　一册

650000－1464－0000212　L103
禮記注疏附考證六十三卷　(漢)鄭玄注　清同治十年(1871)刻本　二十册

650000－1464－0000213　A8
歷朝紀事本末九種六百五十八卷　(清)朱記榮輯　清光緒十四年(1888)崇德堂石印本　十册

650000－1464－0000214　A9
歷朝紀事本末九種六百五十八卷　(清)朱記榮輯　清光緒十四年(1888)崇德堂石印本　十七册　存五百十五卷(西夏紀事本末三十六卷首二卷、宋史紀事本末一百九卷、元史紀事本末二十七卷、明史紀事本末八十卷、三藩紀事本末二十二卷、通鑑紀事本末二百三十九卷)

650000－1464－0000215　L22
歷朝紀事本末七種五百六十六卷　(清)朱記榮編　清光緒十四年(1888)上海書業公所石印本　十二册　存一百二十三卷(左傳紀事本末五十三卷、通鑑紀事本末一至七十)

650000－1464－0000216　A33
梁書五十六卷　(唐)姚思廉撰　清同治十三年(1874)金陵書局刻本　六册

650000－1464－0000217　A194
聊齋志異新評十六卷　(清)蒲松齡撰　清光緒九年(1883)校經山房刻本　十五册　存十五卷(一至三、五至十六)

650000－1464－0000218　A111

遼史一百十五卷附考證 (元)脱脱撰 清同治十二年(1873)江蘇書局刻本 十六冊

650000－1464－0000219 A112
遼史一百十五卷附考證 (元)脱脱撰 清同治十二年(1873)江蘇書局刻本 二十四冊

650000－1464－0000220 A258
林文忠公政書三集三十七卷 (清)林則徐撰 清石印本 五冊 存五卷(奏稿乙集二至四、丙集一至二)

650000－1464－0000221 L43
林文忠公政書三集三十七卷 (清)林則徐撰 清光緒二年(1876)鉛印本 三冊 存十四卷(甲集九卷、乙集一至五)

650000－1464－0000222 A242
林文忠公政書三集三十七卷 (清)林則徐撰 清刻本 十七冊

650000－1464－0000223 A46
靈峯宗論十卷 (清)釋智旭撰 清光緒元年(1875)江北刻經處刻本 十冊

650000－1464－0000224 A47
靈峯宗論十卷 (清)釋智旭撰 清光緒元年(1875)江北刻經處刻本 十冊

650000－1464－0000225 L81
靈峰藕益大師選定淨土十要十卷 (清)釋智旭解 清同治七年(1868)刻本 四冊

650000－1464－0000226 N33
靈媧石不分卷 (清)許善長撰 清光緒十一年(1885)刻本 一冊

650000－1464－0000227 L15
劉簾舫先生吏治三書六卷 (清)劉衡撰 清同治七年(1868)江蘇書局刻本 一冊

650000－1464－0000228 A200
劉襄勤史傳稿不分卷 (清)何維樸撰 清宣統二年(1910)抄本 一冊

650000－1464－0000229 A201
劉襄勤史傳稿不分卷 (清)何維樸撰 清宣統二年(1910)抄本 一冊

650000－1464－0000230 A159
論語注疏二十卷附考證 (三國魏)何晏注 清同治十年(1871)刻本 四冊

650000－1464－0000231 N81
滿漢字清文啟蒙四卷 (清)舞格撰 清刻本 四冊

650000－1464－0000232 A174
毛詩注疏三十卷附考證 (漢)毛亨撰 清同治十年(1871)刻本 十四冊

650000－1464－0000233 L59
蒙韃備錄一卷 (宋)孟珙撰 (清)曹元忠校注 清光緒二十七年(1901)刻本 一冊

650000－1464－0000234 A265
盂蘭盆經五卷 (晉)釋竺法護譯 明隆慶五年(1571)刻本 四冊

650000－1464－0000235 A160
孟子注疏附考證十四卷 (漢)趙岐注 清同治十年(1871)刻本 六冊

650000－1464－0000236 L77
妙法連華經科註七卷 (明)釋一如集註 清刻本 八冊

650000－1464－0000237 L78
妙法連華經科註七卷 (明)釋一如集註 清刻本 八冊

650000－1464－0000238 A184
妙法蓮華經七卷 (後秦)釋鳩摩羅什譯 清乾隆寫本 七冊

650000－1464－0000239 A268
妙法蓮華經七卷 (後秦)釋鳩摩羅什譯 明崇禎七年(1634)刻本 五冊 存五卷(一至五)

650000－1464－0000240 L72
妙法蓮華經通義二十卷 (明)釋德清述 清光緒三十四年(1908)金陵刻經處刻本 五冊

650000－1464－0000241 A75
妙法蓮華經指掌疏七卷附科事義 (清)釋通理撰 清乾隆十四年(1749)刻本 十一冊

650000－1464－0000242　N12
明儒學案六十二卷　(清)黄宗羲撰　清光緒八年(1882)上海文瑞樓石印本　八冊　存三十三卷(一至三十三)

650000－1464－0000243　A116
明史三百三十二卷　(清)張廷玉撰　清光緒三年(1877)湖北崇文書局刻本　八十冊

650000－1464－0000244　A117
明史三百三十二卷　(清)張廷玉撰　清刻本　一百二十冊

650000－1464－0000245　N72
摩訶般若波羅蜜經二十七卷　(後秦)釋鳩摩羅什譯　清光緒十五年(1889)刻本　八冊

650000－1464－0000246　N73
摩訶般若波羅蜜經二十七卷　(後秦)釋鳩摩羅什譯　清光緒十五年(1889)刻本　八冊

650000－1464－0000247　L87
謨閶必哈臺不分卷　(清)□□撰　清光緒三十四年(1908)刻本　一冊

650000－1464－0000248　L13
牧令書輯要十卷　(清)徐棟編　(清)丁日昌選評　清同治七年(1868)江蘇書局刻本　十冊

650000－1464－0000249　N41
穆勒名學三卷　(英國)穆勒約翰撰　清光緒元年(1875)刻本　八冊

650000－1464－0000250　L83
南華真經正義不分卷附識餘三種　(清)陳壽昌輯　清光緒十九年(1893)刻本　六冊

650000－1464－0000251　A32
南齊書五十九卷　(南朝梁)蕭子顯撰　清同治十二年(1873)金陵書局刻本　六冊

650000－1464－0000252　A38
南齊書五十九卷　(南朝梁)蕭子顯撰　清光緒十四年(1888)上海圖書集成公司石印本　六冊

650000－1464－0000253　N49
南史八十卷　(唐)李延壽撰　明萬曆十八年(1590)刻本　三十二冊　存八十卷(一至八十)

650000－1464－0000254　A35
南史八十卷　(唐)李延壽撰　清同治十二年(1873)金陵書局刻本　十二冊

650000－1464－0000255　N67
佩文韻府一百六卷　(清)張玉書等撰　清光緒十年(1884)同文書局石印本　二十六冊　存五十四卷(一至五十四)

650000－1464－0000256　N26
評註聊齋志異十六卷　(清)蒲松齡撰　清咸豐元年(1851)刻本　十六冊

650000－1464－0000257　A180
破邪顯證鑰匙經二卷　(□)□□撰　清康熙三十七年(1698)刻本　二冊

650000－1464－0000258　A178
破邪顯證鑰匙經二卷　(□)□□撰　明刻本　一冊　存一卷(一)

650000－1464－0000259　N101
普通目兵須知不分卷　(清)李炳之編　清光緒三十四年(1908)甘肅官報書局刻本　一冊

650000－1464－0000260　A267
千手眼大悲咒行法不分卷　(宋)釋知禮輯　清康熙三十三年(1694)刻本　一冊

650000－1464－0000261　N102
前敵須知四卷　(英國)克利賴撰　清刻本　四冊

650000－1464－0000262　A237
黔史四卷　(□)□□撰　清光緒十四年(1888)刻本　一冊

650000－1464－0000263　A69
秦疆治畧不分卷　(清)王志沂撰　清刻本　一冊

650000－1464－0000264　N65
欽定明鑑二十四卷首一卷　(清)胡敬等撰　清刻本　十二冊

650000－1464－0000265　N76
欽定佩文韻府一百六卷　(清)蔡升元等編　清石印本　三十三冊　存三十三冊(二十八至六十)

650000－1464－0000266　A240
欽定佩文韻府一百六卷　(清)蔡升元等編　清石印本　一冊　存五卷(五十五至五十九)

650000－1464－0000267　L54
清漢對音字式不分卷　(□)□□撰　清宣統元年(1909)鏡古堂石印本　一冊

650000－1464－0000268　A246
清真大學不分卷　(清)王岱輿註　清刻本　一冊

650000－1464－0000269　A52
清真釋疑補輯不分卷　(清)金天柱撰　清光緒七年(1881)刻本　一冊

650000－1464－0000270　A53
清真釋疑二卷　(清)金天柱撰　清光緒三年(1877)刻本　一冊

650000－1464－0000271　A54
清真釋疑二卷　(清)金天柱撰　清光緒三年(1877)刻本　一冊

650000－1464－0000272　N46
羣經平議三十五卷　(清)俞樾撰　清刻本　九冊　存二十四卷(三至七、十七至三十五)

650000－1464－0000273　N118
人譜不分卷　(明)劉宗周著　清光緒三年(1877)湖北崇文書局刻本　一冊

650000－1464－0000274　N117
人譜類記五卷　(明)劉宗周著　清光緒三年(1877)湖北崇文書局刻本　二冊

650000－1464－0000275　A128
仁宗御製詩初集四十八卷　(清)仁宗顒琰撰　清光緒五年(1879)刻本　三十二冊

650000－1464－0000276　A129
仁宗御製詩二集六十卷　(清)仁宗顒琰撰　清光緒五年(1879)刻本　三十六冊

650000－1464－0000277　A130
仁宗御製詩三集六十四卷　(清)仁宗顒琰撰　清光緒五年(1879)刻本　三十六冊

650000－1464－0000278　A142
仁宗御製文初集十卷　(清)仁宗顒琰撰　清光緒五年(1879)刻本　四冊

650000－1464－0000279　A143
仁宗御製文二集十四卷　(清)仁宗顒琰撰　清光緒五年(1879)刻本　十二冊

650000－1464－0000280　A144
仁宗御製文餘集二卷詩餘集六卷　(清)仁宗顒琰撰　清光緒五年(1879)刻本　六冊

650000－1464－0000281　N77
三國志六十五卷　(晉)陳壽撰　清同治九年(1870)金陵書局刻本　八冊

650000－1464－0000282　A30
三國志六十五卷　(晉)陳壽撰　清同治九年(1870)金陵書局刻本　八冊

650000－1464－0000283　A49
三國志六十五卷　(晉)陳壽撰　清書業堂刻本　八冊

650000－1464－0000284　A266
三昧水懺法三卷　(□)□□撰　明萬曆十四年(1586)刻本　三冊

650000－1464－0000285　A223
山門新語五卷　(清)周贇撰　清光緒三十三年(1907)刻本　四冊

650000－1464－0000286　A58
陝西志輯要六卷首一卷　(清)王志沂撰　清道光七年(1827)朝坂謝氏賜書堂刻本　六冊

650000－1464－0000287　A229
尚書大傳四卷附補遺　(漢)伏勝撰　清光緒三年(1877)湖北崇文書局刻本　一冊

650000－1464－0000288　A230
尚書講義不分卷　(清)黃儆季撰　清光緒二十一年(1895)刻本　一冊

650000－1464－0000289　N132
尚書注疏二十卷　(漢)孔安國傳　清同治十年(1871)刻本　八冊

650000－1464－0000290　N34
神山引不分卷　(清)許善長撰　清光緒十一年(1885)碧聲吟館刻本　八冊

650000－1464－0000291　L35
盛世危言六卷二編四卷三編六卷　鄭觀應撰　清石印本　五冊　存五卷(盛世危言二至六)

650000－1464－0000292　A247
道學淵源録一百卷　(清)黄嗣東輯　清鉛印本　一冊　存一卷(聖清淵源録三十)

650000－1464－0000293　N10A7
聖武記十四卷　(清)魏源撰　清刻本　十二冊

650000－1464－0000294　N130
周易注疏七卷附校勘記　(三國魏)王弼注　清同治十年(1871)影印本　五冊

650000－1464－0000295　A19
聖武記十四卷　(清)魏源撰　清道光二十二年(1842)古微堂刻本　十二冊

650000－1464－0000296　A26
聖武記十四卷　(清)魏源撰　清道光二十二年(1842)古微堂刻本　十二冊

650000－1464－0000297　N119
聖諭像解二十卷　(清)梁延年編　清康熙二十年(1681)梁氏承宣堂刻本　十冊

650000－1464－0000298　A134
聖祖御製文二集五十卷　(清)聖祖玄燁撰　清光緒五年(1879)刻本　十二冊

650000－1464－0000299　A135
聖祖御製文三集五十卷　(清)聖祖玄燁撰　清光緒五年(1879)刻本　十二冊

650000－1464－0000300　A136
聖祖御製文四集三十六卷　(清)聖祖玄燁撰　清光緒五年(1879)刻本　十冊

650000－1464－0000301　A133
聖祖御製文一集四十卷　(清)聖祖玄燁撰　清光緒五年(1879)刻本　十冊

650000－1464－0000302　A18
詩經八卷　(宋)朱熹註　清光緒十五年(1889)善成堂刻本　四冊

650000－1464－0000303　A77
十八空百廣百論三種　(後秦)釋鳩摩羅什譯　清宣統三年(1911)揚州張肇昌刻本　一冊

650000－1464－0000304　A63
十七史商榷一百卷　(清)王鳴盛撰　清乾隆五十二年(1787)洞涇草堂刻本　二十冊

650000－1464－0000305　N129
十一朝東華錄分類輯要二十四卷　(清)何良棟撰　清光緒二十九年(1903)鴻寶書局石印本　二十四冊

650000－1464－0000306　A251
十一朝東華錄分類輯要二十四卷　(清)何良棟撰　清光緒二十九年(1903)鴻寶書局石印本　一冊　存一卷(一)

650000－1464－0000307　N28
史記一百三十卷　(漢)司馬遷撰　清宣統元年(1909)南宮邢氏刻本　十冊　存四十七卷(一至四十七)

650000－1464－0000308　A93
史記一百三十卷　(漢)司馬遷撰　清同治九年(1870)金陵書局刻本　二十冊

650000－1464－0000309　A94
史記一百三十卷　(漢)司馬遷撰　清書業堂刻本　十二冊

650000－1464－0000310　A273
史論彙函甲編二十六種四十九卷　(清)述古齋主人編輯　清光緒二十九年(1903)石印本　十六冊

650000－1464－0000311　A274
史學叢書初集十四種二集二十九種　(□)□□輯　清光緒二十五年(1899)上海文瀾書

局刻本　三十一冊　缺七卷(史記志疑二十二至二十八)

650000－1464－0000312　A43
使俄草八卷　(清)王之春撰　清光緒二十一年(1895)上海石印本　四冊

650000－1464－0000313　L16
世說新語補四卷目錄一卷　(南朝宋)劉義慶撰　清宣統三年(1911)刻本　一冊　存一卷(目錄一卷)

650000－1464－0000314　L7
世說新語六卷　(南朝宋)劉義慶撰　(南朝梁)劉孝標注　清光緒三年(1877)湖北崇文書局刻本　四冊

650000－1464－0000315　A137
世宗御製文集三十卷　(清)世宗胤禛撰　清光緒五年(1879)刻本　十六冊

650000－1464－0000316　A218
釋教三字經不分卷　(清)吹萬老人撰　清刻本　一冊

650000－1464－0000317　L75
首楞嚴經疏二十卷　(宋)釋子璿集　清光緒三十二年(1906)揚州藏經院刻本　八冊

650000－1464－0000318　N58
水經注四十卷　(北魏)酈道元撰　清光緒三年(1877)崇文書局刻本　十三冊

650000－1464－0000319　N135
水經注四十卷　(北魏)酈道元注　清刻本　十二冊

650000－1464－0000320　L69
說教一卷　(清)彭光譽撰　清光緒二十一年(1895)同文館刻本　一冊

650000－1464－0000321　A65
說唐詩新本九卷首一卷　(清)徐增撰　清乾隆六十年(1795)文茂唐刻本　一冊　存二卷(一、首一卷)

650000－1464－0000322　L99
說文解字十五卷附說文通檢十四卷首一卷末一卷　(漢)許慎記　清同治十二年(1873)刻本　十冊

650000－1464－0000323　A254
說文通訓定聲十八卷　(清)朱駿聲撰　清刻本　二十一冊　存十七卷(二至十八)

650000－1464－0000324　L55
說文通訓定聲十八卷　(清)朱駿聲撰　清咸豐元年(1851)刻本　六冊

650000－1464－0000325　N112
思辨錄輯要二十二卷　(清)陸世儀著　清光緒三年(1877)江蘇書局刻本　八冊

650000－1464－0000326　A55
四篇要道譯解不分卷　(清)張中譯　清同治十一年(1872)錦城王氏刻本　一冊

650000－1464－0000327　N71
宋史四百九十六卷　(元)脱脱撰　明萬曆刻本　五十二冊　存五十二卷(一至十一、四十一、八十一至一百二十)

650000－1464－0000328　A109
宋史四百九十六卷　(元)脱脱撰　清光緒元年(1875)浙江書局刻本　一百冊

650000－1464－0000329　A110
宋史四百九十六卷　(元)脱脱撰　清刻本　六十八冊　存二百五十七卷(四十八至一百六十七、一百七十一至三百七)

650000－1464－0000330　N50
宋書一百卷　(南朝梁)沈約撰　明萬曆二十二年(1594)刻本　三十八冊

650000－1464－0000331　A31
宋書一百卷　(南朝梁)沈約撰　清同治十二年(1873)金陵書局刻本　十六冊

650000－1464－0000332　N25
涑水記聞十六卷補遺一卷　(宋)司馬光撰　清光緒三年(1877)湖北崇文書局刻本　四冊

650000－1464－0000333　A73
隋經籍志考證十三卷　(清)章宗源撰　清光緒三年(1877)湖北崇文書局刻本　四冊

650000－1464－0000334　A62
隋書八十五卷　（唐）魏徵等撰　清同治九年（1870）淮南書局刻本　二十册

650000－1464－0000335　A64
譚津文集十九卷首一卷　（宋）釋契嵩撰　清光緒二十八年（1902）刻本　四册

650000－1464－0000336　A264
嘆世無為經一卷　（□）□□撰　清雍正四年（1726）刻本　一册

650000－1464－0000337　A169
唐石經校文十卷　（清）嚴可均撰　清刻本　三册

650000－1464－0000338　N57N69
唐書二百二十五卷附釋音二十五卷　（宋）歐陽修撰　清光緒刻本　六十五册

650000－1464－0000339　A74
字彙十四卷　（明）梅膺祚音釋　明刻本　十二册

650000－1464－0000340　A50
天方典禮擇要解二十卷附後編　（清）劉智撰　清康熙四十九年（1710）刻本　五册　存十八卷（三至二十）

650000－1464－0000341　L90
天方典禮擇要解二十卷附錄一卷　（清）劉智纂　清同治十年（1871）刻本　一册　存二卷（一至二）

650000－1464－0000342　A6
通鑑紀事本末二百三十九卷　（宋）袁樞撰　清石印本　十二册　存一百五十三卷（七十二至二百二十四）

650000－1464－0000343　N134A158
通商約章類纂三十五卷　（清）徐宗亮編　清光緒二十四年（1898）北洋石印官書局刻本　二十八册

650000－1464－0000344　A187
諸佛世尊如來菩薩尊者神僧名經四十卷　（□）□□輯　清刻本　十册　存十卷（二十一至三十）

650000－1464－0000345　A22
痛史□□卷　樂天居士輯　清宣統三年（1911）商務印書館鉛印本　二十一册

650000－1464－0000346　N63
萬國歷史彙編一百卷　（清）江子雲等輯　清光緒二十九年（1903）上海官書局石印本　十六册

650000－1464－0000347　L67
萬國通史前編十卷　（英國）李斯倫輯　清光緒二十九年（1903）廣學會石印本　十册

650000－1464－0000348　N48
王文成公全書三十八卷　（明）王守仁撰　清刻本　十二册　存十八卷（一至十八）

650000－1464－0000349　A91
唯識二十論述記四卷　（唐）釋玄奘譯　清宣統二年（1910）江西刻經處刻本　二册

650000－1464－0000350　N82
維摩詰説經三卷十四品　（後秦）釋鳩摩羅什譯　清同治九年（1870）金陵刻經處刻本　一册

650000－1464－0000351　A149
味餘書室全集定本四十卷隨筆二卷　（清）仁宗顒琰撰　清光緒五年（1879）刻本　三十二册

650000－1464－0000352　A48
渭南文集五十卷　（宋）陸游撰　明汲古閣刻本　十册

650000－1464－0000353　N56
魏書一百十四卷　（北齊）魏收撰　清刻本　二十三册　存八十九卷（列傳十九至八十七、志一至二十）

650000－1464－0000354　A36A97
魏書一百十四卷　（北齊）魏收撰　清同治十二年（1873）金陵書局刻本　二十册　存六十五卷（一至六十五）

650000－1464－0000355　L17

文心雕龍十卷 (南朝梁)劉勰著　清光緒三年(1877)湖北崇文書局刻本　二冊

650000－1464－0000356　A147
文宗御製詩文全集詩八卷文二卷 (清)文宗奕詝撰　清光緒五年(1879)刻本　六冊

650000－1464－0000357　A40
五代史七十四卷 (宋)歐陽修撰　清光緒十四年(1888)上海圖書集成公司石印本　六冊

650000－1464－0000358　A106
五代史七十四卷 (宋)歐陽修撰　清同治十一年(1872)湖北崇文書局刻本　八冊

650000－1464－0000359　A107
五代史七十四卷 (宋)歐陽修撰　清刻本　十二冊

650000－1464－0000360　A108
五代史七十四卷 (宋)歐陽修撰　清宣統三年(1911)刻本　十二冊　存六十九卷(一至六十九)

650000－1464－0000361　A84
五禮通考二百六十二卷 (清)秦蕙田撰　清刻本　九十八冊

650000－1464－0000362　N80
五千年中外交涉史九十七卷 (清)屯廬主人輯　清光緒二十九年(1903)上海蜚英書局鉛印本　十九冊

650000－1464－0000363　A86
五千年中外交涉史九十七卷 (清)屯廬主人輯　清石印本　一冊　存七卷(二十五至三十一)

650000－1464－0000364　N19
五洲列國志不分卷 (清)閔萃祥編　清光緒二十八年(1902)雲間麗澤學會石印本　三十二冊

650000－1464－0000365　N123
五洲圖考不分卷 (清)龔柴等編　清光緒二十四年(1898)上海徐家匯印書館鉛印本　四冊

650000－1464－0000366　A232
[正德]武功縣志三卷 (明)康海撰　清乾隆二十六年(1761)孫景烈刻本　一冊

650000－1464－0000367　N87
西史綱目二十卷 (清)周維翰撰　清光緒二十七年(1901)刻本　十冊

650000－1464－0000368　A21
西史彙函四種二十二卷 (□)□□撰　清光緒二十三年(1897)新學書局刻本　十四冊

650000－1464－0000369　N62
西魏書二十四卷 (清)謝啓昆撰　清乾隆六十年(1795)刻本　四冊

650000－1464－0000370　A233
西行日記二卷 (清)池仲祐撰　清光緒三十四年(1908)上海商務印書館鉛印本　一冊

650000－1464－0000371　N16
賢首傳燈錄二卷 (清)釋祖旺輯　清光緒八年(1882)刻本　四冊

650000－1464－0000372　A76
賢首五教儀開蒙增注五卷附賢首五教儀開蒙增注引論名義華嚴經品會大義 (清)釋通理撰　清宣統元年(1909)揚州藏經院刻本　五冊

650000－1464－0000373　A234
顯密圓通成佛必要集二卷 (遼)釋道㲀著　明嘉靖四十五年(1566)刻本　一冊

650000－1464－0000374　A226
相宗八要直解八卷 (清)釋智旭解　清光緒刻本　二冊

650000－1464－0000375　N37
香銷酒醒詞一卷曲一卷 (清)趙慶熺撰　清光緒四年(1878)刻本　一冊

650000－1464－0000376　A205
湘軍記二十卷 (清)王定安撰　清光緒十五年(1889)上海書局石印本　四冊

650000－1464－0000377　N9
湘軍志十六卷 王闓運撰　清光緒十一年

(1885)刻本　四冊

650000－1464－0000378　N18
詳注聊齋志異圖詠十六卷首一卷　(清)蒲松齡撰　清光緒十八年(1892)上海宏文閣石印本　八冊　存十六卷(一至十六)

650000－1464－0000379　A3
小方壺齋輿地叢鈔十二帙補編十二帙再補編十二帙　王錫祺輯　清光緒十七年(1891)南清河王氏鉛印本　三十三冊　存八帙(正編一至二、七至十二)

650000－1464－0000380　N23
小方壺齋輿地叢鈔十二帙補編十二帙再補編十二帙　王錫祺輯　清光緒十七年至二十三年(1891－1897)上海著易堂鉛印本　三十冊　存三十冊(十至三十九)

650000－1464－0000381　A252
古經解彙函十六種附小學彙函十四種　(清)鍾謙鈞輯　清刻本　七冊　存小學彙函六種十四卷(説文篆韻譜五卷、玉篇三卷、干禄字書一卷、五經文字三卷、九經字樣一卷、廣韻上平聲一卷)

650000－1464－0000382　N100
小學集解六卷　(清)張伯行撰　清刻本　二冊

650000－1464－0000383　L102
孝經注疏附考證九卷　(唐)玄宗李隆基注　清同治十年(1871)刻本　一冊

650000－1464－0000384　L96
新編俠女紅蝴蝶全傳□□卷　(□)□□輯　清石印本　四冊　存四卷(六集二至三、七集三至四)

650000－1464－0000385　A248
新疆賦不分卷　(清)徐松撰　清石印本　一冊

650000－1464－0000386　A241
新疆圖志一百十六卷首一卷　袁大化修　清宣統三年(1911)刻本　四冊　存四卷(六十三至六十六)

650000－1464－0000387　A103
新唐書二百五十卷　(宋)歐陽修撰　清同治十二年(1873)浙江書局刻本　四十冊

650000－1464－0000388　N5
新纂約章大全七十三卷　(清)陸鳳石編　清宣統二年(1910)石印本　三十六冊　存五十五卷(一至四十六、六十五至七十三)

650000－1464－0000389　L85
醒世箴一卷　(□)□□撰　清同治二年(1863)吉安堂刻本　一冊

650000－1464－0000390　A222
修西定課不分卷　(清)鄭澄德撰　清光緒二十四年(1898)金陵刻經處刻本　一冊

650000－1464－0000391　L97
繡像第九才子捉鬼傳四卷十回　(清)樵雪山人編　清石印本　二冊　存二卷(二至三)

650000－1464－0000392　L94
繡像回龍傳四卷　(□)□□輯　清光緒三十二年(1906)上海書局石印本　四冊

650000－1464－0000393　A260
繡像三國演義十二卷　(明)羅貫中撰　清上海文華書局石印本　六冊　存六卷(七至十二)

650000－1464－0000394　L93
徐霞客遊記大觀十二卷　(明)徐宏祖撰　清石印本　一冊　存一卷(十二)

650000－1464－0000395　L47
續説一卷　(清)汪輝祖纂　清同治七年(1868)湖北崇文書局刻本　一冊

650000－1464－0000396　N110
續指月錄二十卷首一卷　(清)聶先輯　清光緒十二年(1886)金陵刻經處刻本　六冊

650000－1464－0000397　N111
續指月錄二十卷首一卷　(清)聶先輯　清光緒十二年(1886)金陵刻經處刻本　一冊　存一冊(一)

650000－1464－0000398　L36
續指月錄二十卷首一卷　(清)聶先編　清光緒十二年(1886)刻本　六冊

650000－1464－0000399　L41
續指月錄二十卷首一卷　(清)聶先編　清光緒十二年(1886)刻本　五冊　存十九卷(二至二十)

650000－1464－0000400　N7
續資治通鑑二百二十卷　(清)畢沅編　清刻本　八冊　存四十三卷(六十八至一百十)

650000－1464－0000401　A17
續資治通鑑二百二十卷　(清)畢沅撰　清嘉慶六年(1801)刻本　四十八冊　存一百六十七卷(一至八十五、一百十一至一百六十二、一百九十一至二百二十)

650000－1464－0000402　A211
宣和博古圖三十卷　(宋)王黼等撰　清乾隆十七年(1752)天都黄氏亦政堂刻本　二十四冊

650000－1464－0000403　A131
宣宗御製詩初集二十四卷　(清)宣宗旻寧撰　清光緒五年(1879)刻本　十六冊

650000－1464－0000404　A132
宣宗御製詩餘集二十卷　(清)宣宗旻寧撰　清光緒五年(1879)刻本　四冊

650000－1464－0000405　A145
宣宗御製文初集十卷　(清)宣宗旻寧撰　清光緒五年(1879)刻本　四冊

650000－1464－0000406　A146
宣宗御製文餘集六卷　(清)宣宗旻寧撰　清光緒五年(1879)刻本　四冊

650000－1464－0000407　L56
選註六朝唐賦二卷　(清)馬傳庚選註　清光緒十四年(1888)江文富堂刻本　二冊

650000－1464－0000408　L46
學治臆說二卷　(清)汪輝祖纂　清同治七年(1868)湖北崇文書局刻本　一冊

650000－1464－0000409　L29
雪峰如幻禪師瘦松集八卷　(清)釋如幻撰　清光緒十八年(1892)石印本　四冊

650000－1464－0000410　L70
雅俗通用釋門疏式十卷　(□)□□輯　清刻本　八冊

650000－1464－0000411　N32
燕脂獄不分卷　(清)許善長撰　清光緒十年(1884)刻本　一冊

650000－1464－0000412　N2A150
養正書屋全集定本四十卷　(清)宣宗旻寧撰　清道光二年(1822)内府刻本　二十四冊

650000－1464－0000413　N45
諸子平議三十五卷　(清)俞樾撰　清刻本　十冊

650000－1464－0000414　A231
耶穌真教十六章　(清)柯德烈撰　清光緒二十三年(1897)石印本　一冊

650000－1464－0000415　N95
一切經音義二十五卷　(唐)釋元應撰　清同治八年(1869)仁和曹氏刻本　四冊

650000－1464－0000416　A217
一行居集八卷　(清)彭紹升撰　清道光五年(1825)刻本　四冊

650000－1464－0000417　N128
儀禮古今文注疏□□卷　(清)胡承珙撰　清光緒三年(1877)湖北崇文書局刻本　四冊

650000－1464－0000418　N114
儀禮注疏五十卷　(漢)鄭玄注　清同治十年(1871)刻本　十冊

650000－1464－0000419　L44
乙巳年交涉要覽五卷　北洋洋務局纂輯　清光緒三十一年(1905)北洋官報局鉛印本　四冊　缺一卷(上篇一)

650000－1464－0000420　A199
逸周書校譯十一卷　(清)朱右曾校譯　清光緒三年(1877)湖北崇文書局刻本　二冊

650000－1464－0000421　A89
意林五卷　（唐）馬總輯　清光緒三年（1877）湖北崇文書局刻本　二冊

650000－1464－0000422　N124
瀛環志略十卷　（清）徐繼畬撰　清同治五年（1866）刻本　八冊

650000－1464－0000423　A67
瀛環志略十卷　（清）徐繼畬撰　清光緒二十四年（1898）掃葉山房石印本　四冊

650000－1464－0000424　A68
瀛環志略十卷　（清）徐繼畬撰　清光緒二十四年（1898）掃葉山房石印本　二冊　存五卷（一至五）

650000－1464－0000425　N91
瀛環志略續集二卷　（清）薛福成定　清光緒二十五年（1899）掃葉山房石印本　四冊

650000－1464－0000426　A70
永平廣錄十卷　（日本）釋道元撰　清刻本　十冊

650000－1464－0000427　A236
遊歷巴西國圖經十卷　（清）傅雲龍撰　清光緒二十七年（1901）刻本　一冊　存五卷（一至五）

650000－1464－0000428　A173
遊歷加納六圖八卷　（清）傅雲龍撰　清光緒二十八年（1902）刻本　二冊

650000－1464－0000429　A235
遊歷秘魯圖經四卷　（清）傅雲龍撰　清光緒二十七年（1901）刻本　二冊

650000－1464－0000430　L18
酉陽雜組續集十卷　（唐）段成式撰　清光緒元年（1875）湖北崇文書局刻本　一冊

650000－1464－0000431　L19
御覽闕史二卷　（唐）參寥子撰　清光緒三年（1877）湖北崇文書局刻本　一冊

650000－1464－0000432　N4A27
御批歷代通鑑輯覽一百二十卷　（清）高宗弘曆撰　（清）傅恒等編　清刻本　六十冊

650000－1464－0000433　N64N126
御批歷代通鑑輯覽一百二十卷　（清）高宗弘曆撰　（清）傅恒等編　清三味堂刻本　六十冊

650000－1464－0000434　A42
篆字彙十二卷　（清）佟世男編　清康熙三十九年（1700）多山堂刻本　六冊

650000－1464－0000435　A23
莊子因六卷　（清）林雲銘撰　清康熙二年（1663）刻本　四冊　存四卷（二至五）

650000－1464－0000436　L33
御纂七經二百八十卷　（清）李光地等編　清光緒三十年（1904）上海育文書局石印本　二十四冊

650000－1464－0000437　N68
淵鑑類函四百五十卷　（清）張英等撰　清光緒十三年（1887）同文書局石印本　四十八冊

650000－1464－0000438　A259
元豐類稿五十卷首一卷　（宋）曾鞏撰　清光緒十六年（1890）慈利漁浦書院刻本　十二冊　存五十卷（一至五十）

650000－1464－0000439　N51
元史二百十卷　（明）宋濂等撰　清光緒七年（1881）刻本　三十七冊　存四十二卷（一至三十三、八十九至九十七）

650000－1464－0000440　A113
元史二百十卷　（明）宋濂等撰　清同治十三年（1874）江蘇書局刻本　五十六冊

650000－1464－0000441　A114
元史二百十卷　（明）宋濂等撰　清刻本　十一冊　存五十五卷（一百四十七至二百一）

650000－1464－0000442　A115
元史二百十卷　（明）宋濂等撰　清光緒十四年（1888）上海圖書集成公司石印本　二十四冊

650000－1464－0000443　N108

閱藏知津四十四卷　(清)釋智旭輯　清光緒二十年(1894)刻本　十册

650000－1464－0000444　L60
雲棲法彙三十一種　(明)釋袾宏撰　清光緒二十三年(1897)金陵刻經處刻本　三十四册

650000－1464－0000445　N94
雲棲法彙三十一種　(明)釋袾宏撰　清光緒二十五年(1899)金陵刻經處刻本　三十四册

650000－1464－0000446　N86
[道光]雲南備徵志二十一卷　(清)王崧纂修　清宣統二年(1910)雲南圖書館刻本　十八册

650000－1464－0000447　N107
雲棲法彙三十一種　(明)釋袾宏撰　清光緒二十五年(1899)南京金陵刻經處刻本　三十四册

650000－1464－0000448　L76
雜寶藏經十卷　(元)釋吉迦夜　(元)釋曇曜譯　清石印本　四册

650000－1464－0000449　N104
暫行新刑律不分卷　都督府修　清都督府印刷局刻本　一册

650000－1464－0000450　A209
葬經內篇二卷　(晉)郭璞撰　清光緒三年(1877)湖北崇文書局刻本　一册

650000－1464－0000451　L98
曾惠敏公文集五卷　(清)曾紀澤撰　清石印本　二册　存二卷(三至四)

650000－1464－0000452　A56
曾文正公家書十卷附家訓二卷大事記四卷榮哀録一卷　(清)曾國藩撰　清光緒十三年(1887)鴻文書局石印本　八册

650000－1464－0000453　L4 A244
曾文正公全集一百五十六卷　(清)曾國藩撰　清光緒二年(1876)傳忠書局刻本　一百十册

650000－1464－0000454　N6 A11
資治通鑑二百九十四卷附辯誤十二卷　(宋)司馬光編　清刻本　八十册　缺七十五卷(一百七十五至二百四十九)

650000－1464－0000455　A24
增訂太上感應篇圖說八卷　(清)黄正文撰　清同治十三年(1874)蘭州官署刻本　十二册

650000－1464－0000456　A250
增訂乙夕話新集六卷　(□)□□輯　清刻本　一册

650000－1464－0000457　N106
增篆康熙字典□□卷　(清)淩紹雯編　清石印本　二册　存二集(未申、酉戌)

650000－1464－0000458　A90
折疑論集註二卷　(元)釋子成撰　清光緒三十四年(1908)揚州藏經院刻本　一册

650000－1464－0000459　N29
珍重廬山一瓣香八卷　(清)鶴洞子輯　清咸豐九年(1859)四香草堂刻本　八册

650000－1464－0000460　L88
真功發微二卷　(清)劉智譯　清咸豐七年(1857)叢善堂刻本　二册

650000－1464－0000461　L89
真功發微二卷　(清)劉智譯　清光緒十九年(1893)增榮堂刻本　二册

650000－1464－0000462　L84
真詮要録二卷　(清)王岱輿撰　清同治三年(1864)刻本　二册

650000－1464－0000463　N83
正教眞詮二卷　(清)王岱輿撰　清末刻本　二册

650000－1464－0000464　A4
子史精華一百六十卷　(清)聖祖玄燁撰　清刻本　三十二册　存一百四卷(三十二至五十七、八十三至一百六十)

650000－1464－0000465　N115
指月錄三十二卷　(明)瞿汝稷撰　清同治六年(1867)刻本　十册

650000－1464－0000466　N127
指月錄三十二卷　(明)瞿汝稷撰　清乾隆六年(1741)刻本　二十册

650000－1464－0000467　L32
指月錄三十二卷　(明)瞿汝稷集　清同治十一年(1872)刻本　十册

650000－1464－0000468　A224L25
指月錄三十二卷　(明)瞿汝稷集　清刻本　二十册

650000－1464－0000469　L26
指月錄三十二卷　(明)瞿汝稷集　清刻本　二十册

650000－1464－0000470　A219
中論六卷　(後秦)釋鳩摩羅什譯　清光緒三十三年(1907)刻本　二册

650000－1464－0000471　L64
中外紀年通表六卷　(清)齊召南編　清光緒二十三年(1897)上海著易堂石印本　八册

650000－1464－0000472　L38
重訂教乘法數十二卷　(清)釋超海撰　清光緒三十年(1904)刻本　六册

650000－1464－0000473　L39
重訂教乘法數十二卷　(清)釋超海撰　清光緒三十年(1904)刻本　六册

650000－1464－0000474　N3
重訂徐氏三種　(清)錢楙潤等校訂　清道光三年(1823)經元堂刻本　三册

《新疆大學圖書館古籍普查登記目録》
書名筆畫字頭索引

一畫

二畫

三畫

四畫

五畫

六畫

七畫

八畫

九畫

十畫

十一畫

十二畫

十三畫

十四畫

十五畫

十六畫

十七畫

十八畫

十九畫

二十畫

二十一畫

二十二畫

二十三畫

二十四畫

二十六畫

二十九畫

《新疆大學圖書館古籍普查登記目録》
書名筆畫索引

一畫

二畫

三畫

四畫

五畫

六畫

七畫

八畫

九畫

十畫

十一畫

十二畫

十三畫

十四畫

十五畫

十六畫

十七畫

十八畫

十九畫

二十畫

二十一畫

二十二畫

二十三畫

二十四畫

二十六畫

二十九畫

《新疆昌吉回族自治州圖書館古籍普查登記目録》
書名筆畫字頭索引

二畫

三畫

四畫

五畫

六畫

七畫

八畫

九畫

十畫

十一畫

十二畫

十三畫

十四畫

十五畫

十六畫

十七畫

十八畫

十九畫

二十畫

二十一畫

二十二畫

《新疆昌吉回族自治州圖書館古籍普查登記目録》
書名筆畫索引

二畫

三畫

四畫

五畫

六畫

七畫

八畫

九畫

十畫

十一畫

十二畫

十三畫

十四畫

十五畫

十六畫

十七畫

十八畫

十九畫

二十畫

二十一畫

二十二畫

《新疆師範高等專科學校圖書館古籍普查登記目録》
書名筆畫字頭索引

二畫

三畫

四畫

五畫

六畫

七畫

八畫

九畫

十畫

十一畫

十二畫

十三畫

十四畫

十五畫

十六畫

十九畫

《新疆師範高等專科學校圖書館古籍普查登記目録》
書名筆畫索引

九畫

十畫

十一畫

十二畫

十三畫

十四畫

十五畫

十六畫

十九畫

《中國科學院新疆分院文獻信息中心古籍普查登記目録》

書名筆畫字頭索引

二畫

三畫

四畫

五畫

六畫

七畫

八畫

九畫

十畫

十一畫

十二畫

十三畫

十四畫

十五畫

十六畫

十七畫

十八畫

十九畫

二十畫

二十一畫

二十二畫

二十三畫

二十四畫

《中國科學院新疆分院文獻信息中心古籍普查登記目録》
書名筆畫索引

二畫

三畫

四畫

五畫

六畫

七畫

八畫

九畫

十畫

十一畫

十二畫

十三畫

十四畫

十五畫

十六畫

十七畫

十八畫

十九畫

二十畫

二十一畫

二十二畫

二十三畫

二十四畫

《新疆社會科學院圖書館古籍普查登記目録》
書名筆畫字頭索引

一畫

二畫

三畫

四畫

五畫

六畫

七畫

八畫

九畫

十畫

十一畫

十二畫

十三畫

十四畫

十五畫

十六畫

十七畫

十八畫

十九畫

二十畫

二十一畫

二十二畫

二十三畫

二十四畫

《新疆社會科學院圖書館古籍普查登記目録》
書名筆畫索引

一畫

二畫

三畫

四畫

五畫

六畫

七畫

八畫

九畫

十畫

十一畫

十二畫

十三畫

十四畫

十五畫

十六畫

十七畫

十八畫

十九畫

二十畫

二十一畫

二十二畫

二十三畫

二十四畫